BECK'SCHE GESETZESTEXTE
MIT ERLÄUTERUNGEN

Sauren
Wohnungseigentumsgesetz (WEG)

Wohnungseigentumsgesetz (WEG)

Gesetz über das Wohnungseigentum und das Dauerwohnrecht

Textausgabe mit Erläuterungen

von

DR. MARCEL M. SAUREN
Rechtsanwalt und Steuerberater

3. Auflage

C.H. BECK'SCHE VERLAGSBUCHHANDLUNG
MÜNCHEN 1999

Die Deutsche Bibliothek – CIP-Einheitsaufnahme

Sauren, Marcel M.:
Wohnungseigentumsgesetz : (WEG) ; Gesetz über das
Wohnungseigentum und das Dauerwohnrecht ;
Textausgabe mit Erläuterungen / von Marcel M. Sauren. –
3. Aufl. – München : Beck, 1999
  (Beck'sche Gesetzestexte mit Erläuterungen)
  ISBN 3 406 44664 7

ISBN 3 406 44664 7

Satz und Druck der C. H. Beck'schen Buchdruckerei, Nördlingen
Gedruckt auf säurefreiem, alterungsbeständigem Papier
(hergestellt aus chlorfrei gebleichtem Zellstoff)

Vorwort zur 3. Auflage

Auch die 2. Auflage hat eine gute Resonanz gefunden und war Verpflichtung zu weiterem Schaffen.

Immerhin sind seit der Manuskriptfertigstellung zur Vorauflage fast alle Kommentare und Fachbücher neu erschienen, so daß die Neuauflage geboten war.

Bei vielen Autoren, wie z.B. Merle und Röll bedanke ich mich für die wohlwollende Aufnahme.

Die schon fast unübersehbare Literatur kann leider nicht erschöpfend berücksichtigt werden, darum bitte ich die vielen Verfasser um Verständnis. Berücksichtigung finden muß jedoch als Beispiel für viele z.B. Bub's Finanzwesen, das in ausgezeichneter Weise die Bedürfnisse erfüllt.

Weiterhin aufgenommen werden mußte eine vielversprechende neue Schriftenreihe, nämlich der Fachverwalter, die die Referate der Münsteraner Tagungen wiedergibt (Informationen bei DKS GbR, Kehn 67, 47918 Tönisvorst, oder Internet dr-Sauren.de).

Auch für die wiederum wohlwollende Aufnahme bei der Rechtsprechung (z.B. BGH NJW 1997, 2956) und den Rezensenten (z.B. Drasdo ZMR 1996, 54) bedanke ich mich.

Enttäuscht hat mich jedoch, daß die gemachten Anregungen in der Vorauflage zu verschiedenen Themen, die z.T. vertieft wurden, nicht aufgegriffen worden, ja nicht einmal berücksichtigt wurden. Im WEG macht sich immer mehr die Negierung der Meinungen anderen breit. Das war nicht immer so. Was soll man z.B. einem WEer erzählen, der einem Verwalter gegenübersteht, der sich auf die Rechtsprechung bei Versicherungsschäden im SE beruft, die Sache des WEer's selbst sein soll, andererseits aber die Zivilrechtsprechung, die dem Einzelnen WEer keinen Anspruch gegen die Versicherung gibt (§ 27 Rdnr. 29 a). Man könnte diese Liste beliebig weiterverfolgen. Möge die Neuauflage dazu dienen dies einzudämmen.

Neue Themen wie z.B. Euro (§ 21 Rdnr. 9 a) wurden aufgenommen, das Sachverzeichnis umfangreich erweitert.

Mein besonderer Dank bezüglich der Arbeit an der Neuauflage gilt meiner Sekretärin Frau Susanne Heugen.

Für Anregungen und Hinweise zum Buch, die häufiger sein könnten, bin ich sehr dankbar (Adresse: Brüsseler Ring 51, 52074 Aachen).

Aachen, im Sommer 1998　　　　　　　　　　　　Dr. Marcel M. Sauren

Vorwort zur 2. Auflage

Die äußerst freundliche Aufnahme der ersten Auflage sowie die drängenden Nachfragen nach der Neuauflage, haben mich in der Wahl des Konzeptes bestärkt.

Deshalb sind die wenigen Probleme aus dem WEG, die die überwiegende Anzahl der in der Praxis täglich auftauchenden Fragen ausmacht, inhaltlich als ABC's noch ausgebaut und zahlenmäßig (z.B. zu TOP's, § 23 Rdnr. 10ff.) weiter verstärkt worden. Die Neuauflage ist aber auch genutzt worden, um weitere Punkte aufzunehmen (z.B. Parabolantenne, § 22 Rdnr. 30f.), bestehende Punkte zu überarbeiten (z.B. werdende WEerGem, § 1 Rdnr. 6ff.) oder zu erweitern (z.B. Mängel am GE, § 1 Rdnr. 19). Desweiteren sind zum besseren und schnelleren Auffinden Randziffern eingeführt und das Inhaltsverzeichnis stark erweitert worden.

Darüberhinaus sind in dieser Auflage erstmals Themen, die in anderen Kommentaren fehlen oder nur kurz erwähnt sind (z.B. Strategien zur Vermeidung von Wohngeldausfällen § 16 Rdnr. 43ff., Zwangsversteigerung von WE § 16 Rdnr. 51, § 27 Rdnr. 47, Inhaltskontrolle von Verträgen § 10 Rdnr. 9ff., etc) ausführlich dargestellt worden. Gleichzeitig ist auch zu Themen ausführlich Stellung genommen worden, deren Entwicklungstendenzen nach diesseitiger Auffassung bedenklich sind, z.B. werdende WEerGem vor § 1 Rdnr 6ff., Verfahrenskosten in der Abrechnung § 16 Rdnr. 11, Teilunwirksamkeitserklärung bzw. „Insoweitungültigkeitserklärung" von Jahresabrechnung § 28 Rdnr. 52ff. usw. Damit hoffe ich die notwendigen Informationen zu liefern: Einerseits für den WEer seine wichtigen und häufig vorkommenden Probleme zu erläutern, anderseits für den öfter mit dem WE befaßten weiter vertiefende Darstellungen, und für den dauernden mit dem WE beschäftigten Anregung zur Überdenkung des derzeitigen Standpunkts zu geben.

Konnte man eine freundliche Aufnahme der ersten Auflage bei den Käufern erhoffen, so hat mich die Berücksichtigung in der Rechtsprechung überrascht. Daß Fachgerichte den Kommentar angenommen haben, ist gut (z.B. BayObLG WE 1991, 277; 285; OLG Frankfurt DWE 1993, 76), daß der BGH ihn zitiert (NJW 1993, 1329, 1330) ist besser, daß aber selbst fachfremde Obergerichte ihn berücksichtigen, hat mich mit Stolz erfüllt (vgl. BFH BStBl. II 1992, 153; BFH/NV 1992, 264).

Mein besonderer Dank für die umsichtige Hilfe bei der Neuauflage gilt meiner Sekretärin Frau Elke Holland.

Für Anregungen und Hinweise, die häufiger sein könnten, bin ich sehr dankbar (Adresse: Brüsseler Ring 51, 52074 Aachen).

Aachen, im Frühjahr 1995   Dr. Marcel M. Sauren

Vorwort

Dieser Kommentar ist aus der Erkenntnis gewachsen, daß eine relativ kleine Zahl von Problemen (z.B. bauliche Veränderungen, Abgrenzungen Sondereigentum − Miteigentum, Möglichkeiten der Änderung der Teilungserklärung, Kündigung des Verwalters, Notwendigkeit einer Vereinbarung anstatt eines Beschlusses, Zweckbestimmung eines Wohnungseigentums oder Teileigentums, Fragen des Sondernutzungsrechts, Fragen der Kosten und Lasten, der Heizkostenabrechnung oder der ordnungemäßen Verwaltung) aus dem Wohnungseigentumsgesetz die überwiegende Anzahl der in der Praxis täglich auftauchenden Fragen zu diesem Rechtsgebiet ausmacht. D.h. werden diese Fragen ausführlich behandelt, besteht die Wahrscheinlichkeit, daß eine hohe Prozentzahl aller Fragen beantwortet werden kann. Erstaunlicherweise respektieren die vorhandenen Kommentare dies nicht und lassen bei Detailfragen dieser Hauptprobleme die benutzer oft im Stich.

Im vorliegenden Kommentar ist deshalb versucht worden, durch die ABC-Form wiedergegebenen Stichworte bei den Hauptfragen, diesen den ihnen gebührenden Vorrang zu geben. aufgrund der Platzenge ist deshalb in anderen nicht so vorrangigen Fragen eher eine kürzere Fassung gewählt worden, die z.T. ins Abstarkte gehen kann. Dafür sind aber zumindest Literaturstellen und Entscheidungen wiedergegeben, in denen weitere Nachweise vorhanden sind.

Jedoch verwirklicht die Zielsetzung des Kommentars, daß in den Hauptproblemen ein guter, wenn nicht sogar − zumindest in der Rechtsprechung − erschöpfender Überblick gegeben wird.

Mein besondere Dank gilt allen, die mir bei der Verwirklichung des Buches geholfen haben. Besondere Dank gilt meiner Sekretärin Frau Dagmar Geiß.

Für Anregungen und Hinweise bin ich sehr dankbar.

Aachen, im Sommer 1989   Dr. Marcel M. Sauren

Inhaltsverzeichnis

Abkürzungsverzeichnis XI

Wohnungseigentumsgesetz (WEG)

Vorbemerkung 1

I. Teil. Wohnungseigentum

Einführung vor § 1 WEG 3
§ 1. Begriffsbestimmungen 10

1. Abschnitt. Begründung des Wohnungseigentums 22
Einführung vor § 2 WEG 22
§ 2. Arten der Begründung 23
§ 3. Vertragliche Einräumung von Sondereigentum 26
§ 4. Formvorschriften 28
§ 5. Gegenstand und Inhalt des Sondereigentums 31
§ 6. Unselbständigkeit des Sondereigentums 32
§ 7. Grundbuchvorschriften 33
§ 8. Teilung durch den Eigentümer 35
§ 9. Schließung der Wohnungsgrundbücher 38

2. Abschnitt. Gemeinschaft der Wohnungseigentümer 39
Vorbemerkung vor § 10 WEG 39
§ 10. Allgemeine Grundsätze 52
§ 11. Unauflöslichkeit der Gemeinschaft 67
§ 12. Veräußerungsbeschränkung 68
§ 13. Rechte des Wohnungseigentümers 74
§ 14. Pflichten des Wohnungseigentümers 76
§ 15. Gebrauchsregelung 85
§ 16. Nutzungen, Lasten und Kosten 102
§ 17. Anteil bei Aufhebung der Gemeinschaft 134
§ 18. Entziehung des Wohnungseigentums 134
§ 19. Wirkung des Urteils 139

3. Abschnitt. Verwaltung 140
Einführung vor § 20 WEG 140
§ 20. Gliederung der Verwaltung 141
§ 21. Verwaltung durch die Wohnungseigentümer 142
§ 22. Besondere Aufwendungen, Wiederaufbau 163
§ 23. Wohnungseigentümerversammlung 203
§ 24. Einberufung, Vorsitz, Niederschrift 221
§ 25. Mehrheitsbeschluß 235
§ 26. Bestellung und Abberufung des Verwalters 247
§ 27. Aufgaben und Befugnisse des Verwalters 267
§ 28. Wirtschaftsplan, Rechnungslegung 304
§ 29. Verwaltungsbeirat 331

Inhaltsverzeichnis

4. Abschnitt. Wohnungserbbaurecht 338
§ 30. 338

II. Teil. Dauerwohnrecht

§ 31. Begriffsbestimmungen 338
§ 32. Voraussetzungen der Eintragung 339
§ 33. Inhalt des Dauerwohnrechts 339
§ 34. Ansprüche des Eigentümers und der Dauerwohnberechtigten .. 340
§ 35. Veräußerungsbeschränkung 340
§ 36. Heimfallanspruch 340
§ 37. Vermietung 341
§ 38. Eintritt in das Rechtsverhältnis 341
§ 39. Zwangsversteigerung 341
§ 40. Haftung des Entgelts 342
§ 41. Besondere Vorschriften für langfristige Dauerwohnrechte 342
§ 42. Belastung eines Erbbaurechts 343

III. Teil. Verfahrensvorschriften

1. Abschnitt. Verfahren der freiwilligen Gerichtsbarkeit in Wohnungseigentumssachen 343
§ 43. Entscheidung durch den Richter 343
§ 44. Allgemeine Verfahrensgrundsätze 349
§ 45. Rechtsmittel, Rechtskraft 351
§ 46. Verhältnis zu Rechtsstreitigkeiten 353
§ 46a. Mahnverfahren 354
§ 47. Kostenentscheidung 356
§ 48. Kosten des Verfahrens 357
§ 49. *(aufgehoben)* 360
§ 50. Kosten des Verfahrens vor dem Prozeßgericht 360

2. Abschnitt. Zuständigkeit für Rechtsstreitigkeiten 360
§ 51. Zuständigkeit für die Klage auf Entziehung des Wohnungseigentums 360
§ 52. Zuständigkeit für Rechtsstreitigkeiten über das Dauerwohnrecht 360

3. Abschnitt. Verfahren bei der Versteigerung des Wohnungseigentums . 361
§ 53. Zuständigkeit, Verfahren 361
§ 54. Antrag, Versteigerungsbedingungen 361
§ 55. Terminsbestimmung 361
§ 56. Versteigerungstermin 362
§ 57. Zuschlag 362
§ 58. Rechtsmittel 363

IV. Teil. Ergänzende Bestimmungen

§ 59. Ausführungsbestimmungen für die Baubehörden 363
§ 60. Ehewohnung 363
§ 61. Heilung des Erwerbs von Wohnungseigentum 364
§ 62. *(aufgehoben)* 364
§ 63. Überleitung bestehender Rechtsverhältnisse 365
§ 64. Inkrafttreten 365

Sachverzeichnis 367

Abkürzungsverzeichnis

a. A.	andere Auffassung
a. a. O.	am angegebenen Ort
Abs.	Absatz
AG	Amtsgericht
AGBG	Gesetz zur Regelung des Rechts der Allgemeinen Geschäftsbedingungen vom 9. 12. 1976 (BGBl. I 3317)
Alter.	Alternative
a. F.	alte Fassung
allg.	allgemein
Anm.	Anmerkung
Art.	Artikel
Aufl.	Auflage
Augustin	Kommentar zum Wohnungseigentumsgesetz 1983, Sonderausgabe aus Reichsgerichtsrätekommentar
Bärmann	Siehe BPM
BauGB	Baugesetzbuch
BauR	Baurecht, Zeitschrift, Jahr und Seite
BayObLG	Bayerisches Oberstes Landesgericht
BayObLGZ	Entscheidungen des BayObLG in Zivilsachen, Band und Seite
BayVGH	Bayerischer Verwaltungsgerichtshof
BB	Betriebs-Berater, Zeitschrift, Jahr und Seite
Beschl	Beschluß
BGB	Bürgerliches Gesetzbuch
BGBl.	Bundesgesetzblatt, Jahr und Seite
BGH	Bundesgerichtshof
BGHZ	Entscheidungen des BGH in Zivilsachen, Band und Seite
Bielefeld	Der Wohnungseigentümer, 5. Aufl., Düsseldorf 1995
Bielefeld WEG	Bielefeld, WEG-Rechtsprechung in Leitsätzen 1984–1986 Düsseldorf 1987, WEG Rechtsprechung in Leitsätzen 1986–1988, Düsseldorf 1989
BlGBW	Blätter für Grundstücks-, Bau- und Wohnungsrecht
BPM (Bearbeiter)	Bärmann/Pick/Merle, Whnungseigentumsgesetz, 7. Aufl. München 1997
BStBl.	Bundessteuerblatt, Jahr und Seite
Bub	Bub, Wohnungseigentum von A–Z, 6. Aufl. 1991
Bub FV	das Finanz- und Rechnungswesen der WEerGem 2. Aufl. 1996
BVerfG	Bundesverfassungsgericht
BVerfGE	Entscheidungssammlung des BVerfG, Band und Seite
bzw.	beziehungsweise
DB	Der Betrieb, Zeitschrift, Jahr und Seite
Deckert	Deckert, Die Eigentumswohnung vorteilhaft erwerben, nutzen und verwalten – Loseblattausgabe seit 1981 München, zitiert nach Gruppe und Seite

Abkürzungsverzeichnis

d. h.	das heißt
DNotZ	Deutsche Notar-Zeitschrift, Zeitschrift, Jahr und Seite
Drasdo	Der Verwaltungsbeirat Freiburg 1995
DWE	Der Wohnungseigentümer, Zeitschrift, Jahr und Seite
DWW	Deutsche Wohnungswirtschaft, Zeitschrift, Jahr und Seite
Erman	Erman, BGB-Kommentar, 9. Aufl. Münster 1993, WEG kommentiert von Ganten
ETW	Eigentumswohnung
evtl.	eventuell
FS Korbion	Festschrift für H. Korbion zum 60. Geburtstag von W. Pastor, Düsseldorf 1986
FS Seuß	Festschrift für H. Seuß zum 60. Geburtstag, von Johannes Bärmann und Hermann Weitnauer, München 1987
FS Seuß II	Beiträge zum Wohnungseigentum und Mietrecht Hanns Seuß zum 70. Geburtstag, Bonn
FS B/W	Festschrift für J. Bärmann und H. Weitnauer, München 1990
FV	Der Fachverwalter, Schriftenreihe der Fachverwaltertagung NRW, Verlag Hamburg, 1995
FV 1	1996
FV 2	1997
FV 3	1998
gem.	gemäß
GE	Gemeinschaftseigentum
ggf.	gegebenenfalls
GO	Gemeinschaftsordnung
HessVGH	Hessischer Verwaltungsgerichtshof
h. M.	herrschende Meinung
HdB ETW	Handbuch Eigentumswohnung, bearbeitet von Bielefeld, Sauren, Siepe, Stiftung Wartentest 1997
HKV	Verordnung über die verbrauchsabhängige Abrechnung der Heiz- und Warmwasserkosten (Verordnung über Heizkostenabrechnung – HeizkostenV) v. 26. 1. 1989 (BGBl. I S. 115 ff.)
NS	Niedenführ/Schulze WEG 4. Auflage 1997
i. d. R.	in der Regel
i. S.	in Sachen
inkl.	inklusive
Jennißen	Jennißen, Die Verwalterabrechnung nach dem WEG, 3. Aufl. München 1995
KAG	Kommunalabgabengesetz
KG	Kammergericht Berlin
krit.	kritisch(er)
LG	Landgericht
lt.	laut
MDR	Monatsschrift für Deutsches Recht, Jahr und Seite
ME	Miteigentum
MEer	Miteigentümer
MEanteil	Miteigentumsanteil

Abkürzungsverzeichnis

Merle	Merle, Bestellung und Abberufung des Verwalters nach § 26 des WEG, Berlin 1977
MittBayNot	Mitteilungdes Bayerischen Notarvereins, Jahr und Seite
MittRhNotK	Mitteilungen der Rheinischen Notarkammer, Jahr und Seite
Mio	Millionen
MüKo (mit Bearbeiter)	Münchener Kommentar zum BGB, 1981 ff., 3. Aufl. WEG bearbeitet von Röll
Müller	Müller H., Praktische Fragen des Wohnungseigentums, 2. Aufl. München 1992
m. w. N.	mit weiteren Nachweisen
NJW	Neue Juristische Wochenschrift, Jahr und Seite
NJWE	NJWE-Entscheidungsdienst Miete- und Wohnrecht, Jahr und Seite
NJW-RR	NJW-Rechtsprechungs-Report (Zivilrecht), Jahr und Seite
NZM	Neue Zeitschrift für Miet- und Wohnrecht, Jahr und Seite
OLG	Oberlandesgericht
OLGZ	Entscheidungen der Oberlandesgerichte in Zivilsachen, Jahr und Seite
OVG	Oberverwaltungsgericht
Palandt (mit Bearbeiter)	Palandt, Kommentar zum BGB 57. Aufl. 1998 WEG bearbeitet von Bassenge
Peters, Aufgaben	Peters, Aufgaben des Verwalters von Wohnungseigentum, München 1986
Peters	Peters, Verwaltungsbeiträge im Wohnungseigentum 3. Aufl. Wiesbaden, Berlin 1985
Pfeifer	Pfeifer, Die neue Heizkostenverordnung, Düsseldorf 3. erweiterte Auflage 1994
PiG (mit Nr.)	Partner im Gespräch, Schriftenreihe des Evangel. Siedlungswerks in Deutschland, Hammonia Verlag Hamburg
PiG 3	Bd. 3 (1978) Funktionen des Verwalters
PiG 8	Bd. 8 30 Jahre WEG
PiG 12	Bd. 12 (1983) Sohn, Die Veräußerungsbeschränkung im Wohnungseigentumsrecht
PiG 14	Bd. 14 (1983) Keith, Rechtsfolgen ungültiger Beschlüsse der Wohnungseigentümer
PiG 18	Bd. 18 (1985) Aktuelle Probleme im Wohnungseigentumsrecht, Festschrift für Johannes Bärmann und Hermann Weitnauer
PiG 21	Bd. 21 (1986) Verwaltungsvermögen der Wohnungseigentümer
PiG 22	Bd. 22 (1986) Bärmann, Die Wohnungseigentümergemeinschaft – Ein Beitrag zur Lehre von den Personenverbänden
PiG 27	Bd. 27 (1988) Das Rechnungswesen des Verwalters als Grundlage ordnungsmäßiger Verwaltung

Abkürzungsverzeichnis

PiG 29	Bd. 29 (1989) Stork, Der Eintritt des Erwerbers von Wohnungseigentum in laufende Verpflichtungen der Gemeinschaft und des Veräußerers
PiG 30	Bd. 30 (1989) Besondere Aufgaben und besondere Haftungsrisiken des Verwalters
PiG 39	Bd. 39 (1993) Wirtschaftsführung des Verwalters
PiG 44	Bd. 44 (1994) Die WEer als Vertragspartner
PiG 48	Bd. 48 (1995) Instandhaltung/Instandsetzung
PiG 54	Bd. 54 (1998) Die Rechtsstellung des Verwalters
Rdnr.	Randnummer
Rpfleger	Der deutsche Rechtspfleger, Zeitschrift, Jahr und Seite
Röll	Röll, Handbuch für Wohnungseigentümer und Verwalter 7. Aufl. Köln 1996
S.	Seite
Sauren	Sauren, Problematik der variablen Eigentumswohnungen, Darmstadt 1984
Sauren, Rechte und Pflichten	Sauren, Rechte und Pflichten des Verwalters von Wohnungseigentum, Düsseldorf 1985
Sauren, Verwalter	Sauren, Verwaltervertrag und Verwaltervollmacht im WEG, 2. Aufl. München 1994
SE	Sondereigentum
SEer	Sondereigentümer
SEanteil	Sondereigentumsanteil
Seuß	Seuß, Die Eigentumswohnung 10. Aufl. München 1992
Soergel (mit Bearbeiter)	Soergel, BGB, 13. Aufl. WEG bearbeitet von Stürmer, Stuttgart 1990
sog.	sogenannt
Staudinger	BGB 12. Aufl., WEG bearbeitet von Bub, Kreutzer, Rapp und Wenzel
TE	Teileigentum
TEer	Teileigentümer
TEanteil	Teileigentumsanteil
TErkl	Teilungserklärung
TOP	Tagesordnungspunkt
u. a.	unter anderem
u. U.	unter Umständen
v.	von
Vereinb.	Vereinbarung
vgl.	vergleiche
Vor	Vorbemerkung
WE	Wohnungseigentum bzw. Das Wohnungseigentum (Zeitschrift), Jahr und Seite
WEer	Wohnungseigentümer
WEG	Wohnungseigentumsgesetz
WEerGem	Wohnungseigentümergemeinschaft
Weitnauer	Weitnauer, WEG-Kommentar, 8. Aufl. München 1995
WEM	Wohnungseigentümermagazin, Jahr bzw. Heft und Seite

Abkürzungsverzeichnis

WERS II	Wohnungseigentumsrecht Sammlung Bd. 2, Rechtsprechung 1977, Seite
WEerversammlung	Wohnungseigentümerversammlung
Wohnen	Zeitschrift der Wohnungswirtschaft Bayern, Jahr und Seite
WP	Wirtschaftsplan
WPM	Zeitschrift für Wirtschaft und Bankrecht, Wertpapiermitteilung, Jahr und Seite
WuM	Wohnungswirtschaft und Mietrecht, Jahr und Seite
WEZ	Zeitschrift für Wohnungseigentumsrecht, Jahr und Seite
z. B.	Zum Beispiel
ZMR	Zeitschrift für Miet- und Raumrecht, Jahr und Seite
ZPO	Zivilprozeßordnung
zit.n.	zitiert nach

# Gesetz über das Wohnungseigentum und das Dauerwohnrecht (Wohnungseigentumsgesetz)

Vom 15. März 1951 (BGBl. I S. 175, ber. S. 209)

Unter Berücksichtigung der Änderungen durch Gesetz über Maßnahmen auf dem Gebiete des Kostenrechts vom 7. 8. 1952 (BGBl. I S. 401), Gesetz zur Änderung und Ergänzung kostenrechtlicher Vorschriften vom 26. 7. 1957 (BGBl. I S. 861), Gesetz zur Änderung des Bürgerlichen Gesetzbuches und anderer Gesetze vom 30. 5. 1973 (BGBl. I S. 501), Gesetz zur Änderung des Wohnungseigentumsgesetzes und der Verordnung über das Erbbaurecht vom 30. 7. 1973 (BGBl. I S. 910), Gesetz zur Erhöhung von Wertgrenzen in der Gerichtsbarkeit vom 8. 12. 1982 (BGBl. I S. 1615), Steuerbereinigungsgesetz 1985 vom 14. 12. 1984 (BGBl. I S. 1493, 1513), Rechtspflegevereinfachungsgesetz vom 17. 12. 1990 (BGBl. I S. 2847), Gesetz zur Beseitigung von Hemmnissen bei der Privatisierung von Unternehmen und zur Förderung von Investitionen vom 22. 3. 1993 (BGBl. I S. 766), Gesetz zur Entlastung der Rechtspflege vom 11. 1. 1993 (BGBl. I S. 50), Gesetz zur Heilung des Erwerbs von Wohnungseigentum vom 3. 1. 1994 (BGBl. I S. 66), Kostenänderungsgesetz vom 24. 6. 1994 (BGBl. I S. 1325), zuletzt geändert durch Einführungsgesetz zur Insolvenzordnung v. 5. 10. 1994 (BGBl. I S. 2911)

Vorbemerkung

Rechtliche Fragen des Erwerbs

1. Das Wohnungseigentumsgesetzt (WEG) regelt „nur" die Rechtsfragen die bei der Verwaltung bereits bestehender Wohnungseigentumsanlagen auftreten. Die Fragen **des Erwerbs von WE** können hier nicht allumfassend erörtert werden. Hierzu sei auf das Handbuch Eigentumswohnungen (HdB ETW) verwiesen, worin z. B. Ausführungen zu folgenden Themen enthalten sind: Kauf einer Gebrauchtwohnung, Kauf einer Neubauwohnung, Vor dem Kaufunbedingt studieren, der notarielle Kaufvertrag, Vorsicht Nebenkosten, etc. Kurz gesagt alle Fragen zum Kauf.

2. Sind nach dem Kauf **Mängel** am GE Vorhanden,
Beispiel: Wasserschäden nach Bezug im GE
so kann den Anspruch gegen Dritte, z. B. den Bauträger, auf Beseitigung, auf Ersatz der Nachbesserungskosten und auf Vorschuß dafür entweder der Verwalter nach entsprechendem Beschl (BGHZ 81, 35) oder der einzelne WEer (d. h. Ersterwerber, Zweiterwerber nur bei Abtretung oder vermuteter Ermächtigung, BGH NJW 1997, 2173) geltend machen (ausführlich Pause NJW 1993, 553). Dieser Anspruch

Vorbem. I. Teil. Wohnungseigentum

kann schon vor der Eintragung ins Grundbuch auch bei Mängeln außerhalb des Sondereigentums geltend gemacht werden (OLG Frankfurt NJW-RR 1993, 339). Wenn Mängelbeseitigung nicht oder nicht mehr verlangt werden kann, steht das Wahlrecht zwischen Minderung und Schadensersatz nur der Gem (durch Beschl) zu. Hat sie die Entscheidung durch Mehrheit getroffen, so kann sie (auch ohne Abtretung) den Verwalter oder den einzelnen WEer ermächtigen, den gezahlten Anspruch im eigenen Namen mit dem Verlangen der Leistung an den Verwalter bzw. an alle WEer geltend machen (BGH NJW 1992, 1881), auch bei Ineinandergreifen von Mängeln am GE und SE (BGH BauR 1986, 447). Sie kann es z.B. dem einzelnen WEer überlassen, ob und in welchem Umfang er Minderungen entsprechend seinem Anteil am GE selbst durchsetzen will (BGH NJW 1983, 453). Wirkt sich der Mangel am GE nur auf das SE eines einzelnen WEers aus und ist er nicht behebbar, so kann der einzelne den Anspruch auf Minderung oder Ersatz des Minderwertes selbständig geltend machen (BGHZ 110, 258). Wirkt sich der Mangel am GE auch auf das SE aus.

Beispiel: Isolierschicht zwischen zwei Wohnungen oder Trittschallschutz, so kann der betroffene WEer Zahlung der für die Mängelbeseitigung erforderlichen Kosten als Schadensersatz an die Gem verlangen, auch wenn die Ansprüche der übrigen WEer verjährt sind. Eine Zahlung an sich allein kann er nur aufgrund Ermächtigung verlangen (BGHZ 114, 383). Wenn die Gem beschlossen hat, Minderungen geltend zu machen, so kann der einzelne WEer nicht mehr Mängelbeseitigung verlangen (OLG Düsseldorf NJW-RR 1993, 89). Vielmehr wird in dem Maß, in dem sich die WEerGem der Gewährleistungsansprüche annimmt, dem einzelnen WE eine entsprechende Befugnis genommen (BayObLG WE 1996, 478). Das zuvor zur Mängelbeseitigung Dargestellte gilt ebenso im Fall eines Anspruchs auf Vorschuß gegen den Veräußerer (BGHZ 68, 77). Die Wandlung kann der einzelne WEer immer durchführen, weil sie das GE nicht betrifft (BGH NJW 1979, 2208). S. ausführlich Weitnauer Anh. zu § 8 Anm 37ff.

3 **3. Die WEer haften** aus dem mit dem **Verkäufer** geschlossenen Bauvertrag mangels abweichender Vereinbarung nur anteilig im Verhältnis ihrer MEanteile, wobei unerheblich ist, ob sich die Arbeiten auf das GE oder das SE beziehen (BGHZ 75, 26). Zur Sicherung dieser Forderung besteht Anspruch auf eine sog. Bauhandwerkersicherungshypothek (§ 648 BGB).

4 **4.** Wird einem Käufer die Schaffung eines **Sondernutzungsrechts** an einer Fläche oder an einem Raum **versprochen** und tritt dies nicht ein, so bedeutet dies einen Rechtsmangel (§§ 434, 437 BGB, BGH NJW 1997, 1778). Dies ist auch dann der Fall, wenn in einem Kaufvertrag eine Verpflichtung übernommen wird, z.B. für einen Kfz-Stellplatz (OLG Koblenz ZMR 1998, 225).

Einführung

5. Wenigen WEer ist bekannt, daß bereits die **Bildung von WE gesetzlichen Beschränkungen** unterworfen ist. Zwei seien an dieser Stelle genannt:

a) Das BauGB sieht in § 22 vor, daß in überwiegend durch den Fremdenverkehr geprägten Gemeindegebieten die Gründung von WE der Genehmigung bedarf. Diese darf allerdings nur versagt werden, wenn durch die beantragte Begründung des WE die Fremdenverkehrsfunktion beeinträchtigt wird (vgl. z.B. BVerwG BauR 1997, 815).

b) Nach dem BauGB (§ 172) ist die Aufteilung von Eigentumswohnungen in Gebieten mit Milieuschutzsatzung genehmigungspflichtig. Nach § 172 Abs. 4 darf die Genehmigung nur aus bestimmten Gründen versagt werden, wenn die Zusammensetzung der Wohnbevölkerung aus besonderen städtebaulichen Gründen erhalten werden soll (vgl. Sauren, Vortragsmanuskript, Düsseldorf, Groschupf NJW 1988, 418, 421).

I. Teil. Wohnungseigentum

Einführung vor § 1 WEG

1. Gebäude sind nach dem Bürgerlichen Gesetzbuch (BGB) wesentliche Bestandteile des Grundstücks (§§ 93, 94 BGB). Sie können nicht Gegenstand selbständiger Rechte sein, sondern folgen in ihrem rechtlichen Schicksal dem Grundstück. Das BGB kennt bei Grundstücken zudem nur die vertikale Teilung. Eigentum an gegenständlichen Teilen eines Grundstücks läßt es nicht zu.

2. Nach dem Ende des 2. Weltkrieges waren die Probleme des Wohnungsbaues so groß, daß man versuchte, die privaten Quellen möglichst vollständig auszuschöpfen. Weder konnten alle Familien in einem Einfamilienhaus leben, noch war es allen ausgebombten Hausbesitzern möglich, allein ihr Haus aufzubauen. Die Lösung des Problems war die **Schaffung des Wohnungseigentumsgesetzes (WEG),** das drei neue Rechtsformen schuf, nämlich das Dauerwohn- und Dauernutzungsrecht (§§ 31 ff.), das Wohnungs- und Teilerbbaurecht (§ 30) und das WE und TE (§§ 1 ff.). Insbesondere letzteres hat Ende der 70er und Anfang der 80er Jahre einen enormen Aufschwung erlebt, so daß man heute den Bestand auf ca. 3,2 Mio. schätzen kann (vgl. Seuß WE 1996, 121). Die durchschnittliche Größe einer Anlage beträgt 25 Einheiten, so daß ca. 128 000 Gemeinschaften in Deutschland existieren. Dies ist ca. 10,6% des gesamten Bestandes (vgl. Seuß FV 1, 12). Von den Eigentumswohnungen ist nach Bielefeld (FV 2, S. 12) die Hälfte vermietet. Die anderen Rechtsformen sind dagegen unbedeutend.

Vorbem. I. Teil. Wohnungseigentum

3 3. Das **WE** stellt eine **unauflösliche (§ 11) Verbindung von ME** am Grundstück und bestimmten Gebäudeteilen **und SE** an Räumen dar. Das Problem des gegenständlichen Eigentums (siehe Rdnr. 1) wurde damit gelöst. Es handelt sich bei dem WE nicht um ein grundstücksgleiches Recht (Sauren NJW 1985, 180 m.w.N.). Die Vorschriften des BGB, die sich auf Grundstücke beziehen, sind deshalb grundsätzlich nicht entsprechend anzuwenden.

4 4. Das **WE entsteht** entweder durch TErkl des Grundstückseigentümers und Eintragung (§ 8) oder durch Vertrag der Grundstückseigentümer und Eintragung (§§ 3, 4).

5 5. Von **Verfassungs** wegen ist **das WE durch Art. 14 Abs. 1 GG geschützt.** Sowohl der einzelne WEer zum Schutz seines SE als auch die Gemeinschaft in Ansehung des GE können sich auf die Garantiewirkung des Art. 14 GG berufen (Depenheuer WE 1994, 124, 125). Der vorgenannte Art. schützt nicht nur das Haben und Behalten, sondern auch die Nutzungsmöglichkeit und Verfügungsbefugnis (BVerfG v. 20. 12. 1989, 1 BvR 1153/87 unter Verweis auf BVerfGE 31, 222, 240 und 79, 292, 301). Entscheidend ist in jedem Fall die Ausgestaltung der TE, da nach dem BVerfG (a.a.O. S. 3) das Miteigentum jedes einzelnen WEer mit diesem Inhalt von vorne herein entstanden ist. Die Prüfung, ob in Übereinstimmung mit der TE die einzelne Maßnahme erfolgt ist, ist grundsätzlich Sache der Fachgerichte und einer Überprüfung durch das BVerfG entzogen (BVerfGE 18, 85, 92).

6 6. Der Zeitpunkt, ab wann die Vorschriften des WEG über das Verhältnis der WEer (§§ 10–29) und das Verfahren (§§ 43 ff.) anwendbar sind, stellt sich als Problem **der werdenden oder faktischen WEerGem dar.** Die gesetzlichen Bestimmungen gehen davon aus, daß die Wohnungsgrundbücher existieren und mindestens 2 Gemeinschafter als WEer eingetragen sind. Vorher handelt es sich lediglich um eine Gemeinschaft (§§ 741 ff., 1008 ff. BGB) oder Gesellschaft bürgerlichen Rechts, auf die die Bestimmungen des WEG auch nicht entsprechend angewendet werden können (vgl. KG ZMR 1986, 295).

7 a) Die **Voraussetzungen** der werdenden WEGem sind **umstritten:**

8 aa) Einig ist man sich jedoch insoweit, daß nur dann eine werdende WEG vorliegt, wenn die Beteiligten sich selbst als eine WEerGem sehen und diese praktizieren, z.B. Versammlungen einberufen.

9 bb) Zusätzlich vorliegen muß nach der Rechtsprechung zumindest die Anlegung der Wohnungsgrundbücher (KG ZMR 1986, 295; OLGZ 1989, 38; BayObLG WE 1991, 201). Dies kann insoweit nicht überzeugen, als die Entstehung der WEerGem nicht von der Schnelligkeit der Arbeitsweise des Grundbuchamts abhängig gemacht werden darf. Vielmehr muß es den Beteiligten und nicht dem Rechtspfleger

möglich sein, selbst die WEerGem zu begründen. Deshalb ist entscheidend der Zeitpunkt der Antragstellung beim Grundbuchamt (ebenso Müller Rdnr. 20 und FS Seuß S. 214).

cc) Aufgrund des Erfordernisses, daß mindestens 2 Gemeinschaftler vorhanden sein müssen, stellt sich die Frage, welche **Rechtsstellung diese (mindestens 2) Gemeinschaftler** innehaben müssen. Bei einer Teilung durch Vertrag (§§ 3, 4) ist dies unproblematisch, da die Gemeinschaftler bisher MEer waren und dies auch bleiben, die WEerGem entsteht mit Grundbuchanlegung (BayObLG NJW-RR 1992, 597), eine faktische Gem ist deshalb vorher nicht gegeben. Bei der i.d.R. vorliegenden Begründung in Form des § 8 ist jedoch fraglich, inwieweit die Position des Erwerbers rechtlich gesichert sein muß. Das BayObLG (NJW 1990, 3216, OLG Köln NJW-RR 1998, 518; a.A. zur Recht, siehe Rdnr. 14ff, OLG Saarbrücken NZM 1998, 518) läßt bereits dann eine werdende WEerGem entstehen, wenn der erste Erwerber durch Vormerkung (§ 883 BGB) gesichert ist und Besitz, Nutzen und Lasten auf ihn übergegangen sind. Ist die Gem rechtlich durch Eintragung eines anderen WEer in Vollzug gesetzt, soll nach dem BayObLG der Ersterwerber seine Rechte behalten, ein dritter Erwerber soll, trotz Sicherung durch Vormerkung und Besitz, Nutzen und Lasten, kein werdender WEer sein, da die Gem schon besteht. 10

b) Darstellung: Nach dieser Rechtsprechung ergibt sich folgender Ablauf: 11

Schritt 1: Verkauf durch den aufteilenden Alleineigentümer (A, z.B. Bauträger) von zwei der vier WE's an K I und K II:

Skizze

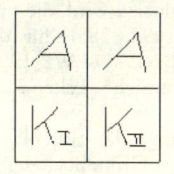

A	A
K I	K II

Durch Verkauf, Eintragung der Vormerkung und Übertragung von Besitz Nutzen und Lasten entsteht eine faktische Gemeinschaft zwischen Bauträger und den zwei Erwerbern

Schritt 2: Eintragung eines der beiden Erwerber der verkauften Einheiten als Eigentümer und Verkauf der dritten Wohnung durch Alleineigentümer an K III.

Skizze

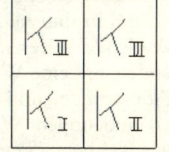

K III	K III
K I	K II

Durch Eigentumsumschreibung des K I wird faktische Gemeinschaft beendet.
Es entsteht gleichzeitig die WEerGem. Diese besteht nun aus K I, K II und A. Obwohl K II und K III rechtlich identische Positionen innehaben, werden sie nach der Rechtsprechung anders beurteilt.

Vorbem. I. Teil. Wohnungseigentum

K II ist WEer, K III nicht. Dies hängt alleine von der zufälligen Eintragung durch das Grundbuchamt ab.

Schritt 3: Weitere Verkäufe durch K I, K II, K III oder A. Alle Käufer haben nun erst Rechte nach der Eigentumsumschreibung. Bei einem Rücktritt des Erwerbers verliert er nach dem BayObLG (NJW-RR 1996, 394) seine Stellung.

12 **c) Konsequenzen für Beteiligte:** Aus dem Vorstehenden resultiert die Handhabung für den Verwalter. Während des Schrittes 1 hat er A, K I und K II zur Versammlung zu laden, in der sie Stimmrechte haben. Diese können auch Beschl anfechten (§ 43 analog). Ab dem Monat des Übergangs von Besitz, Nutzen und Lasten haben K I und K II auch Wohngelder zu zahlen. Nach Schritt 2 besteht die Gem noch aus K I, K II und A mit allen Rechten und Pflichten. K III wird erst Mitglied nach Eigentumsumschreibung. Erst dann muß er Wohngeld zahlen und kann an der Versammlung mit Stimmrecht teilnehmen, bis zu diesem Zeitpunkt ist A alleine verpflichtet und berechtigt. Bei Schritt 3 ist nur noch die Eigentumsumschreibung maßgeblich.

13 **d) Wirkungen der faktischen Gem:** Sind die Voraussetzungen erfüllt, so können die WEer ab diesem Zeitpunkt nach den Regeln des WEG handeln z.B. abstimmen (BayObLG ZMR 1998, 101) oder abrechnen gem. § 28, (die Entscheidung KG ZMR 1986, 295 ist bedenklich hinsichtlich BGH NJW 1988, 1910, deshalb auch vom BayObLG WE 1994, 247 offen gelassen), vorher ist auch ein Beschl nicht möglich (LG Frankfurt ZMR 1989, 351). Ein Beschl ist sogar nichtig, wenn über Zahlungsvorgänge beschlossen wird, die nichts mit der WEerGem zu tun haben (KG WE 1992, 285), für das Entstehungsjahr der Gem aber nur anfechtbar (BayObLG WE 1994, 247). Desweiteren können z.B. Beseitigungsansprüche geltend gemacht werden (OLG Köln NZM 1998, 199).

14 **e) Kritik:** Allein die Kompliziertheit und das ausschlaggebende Kriterium der Zufälligkeit der Eintragung ins Grundbuch zeigen, daß dieser Lösung nicht zu folgen ist. Einen Grund, warum der erste Eigentümer anders behandelt wird, als der Dritte, kann die Rechtsprechung nicht geben. Deshalb wird sie vom LG Ellwangen (NJW-RR 1996, 173) und Coester (NJW 1990, 3185) zu Recht abgelehnt. Die Auffassung des BayObLG führt dazu, daß in der Rechtsprechung (OLG Hamm WE 1994, 239 m. abl. Anm. Schmidt) untersucht wird, ob einzelne Paragraphen des WEG auf die werdende WEerGem nunmehr anwendbar sind. Damit wird die werdende Gem eine WEerGem 2. Klasse, was wiederum im Gesetz keine Stütze findet und die Absurdität der Auffassung zeigt. Aufgrund des eindeutigen Wortlautes („WEer") ist deshalb eine Erweiterung abzulehnen (Sauren PiG Nr. 32, 195 ff.). Dies bedeutet, daß die entscheidende Voraussetzung

die bindende Einreichung des Antrages beim Grundbuchamt auf Eigentumsumschreibung des ersten Erwerbers ist. Auch dies kann praxisgerecht umgesetzt werden (s. Diskussion in PIG Nr. 32, 255 ff.). Das OLG Saarbrücken (NZM 1998, 518) hat die vorgenannte Kritik aufgenommen und der sich hier vertretenden Meinung angeschlossen.

f) Die Frage der Entstehtung der WEerGem ist auch entscheidend 15 für die Frage, **bis wann der teilende WEer einseitig die TErkl und/oder das Bauwerk ändern kann.** Der überwiegende Teil der Rechtsprechung will dem Aufteilenden dies nur bis zur Einräumung von Besitz, Nutzen und Lasten und Vormerkungseintragung für den ersten Erwerber gestatten (BayObLG NJW-RR 1994, 276; OLG Frankfurt ZMR 1997, 609; OLG Schleswig WE 1994, 87). Ab diesem Zeitpunkt ist die Zustimmung aller Gemeinschafter notwendig. Anderseits vertritt das OLG Frankfurt (WE 1994, 340) die Auffassung, daß der teilende Eigentümer die Gemeinschaftsordnung solange ändern kann, bis der erste Erwerber im Grundbuch eingetragen worden ist (a.A. BayObLG NJWE 1997, 17). Auch diese widersprüchlichen Meinungen zeigen, daß die hier vertretene Auffassung die richtige ist. Das OLG Frankfurt hat in ZMR 1997, 638 die Zustimmung ab Vormerkungseintragung zur Veränderung der GO gefordert und einen gutgläubigen Erwerb abgelehnt.

I.d.R. ist zur Änderung der TErkl die Zustimmung der dinglich 16 Berechtigten notwendig (vgl. § 10 Rdnr. 37).

7. Die **WEerGem** kann als solche **nicht im Rechtsleben auf-** 17 **treten.** Sie ist nicht rechts-, partei- oder beteiligtenfähig (BGH NJW 1977, 1686), sondern nur die einzelnen WEer. Die WEerGem ist eine Bruchteilsgemeinschaft gem. den §§ 1008, 741 ff. BGB (Palandt Überblick vor § 1 Rdnr. 5, a. A. Bärmann PiG 22, 1 ff.: quasi körperschaftlicher Personenverband, vergleichbar mit nichteingetragenem Verein).

8. Das **Gemeinschaftsverhältnis stellt ein besonderes Schuld-** 18 **verhältnis dar,** aus dem für den einzelnen Beteiligten Ansprüche und Verpflichtungen, wie z.B. Schutz- und Treuepflicht, resultieren. Siehe vor § 10 Rdnr. 9.

9. Rechtliche Fragen des Erwerbs s. Vorbemerkung 19

10. Verwaltungsrecht: Das WE kommt in vielerlei Hinsicht in 20 Berührung mit dem Verwaltungsrecht. Im folgenden sind die wichtigsten Punkte aufzuzählen:

a) Inanspruchnahme des Verwalters für das GE. Oftmals 21 werden Verwalter von den Ordnungsbehörden für das GE in Anspruch genommen, z.B. die Statikprüfung des Hauses (OVG Münster WuM 1994, 507). Ist die zugrundeliegende Ordnungsverfügung bestandskräftig, so hat der Verwalter die Maßnahme durchzuführen, da der Bescheid nicht nichtig ist (OVG Münster a.a.O.). Die Gerichte leiten jedoch aus dem Umstand, daß der Verwalter nach dem Gesetz

Vorbem. I. Teil. Wohnungseigentum

die für das GE erforderlichen Maßnahmen zu treffen hat (§ 27 Abs. 1 Nr. 2) ein selbstständiges Recht des Verwalters ab mit der Folge, daß der Verwalter aufgrund dieser Handlungsbefugnis als Störer in Anspruch genommen werden kann (VGH Mannheim NJW 1974, 74). Die Verwaltungsgerichte übersehen, daß durch § 27 Abs. 1 Nr. 2 dem Verwalter gerade keine Vertretungsmacht eingeräumt wird (siehe § 27 Rdnr. 14 m.N.). Der Verwalter haftet gerade nicht für den Erfolg, sondern ist nur ausführendes Organ mit Überwachungspflichten. Die Verwaltungsrechtsprechung führt aber dazu, daß der Verwalter in eigener Person die Aufträge zu vergeben hat, was gerade nicht Zweck des WEG's ist (abl. auch aus anderen Gründen Deckert 2/2348).

22 **b) Schornsteinfegergesetz (SchfG):** Die Bezirksschornsteinfeger haben generell Abgasüberprüfungen bei Heizungen vorzunehmen und erheben dafür Gebühren. Soweit diese die im GE stehende Heizung betrifft, sind die WEer Gesamtschuldner, der Verwalter Zustellungsbevollmächtigter. Sind die Heizungen SE, so ist nach bis zum 21. 7. 1994 geltenden SchfG nach dem BVerwG (WE 1994, 269) trotzdem die WEerGem Gesamtschuldner dieser Gebühren. Für die Neufassung wird dies verneint (Becker WE 1994, 361 m.w.N.).

23 **c) Öffentliches Baurecht:**
aa) Die WEer als Bauherr. Haben die WEer eine Baumaßnahme beschlossen, so handelt es sich um eine gemeinschaftliche Angelegenheit mit der Folge, daß der Verwalter Zustellungsbevollmächtigter ist (§ 27 Abs. 2 Nr. 3). Die Zustellung an ihn löst deshalb die Rechtsmittelfristen aus. Hat ein WEer den Beschl zur Baumaßnahme angefochten, erhält er dadurch nicht die Befugnis, die Baugenehmigung anzufechten mit der Begründung, sie würde in sein SE eingreifen (BVerwG NJW 1988, 3279). Durch die Baugenehmigung verliert der WEer auch nicht sein Recht aus dem Gemeinschaftsverhältnis, da die Baugenehmigung „unbeschadet seiner Rechte" ergeht (BVerwG a.a.O.).

24 **bb) Der einzelne WEer als Bauherr.** Auch hier sind die anderen WEer nicht widerspruchs- und/oder klagebefugt. Dies folgt daraus, daß die WEer nicht Nachbarn i.S. der LBauO sind (BVerwG NJW 1990, 2485; VGH Mannheim NJWE 1996, 65).

25 **cc) Bauwerk auf den Nachbargrundstücken.** In diesem Fall gilt es zunächst festzuhalten, daß alle WEer Nachbarn i.S. der LBauO sind und folglich widerspruchs- und klagebefugt, soweit die Nachbarrechte ihre Grundlage im SE haben (OVG Münster DWW 1991, 149). Aus dem GE fließende Nachbarrechte können nur unter der Voraussetzung des § 21 Abs. 2 geltend gemacht werden (OVG Münster a.a.O.) Es handelt sich auch nicht um eine gemeinschaftliche Angelegenheit (vgl. OLG Hamm NJW-RR 1991, 338 zur Baulastenzustimmung) mit der Folge, daß ein Beschl nichtig ist (Müller WE 1994, 162). Damit kann auch eine Zustellung an den Verwalter nicht erfolgen (Müller a.a.O., a.A. Simon BayBauO Art. 73 Rdnr. 12), es sei denn alle

Einführung **Vorbem.**

WEer hätten ihm Vollmacht erteilt. Hat der Verwalter jedoch ohne Vollmacht einen Baubescheid erhalten, so muß man ihn als widerspruchsbefugt ansehen, allein um den Rechtsschein beseitigen zu können (OVG Lüneburg BauR 1976, 684; Müller WE 1994, 164).

d) Kommunalabgabenrecht (vgl. Müller WE 1994, 158). 26
Dies ist Landesrecht und damit von der Ausgestaltung in den einzelnen Ländern abhängig.

aa) Beiträge nach dem **Kommunalabgabengesetz.** Unter Bei- 27
trägen sind Geldleistungen zur Deckung des Aufwands für die Herstellung, Anschaffung, Verbesserung, Erneuerung und Erweiterung öffentlicher Einrichtungen und Anlagen zu verstehen (Art. 8 Abs. 2 NRWKAG; Art. 5 Abs. 1 BayKAG), z.B. Anliegerbeitrag. Ruht der Beitrag als öffentliche Last auf dem Grundstück, auch wenn WE gebildet ist (z.B. in NRW, Art. 8 Abs. 9 NRWKAG), so ist es zulässig, der WEG einen sog. zusammengefaßten Gebührenbescheid zuzustellen (§ 12 NRWKAG i.V.m. § 150 AO). Umstritten ist aber, ob ein Bescheid an die „WEG X-Straße" gerichtet sein darf (so OVG Münster NJW-RR 1992, 458; Müller WE 1994, 158) oder ob alle betroffenen WEer im Bescheid einzeln benannt sein müssen (so wohl richtig die h.M. OVG Schleswig NJW-RR 1992, 457; Hess. VGH, HessVGRsp. 1972, 65; BFH BStBl II 1976, 138; BayVGH NJW-RR 1994, 13) und der Verwalter Zustellungsbevollmächtigter sein kann (so OVG Münster a.a.O.; a.A. OVG Schleswig a.a.O.). Auf jeden Fall ist ein solcher Bescheid aus den vorgenannten Gründen nach dem BVerwG (WuM 1994, 348) nicht nichtig (a.A. BayVGH a.a.O. m.w.N.). Soweit in Ländern, wie z.B. Bayern (Art. 5 Abs. 6 Satz 2 BayKAG), die einzelnen WEer nur nach ihrem MEAnteil beitragspflichtig sind, weil auf dem WE die Last ruht, ist ein zusammengefaßter Bescheid unzulässig. Der Bescheid muß an jeden WEer gerichtet werden; der Verwalter kann auch nicht Zustellungsbevollmächtigter sein.

bb) Benutzungsgebühren, wie z.B. Straßenreinigungs, Abwasser-, 28
Abfallbeseitigungsgebühren. Hier wird die gemeindliche Einrichtung in Anspruch genommen. Benutzer ist i.d.R. der Eigentümer des durch die gereinigte Straße erschlossenen Grundstücks (z.B. § 3 NRW StraßenreinigungsG), d.h. bei WE die WEer in ihrer Gesamtheit (z.B. § 12 NRWKAG). Damit können zusammengefaßte Bescheide mit Zustellung an den Verwalter erfolgen. Ist in der Satzung jedoch geregelt, daß nur derjenige als Benutzer anzusehen ist, der eine selbständig zurechenbare und erfaßbare tatsächliche Benutzung vornimmt, z.B. wird Müllgebühr pro Haushalt und unabhängig von der Zahl der Haushaltsangehörigen oder den konkreten zu entsorgenden Müllmengen berechnet (was zulässig ist, BVerwG WuM 1994, 702), so ist ein zusammengefaßter Bescheid unzulässig.

cc) Erschließungsbeiträge (§§ 127 ff. BauGB) und Grundsteuer 29
siehe § 16 Rdnr. 5.

§ 1   I. Teil. Wohnungseigentum

Begriffsbestimmungen

1 (1) Nach Maßgabe dieses Gesetzes kann an Wohnungen das Wohnungseigentum, an nicht zu Wohnzwecken dienenden Räumen eines Gebäudes das Teileigentum begründet werden.

(2) Wohnungseigentum ist das Sondereigentum an einer Wohnung in Verbindung mit dem Miteigentumsanteil an dem gemeinschaftlichen Eigentum, zu dem es gehört.

(3) Teileigentum ist das Sondereigentum an nicht zu Wohnzwecken dienenden Räumen eines Gebäudes in Verbindung mit dem Miteigentumsanteil an dem gemeinschaftlichen Eigentum, zu dem es gehört.

(4) Wohnungs- und Teileigentum können nicht in der Weise begründet werden, daß das Sondereigentum mit Miteigentum an mehreren Grundstücken verbunden wird.

(5) Gemeinschaftliches Eigentum im Sinne dieses Gesetzes sind das Grundstück sowie die Teile, Anlagen und Einrichtungen des Gebäudes, die nicht im Sondereigentum oder im Eigentum eines Dritten stehen.

(6) Für das Teileigentum gelten die Vorschriften über das Wohnungseigentum entsprechend.

1   1. § 1 definiert die wesentlichen **Grundbegriffe des WEG's**.

2   2. Das WEG hat in Abweichung vom bisherigen Recht **eine neue Art von Eigentum** (Abs. 1) geschaffen, nämlich das WE und das TE. Während WE als Begriff für Räume steht, die Wohnzwecken dienen (auch ETW genannt), sieht das Gesetz TE als Begriff für alle Räume vor, die nicht zu Wohnzwecken dienen.
     Beispiel: Laden

3   3. Eine **Wohnung** (Abs. 2) ist dabei die Summe der Räume, welche die Führung eines Haushaltes ermöglicht: Kochgelegenheit, Wasserversorgung und WC (vgl. hierzu Nr. 4 der allg. Verwaltungsvorschrift für die Ausstellung von Bescheinigungen gem. § 7 Abs. 4 v. 19. 3. 1974, abgedruckt bei BPM Anhang II S. 995). Auch ein Einzelzimmer kann eine Wohnung sein, nicht jedoch ein Flur (OLG Hamm Rpfleger 1986, 374) oder eine Toilette (OLG Düsseldorf Rpfleger 1976, 215). Soweit das SE gemischt genutzt wird, entscheidet die überwiegende Nutzung (Palandt Rdnr. 1), ansonsten ist es WE und TE. Maßgebend ist die bei Begründung festgelegte Zweckbestimmung. Auch der dauernd abweichende Gebrauch begründet keine Umwandlung (BayObLG Rpfleger 1973, 140), da diese die Einigung aller WEer (BayObLG NJW-RR 1997, 586) und die Eintragung voraussetzen würde, auch nicht bei längerer Duldung (OLG Köln ZMR

Begriffsbestimmungen **§ 1**

1995, 263, a. A. bei mehr als 14 Jahren Duldung LG Wuppertal NJW-RR 1986, 1074). Ist eine Zweckbestimmung aus der TErkl nicht zu entnehmen, ist von der faktischen Zweckbestimmung auszugehen (AG Siegburg DWE 1988, 70). Nach dem BayObLG (NJW-RR 1998, 735) ist eine Eintragung als WE unzulässig, wenn es sich tatsächlich um TE, z. B. Hobbyraum handelt.

4. Die **Vorschriften für das WE gelten** gem. Abs. 4 ebenso für 4 das **TE,** so daß im folgenden bei WE sinngemäß auch das TE gemeint ist.

5. Die neue Eigentumsform „WE" setzt sich gem. Abs. 2 aus dem 5 SE an einer Wohnung und dem MEanteil am GE (z. B. Grundstück) zusammen. Damit ist der WEer **Alleininhaber** einmal des Eigentums an einer Wohnung oder an einer sonstigen Raumeinheit (SE) und MEer am Grundstück und sonstigem GE. Da der WEer damit sowohl Alleineigentümer als auch **MEer** ist, stellt sich die **Abgrenzungsfrage,** die für viele Antworten entscheidend ist.

Beispiel: Tragung von Kosten und Lasten, Gebrauchsregelung und Veränderungsmöglichkeiten.

6. Gegenstand des GE's: Ausgangspunkt der Betrachtung sind 6 die zwingenden Vorschriften des GE's. Abs. 5 bestimmt, daß das Grundstück sowie Teile, Anlagen und Einrichtungen des Gebäudes, die nicht im SE eines Dritten stehen, GE sind. Gem. § 5 Abs. 2 gehören zum GE Teile des Gebäudes, die für dessen Bestand oder Sicherheit erforderlich sind, sowie Anlagen und Einrichtungen, die dem gemeinschaftlichen Gebrauch dienen. Dies bedeutet, daß GE sind:
– Nicht bebaute Grundstücksteile
  Beispiel: Garten- u. Hoffläche
– Teile des Gebäudes, die für den Bestand und die Sicherheit erforderlich sind.
  Beispiel: Dächer und tragende Mauern.
– Einrichtungen und Anlagen, die dem gemeinschaftlichen Gebrauch dienen.
  Beispiel: Treppenhäuser und Fahrstuhl
– Die äußere Gestalt des Hauses.
  Beispiel: Außentüre, Außenfassade
– Isolierschichten, seien es Feuchtigkeits- oder Schallschutzschichten (vgl. Sauren Rpfleger 1985, 437).

7. Gegenstand des SE's: Im Umkehrschluß gehören folglich alle 7 Gebäudeteile zum SE, sofern sie nicht zwingend durch Gesetz oder durch Vereinb der WEer dem GE zugeordnet wurden. Insbesondere gehören zum SE:
– Räume, die im Aufteilungsplan dem SE zugewiesen und in sich abgeschlossen sind. Dazu gehören auch Zubehörräume.
  Beispiel: Keller und Speicher.

– Bestandteile des Gebäudes, die verändert, beseitigt oder eingefügt
werden können, ohne daß das GE oder die Rechte der MEer beeinträchtigt werden.
Beispiel: Nichttragende Wände, Decken
Nicht zum SE können aber Rechte zur Benutzung eines Nachbargrundstücks gemacht werden (OLG Hamm ZMR 1997, 150)

8 8. Da die Frage der Abgrenzung im Einzelfall schwierig sein kann, sind im nachfolgenden einige Fälle in ABC-Form aufgezählt. Dem SE kann nichts zugeordnet werden, selbst nicht durch Vereinb, was kraft Gesetzes GE ist. Deshalb ist (vgl. auch Müller Rdnr. 38f.), soweit über die im folgenden gegebenen Erläuterungen noch Zweifel bestehen, GE anzunehmen.
Abflußrohr: GE, soweit Hauptleitung, auch dann, wenn sie als Hauptleitung durch SEräume führt.
Siehe auch: Zuleitungen, Anschlußleitungen.
Absperrventil: GE, auch wenn in SE gelegen (KG WE 1994, 52, 53).
Abstellplätze: Soweit es sich um Grundstücksflächen, die unbebaut sind, handelt, sind sie notwendig GE. Soweit es sich um Plätze im oder auf einem Parkdeck handelt, ist SE durch Vereinb möglich (siehe § 3 Rdnr. 9).
Abwasserkanal: siehe Abflußrohr.
Abwasserhebeanlage: siehe Fäkalienhebeanlage.
Alarmanlage: Soweit Zubehör zum SE, SE (vgl. OLG München MDR 1979, 934).
Anschlußleitungen: Hierunter sind Versorgungsleitungen für Gas, Wasser, Strom, Heizung usw. zu verstehen. Soweit es sich um Hauptversorgungsleitungen handelt, stehen diese im GE, auch wenn sie durch SE führen. Aber auch Leitungen, die von der Hauptleitung abzweigen, aber durch fremdes SE verlaufen, ehe sie die im SE eines anderen WEer stehende Zapfstelle erreichen, sind GE (KG WuM 1994, 38; 1989, 89; BayObLG WuM 1989, 35; WE 1994, 21), es sei denn sie dienen nur einem SE (BayObLG WE 1989, 147), dann SE, dienen sie 2 SE's, so MitSE (OLG Zweibrücken ZMR 1987, 102, siehe hierzu auch § 1 Rdnr. 9).
Antennen: GE, soweit sie der WEerGem dienen. Auch dann, wenn sie nur von einem WEer betrieben werden und nur ihm zu dienen bestimmt sind (a. A. Müller Rdnr. 38), da sie mit dem Außengebäude notwendig verbunden sind. Anderslautende Vereinb möglich (Erman § 10 Rdnr. 7), siehe auch Steckdosen.
Aufzug: Zwingend GE.
Außenjalousien: Soweit keine gegenteilige Regelung in der TErkl, GE (KG ZMR 1985, 344). Siehe auch Rolläden.

Begriffsbestimmungen § 1

Außenputz: GE (OLG Düsseldorf BauR 1975, 61).
Außenwand: GE (BayObLG NJW-RR 1994, 82).
Badeinrichtungen: Innerhalb SE: SE.
Balkenkonstruktionen: GE.
Balkon: SE fähig, Balkon steht in GE wenn er nicht ausdrücklich dem SE zugeordnet wird (OLG Frankfurt WE 1997, 350). Die von Bielefeld S. 29 vertretene gegenteilige Ansicht ist abzulehnen, da die Zugehörigkeit des Balkons zu SE bzw. GE nicht von der Möglichkeit ihn zu betreten, sondern von der Zuordnung in der Terkl abhängt.

Ist der Balkon dem SE zugeordnet, so bezieht sich das nur auf den Bodenbelag einschl. Verfugung und die Innenseite (BayObLG WE 1994, 184). Folgende Dinge gehören zwingend zum GE: Balkondecke, Balkongeländer (BayObLG ZMR 1997, 37) bzw. Gitter (BayObLGZ 1974, 269, 271), Bodenplatten (OLG Hamm ZMR 1989, 99), Brüstung einschließlich der Decken-/Kronenbleche (BayObLG NJW-RR 1990, 784), Balkonaußenwände (BayObLG WE 1992, 197). Ob der Putz und der Anstrich auf der Balkoninnenseite dem GE zugehören, ist streitig (GE, soweit von außen sichtbar: OLG Frankfurt DWE 1990, 107, 114; Anstrich: OLG Düsseldorf ZMR 1991, 486; SE: BayObLG NJW-RR 1990, 784).

Zum GE gehören ferner Isolierschichten sowohl gegen Feuchtigkeit (BayObLG NJW-RR 1987, 331), gegen Schallschuzt (Sauren Rpfleger 1985, 437), als auch gegen Wärme. Sieht die TE SE vor, ist diese nichtige Klausel ggf. in eine Kostentragungslast des einzelnen SEer's umzudeuten (OLGHamm NJWE 1997, 114).

Zur Verdeutlichung s. die Skizze S. 14.
Balkonstützen: GE (BayObLG NJW-RR 1986, 762).
Balkontrennmauer: Zwingend GE, wenn durch die Errichtung die äußere Gestaltung verändert wird (BayObLG WuM 1985, 31), ansonsten MitSE (siehe Rdnr. 9).
Bankguthaben: siehe Verwaltungsvermögen.
Bargeld: siehe Verwaltungsvermögen.
Blumen oder Pflanzentröge: Können sowohl SE oder GE sein, je nachdem, in wessen Eigentum sie stehen. Dann aber zwingend GE, wenn sie gemeinschaftliche Aufgaben übernehmen, z.B. Ersetzung der Brüstungsmauern (BayObLG DWE 1987, 27).
Böden: Zwischen den Wohnungen als konstruktive Bestandteile zwingend GE (KG NJW-RR 1993, 909), Bodenbelag innerhalb der Räume SE, zur Bodenplatte eines Balkons vgl. Balkon. Siehe auch Decke, Estrich, Fußbodenbelag.
Brandmauer (auch Kommunmauer genannt): Als Abgrenzung zu SE GE, zugleich ME der Nachbarn (BGHZ 43, 129; 91, 282).
Briefkasten: Briefkastenanlage GE, Briefschlitz in der Wohnungsabschlußtür ist deren wesentlicher Bestandteil, daher GE, auch das In-

§ 1   I. Teil. Wohnungseigentum

nere eines Briefkastens ist GE (AG Pforzheim v. 27. 5. 1994 zit. n. Deckert 2, 2254), siehe auch Türen.

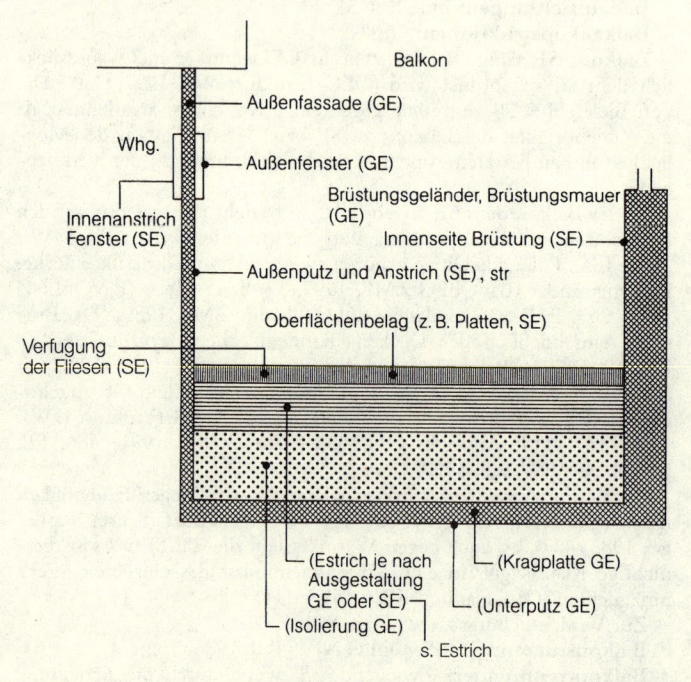

```
                          Balkon
              Außenfassade (GE)
  Whg.
              Außenfenster (GE)
                          Brüstungsgeländer, Brüstungsmauer
                          (GE)
  Innenanstrich            Innenseite Brüstung (SE)
  Fenster (SE)
              Außenputz und Anstrich (SE), str
              Oberflächenbelag (z. B. Platten, SE)
  Verfugung
  der Fliesen (SE)

       (Estrich je nach       (Kragplatte GE)
        Ausgestaltung
        GE oder SE)
        (Isolierung GE)      (Unterputz GE)
                           s. Estrich
```

Car-Ports (= KFZ-Stellplätze im Freien mit vier Eckpfosten und Überdachung): GE (BayObLG ZMR 1986, 207).

Dach: Zwingend GE (OLG Frankfurt Rpfleger 1975, 178), ebenso Dachbelag, wenn Isolierfunktion (OLG Frankfurt WE 1986, 141), dies gilt auch für alle übrigen Teile des Flachdachs, die Dachentwässerung, Regenfalleitung und Attika.

Dachfenster: siehe Fenster.

Dachrinne: GE (BayObLG NJWE 1996, 181)

Dachterrassen: GE, können aber durch TErkl zu SE werden, wenn sie nicht ebenerdig liegen. Im übrigen gilt das zum Balkon Gesagte.

Decke: Ist GE (KG NJW-RR 1990, 334) wie Böden, ebenso wie Geschoßdecke (BayObLG NJW-RR 1994, 82) oder abgehängte Dekke (BayObLG v. 16. 10. 1997, 2 ZBR 106/97). Ist jedoch eine Zwischendecke eingezogen, so ist der Luftraum und ggf. dessen Inhalt bis zur gemeinschaftlichen Decke SE, ebenso Deckenverkleidung.

Begriffsbestimmungen § 1

Diele: Innerhalb SE SE, innerhalb GE GE, soweit es der einzige Zugang zu einem gemeinschaftlichen Raum ist, GE (BGH NJW 1992, 2909), siehe auch Eingangsflure.

Doppelhaus: Doppelhaushälften sind SEfähig nur bzgl. der Wohnungen, nicht jedoch bzgl. der Gebäudeteile, die für den Bestand oder die Sicherheit des Hauses erforderlich sind. Die Anlagen und Einrichtungen, die dem gemeinschaftlichen Gebrauch dienen, sind nicht SE fähig (BayObLG DNotZ 1966, 488).

Doppelstockgarage: siehe § 3 Rdnr. 9. Die Hebebühne ist zwingend GE (OLG Hamm OLGZ 1983, 1).

Einbauschrank: SE.

Eingangsflur: Soweit nicht im SE gelegen GE, dies gilt auch für Vorhallen, Korridore etc. (BayObLG DWE 1981, 27). Siehe auch Decke.

Eingangspodest: Vor Haustüren zu SE ist GE (BayObLG WuM 1992, 705)

Eingangstür: siehe Türen.

Elektrizitätsleitung: siehe Anschlußleitungen.

Erfassungsgeräte (= zur Ermittlung des Verbrauchs von Versorgungsleitungen, z. B. Gas- und Wasseruhren): GE, wenn die ermittelten Ergebnisse der Abrechnung der Gemeinschaft im Innenverhältnis dienen (KG WE 1994, 52). Siehe auch: Heizkostenverteiler.

Estrich: Soweit er zur Wärme- und Schalldämmung dient GE, ansonsten SE (OLG München Rpfleger 1985, 437 mit Anm. Sauren).

Etagenheizung: I. d. R. SE.

Fahrstuhl: siehe Aufzug.

Fäkalienhebeanlage: Wenn sie dem gemeinschaftlichen Gebrauch aller WEer dient = GE. Eine von der Baubehörde vorgeschriebene, die ausschließlich der Entsorgung eines SE dient, ist nicht zwingend GE (BayObLG ZMR 1992, 66; OLG Düsseldorf WuM 1994, 716). Dient sie nur der Versorgung eines SE und ist sie innerhalb dieses SE aufgestellt, so SE (KG WE 1994, 52).

Fallrohr: siehe Regenrinne.

Fenster: Rahmen und Verglasung (auch bei Doppelverglasung) GE, weil sie die äußere und innere Gestaltung des Gebäudes bestimmen (BayObLG WuM 1995, 326). Innenanstrich und freimontierbare Beschläge SE (OLG Bremen DWE 1987, 59). TErkl oder GO, die Fenster allgemein zu SE erklären, sind nichtig (OLG Hamm WE 1992, 82). Das OLG Hamm versucht eine Umdeutung derartiger Regelungen in der TErkl in die Kostentragungspflicht der jeweiligen WEer „im Einzelfall" (so auch OLG Düsseldorf NJW-RR 1998, 515). Dies verbietet sich nach dem OLG Hamm (WE 1996, 430) dann, wenn MEanteil im Vergleich zu anderen überhöht ist. Dem ist nicht zu folgen, da aus einer nichtigen Eigentumszuordnungsregelung keine weitergehende Folge für die Kostentragungslast gezogen werden kann (ähnlich Schmidt WE 1998, 230). Deshalb dann einschränkend LG Wuppertal in DWE 1997, 42.

Fensterbank: Außen (OLG Frankfurt NJW 1975, 2297) und Fensterladen (BayObLG WuM 1991, 440).

Fensterladen: siehe Fensterbank.

Fertiggaragen: (= ohne Fundament und sonstige Bodenverankerung aufgestellte Garagencontainer): Ihre konstruktiven Teile sind zwingend GE, da es sich im Hinblick auf ihr Eigengewicht um wesentliche Bestandteile des Grundstücks handelt (BayObLG WE 1989, 218).

Fettabscheider: im Abwassersystem: GE (Deckert 3, 37).

Flachdach: siehe Dach.

Flur: siehe Diele.

Fundamente: Zwingend GE.

Fußboden: SE, siehe Balkon, Estrich.

Fußbodenbelag: SE (BayObLG DWE 1980, 62) siehe auch Böden.

Fußbodenheizung: Schlingen der Fußbodenheizung in der Wohnung sind SE.

Garage: GE, aber SEfähig. Dies gilt für freistehende Garagen wie auch Sammel- und Tiefgaragen, nach der Rechtsprechung nicht aber für an der Ausfahrtseite offene Garage (OLG Celle WE 1992, 148, siehe aber § 3 Rdnr. 9). Im Fall von SE sind jedoch die konstruktiven Bestandteile, die für den Bestand notwendig sind (Dach, Außenmauern, Tore etc.) dem GE zuzuordnen. Zu- und Abfahrten, Treppen etc. bleiben ebenfalls GE. Stellplatz, der den einzigen Zugang zur der im GE stehenden Heizung oder den zentralen Versorgungsanschlüssen des Hauses darstellt, ist zwingend GE (BGH NJW 1991, 2909), aber SNR möglich (BGH a.a.O. S. 2910). Zu SE an Stellplätzen in Garagen, die sich im GE befinden, siehe § 3 Rdnr. 9; siehe auch Abstellplätze für Kfz.

Garten: GE.

Gasleitungen: Als Hauptleitungen GE, ansonsten SE, siehe auch Anschlußleitung.

Geländer: GE.

Gemeinschaftsräume: GE.

Geräteraum: Zwingend GE, wenn er ständigen Mitgebrauch aller WEer dient (BayObLG WuM 1995, 326).

Grundstücksfläche: GE.

Hauptversorgungsleitung: GE, siehe auch Gasleitung, Anschlußleitungen.

Hausmeisterwohnung: GE, soweit der Hausmeister nicht WEer ist (BayObLG WE 1989, 146).

Haussprechanlage: Türöffner daran ist GE (AG Böblingen NJW-RR 1996, 1297, Bielefeld DWE 1997, 28).

Begriffsbestimmungen § 1

Hauszugangsweg: I. d. R. GE.
Hebeanlage: GE, siehe Fäkalienanlage.
Hebebühne: siehe Doppelstockgarage.
Heizkörper: Soweit sie im SE liegen, sind sie SE (OLG Hamm v. 26. 6. 1987, 15 W 438/85, LG Frankfurt ZMR 1997, 156), soweit in gemeinschaftlichen Räumen, GE. Eine Zuordnung der Heizkörper im Bereich des SE zum GE ist grundsätzlich möglich (Bielefeld S. 35).
Heizkörperventile: GE (Bielefeld S. 35).
Heizkostenverteiler: GE, da sie der Ermittlung der Verteilung der Kosten im Sinne des § 16 Abs. 2 WEG dienen (Schmid ZMR 1997,435, Bielefeld NZM 1998, 249, OLG Karlsruhe WuM 1987, 97; a. A. OLG Köln DWE 1990, 108). Ein Beschl zum Wechsel ist daher möglich (a. A. LG Frankfurt ZMR 1997, 156, Schmidt a. a. O.). Siehe auch § 16 Rdnr. 25 Eichpflicht.
Heizungsanlage: Die Heizungsanlage inkl. Kessel und evtl. vorhandenem Tank steht grundsätzlich im GE, wenn ausschließlich die WEerGem versorgt wird (BGHZ 73, 302). SE aber dann, wenn die von einem WEer errichtete Anlage dazu bestimmt ist, über die WEerGem hinaus weitere Gebäude mit Wärme zu versorgen (BGH Rpfleger 1975, 124; a. A. Weitnauer § 5 Anm. 14) oder sie einzelnen SE dient (LG Frankfurt ZMR 1989, 350) ebenso der Heiztank (OLG Köln ZMR 1998, 113). In diesem Falle auch SE, wenn die Heizungsgeräte in einem gemeinschaftlichen Kellerraum untergebracht sind. Diese von der Rechtsprechung entwickelte Lösung überzeugt nicht, siehe Weitnauer § 5 Rdnr. 24.
Heizungsraum: GE (BayObLG Rpfleger 1980, 230).
Heizungsrohre: GE, vgl. Anschlußleitungen.
Hof: GE, da unbebaute Grundstücksfläche.
Humusschicht: Auf Dach GE (BayObLG WE 1992, 203).
Innenanstrich: Bei Räumen, Fenstern, Wohnungsabschlußtüren SE.
Installationen: siehe Anschlußleitungen.
Isolierschichten: GE (OLG Düsseldorf DWE 1979, 128), siehe Balkon.
Jalousien: Hier ist zu unterscheiden: Zugvorrichtungen und Gurte sind SE. Die Jalousien selbst können SE sein. Kasten und offenliegende Führungsschienen sind GE (OLG Saarbrücken, ZMR 1997, 31).
Kamine: GE bis zu dem Punkt des Übergangs in SEsräume, ab dann SE (LG Frankfurt v. 12. 3. 1990, 2/9 T 1215/89 zit. n. Bielefeld S. 38; BPM § 5 Rdnr. 60; a. A. Müller Rdnr. 38), z. B. Notkamine (BayObLG NJWE 1996, 179/180).
Kanalisation: Zwingend GE, siehe Abflußrohre.
Kellerdecken: GE.
Kellerraum: GE, sie können jedoch, soweit sie abgeschlossen sind, als Nebenräume dem SE zugeordnet werden. Dient der Raum jedoch

zwingend gemeinschaftlichen Aufgaben (z. B. Zugang zu Kellerausgang), besteht GE (BayObLG DNotZ 1981, 123; BGH NJW 1991, 2909).

Kesselraum: siehe Tankraum.
Klingel: siehe Sprechanlage.
Kommunmauer: siehe Brandmauer.
Korridor: siehe Diele.
Leitung: siehe Anschlußleitungen.
Leuchtreklamekasten: GE.
Lichtschächte oder -kuppeln: I. d. R. GE.
Loggien: siehe Balkon.
Luftschächte: GE, soweit sie nicht ausschließlich bestimmtem SE dienen.

Markisen: Hier besteht keine einheitliche Meinung (z. B. Bielefeld S. 35: SE, Deckert 3/40: GE; Müller Rdnr. 38, 39: SE, wenn zu Balkon/Loggia/Dachterrasse gehörend, die als solche SE). Richtigerweise sind sie GE, da sie Zubehör des Gebäudes werden. Davon gehen anscheinend auch BayObLG NJW-RR 1986, 178 und OLG Frankfurt OLGZ 1986, 42 aus. Anderslautende Vereinb möglich.

Mauer: Soweit tragend oder Außenmauer GE.
Müllbehälter, Müllschächte: GE soweit nicht im Eigentum Dritter (z. B. Stadtwerke etc.).
Notstromaggregat: GE (AG Weinheim DWE 1991, 84).
Pflanzentrog: siehe Blumentrog.
Putz: Innenputz in SE: SE, ansonsten GE.
Raum: siehe Tankraum, Geräteraum. Ein Raum ist zwingend GE, wenn er zum ständigen Mitgebrauch dient.
Regenrinne: GE (BayObLG WuM 1989, 539).
Reklameschrift: GE.
Rolläden: siehe Jalousien.
Rücklage, Rückstellung: siehe Verwaltungsvermögen.
Rückstausicherung: GE, OLG Köln WuM 1998, 308.
Sauna: Regelmäßig GE, es sei denn, sie ist in der TErkl zu SE erklärt (vgl. BGH NJW 1981, 455), oder in SEsräumen integriert (BayObLG NJW-RR 1988, 587).
Schaufensterscheiben: siehe Fenster.
Schilder aller Art: GE.
Schlüssel und Schloß: Schlösser in GE = GE, in SE = SE. Schlüssel und Schloß bilden eine Einheit, da hier Schlüssel kein Zubehör (vgl. Schmid DWE 1987, 37), d. h. Eigentum an dem Schlüssel folgt dem Eigentum am Schloß. Siehe auch Türen.
Schornstein: GE (OLG Frankfurt 1975, 2297), siehe auch Kamine.
Schwimmbad: Wie Sauna.
Speicherraum: GE.

Begriffsbestimmungen § 1

Spielraum: Regelmäßig GE, es sei denn, er ist in der TErkl zu SE erklärt.
Sprechanlagen: GE bis zur Abzweigung in das SE.
Steckdose: im SE: SE
Stellplatz: siehe Garagen.
Stromleitung: siehe Anschlußleitungen.
Tankraum: Kessel- und Tankraum der Heizungsanlage stehen zwingend in GE (KG ZMR 1989, 201), wenn Heizungsanlage GE, auch der Zugangsraum (BGH WE 1992, 194).
Tapeten: Im SEBereich: SE, im GE GE.
Telefonanschlüsse: GE bis zum Übergang in die Räume des SE.
Teppichboden: Ein im Treppenhaus fest verlegter Teppichboden ist GE.
Terrassen: Hier ist zu unterscheiden: An ebenerdigen Terrassenflächen besteht zwingend GE (OLG Köln OLGZ 1982, 413). An vertikal abgegrenzten nicht ebenerdigen Terrassen sowie Dachterrassen kann SE begründet werden (vgl. OLG Frankfurt Rpfleger 1975, 178), es gelten dann die selben Grundsätze wie bei Balkonen (BayObLGZ 1987, 50), siehe Balkon.
Tiefgarage: siehe Garage.
Trennmauer: Nichttragende Wände, die als Trennmauern zwischen zwei Wohnungen oder Räumen GE dienen, können unter Beschränkung auf die beiden Nachbarn sog. „Mitsondereigentum" sein, siehe Rdnr. 9 oder durch Vereinb GE (BayObLG NJW-RR 1992, 15), vgl. Brandmauer.
Treppen: Sind GE, soweit sie nicht innerhalb des SE liegen.
Treppenhaus: GE (BayObLG NZM 1998, 336)
Trockenplatz: GE.
Türen: Hier gilt das zu Fenster Gesagte entsprechend: d. h. Türen innerhalb des GE sind GE, Türen innerhalb des SE sind SE bis auf Wohnungsabschlußtüren (LG Stuttgart Rpfleger 1973, 401). Diese sind GE bis auf den Innenanstrich. Türen zum Hausflur sind GE, ebenso zum Freien (LG Flensburg DWE 1989, 70).
Türöffner: siehe Haussprechanlage.
Türschließanlage: GE, soweit nicht in SE gelegen (BayObLG WE 1989, 212).
Uhren: siehe Erfassungsgeräte.
Verbindungsflur: siehe Diele.
Verdunstungsmesser: siehe Wärmemengenzähler.
Verwaltungsunterlagen: siehe Verwaltungsvermögen.
Verwaltungsvermögen: Hierzu gehören
a) Zubehör des GE (BayObLG NJW 1975, 2296): Waschmaschine, Rasenmäher, Schneeschippe, Handwerkszeug des Hausmeisters;

§ 1   I. Teil. Wohnungseigentum

b) Früchte des Grundstücks (z. B. Obstbaum);
c) Bargeld, Gemeinschaftskasse, Rückstellung, Instandhaltungsrücklagen, Forderungen (z. B. aus der Vermietung von Gemeinschaftsräumen);
d) und Verwaltungsunterlagen etc.

Die einzelnen Vermögensgegenstände gehören nach zutreffender Auffassung nicht zum GE, sondern an jedem Gegenstand wird eine Gemeinschaft gem. §§ 741 ff. BGB gebildet (BayObLGZ 1984, 198, 205 ff.; Sauren Rpfleger 1985, 263; a. A. KG ZMR 1988, 272, einschränkend für sog. Treugut bei Ersatzanspruch aus Darlehen WE 1994, 338). Das entscheidende Argument für die von Weitnauer (§ 1 Anm. 4 ff.) begründete Meinung besteht darin, daß bei Erwerb eines WE die Schulden des Veräußerers nicht übergehen. Dann kann aber auch das Verwaltungsvermögen inkl. Forderungen nicht auf den Erwerber übergehen. Ansonsten wäre jemand zu Lasten der WEerGem ungerechtfertigt bereichert. Diese Auffassung ist allerdings schwierig in das System einzufügen (vgl. Sauren PiG 27, 280 ff.), Bärmann (DWE 1986, 6) spricht sogar deshalb von einer Unverwaltbarkeit. Hilfreich ist die Auffassung (Palandt Rdnr. 14), daß für die Verwaltung des Verwaltungsvermögens „stillschweigend" die Regelungen der §§ 20 ff. übernommen werden, was aber rechtssystematisch äußerst bedenklich ist (Sauren PiG 27, 280 ff.).

Abbedingung: Es ist möglich durch Vereinb das Verwaltungsvermögen zum GE zu erklären. Bei Verkauf soll es als Zubehör übergehen (OLG Düsseldorf NJW-RR 1994).

Vorhalle: zwingend GE.

Vorkaufsrecht: Vorkaufsrechte der anderen WEer können (bei Begründung des WE durch vertragliche Einräumung von SE gem § 3) nicht als Inhalt des SE in das Grundbuch eingetragen werden (OLG Bremen Rpfleger 1977, 313).

Wandschrank: siehe Einbauschrank.

Wand: tragende GE (BayObLG NJW-RR 1995, 649), nicht tragende Zwischenwand im SE, SE.

Wasserleitungen: siehe Anschlußleitung.

Wasseruhren: siehe Erfassungsgeräte und Heizkostenverteiler.

Wärmemengenzähler: GE.

Wohnungserweiterung: Werden Räume baulich in eine Wohnung einbezogen, so führt dies auch dann nicht kraft Gesetzes zur Entstehung von SE, wenn es unverschuldet oder mit Erlaubnis der übrigen WEer geschieht. Die Vorschriften bzgl. des Überbaus (§§ 912 f. BGB) sind insoweit nicht entsprechend anzuwenden (BayObLG, Rpfleger 1993, 488).

Zentralheizungen: siehe Heizungsanlage.

Zigarettenautomaten: GE.

Begriffsbestimmungen § 1

Zubehör des Grundstücks sind Waschmaschine, Rasenmäher, Schneeschippe, Handwerkszeug des Hausmeisters, siehe hierzu Verwaltungsvermögen.
Zugangsraum: siehe Tankraum.
Zuleitungen: siehe Anschlußleitungen.
Zwischenwände nichttragend: Grundsätzlich SE.

9. Abs. 4 **verbietet, SE mit ME an mehreren Grundstücken** 9
zu verbinden.
  a) Man hatte in der Literatur versucht, ein neues Rechtsinstrument, das sog. **Mitsondereigentum** (Sauren DNotZ 1988, 667) zu schaffen, das zur Aufgabe hat, einzelne Teile des GE's einigen WEer zum alleinigen Gebrauch zuzuweisen, und zwar in dreierlei Hinsicht:
  aa) Einmal an Teilen des GE, z.B. Treppenhaus, Sauna, Lift oder gemeinschaftliches Schwimmbad;
  bb) des weiteren an Räumen (z.B. Vorraum zu einem WE nach Unterteilung) und
  cc) drittens an Gebäudebestandteilen, wie z.B. der nichttragenden Trennwand zwischen 2 Wohnungen.
  Soweit es sich zwingend um Gebäudeteile des GE handelt (aa), ist gem. § 5 eine abweichende Eigentumsgestaltung nicht möglich (z.B. Decke zwischen 2 Wohnungen, KG NJW-RR 1990, 334). Die Verbindung von Gebäudeteilen oder SEfähigen Gegenständen (bb) ist aufgrund von Abs. 4 nicht möglich, da ansonsten SE mit 2 MEanteilen verbunden wäre (BGH NJW 1995, 2851, 2853). Allein im Fall cc) ist Mitsondereigentum möglich (OLG Zweibrücken NJW-RR 1987, 332, a.A. ggf. BayObLG WE 1992, 54, NJW-RR 1991, 722). Die rechtliche Ausgestaltung erfolgt dann in Form einer Gemeinschaft (ausführlich Sauren DNotZ 1988, 667).
  b) Abs. 4 **verbietet jedoch nicht,** WE an einem einheitlichen 10
Gebäude auf mehreren Grundstücken zu begründen (Demharter Rpfleger 1983, 133), da das über 2 Grundstücke hinübergehende Gebäude rechtlich einem zugeordnet werden kann, evtl. durch einen Überbau (§ 912 BGB).
  c) Soweit ein **Gebäudeteil auf ein anderes Grundstück hin-** 11
überragt (sog. **Überbau**), kommen folgende Fallgestaltungen in Betracht (Sauren Rpfleger 1985, 265):
  aa) Der Nachbareigentümer hat seine Zustimmung zum Überbau gege- 12
  ben (sog. rechtmäßiger Überbau), oder der Überbau ist gem. § 912 Abs. 1 BGB entschuldigt. In diesem Fall ist das ganze Gebäude wesentlicher Bestandteil des Stammgrundstücks geworden und ihm damit eigentumsrechtlich zugeordnet. Deshalb kann SE im ganzen Gebäude mit ME am Stammgrundstück zu WE verbunden werden (OLG Hamm Rpfleger 1984, 98). Dies gilt auch dann, wenn das SE nur auf dem Nachbargrundstück liegt (Sauren Rpfleger 1985, 265).

13 bb) Sind die Gebäude auf dem Nachbargrundstück nicht wesentliche Bestandteile des Stammgrundstücks geworden, etwa weil die Voraussetzungen des § 912 Abs. 1 BGB nicht vorliegen, so kann kein WE entstehen, weil SE gem. Abs. 4 nur mit einem MEanteil am Stammgrundstück verbunden werden kann (Sauren Rpfleger 1985, 265).

14 cc) Sind die Gebäudeteile eigentumsrechtlich dem Grundstück zugeordnet, auf dem sie stehen (z.B. Tiefgaragen unter mehreren Eigentumswohnanlagen), so kann SE an ihnen nur mit MEanteilen am dazugehörigen Grundstück zu WE verbunden werden. Dafür ist jedoch Voraussetzung, daß sich jedes SE einer jeden Anlage auf seinem Grundstück befindet und die Grundstücksgrenze keinen Stellplatz durchschneidet (vgl. LG Bonn MittBayNot 1983, 14; a.A. LG Nürnberg DNotZ 1988, 321 m. Anm. Röll).

15 Zum Nachweis des Eigentums am Überbau genügt eine Erklärung des Nachbarn in Form des § 29 GBO (Sauren Rpfleger 1985, 265; a.A. LG Stade Rpfleger 1987, 63).

1. Abschnitt. Begründung des Wohnungseigentums
Einführung vor § 2 WEG

Bei **rechtlichen Fehlern,** die bei der Begründung des WE unterlaufen können (sog. Gründungsmängel), ist wie folgt zu unterscheiden:

1 **a)** Die Fehler betreffen die rechtliche Gestaltung (des Inhalts) des WE **(sog. Inhaltsmängel).**

Beispiele: Der Raum sollte anstatt im SE im GE stehen; der genaue Standort des Bauwerks oder Bauwerkteils läßt sich nicht aus dem Aufteilungsplan ersehen; nicht mit allen MEanteilen ist SE verbunden.

In diesem Fall sind die Grundbücher durch die inhaltlich unzutreffende Eintragung unrichtig (OLG Hamm OLGZ 1977, 264). Ein Dritter kann in diesem Fall auch nicht gutgläubig Eigentum erwerben oder in der Zwangsversteigerung erstehen, da, was rechtlich nicht existiert, auch nicht erwerbbar ist. Nach OLG Hamm a.a.O. ist z.B. bei TE dieses zu löschen. Eine Beseitigung des Fehlers ist nur durch neue Einigung und Eintragung möglich.

Solange WE eingetragen ist, besteht eine (faktische) WEerGem, die die Befolgung der Regeln des WEG gebietet.

2 **b)** Bei Abschluß des Begründungsgeschäfts sind Fehler bzw. Mängel **(sog. Abschlußmängel)** unterlaufen.

Beispiel: Der teilende WEer war geschäftsunfähig, oder bei Teilung gem. § 3 wird diese wegen arglistiger Täuschung angefochten.

3 **aa)** Bei Nichtigkeit des (**Verfügungs-**)**Geschäfts** ist kein WE entstanden. Deshalb besteht (faktische) WEerGem bis zur Geltendmachung der Nichtigkeit (Weitnauer § 3 Anm. 6d). In der Zwischenzeit **ist**

Arten der Begründung § 2

gutgläubiger Erwerb eines Dritten durch Kauf oder Zwangsversteigerung möglich und heilt damit die Mängel (BGH NJW 1990, 448).

bb) Wirkt ein **Nichtberechtigter** (z.B. Bucheigentümer) am (Verfügungs-)Geschäft mit, so ist bei Teilung gemäß § 3 WE entstanden. Bei Begründung nach § 8, oder wenn alle Beteiligten bei Teilung gem. § 3 nicht berechtigt sind, entsteht WE erst nach gutgläubigem Erwerb eines WE durch Dritte (Palandt § 2 Rdnr. 2). 4

Arten der Begründung

2 Wohnungseigentum wird durch die vertragliche Einräumung von Sondereigentum (§ 3) oder durch Teilung (§ 8) begründet.

1. Dieser Paragraph weist abschließend auf die **Möglichkeiten** hin, **WE zu begründen.** Andere Arten gibt es nicht. 1

2. Es ist bereits möglich, bevor das Gebäude errichtet wird, WE zu begründen, da sowohl § 3 Abs. 1 wie auch § 8 Abs. 1 von „errichteten oder zu errichtenden Gebäuden" sprechen. Solange der Bau noch nicht beendet ist, besteht das WE neben dem ME am Grundstück aus dem Anspruch (juristisch sog. **Anwartschaftsrecht)** auf den MEanteil an dem künftig im GE stehenden Gebäudeteil und dem künftigen SE entsprechend dem Aufteilungsplan. Dieses WE kann auch schon veräußert werden (LG Aachen MittRhNot 1983, 136). Selbst wenn ein Bauverbot besteht (BGH NJW 1990, 1100) wird das Bestehen des WE vermutet. Das SE kann deshalb auch erst nach Jahren gebaut werden, selbst wenn andere SEanteile schon bestehen (OLG Hamm NJW-RR 1987, 842). 2

3. Das SE kann erst entstehen, wenn ein Gebäude vorhanden ist. Es **entsteht schrittweise** mit der Errichtung der einzelnen Raumeinheiten (BGH NJW 1986, 2759, 2761; a.A. OLG Düsseldorf Rpfleger 1986, 131; erst nach endgültiger Fertigstellung, hierzu MüKo § 3 Rdnr. 8). Die Verpflichtung zur Errichtung des Gebäudes kann sich aus einer Bauherrengemeinschaft (GbR, BGH NJW-RR 1986, 1419; OLG Hamburg DWE 1984, 27) oder aus der TE ergeben (BayObLG NJW 1957, 753). Dies ist für die Zuständigkeit der Gerichte entscheidend, im ersteren Zivil-, im zweiten WEG-Gericht (§ 43). 3

4. Bauabweichungen, d.h. Abweichungen des Baukörpers in natura gegenüber dem ursprünglichen Plan, sind relativ häufig. Unwesentliche Abweichungen (gem. OLG Celle OLGZ 1981, 106, 108, z.B. 2,5 qm) gestatten keine nachträgliche Änderungen. 4

a) Betreffen die **Abweichungen** lediglich die **innere Gestaltung** **Beispiel:** innere Aufteilung der Räume
und **Aufteilung im SEbereich,** bleibt aber die räumliche Abgrenzung von SE, GE und fremdem SE entsprechend der zeichnerischen 5

§ 2 1. Abschnitt. Begründung des Wohnungseigentums

Darstellung im Aufteilungsplan ohne weiteres möglich, so entsprechen die wirklichen Eigentumsverhältnisse den im Grundbuch durch Bezugnahme auf den Aufteilungsplan ausgewiesenen (OLG Düsseldorf OLGZ 1970, 72; BayObLG Rpfleger 1982, 21). Werden einzelne Räume, auch Nebenräume im Keller oder Dachboden, anders als ausgewiesen, insbesondere auch von anderen WEern benutzt, ändert das die dingliche Rechtslage nicht. Eine „Anpassung" der ausgewiesenen Eigentumsverhältnisse an die tatsächlichen Nutzungsverhältnisse kann dann naturgemäß nicht durch Berichtigung des Grundbuches, sondern nur durch erneute Auflassungen und rechtsbegründende Eintragungen erreicht werden (Weitnauer § 3 Rdnr. 6h).

6   **b)** Bei zusätzlich **gebauten Räumen** entsteht GE (OLG Stuttgart OLGZ 1979, 21). Soweit geplante nicht gebaut werden, bleibt das Anwartschaftsrecht (s. Rdnr. 2) bestehen.

7   **c) Weicht** demgegenüber die **Bauausführung** vom Aufteilungsplan in der Abgrenzung **von SE zu GE oder fremdem SE** dergestalt **ab,** daß die zeichnerische Darstellung in der Örtlichkeit nicht mehr mit der nötigen Sicherheit festzustellen ist, so entsteht insoweit kein SE (BayObLG DNotZ 1973, 611; OLG Düsseldorf OLGZ 1977, 467) als die Abweichung wesentlich ist. Denn bezüglich der tatsächlich vorhandenen Räumlichkeiten fehlt es an einer entsprechenden rechtsbegründenden Willenserklärung und Eintragung, wobei der sachenrechtliche Bestimmtheitsgrundsatz eine Auslegung von TErkl und Grundbucheintragung dahingehend, daß SE entsprechend den tatsächlichen Verhältnissen entstehen solle, ausschließt. Hinsichtlich der im Aufteilungsplan zeichnerisch dargestellten Räumlichkeiten kann SE nicht entstehen, weil diese in der Örtlichkeit so nicht vorhanden sind. Die entsprechenden Teilflächen einer mit solchen Abweichungen errichteten Anlage bleiben demgemäß GE. Insoweit ist dann allerdings das Grundbuch unrichtig, weil es anstelle von GE SE ausweist (vgl. Merle WE 1989, 116). Nur in dieser Hinsicht könnte aber auch eine Grundbuchberichtigung erfolgen (OLG Hamm Rpfleger 1986, 374, 375f.). Ein gutgläubiger Erwerb des WE in dem baulichen Zustand, in dem es sich befindet, erfolgt nicht. Eine nachträgliche Änderung ist für die Eigentumsverhältnisse unbeachtlich (BayObLG NJW-RR 1990, 657).

8   **d) Weicht die Bauausführung** vom Aufteilungsplan **in der Abgrenzung von SE** ab, so ist zu unterscheiden: Wird ein Raum des einen SE teilweise baulich in das andere SE einbezogen.

Beispiel: Tennwand steht im Bereich des einen SE,

so gehört nach dem OLG Celle (OLGZ 1981, 106, Merle 1989, 116) der Raumteil nicht zum anderen SE, sondern entsteht SE gemäß Aufteilungsplan, da keine Abgrenzung möglich ist (a.A. OLG Düsseldorf NJW-RR 1988, 590, das den Teil nicht zu einem SE gehören läßt, also GE), oder wird eine Trennwand zwischen den beiden Einheiten nicht an der in der Bauzeichnung vermerkten Stelle

Arten der Begründung § 2

errichtet, entsteht nach Merle (WE 1992, 11) SE gemäß Aufteilungsplan, nach OLG Koblenz (WE 1992, 19) sind beide Räume GE, sind beide Räume GE oder im Teilungsplan als GE vorgesehene Fläche in SE einbezogen, so bleibt es GE (OLG Hamm DWE 1995, 127).

e) Weicht die errichtete Wohnanlage von vorne herein auch oder nur **hinsichtlich des GE's** von den ursprünglichen Plänen **ab,** so liegt keine bauliche Veränderung (i. S. von § 22) vor. D. h. die Überschreitung der für das Gebäude nach dem ursprünglichen Plan vorgesehenen Grenzen stellt keine bauliche Veränderung des GE's dar (wozu die Zustimmung der übrigen WEer nach § 22 erforderlich wäre). Grundsätzlich kann jeder WEer die Herstellung eines ordnungsgemäßen Zustandes verlangen (BayObLG NJW-RR 1987, 717). Der einzelne WEer hat Anspruch auf Mitwirkung zur Herstellung entsprechend dem Aufteilungsplan und ggf. Herausgabe. 9

Beispiel: Abgrenzung Terasse ist baulich anders als gem. Plan (BayObLG WuM 1997, 189).

Nach OLG Frankfurt (ZMR 1997, 609) kann der Anspruch gegen WENachbar gerichtet werden, wenn die Fläche als SNR zugewiesen ist. Andererseits hat die WEerGem keinen Anspruch auf Beseitigung von Baumängel, die aus dem Sonderwunsch vor Entstehung der Gemeinschaft zurückzuführen ist (OLG Hamm NJW-RR 1998, 371). Die Herstellung könnte auf einen (Teil)Abriß des Gebäudes hinauslaufen, was gegen Treu und Glauben (§ 242 BGB) verstoßen würde (BayObLG NJW-RR 1990, 332). Deshalb muß der Nachbar den Grenzüberbau eines Eigentümers (nach § 912 Abs. 1 BGB) dulden, wenn diesem weder Vorsatz noch grobe Fahrlässigkeit zur Last fällt, es sei denn, daß er vor oder sofort nach der Grenzüberschreitung Widerspruch erhoben hat (vgl. OLG Celle OLGZ 1981, 106). Der benachteiligte WEer muß sich in diesem Fall auf die Möglichkeit verweisen lassen, von dem Überbauer wegen der ungerechtfertigten Einbeziehung von z.B. GE in SE die Zahlung einer „Überbaurente" oder „Abkauf" der streitigen Fläche verlangen zu können (§§ 913, 915 BGB) (OLG Celle OLGZ 1981, 106, 109). Damit ist aber keine Ausdehnung des SE zu Lasten von GE verbunden, es entsteht also kein SE anstatt des bestehenden GE (BayObLG WE 1994, 186).

5. Für die **Begründung** von WE wird i.d.R. folgende **Reihenfolge** eingehalten: 10

a) Zunächst wird eine **TErkl** errichtet, die das Grundstück in ME und SE aufteilt und die einzelnen Räume näher bezeichnet.

b) Nach der Teilung, zumeist in derselben Urkunde, werden die Regeln der WEerGem aufgestellt (sog. **GO).** Hierin wird ergänzend oder soweit zulässig abweichend von den §§ 12–29, 43ff. das zukünftige Zusammenleben der WEer normiert.

Vertragliche Einräumung von Sondereigentum

3 (1) Das Miteigentum (§ 1008 des Bürgerlichen Gesetzbuches) an einem Grundstück kann durch Vertrag der Miteigentümer in der Weise beschränkt werden, daß jedem der Miteigentümer abweichend von § 93 des Bürgerlichen Gesetzbuches das Sondereigentum an einer bestimmten Wohnung oder an nicht zu Wohnzwecken dienenden bestimmten Räumen in einem auf dem Grundstück errichteten oder zu errichtenden Gebäude eingeräumt wird.

(2) Sondereigentum soll nur eingeräumt werden, wenn die Wohnungen oder sonstigen Räume in sich abgeschlossen sind. Garagenstellplätze gelten als abgeschlossene Räume, wenn ihre Flächen durch dauerhafte Markierungen ersichtlich sind.

(3) *(Durch Zeitablauf gegenstandslos.)*

1   1. Die Begründung durch Vertrag gem. Abs. 1 ist die weniger gebräuchliche **Form der Entstehung von WE,** die andere ist diejenige gem. § 8. Darüber hinaus enthält § 3 noch zwei allg. auch für die Teilung nach § 8 wichtige Grundpfeiler: Einmal das **Abgeschlossenheitserfordernis** (Abs. 2) und die Regelung, daß **SE nur mit einem MEanteil** nach Bruchteilen (§ 1008 BGB) verbunden werden kann.

2   2. Zur Frage, wer Eigentümer im Sinne der Vorschrift sein kann, siehe § 8 Rdnr. 3.

3   3. **Voraussetzung** für die Begründung gem. Abs. 1 ist bereits vorhandenes oder zugleich zu begründendes ME (i.S. v § 1008 BGB) **am Grundstück.** Die Größe der MEanteile ist zwischen den WEern frei festlegbar (BGH NJW 1976, 1976). Zur nachträglichen Änderung siehe § 10 Rdnr. 32ff.

4   4. Weitere Voraussetzung ist, daß jeder **MEanteil** mit SE verbunden werden muß.

5   a) **Mehrere Räume.** Hierbei muß die Raumeinheit nicht als Gesamtheit in sich abgeschlossen sein, vielmehr können auch mehrere in sich abgeschlossene Räume eines Gebäudes mit ME verbunden werden (LG Aachen MittRNotK 1983, 156).

Sämtliche Räume eines Gebäudes können auch mit einem MEanteil verbunden werden, soweit sich noch weiteres SE auf dem Grundstück befindet (z.B. weiteres Gebäude).

6   b) **Mehrere MEanteile.** Diese können nicht mit einem SE verbunden werden (OLG Frankfurt OLGZ 1969, 387), sind sie es, so muß die Zahl der ME auf die der SE Einheiten zurückgeführt werden, wozu nach BGH (NJW 1983, 1672) die Verlautbarung im Grundbuch genügt.

Vertragliche Einräumung von Sondereigentum   § 3

c) **ME ohne SE.** Jedes ME muß mit SE verbunden werden, deshalb entsteht ohne ME kein WE, sondern GE (OLG Stuttgart OLGZ 1979, 21). Nach dem BGH (NJW 1995, 2851, WE 1990, 53; ebenso OLG Hamm WE 1991, 136) soll es zwar rechtsgeschäftlich nicht möglich sein, einen MEAnteil ohne SE zu begründen, dieser soll aber kraft Gesetzes entstehen, wenn die Begründung von SE an einem Gebäudeteil gegen zwingende gesetzliche Vorschriften verstößt, daher insoweit unwirksam ist, **sog. isolierter MEAnteil,** der den übrigen WEer nicht anteilig zuwächst. Diese haben einen Anpassungsanspruch. Mit Weitnauer (WE 1990, 54; 1991, 120; Ertl WE 1992, 216) ist diese Rechtsfigur abzulehnen. 7

5. Gemäß Abs. 2 soll das SE abgeschlossen sein **(sog. Abgeschlossenheitserfordernis).** Wird SE trotzdem, also unter Verstoß gegen Abs. 2 eingeräumt, so ist dies unerheblich, da es sich hierbei um eine Sollvorschrift handelt (BGH NJW 1990, 1111). Nähere Erläuterungen über die Voraussetzungen für die Abgeschlossenheit finden sich in Nr. 5 der Verwaltungsvorschrift vom 19. 3. 1974 (BPM Anh. II S. 1648). Danach wird sie auf der Grundlage einer Bauzeichnung (Aufteilungsplan) erteilt (vgl. § 7 Rdnr. 4). Beide Urkunden stellen eine Einheit dar (BVerwG WuM 1996, 574), die sog. **Abgeschlossenheitsbescheinigung.** 8
Erforderlich ist z. B.:
– vollständige bauliche Abtrennung zum GE;
– eigener abschließbarer Zugang vom GE (OLG Düsseldorf NJW-RR 1987, 333);
– Abgrenzung der SEeinheiten untereinander. Diese fehlt bei gemeinsamen WC von mehreren Wohnungen (BayObLG Rpfleger 1984, 407).
– Abgrenzung von SE zu GE. Diese fehlt nach BayVGH (WuM 1998, 423) bei erdgeschossiger Terrasse mit Außentreppe.
Abgeschlossenheit soll **nicht entgegen stehen,**
– daß 2 Wohnungen unmittelbar einen Zugang zum Gemeinschaftsvorraum und Heizraum haben und man über diesen Zugang, wenn die Tür der anderen Wohnung nicht abgeschlossen ist, auch in diese Wohnung hineingelangen kann (LG Landau Rpfleger 1985, 437; a. A. Sauren S. 79f.);
– daß den übrigen WEern das Recht zum Betreten eingeräumt ist (BayObLG Rpfleger 1989, 99);
– daß eine für den Rettungsweg vorgeschriebene Verbindungstür zwischen 2 Wohnungen (KG Rpfleger 1985, 107), oder daß beiderseits abschließbare Verbindungstüren zwischen zwei SE's vorhanden sind (LG Köln MittRhNotK 1993, 224);
– daß keine Abgeschlossenheit gegenüber Räumen auf dem Nachbargrundstück besteht (BayObLG NJW-RR 1991, 595);

§ 4 1. Abschnitt. Begründung des Wohnungseigentums

- daß die aktuellen baurechtlichen Vorschriften nicht erfüllt sind (GmS/OBG NJW 1992, 3290);
- daß im TE kein WC vorhanden ist, sondern nur durch GE-Treppenhaus zu erreichen ist;
- daß nach Übertragung eines Raumes eines WEer's auf einen anderen, dieser Raum nur durch einen Deckendurchbruch erreichbar ist (BayObLG NZM 1998, 308).

SE kann auch aus mehreren abgeschlossenen Einheiten bestehen, selbst wenn sie als Gesamtheit nicht abgeschlossen sind (KG NJW-RR 1989, 1360).

Fehlt die Abgeschlossenheit eines SE's, kann nicht eine bauliche Veränderung eines anderes SE's verlangt werden (OLG Düsseldorf NJWE 1997, 81).

Die Abgeschlossenheitsbescheinigung kann von der Behörde für kraftlos erklärt werden, wenn der Aufteilungsplan unrichtig geworden ist (BVerwG NJW 1997, 74). Die Aufnahme klarstellenden Hinweise ist möglich (BayVGH WuM 1998, 425).

9 **6.** Abs. 2 Satz 2 **fingiert** (siehe ausführlich Sauren/Höckelmann Rpfleger 1998, Heft 11) **sowohl Raumeigenschaft** als auch **Abgeschlossenheit** (OLG Köln Rpfleger 1984, 464; Sauren Rpfleger 1984, 185; a.A. Palandt Rdnr. 8 nur Raum). Als **Voraussetzung** für die **SEfähigkeit** ist die **Dauerhaftigkeit der Markierung** notwendig. Diese liegt vor, wenn sie klar sichtbar und rekonstruierbar baulich oder zeichnerisch gem. dem Aufteilungsplan vorhanden ist. Ein einfacher Farbanstrich genügt nicht. Ein Verstoß hindert die Entstehung von SE nicht, wenn die Fläche bestimmbar ist (BayObLG NJW-RR 1991, 722). SE ist am Stellplatz auf oder unter einer Hebebühne möglich (OLG Hamm OLGZ 1983, 1; Gleichmann Rpfleger 1988, 10; Sauren MittRhNotK 1982, 213; a.A. BayObLG WuM 1995, 325; OLG Düsseldorf MittRhNotK 1978, 85), ebenso an einem Stellplatz auf einem offenen Garagendach oder an einem ebenerdigen Tiefgaragendach (OLG Köln Rpfleger 1984, 464m. Anm. Sauren, OLG Hamm NJW-RR 1998, 516), da entscheidendes Kriterium der Gebäudeunterbau ist (Sauren Rpfleger 1984, 185; a.A. OLG Celle NJW-RR 1991, 489, allseitige bauliche Abgrenzung notwendig).

10 **7.** Nach Heinze (DtZ 1995, 195) ist auch Gebäudeeigentum (Art. 233 § 4 EGBGB) der Aufteilung nach dem WEG zugänglich (a.A. OLG Jena DtZ 1996,88).

Formvorschriften

4 **(1) Zur Einräumung und zur Aufhebung des Sondereigentums ist die Einigung der Beteiligten über den Eintritt der Rechtsänderung und die Eintragung in das Grundbuch erforderlich.**

Formvorschriften § 4

(2) Die Einigung bedarf der für die Auflassung vorgeschriebenen Form. Sondereigentum kann nicht unter einer Bedingung oder Zeitbestimmung eingeräumt oder aufgehoben werden.

(3) Für einen Vertrag, durch den sich ein Teil verpflichtet, Sondereigentum einzuräumen, zu erwerben oder aufzuheben, gilt § 313 des Bürgerlichen Gesetzbuches entsprechend.

1. Durch § 4 werden die **Formvorschriften** für den Vertrag über die Einräumung und Aufhebung von SE (Abs. 1) sowie über den Vertrag auf Einräumung, Erwerb oder Aufhebung von SE (Abs. 3) geregelt.

2. Da es sich bei WE um eine neue Form von Eigentum handelt, mußte der Gesetzgeber auch eine neue Formvorschrift schaffen. Dafür lehnte er sich an die BGB-Vorschriften der §§ 873, 925 BGB an, die auch weiterhin für die Übertragung des bestehenden WE's gelten. In Anlehnung an diese Paragraphen ist materiell die Einigung aller MEer und die Eintragung ins Wohnungsgrundbuch notwendig. Bedingungen oder Befristungen sind unzulässig (Abs. 2 Satz 2).

Desweiteren sind die behördlichen Genehmigungen erforderlich (z.B. gem. § 22 BauGB, nicht aber nach § 19 BauGB [OLG Hamm NJW-RR 1989, 141], nicht aber gem. § 24 BauGB wegen § 24 II BauGB. Letzteres ist aber nicht analogiefähig z.B. auf Vorkaufsrecht gem. DenkmalschutzG) und bei Teilung gem. § 3 die sog. Unbedenklichkeitsbescheinigung des FA (gem. § 22 GrEStG). Man beachte auch die Mitteilung für öffentlich geförderte Wohnungen gem. § 2a WoBindG.

Einer Zustimmung der Realberechtigten bedarf die Einräumung von SE in der Regel nicht, wenn das Grundstück oder sämtliche ME-Anteile durch Gesamtbelastung derzeit belastet sind, selbst nach Anordnung der Zwangsversteigerung nicht, es sei denn, MEanteile sind selbständig belastet (OLG Frankfurt OLGZ 1987, 266).

3. Folgende **Fallgestalltungen** fallen unter § 4:
- BruchteilsME soll durch Einräumung von SE in WE umgewandelt werden.
- WE wird durch Aufhebung von SE in Bruchteils- oder Alleineigentum umgewandelt.
- GE wird nachträglich in SE umgewandelt.
- SE wird nachträglich in GE umgewandelt.

Voraussetzung ist jedesmal die Einigung der WEer. Auch bei Aufhebung einzelner SE ist kein einseitige Verzicht möglich (OLG Hamm NJWE 1996, 61).

4. Während Abs. 1 und 2 das Verfügungsgeschäft, den sog. dinglichen Vertrag, betreffen, regelt **Abs. 3** den **schuldrechtlichen Vertrag,** d.h. das Verpflichtungsgeschäft zum Erwerb oder zur Aufhebung

§ 4 1. Abschnitt. Begründung des Wohnungseigentums

von WE. Da letzterer notwendigerweise dem ersten zugrunde liegt, entspricht die gesetzliche Reihenfolge nicht dem normalen Ablauf.

7 **5. Unterteilung:** Das einmal gebildete WE kann wie folgt weiter unterteilt werden:

8 **a)** Durch Übertragung eines Teils des ME an einen Dritten (sog. **ideelle Teilung** BGHZ 49, 250), so daß eine Bruchteilsgemeinschaft (gem. §§ 741 ff. BGB) an dem WE besteht.

Beispiel: 2 Ehegatten halten eine Wohnung zu je 1/2 und unterteilen diese nunmehr.

Zustimmung hierzu von den anderen WEer ist nicht erforderlich.

9 **b)** Durch Teilung der Räume und Entstehung neuer abgeschlossener Einheiten können der oder die WEer durch einseitige Erklärung gegenüber dem Grundbuchamt dies grundbuchrechtlich vollziehen (**sog. Realteilung** BGHZ 49, 250; 73, 150). Die so neu entstandenen Wohnungen sind ohne Zustimmung der anderen WEer (BayObLG WE 1992, 197) veräußerbar (zum ganzen ausführlich Sauren S. 1 ff.; LG Lübeck Rpfleger 1988, 102). Unteraufteilungsplan und Abgeschlossenheitsbescheinigung müssen vorgelegt werden (BayObLG WE 1995, 62).

Zum Stimmrecht siehe § 25 Rdnr. 4.

10 6. Die **Vereinigung** mehrerer Wohnungen zu einer (gem. § 890 BGB) ist ohne Zustimmung der anderen WEer möglich (vgl. OLG Hamburg NJW 1965, 1765; Röll WE 1997, 412). Die zusammengelegten Wohnungen müssen insgesamt nicht abgeschlossen sein (KG NJW-RR 1989, 1360). Ein anderes Grundstück kann auch einem WE als Bestandteil zugeschrieben werden (BayObLG NJW-RR 1994, 403, OLG Hamm NJW-RR 1996, 1100). Eine Eigentumsaufgabe ist bei WE jedoch nicht möglich (sog. Dereliktion BayObLG NJW 1991, 1962).

11 **7. Belastungen:** Das WE kann ebenso wie ein MEanteil an einem Grundstück mit folgenden Rechten belastet werden:
Dauerwohnrecht (§§ 31 ff.), Nießbrauch (§§ 1030 ff. BGB, jedoch nicht an einer Teilfläche des SE, vgl. LG Nürnberg Rpfleger 1991, 148), Reallast (§§ 1105 ff. BGB), Vorkaufsrecht (§§ 1094 ff. BGB), Grundpfandrechte, wie z.B. Hypothek (§§ 1113 ff. BGB) und Grundschuld (§§ 1191 ff. BGB), sowie mit einer Vormerkung (§§ 883 ff. BGB). Soweit eine Dienstbarkeit eingetragen werden soll

Beispiel: Wohnungsrecht (gem. § 1093 BGB)

ist dies zulässig, solange deren Ausübung nicht das GE erfaßt (KG NJWE 1996, 108; BayObLG NJW-RR 1988, 594)

Beispiel: Unzulässig ist eine Dienstbarkeit, die zur Nutzung von gemeinschaftlichen Garagen dienen soll.

Dies gilt auch dann, wenn ein Sondernutzungsrecht besteht (BayObLG Rpfleger 1997, 431). Nach dem OLG Hamm (OLGZ

Gegenstand und Inhalt des Sondereigentums §5

1981, 53) gilt dies nicht für eine Grunddienstbarkeit, die auf den Ausschluß einer geteilten Geldforderung gerichtet ist (§ 1018 BGB 3. Alt.)

Gegenstand und Inhalt des Sondereigentums

5 (1) Gegenstand des Sondereigentums sind die gemäß § 3 Abs. 1 bestimmten Räume sowie die zu diesen Räumen gehörenden Bestandteile des Gebäudes, die verändert, beseitigt oder eingefügt werden können, ohne daß dadurch das gemeinschaftliche Eigentum oder ein auf Sondereigentum beruhendes Recht eines anderen Wohnungseigentümers über das nach § 14 zulässige Maß hinaus beeinträchtigt oder die äußere Gestaltung des Gebäudes verändert wird.

(2) Teile des Gebäudes, die für dessen Bestand oder Sicherheit erforderlich sind, sowie Anlagen und Einrichtungen, die dem gemeinschaftlichen Gebrauch der Wohnungseigentümer dienen, sind nicht Gegenstand des Sondereigentums, selbst wenn sie sich im Bereich der im Sondereigentum stehenden Räume befinden.

(3) Die Wohnungseigentümer können vereinbaren, daß Bestandteile des Gebäudes, die Gegenstand des Sondereigentums sein können, zum gemeinschaftlichen Eigentum gehören.

(4) Vereinbarungen über das Verhältnis der Wohnungseigentümer untereinander können nach den Vorschriften des 2. und 3. Abschnittes zum Inhalt des Sondereigentums gemacht werden.

1. Die **unabänderlichen Grenzen** für die Bildung von SE und die **Abgrenzung zum GE** werden durch § 5 bestimmt. 1

2. Zu den einzelnen Abgrenzungen siehe zunächst § 1 Rdnr. 8. 2 Was bei der Begründung nicht zu WE oder später nicht zu SE erklärt und eingetragen wird, ist zwingend GE (BGH NJW 1990, 447). Es entsteht jeweils zwingend GE bei: Unklarheiten im Aufteilungsplan (OLG Frankfurt OLGZ 1978, 290), fehlender Übereinstimmung zwischen Aufteilungsplan und TE (BGH NJW 1995, 2851), oder der Gegenstand ist nicht SE fähig (z.B. Außenfenster, § 5 Abs. 2). Gegebenfalls Umdeutung nichtiger Klauseln in Kostentragung (vgl. OLG Hamm NJWE 1997, 114).

3. Abs. 1 bestimmt, daß **zum SE** zunächst die Räume der Einheit 3 gehören, wie z.B. Küche, WC etc. Darüber hinaus die abgeteilten Nebenräume, wie z.B. Keller oder Dachboden, die Räume, die sich auf dem Gelände befinden, wie z.B. Garage, Gartenhaus und Balkone, Loggien oder Dachterrassen, die mit SERäumen verbunden sind, soweit sie zu SE erklärt sind (BGH NJW 1985, 1551).

§ 6   1. Abschnitt. Begründung des Wohnungseigentums

4   **4.** Über Abs. 1 hinaus gehören gem. Abs. 2 auch **Gebäudeteile** und **Anlagen bzw. Einrichtungen,** die nicht zwingend GE sind, zum SE.
Beispiel: Fußbodenbelag (BayObLG DWE 1980, 60), nichttragende Innenwand, Einbauschränke etc.

5   **a)** Für nichtwesentliche Bestandteile (i. S. von §§ 93, 94 BGB) gilt dasselbe.
Beispiel: nachträglich eingebaute Wasserleitungen im SE Bereich (BayObLG Rpfleger 1969, 206).
Liegen Anlagen oder Einrichtungen im GE und dienen nur einem SE.
Beispiel: Entsorgungsanlage (BayObLG ZMR 1992, 66) oder Einzelheizung (LG Frankfurt NJW-RR 19891166),
so sind sie zu SE zu erklären, sonst sind sie GE.

6   **b)** Zubehör zum SE unterliegt nicht dem WE.

7   **5.** Durch Abs. 3 wird klargestellt, daß SEfähige Gegenstände Gegenstand des GE sein können.

8   **6.** Damit die Regelungen der WEer über das Gemeinschaftsverhältnis auch gegenüber einem **Nachfolger,** d. h. z. B. Käufer, wirken, können sie gem. Abs. 4 im Grundbuch eingetragen werden („Verdinglichung" vgl. § 10 Abs. 2).

9   Möglich sind dabei nur Regelungen über das betreffende Grundstück, nicht über fremde Grundstücksflächen (OLG Frankfurt Rpfleger 1975, 179), wie z. B. Wegerechte. Werden Regelungen über das GE nicht im Grundbuch eingetragen, so wirken sie nicht gegen einen Einzelrechtsnachfolger, wohl aber zu seinen Gunsten (siehe § 10 Rdnr. 17).

Unselbständigkeit des Sondereigentums

6 **(1) Das Sondereigentum kann ohne den Miteigentumsanteil, zu dem es gehört, nicht veräußert oder belastet werden.**

(2) Rechte an dem Miteigentumsanteil erstrecken sich auf das zu ihm gehörende Sondereigentum.

1   **1.** Da die **neue Eigentumsform,** die durch das WEG geschaffen wurde, aus **2 Komponenten** besteht, nämlich ME und SE, bestimmt Abs. 1, daß über sie grundsätzlich nur zusammen verfügt werden kann. Gesondert verfügt werden kann folglich über nichtwesentliche Bestandteile, Zubehör zum SE und über das Verwaltungsvermögen (äußerst streitig siehe § 1 Rdnr. 8).

2   **2.** Folgende **Fallkonstruktionen** sind rechtlich **zulässig:**
a) Die Übertragung von Teilen des SE bis zum evtl. vollständigen Austausch des SE mit oder ohne Änderungen des MEanteils innerhalb der WEerGem (BayObLG Rpfleger 1984, 268).

b) Die Änderung der Höhe der MEanteile (sog. Quotenänderung) ohne Änderung des SE (BGH NJW 1976, 1976) innerhalb der WEer-Gem. Bei dieser Inhaltsänderung müssen nur die unmittelbar betroffenen WEer mitwirken (BGH a.a.O. S. 1977). Andere WEer müssen nicht zustimmen, es sei denn, dies ist vereinbart. Ferner ist die Zustimmung der dinglich Berechtigten erforderlich (BayObLG NJW-RR 1993, 1045).

3. Ist das **WE** noch **nicht entstanden,** weil das Grundbuchblatt noch nicht angelegt ist, so ist trotzdem eine Übertragung bereits möglich (BGH NJW 1979, 1496, 1498).

4. Die **Zwangsvollstreckung** wird wie bei einem Miteigentumsanteil am Grundstück durchgeführt. Eine Pfändung allein des GE ist unzulässig.

Grundbuchvorschriften

7 (1) Im Falle des § 3 Abs. 1 wird für jeden Miteigentumsanteil von Amts wegen ein besonderes Grundbuchblatt (Wohnungsgrundbuch, Teileigentumsgrundbuch) angelegt. Auf diesem ist das zu dem Miteigentumsanteil gehörende Sondereigentum und als Beschränkung des Miteigentums die Einräumung der zu den anderen Miteigentumsanteilen gehörenden Sondereigentumsrechte einzutragen. Das Grundbuchblatt des Grundstücks wird von Amts wegen geschlossen.

(2) Von der Anlegung besonderer Grundbuchblätter kann abgesehen werden, wenn hiervon Verwirrung nicht zu besorgen ist. In diesem Falle ist das Grundbuchblatt als gemeinschaftliches Wohnungsgrundbuch (Teileigentumsgrundbuch) zu bezeichnen.

(3) Zur näheren Bezeichnung des Gegenstandes und des Inhalts des Sondereigentums kann auf die Eintragungsbewilligung Bezug genommen werden.

(4) Der Eintragungsbewilligung sind als Anlagen beizufügen:
1. eine von der Baubehörde mit Unterschrift und Siegel oder Stempel versehene Bauzeichnung, aus der die Aufteilung des Gebäudes sowie die Lage und Größe der im Sondereigentum und der im gemeinschaftlichen Eigentum stehenden Gebäudeteile ersichtlich ist (Aufteilungsplan); alle zu demselben Wohnungseigentum gehörenden Einzelräume sind mit der jeweils gleichen Nummer zu kennzeichnen;
2. eine Bescheinigung der Baubehörde, daß die Voraussetzungen des § 3 Abs. 2 vorliegen.

Wenn in der Eintragungsbewilligung für die einzelnen Sondereigentumsrechte Nummern angegeben werden, sollen sie mit denen des Aufteilungsplanes übereinstimmen.

§ 7 1. Abschnitt. Begründung des Wohnungseigentums

(5) Für Teileigentumsgrundbücher gelten die Vorschriften über Wohnungsgrundbücher entsprechend.

1 **1.** Die **besonderen Grundbuchvorschriften** für das WE werden durch § 7 erläutert.

2 **2.** Abs. 1 bestimmt, daß regelmäßig für jedes WE ein Grundbuchblatt anzulegen ist. Von diesem Grundsatz erlaubt Abs. 2 als Ausnahme das gemeinschaftliche **Grundbuchblatt.** Als weitere Ausnahme ist ein gemeinschaftliches Grundbuchblatt möglich, wenn mehrere Einheiten einem WEer zustehen (§ 4 GBO). Die Ausnahmen gelten nicht, wenn Verwirrung zu besorgen ist, z.B. bei unterschiedlichen Belastungen oder vielen WEern in der Anlage.

3 **3. Voraussetzungen** für die Eintragung:
a) Antrag von mindestens einem MEer (§ 13 GBO)
b) Bewilligung aller MEer (§§ 19, 29 GBO, i.d.R. durch TE)
c) Voreintragung der MEer (§ 39 GBO)
d) Zustimmung der Realkreditgläubiger ist i.d.R. nicht erforderlich (siehe hierzu § 10 Rdnr. 37)
e) Behördliche Genehmigung i.d.R. erforderlich (siehe § 4 Rdnr. 3)

4 **4.** Gemäß Abs. 4 ist dem Antrag beizufügen: **a)** Der **Aufteilungsplan** (Nr. 1). Er soll sicherstellen, daß dem Bestimmtheitsgrundsatz des Sachen- und Grundbuchrechts Rechnung getragen wird, also genau erkennbar gemacht wird, welcher Raum zur welchem SE gehört und wo die Grenzen von SE und GE verlaufen (BGH NJW 1995, 2851, 2853). Hierfür genügt nach dem BayObLG (NJW-RR 1993, 1040) auch eine Bauzeichnung (ein Grundriß), die aber nicht widersprüchlich sein darf (BayObLG WE 1994, 27). Bei einem bestehenden Gebäude muß es eine Baubestandszeichnung, die den tatsächlichen Bauzustand wiedergibt. Es darf deshalb keine unzutreffende Treppendarstellung vorhanden sein (BayVGH WuM 1998, 423). Die Bauzeichnung muß alle Gebäudeteile erfassen und Grundrisse, Schnitte und Ansichten sind regelmäßig vorzulegen (BayObLG ZMR 1998, 43). Dem steht nicht entgegen, daß gewisse Gebäudeteile zwingend GE sind oder daß durch nicht ausreichende Bezeichnung des SE GE entsteht (a.a.O.S. 43). Angaben von Einzelausgestaltungen, wie z.B. Kellerfenster, sind nicht erforderlich (BayObLG NJW 1967, 986). Mit dem Aufteilungsplan muß ein Lageplan mit Standortbestimmung und Grundstücksgrenzen eingereicht werden (OLG Hamm OLGZ 1977, 264, 272; Sauren Rpfleger 1985, 266; a.A. Demharter Rpfleger 1983, 133, 137). Für die Kennzeichnung der zum SE gehörenden Räume reicht die farbige Umrandung und die Kennzeichnung mit einer Nummer aus (BayObLG Rpfleger 1982, 21), selbst wenn in der TE ein Raum nicht aufgeführt ist (OLG Frankfurt ZMR 1997, 426), aber er durch Auslegung zu ermitteln ist (OLG Düsseldorf ZMR 1998,

Teilung durch den Eigentümer § 8

187). Sind die Voraussetzungen nicht erfüllt, so erfolgt Antragszurückweisung. Ist die Eintragung unter Verstoß gegen das Abgeschlossenheitserfordernis erfolgt, so ist WE trotzdem entstanden, es sei denn die Abgrenzung ist unklar (BayObLG Rpfleger 1991, 414).

b) Die Abgeschlossenheitsbescheinigung (Nr. 2) vgl. § 3 Rdnr. 8, § 59.

5. Der Eintragungsvermerk enthält die **MitEAnteile** (§ 47 GBO) und die übrigen in Abs. 1 Satz 2 genannten Angaben. Durch die Bezugnahme auf die Eintragungsbewilligung (Abs. 3) wird auch der dortige Aufteilungsplan einbezogen, so daß er auch Inhalt des Grundbuchs wird und am guten Glauben des Grundbuches beteiligt ist (BayObLG Rpfleger 1982, 21). Die Gebäudeteile des GE ergeben sich nur mittelbar aus der Summe der eingetragenen SE's (Palandt § 7 Rdnr. 6). Nach dem OLG Zweibrücken ist es nicht notwendig, daß der MitEAnteil ausdrücklich einem SE zugeordnet ist, es reicht wenn der Sinnzusammenhang dies ergibt (DWE 1996. 182).

Ein selbständiges Straßengrundstück kann einer einzelner Einheit zugeordnet werden (OLG Celle Rpfleger 1997, 522).

6. Soweit **Wohnungsgrundbücher** angelegt werden, ist das **Grundbuchblatt des Grundstücks** (Abs. 1 Satz 3) von Amts wegen **zu schließen.** Rechte, die das Grundstück bisher als ganzes belasteten, sind nunmehr in alle Wohnungsgrundbücher einzutragen. Grundpfandrechte und Reallasten werden zu Gesamtbelastungen aller WEer (BGH NJW 1976, 2132). Deshalb ist eine allg. Mithaft zu vermerken und im übrigen so einzutragen, daß die Belastung des ganzen Grundstücks erkennbar wird. Dingliche Rechte mit Beschränkung auf einen Anteil sind nur dort einzutragen, die anderen werden frei (OLG Oldenburg NJW-RR 1989, 273).

7. Jeder WEer kann Grundbucheinsicht verlangen (OLG Düsseldorf NJW 1987, 1651).

8. Das Grundbuchamt prüft die Eintragungsvoraussetzung (Rdnr. 3 ff.) auf Inhaltsmängel im Sinne von „§ 2" vorliegen. Den SE-Inhalt in der TE jedoch nur auf Nichtigkeit (ggf. gem. § 134, 138 BGB oder § 242 BGB, BayObLG ZMR 1997, 369) und nur, soweit sie eingetragen werden soll (OLG Rpfleger 1982, 61). Die Unwirksamkeit nur einer Bestimmung hindert die Eintragung (BayObLG WE 1986, 144).

Teilung durch den Eigentümer

8 (1) Der Eigentümer eines Grundstücks kann durch Erklärung gegenüber dem Grundbuchamt das Eigentum an dem Grundstück in Miteigentumsanteile in der Weise teilen, daß mit jedem Anteil das Sondereigentum an einer bestimmten Wohnung oder an nicht zu

Wohnzwecken dienenden bestimmten Räumen in einem auf dem Grundstück errichteten oder zu errichtenden Gebäude verbunden ist.

(2) Im Falle des Absatzes 1 gelten die Vorschriften des § 3 Abs. 2 und der §§ 5, 6, 7 Abs. 1, 3 bis 5 entsprechend. Die Teilung wird mit der Anlegung der Wohnungsgrundbücher wirksam.

1   1. Durch § 8 wird die in der Praxis am häufigsten vorkommende Form der **Bildung von WE** beschrieben. Hiernach kann der Alleineigentümer eine Aufteilung vornehmen, ohne daß eine MEgemeinschaft besteht (sog. Vorratsteilung). Dies kann sowohl geschehen, wenn das Gebäude vorhanden ist, als auch, wenn es noch nicht errichtet ist.

2   2. Es reicht folglich aus, daß das aufzuteilende Grundstück noch ein „bestimmter räumlich abgegrenzter Teil der Oberfläche, ein **Wirtschaftsgrundstück**" (OLG Saarbrücken OLGZ 1972, 129, 138), also noch kein Grundstück im Rechtssinne, ist.

3   3. Abs. 1 erfordert die **Erklärung des Eigentümers**. Dies bedeutet jedoch nicht, daß nur ein einziger Eigentümer vorhanden sein darf. Vielmehr können auch sog. Gesamthandsgemeinschaften (z.B. Erbengemeinschaften) oder Bruchteilsgemeinschaften (z.B. Ehegatten je zu 1/2) die Aufteilung vornehmen, soweit sie Eigentümer im Zeitpunkt der Anlegung sind (OLG Düsseldorf DNotZ 1976, 128) und alle zustimmen (BayObLG NJW 1969, 883). Im Konkursverfahren ist der Konkursverwalter zur Abgabe der Willenserklärung befugt (BayObLGZ 1957, 108), im Zwangsversteigerungsverfahren bleiben die WEer antragsberechtigt; eine Zustimmung der Gläubiger ist nicht erforderlich (OLG Frankfurt OLGZ 1987, 266; a.A. LG Würzburg Rpfleger 1989, 177).

4   **4. Voraussetzungen:**
a) Der Eigentümer hat zunächst eine **Erklärung gegenüber dem Grundbuchamt abzugeben,** in der er das Gebäude in WE teilt (sog. TErkl). Hierzu gehört:
aa) die **Bildung von Bruchteilsmiteigentum** am Grundstück (vgl. § 3 Rdnr 3);
bb) die Bestimmung **des Gegenstandes** des SE's durch wörtliche Beschreibung oder Bezugnahme auf den Aufteilungsplan;
cc) die **Verbindung von SE mit ME** (vgl. § 3 Rdnr. 4);
dd) das Aufstellen **der Gemeinschaftsordnung,** die das Verhältnis der Miteigentümer regelt (vgl. § 2 Rdnr. 10).

b) Beizufügen sind **Aufteilungsplan** (vgl. § 7 Rdnr. 4) und **Abgeschlossenheitsbescheinigung** (vgl. § 3 Rdnr. 8).

c) Weitere Voraussetzung ist die **Eintragung** ins Grundbuch auf einem besonderem Wohnungsgrundbuchblatt.

d) I.d.R. ist **keine Zustimmung** der **dinglich Berechtigten** erforderlich (siehe § 10 Rdnr. 37).

Teilung durch den Eigentümer § 8

e) Die sog. **Unbedenklichkeitsbescheinigung** des Finanzamtes (gem. § 22 Grunderwerbsteuergesetz) ist nicht erforderlich, anders ist dies jedoch bei einer Teilung gem. § 3.

5. Nach Abs. 2 Satz 2 wird die **Teilung** durch Anlegung sämtlicher Wohnungsgrundbücher **wirksam**. Da damit die Schnelligkeit der Arbeitsweise des Grundbuchamtes u. a. entscheidend sein könnte, ist es dem Eigentümer möglich, **schon vor Eintragung eine Wohnung zu verkaufen** und den Anspruch des Käufers durch Vormerkung zu sichern, selbst wenn noch kein genehmigter Aufteilungsplan und keine Abgeschlossenheit vorliegt (OLG Frankfurt DNotZ 1972, 180). Dies gilt selbst dann, wenn der Kaufvertrag noch nicht wirksam ist, z.B. noch von einer Bedingung (wie der Erteilung der Baugenehmigung) abhängt, soweit nur feststeht, daß der Kaufvertrag noch Gültigkeit erlangen kann (OLG Frankfurt a.a.O.). Voraussetzung dafür ist, daß die bestehende Wohnung so beschrieben ist, daß sie aufgrund der Beschreibung in der Örtlichkeit zweifelsfrei festgestellt werden kann (BayObLG Rpfleger 1977, 300) und der MEanteil ziffernmäßig genau bestimmt ist (LG Hamburg Rpfleger 1982, 272), es reicht aber nicht, nur die zuzuordnenden Räume und den Kaufpreis im Vertrag aufzunehmen (OLG Düsseldorf NJW-RR 1995, 718). Veräußert der Verkäufer von WE vor Anlegung der Grundbücher, so sichert die Vormerkung den Käufer (BayObLG Rpfleger 1976, 13). Eine Klage auf Bewilligung der Eintragung ist bereits vor Anlegung des Grundbuchs möglich, wenn dem Amt die TErkl. mit Aufteilungsplan und Abgeschlossenheit vorliegt (BGH NJW-RR 1993, 840).

6. Die **Grundstückseigentümer werden Eigentümer an den neugebildeten WEs.**
Beispiel: Ehegatten zu je 1/2 werden Eigentümer jedes WEs zu je 1/2.
Rechte, die mit dem Grundstück verbunden waren, setzen sich an allen WEs fort.
Beispiel: Grunddienstbarkeit
Die Teilung durch den Eigentümer berührt diese Rechte als solche nicht (BayObLG Rpfleger 1983, 434).

7. Für die **sog. Auflassung,** d.h. die Einigung zur Übertragung des Eigentums, genügt es, wenn das WE zwischen Kaufvertrag und Auflassung erst gebildet wird (BayObLG v. 5. 3. 1985, ZMR 1985, 208). Damit ist es möglich, ein erst künftig entstehendes WE zu veräußern. Der BGH (NJW 1986, 845) hält es darüberhinaus auch für zulässig, daß sich der Verkäufer beim Verkauf das Recht vorbehält, in der TErkl Bedingungen zur Regelung des Gemeinschaftsverhältnisses zu treffen bzw. die gesamte GO noch zu entwerfen. Der Kritik von Brych (NJW 1986, 1478) ist sich anzuschließen: Der Käufer hat in diesem Fall keinerlei Einfluß auf so wichtige Fragen wie Kosten- und

Stimmverteilung oder gewerbliche Nutzung, so daß er quasi „die Katze im Sack kauft". Dies ist wohl auch der Grund für die strengen Anforderungen, die das BayObLG zwischenzeitlich an eine solche **Vollmacht** stellt (ZMR 1995, 25; BayObLG WE 1996, 155 m. Anm. Schmidt; vgl. auch § 10 Rdnr. 13).

Beispiel: Die Ermächtigung zur Änderung der TErkl „bei baulichen Veränderungen, die die Wohnung des Käufers nicht unmittelbar berühren" ist zu unbestimmt, da die Feststellungen auf tatsächlichem Gebiet liegen und nicht vom Grundbuchamt überprüft werden können (BayObLG a.a.O.).

Bei einer teilweisen Unwirksamkeit der Vollmacht ist die gesamte Vollmacht unwirksam (BayObLG a.a.O.; OLG Düsseldorf WuM 1997, 284).

8 8. Zur **einseitigen Änderung der TErkl** siehe vor § 1 Rdnr. 15.

Schließung der Wohnungsgrundbücher

9 (1) Die Wohnungsgrundbücher werden geschlossen:
1. von Amts wegen, wenn die Sondereigentumsrechte gemäß § 4 aufgehoben werden;
2. auf Antrag sämtlicher Wohnungseigentümer, wenn alle Sondereigentumsrechte durch völlige Zerstörung des Gebäudes gegenstandslos geworden sind und der Nachweis hierfür durch eine Bescheinigung der Baubehörde erbracht ist;
3. auf Antrag des Eigentümers, wenn sich sämtliche Wohnungseigentumsrechte in einer Person vereinigen.

(2) Ist ein Wohnungseigentum selbständig mit dem Rechte eines Dritten belastet, so werden die allgemeinen Vorschriften, nach denen zur Aufhebung des Sondereigentums die Zustimmung des Dritten erforderlich ist, durch Absatz 1 nicht berührt.

(3) Werden die Wohnungsgrundbücher geschlossen, so wird für das Grundstück ein Grundbuchblatt nach den allgemeinen Vorschriften angelegt; die Sondereigentumsrechte erlöschen, soweit sie nicht bereits aufgehoben sind, mit der Anlegung des Grundbuchblatts.

1 1. § 9 behandelt den wegen § 11 seltenen Fall der Schließung der Grundbücher und damit **Grundbuchverfahrensrecht.**

2 2. In den folgenden 3 Fällen werden die **Grundbücher geschlossen** und damit entsteht gewöhnliches ME nach §§ 741ff., 1008ff. BGB:
a) Bei Aufhebung **durch Vertrag** der WEer und Eintragung in das Grundbuch (Nr. 1). In diesem Fall erlischt das WE mit Eintragung der Aufhebung.

b) Bei völliger **Zerstörung** des Grundstücks, d.h. aller SErechte. Der Nachweis ist durch Bescheinigung der Baubehörde zu erbringen. Trotzdem ist das ME am Grund und Boden noch vorhanden, und die WEerGem ist noch nicht erloschen. Die Lage ist mit der einer Gemeinschaft vor Errichtung des Gebäudes zu vergleichen (vgl. § 2 Rdnr. 2). Deshalb ist auf Antrag, d.h. wenn alle MEer den Wiederaufbau nicht vornehmen wollen, eine Schließung vorzunehmen. Der Antrag bedarf der notariellen Form (§ 29 GBO).
c) Durch **Antrag des Alleineigentümers** (Nr. 3), soweit sich sämtliche WErechte in einer Hand vereinigen.

3. Soweit das WE belastet war, bleiben die Belastungen bestehen und sind nun auf dem neuen Grundbuchblatt einzutragen.

4. Die **Zustimmung der Realberechtigten** ist bei Aufhebung von SE nicht notwendig, wenn das Grundstück genauso belastet wird, da damit der Haftungsgegenstand gleich bleibt (vgl. OLG Frankfurt ZMR 1990, 229). Sind jedoch einzelne WE Rechte selbstständig belastet, so ist die Zustimmung notwendig (vgl. OLG Frankfurt wie vor).

2. Abschnitt. Gemeinschaft der Wohnungseigentümer

Vorbemerkung vor § 10 WEG

1. Der **2. Abschnitt des WEG** (§§ 10 ff.) regelt das **Verhältnis der WEer untereinander.** Gesetzliche Sonderregelungen waren deshalb notwendig, weil die Gemeinschaftsregelungen im BGB (§§ 741 ff.) nicht einer auf Dauer und grundsätzliche Unauflöslichkeit (§ 11) angelegten WEerGem entsprachen. Darüber hinaus hat das Gesetz den Beteiligten eine weitgehende Gestaltungsfreiheit gelassen.

2. Damit ergibt sich **für das Verhältnis der WEer untereinander** die folgende **Rangfolge der Regelungen:**

a) Die **Regeln des WEG's, die unabänderlich sind** (wird hiergegen verstoßen ist i.d.R. Nichtigkeit gegeben, siehe § 23 Rdnr. 33). Dies sind die folgenden:
aa) die Bestimmung des § 5 Abs. 2, wonach die gemeinschaftlichen Teile des Gebäudes, die für den Bestand oder die Sicherheit erforderlich sind, zwingend GE sind (vgl. BGHZ 50, 56);
bb) die Unselbständigkeit des SE's (§ 6);
cc) die Unauflöslichkeit der WEerGem (§ 11);
dd) die Regelung des § 12 Abs. 2, wonach die Zustimmung zur Veräußerung nur aus wichtigem Grund versagt werden darf;
ee) der Anspruch auf Entziehung des WE gem. § 18 Abs. 1 (§ 18 Abs. 4);
ff) das Verbot der Ausschließung der Bestellung eines Verwalters (§ 20 Abs. 2);

gg) die Änderung des Einstimmigkeitserfordernisses für die schriftliche Abstimmung (§ 23 Abs. 3, OLG Köln v. 21. 8. 1979, 16 Wx 80/79; a. A. AG Königstein MDR 1979, 760);

hh) die Beschränkungen bei der Bestellung und Abberufung des Verwalters (§ 26 Abs. 1 Satz 4), z. B. Verbot der Bestellung von mehreren Verwaltern (BGH NJW 1989, 2059; WuM 1990, 128);

ii) die Aufgaben und Befugnisse des Verwalters, die in § 27 Abs. 1 und 2 genannt sind (§ 27 Abs. 3).

4 b) Soweit diese Vorschriften beachtet wurden, sind die **Vereinb der WEer**, z. B. in der GO, verbindlich, wenn sie nicht gegen zwingendes übriges Recht verstoßen, z. B. einem gesetzlichen Verbot (gem. § 134 BGB, BGH NJW 1987, 1638). Solche sind i. d. R. in fast jeder WEerGem vorhanden, aber auch notwendig, da einzelne gesetzliche Regelungen im konkreten Fall zu einem unangemessenen Ergebnis führen würden.

5 c) Die **abdingbaren Vorschriften des WEG**. Der Vorrang einer Vereinb vor den abdingbaren Regeln des WEG geht nur so weit, wie der Wille, von diesen Regelungen abzuweichen, erkennbar zum Ausdruck kommt (BayObLG MDR 1972, 691). Dies ist regelmäßig nur anzunehmen, wenn die Vereinb Ergänzungen zu der gesetzlichen Regel oder Abweichungen von ihr enthält. Nicht der Fall ist es z. B., wenn es in einer detaillierten GO bzgl. der Kosten heißt, es bleibt bei der gesetzlichen Regelung (BayObLG wie vor).

6 d) **Gerichtliche Entscheidung** des Richters (§ 43 i. V. m. § 45 Abs. 2 Satz 2; KG ZMR 1997, 534).

7 e) Die **Beschl** (§ 23) der Weer.

8 f) Die **Vorschriften des BGB über die Gemeinschaft** (§§ 741 ff.) **und das ME** (§§ 1008 ff.), vgl. hierzu Weitnauer § 10 Rdnr. 2 ff.

9 g) Die **Schutz- und Treuepflichten,** die aus dem Gemeinschaftsverhältnis als gesetzlichem Schuldverhältnis entspringen (BayObLG WE 1992, 87).

Beispiel: Der Anforderung von Wohngeldvorschüssen kann ein Zurückbehaltungsrecht aufgrund der Treuepflichten aus dem Gemeinschaftsverhältnis nicht entgegengehalten werden (BayObLG MDR 1972, 145, siehe § 16 Rdnr. 40).

10 3. Da jede WEerGem ihre Eigenarten hat, bedarf es dafür besonderer Regelungen. Vor Aufstellung des Statuts der WEerGem haben sich die Beteiligten über die jeweiligen besonderen Probleme der Anlage klar zu werden. Die immer wieder auftauchenden **Grundtypen mit ihren spezifischen Problemen** sind folgende:

11 a) **Doppelhäuser:** Probleme tauchen hier dadurch auf, daß an der Hälfte eines Doppelhauses SE nur an der Wohnung begründet werden kann, nicht jedoch an den Teilen des Gebäudes, die für dessen Bestand

oder Sicherheit erforderlich sind (BGHZ 50, 56). Auch an den Anlagen und den Einrichtungen, die dem gemeinschaftlichen Gebrauch dienen, kann SE nicht begründet werden (BayObLG Rpfleger 1966, 149). Deshalb ist es üblich geworden, jedem WEer das Sondernutzungsrecht (siehe § 15 Rdnr. 11ff.) am GE innerhalb seiner Hälfte und an einem evtl. dazugehörigen Garten das alleinige Nutzungs- und Anpflanzungsrecht einzuräumen. In diesem Fall ist es angemessen, in der GO zu vereinbaren, daß jeder WEer die in seinem Bereich anfallenden Kosten und Lasten zu tragen hat, auch für die Instandhaltung. Bauliche Maßnahmen sollten ohne Zustimmung des anderen durchgeführt werden können, soweit Bau- und Nachbarrecht dies gestattet (MüKo Röll § 10 Rdnr. 28). Dann verbleibt als gemeinschaftliche Aufgabe nur die Unterhaltung des evtl. vorhandenen Grenzzaunes der beiden Gartenteile (siehe § 22 Rdnr. 42, Zaun) und die Verkehrssicherungspflicht hinsichtlich vorhandener Wege bzw. des Gehsteiges (mit evtl. abzuschließender Versicherung). Bei dem Stimmrecht ist eine Gestaltung nach den MEanteilen nach dem BayObLG (NJW-RR 1986, 566) nicht zu beanstanden, selbst wenn damit ein WEer bei allen Abstimmungen die Mehrheit hat. Begrenzungen gelten beim Stimmrechtsausschluß (vgl. § 25 Rdnr. 28 ff.). In der GO soll auch eine Passage aufgenommen werden, daß für den Fall einer Teilung des Grundstücks zugleich die WEerGem aufzuheben ist. In diesem Fall ist der andere Gemeinschaftler verpflichtet, bei einem entsprechenden Antrag mitzuwirken. Soweit er dies nicht tut, kann er hierzu im WEG-Verfahren verpflichtet werden (BayObLG v. 22. 3. 1984, 2 Z 104/83). Auch für Wiederaufbau ist Reglung erforderlich, siehe Rdnr. 15 Wiederaufbau.

b) Reihenhäuser: Die Rechtsform WE wird i.d.R. deshalb gewählt, weil eine Genehmigung zur Grundstücksteilung nicht zu erhalten ist. Hierbei stellen sich die gleichen Probleme wie bei den Doppelhäusern (siehe deshalb Rdnr. 11). 12

c) Zweifamilienhäuser: Hierunter werden in der Abgrenzung zum Doppelhaus Häuser verstanden, in denen im Erd- und im Obergeschoß Wohnungen vorhanden sind. Damit handelt es sich um echte WEerGem nach dem WEG. Bei diesen Zweifamilienhäusern wird i.d.R. keine Versammlung stattfinden und kein Verwalter gewählt. Dies ist zulässig, sofern alle notwendigen Entscheidungen einstimmig gefaßt werden (MüKo § 22 Rdnr. 35). Zur besseren Dokumentierung sollten sie zumindest schriftlich festgehalten werden. Da ein Verwalter fehlt und eine Versammlung i.d.R. nicht stattfinden wird, sollte keine Bestimmung in der TErkl getroffen werden, die solche Instrumentarien voraussetzen, z.B. Zustimmung zur Veräußerung durch den Verwalter (§ 12). Hinsichtlich des Gartens ist ein Sondernutzungsrecht zu empfehlen (vgl. Röll MittBayNot 1979, 51). 13

Vor § 10 2. Abschnitt. Gemeinschaft der Wohnungseigentümer

14 **d) Groß- und Mehrhausanlagen:** Großanlagen bestehen heute i.d.R. aus mehreren selbständigen Gebäuden bzw. Gebäudekomplexen. Sie sollten möglichst vermieden werden (Realteilung) bzw. in der GO geregelt werden, daß jeder Komplex bzw. jedes Haus die Benutzung selbst regelt und die Kosten und Lasten allein trägt. Diese Abgrenzungen müssen jedoch sorgfältig durchdacht werden, da ansonsten große Probleme auftauchen können.
Beispiel: Nur über die Garagen eines Blockes führt ein öffentlicher Weg. Alle Garagendächer sind sanierungsbedürftig. Wer kommt für die Instandhaltung des Daches mit dem öffentlichen Weg auf?
So muß jede „kleine" WEerGem über ihre Fragen in einer eigenen Versammlung beschließen, in denen nur die jeweiligen WEer stimmberechtigt sind (BayObLG DNotZ 1985, 414). Dann sind z.B. auch nur den WEer des einzelnen Blocks Schlüssel dieses Blocks auszuhändigen (OLG Düsseldorf ZMR 1995, 88). Evtl. sind auch getrennte Instandhaltungsrücklagen einzuführen (BayObLG NJW-RR 1988, 274).

15 4. Da von der Rechtsprechung **Regelungen der GO** kontrolliert werden, sind in **ABC-Form** folgende **mögliche Inhalte** aufgezählt. Dabei ist eine Vereinb grundsätzlich dann notwendig, wenn mehr als nur der ordnungsgemäße Gebrauch geregelt wird. Anderseits hat nicht alles, was in der TErkl steht, den Charakter einer Vereinb, vielmehr ist durch Auslegung die jeweilige Intention zu ermitteln (OLG Stuttgart DWE 1987, 139).
Antenne: Regelungen über Zuordnung zu GE oder SE möglich (Erman § 10 Rdnr. 7).
Aufhebungsanspruch: Die Regelung des Aufhebungsanspruchs durch Vereinb ist entgegen der gesetzlichen Regelung gem. § 11 Abs. 1 Satz 3 grundsätzlich nur für den Fall zulässig, daß das Gebäude ganz oder teilweise zerstört wird und eine Verpflichtung zum Wiederaufbau nicht besteht.
Aufzugskosten: Die relativ hohen Kosten für den Aufzug stellen ein Problem dann dar, wenn TE oder WE vorhanden sind, die keine Anbindung an den gemeinschaftlichen Aufzug haben und trotzdem mit den Kosten belastet werden müßten (vgl. BGH NJW 1984, 2576). Man kann hier die Kostenquote durch Vereinb um so höher festsetzen, je höher sich die Wohnung befindet. Die dafür notwendigen Berechnungen bürden dem Verwalter Aufgaben auf und führen oft zu Streit, wenn einzelne WEer den Aufzug häufiger benutzen. In Mehrhauswohnanlagen kommt entgegen der gesetzlichen Regelung in Frage, die WEer, in deren Haus sich kein Aufzug befindet, bzw. einzelne WEer/TEer von den Kosten zu befreien. Dann müßte auch eine gesonderte Instandhaltungsrücklage für den Aufzug geführt werden (siehe MüKo § 10 Anm. 19e).

Änderung der GO (siehe § 10 Rdnr. 28 ff.): Es ist zweckmäßig, eine Vereinb über die Möglichkeit der Änderung der GO durch Beschl (mit einfacher oder qualifizierter Mehrheit) einzuführen.
Ausschluß von MEer vom Mitgebrauch: Ein solcher Ausschluß bedarf nach dem OLG Zweibrücken (NJW-RR 1986, 1338) einer Vereinb, siehe § 21 Rdnr. 10.
Bauliche Veränderungen (§ 22 Abs. 1): Aufgrund der gesetzlichen Strenge empfiehlt sich eine Vereinb des Inhalts, daß bereits durch eine qualifizierte (z. B. 75% oder 2/3) Mehrheit der anwesenden (z. B. einstimmiger Beschluß, BayObLG WE 1997, 478) oder aller WEer, eine bauliche Veränderung möglich ist (BayObLG NJW-RR 1990, 209), oder zumindest bestimmte bauliche Veränderungen (z. B. Mauer- und Deckendurchbruch BayObLG NJW-RR 1986, 761 oder Balkonerweiterungen OLG Düsseldorf MittRhNotK 1986, 169 oder Fenster BayObLG WE 1994, 184) vorgenommen werden dürfen. Ist § 22 abbedungen, dann dürfen im Rahmen des öffentlich-rechtlichen zulässigen bauliche Veränderungen durchgeführt werden. Eine Privatperson kann die Einhaltung nur soweit verlangen, wie öffentlich-rechtliche Normen die sog. drittschützende Wirkung haben.
Beispiel: Ein Windfang hat nicht die erforderliche Abstandsfläche (BayObLG WuM 1996, 789).
Ebenfalls ist eine Vorausgestattung (OLG Düsseldorf a.a.O.) oder die Übertragung der Zustimmung auf den Verwalter möglich (OLG Frankfurt OLGZ 1984, 60).
Beispiel: Die Zustimmung wird auf den Verwalter übertragen (OLG Frankfurt OLGZ 1984, 60). In diesem Fall ist bei der Versagung oder Erteilung der Zustimmung für den einzelnen WEer nur die Möglichkeit der gerichtlichen Überprüfung gegeben (vgl. OLG Frankfurt a.a.O. S. 60). Diese Überprüfungskriterien sind naturgemäß nicht die des § 22, da diese gerade abbedungen wurden, sondern nur, ob Ermessensfehler vorliegen (z. B. sachfremde Kriterien) oder gar ein Rechtsmißbrauch oder unzulässige Rechtsausübung.
Die oft in der TErkl. anzutreffende Formulierung, daß „bauliche Veränderungen der schriftlichen Zustimmung bzw. Einwilligung des Verwalters bedürfen" ist nach Meinung der Obergerichte (OLG Zweibrücken NJW 1992, 2899; KG NJW-RR 1991, 1300; BayObLG WE 1992, 195, OLG Düsseldorf NJW-RR 1997, 1109, zu Recht Bedenken bei OLG Köln DWE 1997, 33) keine Erleichterung, sondern eine Erschwerung für bauliche Veränderungen. Diese sollen zusätzlich von der Zustimmung des Verwalters abhängig gemacht werden. Heißt es weiter in der Klausel, die Verweigerung des Verwalters könne durch einen „Beschl der Gem" ersetzt werden, so kann nur die Zustimmung ersetzt werden, dadurch wird aber die gesetzliche Regelung nicht erleichtert (OLG Zweibrücken a.a.O.; BayObLG a.a.O.). Das KG (a.a.O.) hat dies auch angenommen für den Fall, in dem „bei Ver-

weigerung der Zustimmung des Verwalters ein Beschl der WEer" herbeigeführt werden kann (a.A. zu Recht Bassenge 3. Aufl. S. 74). Holt der Verwalter über die Frage, ob ein wichtiger Grund zur Versagung der Zustimmung für eine bauliche Veränderung vorliegt, eine Weisung der WEer ein, hat er die aufgetretenen tatsächlichen und rechtlichen Zweifelsfragen umfassend aufzuklären; hat er die Rechtsfrage mit der erforderlichen Sorgfalt geprüft, ist es ihm nicht anzulasten, wenn er gleichwohl einem Rechtsirrtum unterliegt (BGH NJW 1996, 1217).

Hiergegen ist die Regelung, daß bauliche Veränderungen eines Mehrheitsbeschl bedürfen, nach dem BayObLG (NJW-RR 1990, 209) so auszulegen, daß ein solcher ausreicht und nicht die Mitwirkung aller berechtigten WEer erforderlich ist. Der Mehrheitsbeschluß ist für ungültig zu erklären, wenn für die bauliche Veränderung keine sachlichen Gründe vorliegen oder andere WEer durch sie unbillig benachteiligt werden (BayObLG a.a.O.) Bei Unklarheiten verbleibt es regelmäßig bei der Allstimmigkeit (des § 22, OLG Oldenburg ZMR 1998, 95). Siehe auch § 22 Rdnr. 35.

Bausparvertrag: i.d.R. ist eine Vereinb nötig (OLG Düsseldorf WE 1996, 275).

Beirat: Die Zahl der Beiräte und Personen (z.B. auch außerhalb der WEerGem stehende Dritte KG WuM 1989, 207) sollte insbesondere in Mehrwohnhausanlagen durch Vereinb festgelegt werden, da die gesetzliche Regelung nur durch Vereinb änderbar ist (BayObLG NJW-RR 1992, 210; Sauren ZMR 1984, 325).

Benutzung, Benutzungsordnung (Garagen, Sauna, Schwimmbad): Da es sich hierbei um Fragen der ordnungsgemäßen Verwaltung handelt, sind diese durch Beschl regelbar. Deshalb empfiehlt sich keine Vereinb, da die Entwicklung in der Anlage sehr unterschiedlich sein kann. Die Aufstellung sollte deshalb der WEerGem per Beschl überlassen bleiben oder vom Verwalter ggf. in Abstimmung mit dem Beirat aufgestellt werden können.

Eine der Gebäudebeschaffenheit widersprechende Benutzung bedarf ebenfalls einer Vereinb.

Beispiel: Aufstellen eines Kfz's (z.B. Oldtimer) auf einer Terrasse (BayObLG MDR 1981, 937).

Die Benutzung von Teilen des GE bedarf, wenn die übrigen WEer ausgeschlossen werden, einer Vereinb (KG NJW-RR 1987, 653; a.A. § 21 Rdnr. 10).

Ebenfalls ist nach dem BayObLG eine Vereinb nötig, wenn die räumliche Aufteilung der Benutzung geregelt werden soll.

Beispiel: Die gegenständliche Abgrenzung der Gebrauchsregelung einer Garagenanlage (Rpfleger 1974, 111)

Nach dem OLG Zweibrücken (OLGZ 1985, 418) ist die Einrichtung und die Vermietung (NJW-RR 1986, 1338) von Garagenplätzen nur durch Vereinb möglich (siehe Merle WE 1989, 20).

Gemeinschaft der Wohnungseigentümer **Vor § 10**

Beschl: siehe Stimmrecht

Darlehen: Hierzu bedarf es i.d.R. einer Vereinb (BGH NJW-RR 1993, 1227; Feuerborn NJW 1988, 2991; a.A. Brych WE 1995, 15). Eine Darlehensaufnahme zur Beseitigung eines Liquiditätsengpasses ist durch Beschl entweder im Voraus, z.B. in Höhe von 3 Monatswohngeldern (OLG Hamm WE 1992, 136, BayObLG WE 1991, 111) oder für einen konkreten Einzelkauf, z.B. für dringend benötigtes Heizöl (KG WE 1994, 271, 272, aber nur bis 20000,00 DM) möglich. Bei Aufnahme eines größeren Kredites (z.B. 670000,00 DM) sind ohne Vereinb nur die WEer, die zum Zeitpunkt der Darlehensaufnahme der WEG angehörten, nach dem OLG Oldenburg (WE 1994, 218) zur Rückzahlung verpflichtet (Weitnauer WE 1995, 67).

Dekorationen: Hierzu bedarf es i.d.R. eines Beschl, vgl. § 21 Rdnr. 10.

Einzugsermächtigung: I.d.R. Vereinb möglich (OLG Düsseldorf WuM 1990, 46), Beschl nach OLG Hamburg (NZM 1998, 407 m.w.N.) ausreichend.

Gewerbliche bzw. berufliche Nutzung (Benutzungsbeschränkung): Soll das Haus als reines Wohnhaus genutzt werden, kann sich eine Vereinb über das Verbot gewerblicher Nutzung bzw. freiberuflicher Nutzung empfehlen.

Garten: Hier kann Vereinb getroffen werden, z.B. über Gestaltung von Höhe der Bepflanzung (BayObLG WuM 1996, 643).

Haftung des Rechtsnachfolgers: Diese ist durch Vereinb möglich (BGH ZMR 1994, 271). Soweit eine solche Klausel aufgestellt wurde, erfaßt sie aber nicht die Zwangsversteigerung (BGH NJW 1984, 301) und kann auch nicht dafür vorgesehen werden. Sie wäre nichtig (BGH NJW 1987, 1638). Siehe Rückstand.

Hausordnung: Hier gilt das zur Benutzungsordnung Gesagte. Eine Abänderung ist i.d.R. durch Beschl möglich, auch wenn die Hausordnung in der TErkl enthalten ist (BayObLG ZMR 1976, 310).

Haustierhaltung: Ein generelles Verbot ist durch Vereinb oder unangefochtenen Beschl möglich (BGH NJW 1995, 2036), dabei ist jedoch der Grundsatz von Treu und Glauben (§ 242 BGB) zu beachten. Das Verbot kann nicht durch Beschl geändert werden (LG Wuppertal Rpfleger 1978, 23: Katzen). Durch Vereinb kann auch die Haustierhaltung von der Genehmigung des Verwalters abhängig gemacht werden, die nur aus wichtigem Grund versagt werden kann. Durch Beschl ist höchstens eine Beschränkung auf ein Tier pro Wohnung möglich, wobei unter Tieren nicht Kleintiere, wie z.B. Wellensittiche oder Zierfische, zu verstehen sind. Auch Umgehungen dieser Regelungen sind unzulässig, z.B. wenn die Haltung von Hunden und Katzen lt. Hausordnung der schriftlichen Genehmigung der WEer bedarf (OLG Karlsruhe ZMR 1988, 184); siehe im übrigen § 21 Rdnr. 10 Tierhaltung.

Vor § 10   2. Abschnitt. Gemeinschaft der Wohnungseigentümer

Hinweisschilder: Sind i.d.R. ohne Vereinb zulässig (KG WuM 1994, 494), d.h. durch Beschl (BayObLG WuM 1994, 562).

Immission: Wollen die WEer über das Maß des § 14 Nr. 3 hinaus Duldungspflichten dem einzelnen auferlegen oder davon befreien, so bedarf es einer Vereinb.

Beispiel: Das Grillen auf dem Balkon soll generell gestattet werden (vgl. LG Düsseldorf NJW-RR 1991, 1170).

Instandsetzungs-/Instandhaltungspflicht: kann durch GO für Teile des GE's dem einzelnen WEer auferlegt werden, z.B. Balkongeländer oder Fenster. Damit ist dann aber nicht erstmalige Herstellung als ordnungsgemäßen Zustand gemeint (BayObLG WuM 1997, 187), die Arbeiten müssen aber einwandfrei ausgeführt werden (OLG Köln WE 1997, 427).

Kabelfernsehen: siehe § 22 Rdnr. 18 Kabelfernsehen.

Kellerverteilung: Die Verteilung der Kellerräume ist grundsätzlich durch Vereinb zu regeln, im Anschluß an eine Vereinb ist auch ein Beschl möglich (BayObLG NJW-RR 1990, 155; 1991, 1117), siehe § 15 Rdnr. 9.

Konkurrenzverbot: Soweit ein solches in der Anlage gelten soll, hat dies durch Vereinb (unangefochtener Beschl reicht auch nach OLG Hamm NJWE 1997, 231; BayObLG NJWE 1997, 231?) zu erfolgen (OLG Hamm NJW-RR 1986, 1336), wobei nach dem OLG Hamm (a.a.O. S. 1337) aus der Bezeichnung in der TErkl u.U. ein Konkurrenzschutz hergeleitet werden kann. Inhalt einer Vereinb kann auch eine Konkurrenzschutzklausel sein (BayObLG NJWE 1997, 231). Die Änderung bedarf einer Vereinb (OLG Köln WE 1994, 87). Vermietender WEer muß Mieter auf Konkurrenzverbot hinweisen (LG Karlsruhe WuM 1990, 164).

Kosten- bzw. Lastenverteilung: § 16 Abs. 2 sieht diese nach den MEanteilen vor. Regelungen, die zu Belastungsänderungen führen, sind nur durch Vereinb änderbar (OLG Frankfurt OLGZ 1987, 26; BayObLG NJW-RR 1990, 1493).

Beispiel: Umzugskostenpauschale (OLG Frankfurt WuM 1990, 461) oder besondere Leistungen des Verwalters (z.B. für Genehmigungen gem. § 12, KG NJW-RR 1989, 329). Problematisch ist dies insbesondere bei vermieteten ETW (Verteilung der Heiz- und Warmwasserkosten sind gem. §§ 7ff HKV nicht nach MEanteilen möglich). Deshalb ist folgendes zu raten: Der TErkl ist eine Liste der Wohnungen und deren Wohn/Nutzflächen (für Speicher, Hobbyräume etc, hierzu gehört nach BayObLG ZMR 1997, 614 aber nicht SNR-Fläche) qm – beizulegen und darauf für die Verteilung Bezug zu nehmen. Hinsichtlich der TEinheiten ist nach dem Nutzungswert zu differenzieren (z.B. Laden voll, Garage 1/2 oder von einzelnen Kosten freizustellen). Soweit jedoch eine Einzelerfassung möglich ist (z.B. bei Kaltwasser) sollte diese vorgehen. Der Einbau solcher Geräte sollte ge-

Gemeinschaft der Wohnungseigentümer **Vor § 10**

stattet werden, da dies ansonsten eine bauliche Veränderung darstellen kann (OLG Düsseldorf NJW 1985, 2837), vgl. § 22 Rdnr. 42 Zähler. Sieht die TE die Verteilung nach Wohnfläche vor, so sind nach dem BayObLG WE 1997, 34 Balkone, Loggien und Dachterrassen mit einem Viertel anzusetzen.

Kredit: siehe Darlehen.

Mahngebühren: Die Erhebung von Mahngebühren kann durch Beschl festgelegt werden.

Musizieren: Ein generelles Verbot ist entsprechend den Ausführungen zur Haustierhaltung nur durch Vereinb möglich (OLG Hamm NJW 1981, 465; siehe hierzu BPM § 15 Anm. 9). Durch Beschl ist eine Beschränkung der Musikausübung zulässig (OLG Frankfurt OLGZ 1988, 61). Außerhalb des SE nicht hörbares Musizieren kann nicht untersagt oder eingeschränkt werden (BayObLGZ 1985, 104 (109)), siehe § 21 Rdnr. 10.

Nutzung von Freiflächen, Gegenständen: Durch Vereinb kann eine turnusmäßige Nutzung von Freiflächen oder Gegenständen geregelt werden (z.B. Parkplatz, Garten, Waschmaschine etc.).

Nutzungsänderung: Eine Nutzungsänderung liegt vor, wenn die nach den Gemeinschaftsregeln zulässige Nutzung aufgegeben wird. Für eine Nutzungsänderung bei Abweichung von einer Vereinb ist eine Vereinb erforderlich und bei Abweichung von einem Beschl ein Beschl (vgl. Erman § 10 Rdnr. 19a). Die Rspr. hat eine Nutzungsänderung bspw. bei Leerstehenlassen der Wohnung verneint (BayObLG NJW-RR 1990, 854) und bei Prostitution bejaht (BayObLG WE 1994, 243).

Nutzungsausschluß: Ein solcher soll nur durch Vereinb möglich sein, z.B. die Stillegung einer gemeinschaftlichen Gasleitung (BayObLG Rpfleger 1976, 291), im übrigen siehe hierzu § 15 Rdnr. 3 und Ausschluß.

Nutzungsart: Soweit ein Gebot für eine bestimmte Nutzungsart unter Ausschluß anderer Nutzungen festgelegt wird, ist eine Vereinb nötig.

Beispiel: Das Gebäude soll als Hotel genutzt werden (BayObLG Rpfleger 1982, 63).

Ist bloße Ausübungsordnung betroffen, reicht Beschl aus (Erman § 10 Rdnr. 10).

Prozeßführung: Die Ermächtigung des Verwalters kann hierzu durch Beschl oder Vereinb erfolgen. Eine Beschränkung auf Führung von Wohngeldprozessen ist nicht zweckmäßig.

Rückstand: Eine Regelung, wonach der Erwerber für den Wohngeldrückstand seines Vorgängers aufzukommen hat, ist wirksam (BGH ZMR 1994, 271), sie erfaßt auch eine Sonderumlage (BayObLG NJWE 1997, 10) und gilt auch für den Ersterwerber (OLG Düsseldorf ZMR 1997, 245). Zu ihr ist auch zu raten (a.A.: MüKo § 10 Rdnr.

19 f.), da nicht einzusehen ist, daß einerseits das Guthaben (z.B. Rücklage) übergeht, andererseits aber die Schulden nicht. Siehe auch Haftung und § 16 Rdnr. 49.

Sanktionen, Strafen: Zur Ahndung für gemeinschaftswidriges Verhalten können Sanktionen vereinbart werden. Vorenthaltung des Mitgebrauchs am GE, z.B. durch Sperrung der Versorgungsleitung ist durch Beschl möglich (OLG Hamm WE 1994, 84). Ob eine Vereinb notwendig ist, bestimmt sich nach der Rechtsprechung folgendermaßen:

a) Geldstrafen können für Zuwiderhandlungen gegen die Gemeinschaftspflichten durch Vereinb vorgesehen werden (BayObLG NJW 1960, 292). Die Festsetzung kann durch Beschl erfolgen (BayObLG wie vor), der überprüfbar ist durch das Gericht.

b) Das *Ruhen des Stimmrechts* kann als Sanktion nur durch Vereinb eingeführt werden (BayObLG NJW 1965, 821).

c) *Der Ausschluß von der Teilnahme an der* WEerversammlung und der Abstimmung ist nur durch Vereinb möglich (LG München DNotZ 1978, 630), aber nur wenn der WEer sich erheblichen Verletzungen schuldig gemacht hat (Sauren FS B/W S. 539).

d) *Verzugszinsen* können durch Beschl festgesetzt werden (BayObLG NJW-RR 1988, 847; ZMR 1986, 297, 127 m. Anm. Sauren; Sauren ZMR 1985, 104; DWE 1991, 57; a.A. OLG Celle ZMR 1985, 104; KG WuM 1989, 93). Nach dem BGH (NJW 1991, 2637) ist dies nur durch Vereinb möglich. Ein unangefochtener Beschl (z.B. über Verwaltervertrag) reicht aus (BayObLG WuM 1995, 56).

Im übrigen ist bisher die Frage noch nicht abschließend geklärt. Das OLG Frankfurt (Rpfleger 1979, 109) will einen Beschl über die Sanktionen und die Höhe dann ausreichen lassen, wenn das Verbot bereits als Vereinb vorhanden ist (a.A. KG WuM 1989, 93; LG Düsseldorf v. 31. 5. 1979, 25 T469/78 zit. n. BPM § 10 Anm. 72).

e) *Mahngebühren:* Hier gilt das zu Verzugszinsen vorher Gesagte, sie sind folglich durch Beschl möglich.

Schiedsgericht oder Schlichtungsstellenklausel: Die WEer können durch Vereinb ein Vorschaltverfahren

Beispiel: Anrufung des Beirats oder Schiedsgerichtsvereinbarung (§§ 1025 ff. ZPO)

vorsehen, ohne dessen Durchführung das WEG-Verfahren unzulässig wäre (OLG Zweibrücken ZMR 1986, 63). Ausführlich dazu Busse, Schiedsverfahren in WE Sachen, Düsseldorf 1993, siehe auch Vorschaltverfahren.

Empfehlenswert ist dabei das Deutsche ständige Schiedsgericht für WEG Leipzig, siehe WE 1998, 95 ff.

Sondernutzungsrecht: Hierzu ist eine Vereinb nötig (siehe § 15 Rdnr. 11 ff.).

Gemeinschaft der Wohnungseigentümer   Vor § 10

Stimmrecht: Das Gesetz schreibt in § 25 Abs. 2 das Stimmrecht nach Kopfteilen vor (Kopfprinzip siehe § 25 Rdnr. 15; Sauren S. 61). Durch Vereinb können andere Regelungen eingeführt werden:
Beispiel: Für die Gemeinschaft nach dem BGB wird das Stimmrecht nach der Größe des Anteils bestimmt (§ 745 Abs. 1 BGB).
Da sich aus der Größe der Anteile auch größere Pflichten, wie z.B. höhere Kostentragung und Interessen, z.B. an der Erhaltung des Gebäudes und der WEerGem, ergeben, ist eine Regelung der Höhe der MEanteile zulässig (Wertprinzip Sauren S. 60). Der Nachteil liegt in der insbesondere bei größeren WEerGemen schwierigen Berechnung bei den Abrechnungen und in der Möglichkeit einer Majorisierung (siehe § 25 Rdnr. 33). Seltener findet sich die mögliche Regelung, daß für jede Wohnung oder TE eine Stimme gewährt wird. Ausgenommen werden in diesem Fall zumeist die Garagen und Stellplätze von dem Stimmrecht. Bei besonders großen Raumeinheiten kann ein 2- oder 3faches Stimmrecht gewährt werden (siehe MüKo § 10 Rdnr. 51).

Nach dem BayObLG (WuM 1997, 285) ist es auch möglich einem WEer ein Veto-Recht zu gewähren mit der Folge, daß gegen seine Stimme kein Beschl gefaßt werden kann.

Eine Vereinb, wonach grundsätzlich Beschl nur mit qualifizierter Mehrheit zustande kommt und bei Angelegenheiten ohne „erhebliche Bedeutung" einfache Mehrheit, ist nach KG (NZM 1998, 520) unwirksam.

Stimmrechtsausschluß: Das Ruhen des Stimmrechts bei bestimmten Fallkonstellationen.
Beispiel: Rückstand von Wohngeld
ist durch Vereinb unter bestimmten Bedingungen möglich (siehe § 25 Rdnr. 41).

Spielplatz: siehe Nutzungsausschluß, bestimmte Nutzungsart.
Tierhaltung: siehe Haustierhaltung.
Umwandlung von GE in SE: kann bereits in der TE vereinbart werden ohne Zustimmung anderer WEer (BayObLG ZMR 1998, 241). Vereinb reicht aber nicht aus um Umschreibung in Grundbuch zu erreichen (KG ZMR 1998, 368) dazu Auflassung erforderlich, hierzu reicht Anspruch aus Vereinb nicht aus.

Umzugskostenpauschale: Vereinb notwendig (OLG Frankfurt WE 1989, 98).

Veräußerungsbeschränkung (§ 12): Eine solche ist durch Vereinb möglich. Sie läuft aber leer, weil der Verwalter in der Praxis aus den in § 12 Rdnr. 11 dargelegten Gründen, regelmäßig zustimmt. Für die Information über den Bestand der WEer ist sie oder eine andere Vereinb erforderlich. Eine solche Vereinb könnte in Anlehnung an Müller (Rdnr. 61) wie folgt lauten: „Das Wohnungs- bzw Teileigentum ist frei veräußerlich. Der Veräußerer ist jedoch verpflichtet, die

Veräußerung und den Erwerber mit Namen und Anschrift binnen zwei Wochen ab Beurkundung des Veräußerungsvertrages dem Verwalter schriftlich anzuzeigen. Der Veräußerer haftet neben dem Erwerber für alle Verbindlichkeiten des Erwerbers gegenüber der Gemeinschaft (Hausgeld, Umlagen etc.), die bis zur Erfüllung der Anzeigepflicht entstanden sind".

Die Verweigerung der Zustimmung durch den Verwalter sollte aufgehoben werden können durch Beschl.

Vermietung und Vermietungsbeschränkung:
a) *Vermietungsverpflichtung:* Durch Vereinb möglich, z.B. bei Werkswohnungen oder Hotelgebäude an eine Betriebsgesellschaft (BayObLG WuM 1994, 156), ebenfalls möglich bei Vermietung die Verwaltung des SE dem WEG-Verwalter zu übertragen (BayObLG WE 1996, 194).
b) ***Vermietungsverbot:*** Vermietungs- (BayObLGZ 1975, 233) und Untervermietungsverbot (AG Karlsruhe Rpfleger 1969, 131) bedürfen einer Vereinb (BayObLG WE 1988, 302), s. Bub WE 1989, 124 m.w. N.
c) ***Vermietungsbeschränkung:*** Die Vermietungs- und Gebrauchsüberlassung kann per Vereinb von der Zustimmung des Verwalters, oder aller bzw. mehrerer WEer oder eines WEer abhängig gemacht werden (BayObLGZ 1987, 291; BGHZ 37, 203). In diesem Fall ist die Untersagung aber nur aus wichtigem Grunde möglich (§ 12 Abs. 2, zu Gründen siehe Bub WE 1989, 124). Die erfolgte Vermietung ohne Zustimmung macht sie nicht unwirksam (BayObLG a.a.O.). Die Zustimmung kann z.B. von Erklärungen des Mieters abhängig gemacht werden (Erman § 10 Rdnr. 24); siehe im übrigen § 21 Rdnr. 10 Vermietung von GE.

Versammlung: Die Regelung einer Geschäftsordnung für die Versammlung kann durch Vereinb erfolgen. Hierbei sollte berücksichtigt werden, daß diese faktisch unabänderlich für die Zukunft ist, und deshalb sollte durch einen Vorbehalt geregelt werden, daß sie durch Beschl abänderbar ist. Erwägenswert durch Vereinb: Verlängerung des Anfechtungsrecht von Beschl (z.B. ein Monat nach Übersendung des Protokolls), Mindestladungsfrist von 2 Wochen, Eventualeinberufung der Versammlung, Vorlagefrist des Protokolls. Des weiteren kann geregelt werden, daß die Vertretung in der Versammlung nur durch bestimmte Personen erfolgen kann.

Beispiel: Ehegatten oder andere WEer (BGH NJW 1987, 650).

Versicherungen: Neben den in § 21 Abs. 5 Nr. 3 genannten Versicherungen können den WEer durch Vereinb auch andere Versicherungen (z.B. Öltankversicherung) auferlegt werden (siehe § 27 Rdnr. 26 ff.). Desweiteren kann durch Vereinb den WEern auferlegt werden, auch ihr SE zu versichern, um Erleichterung im Rahmen eines evtl. Wiederaufbaus zu schaffen (§ 22 Abs. 2), dann gehört dies zur gemeinschaftlichen Verwaltung (KG MDR 1984, 584).

Verwalter: Die Mindestanforderung an den Verwalter und an Regelungen im Verwaltervertrag können in einer Vereinb geregelt werden (siehe Sauren Verwaltervertrag 2. Aufl. München 1994).

Vollmachten: Durch Vereinb können auch Vollmachten erteilt werden, z.B. für den Verwalter (BayObLGZ 1974, 294; MüKo § 10 Rdnr. 22b). Nicht möglich ist die Ermächtigung, Dritte zum Verwalter zu bestellen (BayObLG Rpfleger 1975, 426), z.B. den Treuhänder. Auch kann durch Vereinb vorgeschrieben werden, wem ein WEer Vollmacht für die Vertretung in der Versammlung erteilen kann (BGH NJW 1993, 1329). Durch Beschl ist eine Beschränkung der Stimmrechtsvollmacht auf bestimmte Personen nicht möglich (BayObLG WE 1988, 208).

Vorkaufsrecht: Durch Vereinb kann ein Vorkaufsrecht zugunsten der übrigen WEer nicht als Inhalt des SE eingetragen werden (OLG Bremen Rpfleger 1977, 313). Damit verbleibt nur die Möglichkeit, es als Belastung jedes WEer einzutragen (vgl. Erman § 10 Rdnr. 27). Dann sind die Fälle des Vorkaufsrechts zu regeln.

Vollstreckungsunterwerfung: s. Zwangsvollstreckung.

Vorschaltverfahren: Die WEer können durch Vereinb oder Beschl eine Regelung treffen, vor Antragstellung bei Gericht z.B. die Versammlung anzurufen (BayObLG NJW-RR 1991, 849) oder den Beirat (BayObLG DWE 1996, 36).Siehe Schiedsgericht.

Werbung: Werbung am GE ist vereinbarungsbedürftig, da mit baulichem Eingriff verbunden. Soweit durch Benutzung des GE's ortsüblich und angemessene Werbung verbunden ist, ist diese zulässig (BayObLG ZMR 1987, 389).

Wettbewerbsverbot: siehe Konkurrenzverbot.

Wiederaufbau: Im WEG ist in § 22 Abs. 2 eine zu knappe Regelung enthalten. Zur Ergänzung ist i.d.R. eine Vereinb notwendig und empfehlenswert. Möglicher Inhalt: Kostentragung (z.B. bei nicht gleichmäßigem Zustand des Gebäudes), Maßstab zur Festlegung des Umfangs der Zerstörung z.B. Teilzerstörung, Änderung der Aufbauverpflichtung bei nicht genügender Versicherungsleistung, Recht zum Ausscheiden aus der WEerGem zugunsten aufbauwilliger Mitglieder, Auflösung der WEerGem. Bei Mehrhausanlagen oder Reihenhäusern ist eine gesonderte Regelung zu empfehlen (vgl. Merle WE 1997, 81). Eine Vereinb, wonach bei jedweder „teilweisen Zerstörung" eine qualifizierte Mehrheit erforderlich ist, ist nach dem KG NJWE 1997, 205 auf Fälle der plötzlichen Zerstörung zu reduzieren, siehe § 22 Rdnr. 54,

WEer: Einzelangelegenheiten der WEer können durch Vereinb zur Angelegenheiten der Gem gemacht werden, z.B. Versicherung des SE's (KG MDR 1984, 584).

§ 10 2. Abschnitt. Gemeinschaft der Wohnungseigentümer

Zugangsfiktion: in der TE ist sie möglich, LG Magdeburg Rpfleger 1997, 306, im Verwaltervertrag nicht (BayObLG WE 1991, 296).

Zwangsvollstreckung: Die Unterwerfung unter eine sofortige Zwangsvollstreckung wegen rückständiger Hausgelder ist möglich (KG ZMR 1997, 664). Da es sich um Gelder handelt, die notwendig für die WEerGem sind, ist eine solche Regelung auch zweckmäßig.

Zwangshypothek: Durch Vereinb ist ebenfalls möglich, eine Zwangshypothek auf jedes WE an erster Rangstelle zur Sicherung von Wohngeldern eintragen zu lassen.

Allgemeine Grundsätze

10 (1) Das Verhältnis der Wohnungseigentümer untereinander bestimmt sich nach den Vorschriften dieses Gesetzes und, soweit dieses Gesetz keine besonderen Bestimmungen enthält, nach den Vorschriften des Bürgerlichen Gesetzbuches über die Gemeinschaft. Die Wohnungseigentümer können von den Vorschriften dieses Gesetzes abweichende Vereinbarungen treffen, soweit nicht etwas anderes ausdrücklich bestimmt ist.

(2) Vereinbarungen, durch die die Wohnungseigentümer ihr Verhältnis untereinander in Ergänzung oder Abweichung von Vorschriften dieses Gesetzes regeln, sowie die Abänderung oder Aufhebung solcher Vereinbarungen wirken gegen den Sondernachfolger eines Wohnungseigentümers nur, wenn sie als Inhalt des Sondereigentums im Grundbuch eingetragen sind.

(3) Beschlüsse der Wohnungseigentümer gemäß § 23 und Entscheidungen des Richters gemäß § 43 bedürfen zu ihrer Wirksamkeit gegen den Sondernachfolger eines Wohnungseigentümers nicht der Eintragung in das Grundbuch.

(4) Rechtshandlungen in Angelegenheiten, über die nach diesem Gesetz oder nach einer Vereinbarung der Wohnungseigentümer durch Stimmenmehrheit beschlossen werden kann, wirken, wenn sie auf Grund eines mit solcher Mehrheit gefaßten Beschlusses vorgenommen werden, auch für und gegen die Wohnungseigentümer, die gegen den Beschluß gestimmt oder an der Beschlußfassung nicht mitgewirkt haben.

1 **1.** Die für das **Verhältnis der WEer untereinander** geltenden Grundsätze enthält § 10. Zur rechtlich maßgeblichen Reihenfolge siehe vor § 10 Rdnr. 2 ff. Dieser Paragraph stellt damit die Grundnormen für die Regelungen der Gemeinschaft auf. Abs. 2 und 3 regeln die Wirksamkeit gegenüber dem Nachfolger, sei es durch Rechtsgeschäfte oder in der Zwangsversteigerung.

Allgemeine Grundsätze § 10

2. Abs. 2 regelt die „**Vereinb**" über das Verhältnis der WEer. 2

a) Definition/Voraussetzung/Regelungsbereich: „Vereinb" 3
sind Verträge der WEer über ihr Verhältnis untereinander. „Vereinb"
ist damit das vertraglich (im Falle des § 8 durch einseitige Bestimmungen des Grundstückseigentümers) festgelegte Statut, die „Grundordnung der WEer Gem", durch das die WEer ihre Rechtsbeziehungen zueinander regeln, sei es in bezug auf das ME, die gemeinschaftlichen Gegenstände und die Mitgliedschaftsrechte in der WEerGem, also das, was bei einem Verein Satzung ist (BayObLGZ 1978, 380f.); es muß sich um Regelungen handeln, die Ergänzungen oder Abweichungen zum Gesetz enthalten, also erkennbar rechtsgestaltend für die Zukunft in Form eines Kollektivvertrages wirken sollen (BayObLGZ 1973, 84).

Beispiel: Die Regelungen über Kosten und Lasten und die Gestaltung eines Gartens stellt eine Vereinb dar (OLG Karlsruhe MDR 1983, 672).

Voraussetzung ist aber immer, daß das Verhältnis an dem Grundstück oder seinem wesentlichen Bestandteil geregelt wird (OLG Köln NJW-RR 1993, 982). Gem. § 10 Abs. 1 Satz 2 können zu allen WEG-Vorschriften – soweit sie nicht zwingend sind – ändernde Regelungen getroffen werden.

Beispiel: Zur Änderung von Vereinb reicht Beschl aus, statt gesetzlich vorgeschriebener Vereinb (BGH NJW 1985, 2832).

Durch Vereinb werden die begründeten Rechte und Pflichten der WEer beschränkt oder erweitert (BGH NJW 1979, 148); durch die Grundbucheintragung auch mit Wirkung gegenüber einen nachfolgenden WEer. Fehlt die Grundbucheintragung, so handelt es um einen schuldrechtlichen Vertrag ohne Bindung des nachfolgenden WEers, es sei denn, sie ist wiederum gesondert vereinbart, z.B. im Kaufvertrag.

b) Zustandekommen/Entstehung: Eine Vereinb kommt durch 4
Zustimmung aller WEer zustande. Dies gilt auch für sog. Mehrhauswohnanlagen.

Beispiel: Für die Änderung der Zweckbestimmung eines Speichers in einem Haus der Wohnanlage ist die Zustimmung aller WEer der gesamten Anlage erforderlich (OLG Hamm DNotZ 1985, 442 m. Anm. Röll).

Die Vereinb ist grundsätzlich formfrei (BGH DNotZ 1984, 238) und kann sukzessive abgeschlossen werden.

Beispiel: Alle in der Versammlung Anwesenden stimmen direkt zu, die übrigen schriftlich (KG WE 1989, 135).

Da eine Vereinb grundsätzlich formlos geschlossen werden kann (BayObLG WE 1994, 251), kann sie auch durch konkludentes Verhalten zustandekommen (BayObLG WE 1995, 27). Es muß jedoch betont werden, daß an das Zustandekommen einer (selbst formfreien) Vereinb im Sinne des WEG besondere Anforderungen zu stellen sind.

§ 10 2. Abschnitt. Gemeinschaft der Wohnungseigentümer

Nicht jede allseitige Übereinkunft der WEer stellt bereits eine derartige Vereinb dar. Schon die strengen Regeln für eine Abänderung einer Vereinb erfordern es, daß nicht aus jeder momentanen Einigkeit bereits eine Vereinb gefolgert wird, die später dann kaum zu ändern ist (so KG WE 1989, 170). Deshalb ist eine Vereinb nicht stillschweigend (BayObLG NJW 1972, 2296, 2297; Soergel Rdnr. 8; a. A. OLG Köln; DWE 1998, 91) oder durch Schweigen (Sauren FS B/W S. 538, str.) oder durch dauernde Übung (BayObLG NJW 1986, 385; a. A. OLG Düsseldorf WE 1988, 172, m. abl. Anm. Seuß) zu treffen, es sei denn, es kann angenommen werden, daß nach dem Willen aller WEer auch zukünftig abweichend von der bisherigen Vereinb verfahren werden soll (BayObLG WuM 1994, 45). Für die Frage, ob eine Vereinb wirksam zustandegekommen ist, gelten die allgemeinen Vorschriften des BGB's §§ 104 ff., 119 ff. (BGH NJW 1994, 2950) und ist grundsätzlich Sache des Tatrichters (BayObLG ZMR 1997, 427).

4 a c) **Inhalt:** Vereinb regelt das Verhältnis der WEer an dem Grundstück oder seinen Anteilen (OLG Köln NJW-RR 1993, 982), dessen ME mit dem SE verbunden sind. Gesetzliche Beispiele: §§ 15 Abs. 1, 21 Abs. 1 u. 3. Gemäß Abs. 1 S. 2 können, soweit nicht zwingend, ändernde oder ergänzende Regelung getroffen werden (s. dazu Vor § 10 Rdnr. 15).

5 d) **Auslegung:** Soweit eine Vereinb unklar ist, muß sie ausgelegt, ggf. auch ergänzt werden (LG Wuppertal ZMR 1995, 423; nach §§ 133, 157, 242 BGB, BGH NJW 1994, 2950). Dabei ist auf den Wortlaut und Sinn des im Grundbuch Eingetragenen abzustellen, wie er sich für einen unbefangenen Betrachter als nächstliegende Bedeutung der Erklärung ergibt (BGH NJW 1993, 1329, 1330). Es kommt nicht darauf an, was der Verfasser der TErkl (GO) mit der Bestimmung erreichen wollte (BayObLG NJW-RR 1986, 317, 318). Ebensowenig ist es für die Auslegung der Vereinb maßgebend, wie deren Bestimmungen von den WEer bisher gehandthabt worden sind. Bei Auslegung einer Grundbucheintragung dürfen Umstände, die außerhalb des Eintragungsvermerks und dort zulässigerweise in Bezug genommen Urkunden (§ 874 BGB, § 7 Abs. 3, § 8 Abs. 2) liegen, nur insoweit herangezogen werden, als sie nach den besonderen Verhältnissen des Einzelfall für jedermann ohne weiteres erkennbar sind (BayObLG WE 1991, 47). Um einen solchen Umstand handelt es sich nicht, wenn WEer sich durch schlüssiges Verhalten auf bestimmte Auslegungen der Vereinb einigen und diese bei der Aufteilung der Gemeinschaftskosten zugrundelegen (BayObLG WE 1991, 291). Auch die Entstehungsgeschichte der Eintragung ist unerheblich, wenn sie nicht aus den Eintragungsunterlagen erkennbar wird (BGH DNotZ 1976, 16, 17). Letztlich kann ebenfalls die Interessenlage nur dann berücksichtigt werden, wenn sie keinen Zweifel zuläßt und für jeden Dritten ohne weiteres zutage tritt (BGH NJW 1984,

Allgemeine Grundsätze § 10

308). Baupläne und Baubeschreibungen bleiben dabei unberücksichtigt (OLG Stuttgart NJW 1987, 385). Ebenfalls ist eine Erklärung bei Weiterveräußerung
Beispiel: durch teilenden WEer (OLG Karlsruhe NJW-RR 1987, 651)
unbeachtlich. Auch Regelungen des teilenden Alleineigentümers über das Verhältnis der künftigen WEer untereinander, die nicht im Grundbuch eingetragen sind, werden nach den vorgenannten Kriterien ausgelegt, also nach objektiven Kriterien, insbesondere dem Wortlaut, unter Berücksichtigung der allen möglichen Erwerber bekannten Umstände (BayObLG WE 1992, 262).

Als Hilfe für die Auslegung ist dabei auf die Normen des BGB's zurückzugreifen, nämlich die Ausforschung des wirklichen Willens und nicht das Haften an dem buchstäblichen Sinn des Ausdrucks (§ 133 BGB), sowie die Auslegung gem. Treu und Glauben (§ 242 BGB) mit Rücksicht auf die Verkehrssitte (§ 157 BGB) (vgl. BayObLG MDR 1972, 691; a.A. für § 157 BGB KG NJW-RR 1987, 651). Der bloße Hinweis auf WEG-Vorschriften macht diese noch nicht zum Vereinbarungsinhalt (BayObLG MDR 1972, 691).

3. Inhaltskontrolle: Die Berufung auf die Unwirksamkeit einer 6 Vereinb bedarf keiner vorherigen Ungültigkeitserklärung (gem. § 23 Abs. 4) des WE-Gerichts (Palandt Rdnr. 3), sie kann jederzeit geltend gemacht werden.

a) Umstritten ist, ob Vereinb der Kontrolle des **Gesetzes über die** 7 **allg. Geschäftsbedingungen** (AGBG) unterworfen sind. Einerseits wird dies z.T. bejaht (z.B. Soergel Anm. 3 m.w.N., und bei OLG Karlsruhe NJW-RR 1987, 651, 652), andererseits von der h.M. verneint (BayObLG NJW-RR 1992, 83; w.N. bei OLG Karlsruhe a.a.O. S. 652; Palandt § 1 AGBG Rdnr. 2).

b) Vereinb unterliegen jedoch zumindest der sog. **Inhaltskontrolle** 8 **nach Treu und Glauben (§ 242 BGB)** und der sog. Bestimmung nach billigem Ermessen (§ 315 BGB, siehe Sauren FS B/W S. 531, 534). Diese Kontrolle ist wie folgt vorzunehmen:

aa) Grundsätze der Inhaltskontrolle gem. §§ 242, 315 BGB. 9 Auszugehen ist von einer umfassenden Interessenabwägung (Palandt zum Vereinsrecht § 25 BGB Rdnr. 9), die nachprüft, ob die Maßnahmen grob unbillig oder willkürlich sind (so zum Vereinsrecht BGH NJW 1988, 555; 1984, 918). Für die Interessenabwägung kann auf die Grundgedanken des § 9 Abs. 1 AGBG zurückgegriffen werden. Hierbei werden die Interessen analysiert und dann abgewogen (Brandner in Ulmer/Brandner/Hensen AGBG, Kommentar § 9 Anm. 53). Dabei ist zu berücksichtigen, daß es sich um Nachteile von einigem Gewicht handeln muß (OLG Hamm NJW 1981, 1050 zu AGB). Unbequeme oder geringfügige nachteilige Regelungen rechtfertigen keinen Verstoß gegen Treu und Glauben. Aber auch eine erhebliche Beeinträchtigung ist zulässig, sofern sie nicht unangemessen ist (Palandt § 9 AGBG Rdnr. 8). Zur Beurteilung bedarf es einer umfassenden Würdigung, in die die Interessen beider Parteien und die Anschauung der beteiligten Verkehrskreise einzubeziehen sind. Auszugehen ist zunächst von dem Gegenstand und der Eigenart des Vertrages (BGH NJW 1987, 2576 zu ABGB). Die zu überprüfende Klausel ist vor dem Hintergrund der gesetzlichen Regelung auszulegen und zu bewerten (BGHZ 106, 263).

10   **bb) Übertragung der Grundsätze der Inhaltskonrolle auf das WEG.** Diese Grundsätze, die zu anderen Rechtsgebieten entwickelt wurden, sind auf das WEG zu übertragen. Hierbei ist auch zu beachten, daß das WEG den Eigentümern grundsätzlich frei stellt, wie sie ihr Verhältnis zueinander gestalten und ordnen wollen (§ 10 Abs. 1 Satz 2). Die Regelungen müssen sich nur im Rahmen des Grundcharakters der von den WEer gebildeten, gesondert gearteten Gem halten und nicht von unabdingbaren Vorschriften abweichen (vgl. BayObLG NJW 1965, 821, 822). Dabei will das BayObLG (Rpfleger 1974, 400, 401) einen strengen Maßstab anlegen, denn die einseitige Inhaltsgestaltung und die einseitige Interessenwahrnehmung durch den Bauträger seien nur insoweit schutzwürdig, als den – regelmäßig rechtsunkundigen – Wohnungskäufern die Einschränkung ihrer Rechts nach Art und Umfange ohne weiteres erkennbar sei (Verweis auf BayObLG NJW 1973, 151). Der für den Vertragspartner unübersehbare und überraschende Inhalt einer einseitig gesetzten Vertragsklausel verdiene nur begrenzten Rechtsschutz.

11   **cc) Unabdingbare Grundsätze, die eingehalten werden müssen.** Anhand dieser Grundsätze wird die Problematik deutlich (vgl. KG ZMR 1986, 127). Auf der einen Seite Vertragsfreiheit, auf der anderen die Möglichkeit eventueller mißbräuchlicher Vertragsgestaltung (bei einer Teilung gem. § 8). Die Überprüfungsregeln müssen aufgrund der Einheit der Rechtsordnung einheitlich bleiben, so daß eine Unterscheidung, wie sie in einzelnen Urteilen anklingt, je nachdem wer die TErkl aufgestellt hat, z.B. der Bauträger gem. § 8 oder eine Gem gem. § 3, nicht durchführbar ist. Dies könnte im übrigen ausgenutzt werden, indem sich der Bauträger einen ersten (Miteigentumsanteil-) Käufer sucht und mit diesem eine Aufteilung vornimmt. Darüber hinaus sind die übrigen Grundsätze sehr allgemein gehalten. Es gilt nunmehr, konkrete Beispiele, noch besser Kriterien, zu entwickeln.

12   **dd)** Folgende sind bereits von der Rechtsprechung entwickelt:
– Die personelle Gemeinschaftsstellung der WEer darf nicht ausgehöhlt werden. (BGH NJW 1987, 650; nach Weitnauer DNotZ 1989, 430, 431f. folgt diese aus der Eigentümerstellung und „findet ihren Ausdruck insbesondere in den auf dem Miteigentum am ge-

meinschaftlichen Eigentum beruhenden schuldrechtlichen Teilhaberrechten"). Deshalb wird eine Klausel, die den allgemeinen Ausschluß des WEer vom Stimmrecht vorsieht, gem. § 242 BGB unwirksam sein. Auch eine Regelung, die die Abrechnung als genehmigt ansieht, wenn nicht mehr als 50% innerhalb von 14 Tagen widersprechen (BayObLG Rpfleger 1990, 160 m. Anm. Bötticher = DNotZ 1989, 428 m. Anm. Weitnauer) ist unwirksam. Zur weiteren Ausgestaltung dieses abstrakten Satzes siehe Sauren FS B/W S. 531, 533 f.
- Die Einhaltung des Grundcharakters muß gewährleistet sein, insbesondere darf keine Aushöhlung erfolgen. Eine Vereinb, die das Stimmrecht ruhen läßt, wenn der Wohnungseigentümer seinen Verpflichtungen nicht im vollen Umfang nachgekommen ist, verstößt nach dem BayObLG (NJW 1965, 821) dann nicht gegen § 242 BGB, wenn die Vorschrift eng auslegbar ist und nur bei Verschulden gelten kann.
- Ein Eingriff in die Rechte der zukünftigen WEer zugunsten einzelner, wie z. B. die Ermächtigung für einen einzelnen, eine Garage aufzustellen auf gemeinschaftlichen Eigentum und Sondernutzungsrechte zu begründen, ist nach dem BayObLG (Rpfleger 1974, 400) nur zulässig, wenn sie von Art und Umfang eindeutig und auch für Rechtsunkundige ohne weiteres erkennbar ist (BayObLG WuM 1994, 708).

Als **weitere, noch nicht entschiedene Beispiele** können aufgeführt werden: 13
- Die Unwirksamkeit einer Klausel liegt dann vor, wenn ein gesetzliches Minderheitenrecht in ein Mehrheitsrecht umgewandelt wird. Das folgende Beispiel soll dies verdeutlichen: Gem § 24 Abs. 2 können 1/4 der WEer unter bestimmten Umständen eine Einberufung einer außerordentlichen Versammlung verlangen. Dies kann nicht auf 50% oder mehr erhöht werden, da damit das Recht der Minderheit beseitigt werden würde und in ein Mehrheitsrecht umgewandelt würde.
- Eine Vereinb., die einzelne WEer in bestimmten Punkten von einer gerichtlichen Überprüfungsmöglichkeit nach dem gewöhnlichen Lauf der Dinge ausschließt, wie z. B. bei einer Klausel, nach der der Wirtschaftsplan oder Jahresabrechnung als genehmigt gilt, wenn nicht eine bestimmte Anzahl von WEer innerhalb einer bestimmten Frist widerspricht (ebenso Weitnauer DNotZ 1989, 430, 432, wenn er ausführt: „folglich besteht keine Möglichkeit der Anfechtung eines etwaigen Beschl. und einer Nachprüfung seiner Ordnungsmäßigkeit").
- Eine Vereinb., die als solche Voraussetzungen aufstellt, die praktisch nicht zu erreichen sind. Als Beispiel ist eine Regelung anzuführen, die für die bestimmte TOP's eine Anwesenheit einer i. d. R. nicht

§ 10   2. Abschnitt. Gemeinschaft der Wohnungseigentümer

zu erreichenden Mindestzahl von WEer (z. B. 80%) verlangt (vgl. zum Vereinsrecht OLG Frankfurt OLGZ 1981, 391).
- Vereinb, die notwendige Regelungen des WEG's umgehen bzw. beseitigen, wie z. B. das Institut des Beschlusses. Beispielhaft ist hier eine Klausel zu nennen, die den Wirtschaftsplan gegenüber den WEern wirksam werden läßt, die nicht innerhalb von 14 Tagen widersprechen. Aus diesem Grund begegnen auch die Ausführungen des OLG Hamm (OLGZ 1982, 20) und des OLG Frankfurt (OLGZ 1986, 45) hinsichtlich der Klausel, wonach die Abrechnung als anerkannt gelten soll, wenn nicht ein Widerspruch binnen 4 Wochen erhoben wird, Bedenken, wenn die OLGe die Abrechnungen gegenüber den WEern als wirksam ansehen, die keinen oder verspätet Widerspruch erheben. Diese Auslegung beseitigt nämlich das im WEG vorhandene Beschlußerfordernis. Wie Weitnauer (Anm. zu BayObLG DNotZ 1989, 428 = Rpfleger 1990, 160 m. Anm. Böttcher), ihm folgend in diesem Punkt Böttcher (a. a. O.), ausführt, widerspricht dieses Verfahren im übrigen den unabdingbaren Vorschriften des schriftlichen Umlaufverfahren gem. § 23 Abs. 3, wonach ein Beschl im schriftlichen Verfahren nur dann gültig ist, wenn alle WEer ihre Zustimmung erklären.
- Da nach h. M. auch eine Zustimmung aufgrund von Schweigen durch eine Vereinb nicht einführbar ist (AG Königstein MDR 1979, 760; Palandt § 23 Rdnr. 7), begegnet auch die Klausel Bedenken, über die das BayObLG (BB 1979, 587) zu befinden hatte, nämlich daß die Abrechnung als anerkannt gilt, wenn nicht innerhalb von 14 Tagen Einspruch erhoben wird. Hier wird nämlich eine Vereinb durch Schweigen eingeführt, ein Instrument, das das WEG gerade nicht kennt.

14   **4. Wirkung/Folgerung:** Vereinb wirken gegenüber Gesamtrechtsnachfolger (z. B. Erben), stets gegenüber Sondernachfolger, d. h. dem Erwerber durch Rechtsgeschäft und in der Zwangsvollstreckung (BayObLG NJW-RR 1988, 1163) wie folgt:

15   **a) Innenverhältnis** der WEer. **aa) Eingetragene Vereinb** wirken für oder gegen Sonderrechtsnachfolger (Abs. 2). Dies gilt auch für Vereinb, die im Zuge einer Bestandszuschreibung versehentlich nicht in das neue Grundbuchblatt übernommen wurde, es sei denn, der Sondernachfolger hat gutgläubig vereinbarungsfrei erworben (OLG Hamm WE 1993, 250). Bei unwirksamer Vereinb kann das WE mit dem eingetragenen Inhalt gutgläubig erworben werden. Der Schutz des guten Glaubens beim Erwerb eines WE's erstreckt sich deshalb auch auf Bestand und Umfang eines SNR's (BayObLG WE 1990, 176; OLG Stuttgart NJW-RR 1986, 318; a. A. Demharter DNotZ 1991, 28).

16   **bb)** Soweit eine **Vereinb nicht oder noch nicht eingetragen** ist, wirkt sie nur unter den Beteiligten, nicht gegenüber Rechtsnach-

Allgemeine Grundsätze § 10

folgern, selbst bei positiver Kenntnis (BayObLG WE 1990, 214, 215), es sei denn, der Sonderrechtsnachfolger ist damit einverstanden (OLG Düsseldorf NJWE 1997, 229). Dadurch entfällt die gesamte Regelungswirkung der Vereinb durch die Rechtsnachfolge, wenn die Vereinb gegenüber allen WEern wirken sollte. Da dies bei einem Beschl anders ist, liegt hierin der entscheidende Unterschied. Die Frage, ob Beschl oder Vereinb vorliegt, wirkt sich hier alles entscheidend aus. Ausnahmsweise wirken Vereinb über die Verwaltung und Benutzung (i. S. von § 746 BGB) auch ohne Eintragung für (nicht gegen) einen Rechtsnachfolger (BayObLG WE 1992, 229),

Beispiel: Nutzung des Gartens durch einen WEer (LG Köln ZMR 1977, 277).

b) Bei **Verletzung,** z. B. von Gebrauchsrechten besteht Anspruch 17 gegen WEer (z. B. aus § 1004 BGB, OLG Hamm ZMR 1997, 34).

c) Bei **Verletzung,** z. B. von Gebrauchsrechten besteht auch An- 18 spruch gegen Mieter (s. § 15 Rdnr. 24).

d) Außenverhältnis: Nicht an der WEerGem Beteiligte erlangen 19 keinen Anspruch durch Vereinb oder Beschl.

Beispiel: Trotz Regelung in der GO kann ein Heizwerk keinen Anschluß eines Wärmelieferungsvertrages vom SEer verlangen (OLG Frankfurt MDR 1983, 580).

5. Die **Abgrenzung zwischen Beschl und Vereinb** ist oft 20 schwierig. Schwierigkeiten ergeben sich hauptsächlich dann, wenn es sich um einen allstimmigen Beschl handelt (siehe hierzu § 23 Rdnr. 27): Nicht jeder allstimmige Beschluß ist eine Vereinb (BayObLGZ 1973, 83, 84), anderseits ist nicht entscheidend, ob die MEer die Regelung als „Beschl" oder als „Vereinb" bezeichnet haben (BayObLGZ 1978, 377, 380f.) oder etwas „beschlossen" haben (BayObLG WuM 1989, 528). Unter Beschl der WEer werden herkömmlich die Regelungen des Gemeinschaftslebens verstanden, die nicht die Grundordnung der WEerGem berühren und die regelmäßig sogar aufgrund Mehrheitsentscheids getroffen werden können (sofern Gesetz oder TErkl nicht Einstimmigkeit vorschreibt). Werden reine Verwaltungsregeln getroffen, handelt es sich i.d.R. um Beschl, wie z. B. die Flurreinigung (LG Mannheim MDR 1976, 582). Folglich ist nach der überkommenen Meinung ein gefaßter allstimmiger Beschl dann ein Beschl, wenn er einen Gegenstand regelt, der einem Mehrheitsbeschl zugänglich ist. Damit beurteilt sich die Abgrenzung nicht nach der Bezeichnung, sondern nach dem Inhalt. Auch auf die Wahl des Wortes „beschließen" kommt es danach nicht entscheidend an, zumal auch eine Vereinb meist in der Form eines Beschl getroffen wird (BayObLG WuM 1989, 528). Eine Vereinb ist regelmäßig anzunehmen, wenn ein Beschl nicht möglich wäre (BayObLG WE 1994, 17).

Folgende **Beispiele** aus der Rechtsprechung:
Beschl angenommen und ausreichend für
- Änderung der Abrechnungsperiode (OLG Düsseldorf WEZ 1988, 191)
- Änderung der Hausordnung (OLG Oldenburg ZMR 1978, 245)
- Gebrauchsregelung (z.B. Benutzung Waschkeller BayObLG WE 1994, 17)
- Vertrag mit außenstehenden Dritten (BayObLG NJW-RR 1992, 403) Beschl nicht angenommen und nicht ausreichend für (Vereinb notwendig)
- Änderung der Kostenverteilung (BayObLG NJW-RR 1990, 1102)
- Alleinige Überlassung eines Kellers an einen WEer (BayObLG WuM 1989, 528)
- Sondernutzungsrecht (BayObLG NJW-RR 1992, 81; OLG Karlsruhe WE 1991,110; OLG Köln NJW-RR 1992, 598)
- Änderung einer Vereinb (OLG Zweibrücken WE 1997, 234).

Diese Rechtsprechung ist inkonsequent, da die Änderung der Abrechnungsperiode und die Kostenverteilung als rechtlich gleich zu qualifizieren sind. Sie ist auch im Ergebnis inkonsequent, weil nach ihr ein allstimmiger Beschl, beträfe er eine Vereinbarungsangelegenheit, nicht gegen den Rechtsnachfolger gelten würde, weil die Rechtsprechung ihn als Vereinb deklarieren würde; wäre er aber nur mit Mehrheit getroffen worden, würde er als Beschl gelten und auch ohne Eintragung in das Grundbuch gegen den Rechtsnachfolger wirken (vgl. unten Rdnr. 26). Ihre Abgrenzung muß deshalb überdacht werden. Da Vereinb und Beschl, wie oben dargelegt (Rdnr. 5) bei Unklarheit ausgelegt werden müssen (gem. §§ 133, 157, 242 BGB), muß gefragt werden, welche Rechtsfolgen die WEer der Regelung beilegen wollten. Hierbei ist Indiz für einen Beschl die Behandlung in einer Versammlung (so auch BPM Rdnr. 57; a.A. KG WE 1992, 170 verlangt für eine Vereinb, „daß sie auf einer WEerVersammlung nach Aussprache über die Rechtsfolge für die Zukunft getroffen wird"), die Benennung eines TOP's in der Einladung, die Abstimmung über diesen Punkt usw. Allein durch diese Auslegung kann systemkonform der Bruch der derzeitigen herrschenden Meinung zu einer vorhandenen Vereinb verhindert werden.

Die Rechtsprechung erkennt das Dilemma zwar, ändert aber nichts (vgl. OLG Hamm DWE 1987, 187, LG Hannover NJWE 1997, 83).

21 **6. Beschl der WEer.** Diese sind mehrseitige Rechtsgeschäfte in Form eines aus dem abgegebenen gleichlautenden Stimmen zusammengesetzten Gesamtaktes (BayObLG Rpfleger 1992, 100; OLG Stuttgart OLGZ 1985, 259).

22 a) Zur **Abgrenzung** zur Vereinb siehe Rdnr. 19.

22 a b) **Zustandekommen, Entstehung** siehe § 23 Rdnr. 28.

Allgemeine Grundsätze **§ 10**

c) **Regelungsbereich von Beschl** ergibt sich aus dem WEG (z. B. 23
§§ 15 Abs. 2, 21 Abs. 3, 26 Abs. 1, 27 Abs. 2 Nr. 5, 28 Abs. 4, Abs. 5,
29 Abs. 1) und den Vereinbarungen der WEer (Abs. 4).
d) **Auslegung.** Soweit Beschl **unklar** sind, müssen sie so weit wie 24
möglich **ausgelegt** werden (KG OLGZ 1981, 307, 309). Die Auslegung obliegt grundsätzlich dem Tatrichter (BayObLGZ 1985, 171,
175). Auf die subjektive Vorstellung der Abstimmenden (OLG Stuttgart NJW-RR 1991, 913) und nicht aus dem Protokoll ersichtlichen
Begleitumstände (BayObLG NJW-RR 1993, 85) kommt es nicht an,
vielmehr ist eine objektive Auslegung unter Zuhilfenahme der allgemeinen Auslegungsregeln (siehe § 10 Rdnr. 5, §§ 133, 157, 242 BGB)
notwendig. Dabei können auch Begleitumstände, die in der Versammlungsniederschrift zum Ausdruck gekommen sind, herangezogen
werden (BayObLG WuM 1995, 62), z. B. Bezugnahme auf Schreiben
eines WEers. Ggf. ist bei einer Regelungslücke eine ergänzende Auslegung vorzunehmen, die nach objektiven Maßstäben zu erfolgen hat.
Es ist darauf abzustellen, was redliche WEer bei einer angemessenen
Abwägung ihrer Interessen nach Treu und Glauben vereinbart haben
würden, wenn sie den nicht geltenden Fall bedacht hätten (BayObLG
WE 1994, 154, 155). Sind sie trotzdem noch widersprüchlich, so können sie nichtig, nicht bloß anfechtbar, sein (siehe § 23 Rdnr. 30ff.).
e) **Inhaltskontrolle** (siehe § 23 Rdnr. 29ff.) 25

7. Wirkung von Beschl. a) Innenverhältnis (Abs. 3). Durch 26
Beschl, das stellt Abs. 4 klar, werden die überstimmten Minderheiten,
die abwesenden WEer oder die vom Stimmrecht ausgeschlossenen
(BayObLG NJW 1993, 603) unmittelbar im Innenverhältnis ver.
Hieran ist jeder nachfolgende WEer gebunden. Gem. Abs. 3 bedürfen
Beschl für ihre Wirksamkeit gegen den Erwerber nicht der Eintragung. Der Erwerber muß sich deshalb, um hiervon Kenntnis zu
erlangen, an den Verwalter wenden (BGH NJW 1994, 3230). Daher
bedarf der Erwerber auch nicht des besonderen Eintritts in bestehende
Verträge oder Dauerschuldverhältnisse.
Beispiel: Verwaltervertrag (BayObLG NJW-RR 1987, 80).
Der neue WEer kann sich nicht darauf berufen, bestimmte Beschlüsse nicht zu kennen (keine Berufung darauf, daß er „im guten
Glauben" an das Nichtbestehen eines Beschl erworben habe). Ist jedoch ein WEer vor Beschlußfassung durch Umschreibung im Grundbuch ausgeschieden, so entfaltet der Beschl keine Wirkung ihm gegenüber (OLG Köln NJW-RR 1992, 460), ein Beschl der ihn verpflichten soll.
Beispiel: Jahresabechnung
ist nichtig.
b) **Außenverhältnis:** Durch einen Beschl wird zugleich die Mehr- 27
heit bevollmächtigt, die Minderheit im Sinne der Mehrheit zu ver-

treten. Die Durchführung erfolgt durch den Verwalter (§ 27), wobei alle WEer vertreten werden. Sollte er verhindert sein, so müssen die WEer selbst handeln, wobei durch den gefaßten Beschl die Vorgehensweise festgelegt ist.

28 **8. Änderung von Vereinb und Beschl: a) Änderung der Vereinb:** Auch sie ist grundsätzlich formfrei. Folgende Möglichkeiten (siehe ausführlich Streblow MittRhNotK 1987, 141f.) existieren:

29 **a)** Durch **Einstimmigkeit** aller, Eintragung in das Grundbuch und ggf. Gläubigerzustimmung (siehe Rdnr. 37ff.). Dies kann nicht durch jahrelange abweichende Handhabung, z.B. aufgrund von Beschl, erreicht werden (BayObLG DWE 1987, 57; NJW 1986, 385), es sei denn, es kann festgestellt werden, daß alle WEer auch für die Zukunft damit einverstanden sind (BayObLG ZMR 1989, 28). Eine nichteingetragene Änderung oder eine Aufhebung einer eingetragenen Vereinb wirkt nur schuldrechtlich unter den Beteiligten.

30 **b) Soweit** es in der **TErkl** bzw. durch **Vereinb gestattet ist,** aufgrund eines Beschl (Sauren NJW 1986, 2034); nach dem BGH (NJW 1985, 2832; OLG Schleswig WuM 1996, 783) jedoch nur, wenn ein sachlicher Grund vorliegt und einzelne WEer gegenüber dem früheren Rechtszustand nicht unbillig benachteiligt werden.
Beispiel: Die Freistellung von den Aufzugskosten für die Wohnung im Erdgeschoß benachteiligt die anderen unbillig (BGH a.a.O.).

Ebenso bei Gestatung bestimmter baulicher Veränderungen (BayObLG WuM 1997, 288).

Dieser freien Rechtsschöpfung des BGH ist zu widersprechen, weil sie keine Grundlage im Gesetz findet und im Endergebnis eine Änderung nicht zuläßt (vgl. Sauren a.a.O.; ebenso Müller Rdnr. 86). Ist nach der Vereinb eine qualifizierte Mehrheit erforderlich, so gilt dies auch für eine Abänderung des Beschl (BayObLG ZMR 1988, 471).

Selbst wenn die TErkl eine Änderungsmöglichkeit durch Beschl zuläßt, so ist der Kernbereich des SE von solch einer Änderung ausgeschlossen (BGH NJW 1994, 3230).
Beispiel: Abänderung des Inhalts (z.B. Wohnung oder Laden) des SE (OLG Stuttgart NJW-RR 1986, 815). In diesem Fall behält der allstimmige Beschl immer den Rechtscharakter eines Mehrheitsbeschlusses und er kann durch einen solchen abgeändert werden (BPM Rdnr. 57).

Fraglich ist, ob als weitere Voraussetzung der Gültigkeit gegenüber dem Rechtsnachfolger die Eintragung des Beschl in das Grundbuch erfolgen muß (so Grebe DNotZ 1987, 5, 17). Die Rechtsprechung (OLG Frankfurt Rpfleger 1979, 315; 1980, 231; BayObLG Rpfleger 1983, 348; DNotZ 1985, 429, 434) und ein Teil der Literatur (z.B. Demharter DNotZ 1991, 28; Tasche DNotZ 1973, 453, 458f) lehnen die Möglichkeit der Eintragung eines Beschl ab, da der Gesetzgeber

Allgemeine Grundsätze **§ 10**

dies nach dem klaren Wortlaut nicht vorgesehen habe. Mit dem BGH (NJW 1994, 3220) ist dem zu folgen. Deshalb wirkt der Beschl gegenüber dem Nachfolger gem. Abs. 3 ohne Eintragung.

c) Unangefochten gebliebener Beschl (siehe hierzu Sauren NJW 1986, 2034; NJW 1995, 178). Diese Bindung der WEer an einen Beschl bleibt auch dann bestehen, wenn ein neuer identischer Beschl gefaßt wird (BGH NJW 1994, 3230). Durch Anfechtung des neuen Beschl kann also ein WEer nicht bewirken, daß der alte bestandkräftige Beschl aufgehoben wird (BGH a.a.O.). Ein nicht für ungültig erklärter Beschl, der vereinbarungsbedürftige Regelungen betrifft, ändert diese Vereinbarung (BGH NJW 1994, 3230; BayObLG NJW-RR 1993, 85; Sauren NJW 1995, 178). Grundsätzlich besteht keine Nichtigkeit, z.B. wegen absoluter Unzuständigkeit der WEer-Versammlung. Der BGH (a.a.O, S. 3230) macht jedoch eine Einschränkung für den Fall, daß ein Eingriff in den dinglichen Kernbereich des WEG vorliegt (siehe hierzu Belz DWE 1991, 130, 134 ff.; Röll WE 1992, 244, 246, zum möglichen Inhalt des Kernbereichs s. Buck Wohnen 1997, 287). Dies hat das OLG Karlsruhe (WE 1991, 110) und ähnlich OLG Köln (NJW-RR 1992, 598) bei der Begründung von SNR angenommen und folglich eine Begründung durch unangefochtenen Beschl abgelehnt. Auf keinen Fall aber Anspruch auf Eintragung ins Grundbuch des nicht angefochtenen Beschl, Beispiel: SNR (OLG Köln NJW 1995, 202). Keine Notwendigkeit der Eintragung in das Grundbuch (siehe oben Rdnr. 30) nach h.M. (BGH NJW 1994, 3230; a.A. KG NJW-RR 1991, 213; aber dies ist abzulehnen, Sauren NJW 1995, 178)

Beispiel: Die laufende Abrechnung der Kosten verstößt gegen die Regelungen der TErkl, sie kann jedes Jahr angefochten werden; siehe aber Rdnr. 28.

d) Gerichtliche Entscheidung. Jeder WEer hat in bestimmten Fällen die Möglichkeit, die Änderung der TErkl gerichtlich zu erwirken. Hierzu bestehen zwei Möglichkeiten.
– Nachdem die WEer die Änderung der TErkl in der Versammlung abgelehnt haben, kann der WEer diesen „Beschl" anfechten (BayObLG NJW-RR 1987, 714).
– Nachdem der WEer vergeblich eine „Beschlfassung" oder einen TOP zu erlangen versucht hat (OLG Karlsruhe NJW-RR 1987, 975), durch Antrag bei Gericht.

Es ist jedoch nicht möglich im Wege der Anfechtung eines Beschl (z.B. Kostenverteilung) diesem entgegenzuhalten, daß die übrigen WEer zur Abänderung verpflichtet seien (BGH NJW 1995, 2791, 2793; BayObLG WE 1997, 37), da erst ab der Rechtskraft der richterlichen Entscheidung diese gilt. Einer Eintragung in das Grundbuch bedarf es nicht (BayObLG NJW-RR 1987, 714, 716) oder einem Wohngeldverfahren (BayObLG WE 1995, 339).

31

32

§ 10 2. Abschnitt. Gemeinschaft der Wohnungseigentümer

33   **Dem Richter** ist grundsätzlich nicht die Fugnis gegeben, die sich aus der TE oder Beschl der WEer ergehenden Rechtsfolgen durch vermeindliche **billige oder angemessene Regelung** zu **ersetzen.** Ein Anspruch auf Änderung einer Vereinb besteht nur, wenn außergewöhnliche Umstände ein Festhalten an der bestehenden Regelung als grob unbillig und damit mit Treu und Glauben unvereinbar erscheinen lassen (BayObLG NJW-RR 1994, 1425). Das bedeutet, daß nur in besonders schwerwiegenden Ausnahmefällen der Grundsatz von Treu und Glauben es gebietet, in der WEerGem bestehende Vereinb oder bindender Beschl zu ändern, wobei im Interesse der Rechtssicherheit und Beständigkeit in der Gem ein strenger Maßstab anzulegen ist (BGH NJW 1995, 2791, 2793; KG NJW-RR 1991, 1169; BayObLG NJW-RR 1992, 342). Hierbei muß berücksichtigt werden, daß den WEer beim Erwerb z.B. die Regelungen der GO bekannt waren und sie sich deswegen auf sie einstellen konnten (BayObLG DWE 1992, 162).

Unter diesem Gesichtspunkt kann auch die Verlegung einer baulichen Anlage oder einer im GE stehenden Errichtung verlangt werden (BayObLG WE 1996, 195, 196) oder einer Änderung des Mitgebrauchs (BayObLG WuM 1996, 486) oder Rückgängigmachung einer baulichen Veränderung (BayObLG WE 1997, 438).

34   **Für eine Änderung genügt nicht:**
- daß die Kosten erheblich gestiegen sind, z.B. Wasser oder Müllgebühren (BayObLG WE 1994, 282);
- die enttäuschte Erwartung auf Ausbau von Dachräumen zu Wohnzwecken im Hinblick auf die Kostenverteilung (BayObLGZ 1984, 50);
- die Beteiligung an Aufzugskosten auch von MEer in Häusern ohne Aufzug (OLG Frankfurt DWE 1983, 61; offen gelassen von OLG Köln v. 6. 12. 1989 16 Wx 130/89);
- die Beteiligung aller an Kosten der Tiefgarage auch im Falle eines nicht genutzten Tiefgaragenplatzes (OLG Frankfurt DWE 1983, 61);
- die Anschaffung einer Abwasserhebeanlage (BayObLG WE 1987, 14);
- die Berücksichtigung der vollen (anstatt halben) Terrassen-qm bei Berechnung der Nutzfläche (BayObLG MDR 1985, 501);
- das Älterwerden eines WEer für die Freistellung von Schneeräumarbeiten (BayObLG ZMR 1986, 319, 320);
- die Nichtberücksichtigung des Leerstehens von Wohnungen bei der Kostenverteilung (BayObLG MDR 1978, 673; OLG Hamm OLGZ 1982, 10, 29 ff.) insbesondere das vorübergehende(OLG Schleswig WuM 1996, 785);
- daß die Kosten sich erhöht haben für den Betrieb eines Fitness-Centers in einem in der TErkl bezeichneten Schwimmbades (BayObLG ZMR 1988, 346);

Allgemeine Grundsätze § 10

- die Einhaltung der Ladenschlußzeiten und „gehobenes Niveau" für den Betrieb eines Spielsalons in einem Laden (OLG Zweibrücken NJW-RR 1988, 141);
- die abstrakte Gefahr der Majorisierung oder des Ungleichsgewichts (KG WE 1994, 370);
- bei Mehrhausanlage, die Reparaturkosten pro Haus abzurechnen (OLG Köln WuM 1998, 174);
- daß zu einem Kellerabteil MEanteil gehören, zum anderen nicht (BayObLG WuM 1997, 289).

Genügen soll jedoch:
- eine unrichtige ME-Quote wegen Erstellung einer Doppelgarage (OLG Frankfurt Rpfleger 1978, 380); 35
- bei Anbringung eines Kaltwasserzählers, wenn sich die Verhältnisse nachhaltig geändert haben (OLG Düsseldorf NJW 1985, 2837);
- die nachträgliche von allen Beteiligten als sinnvoll empfundene Nichtbeheizung der Tiefgarage (OLG Hamburg WEZ 1987, 217);
- wenn ein 48/1000 MEanteil von 78/1000 für eine geplante Tiefgarage vorratsweise verbunden worden war mit einem WE und die Tiefgarage nicht gebaut wird (BayObLG NJW-RR 1987, 714, 715);
- mehr als 14 jährige Duldung der Umwandlung von TE in WE (LG Wuppertal NJW-RR 1986, 1074);
- eine erhebliche Abweichung des Kostenverteilungsschlüssels (nicht aber des Stimmrechts OLG Karlsruhe NJW-RR 1987, 975; siehe hierzu Sauren FS B/W S. 531) vom Verhältnis der Nutzfläche (BayObLG NJW-RR 1992, 342); z.B. müssen nach der GO von den WEer 94,9% der Kosten getragen werden, die Schäden an TE betreffen (KG NJW-RR 1991, 1169). Das BayObLG hat folglich bei einem Abweichen von nahezu des dreifachen einer ansonsten sachgerechten Kostenverteilung einen Anspruch bejaht, aber bei etwa 22% verneint (BayObLG WuM 1995, 217), aber bei einer Nutzfläche von 40% und Kosten von 75% bejaht (BayObLG WE 1995, 378);
- wenn Zähler schon vorhanden sind und 9 Jahre lang schon so abgerechnet wird (OLG Köln NZM 1998, 484);
- bei Ehescheidung für Schließung eines Durchbruchs durch 2 Einheiten (BayObLG WE 1997, 438).

b) Änderungen (Aufhebung) eines Beschl. Durch Beschl geregelte 36 Angelegenheiten können grundsätzlich jederzeit im Rahmen ordnunggemäßer Verwaltung durch neuen Beschl anders geregelt werden (BGH NJW 1991, 979). Ein inhaltsgleicher Zweitbeschluß ersetzt i.d.R. den bestandskräftigen Beschl nicht (BGH NJW 1994, 3230). Eine grundlose inhaltsgleiche Wiederholung früherer Beschl, die bereits angefochten sind, verstößt jedoch gegen die ordnungsgemäße Verwaltung (KG WuM 1994, 561). Soweit eine Ungültigkeitserklä-

§ 10 2. Abschnitt. Gemeinschaft der Wohnungseigentümer

rung erfolgt, entfällt die in ihm enthaltene Aufhebung des Erstbeschlusses (vgl. BGH NJW 1989, 1087), es sei denn die Auslegung ergibt, daß eine nicht unbedingte Aufhebung gewollt ist. Ein bestandskräftiger Beschluß kann jederzeit durch eine der TE entsprechende Regelung wieder von der WEerGem aufgehoben werden (KG WuM 1996, 647 im Rahmen von Rdnr. 36). Es besteht aber kein Anspruch auf einen solchen Beschl als Maßnahme der orndungsgemäßen Verwaltung (BayObLG NJWE 1997, 37). Eine Änderung ist dann ausgeschlossen, wenn der neue Beschl schutzwürdige Belange eines WEer aus Inhalt und Wirkung des Erstbeschlusses nicht beachtet (BGH NJW 1991, 979) oder wenn in eine durch früheren Beschl begründete Rechtsstellung eines WEers eingegriffen wird (BayObLG WE 1989, 56).

Beispiel: Eingeräumtes Nutzungsrecht an GE (OLG Köln ZMR 1998, 521).

Damit ist ein späterer Widerruf nur zulässig, wenn ein sachlicher Grund vorliegt und der bertroffene WEer gegenüber dem bisherigen Zustand nicht unbillig benachteiligt wird (BayObLG WuM 1995, 222, WE 1997, 36).

36 a   c) **gerichtliche Änderung** eines Beschl. besteht nur unter Voraussetzung des § 45 Abs. 4 soweit Verwaltungsfragen betroffen (vgl. §§ 15 Abs. 3, 21 Abs. 4), ansonsten wie Rdnr. 32 f. Gründe, die im Anfechtungsverfahren geltend gemacht werden können, sind nunmehr ausgeschlossen (BayObLG ZMR 1997, 478).

37   **9. Gläubigerzustimmung**
Beispiel: Zustimmung der kreditgebenden Bank
Hier sind 2 Varianten zu unterscheiden:

38   a) Zu **nachträglichen Vereinb** oder **Veränderung von Vereinb.** Sollen nachträgliche Vereinbarungen geändert oder zusätzlich durch Grundbucheintragung zum SEInhalt werden, so bedarf dies der Zustimmung der dinglich Berechtigten am WE (weil Eigentumsinhalt gem. §§ 876, 877 BGB verändert wird) und der Vormerkungsberechtigten (BayObLG DNotZ 1990, 381), es sei denn, ihre rechtliche Benachteiligung ist ausgeschlossen (BGH NJW 1984, 2409). Deshalb sind Verkleinerungen des WEs (LG Bremen DWE 1985, 95), Umwandlung von WE in TE oder umgekehrt (BayObLG DWE 1989, 132), Stimmrechtsänderungen (LG Aachen Rpfleger 1986, 258), Änderung des Kostenverteilungsschlüssels (BayObLGZ 1984, 257) und Einräumung von SNR (BGH a.a.O. S. 2409) oder Verfügungsbeschränkung (§ 12 siehe Müko Rdnr. 9d) vom dinglich Berechtigten (in Form der §§ 19, 29 GBO) durch Eintragungsbewilligung vorzunehmen. Ist eine Verpflichtung zur Änderung einer Vereinb gegeben (Rdnr. 40), so entfällt auch das Erfordernis der Zustimmung (BayObLG NJW-RR 1987, 714; OLG Hamburg ZMR 1995, 170). Ebenso

Unauflöslichkeit der Gemeinschaft § 11

bei nicht eingetragener Vereinb oder bei Zuordnung von Stellplätzen gem. Bevollmächtigung (OLG Frankfurt WuM 1997, 564).

b) Nachträglicher Beschl oder vereinbarungsersetzender Beschl. Soweit ein nachträglicher Beschl einen anderen ändert, ist eine Zustimmung der dinglich Berechtigten nicht erforderlich. Ersetzt der Beschl eine Vereinb, so ist die Zustimmung zwar erforderlich (Röll WE 1987, 3), ihre Unterlassung führt aber nicht zur Ungültigkeitserklärung (LG Lübeck NJW-RR 1990, 921; a.A. Lücke WE 1998, 202). 39

c) Ist nach der GO eine Zustimmung des Grundpfandrechtsgläubigers notwending, so reicht die Vorlage bis zum Schluß der letzten Tatsacheninstanz (BayObLG NJWE 1997, 206). 40

10. Dem **Beschl** stehen **gerichtliche Entscheidungen** gem. § 43 **gleich.** Sie sind nach dem KG (Rpfleger 1972, 62) nur insoweit statthaft, als ein Beschl der WEer zulässig wäre. 41

Unauflöslichkeit der Gemeinschaft

11 **(1) Kein Wohnungseigentümer kann die Aufhebung der Gemeinschaft verlangen. Dies gilt auch für eine Aufhebung aus wichtigem Grund. Eine abweichende Vereinbarung ist nur für den Fall zulässig, daß das Gebäude ganz oder teilweise zerstört wird und eine Verpflichtung zum Wiederaufbau nicht besteht.**

(2) Das Recht eines Pfändungsgläubigers (§ 751 des Bürgerlichen Gesetzbuches) sowie das Recht des Konkursverwalters (§ 16 Abs. 2 der Konkursordnung) – *ab 1. 1. 1999: sowie das im Insolvenzverfahren bestehende Recht (§ 84 Abs. 2 der Insolvenzordnung)* **–, die Aufhebung der Gemeinschaft zu verlangen, ist ausgeschlossen.**

1. Dieser Paragraph **normiert** einen der wichtigen Grundsätze des WEG, den **Unauflöslichkeitsgrundsatz.** Damit werden die Auflösungsmöglichkeiten, die es für die Gemeinschaft des Bürgerlichen Rechts gibt, ausgeschlossen (§ 749 Abs. 1 BGB), insbesondere das Recht eines fremden Gläubigers, die Teilung der WEerGem zu erzwingen (§§ 751 Satz 2, 749 Abs. 3 BGB). Dies gilt auch für den Konkursverwalter (OLG Düsseldorf NJW 1970, 1137). Dies bedeutet, daß für einen Gläubiger nur 3 Möglichkeiten der Zwangsvollstreckung verbleiben: Zwangsversteigerung, Zwangsverwaltung (gem. ZVG) undEintragung einer Zwangshypothek. Die Zwangsvollstreckung wird durchgeführt wie bei einem gewöhnlichen MEanteil am Grundstück (vgl. § 864 Abs. 2 ZPO, siehe Sauren NJW 1985, 180). 1

2. Eine **Aufhebung durch Beschl** (auch unangefochten) ist nicht möglich, da ein solcher nicht in das Grundbuch eintragbar ist (vgl. § 10 Rdnr. 31). Die Vorschrift hindert jedoch nicht, bereits in der GO 2 eine Verpflichtung jedes WEer aufzunehmen, z.B. bei einer möglichen Realteilung des Grundstücks, die WEerGem aufzuheben (BayObLG v. 22. 3. 1984, 2 Z 104/83; BayObLGZ 1979, 414).

3   **3.** Auch das **Verwaltungsvermögen** unterliegt zumindest analog § 11 (siehe Sauren Rpfleger 1985, 264).

4   **4.** Abs. 1 Satz 3 sieht eine **Ausnahme im Zerstörungsfall** vor, soweit das Gebäude ganz oder teilweise zerstört wird und eine Verpflichtung zum Wiederaufbau nicht besteht (siehe hierzu § 22 Abs. 2). Weitere Voraussetzung für die Aufhebung ist, daß für den Fall der Zerstörung eine Vereinb der WEer vorliegt, und daß ein Aufhebungsverlangen eines WEers gegeben ist.

Veräußerungsbeschränkung

12 (1) Als Inhalt des Sondereigentums kann vereinbart werden, daß ein Wohnungseigentümer zur Veräußerung seines Wohnungseigentums der Zustimmung anderer Wohnungseigentümer oder eines Dritten bedarf.

(2) Die Zustimmung darf nur aus einem wichtigem Grunde versagt werden. Durch Vereinbarung gemäß Absatz 1 kann dem Wohnungseigentümer darüber hinaus für bestimmte Fälle ein Anspruch auf Erteilung der Zustimmung eingeräumt werden.

(3) Ist eine Vereinbarung gemäß Absatz 1 getroffen, so ist eine Veräußerung des Wohnungseigentums und ein Vertrag, durch den sich der Wohnungseigentümer zu einer solchen Veräußerung verpflichtet, unwirksam, solange nicht die erforderliche Zustimmung erteilt ist. Einer rechtsgeschäftlichen Veräußerung steht eine Veräußerung im Wege der Zwangsvollstreckung oder durch den Konkursverwalter – *ab 1. 1. 1999 Insolvenzverwalter* – gleich.

1   **1.** Die Befugnis, über eine Sache verfügen zu können, kann nicht ausgeschlossen oder beschränkt werden (§ 137 BGB). Hiervon macht § 12 **eine Ausnahme** für den Fall, daß eine Vereinb der WEer vorliegt. Jedoch kann diese Vereinb kein vollständiges Verbot beinhalten, sondern nur das Bedürfnis der Zustimmung anderer WEer oder eines Dritten.

2   **a)** Diese mögliche Vereinb soll den übrigen WEer **Schutz geben** vor Eindringen oder Ausdehnen persönlicher oder wirtschaftlich unzuverlässiger Mitglieder und einer evtl. Stimmverhältnisänderung (BayObLG Rpfleger 1977, 173). Über den Rahmen des § 12 hinausgehende Beschränkungen sind sowohl in Hinsicht auf Rechtsgeschäfte, die keine Veräußerung sind (OLG Hamm OLGZ 1979, 419; a.A. BGHZ 49, 250, hierzu Sauren S. 101f.).

Veräußerungsbeschränkung § 12

Beispiel: Unterteilung eines WEs
als auch hinsichtlich des Personenkreises nicht möglich, z.B. Veräußerungsgebot oder -verbot an bestimmte Personen.
Beispiel: Veräußerung nur an Wohnungsberechtigte nach dem Bergarbeiterwohnungsbaugesetz (BayObLG WuM 1985, 160).

Soweit ein solcher Zweck erreicht werden soll, verbleibt es bei der Möglichkeit einer Vereinb, die nicht die Unwirksamkeit der Verfügung gem. Abs. 3 bewirkt (BayObLG a.a.O.), wohl aber den Rechtsnachfolger bindet.

b) In diesem Rahmen ist es auch möglich, den **Gebrauch des SE** 3
(z.B. Vermietung) an die **Zustimmung des Verwalters** oder eines WEer zu binden (BGHZ 37, 203, 207f.) oder gar von nur einem WEer abhängig zu machen (BayObLG NJW-RR 1988, 17). Eine solche Beschränkung gilt jedoch nur mit der Einschränkung, daß die Zustimmung aus einem wichtigen Grund verweigert werden darf, wobei zwar auf die Grundsätze des Abs. 2 zurückgegriffen werden kann, aber die unterschiedliche Interessenlage zu beachten ist (BayObLG a.a.O.).

c) Soweit die Zustimmung laut Vereinb entbehrlich ist bei Erst- 4
veräußerung (siehe Sauren Rpfleger 1983, 350), ist die wechselseitige Übertragung von Hälfteanteilen auf MEer noch keine solche (OLG Frankfurt OLGZ 1990, 149). Die zustimmungsfreie Erstveräußerung gilt auch bei einer Erstveräußerung nach vielen Jahren (OLG Köln NJW-RR 1992, 1430) oder durch Erben des Ersteigentümers (LG Aachen WuM 1993, 287). Die zustimmungsfreie Veräußerung an Ehegatten erfaßt auch diejenige einer Scheidungsvereinbarung (OLG Schleswig NJW-RR 1993, 1103; KG Rpfleger 1996, 448).

2. Voraussetzung für die Anwendung des § 12 ist eine **Veräuße-** 5
rung. Diese wird als eine rechtsgeschäftliche Übertragung des WE unter Lebenden im Gegensatz zur Belastung und zur Eigentumsübertragung kraft Gesetzes (z.B. Erbgang) verstanden (BayObLG Rpfleger 1977, 104; nicht jedoch für die Bestellung einer Vormerkung BayObLG NJW 1964, 1962), d.h. insbesondere **folgende Fälle fallen unter § 12:**
a) Veräußerung der ETW als Ganzes an Dritte;
b) Veräußerung eines MEanteils an einen WEer (OLG Celle Rpfleger 1974, 438);
c) Veräußerung einer Wohnung nach Unterteilung (Sauren S. 101f.);
d) Rückübertragung vom Erwerber auf den Veräußerer, wenn der Kaufvertrag einvernehmlich aufgehoben wird (BayObLG Rpfleger 1977, 104), nicht jedoch Rückübertragung aufgrund von Rücktritt, Wandlung oder Anfechtung (strittig, siehe unten Rdnr. 6);
e) Übertragung auf eine Gesamthandsgemeinschaft (BGB Gesellschaften oder OHG) oder juristische Person, bei der der Veräußerer Mit-

§ 12   2. Abschnitt. Gemeinschaft der Wohnungseigentümer

gesellschafter oder Anteilsberechtigter ist und umgekehrt (BayObLG Rpfleger 1982, 177 betreffend Übertragung von der Miterbengemeinschaft auf einen Miterben);
f) einer rechtsgeschäftlichen Veräußerung steht gem. Abs. 3 Satz 2 diese im Wege der Zwangsvollstreckung oder durch den Konkursverwalter gleich. Deshalb ist auch der Erwerb zur Rettung eines Grundpfandrechts zustimmungsbedürftig (LG Düsseldorf Rpfleger 1981, 193);
g) nach der neuen Rechtsprechung (BGH NJW 1991, 1613) ist die Erstveräußerung durch den/die teilenden WEer gem. § 8 und gem. § 3 (BayObLG NJW-RR 1987, 270) ebenfalls zustimmungsbedürftig. Zur Übergangsregelung siehe § 61;
h) Übertragung eines WE in Erfüllung eines Vermächtnisses (§ 2147 BGB, BayObLG Rpfleger 1982, 177).

6   **3. Nicht unter § 12 fallen,** da entweder mangels Berührung des Schutzzwecks die Zustimmung entbehrlich oder der Fall, weil kein Veräußerungsfall, zustimmungsfrei ist, folgende Gestaltungen:
a) Bei der Übertragung eines zum Nachlaß gehörenden WE's liegt keine Veräußerung eines WE i.S. von Abs. 1 vor. Dies gilt selbst dann, wenn der Nachlaß aus dem WE besteht (OLG Hamm Rpfleger 1979, 461).
b) Die Übertragung von Teilen des SE.
Beispiel: Austausch einer Garage (OLG Celle Rpfleger 1974, 267)
c) Gleichzeitige Veräußerung durch alle WEer.
d) Rückübertragung nach gesetzlichem Rücktrittsrecht (z.B. Wandlung) oder Anfechtung (z.B: §§ 119ff., 123 BGB strittig; Müller Rdnr. 51; Sohn PiG Nr. 12, S. 62 m.w.N). Nach dem KG (NJW-RR 1988, 1426) liegt eine zustimmungsbedürftige Veräußerung vor, unabhängig davon, ob Rückabwicklung auf gesetzlicher Frist beruht oder nicht.
e) Die Umwandlung des Gesamthandseigentums einer Erbengemeinschaft in eine Bruchteilsgemeinschaft aller bisherigen Erben (LG Lübeck Rpfleger 1991, 201).

7   **4. Entstehung.** Die Verfügungsbeschränkung wird durch Vereinb und Eintragung begründet. Zustimmung der dinglich Berechtigten erforderlich (BayObLG Rpfleger 1989, 503), es sei denn Grundpfandrecht lastet als ganzes auf dem Grundstück (OLG Frankfurt NJW-RR 1996, 918). Änderung oder Aufhebung nur durch Vereinb und Grundbucheintragung. Für eine Aufhebung ist Zustimmung der dinglich Berechtigten nicht erforderlich (BayObLG a.a.O.).

8   **5. Zustimmung. a)** I.d.R. wird der Verwalter, soweit ein solcher nicht vorhanden ist, alle WEer nach dem LG Hannover (DWE 1983, 124) als **Zustimmungsberechtigter** bestimmt, jedoch können auch mehrere oder ein WEer oder ein Dritter Berechtigter sein, nicht aber

Veräußerungsbeschränkung **§ 12**

der Grundpfandgläubiger (wegen § 1136 BGB vgl. Müller Rdnr. 57). Übertragen die WEer das Zustimmungsrecht auf einen Dritten, so nimmt dieser bei der Ausübung der Zustimmungsverfügung kein eigenes Recht, sondern ein solches der WEer wahr und handelt als deren Treuhänder und mittelbarer Vertreter (BGH NJW 1991, 168). Die WEer bleiben weiter befugt, selbst eine auch für den Dritten bindende Entscheidung über die Zustimmung zu treffen (z. B. wenn Verwalter fehlt, LG Frankfurt NJW-RR 1996, 1080) oder ihn anzuweisen (OLG Zweibrücken NJW-RR 1987, 269). Der Verwalter darf zumindest in Zweifelsfällen statt einer eigenen Entscheidung eine Versammlung einberufen und diese entscheiden lassen (BGH NJW 1996, 1216), was wegen seines Haftungsrisikos (siehe dazu § 27 Rdnr. 79ff.) von Bedeutung ist.

b) Nach der Rechtsprechung kann der Verwalter auch bei der 9 Veräußerung einer eigenen Wohnung zustimmen (OLG Düsseldorf NJW 1985, 390; BayObLG NJW-RR 1986, 1077; a.A. Sohn NJW 1985, 3060).

c) Die Zustimmung kann (gem. §§ 185, 182 Abs. 1 BGB) sowohl 10 gegenüber dem Veräußerer als auch gegenüber dem Erwerber erklärt werden (LG München MittRhNotK 1985, 158). Sie ist auch dann erforderlich, wenn der Erwerber bereits MEer ist (BayObLG Rpfleger 1977, 173). Eine bedingte Zusage gilt als Versagung (BPM Rdnr. 42). Ein Widerruf nach bindender Auflassung bleibt ohne Einfluß (BGH NJW 1963, 36). Der Vewalter braucht aber nur der Veräußerung zuzustimmen, nicht den Erklärungen in der Notarurkunde.

6. Versagungsgründe und Frist. a) Nach dem BayObLG (DWE 11 1984, 60) bedarf der Zustimmungsanspruch des einzelnen WEer einer raschen Verwirklichung. Für die Erteilung der Zustimmung kann dem Verwalter deshalb grundsätzlich eine längere Frist als eine Woche zugebilligt werden (ab Informationserteilung). Ausnahmsweise kann dann eine längere Frist zuzubilligen sein, wenn Anlaß zur Erkundigung über die Person des Erwerbers besteht. Diese Wochenfrist wird in der Literatur auf drei bis vier Wochen ausgedehnt (vgl. Bub S. 534; Augustin § 12 Rdnr. 15).

b) Als **wichtiger Grund** (vgl. Schmidt DWE 1998, 5, 6) für die 12 Versagung der Zustimmung kommen nur Umstände (Tatsachen, nicht Spekulationen, OLG Zweibrücken WE 1995, 24) in Betracht, die in der Person des Erwerbers liegen, z.B. persönliche und finanzielle Unzuverlässigkeit (BGH NJW 1962, 1613; Sauren S. 100 m.w.N.). Anerkannt sind:
Gemeinschaftsschädigendes Verhalten des Erwerbers reicht nach dem OLG Düsseldorf ZMR 1992, 68 aus, z.B. eigenmächtiger Umbau, erhebliche Wohngeldrückstände (LG Düsseldorf WE 1991, 334).

§ 12 2. Abschnitt. Gemeinschaft der Wohnungseigentümer

Geschäftsführer: soll dieser erwerben, obwohl er Geschäftsführer der insolvent gewordenen vorherigen Eigentümer GmbH war, so reicht dies zur Versagung nach AG Mettmann (WE 1990, 213).

Hausordung: die beharrliche Weigerung der Befolgung der bestandskräftigen Hausordnung (z.B. Tierhaltung) wird vom OLG Düsseldorf (ZMR 1998, 45) als wichtiger Grund anerkannt.

Mieter: hat der Erwerber als Mieter bereits erhebliche Rückstände, so reicht dies nach OLG Köln NJW-RR 1996, 1296 aus.

Unterkapitalisierte GmbH: nach BayObLG (v. 16. 12. 1985, 2 Z 145/84, hierzu Müller Rdnr. 59) als wichtiger Grund anerkannt; jedoch reichen bei einer GmbH die allgemein mit dem Erwerb durch eine solche Gesellschaft verbundenen Gefahren und früheren schlechten Erfahrungen mit einer anderen GmbH nicht aus (BayObLG WE 1989, 67). Die Verwalterzustimmung einer Veräußerung an eine GmbH kann grundsätzlich nicht von vorheriger Vorlage einer Bilanz der GmbH und einer betriebswirtschaftlichen Auswertung des letzten Jahres (vorzulegen von dem Veräußerer) abhängig gemacht werden (so AG Aachen v. 26. 4. 1994 12 UR II 8/94).

Unzulässige Nutzung, bauliche Veränderungen: eine beabsichtigte unzulässige Nutzung (z.B. als Bordell) kann ein Ablehnungsgrund sein (KG Rpfleger 1978, 382; OLG Hamburg NJW-RR 1989, 974), z.B. entgegen der Bestimmung der TE (OLG Düsseldorf DWE 1997, 78), nicht aber die Fortsetzung der bisherigen Nutzung unter Beibehaltung einer vom Veräußerer vorgenommenen unzulässigen baulichen Veränderung (OLG Hamburg DWE 1994, 148, NJW-RR 1989, 774); bauliche Veränderung reicht dann nicht nach LG Saarbrücken (NZM 1998, 675) wenn sie dem Bauplan entspricht;

Werdender WEer: Nichtzahlung des Wohngeldes trotz Nutzung soll nach OLG Düsseldorf ZMR 1997, 430 ausreichen (a.A. zu Recht Drasdo WuM 1997, 451; Müller FV 3).

Andere Gründe, wie z.B.

ausländische Staatsangehörigkeit: (Bielefeld S. 83, AG Velbert DWE 1982, 37);

Fortsetzung unzulässigen, aber lange geduldeten Gebrauchs (BayObLG NJW-RR 1990, 657);

Meinungsverschiedenheiten zwischen einem WEer und bzw. dem Verwalter und dem Erwerber (BayObLG WE 1990, 375);

Nichtvornahme bestimmter Instandsetzungsmaßnahmen am GE (BayObLG NJW-RR 1993, 280);

Rückständige Wohngeldzahlungen des Veräußerers (OLG Schleswig DWE 1983, 26);

unzutreffende Erklärung des Veräußerers im Kaufvertrag, ein Wohngeldrückstand bestehe nicht (BayObLG DWE 1984, 60); werden **nicht anerkannt**. Es besteht auch kein Zurückbehaltungsrecht gegenüber dem Zustimmungsanspruch (BayObLG NJW-RR 1990, 657).

Veräußerungsbeschränkung § 12

c) Empfehlenswerte Vorgehensweise Empfehlenswert ist das 13
fassen eines Orga-Beschl (vgl. LG Mannheim ZMR 1979, 320) oder
eines Musteranschreiben. Zwar kann der Verwalter den Erwerber
nicht zur Selbstauskunft verpflichten und dafür eine Gebühr verlangen
(BayObLG DWE 1983, 26). Aber es gehört zu den Obliegenheiten
des Veräußerers, dem Verwalter die Prüfung der Bonität durch Informationen
über den Erwerber zu erleichtern (KG WuM 1989, 652).

d) Durch Vereinb können über den Rahmen der gesetzlichen 14
Vorschriften hinaus **keine weiteren Gründe** zur Verweigerung der
Zustimmung geschaffen werden (OLG Hamm NJW-RR 1993, 279,
280), z. B. Wohngeldrückstände (LG Frankfurt NJW-RR 1988, 598).

e) Für den aus der **verspäteten Abgabe** sich ergebenden Verzugs- 15
schaden des veräußernden WEers **haftet der Verwalter** (BayObLG
WE 1993, 349; LG Essen ZMR 1994, 172). Verzug tritt aber erst mit
einer Mahnung (§ 284 Abs. 1 BGB) oder einer endgültigen Verweigerung
der Zustimmung seitens des Verwalters ein. Da diese
Summen z. T. sehr hoch sein können (im Fall des BayObLG DWE
1984, 60 über DM 3000), ist dem Verwalter ein rasches Handeln zu
raten.

Hingegen hat der Kaufinteressent gegen den Verwalter keinen
Schadensersatzanspruch (LG Ansbach v. 16. 12. 1981, 2 S 619/81).

Bei einem Verwalterwechsel hat der Verwalter die Zustimmung zu
geben, der zur Zeit der Abgabe der Zustimmungserklärung Verwalter
ist. Nicht entscheidend ist das Datum des Kaufvertrages (LG Wuppertal
v. 26. 2. 1982, 6 T 37/82).

f) Bei der **Versagung der Genehmigung** (oder einer unwirk- 16
samen Zustimmung, BayObLG NJW-RR 1993, 280) kann der Veräußerer
(nicht Erwerber) nur noch **gerichtlich vorgehen**, mit dem
Antrag auf Verpflichtung zur Erteilung der Zustimmung (gem §§ 894
ZPO 45 Abs. 3). Soweit der Zustimmungsverpflichtete (Dritte) WEer
oder Verwalter ist, muß das gerichtliche Verfahren gegen WEer und
Verwalter (gem. § 43, OLG Hamm NJW-RR 1993, 279, OLG
Zweibrücken NJW-RR 1994, 1103, BayObLG NJW-RR 1997,
1307) eingeleitet werden, ansonsten eine Klage gegen den sonstigen
Dritten vor dem Prozeßgericht. Diese h. M. ist nicht nachvollziehbar.
Deshalb muß immer das WEG-Gericht zuständig sein, solange es sich
um Ansprüche aus den Vorschriften des WEG handelt (siehe Sauren
Rpfleger 1988, 19; a. A. BGH NJW 1989, 714 für den ausgeschiedenen
WEer). Soweit in der TErkl oder durch Beschl Anrufung der
WEer gegen die Versagung vorgesehen ist, ist dies zunächst durchzuführen,
ansonsten ist der Antrag unzulässig (Palandt Rdnr. 9), es sei
denn, dem antragstellenden WEer ist eine vorherige Anrufung der
Eigentümerversammlung ausnahmsweise nicht zumutbar (BayObLG
WE 1991, 171). Im Gerichtsverfahren muß der Verweigerungsgrund
vom Antragsgegner dargelegt und bewiesen werden (BayObLG NJW-

§ 13   2. Abschnitt. Gemeinschaft der Wohnungseigentümer

RR 1988, 1425). Wenn eine Eigentümerversammlung ohne wichtigen Grund die Zustimmung verweigert, ist Eigentümerbeschluß nichtig, nicht bloß anfechtbar (i.S.d. § 23 Abs. 4), weil Verstoß gegen zwingendes Recht vorliegt (§ 12 Abs. 2 S. 1).

17   **g) Solange die Zustimmung fehlt** oder nicht in öffentlich beglaubigter Form (vgl. § 29 GBO, OLG Hamm Rpfleger 1992, 294) erbracht wurde, darf **das Grundbuchamt nicht eintragen.** Nach OLG Hamm WuM 1997, 289 ist erst nach Verfahren gem. § 43 die Versagung endgültig unwirksam.

18   **7. Kosten:** Die Kosten für die Zustimmung sind Verwaltungskosten (i.S.d. § 16 Abs. 2). Ist für die Zustimmung dem Verwalter eine gesonderte Gebühr zu entrichten (vgl. Sauren Verwalter § 7 Abs. 4 c), was regelmäßig der Fall ist, so ist der Veräußerer zur Übernahme verpflichtet, wenn dies vereinbart ist. Die Zustimmung des Verwalters darf jedoch nicht von dieser Kostenübernahme abhängig gemacht werden (OLG Hamm WE 1989, 173).

19   **8. Bis zur Zustimmung** ist der Vertrag bzw. die Zwangsversteigerung **schwebend unwirksam.** Die Genehmigung heilt rückwirkend das Rechtsgeschäft (LG Frankfurt NJW-RR 1996, 1080). Bei der Zwangsversteigerung muß die Zustimmung erst bei Zuschlag vorliegen, nicht schon bei Anordnung (BGH NJW 1960, 2093). Der rechtskräftige Zuschlag in der Zwangsversteigerung heilt jedoch das Fehlen der Zustimmung (LG Frankenthal Rpfleger 1984, 183). Eine Eintragung des neuen WEers ohne Zustimmung macht das Grundbuch unrichtig. Nach Palandt (Rdnr. 11) soll nur der Veräußerer Anspruch auf Grundbuchberichtigung haben. Dies ist zweifelhaft, da die Genehmigung der übrigen WEer fehlt und diese in ihren Rechten verletzt sind.

Rechte des Wohnungseigentümers

13 (1) Jeder Wohnungseigentümer kann, soweit nicht das Gesetz oder Rechte Dritter entgegenstehen, mit den im Sondereigentum stehenden Gebäudeteilen nach Belieben verfahren, insbesondere diese bewohnen, vermieten, verpachten oder in sonstiger Weise nutzen, und andere von Einwirkungen ausschließen.

(2) Jeder Wohnungseigentümer ist zum Mitgebrauch des gemeinschaftlichen Eigentums nach Maßgabe der §§ 14, 15 berechtigt. An den sonstigen Nutzungen des gemeinschaftlichen Eigentums gebührt jedem Wohnungseigentümer ein Anteil nach Maßgabe des § 16.

1   **1. § 13 regelt die Rechte** und § 14 die Pflichten des WEers § 13 **Abs. 1** hinsichtlich des **SE, Abs. 2** hinsichtlich des **GE.** Darüber hinaus gibt § 15 die Möglichkeit, konkrete Regelungen durch die GE-mitglieder der Anlage zu treffen.

Rechte des Wohnungseigentümers § 13

2. Abs. 1 umschreibt in Anlehnung an § 903 BGB hinsichtlich des SE die **Rechtsstellung des WEer** als die eines Alleineigentümers. Die Eigentümerposition beinhaltet eine positive und eine negative Seite. Die positive Seite besteht in der Macht, mit dem SE nach Belieben verfahren zu können, die negative im möglichen Ausschluß anderer.

a) Die **positive Komponente** bedeutet darüber hinaus die Alleinherrschaft über die Räume des SE's (BGH WE 1990, 22) und deren Gebäudeteile. Diese umfaßt insbesondere auch die bauliche Umgestaltung der in SE bestehenden Räume (BayObLG NJW-RR 1986, 954, 955).

Beispiel: Einbau eines Schwimmbeckens oder Kamins im SE (BayObLG NJW-RR 1988, 587), soweit keine Beeinträchtigung des GE vorliegt und die allgemeinen Pflichten (aus §§ 14, 15) beachtet werden (BayObLG a. a. O.).

Hierzu gehört auch die Vermietung. Für eine Kündigung muß WEerGem ggf. verklagt werden (OLG Hamburg WuM 1996, 637).

Bei einer Vermietung kann die Mitbenutzung des GE's auf Mieter übertragen werden. Hierbei sind jeweils die Schranken des § 14 Nr. 1 zu beachten (siehe dort Rdnr. 3).

Beispiel: Aus der Zugehörigkeit des Heizkörpers zum SE folgt nicht, daß ein einzelner WEer uneingeschränkt nach Belieben damit verfahren kann. Hierbei darf die Funktionsfähigkeit der gemeinschaftlichen Heizung nicht beeinträchtigt werden, d. h. die Körper nicht entfernt werden (OLG Hamm v. 26. 6. 1987, 15 W 438/85).

b) Die **negative Komponente** wird durch den rechtlichen Schutz des WEer's und Besitzers nach den BGB-Vorschriften und den öffentlich-rechtlichen Vorschriften gewährleistet. Der Eigentums- und Besitzschutz erfolgt nach BGB-Regeln (§§ 985, 1004, 859ff., 865) und durch öffentlich-rechtliche Vorschriften.

Beispiel: Zulässigkeit einer öffentlich-rechtlichen Nachbarklage wegen einer Beeinträchtigung des SE vom benachbarten Grundstück.

3. Gem. Abs. 2 Satz 1 ist jeder WEer in den Schranken der §§ 14, 15 zum **Mitgebrauch** des GE's berechtigt.

a) Das **Recht zum Mitgebrauch** steht jedem WEer dabei unabhängig von der Größe seines MEanteils und seiner Wohnung **im gleichen Umfang** zu (BayObLG MDR 1972, 607).

Beispiel: Nutzung von Garten und Hofraum oder gemeinschaftlichem Pkw-Einstellplatz.

In Mehrhauswohnanlagen können die Gemeinschaftseinrichtungen, die aufgrund von Vereinb (OLG Düsseldorf WE 1995 150) oder notwendigen Verhältnissen (OLG Frankfurt ZMR 1997, 606) lediglich den Bewohnern eines Blocks zugewiesen sind, nur von diesen genutzt werden.

Beispiel: Räume oder Einrichtung der Wasserversorgung. Deshalb können z.B. auch keine Herausgabe von Schlüssel dazu verlangt werden (OLG Frankfurt a.a.O.).

Die Zuweisung der alleinigen Nutzung durch einzelne WEer von Teilen des Gartens oder eines einzelnen Pkw-Einstellplatzes ist durch Vereinb möglich (KG Rpfleger 1972, 62; Merle WE 1989, 21). Der Turnus kann dann durch Beschl (z.B. in der Hausordnung), der gerichtlich überprüfbar ist, geregelt werden.

Beispiel: Verteilung von nicht für alle reichenden Stellplätzen oder Kellerabteilen (BayObLG WE 1992, 346) z.B. durch jährliches Losverfahren.

7 **b)** Soweit das **GE beeinträchtigt** wird, kann jeder WEer allein gegen den Störer ggf. gerichtlich vorgehen (BayObLG Rpfleger 1975, 310). Dabei ist jedoch zu beachten, daß der Anspruch, z.B. auf Herausgabe, nur an alle WEer gemeinsam gerichtet werden darf (§§ 1011, 432 BGB). Auch die Besitzansprüche gegenüber Dritten sind den gleichen Beschränkungen unterworfen, so daß nur Wiedereinräumung des Mitbesitzes verlangt werden kann (§ 866 BGB, BayObLG NJW-RR 1990, 1105).

8 **4.** Abs. 2 Satz 2 läßt die WEer entsprechend ihren MEanteilen an den **Nutzungen** partizipieren. In Betracht kommen bei den Nutzungen die sog. mittelbaren (vgl. § 99 Abs. 3 BGB)

Beispiel: Mieterträge aus der Vermietung des GE's

oder die natürlichen (vgl. § 99 Abs. 1 BGB) Erträge

Beispiel: Früchte der gemeinsamen Bäume oder Gemüse des gemeinsamen Gartens.

Pflichten des Wohnungseigentümers

14 Jeder Wohnungseigentümer ist verpflichtet:

1. die im Sondereigentum stehenden Gebäudeteile so instand zu halten und von diesen sowie von dem gemeinschaftlichen Eigentum nur in solcher Weise Gebrauch zu machen, daß dadurch keinem der anderen Wohnungseigentümer über das bei einem geordneten Zusammenleben unvermeidliche Maß hinaus ein Nachteil erwächst;
2. für die Einhaltung der in Nummer 1 bezeichneten Pflichten durch Personen zu sorgen, die seinem Hausstand oder Geschäftsbetrieb angehören oder denen er sonst die Benutzung der in Sonder- oder Miteigentum stehenden Grundstücks- oder Gebäudeteile überläßt;
3. Einwirkungen auf die im Sondereigentum stehenden Gebäudeteile und das gemeinschaftliche Eigentum zu dulden, soweit sie auf einem nach Nummern 1, 2 zulässigen Gebrauch beruhen;

Pflichten des Wohnungseigentümers § 14

4. das Betreten und die Benutzung der im Sondereigentum stehenden Gebäudeteile zu gestatten, soweit dies zur Instandhaltung und Instandsetzung des gemeinschaftlichen Eigentums erforderlich ist; der hierdurch entstehende Schaden ist zu ersetzen.

1. Dieser Paragraph regelt die **Beschränkung des Eigentümers,** 1 die sich durch die räumliche Enge des nachbarschaftlichen Verhältnisses in einem Gebäude ergeben. Die Einschränkungen erfolgen folglich aus Gründen des Gemeinschaftsverhältnisses, sind je nach der Art der Anlage entsprechend intensiv und ggf. durch Vereinb (§ 15) ergänzt.

Beispiel: In einer Mehrhauswohnanlage nur aus Einfamilienhäusern kann § 14 bedeutungslos sein (ebenso MüKo Rdnr. 1).

2. Nr. 1 umschreibt die sog. **Instandhaltungs- und Nutzungs-** 2 **pflicht.** Hiernach ist der WEer gehalten, auch die in seinem SE stehenden Gebäudeteile so zu nutzen und instand zu halten, daß dadurch keinem anderem WEer ein Nachteil entsteht.

Beispiel: Bei einem Umbau im SE, z.B. Küche, darf kein Schaden anderer, z.B. durch Wasseraustritt, entstehen.

a) Unter **Nachteil** ist nach der Rechtsprechung (BGH NJW 1992, 3 978, unter nahen Familienanghörigen ist jedoch die gesetzliche Rücksichtnahme zu beachten § 1618a BGB, BayObLG NJW-RR 1993, sowohl 336 als auch 1361) jede nicht ganz unerhebliche Beeinträchtigung zu verstehen.

Beispiele: Beschränkung des Rechts auf gemeinsamen Gebrauch, lästige Immissionen z.B. durch Müll vor der Türe (OLG Düsseldorf WuM 1996, 436), Beeinträchtigung der konstruktiven Stabilität oder des optischen Gesamteindrucks der Wohnanlage (vgl. BayObLG NJW 1981, 690), Einfrieren von Wasserleitungen (BayObLG WuM 1989, 341). Jedoch selbst keine Pflicht selbst Arbeiten vornehmen, z.B. Versetzen von Blumentrögen (BayObLG WuM 1995, 728).

Zur weiteren Konkretisierung können als Maßstab öffentlich-rechtliche Vorschriften herangezogen werden, jedoch nicht die Regeln des Nachbarschaftsgesetzes des betreffenden Bundeslandes, weil diese den tatsächlich, beengten Verhältnissen innerhalb einer WEerGem nicht angeglichen sind (im Ergebnis derselben Auffassung KG NJW-RR 1987, 1360; a.A. BayObLG NJW-RR 1987, 846). Das OLG Düsseldorf (OLGZ 1985, 426) kommt zum selben Ergebnis, weil es sich beim Nachbargesetz nicht um zwingende gesetzliche Vorschriften des öffentlichen Rechts handelt, die allein die Grenze der Regelungskompetenz einer WEerGem darstellen würden.

Beispiel: Bei Errichtung von Zäunen (OLG Düsseldorf OLGZ 1985, 426), Bäumen oder Sträuchern (BayObLG NJW-RR 1987, 846) können die Regeln des Nachbarrechtsgesetzes des betreffenden Bundeslandes nicht herangezogen werden.

§ 14   2. Abschnitt. Gemeinschaft der Wohnungseigentümer

Herangezogen werden können auch Anforderungen, die keine Rechtsvorschriften sind, aber in technischen Regelwerken enthalten sind, z.B. DIN-Normen (BayObLG WE 1994, 147). So hat ein WEer bei Auswechseln des Fußbodens (z.B. Parkett statt Teppich) die Anforderungen der DIN 4109 einzuhalten (BayObLG WE 1994, 312). Bei einer Aufteilung eines Altbaus in WE ist der einzelne WEer jedoch nicht verpflichtet, durch nachträgliche Maßnahmen den Schallschutz zu verbessern (OLG Stuttgart WE 1995, 24), siehe im übrigen § 22 Rdnr. 32.

Beispiel: → (OLG Stuttgart WE 1995, 24), siehe im übrigen § 22 Rdnr. 32.

In **ABC-Form** werden folgende mögliche Nachteile aufgezählt:

Abgeschlossenheit: Die Aufhebung ist eine Beeinträchtigung (KG NJW-RR 1993, 909) z.B. durch Deckendurchbruch.

Aufstellen: Das Aufstellen von Gegenständen in GE (z.B. Treppenhaus) von Spiegeln, Schirmständer, Blumenvasen oder Teppichen im Treppenhaus (KG NJW-RR 1993, 403).

Beeinträchtigung: siehe Sicherheit und Mitgebrauch.

Belegbarkeit: Eine Vergrößerung der Belegbarkeit des SE's und eine damit einhergehende erhöhte Nutzung des GE alleine können einen Nachteil nicht begründen, da dies auch durch eine Vermietung an mehr Personen als bisher erfolgen kann (Sauren S. 49; a.A. BayObLG NJW-RR 1987, 718).

Benutzbarkeit: Eine intensivere Benutzbarkeit des GE's (BayObLG WuM 1990, 403; 1997, 288) bzw. intensivere Nutzung und darauf regelmäßig verbundene nachteilige Auswirkungen, auch wenn ein Sondernutzungsrecht bestellt ist (BayObLG ZMR 1993, 476), stellt einen Nachteil dar, siehe aber Belegbarkeit.

Bestimmungszweck: In der Veränderung des Bestimmungszweckes des GE liegt eine Beeinträchtigung i.S. des § 14.

Beispiel: Umwandlung einer Dachfläche in eine begehbare Terrassenfläche (OLG Hamburg MDR 1985, 501).

Brandgefahr: Auch eine evtl. nur entfernte Gefahr soll nach der Rechtsprechung ausreichen (OLG Hamburg DWE 1987, 98).

Dachundichtigkeit, Durchfeuchtungsgefahr: siehe Brandgefahr.

Durchbrechung: siehe Verbindung.

Energieeinsparung: Bei der vorzunehmenden Interessenabwägung ist eine mögliche Energieeinsparung, da sie auch im öffentlichen Interesse liegt, als erhebliches Interesse zu berücksichtigen. Geringfügige optische Beeinträchtigungen sind demgegenüber hinzunehmen.

Beispiel: Sichtbare Ersetzung von Normalfenstern durch Thermopanefenster (OLG Köln NJW 1981, 585).

Entwertung wirtschaftlich vorteilhafter Baugestaltung, z.B. Ausgestaltung eines WE's: Ist ein Nachteil (OLG Stuttgart WE 1991, 139).

Pflichten des Wohnungseigentümers § 14

Beispiel: Gezielte Verbindung von Arztpraxis und Apotheke wird durch Baumaßnahme z. T. zerstört.
Erscheinungsbild: siehe optische Beeinträchtigung.
Gefährdung: Die Gefährdung von Kindern durch rangierende Autos soll nach dem AG Siegburg (DWE 1988, 70) ausreichen.
Heizkostenmehraufwand: z. B. bei Dachausbau ist Nachteil (BayObLG WuM 1995, 65).
Immissionen: Sowohl Geruchs-, wie auch Geräuschbelästigungen (z. B. aus der Küche OLG Köln ZMR 1998, 46) können einen Nachteil darstellen (OLG Stuttgart WE 1991, 139), z. B. während der Bauzeit (BayObLG WE 1991, 254).
Beispiel: Verlegung des Mülltonnenplatzes, soweit damit Immissionen verbunden sind (OLG Karlsruhe OLGZ 1978, 174), oder durch Gasetagenheizung (OLG Düsseldorf NJWE 1997, 251).
Geruchsbelästigungen sind erst dann unwesentlich, wenn ein durchschnittlicher Mensch sie kaum noch empfindet (BGH NJW 1987, 440, 441).
Kostenbelastung: Ist mit einer baulichen Veränderung eine Kostenbelastung eines WEer verbunden, so liegt darin ein Nachteil (KG ZMR 1985, 347; OLG Celle DWE 1986, 54), soweit sie nicht gem. § 16 Abs. 3 ausgeschlossen ist (BGH NJW 1992, 979).
Lärmbelästigung: siehe Immissionen.
Mitgebrauch: Wird das Recht eines WEer's auf den Mitgebrauch einer zum GE gehörenden Fläche beeinträchtigt, so liegt hierin ein Nachteil i. S. des § 14.
Beispiel: Errichtung eines Anbaues (BayObLG NJW-RR 1987, 717).
Bei minimalen Verstößen (z. B. ein 75 cm breiter Grundstücksstreifen wird in einen Balkonanbau einbezogen) reicht jedoch dies nicht (BayObLG WuM 1991, 215).
Nachahmung: Allein die Befürchtung, daß andere WEer zur Nachahmung animiert werden können und dadurch Nachteile entstehen würden, kann ausreichend sein (OLG Hamburg DWE 1987, 98). Ausreichend ist auch, wenn erst bei einer Nachahmung ein Nachteil entsteht.
Beispiel: Anbringung eines zusätzlichen Heizkörpers (OLG Schleswig NJW-RR 1993, 24), eines zusätzlichen Durchlauferhitzers (OLG Frankfurt v. 1. 4. 1993, 20 W 12/92), Nachstromversorgung (BayObLG NJW-RR 1988, 1164) oder durch einen Notkamin (BayObLG WE 1996, 317).
Neugestaltung und Neuanlagen: Müssen keine Nachteile darstellen, wie z. B. das Bepflanzen Balkonen und Terrassen (selbst unter Zuhilfenahme von Schnüren an diesen), wenn dadurch der optische Gesamteindruck der Wohnanlage nicht beeinträchtigt wird (BayObLG v. 19. 1. 1984, 2 Z 17/83).
Nutzung: siehe Benutzbarkeit.

Optische Beeinträchtigung: Welcher Umfang hierfür notwendig ist, ist streitig. Nach dem BayObLG stellen diese einen Nachteil dar, wenn sie sich negativ auswirken (grundsätzlich: BayObLG WuM 1992, 709). Nach anderer Auffassung reicht jede nicht ganz unerhebliche Änderung des optischen Eindrucks aus (KG NJW-RR 1992, 1232; OLG Zweibrücken ZMR 1989, 228). Dies gilt auch bei optischer Wertverbesserung oder -erhöhung.
Beispiel: Verglasung einzelner Balkone (BayObLG ZMR 1987, 382).
Bei kleineren Änderungen kann oft eine Beeinträchtigung fehlen.
Beispiel: Umwandlung eines Fensters in ein Schiebeelement (OLG Düsseldorf DWE 1989, 177).
Reparaturanfälligkeit: Soweit sich diese erhöht, reicht dies für eine Beeinträchtigung aus (BayObLG WuM 1988, 319).
Schäden: Auch die nicht sicher ausschließbare Gefahr zukünftiger Schäden reicht aus (BayObLG WE 1991, 254) oder die Erschwerung der Feststellung, Zuordnung oder Behebung von Schäden (BayObLG WE 1991, 256, OLG Hamm NJWE 1997, 277).
Sicherheit: Die Beeinträchtigung der Sicherheit ist ein Nachteil (OLG Celle NdsRpfl 1981, 38), jedoch bei einer Umstellung von einer Elektroheizung auf eine Gasheizung in einem WE zu verneinen (OLG Frankfurt OLGZ 1993, 51).
Stabilität: Soweit die (konstruktive) Stabilität in Frage steht, ist dies ebenfalls ein Nachteil (BayObLG NJW-RR 1992, 272).
Trittschallschutz: Die Beeinträchtigung stellt Nachteil dar (BayObLG WuM 1995, 62, 64).
Umgestaltung: Die Umgestaltung eines im GE stehenden Podestes z.B. durch Einbau von Schränken, ist ein Nachteil (KG NJW-RR 1993, 403).
Verbindung: Die Verbindung zweier Wohnungen mittels Durchbrechnung ist ein Nachteil. Ob die Wand tragend oder nicht tragend ist, ist nicht entscheidend (BayObLG WuM 1997, 288), ggf. besteht nach grundbuchrechtlicher Vereinbarung ein Anspruch auf Genehmigung (KG ZMR 1997, 197). Siehe § 22, 42 Durchbruch.
Verringerung des GE: Stellt einen über § 14 hinausgehenden Nachteil dar.
Beispiel: Der Anbau eines Abstellraumes (KG OLGZ 1976, 56).
Wohnkomfort: Die Herstellung des allgemeinen üblichen Wohnkomforts ist keine Beeinträchtigung (OLG Zweibrücken NJW 1992, 2899).
Zusammenlegung: siehe Verbindung.
Zweckbindung: siehe Bestimmungszweck.

3a **b)** Jeder WEer muß die **notwendigen Arbeiten** in seinem WE **dulden,** wenn dadurch ein ordnungsgemäßer Zustand geschaffen werden soll, z.B. durch Trittschallschutz (BayObLG WE 1994, 22).

Pflichten des Wohnungseigentümers § 14

c) Bei den Tatbestandsmerkmalen „**geordnetes Zusammen-** 4
leben" und „**unvermeidlicher Nachteil**" sind Interessenabwägungen vorzunehmen, die jedoch i.d.R. bereits durch die Bejahung oder Verneinung des Nachteils vorgegeben sind.

d) Liegen solche Nachteile vor, kann Unterlassung bzw. **Abhilfe** 4a
durch geeignete Maßnahmen **verlangt** werden.

Beispiel: Bei Küchengerüche Einbau einer Dunstabzugshaube (OLG Köln ZMR 1998, 46).

3. Soweit **keine oder keine einschränkende Vereinb** über die 5
Nutzung von SE vorliegt, ist nach h.M. eine Abänderung der Nutzung anhand von § 14 Nr. 1 zu prüfen. Unzulässig ist deshalb z. b. ein Bordell in einem TE (KG NJW-RR 1987, 1160; BayObLG WE 1994, 243) oder in einem WE (KG NJW-RR 1986, 1072; BayObLG ZMR 1994, 423). Bei der Zulässigkeit ist zu berücksichtigen, daß § 13 Abs. 1 eine Nutzung in sonstiger Weise gestattet und damit z.B. eine gewerbliche oder berufliche Nutzung zulässig ist. Nur aus wichtigem Grund, also ausnahmsweise, ist folglich eine solche Nutzung durch die Gerichte zu untersagen (BayObLG Rpfleger 1973, 139, 140).

Deshalb ist **zulässig** u. a. 6

a) in einer Wohnung eine Arztpraxis (OLG Karlsruhe OLGZ 1976, 145), eine Zahnarztpraxis in einer Wohnung im Erdgeschoß (BayObLG Rpfleger 1973, 139, 140) oder ähnliche freiberufliche Tätigkeit, z.B. Anwalt (KG NJW-RR 1991, 1421);
b) die laufende Vermietung an Feriengäste (BayObLG Rpfleger 1978, 444), einschränkend jedoch bei Vereinb (BayObLGZ 1982, 9);
c) normale Haustierhaltung (BayObLG WE 1992, 143);
d) ortsübliche Werbung im SE, z.B. in Fensterscheibe (LG Aurich NJW 1987, 448).

4. Nach Nr. 2 hat der WEer auch für die Einhaltung der Pflicht 7
durch die zu seinem **Hausstand** oder seinem **Geschäftsbetrieb gehörende Person** zu sorgen. Dies gilt ebenso für Personen, denen er die Benutzung seines Eigentums überläßt. Der WEer hat folglich auf die Mieter hinzuwirken, daß diese ihre Pflichten einhalten. Dies bedeutet jedoch nicht, daß der WEer immer oder grundsätzlich für das Verhalten Dritter haftet. Vielmehr besteht eine Haftung gegenüber Dritten nur bei eigenem Verschulden des WEers, gegenüber den übrigen WEer haftet er für das Verhalten seines Mieters nur bei schuldhafter Verletzung von Verpflichtungen (gem. §§ 278, 831 BGB).

Beispiel: Mieter beschädigt Aufzug, und WEer hat seine Pflichten schuldhaft verletzt, z.B. Hausordnung nicht mitgeteilt (BayObLG NJW 1970, 1551).

5. Nr. 3 beschreibt die **Duldungspflicht** des MEer, soweit das SE 8
betroffen ist.

§ 14   2. Abschnitt. Gemeinschaft der Wohnungseigentümer

Beispiele:
a) Installation für Telefon, Rundfunk, Fernsehen (AG Starnberg MDR 1970, 679), Kabelfernsehen (BayObLG NJW-RR 1991, 463) oder Energieversorgung (z. B. Einbau oder Instandsetzung von Etagenheizungen AG Hannover Rpfleger 1969, 132; § 21 Abs. 5 Nr. 6).
b) Hinweisschilder am GE z. B. Haustür für ein zulässig ausgeübtes Gewerbe (OLG Frankfurt Rpfleger 1982, 64; LG Dortmund NJW-RR 1991, 16).
c) Ordnungsgemäße Bepflanzung des Gartenteils, an dem ein Sondernutzungsrecht besteht (BayObLG NJW-RR 1987, 846), aber nicht ein stark wachsender Baum (KG NJW-RR 1987, 1360; LG Freiburg NJW-RR 1987, 655).
d) Darüberhinaus Duldungspflicht möglich auch aus der Treupflicht der WEer untereinander bzw. aus § 242 BGB: z. B. Beanspruchung der Garage des anderen WEer als Durchgang zur leichteren Durchführung einer Reparatur im SE des WEers (AG Aachen v. 3. 8. 1993 12 UR II 36/93, bedenklich hinsichtlich BayObLG NJWE 1997, 80).

9   **6.** Nach Nr. 4 muß der WEer das **Betreten und Benutzen** seiner im SE stehenden Gebäudeteile **dulden** für Instandhaltungsarbeiten am GE (siehe Gottschalg FV1 S. 33 ff.). Der Anspruch steht der WEerGem zu (KG OLGZ 1986, 174). Er gilt zunächst für die Feststellungen, ob Maßnahmen in Betracht kommen, wenn ausreichende Anhaltspunkte bestehen (BayObLG WE 1997, 114) oder Gewährleistungsansprüche, z. B. Minderung, nicht jedoch für eigene Arbeiten mit erheblichem Zeitaufwand, z. B. Versetzen von Blumentrögen (BayObLG WE 1996, 157). Darunter fallen auch Eingriffe in das SE (z. B. Innenanstrich der Balkonbrüstung, Plattenbelag des Balkonbodens), soweit dies zur Durchführung der Instandhaltung und Instandsetzung des GE erforderlich ist (OLG Hamm DWE 1984, 126; KG OLGZ 1986, 174). Gem. Nr. 4 Halbsatz 2 haften die WEer (gem. § 16 Abs. 4 anteilig auch der betroffene WEer) verschuldensunabhängig für jeden Schaden, der adäquat dadurch verursacht wird, daß das SE bei der Beseitigung im Zuge oder am Ende des Schadens in einen nachteiligen Zustand versetzt oder belassen wird (BayObLG DWE 1987, 58), z. B. bei Heizungssanierung die Kosten innerhalb des SEs (KG WuM 1996, 788). Als Schaden kann auch Nutzungsausfall geltend gemacht werden, wie z. B. Entziehung des Gebrauchs der Terrasse (BayObLG DWE 1987, 58), es sei denn, die Terrasse wird nicht genutzt, weil die Räume für freiberufliche oder gewerbliche Zwecke vermietet sind (BayObLG NJW-RR 1994, 1104). Ein weiterer Schaden kann auch Mietausfall sein (KG WE 1994, 51), z. B. der Terrasse wegen Dachreparatur (OLG Köln WuM 1997, 60), nicht jedoch allein aus dem Umstand des Dachausbaus wegen Baubeeinträchtigungen (KG ZMR 1998, 369).

Pflichten des Wohnungseigentümers § 14

Beispiel: Es gibt eine Haftung für Prozeßkosten (OLG Hamm NJW-RR 1996, 335). Bei Ersetzung von Materialien im SE wird kein Abzug „neu für alt" gemacht (BayObLG WuM 1998, 36).

Da der betroffene WEer mithaftet, ist sein Anspruch um seinen Anteil zu kürzen (§ 16 Abs. 4, KG a.a.O.). Sind erhebliche Beschädigungen des SE zu erwarten, kann der WEer die Gestatung der Eingriffe von einer vorherigen Sicherheitsleistung abhängig machen (KG OLGZ 1986, 174).

Nr. 4 ist **abdingbar**, z.B. Schadenersatz nur bei Verschulden. 9a

7. Soweit die vorgenannten **Pflichten nicht erfüllt** werden, kann 10
durch gerichtlichen Antrag auf Erfüllung (Anspruchsgrundlage: § 15 Abs. 3 bzw. i.V.m. § 1004 BGB, soweit Unterlassung begehrt wird) gedrungen werden. Ist GE betroffen, so ist nach dem BGH (WE 1992, 105; a.A.: Palandt Rdnr. 9) jeder einzelne WEer ohne Ermächtigung berechtigt, vorzugehen. Soweit WE vermietet ist, kann der WEer auch seinen Anspruch aus Nr. 1 geltend machen, ansonsten Anspruch der WEer gegen den einzelnen WEer (aus §§ 823, 1004 BGB) und Streitverkündung gegenüber dem Mieter (KG NJW-RR 1988, 586). Im übrigen kann sich bei Verschulden ein über Rdnr. 9 hinausgehender Schadensersatzanspruch ergeben (BayObLG ZMR 1988, 345), den der Geschädigte WEern, ohne daß der Betrag in die von den WEern beschlossene Jahresabrechnung eingestellt ist, geltend machen kann (BayObLG WE 1992, 23).

Beispiel: Der WEer läßt die Arbeiter nicht in seine Wohnung oder WEer nutzt Dachboden eines anderen WEer (OLG Stuttgart WE 1994, 112).

8. Haftung der WEer untereinander: **a)** Die WEer haften im 11
übrigen **nicht ohne Verschulden** für Schäden an einem SE, wenn die Ursachen in Mängeln des GE's liegen (OLG Frankfurt OLGZ 1985, 144; BayObLG NJW 1986, 3145).

Beispiel: Schaden an der Tapete des SE wegen Undichtigkeit des Daches (BayObLG 1998, 40).

Die WEer sind nämlich nicht verpflichtet, den Zustand des GE's regelmäßig zu überwachen, da dies dem Verwalter obliegt.

Beispiel: Schaden am Fenster verursacht durch abgelöste Trennwand (OLG Düsseldorf ZMR 1995, 177).

Auch für Schaden an SE, wenn die Ursachen in anderem SE liegt, wird nur bei Verschulden gehaftet.

Beispiel: Eckventil bricht aus Waschbecken.

Die Übernahme eines Teils eines Schadens durch die WEer durch Beschl zur Abfindung eines Rechtsstreits entspricht nach BayObLG NJWE 1997, 279 odrnungsgemäßer Verwaltung.

Der WEer ist nicht verpflichtet, die Wasserinstallation regelmäßig von einem Fachmann überprüfen zu lassen (BayObLG WE 1995, 92).

Der WEer haftet aber für Wasserschäden in der darunterliegenden Wohnung, wenn dies ein Mieter schuldhaft verursacht hat (AG Frankfurt NJW-RR 1994, 1167). Ein WEer haftet auch nicht dafür, daß ein anderer WEer sich durch ihn gestört fühlt und deshalb die Wohnung mit Verlust verkauft (OLG Köln WuM 1996, 438).

12 b) Somit **haftet** ein einzelner **WEer nur,** wenn er es **schuldhaft unterlassen hat,** die **Beseitigung eines ihm bekannten Schadens am GE zu veranlassen** (BayObLG DWE 1985, 58) oder den Eintritt eines Schadens am GE zu verhindern (BayObLG WE 1989, 184) oder er die Durchführung von Instandsetzungsarbeiten behindert hat (BayObLG WE 1989, 60).

Beispiele: Der WEer stimmt gegen eine Reparatur und verhindert damit einen Beschl, oder der WEer teilt eklatante Mängel dem Verwalter nicht mit (OLG Frankfurt, OLGZ 1985, 144), oder er leistet entsprechende Vorschüsse nicht.

Dieser Grundsatz der Haftung nur bei Verschulden (Armbrüster ZMR 1997, 396) kann **abbedungen** werden, z.B. bei Dachausbau auf eigene Kosten und Gefahr (vgl. KG ZMR 1993, 430), dann Haftung auch ohne Verschulden.

13 c) Die WEer müssen sich jedoch das **Fehlverhalten von Dritten** (nicht des Verwalters, der im Verhältnis der WEer untereinander kein Erfüllungsgehilfe ist, OLG Hamburg ZMR 1990, 467), z.B. Sanierungsunternehmen **zurechnen lassen** (BayObLG NJW-RR 1992, 1103; a.A. OLG Frankfurt OLGZ 1985, 144, 145f.). Treten deshalb trotz durchgeführten Sanierungsmaßnahmen wiederum Schäden auf, haften die WEer dem einzelnen WEer (BayObLG a.a.O. S. 1103), wobei der geschädigte Wohnungseigentümer sich dieses Verschulden ebenfalls als Mitverschulden grundsätzlich entsprechend der Größe seines Miteigentumsanteils anrechnen lassen muß (BayObLG a.a.O. S. 1103).

14 d) Ein **Anspruch** kommt jedoch dann **in Frage,** wenn einem WEer ein Schaden dadurch entsteht, daß die übrigen WEer die notwendigen Reparaturen zurückstellen (ohne Verstoß gegen die ordnungsgemäße Verwaltung), bis ein Beweissicherungsverfahren abgeschlossen ist (vgl. OLG Celle MDR 1985, 236).

15 **9. Haftung des Verwalters,** siehe § 27 Rdnr. 79. Verletzt der Verwalter schuldhaft seine Pflichten, die ihm durch das Gesetz ohne die Möglichkeit einer Einschränkung durch Vereinb der Wohnungseigentümern übertragen sind (§ 27 Abs. 3), so ist er den Wohnungseigentümern zum Schadensersatz verpflichtet (BayObLG WuM 1990, 178). Darüber hinaus haftet der Verwalter auch für die einem einzelnen Wohnungseigentümer insbesondere beim SE entstandenen Schäden (KG NJW-RR 1986, 1078), sofern der Verwalter schuldhaft gehandelt hat (BayObLG NJW-RR 1992, 1103). Dabei ist zu beach-

ten, daß ein Dritter, z.B. eine Fachfirma, nicht Erfüllungsgehilfe des Verwalters ist (BayObLG NJW-RR 1992, 1103), und er sich deshalb deren Verschulden nicht zurechnen lassen muß.

10. Zur Bedeutung der **Entlastung** für die Haftung des Verwalters siehe § 28 Rdnr. 58 ff.

11. Für die Rechtspraxis ist fraglich, ob die einzelnen Nummern des § 14 **Schutzgesetze i. S. d. § 823 Abs. 2 BGB** sind. Denn dann könnte jeder, soweit eine schuldhafte Verletzung der Nummern des § 14 vorliegt, Schadensersatz verlangen. Da die entsprechende Nummern des § 14 ein Ausfluß aus der Konkretisierung des Eigentums sind, sind sie genauso wie der Eigentumsschutz des § 1004 BGB (BGH DB 1964, 65) Schutzgesetze in diesem Sinne (vgl. zu § 14 Nr. 1 KG NJW-RR 1988, 587, WuM 1989, 89; a.A. Augustin Rdnr. 1; und für Nr. 2 Palandt Rdnr. 10; a.A. BPM Rdnr. 54).

Gebrauchsregelung

15 (1) Die Wohnungseigentümer können den Gebrauch des Sondereigentums und des gemeinschaftlichen Eigentums durch Vereinbarung regeln.

(2) Soweit nicht eine Vereinbarung nach Absatz 1 entgegensteht, können die Wohnungseigentümer durch Stimmenmehrheit einen der Beschaffenheit der im Sondereigentum stehenden Gebäudeteile und des gemeinschaftlichen Eigentums entsprechenden ordnungsmäßigen Gebrauch beschließen.

(3) Jeder Wohnungseigentümer kann einen Gebrauch der im Sondereigentum stehenden Gebäudeteile und des gemeinschaftlichen Eigentums verlangen, der dem Gesetz, den Vereinbarungen und Beschlüssen und, soweit sich die Regelung hieraus nicht ergibt, dem Interesse der Gesamtheit der Wohnungseigentümer nach billigem Ermessen entspricht.

1. Wie festgestellt, regeln die §§ 13, 14 den Gebrauch des Eigentums generalklauselartig. In jeder WEerGem besteht jedoch ein Bedürfnis zur **Regelung konkreter Punkte.** Dies ermöglicht § 15, wobei sowohl SE als auch GE betroffen sein kann.

2. a) Unter **Gebrauch** ist die tatsächliche Nutzung des SE's (§ 13 Abs. 1) und die Mitbenutzung des GE's (§ 13 Abs. 2) zu verstehen.

b) Zur Regelung berechtigt sind die WEer oder der aufteilende Alleineigentümer. Eine Übertragung der Befugnis auf Dritte, z.B. Verwalter oder einzelne WEer ist möglich. Eine nicht von den Berechtigten getroffene Regelung, z.B. im Kaufvertrag ist nicht ausreichend (OLG Frankfurt Rpfleger 1980, 391).

4 c) Durch **Vereinb** können **Regelungen** getroffen werden (siehe hierzu konkret vor § 10 Rdnr. 15ff.).
Beispiele:
aa) Einschränkung des Gebrauchs nach Inhalt, Umfang und Zeit (z. B. Verbote oder Untersagungen), z. b. die gewerbliche und freiberufliche Nutzung des SE soll von der Zustimmung des Verwalters abhängig gemacht werden (BayObLG NJW-RR 1989, 273); Gebrauchspflichten des GE's.
bb) Regelung der Benutzung des GE's, z. B. in Hausordnungen oder in Benutzungsordnung (z. B. Garagen).
cc) Der Gebrauch kann auch durch Vereinb von der Zustimmung des Verwalters, Beirats oder anderen WEern abhängig gemacht werden (BayObLG ZMR 1985, 275).

5 d) Mehrere Eigentümer eines WE's können Regelungen gem. § 15 nicht treffen (LG Düsseldorf MittRhNotK 1987, 163, Schöner Rpfleger 1997, 416; a. A. BayObLG NJW-RR 1994, 1427), wohl aber im Rahmen ihres Rechtsverhältnis (z. B. Gemeinschaft §§ 741ff., 1010 BGB).

6 **3. Durch Vereinb** können die WEer gem. Abs. 1 jeden **Gebrauch regeln,** soweit sie nicht den Rahmen der Sittenwidrigkeit bzw. den Verstoß gegen Treu und Glaubens überschreiten (vgl. § 10 Rdnr. 7ff.), soweit nicht etwas anderes ausdrücklich bestimmt ist und die Vereinb sich im Rahmen des Grundcharakters des WEerGem halten (BGHZ 37, 203). Hält sich die Regelung innerhalb des ordnungsgemäßen Gebrauchs (Abs. 2, siehe Rdnr. 17), so ist Beschl ausreichend (zur Abgrenzung siehe § 10 Rdnr. 19). Unangefochtener Beschl ist als Ersatz für Vereinb ausreichend, soweit nach dem BGH nicht in dinglichen Kernbereich eingegriffen wird (NJW 1994, 3230), fraglich, ob SNR (dafür OLG Karlsruhe WE 1991, 110; OLG Köln NJW-RR 1992, 598; dagegen BGH NJW 1970, 1316; BayObLG NJW-RR 1993, 85) und Verbot einer bestimmten Nutzungsart des SE's (dafür OLG Hamm NJW 1981, 456; KG WE 1992, 101; dagegen Palandt § 23 Rdnr. 12 und vor § 10 Rdnr. 39 m. w. N.) diesen Kernbereich betreffen (§ 10 Rdnr. 31 mw. N.).

7 **4. a)** Als besonderer Problemfall hat sich die in der TErkl regelmäßig enthaltene Bezeichnung der Einheit (z. B. „Laden" oder „Büro") herausgestellt, **sog. Zweckbestimmung.** Eine Gebrauchsregelung i. S. v. Abs. 1 ist dann anzunehmen, wenn die Auslegung der TErkl/GO einen Vereinbarungscharakter ergibt (Sauren Rpfleger 1984, 410). Nach der Rechtsprechung soll die Beschreibung des Gegenstandes des SE's in der dinglichen Aufteilung, z. B. als Büro, eine Vereinb (und zwar eine vereinbarte Zweckbestimmung) aller WEer sein (z. B. BayObLG Rpfleger 1978, 414), soweit dem nicht der Inhalt der GO entgegensteht (BayObLG WE 1989, 108, z. B. wenn die GO konkrete Nutzungsregelungen enthält, dann geht GO vor, BayObLG ZMR 1998,

Gebrauchsregelung § 15

184). Dies soll selbst dann gelten, wenn die TE ergänzt wird (die ursprüngliche Bezeichnung bleibt nach BayObLG WE 1996, 191 also aufrecht erhalten). Ein solche Vereinb kann nur durch Zustimmung aller wieder geändert werden.

Beispiel: Ist das TE mit Laden bezeichnet, so wird darunter nur ein Geschäft mit Warenverkauf zugelassen.

Nicht: Eine Gaststätte (BayObLG ZMR 1985, 206), Bierbar (BayObLG Rpfleger 1980, 348) oder Pilsstube (BayObLG Rpfleger 1980, 349), etc.

Allein dieses Beispiel zeigt die Brisanz des Themas auf, daß nämlich eine Veränderung der Nutzungsmöglichkeit sehr stark eingeschränkt wird. Dies bedeutet im Extremfall die Versteinerung des WE's auf über 100 Jahre ohne Berücksichtigung der veränderten Verhältnisse. Deshalb wird in der Literatur diese Rechtsprechung z. T. stark kritisiert (vgl. z. B. Meier-Kraut MittBayNot 1979, 169; Sauren Rpfleger 1984, 410). Nach der Rechtsprechung (BayObLG DWE 1989, 27; OLG Hamm WE 1990, 95) soll deshalb eine solche Bezeichnung nicht vorliegen, wenn in der GO Benutzungsregeln vorhanden sind. Dann gelten allein diese, z. B. Nutzung ist im Rahmen der öffentlich-rechtlichen Bestimmungen zulässig (BayObLG a. a. O. S. 28). Das OLG Stuttgart (ZMR 1989, 312) ist deshalb der Ansicht, daß die umfassende Nutzungsmöglichkeit nur dann entfällt, wenn eine widerspruchsfreie Einschränkung in der GO vorliegt.

b) Will der Aufsteller der TErkl für die Zukunft diese **Probleme verhindern,** so muß die Bezeichnung „Geschäftsräume" oder „gewerbliche Räume" gewählt werden (BayObLG Rpfleger 1978, 414). Damit sind dann diejenigen Nutzungen vereinbart, die dem Charakter der Anlage entsprechen (KG ZMR 1989, 25). **8**

5. In der Praxis haben diese Fragen eminente Bedeutung. Es ist zulässig, vor einem Beschl über die Genehmigung zu verlangen, die benötigten öffentlich-rechtlichen Genehmigungen beizubringen. **9**

Beispiel: Vor Genehmigung der gewerblichen Nutzung eines WE's wird Zweckentfremdungsgenehmigung verlangt (BayObLG WE 1991, 28).

Die **Rechtsprechung** wird nachfolgend **in ABC-Form** dargestellt: **10**

Abstellraum: Der Umbau eines Abstellraumes einer Kellergarage in einen WC-Raum mit Waschbecken ist nach dem BayObLG (Rpfleger 1984, 409 m. Anm. Sauren) zulässig, bei Benutzung zu Wohn- und Schlafzwecken unzulässig (BayObLG WE 1995, 90).

Altenheim: Die Nutzung von 3 Wohnungen in einer aus acht Wohnungen bestehenden Wohnanlage in einem Kurort für eine Altenpflegeeinrichtung ist gewerblich und damit unzulässig (OLG Hamm v. 1. 2. 1988, 15 W 349/87 zit n. Bielefeld WEG Bd 2 S. 218).

§ 15   2. Abschnitt. Gemeinschaft der Wohnungseigentümer

Anwaltspraxis in Wohnung: zulässig. Der Zutritt eines größeren Personenkreises ist hinzunehmen (KG NJW-RR 1986, 1072). Siehe auch Steuerberater, Rechtsanwalt.

Apotheke: Ein als Apotheke bezeichnetes TE kann nicht als Gaststätte genutzt werden, da ein solcher Betrieb erfahrungsgemäß mehr Beeinträchtigungen mit sich bringt (OLG Stuttgart WEZ 1987, 51).

Architektenbüro in Wohnung zulässig (KG WE 1995, 19; zweifelnd Deckert 2/2363).

Archivraum: Unzulässig ist der Ausbau eines als Archivraum bezeichneten Raumes zum Schlafzimmer mit Bad (OLG Stuttgart DWE 1987, 30, 31).

Arztpraxis: Grundsätzlich ist der Betrieb einer Arztpraxis auch in einer Wohnanlage zulässig (KG NJW-RR 1986, 1072; a.A. OLG Stuttgart NJW 1987, 385). Dies gilt dann jedoch nicht, wenn konkrete Beeinträchtigungen einzelner WEer gegeben sind.

Beispiel: Zugang zur Arztpraxis führt über einen Laubengang, der Einblick in andere Anliegerwohnungen gibt (BayObLG ZMR 1980, 125). Siehe auch Kinderarzt, Zahnarzt und Billard-Cáfe.

Asylbewerber: Die Bezeichnung „das Wohnhaus als gutes Wohnhaus zu schützen und wahren" schließt die Dauernutzung durch Familien nicht aus, jedoch durch häufig wechselnde Bewohner (BayObLG NJW 1992, 917). Siehe auch gewerblicher Raum.

Aussiedler: Die Bezeichnung „zur ausschließlichen Nutzung zu Wohnzwecken" schließt die Benutzung durch dauernd wechselnde Aussiedler aus (OLG Hamm WE 1992, 135), ebenso bei der Bezeichnung als Einfamilienhaus (OLG Hamm NJW-RR 1993, 786).

Automaten-Sonnenstudio: in Laden unzulässig (BayObLG WE 1996, 479).

Ballettstudio: Der Betrieb eines Ballettstudios soll in einem als „Hobbyraum" (BayObLG ZMR 1985, 307) oder „Praxis/Büro" (LG Bremen NJW-RR 1991, 1423) bezeichneten Raum unzulässig sein.

Bierpavillon: Die Bezeichnung als „Café und Ziergarten" umfaßt nicht auch den Betrieb eines Bierpavillons (AG Passau Rpfleger 1984, 269).

Billard-Café: Die Zweckbestimmung „Laden, Büro, Arztpraxis oder „Wohnung" steht der Nutzung eines TE als „Billard-Café" entgegen (OLG Zweibrücken DWE 1987, 54).

Bistro: Diese Nutzung ist in einem als „Laden" bezeichneten TE unzulässig (BayObLG WE 1994, 156; OLG Frankfurt NZM 1998, 198), siehe Gaststätte.

Bordell: unzulässig (BayObLG WE 1994, 223; KG NJW-RR 1987, 1160), im Gewerbegebiet ggf. aber anders (LG Nürnberg NJW-RR 1990, 1355).

Büro: Mit dieser Zweckbestimmung ist der Betrieb eines Spielsalons (AG Passau Rpfleger 1980, 23) oder einer Ballettschule (LG Bre-

Gebrauchsregelung § 15

men NJW-RR 1991, 1423) unvereinbar, da unter Büro nach dem allg. Sprachgebrauch eine Schreibstube zu verstehen ist, in der überwiegend Diktier- und Schreibarbeiten sowie Telefongespräche und sonstige geschäftliche Besprechungen geführt werden. Die vom OLG Stuttgart (NJW 1987, 385) gezogene Schlußfolgerung, daß in einem Büro eine Arztpraxis nicht eingerichtet werden darf, ist abzulehnen, da ein Büro sich nicht wesentlich von einer Arztpraxis unterscheidet (so auch AG Aachen v. 2. 3. 1993, 12 UR II 4/93; Bielefeld S. 133).

Café inkl. Tages- bzw. Tanzcafe: Hierin ist Bistro mit Spielgeräten nach OLG Zweibrücken NJWE 1997, 254 unzulässig. Soweit das TE mit „Laden" bezeichnet ist, ist der Betrieb eines Cafés nur innerhalb der gesetzlichen Ladenschlußzeiten und innerhalb der Räume, also z. B. nicht auf einem Vorplatz, möglich (so BayObLG v. 21. 9. 1984, 2 Z 107/83). Ein Café mit Bierbar (BayObLG Rpfleger 1980, 348) ist folglich unzulässig, ebenso ein Billiardcafé. Die Bezeichnungen „Ladengeschäft" und „Tagescafé" berechtigen gem. dem OLG Karlsruhe (OLGZ 1985, 392) nur zum Betrieb bis 20 Uhr. Bei der Bezeichnung „für gewerbliche Zwecke" ist die Nutzung generell zulässig (OLG Zweibrücken ZMR 1987, 229).

Chemische Reinigung: Ist das TE als „Laden" bezeichnet, ist eine Chemische Reinigung unzulässig (OLG Hamm Rpfleger 1978, 60), ebenso die Annahme- und Ausgabestelle eines Wäschereibetriebs (OLG Düsseldorf v. 27. 4. 1983, 3 W 85/83 zit. n. Müller Rdnr. 66). Ist das TE jedoch als „Geschäftsräume" bezeichnet, so ist diese Nutzungsart zulässig (BayObLG WuM 1995, 50).

Dachraum: Räume, die als „Dach- bzw. Speicherraum" bezeichnet sind und an denen ein SNR eingeräumt ist, können als Hobbyraum oder Werkstatt genutzt werden. Bauliche Veränderungen, die eine intensive Nutzung ermöglichen, sind jedoch unzulässig (BayObLG WE 1990, 70), z. B. Einbau zusätzlicher Fenster, Heizung-, Wasser und Abwasserinstallationen, ebenso eine Wohnung (OLG Düsseldorf NJWE 1997, 229); siehe Speicher.

Discothek: siehe auch Weinkeller.

Einfamilienhaus: siehe Aussiedler.

Eingangshalle: Die Benutzung einer Eingangshalle des gemeinschaftlichen Hallenbadtraktes für die Abwicklung der Geschäfte mit den Gästen eines benachbarten, einem WEer allein gehörenden Campingplatzes ist unzulässig (BayObLG WuM 1985, 232).

Eisdiele, Eiscafé: Hiermit ist die Nutzung als Gaststätte im Rahmen des Gebrauchs einer Eisdiele vereinbar (OLG Hamm NJW-RR 1986, 1336; a. A. OLG München NJW-RR 1992, 1492 generell unzulässig). Nach dem OLG Karlsruhe (OLGZ 1985, 392) erlaubt diese Bezeichnung den Betrieb bis 22 Uhr, nach dem OLG Hamm a. a. O. S. 1336 ohne Beschränkung; siehe Café.

Erotik-Shop: siehe Sexfilmkino/-shop.

§ 15   2. Abschnitt. Gemeinschaft der Wohnungseigentümer

Fitness-Center: siehe Schwimmbad.

Garage: Ein als „Garagenhof" bezeichneter Platz schließt die Nutzung als Spielplatz nicht aus (BayObLG WE 1991, 27); jedoch durch Beschl dann, wenn in der Nähe ein Spielplatz ist. Ist der Hof teilweise asphaltiert, kann ein Beschl gefaßt werden (BayObLG ZMR 1998, 356); siehe auch Kellergarage, Raum.

Garagenzufahrt: Die Errichtung und Vermietung einer gemeinschaftlichen Garagenzufahrtsfläche für drei Stellplätze ist nicht zulässig (OLG Zweibrücken NJW-RR 1986, 562).

Gartenzwerge: Nach Ansicht des OLG Hamburg (NJW 1988, 2052) ist die Aufstellung von zwei Gartenzwergen im Garten unzulässig.

Gaststätte: Ist in der TErkl der Betrieb eines Ladens gestattet, rechtfertigt dies nicht den Betrieb einer Gaststätte (OLG Frankfurt ZMR 1997, 667; auch nicht bei Bestimmung „Eiscafé", OLG Hamm NJW-RR 1986, 1336), eines Restaurants (BayObLG ZMR 1985, 206; WE 1990, 32) oder Weinstube (OLG Karlsruhe WuM 1993, 290); siehe auch gewerblicher Raum, Restaurant.

Gemeinschaftsraum: Ein Beschl, einen Gemeinschaftsraum als Geräteraum zu nutzen, ist auf Anfechtung hin aufzuheben (BayObLG NJW-RR 1986, 1076).

Geschäftsraum: Diese Bezeichnung in der Terkl läßt den Betrieb einer Gaststätte zu (BayObLG MDR 1982, 496), einschränkend jedoch bei einem Nachtlokal, nämlich dann, wenn eine solche gewerbliche Nutzung dem Charakter der Wohnanlage nicht entspricht (KG NJW-RR 1989, 140).

Gewerblich genutzter Laden: Hier ist ein Betrieb einer Sauna mit Imbiß unzulässig (BayObLG NJW-RR 1986, 317).

Gewerblicher Raum: Die Bezeichnung z.B. „Gewerberaum" oder „Räume für gewerbliche Zwecke" läßt eine gewerbliche Nutzung unter Berücksichtigung öffentlich-rechtlicher Vorschriften zu (OLG Zweibrücken DWE 1987, 54; BayObLG WuM 1985, 238), z.B. den Betrieb einer Gaststätte oder die Schulung von Asylbewerbern oder Aussiedlern (BayObLG NJW 1992, 919). Zulässig im übrigen auch Nutzung als Wohnung (OLG Köln 22.7.1991, 16 Wx 72/91; BayObLG NJW-RR 1987, 717).

Grünfläche: siehe Rasenfläche.

Gymnastik-/Tanzstudio: im „Lagerraum" unzulässig (BayObLG WE 1995, 29).

Hausmeisterwohnung: Die Zweckbindung einer Wohnung als Hausmeisterwohnung bewirkt, daß die Wohnung durch den WEer nicht ohne weiteres gekündigt werden kann (BayObLG v. 19.4.1984, 2 Z 78/83). Nach dem BayObLG (WuM 1989, 38) ist eine so bezeichnete Wohnung grundsätzlich als Hausmeisterwohnung zu nutzen. Ausnahmsweise ist jedoch eine anderweitige Nutzung (z.B. Vermietung an Dritte) möglich, wenn triftige Gründe vorliegen, aber

Gebrauchsregelung § 15

durch Beschl nicht Nutzung als Fahrradkeller möglich (OLG Düsseldorf NJW-RR 1997, 1306).

Hobbyraum: Das Betreiben eines Balletstudios in einem Hobbyraum ist unzulässig (BayObLG ZMR 1985, 307), ebenso die Nutzung als selbständige Wohnung (LG Lübeck DWE 1988, 29). Hingegen kann ein Büro, eine Betreuungsstelle für Kinder oder eine Kindertagesstätte zulässig sein, soweit kein über das geordnete Zusammenleben unzumutbarer Nachteil (i. S. des § 14 Nr. 1) entsteht (BayObLG NJW-RR 1986, 1465; NJW-RR 1991, 140).

Hof: siehe Garage.

Imbißstube: Das Betreiben einer Imbißstube in einem als Laden gekennzeichneten TE ist unzulässig (KG DWE 1986, 30).

Ingenieuerbüro: zulässig, wenn keine größere Belästigung als Wohnen (OLG Zweibrücken NJWE 1997, 255).

Jugendbetreuung: Mit einer Nutzungsbestimmung zu Wohnzwecken oder einer freiberuflichen Tätigkeit ist es nicht zu vereinbaren, wenn ein WEer seine Wohnung einem Verein zur Betreuung von Jugendlichen zur Verfügung stellt (OLG Frankfurt Rpfleger 1981, 148).

Kampfsportschule: siehe Massageinstitut.

Kantine: Die Bezeichnung Laden in einer TErkl steht der Nutzung als Sportvereins-Kantine entgegen (KG ZMR 1986, 296).

Kellergarage: Die Umwandlung einer Kellergarage in eine Diele ist unzulässig (BayObLG Rpfleger 1984, 409 m. Anm. Sauren).

Kellerraum: Diese Räume dürfen nicht zu Wohnzwecken (BayObLG ZMR 1993, 29, 30) oder als Büroräume genutzt werden (BayObLG WuM 1993, 490), nach dem OLG Zweibrücken (WE 1994, 146) nicht als selbständige Wohnung. Sie müssen jedoch nicht unbedingt als Lager- oder Vorratsräume genutzt werden, Hobbyraum ist gestattet (OLG Düsseldorf ZMR 1997, 373), das Aufstellen einer EDV-Anlage kann deshalb nicht untersagt werden (BayObLG a. a. O.). Ist in der TErkl die Nutzung erlaubt, „wenn nur soweit behördlich zulässig", so ist eine Genehmigung des Landratsamtes nicht Voraussetzung. Wesentlich ist, daß von der Behörde die Nutzung geduldet wird (BayObLG ZMR 1990, 276).

Kinderarzt: bei starkem Verkehr unzulässig (BayObLG WE 1997, 319); siehe Arzt

Kindertagesstätte: Die Nutzung einer Wohnung als Kindertagesstätte ist nach dem AG Hildesheim (WuM 1986, 25) unzulässig, ebenso eines Ladens (KG DWE 1992, 153).

Krankengymnastikpraxis: Die Nutzung einer Wohnung im 1. Stock als Krankengymnastikpraxis hält das BayObLG (WuM 1985, 231; a. A. LG Wuppertal v. 27. 2. 1986, 6 T 46/86 und 72/86 zit. n. Bielefeld S. 138) für zulässig. Dies steht im konkreten Fall, in dem die TErkl die WEer verpflichtet, die „Eigenart des Bauwerks als gutes

Wohnhaus ... zu wahren und zu schützen", im Widerspruch zu der ständigen Rechtsprechung des BayObLG (Sauren Rpfleger 1984, 410).

Laden: Die obergerichtliche Rechtsprechung lehnt sich bei der Auslegung der Bezeichnung „Laden" an die Begriffsbestimmungen im Ladenschlußgesetz an, nach der als Laden ein zum Geschäftsverkehr mit der Kundschaft geeigneter, von der Straße durch eine Ladentür abgeschlossener Geschäftsraum angesehen wird, in dem ständig Waren zum Verkauf an jeden feilgehalten werden (BayObLG Rpfleger 1978, 414; OLG Hamm Rpfleger 1978, 60). Über diesen Maßstab hinausgehende Beeinträchtigungen, z.B. längere Öffnungszeiten, rechtfertigen nach der Rechtsprechung einen Unterlassungsanspruch, siehe weiter: Café, Chemische Reinigung, Gaststätte, Geschäftsraum, Imbißstube, Kantine, Kindertagesstätte, Nachtlokal, Pilsstube, Pizzeria, Playothek, Restaurant, Sexfilmkino, Spielsalon, Teestube, Waschsalon, Weinstube.

Lagerraum: siehe Gymnastikstudio.

Logopädische Praxis in Wohnung: zulässig (AG Aachen v. 21. 6. 1994, 12 UR II 11/94).

Massageinstitut: Nach dem OLG Hamburg (MDR 1974, 138) ist der Betrieb eines medizinischen Massageinstituts in der Erdgeschoßwohnung zulässig, nicht aber der Betrieb einer Kampfsport- und Selbstverteidigungsschule (BayObLG WuM 1993, 700).

Massageraum: siehe Pilsstube.

„Modell"-tätigkeit: unzulässig (LG Hamburg DWE 1984, 28); siehe auch: Bordell, Prostitution, Peep-Show.

Montagekeller: Die Umwandlung eines gemeinschaftlichen Montagekellers zu einem Hobbyraum ist unzulässig (Sauren Rpfleger 1984, 410; a.A. BayObLG Rpfleger 1984, 409).

Nachtlokal: Der Betrieb eines Nachtlokals in einem als „Gaststätte" (BayObLG, WuM 1985, 298) oder „Geschäftsraum" (KG ZMR 1989, 25) bezeichneten TE ist unzulässig, obwohl das Gaststättengesetz eine solche Unterscheidung nicht kennt. Auch diese Entscheidung zeigt die Fallbezogenheit und die Inkonsequenz der Rechtsprechung, z.B. zu der Bezeichnung „Laden".

Partyraum: Nutzung als Wohnraum ist unzulässig (BayObLG WuM 1996, 490).

Peep-show: unzulässig.

Pilsstube: Der Betrieb einer Pilsstube bzw. Pilsbar (AG Dachau DWE 1986, 93) ist mit der Bezeichnung „Laden" bzw. „Blumenladen" (BayObLG Rpfleger 1980, 348) oder „Massageraum" (BayObLG NJW-RR 1988, 140) in der TErkl unvereinbar.

Pizzeria: Das Betreiben einer Pizzeria ist sowohl in einem Laden als auch in einem als „Cafe" bzw. „Eisdiele" bezeichneten TE unzulässig (OLG Karlsruhe OLGZ 1985, 397), auch wenn dies nur zum außer Haus Verkauf betrieben wird (BayObLG NZM 1998, 335).

Gebrauchsregelung § 15

Polizeistation: in Wohnung zulässig (BayObLG WuM 1996, 719).
Playothek: Die Bezeichnung „Ladenlokal" läßt den Betrieb einer „Spielothek" oder „Playothek" nicht zu (OLG Frankfurt WE 1986, 135; OLG Hamm WE 1990, 95, 96).
Prostitution: unzulässig (BayObLG WE 1994, 243), zulässig ohne Störungen aber in einem Haus, in dem gewerbliche Nutzung erlaubt ist (LG Nürnberg NJW-RR 1990, 1355).
Psychologische oder Psychotherapeutische Praxis: in Wohnung zulässig (OLG Düsseldorf ZMR 1998, 247).
Rasenfläche: Erlaubt auch Nutzung zum Spielen für Kinder (OLG Frankfurt WE 1992, 86), aber nicht als Trampelpfad (OLG Stuttgart ZMR 1995, 81).
Raum: Bei einem als „Raum" bezeichneten Zimmer sind der Umbau und die Nutzung als Garage unzulässig (BayObLG WuM 1993, 289). Die Bezeichnung als „Raum" stellt keine Zweckbestimmung mit Vereinbarungscharakter dar (BayObLG WuM 1994, 98, 635), weil zu allgemein und zu unbestimmt. Deshalb können solche Räume in einer ihrer Beschaffenheit entsprechenden Weise genutzt werden (BayObLG a.a.O.). Nicht zulässig ist deshalb ein Erotik- oder Sexshop (BayObLG a.a.O. S. 635), wenn es sich um den einzigen Laden in einem Wohnhaus handelt, das auch zum Wohnen von Familien mit Kindern und Jugendlichen geeignet ist und wenn sich auch in der unmittelbaren Nachbarschaft keine Läden befinden (BayObLG a.a.O.).
Rechtsanwalt: Das Ausüben dieses Berufes in einer Wohnung (sog. Wohnzimmerkanzlei) ist zulässig. Der Zutritt eines größeren Personenkreises zur Wohnung ist hinzunehmen (KG NJW-RR 1986, 1072).
Restaurant bzw. Salatrestaurant: Die Bezeichnung „Laden" in der TErkl steht dem Betrieb eines Restaurants (BayObLG DWE 1989, 27) bzw. Salatrestaurants ohne Alkoholausschank entgegen (KG ZMR 1985, 207).
Sauna: Unzulässig ist die Nutzung als sog „Pärchensauna" (BayObLG ZMR 1994, 423), siehe im übrigen gewerblich genutzter Laden.
Schule: Musikschule in Büro, Laden oder Keller unzulässig (BayObLG WE 1996, 191).
Schwimmbad: Nach dem BayObLG (ZMR 1988, 436) ist die Umwandlung eines als Schwimmbad bezeichneten TE in ein Fitness-Center unzulässig.
Sexfilmkino/-shop: unzulässig (LG Passau Rpfleger 1983, 147); siehe auch Peep-Show und Raum.
Sonnenstudio: siehe Automaten-Sonnenstudio.
Speicher: Die Umwandlung und Nutzung als Wohnung ist unzulässig (BayObLG NJW-RR 1991, 140; ZMR 1993, 476), ebenso bei Speicherraum (OLG Düsseldorf NJWE 1997, 229). Zulässig jedoch als

Hobbyraum oder Werkstatt (BayObLG WuM 1989, 262); siehe Dachraum.
Spielothek: siehe Playothek.
Spielsalon: Die Bezeichnung „Büro" läßt eine Nutzung als Spielsalon nicht zu (AG Passau Rpfleger 1980, 23). Das Betreiben eines Spielsalons in einem als „Laden" bezeichneten Raum ist unzulässig (KG NJW-RR 1986, 1073; OLG Zweibrücken ZMR 1988, 68). Ebenso eine Spielhalle (BayObLG WE 1991, 169).
Sportvereinskantine: In einem „Laden" kann keine Sportvereinskantine geführt werden (KG Berlin ZMR 1986, 296).
Steuerberater: ebenso zulässig wie ein Rechtsanwalt (KG WE 1995, 19; zweifelnd Deckert 2, 2363).
Tanzcafé: siehe Café.
Teestube: Der Betrieb einer Teestube in einem Laden ist unzulässig (BayObLG Rpfleger 1984, 269).
Überbelegung: siehe Wohnung.
Versicherungsagentur: Die Fortführung einer Versicherungsagentur in einem zur Wohnung gehörenden Keller bzw. in der Wohnung ist in einer reinen Wohngegend unzulässig (AG Mühlheim DWE 1980, 25; anders KG WE 1994, 56, da mit einem Freiberufler vergleichbar).
Videothek: kann im Laden zulässig sein (BayObLG WE 1994, 248).
Wäscherei: siehe Chemische Reinigung.
Waschküche: Änderung in Versammlungsraum bedarf Allstimmigkeit (BayObLG WE 1997, 280).
Wahrsagerin: Soll nach KG (WE 1994, 55) in Wohnung zulässig sein, da mit freiberuflicher Tätigkeit vergleichbar.
Waschsalon: Der Betrieb eines Waschsalons mit Getränkeausschank ist in einem Laden unzulässig (OLG Frankfurt DWE 1987, 28).
Weinkeller: Die Zweckbestimmung „Weinkeller" schließt den Betrieb einer Discothek oder Gaststätte aus (BayObLG ZMR 1990, 230).
Weinstube: Ein solcher Betrieb mit Billardtischen, Spiel- und Geldautomaten ist in einem Laden unzulässig (AG Dachau DWE 1986, 93).
Werkstatt: siehe Dachraum.
Wirtschaftskeller: Die Aufstellung und der Betrieb von Wäschetrocknern mit Abluftsystem in dem zur Wohnung gehörenden Wirtschaftskeller sind unzulässig (OLG Düsseldorf OLGZ 1985, 437).
Wirtschaftsprüfer: zulässig (BayObLG ZMR 1985, 275).
Wohnung: Grundsätzlich ist die Nutzung einer „Wohnung" für eine freiberufliche Tätigkeit z.B. Architekt, Steuerberater (KG WE 1995, 19), Arztpraxis (KG NJW-RR 1991, 1421) oder psychologische Praxis (OLG Düsseldorf ZMR 1998, 247) zulässig. Ebenso als Ferienwohnung (vgl. BayObLGZ 1978, 305; einschränkend BayObLGZ 1982, 9) und als logopädische Praxis (siehe dort). Auch die kurzfristige

Gebrauchsregelung § 15

Vermietung an wechselnde Mieter ist zulässig (AG Aachen 2. 3. 1991, 12 UR II 4/91) oder als Wachstation für Polizeibeamte (BayObLG ZMR 1996, 507). Nicht zulässig ist jedoch die Nutzung als Kindertagesstätte (AG Hildesheim WuM 1986, 25) oder für Verein zur Betreuung von Jugendlichen (OLG Frankfurt OLGZ 1981, 156) oder zur Prostitutionsausübung (BayObLG ZMR 1993, 580) oder die eigenständige Nutzung der Kellerräume als Wohnung (OLG Zweibrükken WE 1994, 146). Die Bezeichnung „Wohnung bestehend aus Flur, Küche, etc. ... sowie Speicherraum ..." erlaubt nicht eine Nutzung des Speicherraumes als selbständige Wohnung (BayObLG NJW-RR 1994, 82) oder als Blumenladen mit Zeitungsverkauf (BayObLG NJW-RR 1993, 149). Benutzung des TE als Wohnung aber zulässig (OLG Köln v. 25. 7. 1991, 16 Wx 72/91), wenn keine Störungen, die über die nach der Zweckbestimmung vorgesehenen Nutzung zu erwartenden hinausgehen, festgestellt werden (a. A. BayObLG WE 1995, 27, da regelmäßig intensivere Nutzung; LG Bremen WuM 1995, 49). Zur Benutzung einer Wohnung zu Übergangszwecken, z. B. durch Asybewerber und Aussiedler gilt folgendes: Ist in der GO geregelt, daß Wohnungen nur zu Wohnzwecken benutzt werden dürfen, so ist Vermietung an Aussiedler (OLG Hamm NJW 1992, 184; WE 1993, 225) und Asylbewerber (AG Wetter ZMR 1991, 150) unzulässig; nach dem BayObLG (WE 1992, 235) und dem KG (NJW 1992, 3045) nur, wenn Beeinträchtigungen vorliegen; dies ist nach dem OLG Stuttgart (NJW 1992, 3046) nicht der Fall, wenn in etwa ein Richtwert von zwei Personen je Wohnung und eine Verweildauer nicht unter einem halben Jahr eingehalten wird, nach dem BayObLG (NJW 1994, 1662), wenn in etwa ein Richtwert von zwei Personen je Zimmer eingehalten wird und für jede mindestens sechs Jahre alte Person eine Wohnfläche von mindestens 10 m² vorhanden ist, nach dem OLG Frankfurt, wenn bei einer 50 m² großen Wohnung ein Richtwert von zwei familiär nicht miteinander verbunden Personen oder von einer Familie bis zu fünf Personen eingehalten wird (ZMR 1994, 378), siehe auch Aussiedler und Asylbewerber.

Wohnzwecke: siehe Aussiedler, Wohnung.

Zahnarzt: Ist in der Wohnung möglich (KG NJW-RR 1991, 1421); vom BayObLG in einem Fall wegen der Regelung in der GO und dem zu erwartenden Publikumsverkehr aber abgelehnt worden (NJW-RR 1989, 273); siehe auch Arzt.

Der Unterlassungsanspruch nach den vorgenannten Grundsätzen kann aber **ausgeschlossen** sein, wenn er z. B. verwirkt ist (BayObLG WE 1991, 242; z. B. 9 Jahre Untätigkeit OLG Köln ZMR 1998, 459) bzw. vom Vorgänger verwirkt wurde (BayObLG WE 1991, 165) oder widersprüchliches Verhalten vorliegt (OLG Düsseldorf NJWE 1997, 229, 230); siehe hierzu vergleichbare Fallkonstellationen bei § 22 Rdnr. 43.

10 a

§ 15   2. Abschnitt. Gemeinschaft der Wohnungseigentümer

11   **6. SNR**: Unter einem Sondernutzungsrecht versteht man das alleinige Gebrauchs- und Nutzungsrecht eines WEer's an Teilen des GE's.
Beispiel: Garten, Räume oder Kfz-Stellplatz.
Diese positive Komponente der Zuweisung hat auch eine negative, nämlich alle übrigen WEer von der ihnen kraft Gesetzes an sich zustehenden Befugnis zum Mitgebrauch auszuschließen (OLG Düsseldorf NJW-RR 1987, 1490). Möglich ist auch nur der Ausschluß vom Mitgebrauch und den Nutzungen (BayObLG NJW-RR 1997, 206), aber nicht unterschiedliche Nutzungen, z.B. Waschmaschinenaufstellung einzelner WEer, Mitbenutzung nur des Raumes anderer WEer (OLG Naumburg WuM 1998, 301).

12   **a)** Zur **Einräumung** eines dinglichen SNR bedarf es einer Vereinb (OLG Köln ZMR 1998, 373); ein Beschl genügt nicht (OLG Stuttgart NJW-RR 1987, 330) und der Grundbucheintragung (KG NJW-RR 1997, 205). Streitig ist, ob für ein schuldrechtliches SNR ein unangefochtener Beschl ausreicht (siehe § 10 Rdnr. 31). Nach dem OLG Köln (WuM 1997, 637) soll es möglich sein durch jahrelange Übung ein schuldrechtliches SNR zu begründen, daß nur durch Vereinb aufgehoben werden darf. Soweit die Rechte der dinglich Berechtigten (z.B. Bank) betroffen sind,
Beispiel: WE ist mit Grundschuld belastet
bedarf die Einräumung des Sondernutzungsrechts auch der Zustimmung dieser (BGH NJW 1984, 2409). Im Ausnahmefall kann nach dem BayObLG (WE 1990, 142) ohne besondere Einräumung sich aus „der Natur der Sache" ein SNR an Spitzbodendachräumen ergeben, wenn diese nur vom Sondereigentümer eines WEers zu erreichen sind, wenn alle WEer im Kaufvertrag einer entsprechenden Nutzung zugestimmt haben. Durch Vereinb kann ein WEer oder ein Außenstehender (z.B. Verwalter) zur Einräumung von Sondernutzungsrechten bevollmächtigt werden (BayObLG Rpfleger 1974, 400). Das SNR entsteht dann durch spätere Begründung durch den Bevollmächtigten und der Zustimmung der dinglich Berechtigten. Möglich ist ebenfalls, zunächst die übrigen WEer vom Mitgebrauch auszuschließen (negative Komponente) und erst später für bestimmte WEer ein Sondernutzungsrecht zu bestellen (BayObLG Rpfleger 1985, 292). Sobald dann ein Sondernutzungsrecht aufgrund späterer Einräumung entsteht, ist die Zustimmung der dinglich Berechtigten übrigen WEer nicht notwendig (OLG Düsseldorf Rpfleger 1990, 63; 1993, 193). Bei der Eintragung ist sorgfältig darauf zu achten, daß die Eintragungsbewilligung die Teilflächen, für die ein Sondernutzungsrecht bestellt werden soll, genau bezeichnet (BayObLG WuM 1989, 197) werden.
Beispiel: „Freiraum unter der Treppe im Bereich des Erdgeschosses..." reicht aus (BayObLG Rpfleger 1985, 487).
Der Gegenstand des SNR's ist deshalb zweifelsfrei zu bezeichnen. Es genügt allerdings, daß die Fläche bestimmbar ist, zu deren

Gebrauchsregelung §15

Bezeichnung kann auf einen Plan Bezug genommen werden, der nicht der Aufteilungsplan sein muß (BayObLG WE 1994, 313). Nimmt die TErkl auf einen Plan bezug, in dem das SNR nicht gekennzeichnet ist, so entsteht das SNR nicht (BayObLG wie vor). Bei Zuschlag in der Zwangsversteigerung kommt ein gutgläubiger Erwerb eines SNR's dann nicht in Betracht (BayObLG wie vor).

b) Eine **Änderung** ist nur durch Vereinb und Zustimmung der dinglich Berechtigten möglich (OLG Hamm ZMR 1997, 34). Einseitige Aufhebung ist auch zulässig (LG Augsburg MittBayNot 1990, 175). 13

c) Die **Übertragung** kann nur auf ein (anderes) Mitglied der WEerGem erfolgen, da ein Sondernutzungsrecht mit einem WE untrennbar verbunden sein muß. Die Durchführung erfolgt durch Übertragungsvertrag oder einseitige Erklärung des WEers, wenn ihm beide Einheiten gehören (OLG Düsseldorf MittRhNotK 1981, 196). Die Zustimmung der anderen WEer ist dann notwendig, wenn ein Zustimmungserfordernis entsprechend §12 vereinbart ist (BGH DNotZ 1979, 168 m. Anm. Ertl). Erfolgt keine Eintragung, so handelt es sich um ein „schuldrechtliches" SNR, welches unter den beteiligten WEern gilt (siehe §10 Rdnr. 29). Zum gutgläubigen Erwerb siehe §10 Rdnr. 16. 14

d) Eine **Pfändung** des SNR ist möglich (gem. §857 ZPO LG Stuttgart DWE 1989, 72). Eine Belastung mit einer Dienstbarkeit nicht (BayObLG WuM 1990, 168). 15

e) Was den **Inhalt** des Sondernutzungsrechts anbetrifft, so ist dieser frei bestimmbar. Dem Begünstigten kann ein umfassendes und ausschließliches Nutzungsrecht an Teilen des GE (z.B. Flächen, Räume, Gebrauchsteile, Anlagen oder Einrichtungen) eingeräumt werden (BayObLG Rpfleger 1981, 299). Ist „alleiniger oder ausschließlicher Gebrauch" bestimmt, dürfen die übrigen WEer demnach nur einen Gebrauch ausüben, soweit er für den Gebrauch des übrigen GE's nicht notwendig ist (KG NJW-RR 1990, 333). 16

Beispiel: Von den übrigen WEern benötigter Weg über den sondernutzungsrechtlichen Gartenbereich zu einem Kellereingang.

Ist in der Begründung des Sondernutzungsrechts die Art des Gebrauchs genannt,

Beispiele: Benutzung des Raums zum Aufstellen von Waschmaschinen, Benutzung des Gartenteils als Sitzplatz, so ist durch Auslegung zu entscheiden, ob ein Alleingebrauch des WEer's mit Gebrauchsbeschränkung anzunehmen ist (i.d.R.), oder ob alle anderen Gebrauchsarten auch den übrigen WEern zustehen sollen. Das Sondernutzungsrecht gestattet nur eine Benutzung im Rahmen der ordnungsgemäßen Verwaltung (siehe §21), es berechtigt nicht zu baulichen Veränderungen (in Sachen des §22, KG ZMR 1985, 27; unberechtigt zweifelnd OLG Karlsruhe DWE 1987, 63, das eine Einzelfallprüfung vornehmen will) oder sonstigen störenden Beeinträchtigungen.

Beispiel: Stark wachsender Baum unmittelbar an der Grenze (KG NJW-RR 1987, 1360).

Es ist jedoch möglich, bereits bei Einräumung des Sondernutzungsrechts bauliche Veränderungen gänzlich zu gestatten (BayObLG Rpfleger 1981, 299; a.A. KG OLGZ 1982, 436, 441). Die Verwaltung des GE, das durch das Sondernutzungsrecht belastet ist, verbleibt aber bei den WEer, so daß z.B. bei einem Sondernutzungsrecht an einem Garten die Ausgestaltung der einheitlich angelegten Einfriedungsanlagen bei der WEerGem verbleibt (BayObLG MDR 1985, 768). Erhält der Sondernutzungsberechtigte z.B. aufgrund eines durch bauliche Veränderung errichteten Gebäudes Nutzungen (z.B. Miete, Pacht), so können alle übrigen WEer ihren Anteil daran verlangen (OLG Düsseldorf NJW-RR 1987, 1163).

16a **f) Kostentragung:** Da es sich bei der Fläche des SNR um GE handelt, obliegt der Gem ohne anderweitige Regelung die Kostentragung (Bielefeld DWE 1996, 97, WE 1997, 168).

16b **g) Nutzung:** Inhaber des SNR kann Nutzung anderen überlassen, z.B. Vermieten. Hat er den anderen WEer die Nutzung „vorerst ohne Abstellkosten" überlassen, kann er dies widerrufen und Nutzungsentgeld ab dann verlangen (BayObLG NZM 1998, 335).

17 **7.** Nachfolgend sind häufig vorkommende Einzelfälle in **ABC-Form** dargestellt:

Bauliche Veränderung: SNR berechtigt nicht dazu (BayObLG WE 1993, 255). Es kann aber schon bei Begründung des SNR baulichen Veränderungen zugestimmt werden (BayObLG WuM 1989, 451; a.A. KG OLGZ 1982, 436). Dafür ist aber nicht ausreichend, wenn in Vereinb formuliert ist, daß mit SNR wie mit SE verfahren werden darf (BayObLG WuM 1990, 91). Gestattung von ortsüblicher Nutzung kann Pergolaaufstellung gestatten (BayObLG NZM 1998, 443).

Fassadenfläche: Ein Sondernutzungsrecht hieran soll andere WEer nicht beschränken, Werbung für ihr Geschäft betreiben zu können (OLG Frankfurt Rpfleger 1982, 64; zu Recht a.A. Palandt Rdnr. 7; BPM Rdnr. 19).

Gartennutzung: Die WEer können sowohl Teile wie auch die gesamte vorhandene Gartenfläche einem oder mehreren WEern zuweisen. Wird jedem WEer ein Teil oder einzelne Teile des Gartens zugewiesen, ohne daß eine Grenzziehung erfolgt, so ist nach dem BayObLG (MDR 1972, 607) jedem WEer ein gleich großer Teil des Gartens zum Alleinbesitz zu überlassen, ohne Beachtung des MEanteils. Soweit Grenzen zwischen einzelnen Sondernutzungsrechten vereinbart wurden, haben die WEer diese einzuhalten. Ansonsten können Zuwiderhandlungen nach entsprechendem Antrag bei Gericht mit Ordnungsgeld geahndet werden (BayObLG ZMR 1983, 107).

Gebrauchsregelung § 15

Beispiel: Anpflanzungen (z. B. Johannisbeersträucher), die teilweise bis zu 50 cm die Trennlinie überschreiten, rechtfertigen ein Ordnungsgeld von 50 000,– DM (BayObLG wie vor).
Das Sondernutzungsrecht am Garten gibt jedoch keine Befugnis zur Errichtung eines den optischen Gesamteindruck der Wohnanlage störenden Gerätehauses (OLG Frankfurt OLGZ 1985, 50; BayObLG NJW-RR 1992, 975), oder Weißdornhecke (BayObLG NJWE 1997, 59). Ausnahmsweise aber Garagenplätze (OLG Düsseldorf WuM 1996, 638). Erlaubt ist aber die gärtnerische Bepflanzung (OLG Köln WuM 1996, 639) sowie das Anpflanzen von Fichten entlang der Grenze, die Errichtung eines Grenzzaunes (BayObLG Rpfleger 1982, 219; Einzelheiten siehe § 22 Rdnr. 42 unter Zaun). Das Anpflanzen von Bäumen und Sträuchern in Gartenteilen, an denen SNR besteht ist folglich i. d. R. ohne Zustimmung der anderen WEer gestattet (OLG Köln WE 1997, 230), es sei denn Beeinträchtigung, z. B. hochwachsende Kiefer (OLG Köln a. a. O.), oder ein 1,80 m großer Holzflächtzaun hinter einem Jägerzaun (KG NJW-RR 1997, 713). Die WEer können die Höhe der Gewächse aber durch Beschl festlegen (BayObLG WE 1994, 114). Die Beseitigung eines Gehölzes kann nicht verlangt werden, wenn durch dessen Rückschnitt auf ein allgemein verträgliches Maß die Beeinträchtigung entfällt (KG WE 1996, 267). Desweiteren ist erlaubt die Errichtung einer zweisitzigen Gartenschaukel (OLG Düsseldorf NJW-RR 1989, 1167) und die Belegung der Terrasse mit Platten (BayObLGZ 1975, 177, wenn keine Benachteiligung für die übrigen WEer ersichtlich ist). Nicht erlaubt ist die Anpflanzung stark wachsender Bäume (KG NJW-RR 1987, 1360) die radikale Umgestaltung und Entfernung eines 18 Jahre alten 6–7 m hohen Baumes (OLG Düsseldorf NJW-RR 1994, 1167), die Anlegung von kniehohen Betoneinfassungsmauern (KG NJW-RR 1994, 526) und die Errichtung eines überdachten und durch Glaswände seitlich abgeschlossenen Sitzplatzes (BayObLG DWE 1992, 123) oder Verstoß gegen Abstandsvorschriften des Landesnachbarrechts (BayObLG NJW-RR 1987, 1360). Siehe auch § 22 Rdnr. 42 Zaun. Ist ausdrücklich eine Rasen- und Randbepflanzung vorgesehen, so soll sie Schutz vor Sicht, Lärm, Geruch und Staub gewähren, ohne daß damit die konkreten Pflanzen (Bäume oder Sträucher) vorgegeben sind (OLG Hamburg WE 1994, 377).
Der Garten-SN-berechtigte soll allerdings in interessengerechter Auslegung durch Rechte anderer Miteigentümer zum Mitgebrauch eingeschränkt werden dürfen, z. B. durch ein Wegerecht zum rückwärtig gelegenen gemeinschaftlichen Kellereingang (KG Berlin NJW-RR 1990, 333).
Hauszugangsweg: Ein Sondernutzungsrecht an einem Hauszugangsweg bringt i. d. R. mit sich, daß der Inhaber über die Instandhaltungsmaßnahme und das Schneeräumen bestimmen darf, jedoch

§ 15 2. Abschnitt. Gemeinschaft der Wohnungseigentümer

auch die Kosten trägt (BayObLG v. 17. 5. 1985, 2 Z 144/84). Die Verkehrssicherungspflicht (z.B. Streupflicht) obliegt hierbei dem Inhaber des Sondernutzungsrechts (BayObLG wie vor).

Kfz-Platz: Soweit einem WEer ein Sondernutzungsrecht an einem Kfz-Platz eingeräumt wurde, kann er diesen auch Dritten, z.B. durch Mietvertrag, überlassen. Der WEer hat alles zu unterlassen, was die Gebrauchsrechte der Nachbarn beeinträchtigen könnte.

Beispiel: Der Einstellplatz wird so mit Absperrpfählen (BayObLG MDR 1981, 937) oder einem Holzverschlag (OLG Frankfurt DWE 987, 96) eingegrenzt, daß der Nachbar den ihm zugewiesenen Platz nicht mehr uneingeschränkt nutzen kann. Siehe auch § 21 Rdnr. 10, Abstellplatz.

SNR am Pkw-Stellplatz berechtigt nicht zum ständigen Abstellen eines Wohnmobils (BayObLG WE 1992, 348).

Speicherräume: Ein sondergenutzter Speicherraum darf nicht zu Wohnzwecken ausgebaut werden (BayObLG NJW-RR 1991, 140; ZMR 1993, 476).

Terrasse: Das Sondernutzungsrecht an einem Grundstücksteil erlaubt nicht den Anbau einer Garage (BayObLG v. 27. 3. 1984, 2 Z 27/83). Ebenso gestattet das Sondernutzungsrecht an einer Terrasse nicht die dauerhafte Aufstellung eines Oldtimers (BayObLG DWE 1982, 133) und die Anbringung einer Vertikalmarkise (KG WuM 1994, 99).

Steht 2 WEern an einem Weg das SNR zu, so regelt sich das Verhältnis der beiden WEer nach dem BGB (§ 741ff., BayObLG WE 1994, 17). Siehe zur Begriffsdefinition Rdnr. 2ff.

Zugang: Er kann nicht über SNR verlangt werden, wenn ein ausreichender (wenn auch weiterer und umständlicher) Zugang vorhanden ist (BayObLG ZMR 1996, 509).

18 **8.** Abs. 2 bestimmt, daß die WEer durch Beschl **Regelungen über den Gebrauch** (siehe zur Begriffsdefinition Rdnr. 2) treffen können. Dies gilt jedoch nur unter 2 Bedingungen: Erstens, wenn die TErkl oder eine Vereinb dem nicht entgegensteht, und zweitens, wenn die Regelungen ordnungsgemäßer Verwaltung entsprechen (das letztere ist grundsätzlich unter Berücksichtigung des Verkehrsüblichen, auch der örtlichen Verhältnisse, für alle WEer gleichmäßig zu ermitteln).

Beispiel: Berufsmusiker können keine weitergehenden Gebrauchsrechte geltend machen (BayObLGZ 1985, 104).

Etwas anderes kann nur gelten, wenn infolge physischer oder psychischer Behinderungen zwingend besondere Bedürfnisse einzelner WEer oder/und ihrer Angehörigen gegeben sind.

Beispiel: Ist der WEer auf Benutzung eines Rollstuhls angewiesen, so darf er ihn im Hausflur abstellen (OLG Düsseldorf ZMR 1984, 161).

Gebrauchsregelung **§ 15**

Ein ordnungsgemäßer Gebrauch wird i.d.R. anzunehmen sein, wenn der Beschl sich im Rahmen des WEG, insbesondere § 14, hält (BayObLG NJW-RR 1988, 1164), und nicht gegen öffentlich-rechtliche Vorschriften verstößt (BayObLG WE 1988, 200).

9. Was einem **Beschl** in diesem Rahmen **zugänglich** ist, siehe ausführlich § 21 Rdnr. 9 ff. 19

10. Zu **Art** und **Umfang** der **Anfechtung** von Beschl siehe § 23 Rdnr. 29 ff. 20

11. Gem. Abs. 3 hat jeder WEer einen **Anspruch darauf, daß die Gebrauchs- und Nutzungsregeln dem Gesetz, den Vereinb und den Beschl entsprechen.** Ist eine Gebrauchsregelung nicht getroffen, so kann jeder WEer eine solche Regelung verlangen, die dem Interesse der WEer entspricht. Damit räumt Abs. 3 dem einzelnen WEer einen Anspruch auf Gebrauchsgewährung ein bzw. evtl. auch auf Gebrauchsunterlassung. Er kann auch eine Regelung fordern, die erstmalig die Art und den Umfang des zulässigen Gebrauchs festlegt. Jeder WEer hat dabei die Möglichkeit, einen gerichtlichen Antrag auf die entsprechende Gebrauchsregelung zu stellen, sofern vorher vergeblich in einer Eigentümerversammlung eine entsprechende Beschlußfassung veranlaßt wurde. Der Antrag kann aber auch auf die Aufhebung oder die Durchsetzung der durch die Vereinb oder den Beschl getroffenen Gebrauchsregelungen gerichtet sein, z.B. gegenüber WEer, auch wenn die Störungen vom Mieter ausgehen (BayObLG WE 1987, 97m. Anm. Weitnauer). Der Richter hat jedoch nur die Möglichkeit, solche Gebrauchsregelungen zu treffen, die die WEer durch Beschl treffen können (KG MDR 1972, 239). 21
Beispiel: Erlaß einer Hausordnung.
Dabei braucht der Antrag des WEer's den Inhalt nicht im einzelnen anzugeben (OLG Hamm OLGZ 1969, 278). Jedoch ist der Richter an die Vereinb und die Beschl, soweit diese nicht für ungültig erklärt wurden, gebunden. Soweit eine Vereinb bestimmt, daß ein bestimmter Gebrauch unter näher beschriebenen Voraussetzungen durch Beschl untersagt werden kann, so ist der Antrag auf Unterlassung erst nach einem entsprechenden Beschl zulässig (BayObLG ZMR 1987, 63).

12. **Verstoß gegen Vereinb** (siehe auch vor § 10 Sanktion). **a)** Die **Unterlassung** eines **Verstoßes** gegen Vereinb kann jeder WEer geltend machen (§ 15 i.V.m. § 1004 BGB) und auch vorbereitende Maßnahmen zur Verhinderung verlangen. 22
Beispiel: Bei Wohnnutzung eines Kellerraumes kann die Trennung der Sanitäreinrichtung von den Anschlüssen und die Entfernung des Namensschildes des Mieters, nicht jedoch die Entfernung des kompletten Briefkastens, zur Abwendung verlangt werden (BayObLG WuM 1993, 490).

§ 16   2. Abschnitt. Gemeinschaft der Wohnungseigentümer

Eine Ermächtigung durch andere WEer ist dazu nicht erforderlich (KG ZMR 1992, 351).

23   **b)** Ist nach einer Vereinb für einen Gebrauch innerhalb der Zweckbestimmung eine Zustimmung.

Beispiel: Zur Überlassung des WE an Dritte ist Einwilligung des Verwalters notwendig, erforderlich, so muß **wichtiger Grund für eine Versagung** vorliegen (BayObLG WE 1993, 140).

Ist für Gebrauch außerhalb der Zweckbestimmung eine Zustimmung notwendig,

Beispiel: Zur Nutzung der Wohnung für gewerbliche Zwecke ist Zustimmung des Verwalters notwendig, so reicht jeder Grund für die Versagung, soweit er nicht willkürlich oder mißbräuchlich erscheint (BayObLG NJW-RR 1989, 273).

24   **13.** Die **Unterlassung** jeder **Beeinträchtigung von SE** oder Sondernutzungsrechten kann nur durch den gestörten WEer verlangt werden (Palandt Rdnr. 17). Soweit ein Vertrag mit einem Dritten nicht der Vereinb bzw. dem Beschl entspricht, ist dieser weder nichtig,

Beispiel: WEer vermietet sein als Laden bezeichnetes TE an Gaststättenbetrieb, noch steht dieser Vermietung ein Anspruch der WEer auf Unterlassung dieser Nutzung entgegen (BayObLG NJW-RR 1991, 658). Der oder die WEer haben jedoch einen Anspruch sowohl gegenüber dem störenden WEer (BayObLG WE 1987, 97 m. Anm. Weitnauer; nach dem OLG Köln ZMR 1997, 253 aber keine Kündigung) als auch gegenüber dem Dritten, z.B. Mieter, auf Unterlassung oder Beseitigung (Schutzraum auf SNR, KG WuM 1997, 190), auch wenn diesem im Mietvertrag die Störung erlaubt wurde, da der WEer nicht mehr Rechte an den Dritten weitergeben kann, als der WEer selbst hat (OLG München NJW-RR 1992, 1492; OLG Stuttgart NJW-RR 1993, 65; OLG Frankfurt NJW-RR 1993, 981; OLG Karlsruhe NJW-RR 1994, 146).

Dem Vermieter steht aber kein Kündigungsrecht zu (BGH NJW 1996, 714).

25   **14.** Der Anspruch kann **unzulässig** sein, wenn z.B. nicht eigenes Interesse verfolgt wird, sondern um geschäftliche Konkurrenz auszuschalten (BayObLG NJW-RR 1998, 301) oder wenn er verwirkt ist, z.B. durch 16 jährige Nutzung (OLG Köln ZMR 1998, 111).

Nutzungen, Lasten und Kosten

16 (1) Jedem Wohnungseigentümer gebührt ein seinem Anteil entsprechender Bruchteil der Nutzungen des gemeinschaftlichen Eigentums. Der Anteil bestimmt sich nach dem gem. § 47 der Grundbuchordnung im Grundbuch eingetragenen Verhältnis der Miteigentumsanteile.

§ 16

(2) Jeder Wohnungseigentümer ist den anderen Wohnungseigentümern gegenüber verpflichtet, die Lasten des gemeinschaftlichen Eigentums sowie die Kosten der Instandhaltung, Instandsetzung, sonstigen Verwaltung und eines gemeinschaftlichen Gebrauchs des gemeinschaftlichen Eigentums nach dem Verhältnis seines Anteils (Absatz 1 Satz 2) zu tragen.

(3) Ein Wohnungseigentümer, der einer Maßnahme nach § 22 Abs. 1 nicht zugestimmt hat, ist nicht berechtigt, einen Anteil an Nutzungen, die auf einer solchen Maßnahme beruhen, zu beanspruchen; er ist nicht verpflichtet, Kosten, die durch eine solche Maßnahme verursacht sind, zu tragen.

(4) Zu den Kosten der Verwaltung im Sinne des Absatzes 2 gehören insbesondere Kosten eines Rechtsstreits gemäß § 18 und der Ersatz des Schadens im Falle des § 14 Nr. 4.

(5) Kosten eines Verfahrens nach § 43 gehören nicht zu den Kosten der Verwaltung im Sinne des Absatzes 2.

1. Dieser Paragraph regelt die **Verteilung der Nutzungen** (Abs. 1) und die **Tragung der Kosten und Lasten** (Abs. 2) und bezieht sich nur auf das GE. Als Verteilungsmaßstab sieht das Gesetz das Verhältnis der MEAnteile zueinander vor, was insbesondere bei den Kosten und Lasten oft zu unangemessenen Resultaten führt. Die HKV (siehe Rdnr. 12 ff.) sieht bereits andere Regelungen vor. Als Verteilungsschlüssel sollten deshalb die MEanteile nicht gewählt werden (siehe vor § 10 Rdnr. 15, Kostenverteilung). Abs. 3 betrifft die Kosten für bauliche Maßnahmen, die nur von einzelnen WEern durchgeführt werden. Abs. 4 und 5 regeln die Kostenverteilung für Rechtsstreite der WEerGem.

2. § 16 regelt nur die **Kostentragungslast im Innenverhältnis** (d.h. die Verteilung der entstandenen Kosten, Sauren DWE 1991, 57; AG München WE 1994, 346, 347; a.A. KG DWE 1991, 29). Entscheidend ist nach der gesetzlichen Regelung der eingetragene MEanteil am Grundstück. Diese Regelung gilt immer dann, wenn die GO keine abweichende Regelung enthält, was zulässig wäre (Sauren FS B/W S. 531) oder wenn die getroffene Vereinb unbestimmt ist und deshalb durch Auslegung (siehe § 10 Rdnr. 5) die gesetzliche Reglung zur Anwendung kommt. Zur Änderung siehe § 10 Rdnr. 28 ff. und zum Anspruch auf Änderung § 10 Rdnr. 32. Im Außenverhältnis sind die WEer Gesamtgläubiger (i.S.v. § 432 BGB),
Beispiel: Jeder WEer hat Anspruch auf Zahlung des Mietzinses für GE an die WEerGem, oder Gesamtschuldner (i.S.v. § 421 BGB),
Beispiel: Verwaltervergütung (KG NJW-RR 1990, 153) soweit bei Vertragsabschluß, z.B. durch den Verwalter, nicht etwas anderes vereinbart wurde (siehe Sauren Verwalter § 8 Abs. 4).

§ 16 2. Abschnitt. Gemeinschaft der Wohnungseigentümer

3 **3. Abs. 1 regelt die Nutzungen.** Darunter sind die Früchte einer Sache oder eines Rechts sowie die Gebrauchsvorteile zu verstehen (§ 100 BGB). Für Gebrauchsvorteile ist das Gesetz nicht konsequent, da bereits § 13 Abs. 2 Satz 1 ebenfalls eine Regelung vorsieht und als sog. spezielleres Recht vorgeht. Die Regelung für Gebrauchsvorteile unterfällt folglich nicht § 16, was jedoch keine praktische Konsequenz hat. Unter Früchten versteht das BGB (§ 99) Erzeugnisse der Sache und sonstige bestimmungsgemäße Ausbeutungen.
Beispiel: Mietzins für gemeinschaftliche Fläche (BGH NJW 1958, 1723), Zinserträge.

4 **4.** Für die Abs. 2, 4 und 5 sind die Begriffe der **Lasten und Kosten** (siehe hierzu Sauren Rpfleger 1991, 296) entscheidend. Legt die TE die „Betriebskosten" nach Wohn- und Nutzfläche um, so sind im Zweifel die Lasten und Kosten gemeint (KG DWE 1996, 185).

5 **a)** Unter den **Lasten** versteht man die auf dem WE ruhenden schuldrechtlichen Verpflichtungen, die das GE betreffen:
Beispiel: Schadensersatzleistungen eines WEer für die Beschädigung seines SE zur Instandhaltung des GE (§ 14 Nr. 4).
Nicht darunter fällt die Grundsteuer, da das WE eine selbständige Einheit i. S. der Abgabenordnung darstellt (siehe § 61a.F.) und die Erschließungskosten (OVG Münster NJW-RR 1992, 1234; a.A. Bielefeld S. 119), da gem. § 134 Abs. 1 Satz 3 BauGB die WEer nur entsprechend ihrem MEanteil beitragspflichtig sind. Folglich ist bereits die WEerGem der falsche Beitragsadressat; die Erschließungskosten sind direkt bei den einzelnen WEern geltend zu machen. Desweiteren fallen nach dem BayObLG (DNotZ 1974, 78 m. abl. Anm. Weitnauer) Zinsen für Gesamtgrundpfandrechte darunter, weil die Tilgung der Grundpfandrechte der WEerGem zugute kommt.

6 **b)** Fraglich ist, **inwieweit die WEer einzelne Arbeiten selbst ausführen müssen, statt die Kosten dafür zu tragen,**
Beispiel: Gartenpflege, Instandhaltungsarbeiten
und damit letztlich eine Kostenbelastung in diesem Punkt verhindern oder sich ihrer Pflicht durch eigene Beauftragung Dritter entledigen können.
Beispiel: Gärtner für die Gartenarbeit etc.
Hierzu ist eine Vereinb (OLG Hamm MDR 1982, 150) oder ein unangefochtener Beschl (BayObLG ZMR 1986, 319) ausreichend. Bei einem Beschl (siehe Bader WE 1994, 288) ist zu unterscheiden: Widerspricht er einer Vereinb, so ist er auf Antrag für ungültig zu erklären (BayObLG WE 1986, 62, wo jedoch die Hausmeisterkosten gerade nicht in der GO enthalten waren und deshalb kein Widerspruch vorlag); ebenso, wenn es sich um Arbeiten handelt, die Fachleute voraussetzen, z.B. Instandhaltungs- bzw. Instandsetzungsarbeiten.

Nutzungen, Lasten und Kosten § 16

Beispiel: Streichen der Balkongitter (OLG Hamm OLGZ 1980, 261).
Soweit es sich um Arbeiten handelt, die nach Art und Umfang von WEer erbracht werden können,
Beispiel: Hausreinigung (OLG Hamm DWE 1987, 52, 53), Treppenreinigung (BayObLG ZMR 1994, 430), Gartenpflege (KG OLGZ 1978, 146; einschränkend KG NJW-RR 1994, 207) und Schneebeseitigung (OLG Stuttgart NJW-RR 1987, 976; a.A. OLG Hamm DWE 1987, 53), ist ein Beschl ausreichend. Der Kritik von Bielefeld (DWE 1987, 101) und Deckert (5/70i) vermag ich mich nicht anzuschließen. Entgegen Bielefeld liegt kein Verstoß gegen Abs. 2 vor, da erst darüber beschlossen wird, ob Kosten entstehen, Abs. 2 aber nur die Verteilung der bereits entstandenen Kosten vorsieht. Wird durch Beschl beides, nämlich fachmännische und unfachmännische Arbeit.
Beispiel: fachmännische Instandsetzungsarbeiten und Gartenpflege, zusammen angeordnet, so ist der Beschl ganz aufzuheben (OLG Hamm DWE 1992, 126). Zu überprüfen ist jedesmal, ob ein einzelner WEer durch den möglichen Beschl nicht unangemessen benachteiligt wird.
Beispiel: Umfangreich zu reinigender Eingangsbereich wird nur einem WEer auferlegt (BayObLG NJW-RR 1992, 343) oder WEer ist hochbetagt und kann nicht mehr den Streudienst in der kleinen Anlage durchführen (BayObLG NJW-RR 1993, 1361).
Weigern sich einzelne WEer, bestimmte Dienste auszuführen, ist nach dem KG (WE 1994, 213) eine Fremdvergabe angezeigt. Nach dem KG (a.a.O.) kann auch bestimmt werden, daß WEer, die die Dienstleistungen erbringen, von ihrem Kostenanteil freigestellt werden.
Abzugrenzen zur vorherigen Fallgestaltung ist die, daß ein einzelner WEer Arbeiten durchführt.
Beispiel: gemeinschaftlicher Flurputz, Sanierungsarbeiten. Ohne Beschl kann der WEer keine Vergütung verlangen (BayObLG v. 7. 5. 1998, 2 ZBR 111/97). Zu den steuerlichen und sozialversicherungsrechtlichen Fragen bei Übertragung von Arbeiten auf WEer, siehe Sauren WE 1996, 322.

c) Unter **Kosten** (Sauren Rpfleger 1991, 296) sind im Sinne einer 7 **betriebswirtschaftlicher Definition** Ausgaben, d.h. tatsächliche Kontenabflüsse, zu verstehen. Das Gesetz unterscheidet zwischen Kosten der Instandhaltung und Instandsetzung und der sonstigen Verwaltung des GE's.

aa) Unter Kosten der **Instandhaltung und Instandsetzung** versteht man diejenigen, die der Erhaltung oder Wiederherstellung des ursprünglichen Zustandes des GE dienen (siehe § 21 Abs. 5 Nr. 2) einschließlich Rücklage und eventueller Sonderumlage. Dazu gehört

§ 16   2. Abschnitt. Gemeinschaft der Wohnungseigentümer

auch die Beseitigung anfänglicher Gebäude- oder Grundstücksmängel ebenso die erstmalige Herstellung des dem Aufteilungsplan entsprechenden Zustandes (BayObLG NJW-RR 1990, 332).

9   **bb)** Die Kosten der **sonstigen Verwaltung** umfassen z.B. die Verwaltervergütung, Versicherungsprämien für das GE, Kosten für die Durchführung der Versammlungen etc.

10   **cc)** Zu den Kosten für den **gemeinschaftlichen Gebrauch** zählen die sog. Betriebskosten, z.B. Wasserversorgung, Energieversorgung, Reinigung etc.

11   **d)** Die Erfüllung der Verpflichtung des WEer erfolgt durch Zahlung an die WEerGem. Es genügt nicht die Zahlung an einen WEer z.B. aufgrund eines Vergleichs (BayObLG ZMR 1995, 130).

12   **5.** Aufgrund der vielen Einzelfragen zu dem Komplex Lasten und Kosten sind einzelne Arten und Fragen in **ABC-Form** im folgenden abgehandelt:
Abwasserbeseitigung: Dies sind Kosten des gemeinschaftlichen Gebrauchs (BayObLGZ 1972, 150, 155).
Aufzugskosten: Diese Kosten gehören zu den Bewirtschaftungskosten und sind gem. den MEanteilen von allen WEern zu tragen, soweit eine Vereinb nicht etwas anderes vorsieht. Dies gilt auch dann, wenn nur ein Gebäude einer aus mehreren Gebäuden bestehenden Anlage mit einem Aufzug ausgestattet ist (BGH NJW 1984, 2576). Liegt jedoch eine ergänzungsbedürftige Vereinb vor, weil z.B. die TErkl hinsichtlich der Aufzugskosten keine Regelung trifft, so hat eine Auslegung zu erfolgen, die nach Treu und Glauben die Häuser ohne Aufzug von den Kosten freistellt (BayObLG Rpfleger 1979, 427).
Bauliche Veränderung: siehe Sonderumlage.
Beirat: Die Aufwendungen hierfür (auch Kursgebühren, Fachbücher, Getränke, Gebäck etc.) sind nach dem BayObLG (DWE 1983, 124) Kosten der Verwaltung.
Breitbandkabel: Soweit eine Verpflichtung des einzelnen WEer's besteht (siehe § 22 Rdnr. 18 ff.), handelt es sich um Kosten i.S.v. Abs. 2 (OLG Celle NJW-RR 1987, 465).
Fotokopierkosten: Soweit der Verwaltervertrag für notwendige Informationsschreiben an die Eigentümer einen Ersatzanspruch des Verwalters vorsieht, ist dieser nach dem OLG Düsseldorf (v. 22. 4. 1991, 3 Wx 428/90) auf 0,30 DM zzgl. MwSt. zu begrenzen, 0,50 DM ist nach dem OLG zu hoch.
Garagen/Kfz-Stellplatz: Da das SE an freistehenden Garagen nicht deren konstruktive Teile umfaßt, sind Reparaturkosten von sämtlichen WEern zu tragen, soweit keine anderweitige Regelung durch Vereinb gilt, die in GE stehende Gebäudeteile erfaßt. Auch der Richter ist nicht befugt, dies zu ändern (OLG Karlsruhe OLGZ 1978, 175). Für die gemeinschaftlichen Teile (z.B. tragende Mauern, Gara-

Nutzungen, Lasten und Kosten § 16

gentüre, -dach) kann eine Vereinb über die Kosten getroffen werden. Ein Beschl reicht nicht aus (Bielefeld S. 154). Die vorstehenden Grundsätze gelten ebenso für Kosten der im SE stehenden Garagenabstellplätze (AG Sobernheim ZMR 1977, 344m. Anm. Weimar).

Grundsteuer: Für laufende Verwaltung siehe Rdnr. 5. Für die Dauer der Aufbaugemeinschaft kann es sich um Kosten der Verwaltung handeln.

Hausmeisterkosten: Die von der WEerGem für den Hausmeister aufgewendeten Vergütungen sind Betriebskosten der WEerGem (BayObLG WE 1986, 62; KG WE 1994, 14). Nach dem BayObLG (WE 1986, 63) ist es nicht möglich, per Beschl einen WEer von der Zahlungsverpflichtung freizustellen, weil er einen Teil der Hausmeisterarbeiten selbst erledigt, wenn die TErkl eine Regelung enthält, wonach die Betriebskosten von allen WEer im Verhältnis der Wohnungsgröße zu tragen sind (siehe hierzu Rdnr. 6).

Heizkosten: Sind Kosten i.S.v. Abs. 2 (BayObLG NJW-RR 1992, 1432). Siehe Rdnr. 13ff.

Leerstand: Nichtnutzung: Hier sind 2 unterschiedlich zu beurteilende Fallgestaltungen zu unterscheiden:

a) die nicht gebauten Wohnungen und **b)** die gebauten, aber nicht genutzten Wohnungen.

zu a) *Noch nicht gebaute Wohnungen:* Soweit eine Wohnanlage noch nicht endgültig errichtet ist oder sie in mehreren in sich abgeschlossenen Bauabschnitten fertiggestellt wird, muß grundsätzlich nach Treu und Glauben (§ 242 BGB) für die noch nicht fertiggestellten Wohnungen eine Kostenbefreiung erfolgen (Müller Rdnr. 131). Etwas anderes gilt für Kosten, die nicht entstanden wären, wenn von vornherein nur die bisher fertiggestellte Wohnungen geplant gewesen wären,

Beispiel: Die Heizungsanlage ist direkt für den komplett fertigen Bau dimensioniert worden, deshalb fallen höhere Kosten an,
und für die Kosten, die nur deshalb jetzt schon anfallen, weil der Komplettausbau noch erfolgt.

Beispiel: Anschaffung eines größeren Rasenmähers (vgl. Müller Rdnr. 131)

Hiervon ist jedoch eine Ausnahme dann zu machen, wenn innerhalb des Gebäudes eine Etage oder ein WE nicht fertiggestellt ist. Dann muß sich der WEer an den Kosten beteiligen, bei denen er eine Gegenleistung in Empfang nimmt (OLG Braunschweig v. 18.11. 1988, 3 W 74/88 zit. n. Deckert 2/843).

Beispiel: Versicherung, Hausmeister, Verwalterkosten (AG Hildesheim ZMR 1989, 195).

Ein Verstoß der Abrechnung gegen Treu und Glauben muß innerhalb der einmonatigen Anfechtungsfrist (§ 23 Abs. 4) geltend gemacht werden, ansonsten wird die Abrechnung verbindlich (Bielefeld S. 155).

zu b) *Fertige, aber noch nicht oder zeitweise nicht genutzte Wohnungen:* Grundsätzlich führt das Leerstehen von Wohnungen nicht zu einer Veränderung der vereinbarten Kostenverteilung (BayObLG Rpfleger 1976, 422; 1978, 444). Eine Ausnahme kann nur insoweit erfolgen, als eine eindeutige verbrauchsabhängige Verteilung und Zuordnung der Kosten möglich ist.

Beispiel: Aufgrund des Leerstands braucht die WEerGem eine Mülltonne weniger zu zahlen.

Ansonsten bedarf es einer Vereinb, damit spezielle Kosten nicht umgelegt werden. Ebenso bei Befreiung von Kosten für Teile des GE's

Beispiel: Kosten für Sanierung von Tiefgarage (BayObLG NJW-RR 1993, 1039).

Müllabfuhr: Kosten des gemeinschaftlichen Gebrauchs (BayObLG 1972, 150, 155).

Nutzungsentgelt: Soweit für eine Nutzung von Teilen des GE's Gelder erhoben werden, sog. Nutzungsentgelt, liegt hierin eine abweichende Verteilung des § 16 Abs. 2. Dies erfordert grundsätzlich eine Vereinb,

Beispiel: Benutzung des Schwimmbads nur mit Münzzählern (AG Hamburg-Altona v. 12. 2. 1976, 303 II 9/75 zit. n. Bielefeld S. 184), soweit in der TErkl nicht die Möglichkeit der Änderung durch Beschl vorgesehen ist oder der Beschl unangefochten bleibt. Ein WEer kann jedenfalls seiner Pflicht aus Abs. 2 nicht entgegenhalten, er würde die Einrichtung nicht nutzen, weil er z.B. Nichtschwimmer sei. Soweit ein Entgelt zulässig erhoben wird, dient dies zunächst der laufenden Unterhaltung. Soweit diese nicht gedeckt werden kann, gilt der Schlüssel des Abs. 2. Ist ein Überschuß vorhanden, so dient die Zweckgebundenheit einer evtl. Ersatzanschaffung und ist dafür zunächst bereitzuhalten (BayObLG NJW 1975, 2296). Übersteigen die Erträge auch diese Kosten, so handelt es sich um Nutzungen i. S. v. Abs. 1.

Prozeßkosten: Hier ist zu unterscheiden zwischen (a) Kosten aus eine Entziehungsklage (§ 18), (b) aus einem WEG-Verfahren (§ 43) und (c) aus einem Prozeß gegen außerhalb der WEerGem stehende Dritte und von Dritten gegen die WEerGem.

zu a) Prozeßkosten für eine *Entziehungsklage* (§ 18) gehören nach Abs. 4 zu den Kosten der Verwaltung des Abs. 2. Soweit der Beklagte unterliegt, trägt er diese Kosten alleine (vgl. § 19 Abs. 2, OLG Stuttgart OLGZ 1986, 32). Hat die WEerGem Kosten zu tragen, so werden diese auf alle verteilt, insbesondere auch auf den obsiegenden WEer und auf diejenigen, die dem Prozeß nicht zugestimmt haben (OLG Stuttgart wie vor). Dies gilt auch für die dem Obsiegenden zu erstattenden Kosten und die Gerichtskosten (OLG Düsseldorf NJW-RR 1997, 13). Eine Korrektur kommt nur in Ausnahmefällen in Betracht, z.B. wenn der WEer keinen ausreichenden begründeten Anlaß gegeben hat.

zu b) Kosten für *Verfahren gem. § 43* (nicht Beratung oder Gutachten OLG Köln WE 1997, 428). Hier gilt gem. Abs. 5 eine abweichende Regelung. Es handelt sich nicht um Kosten der Verwaltung i. S. v. Abs. 2 (a. A. Drasdo *FV1* S. 123).

aa) *Hintergrund.* Ziel der Regelung ist es, die Verteilung solcher Kosten unter den Streitparteien nach der jeweiligen gerichtlichen Kostenentscheidung endgültig und ausschließlich vorzunehmen.

Beispiel: Von einer aus 3 WEern bestehenden Anlage beantragen 2 WEer, den Dritten zur Zahlung von Wohngeld zu verpflichten.

Soweit nach der Entscheidung des Gerichts Kosten von den Antragstellern zu tragen sind, haben die 2 WEer diese zu tragen und können über die Verteilung der Gemeinschaftskosten den dritten WEer nicht dazu verpflichten, sich an den Kosten zu beteiligen. Sie gilt unabhängig davon, ob der Verwalter als Prozeßstandschafter im Verfahren auftritt oder die WEer selbst, und kann durch Beschl nicht geändert werden (KG DWE 1989, 39).

Als evtl. Kostenbeteiligte können neben dem als Antragsteller und den als Antragsgegner teilnehmenden WEern auch die weiteren (nur) materiell Berechtigten in Betracht kommen (vgl. § 43 Abs. 4; BayObLG Rpfleger 1973, 434).

Aus dem Umstand, daß Abs. 5 abdingbar ist (Müller Rdnr. 139), wird gefolgert, daß das Gericht ggf. anordnen kann, daß abweichend von Abs. 5 die Kostenschuld sämtliche WEer aus dem gemeinschaftlichen Verwaltungsvermögen zu tilgen haben (BayObLG Rpfleger 1973, 434). Dies ist abzulehnen, da das Gericht sein Ermessen nicht anstelle der WEer ausüben kann (ablehnend auch BPM Rdnr. 63). Die Bestimmung gilt auch dann, wenn der Verwalter in Anspruch genommen wird (§ 43 Abs. 1 Nr. 2). Dies führt dazu, daß die Kosten von dem Verwalter zu tragen sind, z. B. wenn er durch schuldhaftes Verhalten das Verfahren verursacht hat (AG München Rpfleger 1975, 254). Abs. 5 gilt nicht für Verfahrenskosten, die dem Verwalter für die Gemeinschaft entstanden sind (OLG Hamm OLGZ 1989, 47).

bb) *Alte Rechtsprechung.* Die bisherige Rechtsprechung des BayObLG hat aus dem Vorstehenden gefolgert, daß bei den Gerichtskosten es sich nicht um Ausgaben handelt, die der Gemeinschaft der WEer zur Last fallen und daher nicht in die Abrechnung gehörten (vgl. BayObLG WE 1992, 174).

cc) *Sog. neue Rechtsprechung.* Die neue Rechtsprechung des BayObLG (WE 1994, 118; NJW-RR 1992, 1431) und des KG (WE 1992, 284) folgern nun aus dem Gesetzeswortlaut, daß dieser nur klarstellen soll, daß Kosten eines Gerichtsverfahrens (nach § 43) nicht nach dem allgemeinen Kostenverteilungsschlüssel (§ 16 Abs. 2 oder Vereinb) auf alle WEer aufgeteilt werden dürfen, sondern daß für die Tragung der Verfahrenskosten allein die gerichtliche Kostenentscheidung maßgeblich sein soll (so schon vorher Bader DWE 1991, 90; Bielefeld

S. 140). Danach müssen die Kosten eines WEG-Verfahrens in die Abrechnung eingestellt werden, wenn der Verwalter die dafür erforderlichen Geldmittel dem gemeinschaftlichen Konto entnommen hat (BayObLG WE 1994, 118; so auch AG Neuss WuM 1994, 398). Nach Bader (a.a.O. S. 90, auf den das KG WE 1992, 284 auch verweist) soll die Aufteilung der Kosten von gerichtlichen Verfahren nach § 43 nunmehr wie folgt vorgenommen werden: Die Vorschüsse sollen nach Miteigentumsanteil auf alle WEer aufgeteilt werden (so auch AG Neuss WuM 1994, 388), also auch auf die Obsiegenden. Wird die Gerichtsentscheidung und damit die Kostenentscheidung rechtskräftig, so erhält der Obsiegende nach Bader in der Jahresgesamtabrechnung keine Kosten angelastet, sondern er bekommt seine Quoten aus den Vorschüssen wieder in der Einzelabrechnung gutgeschrieben. Unterliegt der Wohngeldschuldner voll und bezahlt er der WEerGem die Kosten, so erhält er seinen früher getragenen Vorschußanteil in seiner Einzelabrechnung wieder. Ob diese Auffassung richtig ist, ist noch zu erörtern.

Übersehen haben Bader und die Obergerichte aber, daß diese neue Auffassung zur Verlagerung der Probleme, nämlich auf den Kostenverteilungsschlüssel, führt. Wohl als erster hat dies Drasdo (WuM 1993, 226) erkannt. Denn wenn die neue Auffassung richtig sein soll (was noch zu erörtern ist), aber § 16 Abs. 5 WEG noch einen Sinn haben soll, so kann der allgemeine Verteilungsschlüssel nicht angesetzt werden. Ein anderer aber existiert im WEG und auch im FGG nicht. Also greift Drasdo (a.a.O.) in Anlehnung an Deckert (Gruppe 7, 107) und nunmehr auch das AG Neuss (WuM 1994, 398) nach dem Verteilungsschlüssel der Kostenverteilung der ZPO bei mehreren Beteiligten (§ 100 ZPO). Hiernach sind nach der Zahl der Beteiligten die Kosten aufzuteilen, d.h. nach der Zahl der WEer. Das bedeutet auch extreme Ungerechtigkeit, denn der eine WEer, der z.B. 10 Wohnungen hat, hat nur die Hälfte zu bezahlen gegenüber einem Ehepaar, daß eine Wohnung innehat. Dies kann wohl nicht die Absicht des Gesetzgebers sein. Das bedeutet aber auch, daß in Zukunft der Verwalter mit einzubeziehen ist und er, soweit er Beteiligter ist (§ 23 Abs. 4 WEG), anteilmäßig Kosten zu tragen hat.

Ich bin gespannt, welcher Verwalter dies beachten wird und insbesondere wie dies in der Jahresabrechnung erscheinen soll, etwa als Forderung? Damit aber auch noch nicht genug, denn die Abrechnung der Kosten ist auf dieser Basis höchst kompliziert; denn woher weiß der Verwalter, wieviele Eigentümer es in der Anlage gibt und welchen Zeitpunkt nimmt er für diese Feststellung? Selbst wenn er dies weiß, ist es auch noch immer nicht alles, denn die Ausrechnung ist abenteuerlich, wie Drasdo (WuM 1993, 227) nachweist: Zuerst muß die Wohnungsanzahl erfaßt werden, dann die Zahl der Personen auf der Antragsgegnerseite, und dann muß die Verteilung auf die einzelnen

Wohnungen vorgenommen werden. Dieses Verfahren müßte dann jedesmal für jeden Prozeß gesondert durchgeführt werden.

Weiterhin ungeklärt ist m.E., welcher Zeitpunkt bei einem z.B. fünf Jahre dauernden Prozeß maßgeblich sein soll. Diese Probleme haben wohl dazu geführt, daß nunmehr wieder eine Meinung auftaucht, wie z.B. Deckert (WE 1994, 227), die den Miteigentumsanteil ansetzen will. Dann fragt man sich natürlich, welchen Sinn überhaupt noch der Gesetzestext des § 16 Abs. 5 WEG hat.

dd) *Kritik*. Angesichts der schon dargestellten Probleme sollen noch weitere dargestellt werden:

Die Behandlung des Vorschusses und die Verteilung der Kosten in der Jahresabrechnung nach Bader verstößt gegen mehrere elementare Prinzipien der Abrechnung: Zum einen dürfen nach der ständigen Rechtsprechung nur solche Einnahmen in die Abrechnung eingestellt werden, die sich aus der Gesamtabrechnung herleiten (z.B. BayObLG NJW-RR 1992, 1169). Bader will aber Einnahmen, die nicht in der Gesamtabrechnung auftauchen, nämlich früher bezahlte Gelder aufnehmen. Zum anderen wird der Grundsatz, daß nur die Einnahmen/Ausgaben des betreffenden Wirtschaftsjahres in die Abrechnung aufgenommen werden darf, durchbrochen (z.B. BayObLG WuM 1994, 498).

Es werden nämlich Ausgaben aus Vorjahren aufgenommen. Damit kommt aber 3. hinzu, daß damit über Teile einer alten Jahresabrechnung neu beschlossen wird. Dies ist aber nicht möglich, da die Bestandskraft der alten Abrechnung dem entgegen steht. Möglich wäre nur, über die alte Abrechnung neu zu beschließen. Auch das wäre nach der Rechtsprechung wiederum nur dann möglich, wenn nicht in einen Besitzstand eines WEers eingegriffen würde (vgl. BGH NJW 1991, 979; BayObLG WE 1989, 56; BayObLGZ 1994 Nr. 65). Gerade dies liegt hier aber wohl vor. Denn die Zahllast z.B. einer Wohnung eines Ehepaares erhöht sich eindeutig gegenüber einer Aufteilung nach Miteigentumsanteilen. Letztlich ist aber auch der Kostenverteilungsschlüssel falsch, denn die ZPO mag die gerichtlichen Kostenverteilung anordnen, in der Abrechnung des WEG's hat die ZPO aber nichts zu suchen.

ee) *Eigene Auffassung*. Ausgangspunkt für die Rechtsfindung ist die Rechtsauslegung. Diese hat nach dem BVerfG (E 1, 299, 312) nach dem objektiven Willen des Gesetzgebers, so wie er sich aus dem Wortlaut der Gesetzesbestimmung ergibt, zu erfolgen. Der Wortlaut der Vorschrift ist insoweit eindeutig. Wäre die neue Auslegung der Obergerichte vom Gesetzgeber gewollt gewesen, hätte er nur anordnen brauchen, daß der Verteilungsschlüssel nicht gelten soll, nicht jedoch, daß es sich nicht um Kosten der Verwaltung handelt. Die Vorschriften über Wirtschaftsplan und Jahresabrechnung (§ 28 Abs. 3 i.V.m. Abs. 1 Nr. 1 WEG) schreiben gerade vor, daß die Ausgaben bei der Verwaltung des GE einzustellen sind. Dazu gehören nach dem klaren Wortlaut die Gerichtskosten von Verfahren gem. § 43 gerade nicht. Der Wortlaut des Gesetzes ist hier eindeutig, nämlich so, wie die alte Rechtsprechung ihn richtig ausgelegt hat. Auch der Versuch von Merle (WE 1991, 4), dies über eine teleologische Reduktion zu verhindern, ist m.E. angesichts der Tatsache, daß er nur Wohngeldverfahren einbeziehen will, nicht geglückt.

Als weiteres Auslegungsmittel wird oft auch der Wille des Gesetzgebers herangezogen. Die heutige Fassung des § 16 Abs. 5 WEG geht auf § 15 Abs. 4 des Referentenentwurfes vom 22. 9. 1950 zurück (siehe PiG Nr. 8, S. 157, 161). Damals hieß es noch, daß „Kosten eines Rechtsstreits zwischen den Miteigentümern nicht zu den Kosten der Verwaltung im Sinne des Abs. 2 gehören". In der Begründung dazu (PiG Nr. 8 S. 178) heißt es dazu wörtlich: „Es kann zweifelhaft sein, ob und inwieweit Kosten eines Rechtsstreits zu den Kosten der gemeinschaftlichen Verwaltung zu rechnen sind. Da es sich hierbei um Streitigkeiten zwischen den Miteigentümern handelt, soll die Frage namentlich dann auftreten, wenn ein solcher Rechtsstreit zum Nachteil der Kläger bzw. Antragsteller ausgeht. Um solche Zweifel in jedem Fall auszuschalten, bestimmt Abs. 4, daß derartige Kosten nicht zu den Kosten der Verwaltung gehören, sie können also nicht gem. Abs. 2 auf die Miteigentümer umgelegt werden." Der Gesetzgeber wollte also auf gar keinen Fall, daß es sich bei Verfahrenskosten um Kosten der Verwaltung handelt und wollte auch nicht, daß sie auf die Miteigentümer umgelegt werden. Gerade dies soll aber nach der neuen Auffassung der Obergerichte nunmehr erfolgen. Nach Deckert sogar auch nach dem Verteilungsschlüssel des Abs. 2.

Zusammenfassend kann festgehalten werden, daß sowohl nach der objektiven Gesetzesauslegung als auch der subjektiven Auslegung der neuen Rechtsprechung des KG und BayObLG nicht gefolgt werden kann.

ff) In einer Entscheidung hat nunmehr das OLG Düsseldorf (WE 1995, 278) unter Bezugnahme auf die alte Rechtsprechung des BayObLG noch nach wie vor diese vertreten. Damit tritt auf jeden Fall eine Divergenz zu den anderen Obergerichten auf, die für eine Vorlage zum BGH reichen sollte.

zu c) *Rechtsstreitigkeiten gegen außerhalb der WEerGem stehende Dritte oder von Dritten gegen die WEerGem.*

Hierunter fallen z.B. Gewährleistungsprozesse gegen Handwerker, Klagen gegen Lieferanten und Verfahren gegen den Verwalter etc. Diese fallen nicht unter Abs. 5 und stellen Kosten der Verwaltung gem. Abs. 2 dar. Dies gilt auch, wenn der Dritte, z.B. der Bauträger, zufällig WEer ist (BayObLG NJW 1993, 603).

Sauna-, Schwimmbadbenutzung: siehe Nutzungsentgelt.

Sonderumlage (SU): Den WEer'n steht bei der Bemessung einer erforderlichen Umlage ein weiter Ermessensspielraum zu (KG ZMR

1997, 157). a) Soweit es sich um eine Umlage *zur Beseitigung von Liquiditätsschwierigkeiten* z. B. wegen Reparaturbedarf (KG NJW-RR 1991, 912) der WEerGem handelt, entspricht dies ordnungsgemäßer Verwaltung und ist zulässig (BGH NJW 1989, 3018). Ebenso nach dem BGH (ZMR 1997, 312) als Kostenvorschuß zur Mängelbeseitigung und des Geltendmachens von Schadensersatz. Dies gilt selbst dann, wenn diese Schwierigkeiten auf einer zu niedrigen Wohngeldansetzung durch den WP oder auf unterbliebenen Zahlungen einzelner WEer beruhen sollten (BayObLG DWE 1982, 128); außerdem zulässig für weitere oder neue, noch nicht im WP enthaltene Kosten (KG WuM 1993, 426). Nach KG (ZMR 1994, 527) soll auch ein Sonderumlagebeschl neben einem Wirtschaftsplanbeschl zuzulassen sein. Bei solchen Umlagen handelt es sich um Kosten i. S. v. Abs. 2, die die MEer entsprechend zu tragen haben (BayObLG wie vor). Nach dem BGH (a. a. O. S. 3018; a. A. BayObLG WuM 1992, 209) muß der Umlagebeschluß die anteilmäßige Beitragsverpflichtung der WEer bestimmen (§ 28 Nr. 1 S. 2 Nr. 2). Deshalb ist die Ansicht des BayObLG (WuM 1992, 209; ähnlich KG NJW-RR 1991, 912), die das Fehlen des Kostenverteilungsschlüssels und der anteiligen Belastung des einzelnen WEers mit der Begründung, dann gelte der allgemeine Schlüssel, den der Verwalter in der Zahlungsaufforderung vornehme, für unbeachtlich erklärt, abzulehnen. Hierbei wird übersehen, daß die Verteilung wegen des Verteilungsschlüssels streitig sein kann. Deshalb begründet nur Beschl. mit Verteilung die Schuld des einzelnen (siehe § 28 Rdnr. 43; LG Lüneburg WuM 1995, 129; Palandt § 28 Rdnr. 19). Nach dem KG (a. a. O.; so auch BayObLG NZM 1998, 338) reicht die objektive Bestimmbarkeit (was immer das sein soll) der Einzelbeträge aus, die Sonderumlage sei im Zweifel sofort fällig, ablehnend auch Deckert 2, 2959.

b) **Inhalt:** Ein zur Sanierung gefaßter Umlagebeschl. muß nicht angeben in welcher Höhe mit den Bauarbeiten notwendig verbundenen Kosten auf Sanierung des SE entfallen (KG ZMR 1997, 154). Ihm kann nicht entgegengehalten werden, daß die Sanierungsarbeiten mangelhaft seien (BayObLG WE 1997, 269).

c) Handelt es sich um eine Sonderumlage zur *Durchführung einer zustimmungspflichtigen baulichen Veränderung,* die konkret mitbeschlossen wurde, so ist der WEer zur Zahlung verpflichtet; es sei denn, der Beschl ist angefochten (OLG Frankfurt OLGZ 1979, 144). Andererseits ist mit einem Sanierungsschluß noch keine SU beschlossen (OLG Köln ZMR 1998, 463).

d) Eine Sonderumlage kann auch in einer *Sonderzahlung* liegen.
Beispiel: In einer WEerGem, in der eine große Anzahl von Wohnungen vermietet ist, wird eine Umzugskostenpauschale beschlossen, durch die die WEer bei jedem Mieterwechsel zu einer Pauschalzahlung herangezogen werden.

Ob eine solche Sonderzahlung per Beschl zulässig ist und die Zahlung der Rücklage zugefügt werden darf, ist für einzelne Fallgestaltungen unterschiedlich zu beantworten.

aa) Ist in der *TErkl* vorgesehen, daß die Instandhaltungskosten nach den *MEanteilen* aufzubringen sind, so ist der Beschl auf Anfechtung hin aufzuheben (OLG Stuttgart MDR 1981, 587; OLG Frankfurt WuM 1990, 461). Ein unangefochtener Beschl würde die Umzugskostenpauschale für alle WEer verbindlich werden lassen.

bb) Ist in der *TErkl* für die Instandhaltungskosten *keine Regelung* getroffen, so soll nach dem LG Wuppertal (Rpfleger 1978, 23) ein Beschl nicht zu beanstanden sein. Dem ist nicht zu folgen, da für die Abdingung der gesetzlichen Regelung eine Vereinb nötig ist (siehe z.B. Sauren ZMR 1984, 325).

cc) Ist in der *TErkl* vorgesehen, daß die Kostentragungslast **durch Beschl** abgeändert werden kann, so ist der Beschl wirksam (AG Wennigsen/Deister ZMR 1985, 392).

e) Auch sonstige Sonderumlagen können durch Beschl nicht eingeführt werden, wenn sie die TErkl oder die gesetzliche Regelung abändern sollen.

Beispiel: Eine Vermietungspauschale, wonach die WEer ein zusätzliches Entgelt zahlen sollen, wenn und solange sie ihre Wohnung vermietet haben, ist auf Anfechtung hin für ungültig zu erklären (AG Hamburg DWE 1979, 29) oder eine Verwaltervergütung zu Lasten einzelner WEer (KG NJW-RR 1989, 329).

f) **Abrechnung der Sonderumlage:** Sie muß jeweils im Jahr des Abfluß bzw. Zufluß eingestellt werden, da § 28 von allen Einnahmen und Ausgaben spricht. Deshalb sind nach dem KG (ZMR 1993, 344; Drasdo ZMR 1998, 407; a.A. AG Kerpen ZMR 1998, 376) alle Zahlungen einzustellen. Soweit dies zu Finanzierungsproblemen führt, ist dies im Beschl über die Bildung der Sonderumlage zu beachten und ggf. zu korrigieren.

Sonderzahlung: siehe Sonderumlage.

Umzugskostenpauschale: siehe Sonderumlagen c).

Verbrauchszähler, Heizkostenverteiler, Wasserverbrauchszähler etc.:

a) Zur *Anschaffung* siehe § 22 Rdnr. 42: Zähler.

b) Wird der Beschl über die *Installation* nicht angefochten, so liegt darin konkludent eine Abänderung der Regelung der TErkl (Palandt Rdnr. 2; a.A. BayObLG NJW-RR 1988, 273: nicht überzeugend, warum sollen sonst Zähler angeschafft werden).

c) Können Kosten der Verwaltung sein (BayObLG WE 1986, 74).

Vermietungskostenpauschale: siehe Sonderumlagen d).

Versammlungskosten: Die Kosten für die Durchführung, wie z.B. die Saalmiete, gehören zu den Kosten des GE's (für Miete der

Lautsprecheranlage BayObLG DWE 1983, 123), soweit im Verwaltervertrag nicht anders geregelt.
Versicherung des GE's: Gehört zu den Kosten gem. Abs. 2.
Verwaltervergütung: Sind Betriebskosten gem. Abs. 2; siehe § 26 Rdnr. 22 und Sauren Verwalter § 7.
Verzugszinsen: siehe vor § 10 Rdnr. 15 unter Sanktionen, Strafe.
Waschmaschine: siehe Nutzungsentgelt.
Wasserkosten: Diese gehören zu den Kosten gem. Abs. 2 (BayObLG NJW-RR 1992, 1432) auch wenn für die einzelnen WE's Uhren vorhanden sind, der Wasserversorger aber einheitlich gegenüber der WEerGem abrechnet (BayObLG WE 1994, 309).

6. Heiz- und Warmwasserkosten: a) Zwingender Charakter der HKV: Der Gesetzgeber hat durch die Verordnung über die Heizkostenabrechnung (Verordnung über die verbrauchsabhängige Abrechnung der Heiz- und Warmwasserkosten v. 23. 2. 1981, BGBl I S. 261ff., geändert durch Art. 6 Abs. 2 der Verordnung zur Änderung wohnungsrechtlicher Vorschriften v. 5. 4. 1984, BGBl I S. 556 und Art. 9 der Verordnung zur Änderung energiesparrechtlicher Vorschriften v. 19. 1. 1989 BGBl I S. 109; die Bekanntmachung der geltenden Fassung ist erfolgt in BGBl 1989 S. 115ff.) die verbrauchsabhängige Abrechnung der Heiz- und Warmwasserkosten für das WE vorgeschrieben (§ 3 HKV), denn danach sind die Vorschriften der HKV auf das WE anzuwenden, unabhängig davon, ob durch Vereinb oder Beschl abweichende Bestimmungen über die Verteilung der Kosten der Versorgung mit Wärme und Warmwasser getroffen worden sind. Darüberhinaus hat die HKV gem. § 2 zwingenden Charakter (OLG Zweibrücken ZMR 1986, 63, 64).

b) Zeitlicher Geltungsbereich: Die HKV gilt für jedes WE, das nach dem 1. 7. 1984 bezugsfertig geworden ist, ab der Bezugsfertigkeit (§ 12 HKV). Für vorher fertiggestellte WE können die WEer den Zeitpunkt jederzeit beschließen. Da jedoch schon ab dem 1. 7. 1984 die Mieter, soweit nicht nach der HKV abgerechnet wird, eine Kürzung um 15% vornehmen können (§ 12 Abs. 1 HKV), entspricht es ordnungsgemäßer Verwaltung, dies, wenn nicht schon geschehen, nunmehr sofort beschließen zu lassen (BayObLG ZMR 1988, 349), denn eine verbrauchsabhängige Abrechnung kann erst ab Anbringung der Ausstattung erfolgen.

c) Sachlicher Umfang: Es muß sich um Kosten des Betriebes einer von den WEer gemeinschaftlich betriebenen zentralen Heizungsanlage oder Warmwasserversorgungsanlage handeln. Gem. § 7 Abs. 2 HKV gehören zu den Kosten des Betriebs zentraler Heizungsanlagen oder von Fernwärme (§ 1 Abs. 3) einschließlich der Abgasanlage folgende Kosten:

§ 16 2. Abschnitt. Gemeinschaft der Wohnungseigentümer

– des verbrauchten Brennstoffes und ihrer Lieferung,
– des Betriebsstroms,
– der Bedienung, Überwachung und Pflege der Anlage,
– der regelmäßigen Prüfung ihrer Betriebsbereitschaft und Betriebssicherheit einschließlich der Einstellung durch einen Fachmann,
– der Reinigung der Anlage und des Betriebsraumes,
– der Messung nach dem Bundesimmisionsschutzgesetz,
– der Anmietung oder anderer Arten der Gebrauchsüberlassung einer Ausstattung zur Verbrauchserfassung,
– sowie die Kosten der Verwendung einer Ausstattung zur Verbrauchserfassung einschließlich der Kosten der Berechnung und Aufteilung (siehe ergänzend unter h Heizkosten).

Zu den Kosten des Betriebes der zentralen Warmwasserversorgung zählen:
– Kosten der Warmwasserversorgung, soweit sie nicht gesondert abgerechnet werden, und die Kosten der Wassererwärmung entsprechend § 7 Abs. 2 HKV.

Zu den Kosten der Wasserversorgung gehören die Kosten des Wasserverbrauchs, die Grundgebühren, die Zählermiete, die Kosten der Verwendung von Zwischenzählern, die Kosten des Betriebs einer hauseigenen Wasserversorgungsanlage und einer Wasseraufbereitungsanlage einschließlich der Aufbereitungsstoffe (§ 8 Abs. 2 HKV). Nicht darunter fällt die Tankhaftpflichtversicherung und Reparaturen (BayObLG NJW-RR 1997, 715).

Nach dem OLG Stuttgart (OLGZ 1984, 137) verbietet die HKV nicht, ein in die Wohnanlage eingebautes Heizwerk durch einen Dritten betreiben zu lassen, der nicht nach der HKV, sondern nach den Grund- und Arbeitspreisen abrechnet. Anders liegt der Fall jedoch dann, wenn ein WEer die Anlage in seinem SE betreibt. In diesem Fall gilt die HKV wiederum (BayObLG NJW-RR 1989, 843).

16 **d) Ausstattung:** Die WEer haben zu entscheiden über (vgl. § 3 Abs. 1 HKV)
– die Anbringung (darunter ist z.B. die Art und Weise zu verstehen) und
– die Auswahl der Ausstattung zur Erfassung des Verbrauchs (gem. §§ 4, 5 HKV, z.B. das Fabrikat, die Zähler und Verteiler);
– die Verteilung der Kosten (§§ 7, 8 HKV bei verbundenen Anlagen gem. § 9 HKV) und
– die in der HKV vorgesehene Ausnahmeregelung (§ 11 HKV);

Beispiel: Nichtanwendung der HKV auf Alters- und Pflegeheime, Studenten- und Lehrlingsheime (§ 11 Abs. 1 Nr. 2a HKV).

Ein entsprechender Beschl ist durch die Gerichte überprüfbar, z.B. ob unverhältnismäßige Kosten (§ 11 Abs. 1 Nr. 1a HKV) entstehen, (so KG NJW-RR 1993, 468; siehe g bb).

Die WEerGem hat die entsprechende Verpflichtung zur Ausstattung 17
der Räume mit den Verbrauchserfassern (§ 5 Abs. 1 HKV). Dies gilt
auch für die im GE stehenden Räume, soweit sie abgeschlossen sind,
und für die gemeinschaftlich genutzten Räume, wie z.B. Treppenhaus, Trockenräume (§ 4 Abs. 3), es sei denn, es handelt sich um
Räume mit hohem Wärme- oder Warmwasserverbrauch, wie z.B.
Sauna, Schwimmbad. Die Durchführung der Maßnahme obliegt der
Verwaltung (§ 27 Abs. 1 Nr. 1) inkl. der Anbringung der Geräte.
Beim letzteren handelt es sich nicht um eine bauliche Veränderung
i.S.v. § 22, es ist vielmehr eine Maßnahme der ordnungsgemäßen
Verwaltung. Sie ist auch anwendbar trotz ihrer Mängel bei einer sog.
Einrohrheizung mit Ringleitung (BayObLG NJW-RR 1993, 663).
Beschl, der Nichtanbringung von Heizkostenverteiler bestimmt, ist
nichtig (vgl. Palandt Rdnr. 15). Eine seitens der WEerGem beschlossene Anbringung müssen alle WEer auch in ihrem SE dulden (vgl. § 4
Abs. 2 Satz 1 HKV), ggf. muß dies gerichtlich durchgesetzt werden.
Die Kosten für die Anschaffung und Anbringung sind gem. § 3 Abs. 2
HKV nach den Regelungen vorzunehmen, die für die Tragung der
Verwaltungskosten in der TErkl gelten (OLG Karlsruhe DWE 1987,
63). Wird in der TErkl nach Kostenarten unterschieden, so gilt der
Verteilungsschlüssel für Ersatzbeschaffungen bzw. Reparaturen, also
i.d.R. für Instandhaltungskosten (Demmer MDR 1981, 529).

e) Voraussetzung für die Verteilung: Über die unter d) auf- 18
geführten Punkte können die WEer wie folgt entscheiden (siehe auch
§ 23 Rdnr. 32):

aa) Die **Kostenverteilung ist in der TErkl nicht** geregelt (vgl. 19
§ 6 Abs. IV S 2 Nr. 2 HKV). Die WEer können über eine von § 16
Abs. 2 abweichende Kostenverteilung im Rahmen der §§ 7–9 HKV
beschließen (mindestens 50 von 100, höchstens 70 von 100 nach dem
erfaßten Verbrauch, die übrigen Kosten nach der Wohn- oder Nutzfläche). Eine Vereinb für die erstmalige Festlegung ist nicht erforderlich, weil sich der Beschl im Rahmen ordnungsgemäßer Verwaltung
hält (§ 21 i.V.m. § 3 Satz 2, HKV; AG Hamburg-Blankenese v. 16. 7.
1986, 506 II 13/86 zit. n. Bielefeld S. 237; Demmer MDR 1981,
529). Dies gilt nunmehr auch (Bielefeld DWE 1989, 11; Pfeifer § 3
Anm. 4) für spätere Änderungen. Eine Vereinb ist notwendig, wenn
der Rahmen der §§ 7–9 HKV überschritten werden soll (OLG Düsseldorf NJW 1986, 386).

bb) Die **Kostenverteilung ist in der TErkl geregelt** (vgl. § 6 20
AbS. IV S 2 Nr. 1 HKV): Soweit sie entsprechend den § 7–9 HKV
geregelt ist, ist eine Änderung nur durch Vereinb möglich (BayObLG
WE 1990, 112). Ist dies nicht der Fall, so ist eine Änderung, die sich
im Rahmen der §§ 7–9 HKV hält, durch Beschl möglich, da es sich
um eine ordnungsgemäße Verwaltung handelt (§ 21 i.V.m. § 3 Satz 2
HKV), soweit es sich um die erstmalige Änderung (BayObLG WE

§ 16   2. Abschnitt. Gemeinschaft der Wohnungseigentümer

1994, 282) handelt, es sei denn, die Vereinb sieht eine höhere als 70% Verteilung vor (z.B. ganz nach Verbrauch). Dann bleibt diese unberührt (§ 10 HKV) und Beschl ist unwirksam (BayObLG WE 1991, 295, 296). Hält sich eine neue Regelung nicht im Rahmen der §§ 7–9 HKV und ist sie nicht mehr die erste Änderung (KG NJW-RR 1988, 1167), so ist die in der TErkl vorgesehene Mehrheit (z.B.: $^2/_3$ oder $^3/_4$ Mehrheit) für die Abänderung des Kostenverteilungsbeschlusses maßgeblich (AG Hamburg-Blankenese a.a.O. zit. n. Bielefeld WEG S. 238; Bielefeld DWE 1989, 11), oder bei deren Fehlen eine Vereinb nötig.

21   **f) Einzelanspruch jedes WEers:** Aufgrund der HKV kann jeder WEer die erstmalige Festlegung des Verteilungsmaßstabes im Rahmen der §§ 7–9 HKV als Maßnahme der ordnungsgemäßen Verwaltung verlangen. Der Anspruch ist deshalb wichtig, weil den WEern anders als den Mietern eine Kürzung der Heizkosten um 15% (§ 12 Abs. 1 Satz 2 HKV) verwehrt ist. Jedoch hat der einzelne WEer unter Umständen einen Schadensersatzanspruch gegen den Verwalter oder andere WEer, wenn diese schuldhaft den Beschl oder die Anbringung unterlassen haben (vgl. Demmer MDR 1981, 529). Der WEer muß jedoch zunächst versuchen, durch einen TOP einen Beschl zu erreichen. Erst dann kann er gerichtlich vorgehen. Das Gericht kann eine Verpflichtung der WEer zur Einführung der verbrauchsabängigen Abrechnung bestimmen, jedoch eine Regelung selbst nicht treffen (BayObLG ZMR 1986, 450). Deshalb kann auch der Verwalter nicht zu einer verbrauchsabhängigen Abrechnung verpflichtet werden, da dies zunächst Sache der WEer ist (BayObLG wie vor). Ein Beschl, der mit der HKV nicht in Einklang steht, ist aber nicht nichtig (BayObLG ZMR 1988, 349).

22   **g) Ausschluß der HKV:** Ein Ausschluß der verbrauchsabhängigen Verteilung ist auch durch Vereinb nicht möglich (§ 2 HKV, OLG Düsseldorf DWE 1989,29). Soweit Geräte ausfallen oder aus anderen zwingenden Gründen (z.B. die Wohnung war nicht zugänglich) der Verbrauch nicht erfaßbar ist, ist er nach den Vorjahren oder vergleichbaren anderen Zeiträumen zu ermitteln (§ 9a HKV). Soweit für 25% der Wohn- oder Nutzfläche eine Erfassung nicht möglich ist, sind die Kosten nach Wohn- oder Nutzfläche oder umbauten Raum zu schätzen.

Die HKV zählt darüberhinaus in § 11 die Fälle auf, in denen sie nicht gilt. Zwei wesentliche seien hier herausgegriffen:

23   aa) In einzelnen Fällen können, um einen unangemessenen Aufwand oder sonstige unbillige Härte zu vermeiden, die **nach Landesrecht zuständigen Stellen eine** Ausnahme gestatten (§ 11 Abs. 1 Nr. 5 HKV). Diese Befreiung haben die WEer nach dem OLG Hamm (DWE 1987, 25) zu beachten, es sei denn, sie ist offensichtlich nichtig.

Nutzungen, Lasten und Kosten **§ 16**

bb) § 11 Abs. 1 Nr. 1 HKV befreit des weiteren in Fällen, in denen 24
das Anbringen der Ausstattung zur Verbrauchserfassung, die Erfassung
des Verbrauchs und die Verteilung der Verbrauchskosten nicht oder
nur mit **unverhältnismäßig hohen Kosten** möglich ist, und dort,
wo der Nutzer in vor dem 1. Juli 1981 bezugsfertig gewordenen Gebäuden den Wärmeverbrauch nicht beeinflussen kann, wie das beispielsweise bei Einrohrheizungen (siehe aber BayObLG NJW-RR 1993, 663) der Fall ist, bei denen durch Abschaltung der ersten Heizung auch die dahinterliegenden Heizungen abgeschaltet werden.
Als unverhältnismäßig hoch sind die Kosten dann anzusehen, wenn sie
in einem Zeitraum von drei Jahren den Betrag von 15% der in der
gleichen Zeit anfallenden Kosten für die Wärme- und Warmwasserversorgung überschreiten (Pfeifer § 11 Anm. 2; ähnlich BayObLG
ZMR 1989, 317). Das OLG Düsseldorf (DWE 1989, 29 und 80)
nimmt als Bezugsgröße den Normalaufwand, d. h. die Kosten für die
Ausstattung mit Verdunstungsmessern. Das dreifache des Normalaufwandes sei nicht unangemessen (z. B. 2000,– DM für jeden WEer).
Das KG (NJW-RR 1993, 468) bejaht die Unverhältnismäßigkeit,
wenn die Kosten im 10-Jahres Vergleich höher sind (so auch BayObLG WE 1994, 282). Ein entgegengesetzter Beschl der WEer wäre auf
Antrag hin für ungültig zu erklären (OLG Düsseldorf DWE 1989, 29).

h) Auch über Fragen der Heizkostenabrechnung gibt es immer 25
wieder Streit. Deshalb seien einige Fragen in **ABC-Form** herausgegriffen. Da es sich auch meist um Fragen der Mieterabrechnung
handelt, kann auf die Literatur dazu verwiesen werden (siehe auch
Pfeifer § 7 Anm. 3ff.):

Ablesetag: Geringfügige Abweichung zw. Ablese- und Abrechnungstag schaden nicht (BayObLG DWE 1989, 26, 27).

Abrechnungsmaßstab: Innerhalb der WEerGem ist es unzulässig,
unterschiedliche Abrechnungsmaßstäbe anzulegen (KG WuM 1986,
30).

Anfangsbestand: Die Abrechnung hat den Anfangs- und Endstand
der Heizölmenge anzugeben. Dabei ist nicht das Volumen, sondern
der Wert des Bestandes auszuweisen, wobei wiederum die tatsächlichen Ankaufkosten zu berechnen sind (LG Berlin ZMR 1985, 65).
Fehlt eine Angabe, so ist die Abrechnung nicht ordnungsgemäß und
damit nicht fällig.

Auskunftsanspruch: siehe § 28 Rdnr. 68.

Auswechseln der Geräte: Nur wenn die Anschaffung technisch ausgereifter Geräte beschlossen wird.

Balkon: Bei den Quadratmeteranteilen der Heizkostenabrechnung
haben die Grundflächen von Balkonen und Terrassen außer Ansatz zu
bleiben (AG Münster WuM 1983, 207).

Beschl: Verstößt ein Beschl gegen die HKV, so ist er anfechtbar
aber nicht nichtig (BayObLG ZMR 1988, 349; a. A.: Bielefeld S. 176:

generell nichtig), anders wenn die Nichtanbringung beschlossen wird, dann nichtig (vgl. BayObLG DWE 1989, 29 „zwingend").

Eichpflicht: Die Meßgeräte der Heizung einer WEerGem unterliegen der Eichpflicht (§ 1 Abs. 1 Nr. 1 EichG; BayOLG MDR 1982, 956). Wird die Nacheichpflicht nach fünf Jahren nicht beachtet, führt die Verwendung solcher Geräte zur Unwirksamkeit der trotzdem durchgeführten Abrechnung (a.A. LG Frankfurt ZMR 1997, 156). Die Eichpflicht zu beachten entspricht ordnungsgemäßer Verwaltung (BayObLG WE 1991, 261, 263). Ein Beschl, der dies mißachtet, ist aufzuheben (BayObLG NZM 1998, 486). Die Nacheichkosten sind Betriebskosten (AG Bremerhaven DWW 1986, 19).

Eigentum: Zu der Abgrenzung der Eigentumsverhältnisse an den Heizungen und den Heizkostenverteilern, siehe § 1 Rdnr. 8 ff.

Eigentümerwechsel: Hier bestimmt § 9b HKV, daß bei Mieterwechsel durch den WEer eine Zwischenablesung vorzunehmen ist. Die Verbrauchskosten sind dann entsprechend der Ablesung zu verteilen, die übrigen Kosten des Wärmeverbrauchs aufgrund der Gradzahltage (die Tabelle ist u.a. bei Jennißen VII Rdnr. 42 wiedergegeben) oder zeitanteilig und die Kosten des Warmwasserverbrauchs ebenfalls zeitanteilig zu verteilen. Siehe auch Zwischenablesung.

Einsichtsrecht: Jeder WEer kann sowohl die Gesamtkosten als auch jede Einzelkostenabrechnung einsehen (siehe hierzu § 28 Rdnr. 71).

Freistellung: Ein WEer, der die Heizkörper dauernd abgesperrt hält, kann nicht verlangen, daß er von den „verbrauchsabhängigen" Kosten des Heizbetriebes völlig freigestellt wird. Er kann allenfalls so gestellt werden, wie derjenige WEer einer Wohnung gleicher Größe, bei dem die niedrigsten Verbrauchswerte festgestellt werden (BayObLG NJW-RR 1988, 1166).

Grundfläche, Flächenmaßstab: Die HKV sieht in § 7 Abs. 1 vor, daß die nicht verbrauchsabhängigen Kosten nach der Wohn- oder Nutzfläche oder dem umbauten Raum der beheizten Räume zugrunde gelegt werden. Hiergegen wird aufgrund vieler TErkl deshalb verstoßen, weil der MEanteil als Verteilungsmaßstab angegeben ist. Ein weiterer Fehler ist oft bei Terrassenflächen zu beobachten, die grundsätzlich außer Ansatz zu bleiben haben (AG Münster WuM 1983, 207). Bei Zimmern mit schrägen Wänden ist wie folgt zu differenzieren (vgl. Jennißen VII Rdnr. 57): Bis zu einer Höhe von 1 m bleibt die darunterliegende Fläche unberücksichtigt. Bei einer Zimmerhöhe zwischen 1 und 2 m wird die darunterliegende Fläche zur Hälfte mitberechnet. Schrägen oder sonstige Beeinträchtigungen, die über 2 m liegen, beeinflussen die Wohnfläche nicht.

Heizkörperentfernung: Kein WEer ist berechtigt, die Heizkörper, auch innerhalb seiner Wohnung, abzumontieren (OLG Hamm v. 26. 6. 1987, 15 W 438/85). Hat ein WEer trotzdem einen Heizkörper

Nutzungen, Lasten und Kosten § 16

entfernt, so kann der Verbrauch der Wohnung geschätzt werden (OLG Hamm wie vor; AG Hamburg v. 22. 1. 1987, 102a II 147/86 zit. n. Bielefeld S. 152).
Heizkosten: Zu den verbrauchsabhängigen Kosten i.S. der HKV gehören:
a) Überprüfung der Heizungsanlage
b) Zerlegung und Reinigung des Öltanks (AG Langenfeld WuM 1983, 123)
c) Austausch eines Filtereinsatzes oder einer Düse
d) Kosten der Berechnung und ihre Aufteilung (sog. Wärmedienstkosten; AG Aachen ZMR 1985, 102)
e) Nacheichkosten (AG Bremerhaven DWW 1986, 19)
f) Öltankversicherung (AG Berlin-Wedding v. 14. 3. 1985, 64 S 305/84 zit. n. Bielefeld S. 180)
g) Nachfüllen von Wasser und Einstellen der Ventile (LG Hamburg WuM 1978, 242)
h) Schornsteinfeger (Pfeifer § 7 Anm. 2, a.A. Bielefeld S. 153).
Nicht zu den Kosten gehören:
a) Wartung der Feuerlöscher
b) die Beseitigung einer Undichtigkeit des Kessels (LG Hagen WuM 1980, 255)
c) die Beschichtung des Heizöltanks (LG Frankenthal ZMR 1985, 302).
Mängel: Ist eine verbrauchsabhängige Abrechnung gem. HKV nicht möglich, so kann die WEGem durch Beschl nach einem anderen Maßstab abrechnen (KG WuM 1994, 400).
Meßungenauigkeiten: Der BGH (ZMR 1986, 275) hat Verdunstungsmeßeinrichtungen, trotz deren bekannten Meßungenauigkeiten, genehmigt. Im Einzelfall ist es Sache des jeweiligen WEers, behauptete Fehlerquellen nachzuweisen.
Neuberechnung: Wenn die Gem eine Neuberechnung der Heizungskosten wegen Ausfall der Meßgeräte oder ähnlicher Fehler beschließt, so kann diese auch Schätzungen beinhalten, ohne gegen die ordnungsgemäße Verwaltung zu verstoßen (OLG Köln DWE 1990, 69).
Terrassen: siehe Balkon.
Warmwasser: Die Kosten dafür dürfen nicht nach einem Pauschalverfahren (z.B. mit 18% der Brennstoffkosten) aufgenommen werden, wenn Vergleichskosten des Vorjahres vorhanden sind (LG Freiburg WuM 1994, 397).
Wartungskosten: siehe Heizkosten.
Zulässigkeit der Verdunstungsgeräte: Der BGH hat die Verwendung der Verdunstungsgeräte grundsätzlich für zulässig erachtet, trotz der Möglichkeit der Verwendung genauerer Meßmethoden (BGH ZMR 1986, 275).

Zusammenfassung mehrerer Jahre: Die Abrechnung der Heiz- und Warmwasserkosten darf nur dann für mehrere Jahre zusammengefaßt werden, wenn die Gemeinschaftsordnung dies zuläßt, oder wenn wegen Fehlens von Zählerablesung und Verbrauchsmessung eine jahrweise Abrechnung unmöglich ist (BayObLG NJW-RR 1992, 1431).

Zutrittsgewährung: Jeder WEer ist verpflichtet, zur Ablesung der Geräte Zutritt zu gewähren. Dies kann notfalls durch eine einstweilige Anordnung erzwungen werden (vgl. LG Köln WuM 1985, 294).

Zwischenabrechnung: Ist diese notwendig, so trägt der veräußernde oder vermietende WEer die Kosten. Siehe auch Eigentümerwechsel.

26 7. **Abs. 3** sieht abdingbar (Palandt Rdnr. 3) vor, daß ein WEer, der einer zu duldenden baulichen Veränderung nicht zugestimmt hat (da seine Zustimmung nicht erforderlich war, gem. § 22 Abs. 1 Satz 2 oder bei nicht für ungültig erklärten Beschl, OLG Hamm ZMR 1997, 371, krit. Deckert 2, 3130 oder nach Verwirkung eines Beseitigungsanspruches OLG Saarbrücken FGPrax 1997, 56), an den Herstellungs- und Unterhaltskosten und Nutzungen **nicht zu beteiligen** ist.

Beispiel: Einbau einer Rauchgasklappe.

Dies bedeutet, daß der Nichtzustimmende auch an einem evtl. Wertzuwachs nicht teilnimmt (BPM § 22 Rdnr. 226). Er wird von der Maßnahme folglich weder positiv noch negativ berührt (BGH NJW 1992, 979). Die Freistellung der WEer von den durch die baulichen Veränderung verursachten Kosten beruht auf einer gesetzliche Anordnung und wirkt uneingeschränkt gegenüber jedem, also auch gegenüber dem Rechtsnachfolgern der WEer (BGH NJW 1992, 979, 980). Sie müssen von dem Zeitpunkt an, ab dem sie für die Verwaltungsverbindlichkeiten haften, die Kostenfreiheit der anderen Teilhaber (gem. § 16 Abs. 3 Halbsatz 2) gegen sich gelten lassen. Ist mit der baulichen Veränderung eine Modernisierung verbunden, ist der WEer nur von den Mehrkosten befreit, die dadurch entstehen, daß die Maßnahme über eine ordnungsgemäße Instandhaltung hinausgeht. An diesen Kosten kann er sich aber nach den Grundsätzen der ungerechtfertigten Bereicherung (§§ 812 ff. BGB) zu beteiligen haben (BayObLG DWE 1989, 38). Soweit der WEer den Beschl über eine bauliche Veränderung nicht anficht, entsteht mit Ablauf der Anfechtungsfrist eine Duldungspflicht.

Beispiel: Die WEer beschließen den Bau von 19 Garagen, von denen der Antragsteller keine erhalten soll. Mangels Anfechtung muß er dies dulden (BayObLG DNotZ 1973, 611), ersetzt aber keine Kostentragungslast, wenn nicht mit beschlossen (OLG Hamm ZMR 1997, 371).

26a Abs. 3 ist nicht anwendbar, wenn Zustimmung entbehrlich war (BayObLG WE 1990, 395).

Nutzungen, Lasten und Kosten § 16

Abs. 3 kann durch Vereinb bzw. TErkl **abbedungen** werden (BGH NJW 1992, 989). Ist dies nicht erfolgt, so dürfen die Kosten nicht aus der Rücklage oder sonstigen gemeinschaftlichen Geldern (z.B. Sonderumlage) bestritten werden (BGH a.a.O.; OLG Hamburg MDR 1977, 230). Der Verwalter hat sogar sicherzustellen, daß der Nichtzustimmende auch im Außenverhältnis nicht für die Kosten der baulichen Veränderung in Anspruch genommen wird (BGH a.a.O., OLG Hamburg wie vor). Dies gilt auch für eventuelle Folgekosten und der Rechtsnachfolger anderer WEer muß dies gegen sich geltend lassen (BGH a.a.O.). 26 b

Folgende **Fallgestaltungen** sind zu **unterscheiden**:

a) Die **Zustimmung zu einer baulichen Veränderung** ist unter Festlegung einer **Höchstgrenze** erfolgt. Ein WEer kann in diesem Fall nicht gegen seinen Willen an Kosten beteiligt werden, die über die festgelegte Höchstgrenze hinausgehen. Ein Beschl, der dies vorsieht, ist auf Anfechtung hin für ungültig zu erklären (BayObLG ZMR 1986, 249). 27

b) Ist eine **abgetrennte Nutzung möglich**, so kann der **Nichtzustimmende** nur dann eine Nutzung erlangen, wenn alle ursprünglich Zustimmenden auch mit zustimmen (Demharter MDR 1988, 265). Dies führt zur Beteiligung an den Betriebs-, Unterhalts- und Herstellungskosten (AG Wiesbaden MDR 1967, 126). 28

c) Ist eine **abgetrennte Nutzung praktisch nicht möglich** (z.B. bei Umstellung der Heizung BayObLGZ 1988, 271), so ist wie folgt zu unterscheiden: 29

aa) Verfrühte Instandsetzung: Die Nichtzustimmenden sind im Zeitpunkt der notwendigen Instandsetzungskosten unter Berücksichtigung der Abnutzung zu beteiligen (Palandt Rdnr. 5; a.A. Demharter MDR 1988, 265, 267), an den Unterhaltskosten sogleich. 30

bb) Zwangsläufige Mitbenutzung bei einer baulichen Veränderung. Hier ist der Nichtzustimmende an den Investitionskosten, die dadurch entstehen, daß die Maßnahme über die ordnungsgemäße Instandhaltung und Instandsetzung hinausgeht, nicht zu beteiligen (BayObLG WuM 1989, 41). Soweit er einen Vermögensvorteil erlangt (z.B. Heizkostenersparnis), hat er diesen der WEerGem zumindest bis zur Höhe seiner (fiktiven) Beteiligung an den Instandhaltungskosten nebst angemessener Verzinsung nach den Grundsätzen der ungerechtfertigten Bereicherung herauszugeben (Kreuzer WE 1996, 450; Demharter MDR 1988, 269 nur bis zu den Investitionskosten). 31

d) Der Nichtzustimmende muß sich aber auf jeden Fall dann beteiligen, wenn er die Kostenverteilung **unangefochten** läßt. 32

Beispiel: Nichtanfechtung der gegen Abs. 3 verstoßenden Jahresabrechnung/Kostenumlage (BayObLG NJW 1981, 690) oder einer entsprechenden Rücklagenbildung (OLG Hamburg MDR 1977, 230).

33 8. Die Verpflichtungen des § 16 treffen nach dem Gesetzeswortlaut den **„WEer"**, also weder schuldrechtlich Berechtigte, z.B. Mieter, noch dinglich Berechtigte, z.B. Wohnrechtsinhaber (BGH Rpfleger 1979, 58).

34 a) Wer bei der Veräußerung als WEer anzusehen ist, ist vom **BGH** mit einer Auslegung streng am Wortlaut beantwortet worden, d.h. nur der im Grundbuch Eingetragene ist Verpflichteter (BGH NJW 1989, 2697; BayObLG NJW-RR 1990, 81; KG WE 1991, 106). **Richtig** ist aber die Auffassung, daß der Erwerber ab dem Zeitpunkt, ab dem er seinen Kauf nicht mehr rückgängig machen kann (sog. **Anwartschaftsrecht**), d.h. ab der Einreichung des Umschreibungstrags beim Grundbuchamt, verpflichtet ist (Sauren Rpfleger 1985, 261; 1986, 171). Die Meinung des BGH's übersieht, daß für die WEerGem während der Übergangsphase eine gesamtschuldnerische Haftung notwendig ist, da sie bzw. der Verwalter nicht vom Grundbuchamt informiert wird. Da die Umlagen laufende Geldleistungen sind, die ihrer Natur nach im Interesse einer geordneten Verwaltung und zur Vermeidung von Unzuträglichkeiten und Schäden einer raschen Verwirklichung bedürfen, muß die WEerGem bzw. der Verwalter auf beide, sowohl Veräußerer als auch Erwerber, soweit sein Antrag bindend ist, zurückgreifen können. Damit könnten auch Streitigkeiten über die Abrechnung in das Verhältnis beider verwiesen werden und die WEerGem damit nicht belastet und der evtl. Gefahr eines Ausfalls ausgesetzt werden. Wäre der Tag der Eintragung entscheidend, so würde in Zukunft eine erhebliche Belastung auf die Verwalter zukommen, da sie dauernd in das Grundbuch Einsicht nehmen müßten, ein insbesondere bei großen WEerGemen kaum zu bewältigender Arbeitsvorgang (Sauren DWE 1989, 42). Zudem muß es den Beteiligten möglich sein, den Zeitpunkt der Verpflichtung zu bestimmen, und nicht dem Rechtspfleger beim Grundbuchamt. Gegen die hier vertretene Auffassung wird von Storck (PiG 29 S. 172) vorgetragen, daß bei Eintragung einer Vormerkung bereits ein Anwartschaftsrecht vorliege (Bezug auf BGH NJW 1982, 1639). Dabei übersieht sie, daß diese Auffassung zum einen bestritten ist (z.B. Staudinger-Ertl § 925 Anm. 140), zum anderen auch der BGH dies nur bestätigt, wenn gleichzeitig die Auflassung erklärt ist (BGH NJW 1984, 973). Gerade das wird hier verlangt. Unter „WEer" ist nach dem BGH also derjenige zu verstehen, der im Grundbuch eingetragen ist. Für ihn gilt die Vermutung (§ 891 BGB, OLG Hamm NJW-RR 1989, 655).

35 b) Nach dem **BGH** (NJW 1983, 1615) **haftet der Veräußerer auf jeden Fall bis zur Umschreibung** im Grundbuch für alle bis dahin fällig werdenden Beiträge inkl. der rückständigen Vorschüsse i.S.v. § 28 Abs. 2 (OLG Köln WuM 1989, 97). Sobald jedoch die Jahresabrechnung fällig (so Weitnauer DNotZ 1989, 156) wird, und zu diesem Zeitpunkt bereits ein Nachfolger eingetragen ist, hat dieser

sie zu begleichen. Der Veräußerer haftet aber weiter für die Vorschüsse (BGH NJW 1996, 725, zum ganzen Sauren DWE 1989, 42; Rpfleger 1991, 290 m. w. N. Fn 17). Diese Haftung entfällt auch nicht deshalb, weil der Rückstand in die Abrechnung des Erwerbers aufgenommen wurde (BayObLG DWE 1991, 14).
Beispiel: Über Sonderumlage wird zweimal abgestimmt, da sie in der Abrechnung des Jahres eingestellt wurde. Nach OLG Köln (v. 16. 1. 1991, 16 Wx 84/90) ist der alte WEer der richtige Schuldner.

c) Eine **Haftung des Erwerbers für Rückstände** ist durch Beschl möglich, wenn diese im Kaufvertrag geregelt ist (§ 328 BGB) oder wenn eine Vereinb dies vorsieht (BGH NJW 1994, 2950) oder der Beschl unangefochten blieb. 36

Beispiel: Der Erwerber haftet für Wohngeldrückstände des Vorgängers (siehe Rdnr. 49).

Ein Beschl, der eine solche Haftung einführt, ist nur nichtig, wenn er Rückstände in der Zwangsversteigerung erfaßt (BayObLGZ 1984, 198). In der Zwangsversteigerung ist eine Haftung auch durch Vereinb nicht möglich (BGH NJW 1987, 1638).

Der Erwerber haftet grundsätzlich nicht für vor Erwerb fällige Beitragsschulden des Verkäufers (BGH NJW 1994, 2950), es sei denn dies ist vereinbart oder beschlossen (dann gilt dies auch für den teilenden Eigentümer, OLG Düsseldorf NJW-RR 1997, 906). Der Erwerber haftet jedoch für nach seinem Eigentumserwerb entstandene Beiträge (Sauren Rpfleger 1991, 290) z. B. Vorschüsse aus dem WP (KG WE 1991, 106). Dies gilt nach h. M. selbst dann wenn Beschlfassung nach Kaufvertrag und vor Umschreibung (OLGHamm ZMR 1996, 337, Bub FW V 90), Fälligkeit aber erst nach Umschreibung erfolgt. 36a

Beispiel: Nach Verkauf wird Sonderumlage beschlossen, die erst nach Umschreibung zahlbar ist.

Für die Zeit der Überlappung von Vorschüssen mit der Jahresabrechnung (d. h. soweit eine Nachzahlungspflicht des Erwerbers in der Abrechnung deshalb besteht, weil der Veräußerer keine Vorschüsse bezahlt hat) besteht also eine unechte Gesamtschuld (Sauren Rpfleger 1991, 290), d. h. die Nachzahlung vermindert sich nicht um diese fehlenden Vorschüsse (LG Köln WuM 1997, 184 m. zust. Anm. Drasdo; Müller WE 1997, 130; Sauren a. a. O.; ähnlich OLG Köln WuM 1997, 638; a. A. die h. M. sog. **Abrechnungsspitzentheorie;** OLG Zweibrücken WE 1996, 277; OLG Köln WE 1997, 431; OLG Düsseldorf WE 1997, 193). Die Einzelabrechnung ist auch nicht deshalb anfechtbar (Sauren a. a. O.; a. A. die h. M. wie vor; Wenzel WE 1997, 124; weitergehend Bub FW V, 100 nichtig). Der Erwerber **haftet** für alle nach seinem Beitritt entstandenen (d. h. durch Beschl oder Fälligkeit) Schulden, selbst wenn Kosten aus der Zeit vor seinem Erwerb stammen (BGH NJW 1988, 1910; nach KG NJW-RR 1992,

§ 16 2. Abschnitt. Gemeinschaft der Wohnungseigentümer

84 nur, wenn die Schulden auch aus dem Verwaltungsvermögen der WEer beglichen wurden).

36 b Im konkreten Fall ist jedoch jeweils die Frage des **Rechtsmißbrauchs** zu prüfen. Ein Beschl wird durch Vorliegen des Rechtsmißbrauchs aber nicht nichtig (BayObLG NJW-RR 1992, 14; Rpfleger 1995, 123). Hierfür reicht nicht aus, daß angeblich vor Eintragung des neuen WEer schon hätte beschlossen werden können (LG Hamburg DWE 1990, 22). Wird jedoch in die Einzelabrechnung des Erwerbers ein Saldo aus einer alten Abrechnung oder Umlage aufgenommen, so ist die Abrechnung nicht nichtig (a. A. KG WE 1993, 94), sondern nur anfechtbar (OLG Düsseldorf WuM 1991, 623; KG WE 1994, 48). Dabei ist jedesmal durch Auslegung zu ermitteln, ob es sich um eine **Kontenstandsmitteilung** handelt oder eine Zahlungspflicht begründet werden sollte (OLG Köln ZMR 1997, 249), so daß bei fehlender Anfechtung der Erwerber haftet. Grundsätzlich entfällt die Haftung des Veräußerers durch die Aufnahme in die Jahresabrechnung des Erwerbers nicht (BGHZ 131, 228).

37 9. Auch beim **Nießbrauch** soll der WEer Wohngeldschuldner bleiben; dies ist bedenklich (vgl. § 25 Rdnr. 12), da er nur teilweise ein Stimmrecht hat.

38 10. Der **so verstandene WEer** ist nach Abruf des Verwalters zunächst zur **Zahlung** sog. Vorschüsse **verpflichtet** (§ 16 Abs. 2 i. V. m. § 28 Abs. 2). Die tatsächliche Höhe ergibt sich erst nach Abrechnung des Verwalters, die die konkrete Beitragsschuld festlegt, und Genehmigung durch WEer (§ 28 Abs. 5) (BGH NJW 1993, 593). Folgt man der Auffassung von Weitnauer (Rdnr. 50) für die Fälligkeit, so gilt hierfür folgendes: Im konkreten Fall ist jeweils zu prüfen, ob tatsächlich der Fälligkeitszeitpunkt festgelegt wurde oder nur eine Stundungsabrede erfolgt. Da der Saldo durch Beschl entsteht, ist gem. § 271 BGB auch der Betrag i. d. R. sofort fällig. Wird z. B. dann gleichzeitig beschlossen, daß der Betrag bis zu einem bestimmten Tag zu zahlen ist, liegt darin nur eine Stundungsvereinbarung, nicht aber die Bestimmung der Fälligkeit (Sauren Rpfleger 1991, 291).

39 **Geltendmachung:** Die beschlossenen Beträge (§ 28 Rdnr. 47, 49) geltend zu machen ist zunächst Aufgabe des Verwalters (§ 27 Abs. 2 Nr. 1). Die gerichtliche Geltendmachung erfolgt in WE Verfahren (§ 43 ff.) durch den Verwalter (§ 27 Abs. 2 Nr. 5) oder einzelne oder mehrere WEer nur aufgrund Beschl der Gem nach BGH (NJW 1990, 2386; str: a. A. z. B. Ehrmann JZ 91, 222 mit guten Gründen). Da der Anspruch nach wie vor allen WEer zusteht, muß der Antrag bei Gericht auf Zahlung an alle gehen, i. d. R. zu Händen des Verwalters. Eine mögliche Anfechtung des Beschlusses über die Beitragsfestsetzung ist kein Grund zur Aussetzung des Wohngeldprozesses (BayObLG NJW-RR 1993, 788).

§ 16

11. Die Ansprüche auf Zahlung von Lasten und Kosten **verjähren** 40 erst nach 30 Jahren (§ 195 BGB, Jahresabrechnung und Sonderumlage BayObLG WE 1997, 265, ebenso WP siehe BPM § 28 Rdnr. 138, str.). Gegenüber dem Anspruch der WEerGem auf Zahlung von Kosten und Lasten (auch im Vollstreckungsgegenantrag nach KG ZMR 1995, 211) kann aufgrund der Treuepflicht (siehe vor § 10 Rdnr. 9) nur beschränkt **aufgerechnet** werden (§§ 387 ff. BGB), da bei fehlender Zahlung eine ordnungsgemäße Verwaltung nicht mehr gewährleistet wäre. Nach der Rechtsprechung (z.B. BayObLG NJW-RR 1986, 1463) kann deshalb nur mit anerkannten Gegenforderungen (auch aus Überzahlung BayObLG ZMR 1988, 349), rechtskräftig festgestellten (BayObLG WE 1987, 17) Ansprüchen oder mit Ansprüchen aus Notgeschäftsführung (i. S. v. § 21 Abs. 2 i. V. m. § 683 BGB), – aber nur von dem WEer, der sie vorgenommen hat und für das betreffende Jahr nach dem KG ZMR 1995, 211, aber auch wenn vor Erwerb vorgenommen, BayObLG ZUR 1998, 646 – aufgerechnet werden. Zur Notgeschäftsführung siehe § 21 Rdnr. 5. Darüber hinaus müssen die Voraussetzungen des BGB (§ 387 ff. BGB) für die Aufrechnung vorliegen, also z.B. auch die Gegenseitigkeit gegeben sein. Das bedeutet, daß die Forderung sich auch gegen die WEerGem richten muß und nicht nur gegen einen einzelnen WEer oder den Verwalter.
Beispiel: Dies fehlt bei einer Forderung des Verwalters, die an einen WEer abgetreten ist (BayObLG Rpfleger 1976, 422).
Anerkannt ist eine Forderung z.B. dann, wenn sie aufgrund eines Beschl der WEerGem für zutreffend befunden wurde.
Beispiel: Überschuß aus einer Jahresabrechnung
Dieses Aufrechnungsverbot gilt nach dem BayObLG (WuM 1996, 298) auch für den ausgeschiedenen WEer. Aus den oben dargelegten Gründen besteht auch grundsätzlich **kein Zurückbehaltungsrecht** (§ 273 BGB) gegenüber Zahlungsansprüchen der WEerGem (BayObLG Rpfleger 1977, 286). Ein WEer kann die Zahlung also weder mit der Begründung verweigern, daß er bereits genug Vorschüsse geleistet habe, noch, daß ihm noch Ansprüche zustehen würden. Ebenso wenig ist möglich bei Sanierungsumlagen dem entgegen zu halten, daß sie mangelhaft ausgeführt seien (BayObLG WE 1997, 269).
Eine **Rückforderung** von Wohngeldern, da der betreffende WP 40a und die JA aufgehoben worden sind und der WEer ausgeschieden ist, ist nach dem OLG Köln (ZMR 1997, 30) aufgrund von Treu und Glauben ausgeschlossen. Dies ist nicht haltbar, da ein Beschl damit für Wohngelder in Zukunft nicht mehr nötig wäre.

12. Abdingbarkeit: Durch Vereinb können Aufrechnung oder 41 Zurückbehaltungsrecht noch weiter beschränkt, aber auch in vollem Umfang zugelassen werden (Weitnauer Rdnr. 28), aber nicht gänzlich ausgeschlossen werden (Müller Rdnr. 125).

§ 16   2. Abschnitt. Gemeinschaft der Wohnungseigentümer

42   13. Die meisten WEer wissen nicht, daß sie aufgrund ihrer Stellung als MEer **für jede Verbindlichkeit** der WEerGem zunächst auch **im vollen Umfang haften.** Eine Ausnahme wird von der Rechtsprechung nur bei sog. „Aufbauschulden" der WEerGem gemacht. Dabei handelt es sich um die Schulden, die sich aus den Bauverträgen über die Errichtung des Hauses herführen. Hier sind die WEer nur anteilig verpflichtet (BGH DB 1989, 1020). Die praktische Konsequenz der Gesamtschuldnerschaft besteht also in der möglichen, zunächst vollen Inanspruchnahme für die Schuld der WEerGem (Haftung). Als praktische Konsequenz bedeutet dies, daß ein Gläubiger auch von einem einzelnen WEer seine gesamte Forderung einziehen kann.

Beispiel: Werkunternehmer führt Arbeiten an der Wohnanlage durch und verlangt von einem WEer die Bezahlung des gesamten Lohnes.

Dies gilt sowohl für Ansprüche aus Geschäftsführung ohne Auftrag (BayObLG NJW-RR 1987, 1038), wie für Ansprüche aus Verletzung der Verkehrssicherungspflicht (BGH NJW 1985, 484), als auch bei Kauf von Gemeinschaftsvermögen, z.B. Heizöl (BGH NJW 1977, 1964), sowie für Darlehen (OLG Oldenburg WE 94, 219 m. abl. Anm Weitnauer) und Verwaltervergütung (KG ZMR 1994, 579). Deshalb ist dem Verwalter von den WEer per Beschl aufgegeben, bei Abschluß von Verträgen die Haftung jedes WEer auf seinen Anteil zu begrenzen (siehe Sauren Verwalter § 8 Abs. 4). Soweit ein MEer Verwaltungsschulden bezahlt hat, steht ihm ein **Ausgleichsanspruch** zu. Hierbei hat er zwei Möglichkeiten, diese geltend zu machen: Entweder er wendet sich an den Verwalter und verlangt von diesem den vollen Betrag, wozu der Verwalter gem. § 27 Abs. 2 Nr. 2 i.d.R. verpflichtet ist (BayObLG NJW-RR 1986, 1463, 1465) oder er wendet sich ohne Beschl der WEerGem (OLG Stuttgart OLGZ 1986, 32) direkt an die anderen WEer, ggf. gerichtlich. In diesem Fall muß sich der vorauslegende WEer seinen Anteil abziehen lassen (BayObLG NJW-RR 1986, 1463, 1465) und kann nur den Anteil von jedem WEer fordern, den dieser anteilig schuldet, oder die Zahlung aus einem Vermögensgegenstand fordern, den die WEer gemeinschaftlich zum Zwecke der Begleichung von Kosten der Verwaltung angesammelt haben.

Beispiel: Bankguthaben (BayObLG wie vor).

43   14. Diese gesamtschuldnerische Haftung zeigt sich insbesondere bei Insolvenz eines einzelnen WEers. Die vor **Konkurseröffnung** entstandenen Beiträge sind nämlich nichtbevorrechtigte Konkursforderungen (BGH NJW 1986, 3206) und fallen deshalb i.d.R. mindestens zum größten Teil aus. Enthält die TErkl für diesen Fall des **Ausfalles von Wohngeld** keine Regelung, so sind die übrigen WEer im Wege der Nachschußpflicht zur Deckung der entstandenen Lücke nach dem

Umlegungsschlüssel der Betriebskosten, mangels einer solchen Regelung, nach den MEanteilen verpflichtet. Dies gilt auch für die rückständigen Heizkosten. Sind einzelne Kosten konkret den Mitgliedern einer Untergemeinschaft zugeordnet, haben diese den Ausfall alleine zu tragen (OLG Stuttgart OLGZ 1983, 172). Wird zur Deckung des Wohngeldausfalles eines WEer's eine Sonderumlage beschlossen, so ist auch der Konkursverwalter dieser Einheiten nach dem BGH (DWE 1989, 130) verpflichtet zu zahlen (siehe auch Sauren DWE 1989, 42). Nach Konkurseröffnung entstandene Beitragspflichten sind nämlich Massekosten (i. S. v. § 58 Nr. 2 KO) und vom Konkursverwalter zu begleichen (BGH NJW 1986, 3206). Rückständige WP-Zahlungen aus der Zeit vor Konkurseröffnung sind aus der Jahresabrechnung herauszurechnen, selbst wenn sie unangefochten blieb (BGH NJW 1994, 1866, OLG Düsseldorf WE 1996, 275, Sauren FS Seuß II 259 ff.).

Bei der **Zwangsverwaltung** haftet der Zwangsverwalter (neben dem WEer OLG Köln DWE 1989, 30) nicht für rückständige Kosten und Lasten, doch sind während der Zwangsverwaltung entstandenen Beiträge aus den Nutzungen vorab zu zahlen. Nach dem BGH (NJW 1994, 1866, Sauren a. a. O.) hat der Zwangsverwalter nur den Saldo aus der Jahresabrechnung zu begleichen, die die Zeiträume vor Anordnung der Zwangsverwaltung betrifft, selbst wenn die Jahresabrechnung unangefochten blieb. Er hat aber einen Umlagebeschluß betreffend den Ausfall aus der Zeit vor der Zwangsverwaltung zu begleichen (OLG Düsseldorf NJW-RR 1991, 724). Die Zahlungspflicht des Zwangsverwalters gilt jedoch nur solange, wie er Mittel zur Verfügung hat (LG Köln Rpfleger 1987, 325). 43a

Beispiel: Mieteinnahmen

Ansonsten hat der Gläubiger den für die Zahlung des Hausgeldes erforderlichen Beitrag vorzuschießen (LG Oldenburg Rpfleger 1987, 326).

15. Strategie zur Begrenzung von Wohngeldausfällen: Die Möglichkeiten sind beschränkt und wirken meist nur für die Zukunft. Aber sie bestehen (ausführlich Deckert WE 1991, 206; Sauren WE 1989, 192). 44

a) Vorbereitende Maßnahmen: aa) Mahnwesen: Zunächst hat die WEerGem bzw. der Beirat (soweit vorhanden) mit dem Verwalter ein ordnungsgemäßes und rasches Mahnwesen festzulegen: Dies bedeutet eine klare und eindeutige Fristenregelung hinsichtlich der Zahlungsverpflichtung. Ist beispielsweise eine Zahlungsverpflichtung zu jedem 1. des Monats lt. TErkl. oder Beschl begründet, so können alle Eingänge bis zum 10. berücksichtigt werden und die erste Mahnung dann spätestens zum 15. des Monats versandt werden. Die zweite Mahnung könnte dann am 30. des Monats erfolgen. Sie sollte verbunden sein mit der Androhung der Weiterleitung an einen An- 45 walt bzw. eigene gerichtliche Geltendmachung des Verwalters. Eine Weiterleitung an den Anwalt bzw. die eigene gerichtliche Geltendmachung sollte erfolgen, wenn nicht spätestens am 15. des Folgemonats eine Nachricht bzw. eine Zahlung eingegangen ist (siehe ergänzend Hauger PiG 30, 91). Nach Deckert (WE 1991, 206) ist spätestens im 3. oder 4. Monat der Säumnis ein gerichtliches Vorgehen notwendig.

46 **bb) Verzugszinsen:** Durch Beschl sollten rückständige Wohngelder über den gesetzlichen 4% verzinslich gestellt werden, z. B. 10%. Nach dem BGH (NJW 1991, 2637) bedarf es dazu regelmäßig eine Vereinb, ein Beschl reicht nicht aus. Die anderweitige Meinung des BayObLG (NJW-RR 1988, 847) ist nach wie vor zutreffend. Wird der Beschl nicht angefochten, so ist er verbindlich, da er nicht nichtig ist (BayObLG ZMR 1986, 127, m. Anm. Sauren), siehe vor § 10 Rdnr. 15, Sanktionen.

47 **cc) Fälligkeit der gesamten Jahresvorauszahlung:** Trotz des oben dargestellten Mahnwesens vergehen i. d. R. 2 bis 3 Monate ehe eine gerichtliche Geltendmachung erfolgt. Um nicht für 1 oder 2 Monatsbeträge jedesmal eventuell auch öfters im Jahr die Gerichte „belästigen" zu müssen, empfiehlt es sich, bei Rückstand von 2 oder 3 Monatsraten per Beschl 12 weitere Monatsraten fällig zu stellen. Ein solcher Beschl ist nicht nichtig (LG Düsseldorf v. 22. 9. 1987, 19 T 181/87 zit. n. Deckert 2/647) und deshalb ohne Anfechtung rechtsbeständig. Enthalten GO's allerdings Regelungen hinsichtlich der Fälligkeit von Wohngeldvorauszahlungen, so sind solche Beschl, weil sie eine Vereinb abändern, anfechtbar (OLG Hamm DWE 1995, 125). Die Bedenken von Hauger (PiG Nr. 30/106), die daraus resultieren, daß bei einem möglichen Eigentümerwechsel der Veräußerer Wohngelder des Erwerbers zahlen würde, können nicht geteilt werden. Sie schlägt deshalb eine Sicherheitsleistung vor. Mir scheint dieser Weg der Sicherheitsleistung umständlich und in der Praxis kaum durchführbar. Vielmehr muß der WEer die Folgen aus seinem Verzug tragen, die ihm per Beschl klar vor Augen geführt werden. Im übrigen kann er bei einer Veräußerung im Innenverhältnis mit dem Erwerber seine zuviel gezahlten Vorschüsse verrechnen.

48 **b) Zwangsverwaltung:** Hiermit kann die WEerGem zumindest für die Zukunft den Ausfall verhindern. Selbst wenn keine Mittel, z. B. mangels Mieteinnahmen, vorhanden sind, sollten die WEer die erforderlichen Beiträge für das Wohngeld vorschießen, weil Zwangsverwaltungsvorschüsse in Rangklasse 1 der Verteilungsmasse gelangen (§ 109 Abs. 1 ZVG) und damit i. d. R. vom Erlös gedeckt werden. Entgegen Müller (Rdnr. 120) betrifft die Rangklasse 1 des § 10 ZVG z. B. auch Versicherungen, Kosten des Hausmeisters etc. (Zöller/Stoeber ZVG § 10 Rdnr. 3) und damit das Wohngeld (siehe auch Deckert WE 1991, 207), siehe auch Rdnr. 54.

Nutzungen, Lasten und Kosten § 16

c) **Durch (unangefochtenen) Beschl** kann die Haftung des 49
rechtsgeschäftlichen Nachfolgers eingeführt werden (Bärmann PiG 21,
22 ff., Deckert WE 1991, 206, a. A. Stork PiG 29, 247 nichtig).
Zustimmung der Realberechtigten nicht erforderlich (Wenzel PiG 44,
129, 144, a. A. Bub FW V 87).

d) Ein weiterer Weg ist durch das OLG Celle (NJW 1991, 1118; 50
ebenso BayObLG NJW-RR 1992, 787 u. OLG Hamm WE 1994 ,84)
eröffnet, nämlich die **Unterbrechung bzw. Plombierung der
Wasser-, Heizungs- oder Stromleitung.** Hierfür ist jedoch Voraussetzung, daß ein Beschluß gefaßt wird, der die baulichen Voraussetzungen der Absperrung ermöglichen, und erfolglos vollstreckt wurde.
Ein Beschlußvorschlag kann in Anlehnung an Deckert (WE 1991,
211) wie folgt lauten: „Aufgrund der derzeitigen Säumnis des Eigentümers X mit fälligen Wohngeldzahlungen in Höhe von derzeit DM
Y einschließlich Nebenforderungen und Kosten – rechtskräftig tituliert
und trotz mehrfacher Vollstreckungsversuche derzeit nicht erfolgreich
beitreibbar – beauftragt die Gem den Verwalter, die Wohnung des
Schuldners ab sofort von der Heiz- und Warmwasserversorgung abzutrennen". Nach dem AG München (v. 24. 11. 1994, UR II 724/94
WEG/2) ist durch Beschl auch Duldung der Installation der Absperrvorrichtungen in SE möglich und gilt nach AG Tempelhof auch gegen Mieter (WE 1997, 360).

e) Eine weitere Maßnahme ist der von Deckert sog. **Trick 17:** Die 51
WEer beschließen dabei z. B. vor der Versteigerung die Auflösung der
Rücklage und verrechnen bei dem zur Versteigerung anstehenden
WE diese mit den Rückständen. Nach der Versteigerung beschließen
sie die Bildung einer neuen Instandhaltungsrücklage, zu der auch der
Ersteher herangezogen wird (siehe ausführlich Sauren Rpfleger 1985,
264; Deckert u. a. PiG 21, 223; Sauren ZMR 1987, 197). Damit
wären die Wohngeldrückstände in Höhe des Anteils an der Instandhaltungsrücklage im Endeffekt getilgt. Den ersten Beschl hat das OLG
Hamm (NJW-RR 1991, 212) jedoch als nichtig angesehen. Dies ist
mit Deckert (2/1304, WE 1991, 208) abzulehnen. Alle Fragen der
Bildung einer Rücklage (z. B. Festlegung der Höhe, Auseinadersetzung etc.) sind nämlich allein unter dem Kriterium der ordnungsgemäßen Verwaltung, also der Anfechtbarkeit zu sehen (so auch Deckert
2/1305). Die Tatbestände der Nichtigkeit sind abschließend geklärt
(siehe § 23 Rdnr. 29 ff.) und keiner dieser Gründe liegt hier vor. Auch
das OLG Hamm hat keinen genannt. Vielmehr greift das OLG in den
Willen derWEerGem ein, wenn es Beschlüsse über die Auflösung
bzw. Bildung einer Rücklage für nichtig erklärt.

f) **Zwangsversteigerung** veranlaßt durch die Gemeinschaft. Vor 52
Antragstellung ist folgendes zu klären:

aa) Deckungsgrundsatz. Die Versteigerung wird unter Wahrung 53
(Bestehenbleiben) derjenigen Rechte durchgeführt, die dem jeweils

§ 16 2. Abschnitt. Gemeinschaft der Wohnungseigentümer

betreibenden Gläubiger vorgehen. Da ein Gebot nur zugelassen wird, wenn durch das Gebot die dem Anspruch des Gläubigers vorgehenden Rechte sowie die Verfahrenskosten gedeckt werden (geringstes Gebot, § 44 Abs. 1 ZVG), ist vor Antragstellung abzuklären, welche Rechte vorgehen. Dies wird sich zunächst durch eine Übersendung eines aktuellen Grundbuchauszuges ermitteln lassen. I.d.R. werden heute jedoch Grundschulden von den Banken verlangt und entsprechend eingetragen. Aus der Grundschuld läßt sich nicht ermitteln, wie hoch die Darlehen noch valutiert sind. Erst nachdem dies abgeklärt ist, kann über ein weiteres Vorgehen entschieden werden. Selbst wenn die Vorlasten so hoch sind, daß ein das geringste Gebot übersteigendes Gebot nicht erwartet werden kann, sollte sich die Gem überlegen, ob sie nicht doch den Weg der Zwangsversteigerung geht, da die Gem auch für die Zukunft Wohngeldausfälle zu befürchten hat.

54 Der Weg, der der Gem dann offensteht, ist der der sog Ablösung. Dieses dem BGB entspringende Recht (§§ 268, 1142, 1150 BGB) findet in § 75 ZVG seinen Niederschlag. Den Weg der Ablösung zu gehen, ist die Gem oft gezwungen, um sich von weiteren Schulden trennen zu können. Dies kann i.d.R. nur dann passieren, wenn der Mitwohnungseigentümer die Gem verläßt. I.d.R. ist damit zwar ein weiterer Verlust verbunden, jedoch ist jedesmal zu prüfen, ob dieser Weg nicht besser ist, als noch Jahre mit Wohngeldausfällen rechnen zu müssen.

55 Zu keinem Zeitpunkt darf aus dem Auge verloren werden, daß durch die Ablösung jeder Ablösungsberechtigte die besondere Machtposition des bestrangig betreibenden Gläubigers erlangen kann. Die **Ablösung** eröffnet noch weitere Möglichkeiten:
– Die Ablösung ermöglicht die Durchsetzung einer Verfahrensverzögerung oder eine Verlängerung der Bietungsstunde. Hierdurch werden unter Umständen die bereits abgegebenen hohen Gebote zerstört. Der Zuschlag kann auf – in der neuen Bietstunde – abgegebene niedrige Gebote herbeigeführt werden.
– Die Ablösung kann ausnahmsweise zur Beschaffung neuer Sicherheiten dienen, insbesondere, wenn die abgelöste Forderung übersichert ist. Gleiches gilt wenn der Ablösende aus einer bestimmten Reihenfolge der Sicherheitenverwertung Vorteile für sein eigenes Recht erreichen kann. Wenn durch die Bewilligung des Ablösenden das Gesamtverfahren aufgehoben und neu angeordnet wird, kann das lange dauernde Verfahren zur erheblichen Reduzierung des Zinsrahmens führen und damit die Erlöschancen für das nachrangige Recht des Ablösenden erhöhen.
– Die Ablösung eines Gläubigers kann auch zur Verfahrensbeschleunigung dienen. Der Ablösende kann sich so indirekt einen Vollstreckungstitel verschaffen, den er sonst erst in einem langdauernden und mühsamen Prozeß für sein eigenes Recht erwirken müßte.

Nutzungen, Lasten und Kosten § 16

g) Erwirkung einer **Zwangshypothek.** I.d.R. verfügt die Gem 56
über keinen im Grundbuch eingetragenen Anspruch. Für die Zwangsversteigerung stellt sich deshalb die Frage, ob sie vorher eine Eintragung durch Zwangshypothek erreichen soll. Erforderlich ist dies nicht, da auch ohne Grundbucheintragung eine Zwangsversteigerung betrieben werden kann. Die Aufgabe der Zwangshypothek ist die Sicherung des Ranges, d.h. nachfolgende Gläubiger können durch eine Eintragung nicht bevorrechtigt werden. Deshalb wird i.d.R. eine Eintragung geboten sein. Für die Eintragung stellt sich nun das Problem, daß wenn das Urteil durch den Verwalter als Verfahrensstandschafter erwirkt wurde, eine Eintragung nicht möglich ist, da § 1115 BGB zwingend den Inhaber des Anspruches und des Titels voraussetzt (vgl. Sauren Rpfleger 1988, 528). In diesem Fall wäre für die Zwangshypothek der Titel nicht ausreichend. Dies könnte nachträglich nur durch Abtretung erreicht werden, die aber in beglaubigter Form erfolgen müßte (gem § 29 GBO).

Durch den **Antragsteller ist zu beachten:** 57
Der Antragsteller muß einige Punkte bei Antragstellung beachten, beispielhaft seien aufgezählt:

– **500,00 DM Grenze**
Zwangshypothek wird nur eingetragen, wenn die Forderung einschließlich der Kosten, aber ohne Zinsen (Zöller ZVG § 1 Anm 82) 500,00 DM übersteigt (vgl. § 21, § 866 Abs. 3 Satz 1 ZPO). Ansonsten wird der Antrag zurückgewiesen.

– **genaue Bezeichnung.**
Antrag muß genau bezeichnet sein. Es genügt nicht, ein Urteil beizufügen und um Eintragung zu bitten. Vielmehr ist der Betrag genau zu bezeichnen, der auf dem Wohnungseigentum z.B. als Zwangshypothek verlangt wird einzutragen. Auch das Wohnungseigentum muß genau bezeichnet werden, z.B. nach Wohnungsgrundbuch, Band und Blattnummer etc.

h) **Aussichtslose Zwangsversteigerung** gem. § 803 Abs. 2 ZPO. 58
Die überwiegende Zahl der Landgerichte (z.B. LG Augsburg Rpfleger 1986, 146; LG Düsseldorf Rpfleger 1987, 210; LG Regenburg NJW-RR 1988, 447) hat einen Rechtsgedanken aus der Mobiliarvollstreckung (§ 803 Abs. 2 ZPO) auf die Immobiliarvollstreckung ausgedehnt. Nach § 803 Abs. 2 ZPO hat nämlich die Pfändung zu unterbleiben, wenn sich von der Verwertung der zu pfändenden Gegenstände ein Überschuß über die Kosten der Zwangsvollstreckung nicht erwarten läßt. Die Gerichte haben diese Vorschrift entsprechend auf Zwangsversteigerungsverfahren angewandt, wenn Gläubiger am Betreiben der Zwangsvollstreckung deshalb kein Rechtsschutzinteresse haben, weil für sie bei einer Durchführung der Zwangsversteigerung eine auch nur teilweise Befriedigung nicht erwartet werden kann. Dies ist etwa dann der Fall, wenn, um dem Gläubiger wenigstens zu einer

teilweisen Befriedigung zu verhelfen, Gebote abgeben werden müssen, die den festgesetzten Verkehrswert mindestens um das Doppelte übersteigen, weil in das geringste Gebot nämlich umfangreiche dingliche Belastungen aufgenommen werden müssen, die dem persönlich betriebenen Anspruch des Gläubigers vorgehen. Diese Auffassung ist aus Rechtsgründen entschieden abzulehnen (siehe zum vergleichbaren Problem bei der Zwangsverwaltung Hauger FS B/W 1990 S. 367ff.), weil bereits die für eine Analogie notwendige Regelungslücke fehlt. Die Reglung des § 803 Abs. 2 ZPO war nur für die Mobiliarvollstreckung vom Gesetzgeber gedacht. Desweiteren fehlt es an der notwendigen vergleichbaren Interessenlage (vgl. Hauger a.a.O. S. 369 und Müller Rdnr. 220). Die Rechtsprechung, z.B. OLG Frankfurt v. 6.6.1990 zit. nach Deckert 2/3032 vertritt zunehmend diese Auffassung.

Anteil bei Aufhebung der Gemeinschaft

17 Im Falle der Aufhebung der Gemeinschaft bestimmt sich der Anteil der Miteigentümer nach dem Verhältnis des Wertes ihrer Wohnungseigentumsrechte zur Zeit der Aufhebung der Gemeinschaft. Hat sich der Wert eines Miteigentumsanteils durch Maßnahmen verändert, denen der Wohnungseigentümer gemäß § 22 Abs. 1 nicht zugestimmt hat, so bleibt eine solche Veränderung bei der Berechnung des Wertes dieses Anteils außer Betracht.

1 **1.** Soweit der (seltene) Fall vorliegt, daß die WEerGem aufgehoben wird (zu den Voraussetzungen siehe § 11), regelt § 17 die **Auseinandersetzung**.

2 **2.** Die **Teilung** erfolgt grundsätzlich nach den Regelungen des BGB's zur Aufhebung der WEerGem (§§ 749ff., insbesondere §§ 752–758 BGB). Satz 1 bestimmt, daß der Erlös nach dem Wert der WErechte aufzuteilen ist. Damit werden Wertveränderungen aufgrund von Verbesserungen oder Verschlechterungen des SE's berücksichtigt. Wertverbesserung am GE kommen bereits grundsätzlich den WEern zugute. Hiervon ist lt. Satz 2 die Ausnahme des § 16 Abs. 3 Satz 2 zu beachten. Hat ein WEer einer baulichen Veränderung nicht zugestimmt und war er deshalb von der Nutzungs- und Kostenregelung ausgeschlossen, so kommt ihm diese Wertverbesserung nicht zugute (siehe § 16 Rdnr. 26).

Entziehung des Wohnungseigentums

18 (1) Hat ein Wohnungseigentümer sich einer so schweren Verletzung der ihm gegenüber anderen Wohnungseigentümern

§ 18 Entziehung des Wohnungseigentums

obliegenden Verpflichtungen schuldig gemacht, daß diesen die Fortsetzung der Gemeinschaft mit ihm nicht mehr zugemutet werden kann, so können die anderen Wohnungseigentümer von ihm die Veräußerung seines Wohnungseigentums verlangen.

(2) Die Voraussetzung des Absatzes 1 liegen insbesondere vor, wenn

1. der Wohnungseigentümer trotz Abmahnung wiederholt gröblich gegen die ihm nach § 14 obliegenden Pflichten verstößt;
2. der Wohnungseigentümer sich mit der Erfüllung seiner Verpflichtungen zur Lasten- und Kostentragung (§ 16 Abs. 2) in Höhe eines Betrages, der drei vom Hundert des Einheitswertes seines Wohnungseigentums übersteigt, länger als drei Monate in Verzug befindet.

(3) Über das Verlangen nach Absatz 1 beschließen die Wohnungseigentümer durch Stimmenmehrheit. Der Beschluß bedarf einer Mehrheit von mehr als der Hälfte der stimmberechtigten Wohnungseigentümer. Die Vorschriften des § 25 Abs. 3, 4 sind in diesem Falle nicht anzuwenden.

(4) Der in Absatz 1 bestimmte Anspruch kann durch Vereinbarung der Wohnungseigentümer nicht eingeschränkt oder ausgeschlossen werden.

1. Als Ausgleich für die gem. § 11 grundsätzlich angeordnete Unauflöslichkeit der WEerGem gibt § 18 die Möglichkeit, störende WEer oder solche, die ihren Verpflichtungen nicht nachkommen, **auszuschließen.** Die Bedeutung diesen „letzten Mittels" (so LG Aachen ZMR 1993, 233, dies bedeutet jedoch nicht, daß weitere Sanktionen unmöglich sind; BayObLG NJW-RR 1992, 787) ist aus zwei Gründen verschwindend gering geblieben: Einmal ist das Verfahren zu kompliziert (zunächst Beschl des Ausschlusses, dann Klage und schließlich erst Versteigerung), zum zweiten muß der Erwerber gem. §§ 53 ff. alle Belastungen des WE übernehmen. Da bei einem hochbelasteten WE nicht wie im Zwangsversteigerungsverfahren einzelne Belastungen erlöschen können, ist ein preiswerter Erwerb in diesem Verfahren nicht möglich. Darüber hinaus bietet das langwierige Verfahren genügend Zeit, um das WE zu belasten (Sauren WE 1991, 234), siehe hierzu Rdnr. 9.

2. Nach der BGH-Entscheidung zum „werdenden WEer" (NJW 1989, 1087) findet wohl dieser Paragraph erst **ab Eintragung** seine Anwendung (a.A. BPM Rdnr. 3). Bei einer faktischen WEerGem (siehe vor § 1 Rdnr. 10 ff.) will das LG Nürnberg (ZMR 1985, 347) § 18 bereits anwenden, sobald die Vormerkung eingetragen ist. Hat der WEer mehrere WE's, so ist für jedes WE die Voraussetzung gesondert zu prüfen.

§ 18   2. Abschnitt. Gemeinschaft der Wohnungseigentümer

3 3. **Abs. 1** enthält eine **Generalklausel** und ist deshalb gegenüber den zwei speziellen Voraussetzungen des Abs. 2 zunächst subsidiär.
Soweit der Gemeinschaftsfrieden und das Vertrauensverhältnis gestört sind, kommt eine Entziehung in Frage.
Als Beispiele (siehe weitere Bub S. 170) werden genannt:
– dauernde grundlose Widersprüche gegen Maßnahmen der Verwaltung (BPM Rdnr. 20),
– dauernde Mißtrauensbekundungen, Beleidigungen oder Tätlichkeiten (LG Nürnberg-Fürth ZMR 1985, 347),
– heftige nachbarrechtliche Streitigkeiten (AG Emmendingen ZMR 1986, 213),
nicht aber:
– die politische Tätigkeit eines WEers (AG München ZMR 1961, 304) oder
– vorübergehende Vermietung an mehrere Gastarbeiter (LG Wuppertal DWE 1976, 125).
Entscheidend ist also, ob ein verbleibender Störer in der WEerGem aufgrund des Verstoßes den übrigen WEern noch zugemutet werden kann. Daraus resultiert, daß die Pflichtverletzung des Störers schuldhaft sein muß, was auch aus dem Wortlaut („schuldig") entnommen werden kann (Weitnauer Rdnr. 5; Palandt Rdnr. 2). Der h. M. (AG Emmendingen ZMR 1986, 213; MüKo Rdnr. 5 m. w. N.), die ein Verschulden nicht fordert, fehlen sowohl von dem Wortlaut wie auch von der Systematik der Vorschrift die Gründe. Vielmehr kann ein solch schwerer Verstoß, wie er hier verlangt wird, nur schuldhaft begangen Konsequenzen haben. Die h. M. ist aber nicht verfassungswidrig (BVerfG NJW 1994, 241), es müssen jedoch besondere Gründe vorliegen, wenn allein aufgrund vergangener Verletzungen eine Verpflichtung zur Veräußerung des WE's erfolgen soll (BVerfG a. a. O.). Damit führt das Bundesverfassungsgericht über diese Hintertüre doch die Voraussetzung der schuldhaften Verletzung ein. Bei Schuldunfähigen (vgl. LG Tübingen ZMR 1995, 179) gilt nichts anderes (dies folgt aus der analogen Anwendung des § 829 BGB). Aus diesem Grund reicht es auch nicht, daß ein Dritter, auch ein Erfüllungsgehilfe gem. § 278 BGB, die Pflichtverletzung begangen hat. Vielmehr muß die Pflichtverletzung immer eine eigene des WEer sein. Darunter fällt natürlich auch, wenn er nicht dafür sorgt, daß Personen, denen er die Nutzung seines WE's gestattet hat, ihre Pflichten erfüllen (vgl. § 14 Nr. 2, ähnlich BPM Rdnr. 29). Die verletzende Handlung muß nicht unbedingt gegenüber einem MEer oder dem Verwalter begangen worden sein, vielmehr reicht auch der Nutzungsberechtigte (z. B. Mieter), Angehörige oder Besucher aus. Letztendlich muß die Pflichtverletzung ursächlich dafür sein, daß die Fortführung der WEerGem unzumutbar ist (sog. Kausalität).

Entziehung des Wohnungseigentums § 18

4. Abs. 2 stellt **zwei besonders wichtige Möglichkeiten** dar, bei 4
denen davon ausgegangen werden kann, daß die Fortführung unzumutbar ist (die Kausalität i.S.v. Rdnr. 3 a.E ist regelmäßig gegeben).
Es handelt sich nicht um eine abschließende Aufzählung („insbesondere" LG Nürnberg-Fürth ZMR 1985, 347). Es besteht ein weiter
Ermessensspielraum der WEerGem, ob ein Beschl gefaßt wird (KG
WuM 1996, 299).
a) Gem. Abs. 2 Nr. 1 muß es sich um einen **wiederholten gröb-** 5
lichen Verstoß gegen die Verpflichtungen des § 14 handeln, d.h. der
Verstoß muß trotz Abmahnung wiederholt worden sein (als Verwalter
reicht folglich nicht, LG Berlin ZMR 1995, 168). Die Abmahnung
wird i.d.R. durch den Verwalter bzw. die WEerGem (z.B. in einer
Versammlung) erfolgen, sie kann aber auch durch einen oder von
mehreren (die nicht die Verletzten zu sein brauchen) MEer erfolgen.
Da nach der Mahnung noch mindestens zwei Verstöße stattgefunden
haben müssen, sind insgesamt mindestens drei Verstöße notwendig.
Soweit eine Abmahnung in einem Beschl erfolgt, so wird nur die
Berechtigung dazu, also die formellen Voraussetzungen, geprüft (OLG
Köln ZMR 1998, 376; BayObLG WuM 1995, 500; a.A. zu Recht
OLG Düsseldorf DWE 1995, 119, da die Parteien schnellstmöglich
Klarheit über die materielle Rechtsmäßigkeit haben müssen). Fraglich
ist, ob unterschiedliche Verstöße genügen. Aus dem Sinn und Zweck
der Vorschrift muß zumindestens der WEer durch eine Abmahnung
auf sein gemeinschaftswidriges Verhalten hingewiesen werden, so daß
er mit der Konsequenz konfrontiert wird. Nur dann ist eine Entziehung gerechtfertigt. Liegen weniger Verstöße vor, ist zu prüfen, ob
eine Entziehung gem. Abs. 1 möglich ist.
b) Als zweite Möglichkeit spricht Abs. 2 Nr. 2 den **Zahlungs-** 6
verzug von drei Monaten mit mehr als 3% des Einheitswertes an.
Diese Vorschrift ist aufgrund der heutigen niedrigen Einheitswerte
(i.d.R. 1/8 des wirklichen Wertes) sehr streng. Der Betrag muß fällig
sein. Der Einheitswert bei Fälligkeit ist maßgeblich. Ein Verschulden liegt hier i.d.R. vor, da der Schuldner für seine finanzielle
Leistungsfähigkeit einzustehen hat (§ 279 BGB), sie entfällt aber dann,
wenn der WEer einem unverschuldeten Rechtsirrtum unterliegt (z.B.
über Aufrechnung) oder wenn schwierige Rechtsfragen zu klären sind.
Dies ist immer dann der Fall, wenn das WEG-Gericht bei dem
Zahlungsprozeß die Kostentragung nicht dem Schuldner allein
auferlegt hat.
c) Das Vorliegen der Voraussetzung wird erst in der **Veräu-** 7
ßerungsklage überprüft, nicht bereits bei einer Anfechtung des Eigentümerbeschlusses (Rdnr. 3 und 4; KG NJW-RR 1994, 855).

5. Eine **Verwirkung** des Anspruches macht das Entziehungsverlan- 8
gen gegenstandslos. Dies ist dann der Fall, wenn ein weiteres Zusam-

menleben mit dem WEer (wieder) möglich ist. Deshalb können lange zurückliegende Vorgänge nicht herangezogen werden.

9 **6.** Sobald der WEer durch den Beschl erfährt, daß die übrigen WEer ihm die Wohnung aufgrund der in Anm. 1 dargelegten Gründe entziehen wollen, besteht die Möglichkeit, die **Versteigerung** durch Belastungen **faktisch zu vereiteln.** Für diesen Fall bleibt den WEer nur die Möglichkeit, eine Verfügungsbeschränkung beim WEG-Gericht durch einstweilige Anordnung zu erreichen (a. A. MüKo § 19 Rdnr. 2, der übersieht, daß es sich hier um keine Frage der Entziehungsklage handelt). Die WEer haben auch die Möglichkeit, eine Vormerkung (§ 883 BGB) zur Sicherung des zukünftigen Erwerbs eintragen zu lassen (KG OLGZ 1979, 146).

10 **7. Abs. 3** sieht für das Verfahren zunächst die Notwendigkeit eines **Beschl** vor. Dieser reicht ohne ausdrückliche Ermächtigung aber nicht für die Entziehungsklage. Das folgt aus § 27 Abs. 2 Nr. 5, wonach ein ausdrücklicher Beschl notwendig ist (a. A. KG NJW-RR 1992, 1298). Voraussetzung für das Zustandekommen des Beschl ist die absolute Mehrheit (gem. Abs. 3 Satz 2) aller Stimmberechtigter, wobei die Stimme des Störers nicht mitgezählt wird wegen seiner Interessenkollision (§ 25 Abs. 5; BayObLG NJW 1993, 603). Es reicht folglich keine Mehrheit der Erschienenen. Mangels anderer Regelung für diese konkrete Fallgestaltung durch TErkl/Vereinb berechnet sich die absolute Mehrheit nach der Kopfzahl (§ 25 Abs. 2 Satz 2). Bei einer Mehrwohnhausanlage sind alle Miteigentümer stimmberechtigt. Die absolute Mehrheit ist hiernach zu berechnen (BayObLG Rpfleger 1972, 144, 145). Der h. M., daß bei einer Zweiergemeinschaft eine Beschlfassung nicht nötig sei (LG Aachen ZMR 1993, 233), kann nicht zugestimmt werden. Vielmehr müssen auch hier die formellen Erfordernisse zumindestens versucht sein. Folgerichtig schließt Abs. 3 Satz 3 die Bestimmungen über die Beschlfähigkeit des § 25 (Abs. 3 und 4) aus. Bei der Anfechtung dieses Beschl werden nur die formellen Mängel im WEG-Verfahren geprüft (siehe Rdnr. 7; KG NJW-RR 1994, 855).

11 **8. Abs. 4** schränkt die **Abdingbarkeit** durch die TErkl/Vereinb ein. Die Voraussetzungen sind umstritten.

12 **a)** Eine Beschränkung oder Ausschließung des Veräußerungsanspruches ist nicht möglich (Abs. 1),
Beispiele: Ausschlußfrist nach bestimmtem Zeitablauf oder Ereignis (BPM Rdnr. 52; a. A. Weitnauer Rdnr. 11) oder abschließende Aufzählung der tatsächlichen Voraussetzungen,
Erweiterungen sind aber zulässig,
Beispiel: Absehen von Verschulden.

13 **b)** Die Unabdingbarkeit des Abs. 4 bezieht sich auch auf Abs. 2, da dort nur Beispiele genannt sind, die aber weiterhin unter der Vor-

aussetzung des Abs. 1 stehen (h.M. MüKo Rdnr. 10; a.A. Augustin Rdnr. 26). Erweiterungen sind aber auch hier zulässig,
Beispiele: zweimaliger Verstoß ausreichend oder geringerer Rückstand.

c) Hinsichtlich Abs. 3 sind sowohl Abweichungen als auch Einschränkungen möglich, auch wenn sie die Entziehung erschweren (Palandt Rdnr. 8; a.A. MüKo Rdnr. 10ff., der übersieht, daß ein Wille des Gesetzgebers, durch übersteigerte Anforderung an das Verfahren das Verfahren selbst auszuhöhlen, nicht aus dem Wortlaut erkennbar ist).

Beispiel: Qualifizierte Mehrheit von 2/3 oder 3/4 (OLG Celle NJW 1955, 953), Allstimmigkeit oder Mehrheit der Erschienenen (Palandt Rdnr. 8), nach MitE oder Wohnungen.

14

Wirkung des Urteils

§ 19 (1) Das Urteil, durch das ein Wohnungseigentümer zur Veräußerung seines Wohnungseigentums verurteilt wird, ersetzt die für die freiwillige Versteigerung des Wohnungseigentums und für die Übertragung des Wohnungseigentums auf den Ersteher erforderlichen Erklärungen. Aus dem Urteil findet zugunsten des Erstehers die Zwangsvollstreckung auf Räumung und Herausgabe statt. Die Vorschriften des § 93 Abs. 1 Satz 2 und 3 des Gesetzes über die Zwangsversteigerung und Zwangsverwaltung gelten entsprechend.

(2) Der Wohnungseigentümer kann im Falle des § 18 Abs. 2 Nr. 2 bis zur Erteilung des Zuschlags die in Absatz 1 bezeichnete Wirkung des Urteils dadurch abwenden, daß er die Verpflichtungen, wegen deren Nichterfüllung er verurteilt ist, einschließlich der Verpflichtung zum Ersatz der durch den Rechtsstreit und das Versteigerungsverfahren entstandenen Kosten sowie die fälligen weiteren Verpflichtungen zur Lasten- und Kostentragung erfüllt.

(3) Ein gerichtlicher oder vor einer Gütestelle geschlossener Vergleich, durch den sich der Wohnungseigentümer zur Veräußerung seines Wohnungseigentums verpflichtet, steht dem in Absatz 1 bezeichneten Urteil gleich.

1. Die Erfüllung der Voraussetzungen des § 18 führen nicht zur Veräußerung. Vielmehr muß die WEerGem, will sie die Entziehung erzwingen, den WEer nach § 19 verklagen und sodann das WE (§§ 53 ff.) **versteigern lassen.** Die Wirkung des Entziehungsurteils regelt § 19.

1

2. Die zu beachtenden **Punkte** bei der Veräußerungsklage sind:
a) Befugt, die Klage zu erheben, sind alle WEer (bis auf den Störer) oder jeder einzelne WEer (vgl. BGH NJW 1989, 1091; a.A. MüKo Rdnr. 2). I.d.R. wird dem Verwalter Prozeßvollmacht erteilt

2

§ 20   3. Abschnitt. Verwaltung

bzw. wird er beauftragt in Prozeßstandschaft zu klagen (OLG Zweibrücken NJW-RR 1987, 1366).

3   **b)** Gem. § 51 sind die ZPO-Gerichte **zuständig**. Eine Schiedsgerichtsvereinbarung ist nicht zulässig, da das vorliegende Verfahren eine Enteignung darstellt (Art. 14 GG), die nur aufgrund eines gerichtlichen Verfahrens zulässig ist (a. A. Palandt § 18 Rdnr. 4, der sich unrichtigerweise auf BayObLGZ 1973, 1 beruft).

4   **c)** Der **Prüfungsumfang** des Gerichts in formeller Hinsicht besteht darin, daß ein Beschl vorliegen muß (§ 18 Abs. 3, BayObLG WuM 1990, 61) und dieser nicht nichtig ist bzw. vom WEG-Gericht für ungültig erklärt wurde. Gemäß dem KG (OLGZ 1967, 462) ist dabei das ZPO-Gericht an die Feststellung des WEG-Gerichts gebunden. In materieller Hinsicht prüft das Gericht, ob die Voraussetzungen des § 18 Abs. 1 bzw. 2 vorliegen. Für das Verfahren und die Kostenentscheidung gelten die ZPO-Vorschriften.

5   **3.** Durch das Urteil wird das WE nicht entzogen. Es **ermöglicht** nur die **Versteigerung** nach den §§ 53 ff. Damit gilt die Bevollmächtigung des Notars zum Kaufvertragsabschluß mit dem Ersteher durch Zuschlagserteilung inkl. aller zur Übereignung notwendiger Erklärungen als abgegeben. Nicht ersetzt werden sonstige notwendige Genehmigungen (z.B. Zustimmung nach § 12), denn zur Zeit der Beschlfassung ist der Ersteher noch nicht bekannt. Der Ersteher kann gegenüber dem Störer auf Räumung und Herausgabe mittels des Urteils, das den Vollstreckungstitel darstellt, vorgehen. Ein evtl. bestehendes Mietverhältnis bindet jedoch den Ersteher (§ 571 BGB).

6   **4. Abs. 2** eröffnet dem Störer die Möglichkeit, **bis zur mündlichen Verhandlung die Rückstände zu begleichen.** In diesem Fall ist die Klage unbegründet. Auch danach ist noch die Begleichung möglich und das Vorgehen mit der Vollstreckungsabwehrklage (§ 767 ZPO) gegeben.

7   **5.** Die Kosten des Rechtsstreits fallen der WEerGem zur Last (siehe § 16 Rdnr. 11, Prozeßkosten); soweit sie nicht der verurteilte WEer bezahlen muß.

8   **6.** Die Vorschriften sind nach der h. M. unabdingbar, da sie eine notwendige Ergänzung zu § 18 Abs. 1 darstellen (Augustin Anm. 12).

3. Abschnitt. Verwaltung
Einführung vor § 20 WEG

Die **Verwaltung des GE's,** einschließlich seiner wesentlichen Bestandteile
Beispiel: Dienstbarkeit auf Nachbargrundstück (OLG Stuttgart NJW-RR 1990, 659)

Gliederung der Verwaltung § 20

ist Gegenstand der Regelung des 3. Abschnittes des WEG (§§ 20–29). Dritte, z.B. Mieter, können keine Rechte daraus herleiten, z.B. daß kein Verwalter bestellt ist (BayObLG WE 1991, 140). Die Verwaltung des SE obliegt jedem WEer, und hierin ist er in den Grenzen des WEG's (z.B. § 14) und der Vereinb und Beschl frei.

Gliederung der Verwaltung

20 (1) Die Verwaltung des gemeinschaftlichen Eigentums obliegt den Wohnungseigentümern nach Maßgabe der §§ 21 bis 25 und dem Verwalter nach Maßgabe der §§ 26 bis 28, im Falle der Bestellung eines Verwaltungsbeirats auch diesem nach Maßgabe des § 29.

(2) Die Bestellung eines Verwalters kann nicht ausgeschlossen werden.

1. § 20 Abs. 1 besitzt lediglich **Hinweischarakter**, wohingegen Abs. 2 auch **materiellrechtliche Bedeutung** hat.

2. Der Begriff der **Verwaltung** kann wie folgt abgegrenzt werden. In rechtlicher Hinsicht gegenüber Verfügungen, d.h. solchen Rechtsgeschäften, die darauf gerichtet sind, auf ein bestehendes Recht einzuwirken, es zu verändern, zu übertragen oder aufzuheben; in wirtschaftlicher Hinsicht gegenüber Neuerungen, die über eine ordnungsgemäße Verwaltung (§ 21 Abs. 3) hinausgehen.
Beispiel: Bauliche Veränderungen (§ 22), Eingriff in das SE und auch bereits in das Anwartschaftsrecht (siehe hierzu vor § 1 Rdnr. 7) auf SE (BayObLG DNotZ 1973, 611).
Bei der Verwaltung des GE's handelt es sich also um alle Maßnahmen, die im Interesse aller WEer auf die Erhaltung, Verbesserung und normale Nutzung der Anlage gerichtet sind. Nach der h.M. (BGH NJW 1987, 3177; OLG Hamm NJW-RR 1991, 338 m.w.N.) kann in diesem Rahmen dann auch eine Verfügung darunter fallen.
Beispiel: Nicht darunter fällt aber eine Zustimmung zur Nachbarbebauung oder eine Einräumung einer Baulast (OLG Hamm a.a.O. S. 338).

3. Abs. 1 zählt die üblichen **Institute der WEerGem auf,** wobei die Versammlung und der Verwalter i.d.R. das Mindestmaß darstellen. Durch Vereinb ist es den WEer'n unbenommen, weitere zu schaffen, wie z.B. den Kassenprüfer (siehe Sauren ZMR 1984, 325). Hierzu zählt nicht der Hausmeister, da er Angestellter der WEerGem ist.

4. Abs. 2 bestimmt nur, daß die **Bestellung** eines Verwalter **nicht** für immer oder zeitweise durch TErkl./Vereinb ausgeschlossen werden kann (LG Hannover DWE 1983, 124). Zulässig ist es jedoch, (zunächst) einen Verwalter, z.B. in der TErkl., nicht zu bestellen (LG

Köln MittRhNotK 1981, 200) oder, z.B. nachdem der letzte Verwalter ausgeschieden ist, keinen neuen zu bestellen (LG Hannover a.a.O.). Abs. 2 übt auch keinen Zwang in Richtung auf eine Bestellung aus. Erst wenn sich ein Bedürfnis für die Bestellung eines neuen Verwalters herausstellt, wird auf Antrag das WEG-Gericht tätig. Bis dahin üben die WEer die Verwaltung selbst aus und müssen die notwendigen Verwaltungsmaßnahmen nach den §§ 26–28 gemeinsam vornehmen (LG Hannover wie vor), wobei ein einzelner WEer für die anderen handeln kann, sofern er (ggf. stillschweigend) beauftragt ist (KG NJW-RR 1993, 470).

5 **5.** Abs. 2 soll auch für **Beschränkungen** gelten, die eine Verwalterbestellung behindern können.

Beispiel: Die Höhe der Verwaltervergütung wird für alle Zukunft festgeschrieben (KG NJW-RR 1994, 402) oder es wird festgeschrieben, daß der Verwalter keine Vergütung erhält (OLG Frankfurt NJW-RR 1993, 845).

Bei Verstoß sind die Regeln dann nichtig.

Verwaltung durch die Wohnungseigentümer

21 (1) Soweit nicht in diesem Gesetz oder durch Vereinbarung der Wohnungseigentümer etwas anderes bestimmt ist, steht die Verwaltung des gemeinschaftlichen Eigentums den Wohnungseigentümern gemeinschaftlich zu.

(2) Jeder Wohnungseigentümer ist berechtigt, ohne Zustimmung der anderen Wohnungseigentümer die Maßnahmen zu treffen, die zur Abwendung eines dem gemeinschaftlichen Eigentum unmittelbar drohenden Schadens notwendig sind.

(3) Soweit die Verwaltung des gemeinschaftlichen Eigentums nicht durch Vereinbarung der Wohnungseigentümer geregelt ist, können die Wohnungseigentümer eine der Beschaffenheit des gemeinschaftlichen Eigentums entsprechende ordnungsmäßige Verwaltung durch Stimmenmehrheit beschließen.

(4) Jeder Wohnungseigentümer kann eine Verwaltung verlangen, die den Vereinbarungen und Beschlüssen und, soweit solche nicht bestehen, dem Interesse der Gesamtheit der Wohnungseigentümer nach billigem Ermessen entspricht.

(5) Zu einer ordnungsmäßigen, dem Interesse der Gesamtheit der Wohnungseigentümer entsprechenden Verwaltung gehört insbesondere:

1. die Aufstellung einer Hausordnung;
2. die ordnungsmäßige Instandhaltung und Instandsetzung des gemeinschaftlichen Eigentums;

Verwaltung durch die Wohnungseigentümer § 21

3. die **Feuerversicherung** des gemeinschaftlichen Eigentums zum Neuwert sowie die angemessene Versicherung der Wohnungseigentümer gegen Haus- und Grundbesitzerhaftpflicht;
4. die Ansammlung einer angemessenen **Instandhaltungsrückstellung;**
5. die Aufstellung eines **Wirtschaftsplans** (§ 28);
6. die **Duldung aller Maßnahmen,** die zur Herstellung einer Fernsprechteilnehmereinrichtung, einer Rundfunkempfangsanlage oder eines Energieversorgungsanschlusses zugunsten eines Wohnungseigentümers erforderlich sind.

(6) Der Wohnungseigentümer, zu dessen Gunsten eine Maßnahme der in Absatz 5 Nr. 6 bezeichneten Art getroffen wird, ist zum Ersatz des hierdurch entstehenden Schadens verpflichtet.

1. Dieser Paragraph trifft die **Grundentscheidungen über die Regelungen der Verwaltung** des GE's. Abs. 1 bestimmt, daß diese den WEern gemeinschaftlich zusteht, soweit nicht durch das Gesetz oder Vereinb etwas anderes bestimmt ist. Damit werden zwei gesetzliche Vermutungen (vgl. MüKo Rdnr. 1) aufgestellt:

a) Die **Zuständigkeit** für solche Maßnahmen trifft zunächst einmal die WEer und nicht den Verwalter. Sie wird jedoch, soweit die WEerGem einen Verwalter bestellt, durch die Aufgaben des Verwalters (§§ 26–28) beschränkt.

b) Die **Entscheidungen** müssen von den WEer grundsätzlich einstimmig getroffen werden („gemeinschaftlich"). Da dies in der Praxis nicht durchsetzbar ist, ist der Grundsatz in den Abs. 3, 5 und den §§ 25, 26, 28, 29 zugunsten eines Beschl weitgehend durchbrochen (BPM Rdnr. 8).

2. Zum Begriff der Verwaltung i.S.v. Abs. 1 siehe § 20 Rdnr 2. Die den WEern grundsätzlich gemeinschaftlich zustehende **Verwaltung** (siehe Anm. 1) kann durch Vereinb **eingeschränkt** werden, indem z.B. die Verwaltung einer oder mehrerer Einheiten getrennt erfolgen und getrennt abgerechnet werden soll (BayObLG DNotZ 1985, 414). In diesem Fall ist der oder sind die nicht beteiligten WEer weder an der anderen Verwaltung zu beteiligen noch zur Versammlung zu laden, noch hat er/sie ein Stimmrecht (BayObLG a.a.O.).

3. Abs. 2 gibt jedem WEer die sog. **Notgeschäftsführung.** Grundsätzlich hat der Verwalter die für die ordnungsgemäße Verwaltung erforderlichen Maßnahmen zu treffen (§ 27 Abs. 1 Nr. 2), und der einzelne WEer kann nicht alleine handeln. Wird weder die WEerGem noch der Verwalter tätig, so kann jeder WEer Maßnahmen treffen, wenn der drohende Schaden erheblich ist

Beispiel: Fensteraustausch bei Mietminderung (OLG Oldenburg WE 1988, 175) oder notwendige und sofortige Dachsanierung (AG Hamburg WuM 1994, 403)
und wenn verständiger WEer nicht länger warten würde (OLG Oldenburg WuM 1988, 185).

Auch der noch nicht eingetragene Erwerber ist dazu berechtigt (AG Hamburg a.a.O. Seite 403). Dann gelten die Regelungen über die Geschäftsführung ohne Auftrag (§§ 677 ff. BGB, Hauger WE 1996, 6, 8 ff.).

6 a) Soweit der **WEer** dabei **Ausgaben** macht, Beträge im voraus entrichtet, hat er nach Abzug seines eigenen Anteils (BayObLG WuM 1986, 354) u.U. einen Ersatzanspruch gegen die übrigen WEer gem. Abs. 2 oder aus Geschäftsführung ohne Auftrag (§ 677 BGB) oder ungerechtfertigter Bereicherung (§ 812 BGB, BayObLG WE 1987, 17 m. Anm. Weitnauer). Der Anspruch kann sich gegen jeden anderen WEer auf Zahlung des sich aus der GO für ihn maßgeblichen Kostenanteils richten (OLG Hamm WE 1993, 314). Die WEer können Befriedigung aus liquidem Gemeinschaftsvermögen verlangen. Der einzelne WEer kann dies auch später tun, z.B. wenn er bei einzelnen WEer ausgefallen ist oder auszufallen droht (OLG Hamm a.a.O. S. 314).

7 b) **Nicht** unter § 21 Abs. 1 oder 2 fallen **Schadensersatzansprüche eines einzelnen WEer** gegen den Verwalter aus unerlaubter Handlung (§ 823 BGB), z.B. wegen Verletzung von persönlichen Rechtsgütern (OLG Zweibrücken BlGBW 1983, 136).

8 4. Abs. 4 gibt jedem WEer einen **Anspruch auf ordnungsgemäße Verwaltung** (siehe Rdnr. 9). Hier kann auch gerichtlich verlangt werden (§ 43 Abs. 1 Nr. 1 oder 2):
a) Die Einhaltung der Vereinb und Beschl gem. Abs. 3 und 4.
b) Soweit diese nicht vorhanden sind, z.B. weil ein Beschl nicht zustande kam, auch eine konkrete Maßnahme.
Beispiel: Beseitigung von Schäden (BayObLG DWE 1982, 102).
Die gerichtliche Geltendmachung setzt jedoch eine erfolglose Beschlußfassung der Eigentümerversammlung voraus (KG WE 1994, 51, 52) oder die Darlegung, daß dieser Weg erfolglos geblieben wäre.
Der **Anspruch** kann sich richten gegen:
a) die anderen WEer (BayObLG NJW-RR 1986, 954) und oder
b) den Verwalter, soweit dies sein Aufgabengebiet umfaßt, was i.d.R. der Fall sein wird (BayObLG DWE 1982, 102);
c) beide (BayObLG DWE 1982, 102).

9 5. Abs. 3 bestimmt, daß die **ordnungsgemäße Verwaltung durch Beschl regelbar** ist. Der in diesem Paragraphen enthaltenen Generalklausel setzt der Gesetzgeber in Abs. 5 eine beispielhafte Aufzählung hinzu, die nicht abschließend ist („insbesondere"). Der WEG-

Gesetzgeber hat selbst die ordnungsgemäße Verwaltung zum Teil konkretisiert, nämlich in § 14 Nr. 1, wonach ordnungsgemäß ist, was dem geordneten Zusammenleben der WEerGem dient, sowie in § 15 Abs. 3, wonach ordnungsgemäß ist, was den Interessen der Gesamtheit der WEer nach billigem Ermessen entspricht. Zu einer ordnungsgemäßen Verwaltung zählen alle Maßnahmen, die im Interesse aller WEer auf die Erhaltung, Verbesserung und normale Nutzung der Anlage gerichtet sind (OLG Hamm NJW-RR 1991, 338). Damit ist das gemeinschaftliche Interesse, also die Nützlichkeit einer Maßnahme für die WEerGem, entscheidend und nicht eine Nützlichkeit für andere, z.B. für außenstehende Dritte (BayObLG Rpfleger 1975, 367, 368).

Beispiel: Bei Garten eine Gebrauchserlaubnis für Nicht-WEer.

Die Ordnungsmäßigkeit der Verwaltung richtet sich bei objektiver Beurteilung nämlich nach den individuellen Interessen aller WEer an der Erhaltung des Vermögens der WEerGem und ihrem geordneten Zusammenleben (BayObLG a.a.O). Ist in einer Angelegenheit bereits ein Beschl gefaßt worden, der diesen Grundsätzen widerspricht, aber bestandskräftig geworden ist, so zwingt dies nicht zur Gleichbehandlung zukünftiger Fälle.

Beispiel: Einem WEer wurde Austausch eines Fensters mit einer Türe gestattet, aus diesem Grund kann in Zukunft ein anderer WEer nicht ebenfalls einen Austausch verlangen (BayObLG WuM 1993, 564).

5 a. Einführung des **Euro** (Müller WE 1998, 282). 9 a

Mit dem 1. 1. 1999 geht die Kompetenz der Deutschen Bundesbank für die Währung auf die Europäische Zentralbank über. Bis zum 31. 12. 2001 können die Währungen, nämlich der Euro und die DM, nebeneinander geführt werden, der Euro jedoch nur bis zu diesem Zeitpunkt als Buchgeld. Bis zum 30. 6. 2002 sind DM-Geldscheine und Münzen nur gültig, so daß Automaten, z.B. Waschautomaten rechtzeitig umzustellen sind.

a) Übergangsphase bis 31. 12. 2001.

Es ist Aufgabe des Verwalter, die WEerGem auf die vorzeitige Umstellungsmöglichkeit hinzuweisen. Bei Barkassen, z.B. Hausmeister oder Waschmarken, ist vorzeitige Umstellung nicht möglich, da nur einheitlich sinnvoll umgestellt werden kann ohne Umrechnungsdifferenzen. Bei abweichendem Wirtschaftsjahr bietet sich dann an 2 Abrechnungen aufzustellen.

b) Vorzeitige Umstellung.

Dies entspricht regelmäßig nicht ordnungsgemäßer Verwaltung, da sie nur Komplikationen aufwirft (Müller WE 1998, 286).

6. Diese gerade dargestellten Grundsätze sind im Laufe der Zeit von 10 der Literatur und der Rechtsprechung weiter konkretisiert worden. Der derzeitige Stand soll im folgenden in **ABC-Form** dargestellt wer-

§ 21 3. Abschnitt. Verwaltung

den, wobei die beispielhafte Aufzählung des Abs. 5 miteinbezogen wird:

Ablufttrockner: siehe Wäschetrockengeräte.

Abstellplatz:

a) Ein Abstellen oder Parken von *Fahrzeugen auf GE* z.B. der Hoffläche ist grundsätzlich nicht gestattet. Vielmehr dürfen diese nur auf dafür vorgesehenen Fläche abgestellt werden. Ein Beschl über das Abstellen ist möglich, soweit die schutzwürdigen Belange der WEer beachtet werden (BayObLG NZM 1998, 239). Deshalb ist das Abstellen eines Wohnmobils auf einer gemeinschaftlichen Hoffläche, die der Lage nach jedenfalls auch dem Zugang und der Zufahrt zu dem Gebäude und den Garagen eines Doppelhauses dient, unzulässig (BayObLG v. 22. 12. 1983, 2 Z 92/83). Ebenso das Abstellen eines Kfz's auf einer gemeinschaftlichen Fläche (KG WEZ 1988, 444), Grünfläche (BayObLG DWE 1982, 66), in der Feuerwehranfahrtszone (BayObLG WE 1988, 210) oder der Terrasse (BayObLG DWE 1982, 133). Ein Beschl, wonach Autos und Motorräder auf dem Grundstück nur auf den durch Farbmarkierungen gekennzeichneten Abstellplätzen geparkt werden sollen und jedes Behindern des Parkens auf der Verkehrsfläche und vor Garageneinfahrten untersagt wird, ist deshalb nicht zu beanstanden (BayObLG DWE 1982, 66). Ebensowenig ein Parkverbot für Klein-Lkw und Wohnwagen, wenn in der Anlage nur Wohnungen vorhanden sind und die Gewerbeausübung untersagt ist (OLG Hamburg WE 1992, 115). Der Verwalter hat zur Durchsetzung Schilder aufzustellen, wonach das Abstellen außerhalb von Parkplätzen oder in Feuerwehrzufahrten oder außerhalb der Grünfläche verboten ist (BayObLG MDR 1991, 937). I.d.R. wird dies der Verwalter aber nicht durch Bepflanzung verhindern dürfen, da damit das Abstellen in Notfällen unterbunden würde (BayObLG DWE 1982, 66). Die Markierung von Stellplätzen entspricht regelmäßig ordnungsgemäßer Verwaltung (BayObLG NJW-RR 1987, 1490).

b) Soweit *gemeinschaftliche Abstell- oder Parkplätze vorhanden* sind, ist die WEerGem nicht gezwungen, eine Gebrauchsbeschränkung für den gemeinsamen Parkplatz zu beschließen, solange keine konkrete Beeinträchtigung des Mitgebrauchs vorliegt (KG v. 29. 4. 1985, 24 W 4734/84 zit.n. Dittrich ZMR 1986, 189). Bei ausreichendem Platz kann das Parken vor der Garage durch Beschl gestattet werden (OLG Hamburg WuM 1993, 288).

Soweit die Stellplätze ihrer Zweckbestimmung nach von den WEern abwechselnd nach Bedarf belegt werden können, widerspricht es ordnungsgemäßem Gebrauch, ein Wohnmobil nicht nur kurzfristig abzustellen (BayObLG ZMR 1985, 29). Sind hingegen nur wenige Abstellplätze/Garagen vorhanden, stellt eine zeitlich unbegrenzte Vermietung an einzelne WEer und die gleichzeitige Verweisung der übrigen WEer auf eine Warteliste eine unzureichende Gebrauchsregelung dar, die auf Anfechtung hin aufzugeben ist (KG NJW-RR 1990, 1495), vielmehr ist jährlich eine Neuverteilung durch Los vorzunehmen (BayObLG NJW-RR 1992, 599; 1993, 205), ggfs. durch das Gericht (KG NJW-RR 1994, 912).

c) Soweit ein *Sondernutzungsrecht an einem Pkw-Einstellplatz* besteht, ist der Inhaber nicht berechtigt, zur Sicherung seines Pkw-Abstellplatzes einen Eisenpfahl zu installieren, der die Zufahrt zu einem angrenzenden Abstellplatz beschneidet, im konkreten Fall durch Fahren einer S-Kurve in einen nur 2,91 m breiten Abstellplatz (BayObLG v. 4. 10. 1984, 2 Z 115/83). Auch die Anbringung von 4 Absperrpfählen auf einem Abstellplatz ist unzulässig, wenn dadurch auf dem daneben liegenden Abstellplatz das Aussteigen aus einem größeren Wagen nahezu unmöglich wird und der Sondernutzungsinhaber kein anderes berechtigtes Interesse hat, wie z.B. Abwehr des unberechtigten Parkens anderer, weil Parkflächen vorhanden sind (BayObLG DWE 1982, 133, 134). Ein SNR an einem Pkw-Stellplatz läßt nicht das Abstellen eines Wohnmobils zu (BayObLG WE 1992, 348).

d) Das **Markieren** von KFZ-Stellplätzen entspricht ordnungsgemäßer Verwaltung (OLG Köln OLGZ 1987, 287). Zur Einrichtung und Vermietung von Pkw-Stellplätzen siehe unten Vermietung von GE.

Abstellen von Gegenständen: siehe Benutzung des GE.

Anmietung, Anpachtung: Das Anpachten einer Fläche anstatt des Erwerbs soll durch Beschl möglich sein (BayObLG ZMR 1998, 63), andererseits soll eine Anmietung nicht möglich sein, um das Parken ohne Behinderung vornehmen zu können (OLG Köln ZMR 1998, 458).

Anschlüsse: § 21 Abs. 5 Nr. 6 begründet eine erhöhte Duldungspflicht des einzelnen WEer, soweit es sich um die Herstellung eines Fernsprech-, Rundfunk- oder Energieversorgungsanschlusses handelt. Entsprechend ist dies auf Fernsehanschlüsse (AG Starnberg MDR 1970, 679) zu übertragen. Um diese vorzunehmen, bedarf es folglich weder eines Beschl noch der Zustimmung einzelner WEer, und die Einschränkung des § 14 Nr. 1 gilt nicht. Voraussetzung ist, daß der Anschluß bereits vorhanden ist. Abs. 5 Nr. 6 ist keine Anspruchsgrundlage zur Installation eines Anschlusses, z.B. Gemeinschaftsparabolantenne (OLG Frankfurt NJW 1993, 2817) oder an außerhalb des Hauses verlaufende Leitung (BayObLG WE 1994, 21). Der Umfang der Duldung umfaßt auch das fremde SE (AG Offenbach DWW 1985, 184), weil ansonsten die Pflicht keinen Sinn ergeben würde, wenn die Anschlußleitungen notwendig durch fremdes SE verlaufen (a.A. die h.M. BPM Rdnr. 170; Bielefeld S. 258). Deshalb sieht Abs. 6 auch den Ersatz des dadurch dem einzelnen WEer und der WEerGem entstehenden Schadens vor. Der Anspruch umfaßt sowohl Sach- wie auch Verzugsschäden und ist unabhängig vom Verschulden des verursachenden WEer gegeben. Siehe zu Kabelfernsehen § 22 Rdnr. 18 ff.

Ansprüche der WEer: Machen WEer Ansprüche geltend, ist Beschl als Vorbereitung eines Gerichtsverfahrens auszulegen. Eine sachliche Berechtigung ist im Anfechtungsverfahren nicht zu prüfen nach dem KG (ZMR 1997, 318), anders nach dem BayObLG (WE 1997, 239) wenn die Haftung eines WEer beschlossen wird. Siehe Beschl.

Badeverbot: Ein Bade- und Duschverbot ist in der Zeit von 23.00–5.00 Uhr durch Mehrheitsbeschluß möglich (BayObLG WE 1992, 60).

Balkonbenutzung: Durch Beschl kann bestimmt werden, daß Wäsche auf dem Balkon getrocknet werden darf, sofern die Höhe des Ständers, auf dem die Wäsche aufgehängt ist, die Höhe der Balkonbrüstung nicht übersteigt (OLG Oldenburg ZMR 1978, 245). Regelbar durch Beschl ist ebenso, daß das Lüften von Betten und Bekleidung auf dem Balkon gestattet ist, sofern die Gegenstände nicht über die Balkonbrüstung gehängt werden (OLG Oldenburg wie vor). Siehe auch Grillen, Benutzung des GE's, Blumenkästen.

Balkongeländer: Der Farbton darf nicht von jedem WEer selbst ausgewählt werden (BayObLG ZMR 1997, 37).

Baum: Benutzung des GE.

Belüftung: Belüftungsregelungen für Heizungsraum, Treppenhaus und Kellerräume und Regelungen über das Benutzen der Waschmaschinen (z.B. Ausschluß zwischen 22.00 und 7.00 Uhr) sind durch Beschl möglich (BayObLG WE 1994, 17).

Benutzung des GE durch WEer oder Dritte:

a) *Benutzung durch WEer:*

aa) *Abstellen von Gegenständen im GE.* Siehe hierzu zunächst § 15 Rdnr. 17, wonach der Gebrauch für alle WEer gleichmäßig zu gestatten ist und nur bei physischer oder psychischer Behinderung etwas anderes gilt (z.B. Rollstuhl eines Behinderten, OLG Düsseldorf ZMR 1984, 161). Das Abstellen von Gegenständen kann als Gebrauchsregelung geregelt werden und es kann z.B. beschlossen werden, daß keine Gegenstände, außer Kinderwagen, die evtl. die Sicherheit gefährden, wie z.B. Blumenkübel (OLG Hamm ZMR 1988, 270), in dem Treppenhaus abgestellt werden dürfen. Nicht ausgeschlossen werden kann jedoch zeitweises Abstellen von Schuhen auf der Fußmatte vor der Wohnungstüre im Flur (OLG Hamm wie vor). Laut BayObLG (NJW-RR 1993, 1165) soll in kleiner Anlage das Aufstellen von Schirmständern in GE (z.B. Diele) ordnungsgemäßem Gebrauch entsprechen, nicht aber das Aufstellen von weiteren Garderoben und Einrichtungsgegenständen (KG WE 1993, 50). Siehe auch: Abstellplatz.

bb) *Gebrauch:* Soweit der Gebrauch vom GE für die WEer von Bedeutung ist, muß dieser dauernd gewährleistet sein. Dies bedeutet, daß z.B. die Wartung der Heizung durch anerkannte Fachfirmen durchzuführen ist und in Störungsfällen unverzüglich repariert wird.

Die WEerGem kann auch nicht jemandem durch Beschl gestatten (unfachmännische) Experimente an der Heizung auszuführen (KG NJW-RR 1987, 205). Durch Beschl kann die Nutzung von Treppenhäusern, Fluren, Eingangshallen und sonstigen Gemeinschaftseinrichtungen, soweit nicht ausdrücklich die Nutzung, wie bei einem Tischtennisraum, ausgewiesen ist, als Spiel- und Aufenthaltsräume für Kinder verboten werden (BayObLG DWE 1982, 98). Siehe auch Rasenflächenbenutzung und Spielplatz.

cc) *Regelungen:* Für bestimmte Teile des GE empfiehlt es sich, eine Nutzungsordnung aufzustellen, z.B. für Schwimmbad, Sauna, Garagen (siehe als Beispiel BayObLG WE 1992, 54), Aufzug, Tennisplatz etc. Ein Muster findet sich bei Röll S. 251.

Die *Bepflanzung* der Balkone ist zulässig, soweit im Einzelfall Gefahren nicht entstehen können, den öffentlichen Vorschriften (z.B. baupolizeilicher Art) entsprochen und Störungen nicht zu erwarten sind. Das naturbedingte Herabfallen von Blüten und Blättern ist, soweit es sich im normalen Rahmen hält, nicht als Störung aufzufassen. Deshalb kann nicht generell das Anbringen von außen hängenden Blumenkästen oder die Bepflanzung mit Bohnen und Rankgewächsen an Schnüren (BayObLG v. 19. 1. 1984, 2 Z 17/83) durch Beschl untersagt werden (LG Hamburg DWE 1984, 93). Vielmehr ist dies durch Beschl nur regelbar, soweit Nachteile für einzelne WEer oder das GE zu befürchten sind (BayObLG WE 1992, 197). Die Höhe der Bepflanzung ist auch durch Beschl regelbar, z.B. Verbot der Sichtbehinderung bei Blick auf See (BayObLG WuM 1992, 206).

b) **Benutzung durch Dritte:** Das GE steht den WEer zu. Deshalb ist es nicht möglich per Beschl Dritten, z.B. Nachbarn, eine unentgeltliche Gebrauchserlaubnis zu erteilen (BayObLG Rpfleger 1979, 265). Der Verwalter (wohl erst nach entsprechendem Beschl der WEer, vgl. § 27 Rdnr. 62) hat nach dem OLG Frankfurt (OLGZ 1987, 50) den Mietvertrag über einen zum GE gehörenden Fahrradabstellraum zu kündigen, wenn sich WEer nachträglich Fahrräder anschaffen und der Raum bestimmungsgemäß genutzt werden soll. Siehe auch Vermietung.

Beschl: Machen WEer Ansprüche gegen andere WEer durch Beschl geltend, soll dies nach KG (WuM 1997, 191) als Vorbereitung eines Verfahrens auszulegen sein. Materielle Richtigkeit soll in anschließendem Verfahren zu prüfen sein. Siehe auch Ansprüche der WEer.

Ein Beschl ist für ungültig zu erklären, wenn die erforderliche Bestimmtheit fehlt.

Beispiel: Gartennutzung wie bisher gehandhabt (KG OLGZ 1981, 307).

Wird auf ein Ereignis oder einen Gegenstand Bezug genommen, so muß dieses mit genügender Bestimmtheit feststellbar sein.

Beispiel: Bezugnahme auf ein Konzept eines Sachverständigen (BayObLG WuM 1993, 707). Siehe Ansprühe der WEer und § 23 Rdnr. 36.

Benutzung des SE's: Soweit keine Nachteile vorliegen, ist das Leerstehenlassen des WE's zulässig (BayObLG NJW-RR 1990, 854), ebenso zulässig sind normale Wohngeräusche,
Beispiel: Gehen, Badbenutzung (LG Frankfurt NJW-RR 1993, 281).
Unzulässig sind jedoch ruhestörender Lärm, z.B. das Trampeln auf dem Boden (BayObLG NJW-RR 1994, 598), Eltern haben dabei auf ihre Kinder einzuwirken – oder laute Live-Musik, wie in einer Gaststätte (BayObLG NJW-RR 1994, 337) oder laute Radiomusik oder Beschimpfungen (KG NJW-RR 1988, 586) oder Tennisspiel durch Kinder (OLG Saarbrücken ZMR 1996, 566).

Beschimpfen von WEer: siehe Benutzung des SE's.

Beseitigung von GE: Soweit das GE alle oder einzelne WEer über das in § 14 beschriebene Maß hinaus beeinträchtigt, kann die Beseitigung bzw. Veränderung verlangt werden.
Beispiel: Beeinträchtigung des Lichteinfalls durch einen stark gewachsenen Baum (LG Freiburg NJW-RR 1987, 655).

Bewegungsmelder: Soweit ein Bewegungsmelder auch vor dem Eingang einer anderen Haushälfte die Bewegung meldet, ist er tagsüber außer Betrieb zu setzen (OLG Hamm WuM 1991, 127).

Bilder: siehe Dekorationen.

Blumenkästen: Durch Beschl kann die Entfernung vorgesehen werden, wenn Sicherheitsaspekte entscheidend sind (BayObLG WE 1992, 197).

Dach: Die Beseitigung von Bäumen auf dem Dach ist bei Gefahr beschließbar (BayObLG WE 1997, 72).

Dachfenster oder Dachluke: siehe Fenster.

Darlehen: siehe vor § 10 Rdnr. 15.

Dekorationen: Das Anbringen von saisonüblichen Dekorationen (z.B. Oster- oder Weihnachtsschmuck) an der Außenseite der Wohnungstür kann nicht durch Mehrheitsbeschl untersagt werden (LG Düsseldorf NJW-RR 1990, 785). Ob und welche Bilder im Treppenhaus aufgehängt werden, kann nur einvernehmlich geregelt werden (LG Hamburg WuM 1989, 653).

Duschverbot: siehe Badeverbot.

Einbauschrank: Nimmt ein WEer den von einem anderen WEer in der gemeinsamen Diele angebrachten Einbauschrank 17 Jahre hin, so ist ein etwaiger Beseitigungsanspruch verwirkt (BayObLG NJW-RR 1993, 1165), im übrigen ist ein Schrank dort aber regelmäßig nicht zu dulden (KG NJW-RR 1993, 403).

Energieversorgungsanschluß: siehe Anschluß.

Erwerb: siehe Anpachtung

Fenster: Die Regelung, wann die Fenster – seien es Keller-, Treppenhaus- oder Dachfenster – geöffnet oder geschlossen zu halten sind, kann durch Beschl getroffen werden (OLG Karlsruhe MDR 1976, 758), siehe auch Belüftung.
Fernsehanschluß: siehe Anschlüsse.
Fernsprechanschluß: siehe Anschlüsse.
Fremdverwaltung: Bei 10 WE's entspricht der Beschl, einen fremden Verwalter zu nehmen, ordnungsgemäßer Verwaltung (OLG Hamm WE 1988, 173).
Fritieren auf dem Balkon: I.d.R. unzulässig.
Garage: siehe Abstellplatz entsprechend.
Garderobe: Ist im GE i.d.R. nicht zu dulden (KG NJW-RR 1993, 403), siehe Benutzung durch WEer.
Gebrauch: siehe Benutzung.
Gemeinschaftsentstehung: siehe vor § 1 Rdnr. 6 ff.
Geräusche: siehe Benutzung des SE.
Getränkeautomat: Das Aufstellen eines Getränkeautomaten, auf dem im GE stehenden Gang einer Wohnappartementanlage, stellt keinen ordnungsmäßigen Gebrauch dar (BayObLG WE 1991, 260).
Grillen: Gartengrillen auf Balkon kann nach LG Düsseldorf (ZMR 1991, 234) nicht allgemein durch Beschl ohne Beschränkung in zeitlicher Hinsicht gestattet werden. Bei elektrischen Tischgrillgeräten kann die Benutzung nicht generell durch Mehrheitsbeschl untersagt werden (Bielefeld S. 198). Ob Grillen innerhalb der im GE stehenden Gärten zulässig ist, hängt vom Einzelfall ab, so hat das LG Stuttgart (NJWE 1997, 37) das gelegentliche Grillen (6 Stunden pro Jahr) auf dem Balkon gestattet (a.A. AG Wuppertal Rpfleger 1977, 454).
Grünfläche: siehe Rasenfläche.
Hausfassade: Das Stutzen von Weinlaub ist durch Beschl regelbar (OLG Saarbrücken WuM 1998, 243).
Hausmeister, Hauspersonal: Die Anstellung eines Hausmeisters ist bei einer größeren Anlage eine Maßnahme ordnungsgemäßer Verwaltung (BayObLG WE 1992, 87). Die Vergütungen sind Instandhaltungskosten (KG WE 1994, 144).
Hausordnung (§ 21 Abs. 5 Nr. 1): Bei der sog. Hausordnung handelt es sich um eine Zusammenfassung der Gebrauchs- (§ 15) und Verwaltungsregelungen (§ 21) der Gemeinschaft. Sie hat die in den §§ 13 Abs. 2, 14 getroffene Rücksichtsnahmeregelungen (KG ZMR 1985, 345), die öffentlich-rechtlichen Bestimmungen (BayObLG WE 1988, 200) und die Erfordernisse der Verkehrssicherungspflicht (OLG Hamm ZMR 1988, 200) zu beachten (vgl OLG Hamburg WuM 1993, 78).

a) *Das Aufstellen und Ändern der Hausordnung.* Dies ist auf 3 Wegen möglich: Die WEer können zunächst durch Vereinb/TErkl oder Beschl eine Hausordnung aufstellen oder den Verwalter bzw. den

Beirat bevollmächtigen, diese aufzustellen (OLG Hamm OLGZ 1970, 399). Dadurch ist die Zuständigkeit der Gemeinschaft aber nicht ausgeschlossen (KG DWE 1992, 33). Soweit sie vom Beirat oder vom Verwalter aufgestellt wird, können die Regelungen der Hausordnung nicht durch Anfechtung gerichtlich überprüft werden. Ihre Verbindlichkeit kann vielmehr vom WEer erst im Verfahren über ihre Durchsetzung überprüft werden (Palandt Rdnr. 7) oder vorher vom Verwalter (KG NJW 1956, 1679).

Die Hausordung ist grundsätzlich durch Beschl abänderbar, auch wenn diese durch Vereinb bzw. TErkl aufgestellt wurde, es sei denn, der Inhalt der Regelung (z.B. Verbot der Musikausübung) macht eine Vereinb erforderlich (OLG Stuttgart DWE 1987, 99). Ist der Verwalter bzw. der Beirat durch einen Beschl zur Aufstellung bevollmächtigt, so kann die Hausordnung auch nur Regelungen enthalten, die einem Beschl zugänglich sind (OLG Stuttgart wie vor). Wird die Hausordnung durch Vereinb bzw. TErkl aufgestellt, so ist hierbei auch eine Ermächtigung durch Beschl zu einer Regelung möglich, die an sich eine Vereinb erforderte.

Beispiel: Ermächtigung zur Erstellung von Garagen an Dritte und Begebung von Sondernutzungsrechten (BayObLG Rpfleger 1974, 400).

Dies ist dann auch nur durch Vereinb änderbar.

Als dritte Möglichkeit kann jeder WEer durch Antrag bei Gericht die Aufstellung einer Hausordnung verlangen, wenn eine solche fehlt und durch Beschl nicht zustandekommt (OLG Hamm OLGZ 1969, 278). Diese kann nur Regelungen enthalten, die einem Beschl zugänglich sind, und ist jederzeit durch Beschl wiederum abänderbar.

b) *Inhalt:* Die Hausordnung beinhaltet die Gebrauchsregeln, die für ein geordnetes Zusammenleben in der WEerGem erforderlich sind. Dazu gehören zunächst die allgemeinen Punkte, die sinnvollerweise in jeder Wohnanlage geregelt werden, wie z.B. Sorgfalts- und Sicherheitpflichten, Benutzungsregeln, Ruhezeitenregelung, Reinigungspflichten, Tierhaltung etc. Darüberhinaus sind Punkte zu regeln, die speziell für die Besonderheiten der Wohnanlage zutreffen. Anregungen für beide Punkte geben die übrigen Stichworte dieses ABC's. Ein Muster einer Hausordnung findet sich bei Röll S. 247.

c) *Durchführung,* Überwachung und Ahndung von Verstößen gegen die Hausordnung. Die Durchführung und Überwachung obliegt dem Verwalter (siehe § 27 Abs. 1 Nr. 1). Zu Geldstrafen siehe vor § 10 Rdnr. 15 Sanktionen

Hausreinigung: Eine Aufstellung und Änderung der Regeln über die Hausreinigung kann durch Beschl erfolgen (LG Mannheim MDR 1976, 582). Dabei muß jedoch zwischen der Durchführung und Art und Umfang der Reinigung unterschieden werden.

Verwaltung durch die Wohnungseigentümer § 21

a) *Durchführung der Reinigung:* Hier geht es insbesondere um die Frage, ob durch Beschl auch jeder MEer zu tätiger Mithilfe verpflichtet werden kann (siehe § 16 Rdnr. 6). Die Kosten der Reinigung gehören zu den Instandhaltungskosten (KG WE 1994, 144).
b) *Art und Umfang:* Dies, z. B. Naßreinigung, zeitlicher Ablauf, z. B. wöchentlich, usw. kann durch Beschl geregelt werden (LG Mannheim MDR 1976, 582).
Haustier: siehe Tierhaltung.
Haustür: Ein Beschl reicht grundsätzlich aus sowohl für die Bestimmung der Öffnungszeiten (LG Wuppertal Rpfleger 1972, 451), als auch für die Sicherung der Haustüre durch eine elektrische Sprech- und Öffneranlage (BayObLG Rpfleger 1982, 218), als auch für die Beseitigung eines Hebels an der Haustürschließanlage, mit dem der Türschließmechanismus außer Funktion gesetzt wird (KG ZMR 1985, 345). In zeitlicher Hinsicht ist jedoch zu beachten, daß ein Beschl, der das Offenhalten der Haustüre werktags von 8–19 Uhr vorsieht, ordnungsgemäßer Verwaltung widerspricht (BayObLG a. a. O.), oder das ständige Verschließen (AG Bremen DWE 1995, 168), während das kurzfristige Außerfunktionssetzen nicht zu beanstanden sein soll (KG a. a. O.). Für eine Verbindungstüre von Treppenhaus zur Tiefgarage kann entgegen einem Beschl nicht verlangt werden, daß sie ständig offen gehalten wird (BayObLG WE 1991, 203).
Heizkörper: Die Überprüfung, Neueinstellung und Verplombung der Heizungsabsperrventile und der dafür notwendige Zugang zur Wohnung können durch Beschl geregelt werden (BayObLG WEZ 1987, 333).
Heizung:
a) Regelungen hinsichtlich des *Betriebs der Heizung* stellen grundsätzlich Gebrauchsregelungen dar (§ 15 Abs. 2) und können deshalb durch Beschl gefaßt werden (BayObLG WE 1994, 150).
Beispiel: Temperatur und Dauer des Heizens
Nicht zulässig ist nach dem LG Würzburg (v. 4. 8. 1983, 3 T 2104/82) jedoch die vollständige Abschaltung für eine bestimmte Dauer oder Periode, z. B. 30.4.–1.10., da damit WEer vom Mitgebrauch ausgeschlossen werden (a. A. anscheinend BayObLG WuM 1993, 291). Nach dem BayObLG (DWE 1984, 122) ist aber eine Absenkung der Temperatur des Heizungsvorlaufs während der Nachtstunden grundsätzlich möglich, da es sich um eine sinnvolle Energieeinsparung handelt. Dabei müssen aber Zeitpunkt und Umfang der Nachtabsenkung, am besten durch Wärmegradangaben, und die Nutzung, insbesondere der Wohnräume, im üblichen Umfang gewährleistet sein (BayObLG a. a. O.). Nach dem OLG Hamburg (WE 1988, 172) soll durch andauernde Übung der Heizkostenabrechnungszeitraum vom Halbjahr auf das Kalenderjahr umstellbar sein (zu Recht ablehnend Seuß a. a. O. WE S. 173). Unfachmännische Experimente

dürfen darüberhinaus nicht beschlossen werden (KG NJW-RR 1987, 205). Die Überprüfung, Neueinstellung und Verblombung der Heizkörper auch im SE kann durch Beschl geregelt werden (BayObLG NJW-RR 1987, 1493).

b) *Zutritt zu den Heizräumen:* Durch Beschl kann auch die Befugnis zum Betreten des Heizraumes beschränkt oder ganz ausgeschlossen werden, sofern nicht entgegenstehende Interessen, z.B. Vorsorge im Störungsfalle, Gefahrenabwehr oder fehlende Überwachung entgegenstehen (BayObLG ZMR 1972, 227). Kein Recht des einzelnen WEer zum beliebigem Zutritt (KG ZMR 1989, 201). Siehe auch Benutzung, Heizkörper.

Instandhaltung und Instandsetzung (Abs. 5 Nr. 2): Hierunter fallen u.a. die Erhaltung und Wiederherstellung des GE in dem bisherigen Zustand, die durch Beschl gefaßt werden können (z.B. Zurückschneiden einer Hecke BayObLG MDR 1985, 767). Zum Umfang und zur Abgrenzung von baulichen Veränderungen siehe § 22 Rdnr. 3. Siehe auch WEer.

Instandhaltungsrückstellung (Abs. 5 Nr. 4): Eine Instandhaltungsrücklage (nicht -stellung, da sie Eigenkapital der WEer ist, vgl. Seuß PiG 18, 223 ff.) kann durch Beschl eingeführt oder gem. Abs. 4 von jedem WEer verlangt werden. Ist gem. TEerkl eine Rücklage vorgesehen, kann durch Beschl keine Änderung in 2 erfolgen (OLG Düsseldorf ZMR 1998, 308).

a) Eine *zu niedrige* oder *zu hohe Rücklage* widerspricht dabei ordnungsgemäßer Verwaltung (BayObLG DWE 1985, 57) ebenso eine vollständige Auflösung der Rücklage (KG v. 2.7. 1990 zit.nach Dekkert 2, 1258). Die Angemessenheit ist jeweils nach den Umständen des Einzelfalles zu beurteilen (BayObLG a.a.O.). In der Praxis macht die Bestimmung der Angemessenheit große Probleme. I.d.R. tendieren die WEer eher zu einer zu niedrigen Rücklage, in der Hoffnung, daß keine Reparaturen anfallen.

Als *Orientierungspunkte* für die Höhe können zwei Berechnungen aufgezeigt werden:

aa) Die sog. *"Petersche Formel"* (WE 1980, Heft 4 S. 5) besagt, daß die gesamten Instandhaltungskosten mit dem 1,5fachen der Herstellungskosten pro Quadratmeter, verteilt auf geschätzte 80 Jahre Bestandsdauer des Gebäudes anzusetzen sind (unter der Prämisse, daß 65–70% das GE betreffen):

$$\frac{\text{Baukosten} \times 1{,}5 \times 65\text{–}70}{80 \times \text{Wohnfläche} \times 100}$$

Die Prozentzahl des GE ist davon abhängig, ob z.B. die Heizung SE ist (wie bei Nachtspeicherheizungen), ob reparatur- und wartungsintensives GE vorhanden ist, wie z.B. eine Sauna oder ein Aufzug.

Verwaltung durch die Wohnungseigentümer   § 21

Bei einer Annahme von 2000,00 DM Baukosten pro qm und 65% GE würde dies eine Rückstellung von 24,38 DM pro qm und Jahr bedeuten. Solche Sätze sind jedenfalls angemessen, in der Praxis aber selten, da alle WEer ihre Belastung möglichst gering halten wollen. Hinzu kommt, daß eine steuerliche Abzugsfähigkeit nach der Rechtsprechung erst mit der Verausgabung des Verwalters geltend gemacht werden kann (BFH BStBl II 1988 S. 577, siehe hierzu Spiegelberger PiG 30, 179) und sie damit zumindest zunächst aus versteuertem Geld bezahlt werden muß.

bb) Als Untergrenze (nach dem KG v. 1. 6. 1987, 24 W 5578/86 zit. n. Dittrich ZMR 1989, 203 Fn 44: allenfalls als Anhaltspunkte und Erfahrungswerte) können die geltenden **Sätze der 2. Berechnungsverordnung** angeführt werden (2. BV Neufassung v. 13. 7. 1992 BGBl I S. 1250): Demnach (§ 28 Abs. 2 BV) gelten für die Instandhaltungskosten pro qm und Jahr folgende Höchstsätze: Bezugsfertigkeit bis zum 31. 12. 1952: 20,00 DM, Bezugsfertigkeit vom 1. 1. 1953 bis 31. 12. 1969: 18,50 DM, Bezugsfertigkeit vom 1. 1. 1970 bis 31. 12. 1979: 14,50 DM, Bezugsfertigkeit nach dem 31. 12. 1979: 11,00 DM. Für Häuser mit Sammelheizung erhöhen sich diese Werte um 0,80 DM/m², bei Vorhandensein eines Aufzugs um 1,65 DM/m². Von Hauff/Homann (WE 1996, 288) gehen vom aktuellen Marktpreis aus. Danach ergibt sich folgende Rechnung:

$$\frac{\text{Marktpreis pro qm} \times 0{,}25}{50}$$

Dabei wird unterstellt, daß ein instandsetzungsbedürftiger GE in etwa mit 25% des Marktpreis zu bewerten und der Planungshorizont auf 50 Jahre festzulegen ist.

Falls eine ausreichende Rücklage vorhanden ist, kann es ordnungsgemäßer Verwaltung widersprechen, Instandhaltungsmaßnahmen durch Umlagen statt aus der Rücklage zu finanzieren (vgl. OLG Hamm OLGZ 1971, 96, 102). Soweit eine ausreichende Rücklage noch nicht vorhanden ist, entspricht es ordnungsgemäßer Verwaltung, Instandhaltungsmaßnahmen durch Umlagen zu finanzieren (BayObLG Rpfleger 1981, 284, 285). Nach dem OLG Saarbrücken (v. 20. 7. 1998, 15 W 110/98) können die WEer, selbst wenn kein anderer Weg der Finanzierung von Wohngeldrückständen offen wäre, die Rücklage zu einem Teilbetrag auflösen und dies für einen vorläufigen Ausgleich von Wohngeldausfällen einsetzen.

b) *Zweckbindung:*
Durch die Rücklage soll sichergestellt werden, daß bei dringend notwendigen Reparaturen des GE's diese nicht am Geldmangel scheitern. Sie dient folglich der Vorsorge (OLG Frankfurt DWE 4/1974, 29). Zudem soll eine Verteilung der zumeist hohen Kosten gewährleistet werden. Diese Zweckbindung bedeutet:

§ 21   3. Abschnitt. Verwaltung

Die Rücklage kann für alle Kosten der Instandhaltung oder Instandsetzung dienen, also sowohl für die Bezahlung von Reparaturen wie auch für die Ersatzbeschaffung von GE, z. B. Rasenmäher, wenn die Instandhaltung dafür zweckgebunden angelegt wurde (vgl. BayObLG NJW 1975, 2296: Trommelgeld für Waschmachine) oder der erstmaligen Herstellung des ordnungsgemäßen Zustandes, wenn dieser nicht von dem Bauherrn zu erreichen ist. Sie kann aber nicht für Rechtsanwalts- und/oder Sachverständigenkosten verwendet werden, selbst wenn diese im Zusammenhang mit der Bereinigung von Sachmängelansprüchen entstanden sind (OLG Frankfurt DWE 4/1974, 29). Es ist deshalb nach dem AG München (v. 12. 3. 1984, UR II 219/82 WEG zit.n. Seuß PiG 18, 237) zweckwidrig, die Rücklage für Routinemaßnahmen der laufenden Instandhaltung zu verwenden. Über die Mittel kann der Verwalter nur kraft ausdrücklichen Beschl verfügen.

Das BayObLG folgert aus der Zweckbindung, daß eine Verwendung zu anderen Zwecken grundsätzlich unzulässig sei.

Beispiel: Kauf von Heizöl (BayObLG v. 13. 4. 1984, 2 Z 19/83) oder zur Deckung von Wohngeldausfällen (BGH NJW 1989, 3019; OLG Hamm NJW-RR 1991, 212) oder Anlage in Bausparkasse (OLG Düsseldorf WE 1996, 275).

Diese Meinung der Rechtsprechung ist jedoch zu relativieren. Im vorgenannten Fall des BayObLG war von den WEer'n eine bestimmte Höhe der Rücklage beschlossen worden (8000,– DM), die am Ende des Jahres durch den Kauf des Heizöls auf 214,– DM geschmolzen war. Da damit ein Verstoß gegen einen Beschl vorlag, war der Kauf zu mißbilligen. Der Hauptgrund der Mißbilligung lag damit nicht in dem Verstoß gegen die Zweckbindung der Instandhaltungsrücklage, sondern in dem Verstoß gegen den Beschl der WEer. Ein Verstoß gegen die Zweckbindung wird jedoch von der Literatur in folgenden Fällen nicht gesehen: Sei es, daß man dem Verwalter gestattet, die Rücklage nicht sofort, sondern erst am Ende des Jahres der Geldanlage zuzuführen, damit die laufend eingehenden Teilbeträge noch anders zu verwenden sind (Seuß PiG 18, 266), sei es, daß man dem Verwalter gestattet, für eine Übergangszeit (6 Wochen) die Gelder anderweitig zu verwenden, weil erst innerhalb dieser Zeit eine Versammlung einberufen werden könnte (Bielefeld S. 293). Nach dem KG soll es zulässig sein Rücklage als Sicherheit für Kredit zu geben (KG v. 21. 3. 1989, 24 W 7009/88 zit. nach Deckert 2/898 mit richtiger Ablehnung dort).

c) *Eigentumsverhältnisse:* siehe § 1 Rdnr. 8, Verwaltungsvermögen.

d) *Geldanlage:* Die Anlage der Rücklage liegt zunächst in den Händen der WEer, die durch Beschl darüber entscheiden können. Liegt ein solcher nicht vor, so ist der Verwalter verpflichtet, diese zinsgünstig anzulegen (BayObLG DWE 1995, 43, Seuß PiG 18, 260; a. A. LG Bonn DWE 1985, 127). Daraus resultiert keine Pflicht des Verwalters,

Verwaltung durch die Wohnungseigentümer § 21

sich als Geldexperte zu erweisen, vielmehr genügt folgende Richtschnur:

Kleinere Beträge bis 2000,– DM sollten auf einem Sparbuch deponiert werden oder auf dem laufenden Konto. Bei größeren Beträgen (ab 10000,– DM) sollte ein Festgeldkonto angelegt werden. Soweit die Mittel erst langerfristig benötigt werden, sollten Sparbriefe, Bundesschatzbriefe, Obligationen oder Anleihen in die engere Wahl gezogen werden. Die Auswahl der Anlage sollte der Verwalter durch einen TOP anregen.

e) Praktische Probleme ergeben sich für die laufenden sog. **Kleinreparaturen.** Hier sind die Meinungen geteilt (Deckert 4/220 m.w.N.).

Keller: Das Abstellen von Motorrädern in einem Kellerraum darf nicht gestattet werden (BayObLG WE 1988, 143). Selbst eine komplizierte Kellerordnung kann vom Gericht nur bei grober Unbilligkeit aufgehoben werden (KG NJW-RR 1990, 1496). Beschl möglich, daß einzelner WEer nur zusammen mit Verwalter Keller betreten dürfen (OLG Köln WE 1997, 427). Siehe auch Wäschetrockengeräte.

Kellerfenster: siehe Fenster.

Kfz-Abstellplatz: siehe Abstellplatz.

Kinderspielplatz: Er ist grundsätzlich zur Nutzung als Spielmöglichkeit für die in der Anlage vorhandenen Kinder bestimmt. Die Nutzung durch eine große Anzahl von Kindern, die in einem TE betreut werden ist unzulässig (BayObLG ZMR 1998, 182).

Kinderwagen: Die Gestattung des Aufstellens im Flur kann unzulässig sein, wenn der Flur zu eng ist (OLG Hamburg WuM 1993, 78).

Kündigung: siehe Benutzung des GE.

Lärm: siehe Benutzung SE, Ruhezeitfestlegung.

Lastschrift: Durch Beschl einführbar (OLG Hamburg ZMR 1998, 451 m.w.N.; a.A. LG Stuttgart WuM 1998, 370). Siehe vor § 10 Einzugsermächtigung. Beschl, der wegen Nichtteilnahme zusätzlicher Vergütung von DM 11,50 für Verwalter festlegt ist aber anfechtbar (BayObLG WuM 1996, 490).

Leerstand: siehe Benutzung SE.

Leiter: Anschaffungsmöglichkeit hängt ab von der Größe und der Gegebenheit der Anlage (BayObLG WE 1998, 155).

Liegewiese: siehe Spielen.

Liquidationsschwierigkeiten: Soweit Liquidationsengpässe bestehen, kann eine Umlage beschlossen werden (BGH ZMR 1997, 312; KG ZMR 1993, 344).

Lüften von Kleidung und Oberbetten: siehe Balkonbenutzung.

Markierung: siehe Abstellplatz.

Mieter: Durch Beschl kann die Verpflichtung zur Namhaftmachung der einzelnen Mieter begründet werden (LG Mannheim ZMR 1979, 319), ggf. auch Beruf (BayObLG WE 1994, 283).

Mietzins: siehe Benutzung des GE.

Müllabwurfanlage: Ist die im GE stehende Müllabwurfanlage mangelhaft schallisoliert, so kann jeder beeinträchtigte WEer verlangen, daß entweder Umbaumaßnahmen durchgeführt werden oder die Benutzung der Anlage eingeschränkt wird, z.B durch Verbot des Abwurfes von Flaschen, Dosen und Hartgegenständen, evtl. nur während der Ruhezeiten (BayObLG v. 13. 12. 1984, 2 Z 46/84).

Müllschlucker: Abschaffung durch Beschl nur mit Grund möglich, Mülltrennung dafür aber nicht ausreichend (BayObLG WuM 1996, 488).

Musizieren: Ein generelles Verbot ist nur durch Vereinb möglich (siehe vor § 10 Rdnr. 15). Durch Beschl getroffene Regelungen, die in ihren Auswirkungen einem generellen Musizierverbot praktisch gleichkommen, sind anfechtbar. Durch Beschl sind nur Einschränkungen möglich, wie z.B. eine zeitliche Begrenzung des Musizierens auf täglich 1,5–2 Stunden (OLG Hamm NJW-RR 1986, 500). Das Verbot darf nicht auf 20–10 Uhr festgelegt werden (a. A. zu Recht für 20–22 Uhr OLG Stuttgart ZMR 1998, 465 mit Vorlage an den BGH, da dadurch ausreichend Zeit verbleibt), da sonst Berufstätige ausgeschlossen würden, und/oder nicht an Sonn- und Feiertagen (BayObLGZ 1985, 104) oder zwischen 10.00 und 12.00 Uhr und 15.00 und 17.00 Uhr (OLG Zweibrücken WE 1990, 213). Zwingend und auch nicht durch Vereinbarung oder Beschl abänderbar sind die öffentlich-rechtlich festgelegten Ruhezeiten (z.B. in NRW 22.00–6.00 Uhr gem. § 9 Abs. 1 L ImschG NRW/vgl. KG WE 1992, 110).

Studierende der Musik und Berufsmusiker können einen Eigentümerbeschl, der das häusliche Musizieren einschränkt, nicht mit der Begründung anfechten, ihnen müßten weitergehendere Gebrauchsrechte als allen anderen Wohnungseigentümern eingeräumt werden (BayObLG MDR 1985, 676). Nicht durch Beschl regelbar, daß „Musikinstrumente nur in Zimmerlautstärke gespielt" werden dürfen, da dies praktisch einem Verbot gleichkommen würde (OLG Oldenburg ZMR 1978, 245). Anfechtbar ist auch eine durch Beschl ausgesprochene Verpflichtung, ein Klavier nur mit einem sog. Moderator zu spielen, da dies einem Verbot gleichkäme (OLG Frankfurt a. a. O. S. 407). In einem als Gaststätte bezeichneten, in einem Wohnhaus gelegenen TE können nicht jegliche musikalischen Darbietungen untersagt werden (sog. Live-Musik). Es können jedoch starke Geräuschimmissionen verboten werden, als die bei Verwendung einer lautstarken begrenzten Anlage auftreten und nach den öffentlich rechtlichen Auflagen zulässig sind (BayObLG WE 1994, 278). Voraussetzung für ein Verbot ist, daß das Musizieren einwandfrei außerhalb der Räume des WEer's wahrnehmbar ist (BayObLG WuM 1996, 488).

Nutzung: siehe Benutzung des SE.

Öffentliche Normen, Vorschriften: siehe Vorschriften.

Parkplatz: Durch Beschl kann die Anordnung von Abstellplätzen geändert werden (OLG Köln OLGZ 1978, 287; BayObLG DWE 1985, 58), siehe Abstellplatz.

Pflanzenbeete: Durch Beschl kann festgelegt werden, in welcher Weise Pflanzenbeete auf einer im SE stehenden Terrasse angelegt werden dürfen, wenn nur so der Gefahr von Schäden für das GE begegnet werden kann (BayObLG WE 1994, 314).

Rasenflächenbenutzung: Durch Beschl kann geregelt werden, daß Kinder auf einer gemeinschaftlichen Rasenfläche spielen dürfen, evtl. unter zeitlichen und nutzungsbedingten Auflagen (AG Rheinbach DWE 1979, 23). Laut OLG Frankfurt (WE 1992, 82) ist dies ohne Beschl grundsätzlich zulässig. Die gegenteilige Meinung des OLG Düsseldorf (MDR 1986, 852) verkennt, daß die Bezeichnung Rasenfläche nicht eine Zweckbestimmung, sondern nur eine Zustandsbeschreibung enthält (ähnlich Bielefeld S. 241). Eine der Einstimmigkeit bedürfende Nutzungsänderung liegt folglich nur vor, wenn die Rasenfläche in etwas anderes umgewandelt wird, z. B. in einen Spielplatz (AG Rheinbach a.a.O. S. 24), siehe auch Benutzung des GE.

Rechtstreit: Im Anfechtungsverfahren über einen Beschl über die Erhebung eines Rechtstreits gegen einen WEer soll nach BayObLG (ZMR 1998, 44; 580) nicht die Erfolgsaussichten geprüft werden, anders bei ggf. offensichtlichen Aussichtslosigkeit (BayObLG ZMR 1994, 428). Dem ist nicht zu folgen, da es sich hier um eine Kostenverursachung handelt, die der Überprüfung der ordnungsgemäßen Verwaltung obliegt.

Ruhezeitenfestlegung: Die WEer können durch Beschl den Umfang regeln, nach dem OLG Braunschweig (NJW-RR 1987, 845: dort wurden folgende Zeiten vom Gericht festgelegt: Samstags bis 8, von 13 bis 15 und ab 19 Uhr; sonntags ganztägig) unter Beachtung der allg. Gebote der Rücksichtnahme. Die Hausruhezeiten sind an den jeweiligen Feiertagsgesetzen und der Verordnung über die Bekämpfung des Lärms auszurichten. Das KG (WE 1992, 110) will eine Regelung nur dann zulassen, wenn sie weniger gestattet, als nach öffentlich-rechtlichen Vorschriften zulässig ist, da sie ansonsten nichtig sei. Bewegt sich der Lärm außerhalb der Regelung sind sie bei gewöhnlichen hinzunehmen (LG Hamburg NJWE 1997, 234); siehe auch Musizieren.

Rundfunkempfang: siehe Fernsprechanschluß.

Sanktionen: siehe vor § 10 Rdnr. 15.

Schadensbeseitigung: Beseitigt eine WEer im Rahmen des Anbaus des Dachgeschosses Schäden, so kann er nach KG (ZMR 1998, 191) Ersatz verlangen.

Schilder: Das Verbot des Aufhängens von Werbeschildern und das Gebot der Abnahme von Schildern von der Hausfront ist durch Beschl möglich (OLG Oldenburg ZMR 1978, 245); siehe auch Werbung.

Schirmständer: Kann in einer kleinen Anlage (2–3 WE's) im GE hinzunehmen sein (BayObLG NJW-RR 1993, 1165).

Schließregelung: siehe Haustüre.

Schneeräumung: Durch Beschl können die WEer verpflichtet werden, auf den zum SE gehörenden Balkonen und Terrassen für die Schneeräumung selbst Sorge zu tragen bzw. im Falle der Nichterfüllung die Besorgung von Dritten zu dulden, wenn eine Gefährdung des Gebäudes, z.B. wegen unzureichender Isolierung, ansonsten nicht ausgeschlossen werden kann (AG Herzberg/Harz v. 30. 12. 1982, II 10/82 zit.n. Bielefeld S. 242). Die Zulässigkeit der Anschaffung eines Schneeräumegerätes beurteilt sich nach der Größe der Anlage, den Gemeinschaftsflächen, den klimatischen Verhältnissen und dem Preis der Maschine (BayObLG WE 1992, 52); siehe auch Streupflicht.

Schuhe: Das gelegentliche Abstellen im GE ist zu gestatten (OLG Hamm ZMR 1988, 270); siehe auch Benutzung.

Sonderumlage: siehe Liquidationsschwierigkeiten.

Sondervergütung: siehe Verwalter.

Spielen: Dies kann im Garagenhof oder im GE auf der Zufahrtsfläche für Kfz-Abstellplätze (BayObLG WE 1992, 201) untersagt werden, wenn den Kindern zugemutet werden kann, in der Nähe Spielplätze aufzusuchen (BayObLG WE 1991, 27). Es kann auch beschlossen werden, nur einen Teil der Grünfläche als Liegewiese und Spielplatz benutzen zu dürfen (BayObLG WE 1992, 264).

Spielplatz: Die Beschränkung des Spielrechts der Kinder nach Zeit, Art, und Umfang kann durch Beschl erfolgen. Der folgende Beschl über die Benutzung des Spielplatzes in einer Ferienwohnanlage wurde vom BayObLG (DWE 1982, 98) nicht beanstandet: Die für Kleinkinder angelegten Spielplätze dürfen nur in der Zeit von 8 bis 12 Uhr und von 15 bis 19 Uhr genutzt werden. Ballspiele (Fußball, Federball usw.) sind grundsätzlich verboten. Siehe auch Spielen.

Spruchbänder: Die Anbringung an GE ist unzulässig (KG NJW-RR 1988, 846).

Streupflicht: Die Streupflicht in der WEerGem obliegt grundsätzlich allen WEern. Soweit diese im Einzelfall einem Dritten, z.B. dem Hausmeister, übertragen wurde, verbleibt bei den WEer auf jeden Fall eine Überwachungspflicht. Genügen die WEer dieser nicht, so haften sie als Gesamtschuldner (BGH NJW 1985, 484; OLG Hamm NJW 1988, 496). Zur Überwälzung der Pflicht auf einzelne WEer oder turnusmäßiger Arbeit siehe § 16 Rdnr. 6.

Tennispiel: siehe Benutzung SE.

Tierhaltung:

a) Ein *generelles Verbot* ist nur durch Vereinb möglich (OLG Karlsruhe ZMR 1988, 184). Ein untersagender Beschl ist ohne Anfechtung wirksam (BGH NJW 1995, 2036). Das einmal festgelegte Verbot kann nicht durch Beschl geändert werden (LG Wuppertal Rpfleger 1978,

Verwaltung durch die Wohnungseigentümer   § 21

23). Durch Vereinb kann auch die Haustierhaltung von der Genehmigung des Verwalters abhängig gemacht werden, die nur aus wichtigem Grund versagt werden kann.

b) Durch *Beschl* ist die *Beschränkung* auf eine Höchstzahl von Tieren pro Wohnung möglich, wobei unter Tieren nicht Kleintiere, wie z. B. Vögel, Wellensittiche, Zierfische, Goldhamster, zu verstehen sind (OLG Frankfurt Rpfleger 1978, 414). Die Feststellung des Höchstmaßes orientiert sich daran, wann eine Belästigung der übrigen Mitbewohner zu befürchten bzw. im Interesse einer ordnungsgemäßen Verwaltung eine Untersagung angezeigt ist (BayObLG MDR 1972, 517). Dies ist eine Frage des Einzelfalles. In einem Wohngebiet ist als Obergrenze für die Ortsüblichkeit das Halten von 2 Hunden angenommen worden (OLG Stuttgart NJW-RR 1986, 1141). Deshalb ist eine Beschränkung auf 2 Katzen bei einer 60 qm-Wohnung (BayObLG MDR 1972, 516) oder auf einen Hund und eine Katze pro Wohnung (OLG Stuttgart DWE 1983, 29) nicht zu beanstanden.

c) *Umgehungen* von a) sind *unzulässig,* z. B. wenn die Haltung von Hunden und Katzen laut Hausordnung der schriftlichen Genehmigung jedes WEers bedarf (OLG Karlsruhe ZMR 1988, 184).

d) *Ohne Beschl unzulässig* ist eine nach objektiven Kriterien *übermäßige Haustierhaltung,* z. B. 14 Katzen in einer Einzimmerwohnung (KG NJW-RR 1991, 116) oder die Haltung und Züchtung von Schlangen und Ratten (OLG Frankfurt NJW-RR 1990, 1430) oder Kampfhunden (OLG Frankfurt NJW-RR 1993, 981).

e) Darüber hinaus können *durch Beschl* auch *Regelungen und Maßnahmen getroffen werden,* die die bei Tierhaltung zu erwartende Belästigungen ausschließen, mindern oder sonst sanktionieren.
Beispiele:
– Untersagen des Haltens von mehr als zwei Katzen (BayObLG WE 1992, 43);
– bei einer Mituntersagung der durch das Aufstellen von einem Vogelkäfig auf dem Balkon verursachten Lärmstörung während der üblichen Ruhezeiten (LG Köln DWE 1987, 31);
– Untersagung des freien Herumlaufenlassens von Hunden und Katzen innerhalb des GE, um Verschmutzung und andere Beeinträchtigungen zu vermeiden (BayObLG NJW-RR 1994, 658; OLG Hamm WE 1996, 33, 38, sog. Leinenzwang);
– Untersagungberechtigung des Verwalters bei der Haltung von Hunden, die nachgewiesenermaßen eine Störung verursachen, z. B. durch dauerndes Hundegebell (ähnlich Bielefeld S. 245) oder bei Verstoß gegen vorgenannte Regelungen (BayObLG NJW-RR 1994, 658).

Trampeln: siehe Benutzung SE.
Treppenhausfenster: siehe Fenster.
Türe: siehe Haustüre.

§ 21   3. Abschnitt. Verwaltung

Überbelegung: siehe § 15, 10 Wohnung.
Umlage: siehe Liquidationsschwierigkeiten.
Umzugspauschale: siehe vor § 10 Rdnr. 15.
Vermietung von GE: (siehe KG WuM 1990, 404; BayObLG NJW-RR 1992, 599) Nach dem OLG Zweibrücken (OLGZ 1985, 418) ist für die Einrichtung und Vermietung von Pkw-Stellflächen auf einer gemeinschaftlichen Fläche Einstimmigkeit erforderlich. Der Entscheidung ist soweit zuzustimmen, als es sich um die Einrichtung von Pkw-Stellplätzen handelt, da dies eine Nutzungsänderung darstellt. Die Vermietung von GE ist aber durch Beschl möglich, da der Mitgebrauch am GE nur zeitweise eingetauscht wird gegen den Mietzins (a.A. OLG Zweibrücken OLGZ 1985, 418). Dem Argument, daß die übrigen WEer vom Mitgebrauch ausgeschlossen würden, ist entgegenzuhalten, daß auch bei anderen Maßnahmen, z.B. dem Verschließen des Heizungsraums, die WEer vom Mitgebrauch ausgeschlossen werden. Bei der Vermietung werden sie am Erlös beteiligt und erhalten damit einen adäquaten Gegenwert (vgl. OLG Frankfurt OLGZ 1987, 50; Weitnauer WE 1989, 42). Deshalb ist im konkreten Fall nur zu prüfen, ob eine Beeinträchtigung (§ 14) vorliegt (BayObLG WE 1988, 22); siehe auch vor § 10 Rdnr. 15.
Versicherungen: Zur ordnungsgemäßen Verwaltung gehört gem. Abs. 5 Nr. 3 auch die Feuerversicherung zum Neuwert sowie die Haus- und Grundbesitzhaftpflichtversicherung. Darüberhinaus ist es auch möglich, den Abschluß weiterer Versicherungen durch Beschl zu regeln (siehe zu den einzelnen Versicherungsarten § 27 Rdnr. 26 ff.).

Soweit ein WEer in seinem SE einen Öltank aufgestellt hat und damit Gefahren oder sonstige Nachteile möglich sind, kann er durch Beschl zum Abschluß einer Gewässerhaftpflichtversicherung angehalten werden (OLG Braunschweig OLGZ 1966, 571).
Verwalter, Verwaltervergütung: Die Gewährung einer Sondervergütung für den Verwalter für das gerichtliche Verfahren ist nach dem BGH (Z 122, 327) ein Gebot ordnungsgemäßer Verwaltung, eine erhöhte Verwaltervergütung für vermietete WE's nach dem OLG Frankfurt (NJW-RR 1991, 659) ebenfalls, sowie Sondervergütung für Erstellung der Abrechnung, die ausgeschiedener Verwalter hätte erstellen müssen (KG WE 1993, 82, siehe im übrigen § 26 Rdnr. 22).
Verwaltung: siehe Fremdverwaltung.
Vogel: Der Halter von Vögeln hat Vorkehrungen zu treffen, daß diese sich nicht auf GE niederlassen. Andere WEer dürfen durch Füttern aber auch nicht dafür sorgen, daß sich diese dort seßhaft machen (vgl. LG Berlin MDR 1966, 146).
Vorschriften: Ein Verstoß gegen öffentlich-rechtliche Vorschriften, z.B. Brandverhütungsvorschriften (BayObLG WE 1988, 200)

oder Ruhezeiten (KG WE 1992, 110) ist kein ordnungsgemäßer Gebrauch.

Wäschetrockengeräte: Das Aufstellen im Keller oder WE ist zulässig (OLG Düsseldorf OLGZ 1985, 437). Der Raum kann jedem von 9 WEern alle drei Wochen für jeweils 2 Tage zur ausschließlichen Nutzung zugewiesen werden (BayObLG WE 1991, 365). Die WEer können beschließen, daß der Betrieb eines Ablufttrockners jedoch nur mit gleichzeitiger Entlüftung zulässig sein soll unter der Voraussetzung, daß keine unzumutbare Belästigung durch Geräusch- und Geruchsimmissionen entstehen (LG Frankfurt DWE 1992, 86).

Waschküchenbenutzung: Die Regelung der Benutzung der Waschküche ist durch Beschl möglich (BayObLGZ 1972, 113). Die Benutzungsregeln müssen aber in ihrer zeitlichen Begrenzung so gestaltet sein, daß die Nutzung auch einem berufstätigen WEer, z.B. am späten Nachmittag, ermöglicht wird (KG ZMR 1985, 131).

Waschmaschine: siehe Belüftung.

WEer: Die Vergabe von Instandhaltungsarbeiten an WEer ist möglich, wenn mangelfreie Arbeitsleistung erwartet werden kann (BayObWE 1998, 154).

Werbung (siehe auch § 14, § 15, § 22 Rdnr. 42): Die Anbringung eines roten Schildes mit der Aufschrift „zu vermieten" im Fenster des SE ist nach LG Aurich (NJW 1987, 448) verboten, wenn die WEer einen Beschl gefaßt haben, daß Werbung im Bereich des SE nicht gestattet sei.

WP: Die Übertragung der Genehmigung des WP auf den Beirat durch Beschl ist unzulässig (BayObLG NJW-RR 1988, 1168), aber durch unangefochtenen sogar die Aufstellung (OLG ZMR 1998, 374). Die Genehmigung des WP's unter der Bedingung, daß er richtig ist, widerspricht den Grundsätzen ordnungsgemäßer Verwaltung (BayObLG WuM 1989, 531, siehe im übrigen § 28 Rdnr. 7ff.).

Besondere Aufwendungen, Wiederaufbau

22 (1) Bauliche Veränderungen und Aufwendungen, die über die ordnungsmäßige Instandhaltung oder Instandsetzung des gemeinschaftlichen Eigentums hinausgehen, können nicht gemäß § 21 Abs. 3 beschlossen oder gemäß § 21 Abs. 4 verlangt werden. Die Zustimmung eines Wohnungseigentümers zu solchen Maßnahmen ist insoweit nicht erforderlich, als durch die Veränderung dessen Rechte nicht über das in § 14 bestimmte Maß hinaus beeinträchtigt werden.

(2) Ist das Gebäude zu mehr als der Hälfte seines Wertes zerstört und ist der Schaden nicht durch eine Versicherung oder in anderer Weise gedeckt, so kann der Wiederaufbau nicht gemäß § 21 Abs. 3 beschlossen oder gemäß § 21 Abs. 4 verlangt werden.

§ 22   3. Abschnitt. Verwaltung

1   **1.** Dieser Paragraph regelt die Pflichten zur Wiederherstellung des **zerstörten Gebäudes** (Abs. 2) und die besonders wichtigen **baulichen Veränderungen** und sonstigen außergewöhnlichen Aufwendungen (Abs. 1). Letztere sind diejenigen Maßnahmen, die über die ordnungsgemäße Instandhaltung und Instandsetzung, die gem. § 21 Abs. 3, 5 Nr. 2 mit Mehrheit beschlossen und gem. § 21 Abs. 4 von jedem WEer verlangt werden können, hinausgehen und deshalb eine Allstimmigkeit erfordern. Der Grund hierfür liegt darin, daß eine Majorisierung einer Minderheit in diesem Punkt nicht gerechtfertigt werden kann. Die Mehrheit soll nicht eine Minderheit zu einer Kostentragung, Änderung des Zwecks des Gebäudes oder einer sonstigen außergewöhnlichen Maßnahme zwingen dürfen. Nach dem KG (Rpfleger 1982, 22) soll der Käufer – abgesehen von den zu erwartenden Instandsetzungskosten – von unvorhersehbaren Aufwendungen, die vielleicht aus ästhetischen Gesichtspunkten begrüßenswert, wirtschaftlich aber nicht notwendig sind, freigestellt werden.

2   **2.** Von **baulichen Änderungen** spricht man bei jeder die ordnungsgemäße Instandhaltung bzw. -setzung übersteigenden Umgestaltung des GE bzw. einer Veränderung vorhandener Gebäudeteile und jeder auf Dauer angelegten gegenständlichen Veränderung des GE (BayObLG NJW-RR 1986, 954, 955) in Abweichung vom Zustand im Zeitpunkt der Entstehung des GE (vgl. vor § 1 Rdnr. 15). Vergleichsmaßstab dafür ist grundsätzlich die Abweichung des jetzigen Zustandes von dem im Aufteilungsplan vorgesehenen und festgelegten oder aus ihm erkennbaren (vgl. §§ 3, 8 „zu errichtende Gebäude") Zustandes (BayObLG Rpfleger 1975, 310; KG Rpfleger 1982, 22) und der natürlichen Zweckbestimmung des Grundstücks (KG a.a.O. S. 22). Eine Ausnahme gilt nur bei der ursprünglichen baulichen Abweichung (siehe hierzu Rdnr. 6). Dabei kommt es nicht entscheidend darauf an, ob mit der Veränderung auch bauliche Maßnahmen verbunden sind, maßgebend bleibt vielmehr, ob der bauliche Zustand und die Zweckbestimmung des gemeinschaftlichen Gegenstandes verändert werden sollen (OLG Frankfurt OLGZ 1980, 78).

3   **3.** Man kann deshalb als **ordnungsgemäße Instandhaltung bzw. -setzung** zunächst einmal nur die Erhaltung des bestehenden bzw. die Wiederherstellung eines einmal vorhanden gewesenen ordnungsgemäßen Zustandes sehen (z.B. Erneuerung der Schiebetüre, OLG Düsseldorf WuM 1996, 443). Bei von Anfang an vorhandenen Mängeln auch die erstmalige Herstellung eines ordnungsgemäßen Zustandes (OLG Celle NJW-RR 1986, 1271, 1272). Dabei können unter diesen Begriff auch Maßnahmen fallen, die die Erneuerung von Bauteilen betreffen, bevor konkrete Schäden daran erkennbar geworden sind, wenn nur noch Anhaltspunkte für eine Schadensfälligkeit vorliegen.

Beispiel: Errichtung eines Unterbaus unter einer Terrasse (BayObLG NJW-RR 1991, 976).

Auch kann eine Pflege zur Erhaltung des GE notwendig sein, so daß ein Hausmeister dafür und zur Reinigigung des GE's einzustellen ist (KG ZMR 1993, 478).

Zur **Instandhaltung des GE's** gehören damit auch pflegende, erhaltende und vorsorgende Maßnahmen, die der Aufrechterhaltung des ursprünglichen Zustandes dienen (OLG Hamm DWE 1987, 54). Liegt eine Maßnahme der ordnungsgemäßen Instandhaltung bzw. -setzung vor, so gehören dazu auch Vorbereitungsmaßnahmen, z.B. die Einholung eines Sachverständigen- (OLG Hamm DWE 1993, 28) oder Rechts- (OLG Köln DWE 1997, 31) oder auch Gerichtsgutachtens. Die WEer dürfen sich auch auf Ratschläge von Fachunternehmen verlassen, z.B. bei Feuchtigkeitsschäden zur Eingrenzung der Schadensursache schrittweise vorzugehen (BayObLG WuM 1995, 57). Die dann zu ergreifende technische Lösung muß eine dauerhafte Beseitigung von Mängeln und Schäden versprechen, aber auch eine Wirtschaftlichkeit ergeben, so daß ein überteuerter Auftrag nicht erteilt werden darf (BayObLG NJW-RR 1989, 1494). Zur Beseitigung von Feuchtigkeitsschäden einer Außenwand kann ein WEer deshalb keine aufwendige Außendämmung verlangen, sondern nur eine kostengünstige Innendämmung (LG Bremen WuM 1994, 37). Bei **mehreren** in Betracht kommenden **Lösungsmöglichkeiten** ist deshalb der Gesichtspunkt der Wirtschaftlichkeit unbedingt zu beachten (BayObLG WE 1991, 23). Vor der Auftragsvergabe (KG ZMR 1993, 383, 385) bzw. der Vergabe größerer Instandsetzungsarbeiten sind deshalb Konkurrenzangebote einzuholen (BayObLG NJW-RR 1989, 1293; WuM 1996, 651), wobei jedoch keine Verpflichtung besteht, die billigste Lösung auch zu nehmen (vgl. KG a.a.O.). Es kann sich dabei anbieten einen sog. Preisspiegel aufzustellen (BayObLG WuM 1996, 651). Nach einer abzulehnden OLG Köln Entscheidung (ZMR 1998, 109) gibt es keine Pflicht zur Einholung von Konkurrenzangeboten, dem Verwalter stände insoweit nur eingeschränkt der gerichtlichen Kontrolle zugänglichen Gestaltungsspielraum zu. Dies widerspricht § 29 Abs. 3 wonach der Beirat Kostenvoranschläge prüfen soll. Kann aber der Verwalter entscheiden, ob es überhaupt Kostenanschläge geben soll, ist eine Prüfung überflüssig. Nach einer aus den vorgenannten Gründen ebenfalls abzulehnenden Entscheidung (BayObLG WE 1997, 277) ist ein BeschlAufhebung erst dann geboten, wenn tatsächlich überholte Preise gezahlt wurden. In einem Fall, in dem es mehrere Möglichkeiten gibt, ist es Sache der WEer im Rahmen ihres Beurteilungsspielraums zu entscheiden, welche Möglichkeit gewählt werden soll (OLG Hamm ZMR 1996, 218, 221). Es ist nicht erforderlich, daß die beschlossene Maßnahme die einzige sinnvolle Entscheidung sein muß (OLG Saarbrücken ZMR 1998, 52, bedenklich).

§ 22　　　　　　　　　　　　　　3. Abschnitt. Verwaltung

4　Ist die Instandhaltung einem **einzelnen WEer** übertragen, so erfaßt das alle Maßnahmen die zur Wiederherstellung des ordnungsgemäßen Zustands erforderlich sind,
Beispiel: bei einer defekten Schiebetüre deren Erneuerung, OLG Düsseldorf ZMR 1997, 38.

5　**4. Liegt** danach eine **bauliche Veränderung vor,** so bedarf sie vorbehaltlich des Abs. 1 Satz 2 (siehe Rdnr. 32) der (vorherigen oder späteren) **Zustimmung aller WEer,** aber nicht unbedingt in einem Beschl (Weitnauer PiG 25, 266); die Zustimmung des Verwalters reicht ohne Beschl nicht aus (OLG Celle WuM 1995, 338). Ist Allstimmigkeit erforderlich, so verhindert eine Enthaltung oder nichtige Stimme sie, ebenfalls eine bedingte Zustimmung (BayObLG WuM 1995, 227). Ist Zustimmung einmal erklärt, so ist jeder Rechtsnachfolger des Zustimmenden daran gebunden (OLG Hamm NJW-RR 1991, 910, 911). Im Einzelfall ist ggfs. zu klären, ob tatsächlich eine Zustimmung gewollt war.
Beispiel: Die Unterschrift auf einem Eingabeplan zur Baugenehmigung reicht i.d.R. nicht aus, es sei denn, es ist eine entsprechende Vereinb getroffen (BayObLG NJW-RR 1994, 82; OLG Karlsruhe WE 1998, 268).
Die Beseitigung der einmal gegebenen Zustimmung richtet sich nach den BGB-Regeln, z.B. Widerruf (BayObLG WE 1996, 195, 196), Anfechtung.
Ist einmal die Zustimmung von allen erteilt, so können die Einzelheiten durch Beschl geregelt werden (BayObLG WE 1992, 20), z.B. Erteilung des Auftrages. Unerheblich ist deshalb, ob eine Baugenehmigung vorliegt (BayObLG ZMR 1985, 239) oder ob Kosten verursacht werden (BayObLGZ 1971, 322), jedoch ist ein evtl. Kostenaufwand ein zu beachtender Nachteil i.S. des § 14 (siehe Rdnr. 32; BayObLG Rpfleger 1975, 367).

6　**5. Keine baulichen Veränderungen sind aber: a)** Die **Errichtung der Wohnanlage** durch den aufteilenden Eigentümer, z.B. Bauträger, von vornherein **in Abweichung vom Aufteilungsplan** (BayObLG NJW-RR 1986, 954),
Beispiel: Einbau einer Wendeltreppe,
bzw. vor Entstehung der WEerGem (BayObLG NJW-RR 1994, 276), selbst auf Betreiben späterer WEer. Das gilt nur für Maßnahmen, die vor Entstehung der Gemeinschaft fertiggestellt wurden (BayObLG WE 1992, 194). Zur Frage, wann die WEerGem entsteht, siehe vor § 1 Rdnr 6. Enthalten Pläne und Baubeschreibung zur Bauausführung im einzelnen keine Angaben, so ist diejenige Ausführung zu wählen, die bestehenden Vorschriften entspricht und im übrigen sachgerecht ist (BayObLG ZMR 1995, 87).

Besondere Aufwendungen, Wiederaufbau § 22

b) Diejenigen **Maßnahmen,** die der **ordnungsgemäßen In-** 7
standhaltung dienen, d. h. Erhaltung und Wiederherstellung des ursprünglichen Zustandes des GE. Hierzu gehören u. a.:

aa) Erstmalige Herstellung eines einwandfreien oder nach 8
Aufteilungsplan vorgesehenen Zustandes.

Beispiele: Nachträglicher Einbau einer im Aufteilungsplan vorgesehenen, tatsächlich aber nicht angebrachten Wohnungsabschlußtüre (BayObLG v. 10. 11. 1983, 2 Z 117/82), Fortführung der Entlüftungsrohre über das gemeinschaftliche Dach (BayObLG ZMR 1985, 62), erstmalige Anlegung der im Aufteilungsplan als Gartenanlage vorgesehenen Fläche (BayObLG Rpfleger 1975, 367). Anbringung eines Regenfallrohrs (BayObLG WE 1996, 480).

Der Anspruch gegen die übrigen WEer kann jedoch ausgeschlossen sein, wenn er unverhältnismäßig ist, z. B. Versetzung des kompletten Gebäudes (BayObLG NJW-RR 1990, 332), dann kann dem benachteiligten WEer jedoch ein Ausgleichsanspruch zustehen (BayObLG a. a. O. S. 332), siehe auch § 2 Rdnr. 9.

bb) Beseitigung anfänglicher Mängel 9
Beispiel: Sanierung eines mangelhaften Flachdaches (OLG Hamm DWE 1987, 54).

Mängel können auch vorliegen, wenn bei der Errichtung die DIN-Vorschriften beachtet wurden (BayObLG WE 1991, 23) oder zwar den anerkannten Regeln der Technik entsprochen wurde, diese sich aber nachträglich als untauglich erweisen (BayObLG WE 1992, 20, 21).

Beispiel: Das Absacken eines Treppenpodestes.

Mängel sind auch durch gesundheitsgefährdendes GE gegeben, z. B. Asbesthaltigkeit von Pflanzentrögen (BayObLG WuM 1993, 207).

c) Anpassung an veränderte Erfordernisse 10
aa) z. B. des **öffentlichen Rechts** 11
Beispiel: Einbau von selbstschließenden Sicherheitstüren im Fahrstuhl (LG München DB 1977, 2231), Errichtung eines baurechtlich vorgeschriebenen Spielplatzes (BayObLG ZMR 1980, 381; LG Freiburg ZMR 1979, 382) oder Errichtung bzw. Beseitigung eines Sicherheitsaustrittes (OLG Hamm WE 1993, 318).

bb) oder des **Nachbarrechts** 12
Beispiel: Einfriedung nach Landesnachbarrecht.

cc) oder **energiesparender Maßnahmen** nach der Heizanlagen- 13
verordnung v. 20. 1. 1989 (BGBl I S. 121ff.)
Beispiel: Einrichtungen zur Begrenzung von Betriebsbereitschaftsverlusten (§ 5) oder zur Steuerung und Regelung (§ 7).

d) Ersatzbeschaffung von gemeinschaftlichen Einrichtungen und 14
Ausstattungen.
Beispiel: Austausch einer alten defekten Waschmachine durch eine neue (BayObLG NJW 1975, 2296) oder eines Austausches der Fenster (BayObLG WuM 1993, 562).

15 e) **Modernisierung** siehe nachfolgend Rdnr. 16.

16 6. Gerade bei den **Modernisierungen,** die für den Bestand einer Wohnanlage unerläßlich sind, stellt sich die Problematik der Abgrenzung zwischen ordnungsgemäßer Instandhaltung und Instandsetzung (§ 21 Abs. 5 Nr. 2) und baulicher Veränderung. In Anlehnung an Deckert (in FS für Korbion S. 57 ff., 63 f.) soll folgender **Fragenkatalog** zur besseren Entscheidungsfindung herangezogen werden:

a) Wird durch die Bau- (Ausbau-, Bauänderungs-)maßnahme das GE nicht wesentlich und erheblich verändert mit konkreter Nachteilswirkung und Beeinträchtigung auch von Sondereigentumsrechten (in technisch-statischer, wirtschaftlicher und auch optisch-ästhetischer Hinsicht)?

b) Führen Änderungsmaßnahmen nicht zu nachteiligen Immissionen und evtl. sogar Gesundheitsgefährdungen von MEer'n?

c) Würde ein verantwortungsbewußter, wirtschaftlich denkender Hauseigentümer vernünftigerweise ebenso handeln?

d) Drängt sich geradezu eine Modernisierungsmaßnahme durch die Fortentwicklung der Technik und veränderte Anschauungen über gesunde Wohnverhältnisse auf?

e) Steht der wirtschaftliche Aufwand für eine technische Neuerung in einem vertretbaren Verhältnis zum Erfolg, und amortisiert sich die Maßnahme auch in vertretbar kurzer, vorhersehbarer Zeit (Kosten-Nutzen-Analyse)?

f) Erspart die Maßnahme den WEern evtl. künftige Ausgaben und Folgelasten?

g) Ist die Maßnahme für die Erhaltung der Wohnanlage notwendig, und verhindert sie ein rapides Absinken des Wohnwertes aller Wohnungen?

h) Handelt es sich ggf. um eine wünschenswerte oder sogar erforderliche Anspassung des vorhandenen Zustands an neue bau- und bauordnungsrechtliche Anforderungen?

17 Sind diese Fragen trotz notwendigerweise verwendeter unbestimmter Rechtsbegriffe und damit bestehender Ermessensspielräume überwiegend mit „Ja" zu beantworten, wird es sich um eine ordnungsgemäße Verwaltungsmaßnahme handeln, die mit bindender Wirkung mehrheitlich beschlossen werden kann; jedenfalls muß dann zumindest von Duldungspflichten widersprechender WEer ausgegangen werden (§ 14, § 242 BGB). Unter diesen Gesichtspunkten ist eine Einordnung vorzunehmen, wobei letztlich ein Beschl dann möglich ist, wenn es sich um eine Maßnahme handelt, die im vernünftigen Kosten-Nutzen-Verhältnis steht (siehe auch Bielefeld DWE 1989, 96) und eine vernüftige Werterhaltung darstellt (OLG Hamm WE 1992, 314, 316). Dies soll am Beispiel einer **Fassadensanierung** wie folgt dargestellt werden (siehe ansonsten ABC bauliche Veränderung Rdnr. 42 ff.):

Besondere Aufwendungen, Wiederaufbau § 22

Beispiele: Eine Fassadenrenovierung, die mit einem Vollwärmedämmschutz nach dem Disbothermsystem durchgeführt wird und die mit einer Veränderung des Fassadenbilds verbunden ist, stellt keine bauliche Veränderung dar, wenn bei einem Vergleich die Kosten, die mit der Durchführung verbunden sind (z. B. 208 000,– DM), mit denjenigen, die für eine lediglich konservierende Maßnahme anfallen würden (z. B. 177 300,– DM), nicht wesentlich auseinanderfallen. Hierbei ist nämlich die mit der Maßnahme verbundene Heizkostenersparnis (z. B. 17 400,– DM jährlich) und die Bezuschussung nach dem Energieeinsparungsgesetz (z. B. 52 000,– DM) zu berücksichtigen (LG Krefeld v. 27. 4. 1983, 1 T 180–181/81).

– Auch wenn das architektonische Aussehen der Fassade durch die Verwendung von Rauhputz statt glatten Sichtbetons tangiert wird, liegt hierin dennoch keine bauliche Veränderung, wenn allein diese Maßnahme einen lebensverlängernden Schutz gegen weitere Korrosion zu leisten vermag, denn ein längeres Zuwarten, bis sämtliche Schäden soweit gediehen sind, daß sie sichtbar werden und zu einer Gefährdung der Umwelt führen, kann der Mehrheit der WEer nicht zugemutet werden (AG Offenbach ZMR 1986, 134).
– Ist die Renovierung eines Teils der Fassade, z. B. im Bereich des ersten Obergeschosses, notwendig, um die Konservierung des Gebäudes in diesem Bereich zu gewährleisten, so ist die Renovierung der gesamten Fassade aus diesem Anlaß dann keine bauliche Veränderung, wenn die Gesamtrenovierung zu einer Wertverbesserung führt, und der hierfür zu erbringende wirtschaftliche Aufwand nicht wesentlich höher (etwa 2000,– DM) liegt (LG Bielefeld WuM 1989, 101).
– Ist zur Beseitigung von Feuchtigkeitsschäden in einem WE die Aufbringung einer Thermohaut an einer Außenwand notwendig, so kann diese als Instandsetzungsmaßnahme von einem WEer verlangt werden, obwohl hierin eine bauliche Veränderung liegt (BayObLG DWE 1984, 59).
– Die Anbringung einer „Thermohaut" auf der bisherigen „Verbundmauerwerk"-Fassade ist keine bauliche Veränderung, wenn durch eine bessere Wärmedämmung Heizkosten sowie Kosten für Imprägniermaßnahmen eingespart werden (LG Hamburg DWE 1987, 31).
Ein neuer Farbanstrich der Fassade kann eine Instandhaltungsmaßnahme sein. Es ist nämlich möglich, daß ein Fassadenputz im Laufe der Jahre seine Festigkeit verliert und „sandet". In einem solchen Fall ist ein Fassadenanstrich gestattet, anstatt den Putz vollständig abzuschlagen und neu aufzutragen (KG NJW-RR 1993, 1104).
– Die Sanierung und das anschließende Aufkleben mit einer sog. Spaltriemchenverklinkerung ist nach dem LG Wuppertal (v. 8. 3.

§ 22 3. Abschnitt. Verwaltung

1988, 6 T 993/87) allein wegen der Verklinkerung eine bauliche Veränderung, da es auch andere Maßnahmen gäbe, die ohne Veränderung des optischen Gesamteindrucks zum gleichen Ergebnis führen würden.
– Eine Modernisierung, die sich erst nach mehr als 20 Jahren amortisiert oder bei der unzutreffende Angaben über die Finanzierungsmöglichkeiten (öffentliche Zuschüsse) gemacht worden sind, kann mehrheitlich nicht beschlossen werden (KG WuM 1996, 300).

18 **7. Kabelfernsehen:** Hier sind folgende Fallgruppen zu unterscheiden:

19 a) Ein Einbau des Kabelanschlusses **bis zum Übergabepunkt** kann mit Beschl (m.E. sogar alleine durch den Verwalter und den Beirat) bei der Bundespost beantragt werden. Etwaige Staub- und Lärmentwicklungen stellen keinen beachtlichen Nachteil dar (vgl. AG Hamburg v. 11. 1. 1985, 102 B II Wo 89/84 zit. n. Deckert Gruppe 5/74h).

20 b) Der Anschluß kann als **Erstinstallation** in einem Neubau ohne Einschränkungen oder als erstmalige Herstellung eines ordnungsgemäßen Zustandes beschlossen werden, wenn bisher kein normaler Empfang möglich war (LG Hamburg DWE 1990, 31).

21 c) Ist eine **Gemeinschaftsantenne vorhanden und** ist sie **erneuerungsbedürftig** (nach dem OLG Oldenburg WuM 1989, 346 reicht dafür nicht das Vorhandensein von Mängeln, die einen Kostenaufwand von 400,– DM erfordern; nach dem OLG Hamm ZMR 1998, 188 aber, daß von 2 Privatsender einer nur stark verschwommen empfangen werden kann), so gilt folgendes:
Beschließt unter dieser Prämisse die WEerGem den Anschluß, so wird dies i.d.R. ordnungsgemäßer Verwaltung entsprechen und somit nicht angreifbar sein. Dies resultiert daraus, daß eine Maßnahme, die über die reine Ersatzbeschaffung hinausgeht, möglich ist, soweit sie auf vernünftigen wirtschaftlichen Erwägungen beruht und künftige Kosteneinsparungen erwarten läßt. Somit ist es im Einzelfall notwendig, eine genaue Kostengegenüberstellung vorzunehmen (BayObLG NJW-RR 1990, 330). Nach dem OLG Celle (DWE 1988, 66) ist jedoch bei einem Verhältnis 8000 DM (Reparaturkosten) zu 22000 DM (Kabelfernsehen) der Rahmen überschritten und eine bauliche Veränderung gegeben. Das AG Buxtehude (DWE 1987, 32) will bereits grundsätzlich höhere Kosten für den Kabelanschluß ausreichen lassen. Möglich ist die Berechnung in allen Fällen, in denen über Jahre feste Konditionen vereinbart werden können (z.B. von Privatanbietern, wie z.B. „Kabelcom"). Bei Gebühren der Bundespost, die einseitig durch diese abänderbar sind, ist das erheblich problematischer. Eine weitere Einschränkung ist dahingend zu machen, daß durch die Umrüstung die bisher bestehenden Empfangsmöglichkeiten der Lang-,

Mittel- u. Kurzwellen-Rundfunkprogramme nicht beseitigt werden dürfen. Obwohl diese Programme nur extrem gering genutzt werden, wäre dies ein Verstoß gegen die grundgesetzlich geschützte Informationsfreiheit (Art. 5 GG, vgl. LG Würzburg NJW 1986, 66). Nach einer Erhebung liefern jedoch nur rund 40% aller Antennenanlagen diese Rundfunkprogramme (vgl. DWE 1987, 3). Zudem soll es nunmehr möglich sein, durch einen sogenannten AM-Connector das vorhandene Antennen- u. Verteilungssystem für dieses Rundfunkprogramm zu nutzen (vgl. DWE 1987, 3). Soweit ein Beschl gefaßt wird, ist noch festzuhalten, daß in der Versammlung die Art und Weise des Anschlusses an das Kabelfernsehen, die Auswirkung des Anschlusses für die bestehende Gemeinschaftsantennenanlage, die Frage eines Anschlußzwangs für die einzelnen WEer und der Haftung für die Gebühren zu erörtern und bei der Beschlfassung zu berücksichtigen sind. Ist dies nicht geschehen, ist der Beschl schon allein aus diesem Grund anfechtbar (LG Hamburg WuM 1986, 153).

d) Eine **Gemeinschaftsantenne ist vorhanden** und **nicht erneuerungsbedürftig.** Bei dieser Fallgestaltung ist davon auszugehen, daß i.d.R. eine bauliche Veränderung vorliegt (vgl. z.B. LG Hamburg a.a.O.; OLG Karlsruhe NJW-RR 1989, 1041). Dies gilt nach dem OLG Celle (NJW-RR 1986, 1271) jedenfalls dann, wenn die Kosten für die Umstellung auf alle WEer verteilt werden. Aufgrund des Umfangs der inzwischen vorhandenen Kabelfernsehanschlüsse (vgl. DWW 1996, 169) wird teilweise vertreten (Bielefeld S. 363, ähnlich OLG Köln DWE 1995, 155), daß ein Anspruch auf Errichtung besteht aus dem Gesichtspunkten des allgemein üblichen Wohnkomforts (vgl. Rdnr. 40). 22

e) Aus diesem Dilemma heraus versucht man nunmehr eine **Lösung** zu finden (siehe auch Florian ZMR 1989, 128). Eine Möglichkeit wäre, den Kabelanschluß lediglich für die anschlußwilligen WEer herzustellen, wenn gleichzeitig sichergestellt wird, daß für die übrigen WEer eine Verschlechterung des derzeitigen Zustands nicht eintritt (AG München WE 1989, 105). Dies würde bedeuten: 23

aa) Auch die WEer, die sich für den Kabelanschluß entscheiden, müssen sich an den Kosten für die Gemeinschaftsantenne weiterhin beteiligen. 24

bb) Die Kosten für den Anschluß des Kabelfernsehens müssen allein diejenigen aufbringen, die sich anschließen wollen. Insbesondere dürfen diejenigen WEer, die sich nicht anschließen lassen wollen, nicht in die Haftung genommen werden. Folglich können nur diejenigen Vertragspartner sein, die den Kabelanschluß wollen. Diese Voraussetzung ist möglich, da die Bundespost durch Verfügung vom 28. 8. 1987 (zit. n. Deckert 2, 626) auch den Anschluß einer Teilnehmergemeinschaft zugelassen hat. Für diese kann z.B. der Verwalter als Vertreter auftreten. 25

26 **cc)** Den Nichtanschlußwilligen muß nach wie vor der gleiche Fernsehempfang gewährleistet sein (siehe AG Hamburg-Altona DWE 1988, 30). Es ist nämlich fraglich, ob der vorgenannte Weg überhaupt ohne Abbau der Gemeinschaftsantenne und ohne Einbau von wohnungsbezogenen Filtern möglich ist. Sollte dies nicht der Fall sein, könnte dies ein Nachteil sein, der so erheblich ist, daß eine Zustimmung aller WEer von den Gerichten gefordert wird.

27 **f)** Kein Problem macht ein Kabelanschluß dann, wenn ein Einzelanschluß **pro Wohnung** technisch und gebührenrechtlich möglich ist ohne Beeinträchtigung der anderen WEer. Soweit der Einzeleigentümer die Kosten übernimmt und sich weiterhin an der Gemeinschaftsantenne beteiligt, bestehen rechtlich keine Bedenken.

28 **g)** Ein **Anspruch eines WEer's** gegen den Verwalter, unverzüglich geeignete Maßnahmen zu ergreifen, um einen kostengünstigen Kabelanschluß zu verwirklichen, besteht nicht. Der Verwalter ist auch nicht verpflichtet, eine außerordentliche Versammlung mit diesem TOP einzuberufen. Die Initiative muß vielmehr von den WEern selbst ausgehen.

29 **8. Parabolantenne:** Da die Anbringung einer Parabolantenne regelmäßig mit einem Eingriff in das GE verbunden ist, liegt eine bauliche Veränderung vor (OLG Zweibrücken NJW 1992, 2899; siehe auch: Antenne, Rdnr. 42). Fraglich ist hier, ob der einzelne WEer zur Duldung der Beeinträchtigung verpflichtet ist. Zu unterscheiden ist Einzelparabolantenne (a) und Gemeinschaftsparabolantenne (b).

30 **a) Einzelparabolantenne:** Die Duldungspflicht könnte sich aus dem Grundrecht der Informationsfreiheit (Art. 5 Abs 1 GG) ergeben. Bei dem möglichen Empfang über den vorhandenen Anschluß (Kabel oder Antenne) von den öffentlich-rechtlichen Programmen und zwei Privatsendern wird dies (i.d.R. für Deutsche) abgelehnt (OLG Zweibrücken a.a.O.; OLG Hamm NJW 1993, 1276; für vorhandenen Kabelanschluß OLG Frankfurt ZMR 1997, 607). Bei einem Ausländer ist bei Empfangsmöglichkeit eines ausländischen Senders über Kabel (für einen türkischen Staatsbürger: OLG Düsseldorf NJW 1994, 1163) ein Anspruch abgelehnt worden und dem Beseitigungsanspruch der vorhandenen Antenne stattgegeben worden. Ebenso bei einem Deutschen türkischer Abstammung (BayObLG NJW 1995, 337) oder gebürtigen Oberschlesier (OLG Hamm ZMR 1998, 190), nicht jedoch bei fehlendem Empfang (z.B. für einen griechischen Staatsbürger: LG Köln WuM 1995, 57). Das BVerfG in NJW 1995, 1665 will einen Anspruch davon abhängig machen, welche Nationalität die WEer haben und ob sie eine Parabolantenne in Zukunft anschaffen wollen (vgl. BVerfG NJW 1994, 1147). Diese Obergerichte (BayObLG NJW 1995, 337; OLG Celle NJW-RR 1994, 997) üben deutliche Kritik an der BVerfG-Rechtsprechung:

„... daß zwar sämtlich überhaupt denkbaren Gesichtspunkte und Interessen in die Abwägung einbezogen worden sind, jedoch mit Ausnahme der Frage, ob das berechtigte Bemühen um Einzelfallgerechtigkeit noch zu Ergebnissen führt, die auch nur einigermaßen praktikabel sowie der WEerGem unter dem Gesichtspunkt des Zeitaufwands und des Kostenrisikos zumutbar sind". Die Ansicht des BVerfG ist deshalb abzulehnen. Die Nationalität kann kein geeignetes Kriterium für einen Anspruch auf eine bauliche Veränderung sein, da die Wohnungseigentümer ggf schnell wechseln können. Aufgrund der Gleichheit der WEer und der Anlagen ist deshalb bei Vorhandensein einer Antenne oder eines Kabelanschlusses ein Anspruch zu verneinen (ablehnend auch OLG Düsseldorf v. 12. 10. 1994, 3 Wx 492/94, ebenso Deckert 2, 2406). Deshalb hat auch das LG Hamburg (WuM 1994, 391) ein berufliches Informationsinteresse nicht ausreichen lassen, z.B. Spezialprogramme, die sich vornehmlich mit Segelsport beschäftigen (LG Hamburg wie vor). Ist der WEer, der eine Parabolantenne installiert hat, durch unangefochtenen Beschl zur Beseitigung aufgefordert, so kann er sich im gerichtlichen Beseitigungsverfahren nicht auf Art. 5 GG berufen (OLG Bremen WuM 1995, 58).
Die Rechtsprechung des BVerfG läßt es jedoch zu, daß die WEer gegen den installierenden ausländischen Mieter direkt vorgehen und dieser ist zur Beseitigung dann verpflichtet (NJW 1996, 2858).

b) Gemeinschaftsparabolantenne: Hier gelten die Ausführungen 31 zum Kabelfernsehen entsprechend (vgl. LG Essen NJW-RR 1995, 208; Rdnr. 18ff.).

9. Darüberhinaus sind **Zustimmungen einzelner WEer** (gem. 32 Abs. 1 Satz 2) **zur baulichen Veränderung** nicht erforderlich, soweit keine wesentliche (d.h. über das nach § 14 Nr. 1 zulässige Maß hinaus) Beeinträchtigung dieser WEer vorliegt. Maßgebend ist danach, ob dem WEer durch die Maßnahme in vermeidbarer Weise ein Nachteil erwächst (BGH NJW 1992, 978). Unter einem Nachteil in diesem Sinne ist jede nicht ganz unerhebliche Beeinträchtigung zu verstehen. Nur konkrete und objektive Beeinträchtigungen gelten als ein solcher Nachteil. Entscheidend ist, ob sich nach der Verkehrsanschauung ein WEer in der entsprechenden Lage verständlicherweise beeinträchtigt fühlen kann (BGH a.a.O. S. 979). Eine Abwägung zwischen den Nachteilen für die WEer und den Vorteilen für den einzelnen WEer findet nach der gesetzlichen Regelung nicht statt (BayObLG NJW-RR 1993, 337, 338). Es findet auch keine Güterabwägung statt (OLG Hamm WE 1993, 318), vielmehr reicht das Vorliegen jeder nicht ganz unerheblichen Beeinträchtigung oder Nachteils aus (BayObLG NJW-RR 1990, 209). Ein Nachteil kann auch erst durch das Zusammenwirken verschiedener Maßnahmen entstehen

(BayObLG NJW-RR 1992, 272). Das bedeutet, daß nur diejenigen WEer zustimmen müssen, die von der beabsichtigten Maßnahme in ihren Rechten betroffen werden. Unter Umständen reicht die Zustimmung eines einzelnen (OLG Köln DWE 1988, 24) oder einiger WEer (BGH NJW 1979, 817). Ein Beschl ist folglich weder erforderlich noch ausreichend (BayObLG NJW-RR 1993, 206). Die Zustimmungsregelung (gem. Abs. 1 Satz 2) wird nicht deshalb ausgeschlossen, weil durch die bauliche Veränderung Teile des GE's zerstört werden (BayObLG NJW-RR 1987, 1359). Liegt ein Beschl zur Beseitigung vor, der nicht innerhalb der Monatsfrist (§ 23 Abs. 4) angefochten wurde, so ist dieser verbindlich, selbst wenn die bauliche Veränderung zustimmungsfrei gewesen wäre (OLG Zweibrücken WE 1991, 140). Für die evtl. Nachteile kann auch auf § 14 Rdnr. 3 ff. verwiesen werden.

34 **10.** Von den strengen Maßstäben des Abs. 1 sind weitere **Erleichterungen** möglich:

35 **a)** Durch Vereinb ist Abs. 1 **abdingbar** (BGH MDR 1970, 753) **oder abänderbar,** siehe hierzu vor § 10 Rdnr. 15.

Auch andere Änderungen sind möglich, z.B. daß die Zustimmung gem Abs. 1 Satz 2 aus Rechtssicherheits-gründen schriftlich erfolgen muß oder grundsätzlich aller WEer zustimmen müssen (BayObLG WE 1998, 319).

36 **b)** Wird ein **Beschl** über eine bauliche Veränderung ohne die notwendige Zustimmung aller oder bestimmter WEer gefaßt und bleibt dieser **unangefochten,** so ist er wirksam (BayObLG NJW-RR 1993, 85). Der Beschl ist nicht nichtig wegen Verstoß gegen Abs. 1 (BayObLG NJW-RR 1986, 763). Fehlt die Kostenregelung, so ist nach dem OLG Hamm (ZMR 1997, 371) der widersprechende WEer davon ausgenommen. Deshalb muß ein WEer, der von der Mehrheit bei einer baulichen Veränderung überstimmt wird, zwingend vor Gericht gehen, will er die Maßnahme verhindern, ansonsten kann die Feststellung der weiteren Einzelheiten durch Beschl erfolgen (BayObLG NJW-RR 1988, 1169), es sei denn, die bauliche Änderung verstößt gegen öffentlich-rechtliche (baurechtliche) Vorschriften (BayObLG WE 1992, 54).

37 **c)** Wird ein Beschl von einem WEer angefochten, dessen Zustimmung (gem. Abs. 1 Satz 2) nicht erforderlich ist, fehlt dem Antrag das Rechtsschutzbedürfnis (BayObLG NJW-RR 1993, 206).

38 **d)** Aus der innerhalb der WEerGem bestehenden **Schutz- und Treuepflicht** (siehe vor § 1 Rdnr. 18) kann sich ein Anspruch auf bauliche Veränderung ergeben.

Beispiel: Anbringung von Fenstergittern oder Außenjalousienkästen wegen feststellbarer erhöhter Einbruchgefahr (KG NJW-RR 1994, 401).

Besondere Aufwendungen, Wiederaufbau § 22

e) Aus einem **Grundrecht** kann sich ggfs. ein Anspruch ergeben, 39
siehe hierzu Parabolantenne Rdnr. 29.

f) Aus dem **allgemein üblichen Wohnkomfort** kann sich ggfs. 40
ein Anspruch ergeben (OLG Zweibrücken NJW 1992, 2899), da jeder
WEer ein Recht auf diesen Wohnkomfort hat.

11. Liegen diese Ausnahmen nicht vor, kann trotzdem die Abgren- 41
zung, ob eine zustimmungsbedürftige bauliche Veränderung vorliegt,
schwierig sein. Deshalb sind typische Fallgestaltungen in **ABC-Form**
nachstehend aufgeführt:

Abgasrohr: Die Verlegung eines Abgasrohrs in die Loggienaußen- 42
fassade ist eine bauliche Veränderung, auch wenn teilender WEer damit einverstanden war (OLG Düsseldorf WE 1997, 472).

Abstellplatz: siehe Parkplatz.

Abtrennung von Teilen des GE: Bauliche Veränderung (OLG
Düsseldorf DWE 1990, 80).

Amateurfunkanlage: siehe Antenne.

Anbau: Z. B. ein Balkonanbau (BayObLG DWE 1984, 27), ein
Garagenanbau (BayObLG v. 27. 3. 1984, 2 Z 27/83) oder der Anbau
einer Balkontreppe stellt grundsätzlich eine bauliche Veränderung dar,
weil u. a. der Lichteinfall der darunterliegenden Wohnung beeinträchtigt wird, es sei denn, der Anbau ist sowohl in der TErkl als auch im
Aufteilungsplan bereits vorgesehen (BayObLG NJW-RR 1986, 762).

Anschaffung: Die Neuanschaffung von Gegenständen kann eine
bauliche Veränderung sein, z.B. zweier Wäschetrockenautomaten für
über 4000,00 DM (BayObLGZ 1977, 89, 90), jedoch nicht, wenn sie
für eine ordnungsgemäße Bewirtschaftung erforderlich ist, z.B.
Schneeschaufel oder Besen.

Anschluß: Der zusätzliche Anschluß eines Heizkörpers ist dann eine bauliche Veränderung, wenn dadurch die Heizleistung vermindert
wird (BayObLG DWE 1984, 92), oder eines Kamins, wenn dadurch
keine anderen Öfen mehr angeschlossen werden können (BayObLG
ZMR 1985, 239) oder dadurch ein Flachdach durchbrochen werden
muß (OLG Hamburg DWE 1987, 98) oder der Anschluß an einen
Leerschornstein, wenn die anderen WEer dadurch von der Nutzung
ausgeschlossen werden, daß der Leerschornstein aus technischen Gründen nur von einem WEer benutzt werden kann (OLG Frankfurt
OLGZ 1986, 43), auch bei Verlegung von Leitungen in Leerschornsteinen (KG WuM 1994, 38).

Der zusätzliche Anschluß an die außerhalb des Hauses verlaufende
öffentliche Versorgungsleitung ist eine bauliche Veränderung, § 21
Abs. 5 Nr. 6 greift nicht ein (BayObLG WE 1994, 21).

Antenne: Hinsichtlich der Neuherstellung von Antennenanlagen
läßt sich zwischen solchen Maßnahmen, die lediglich Arbeiten an der
Antenne selbst erfordern (i. d. R. kein § 22 Abs. 1), und solchen, die

darüberhinaus mit einem Eingriff in das GE verbunden sind (i. d. R. § 22 Abs. 1), unterscheiden.

Beispiele: Die bloße technische Umrüstung einer Gemeinschaftsantenne, um z. B. den Empfang eines zusätzlichen dritten Programms zu ermöglichen, stellt keine bauliche Veränderung dar, weil hierdurch lediglich die bestehende Anlage an den derzeitigen Stand der technischen Entwicklung angepaßt wird (AG Starnberg MDR 1970, 679; a. A. AG Wiesbaden MDR 1967, 126). Ist eine Maßnahme dagegen mit einer schädlichen Belastung der Dachhaut verbunden, weil z. B. eine Amateurfunkantenne (LG Düsseldorf DWE 1980, 24; LG Stuttgart WuM 1991, 213) auf dem Dach befestigt werden soll, z. B. mit einem Antennenmast (AG Mettmann DWE 1987, 32), oder wird durch die Anbringung der Antenne der optische Gesamteindruck beeinträchtigt (z. B. Mobilfunkantenne OLG Saarbrücken ZMR 1998, 310), oder müssen zur Durchführung solcher Arbeiten Löcher in die Geschoßdecke gestemmt werden (OLG Celle DWE 1982,33), so liegt eine bauliche Veränderung vor. Ein Anspruch auf Beseitigung einer Funktantenne besteht dann nicht, wenn die Wohnanlage weder optisch beeinträchtigt ist, noch sonstige Nachteile für die WEer entstehen (BayObLG WE 1991, 261).

Siehe auch Kabelfernsehen Rdnr. 18 ff., Parabolantenne Rdnr. 29.

Asphaltieren bzw. Asphaltboden: siehe Bodenbelag.

Aufstockung: Stellt eine bauliche Veränderung dar, vgl. KG OLGZ 1976, 56, siehe Dachausbau und Anbau.

Aufzug: Der Anbau eines Personenaufzuges ist eine bauliche Veränderung (BayObLG WE 1993, 285).

Außenjalousie: siehe Jalousie.

Außenregler: siehe Heizung.

Ausstieg: Die Durchtrennung der Außenverkleidung und des Metallgeländers einer Loggia zwecks Erstellung eines Ausstieges kann eine bauliche Veränderung sein (BayObLG WuM 1990, 403).

Außentreppe: siehe Treppe.

Außenverglasung: siehe Fenster.

Bad: siehe Dachausbau.

Balkonanbau: siehe Anbau.

Balkonbeleuchtung: Die Anbringung von Leuchten auf der im GE stehenden Balkonbrüstung stellt eine bauliche Veränderung dar (OLG Frankfurt v. 11. 1. 1988, 20 W 24/88, zit. nach Bielefeld S. 283).

Balkonbrüstung: Die Anbringung von Kronenblechen auf den Brüstungsmauern von Balkonen gilt nicht als bauliche Veränderung, wenn damit Bauausführungsmängel beseitigt werden sollen (OLG Hamm DWE 1984, 126). Demgegenüber gilt die Anbringung einer Regenrinne an der Balkonbrüstung als bauliche Veränderung (OLG Düsseldorf WE 1990, 204).

Besondere Aufwendungen, Wiederaufbau § 22

Balkonfenster: siehe Fenster.
Balkongittertür: Der Ersatz des Balkongitters durch eine Balkongittertür stellt eine bauliche Veränderung dar (BayObLG Rpfleger 1974, 319).
Balkontrennwand: siehe Wand.
Balkontreppe: siehe Treppe.
Balkontür: siehe Tür.
Balkonüberdachung: siehe Überdachung.
Balkonverglasung: siehe Fenster und Balkonverkleidung.
Balkonvergrößerung: Eine Vergrößerung des Balkons zu Lasten des rückwärtigen Wohnraumes stellt eine bauliche Veränderung dar (OLG Hamm v. 26. 2. 1988, 15 W 407/87, zit. nach Bielefeld S. 343).
Balkonverkleidung: Bedingt die Installation von Holzverkleidungen und Rolladenkästen an einem Balkon (AG Mannheim DWE 1984, 57) oder die Anbringung einer Balkonverkleidung (auch als Markise BayObLG NJW-RR 1996, 266) in Form einer Verglasung, die nur an einzelnen Balkonen durchgeführt wird (BayObLG NJW-RR 1987, 1357; BayObLG ZMR 1992, 591; WE 1993, 351; 1994, 306; OLG Frankfurt ZMR 1994, 381), eine Veränderung des Fassadenbildes, so liegt hierin eine bauliche Veränderung, da eine solche Maßnahme den optischen Gesamteindruck des Gebäudes beeinträchtigt. Dies muß aber nicht sein (BayObLG WE 1992, 54). Auch wenn die Verglasung möglicherweise den optischen Eindruck des Bauwerks verbessert oder seinen Wert erhöht, ist die Zustimmung aller WEer erforderlich (OLG Zweibrücken WE 1989, 102). Siehe auch Fenster.
Baum: Die Beseitigung von Bäumen stellt grundsätzlich eine bauliche Veränderung dar (BayObLG NJWE 1997, 253). Dies gilt auch für das starke Zurückschneiden von Bäumen (OLG Karlsruhe DWE 1994, 20, 43), im Einzelfall kann es sich um eine Instandsetzungsmaßnahme handeln (KG ZMR 1989, 202; LG Freiburg NJW-RR 1987, 655); siehe auch Bepflanzung, Gartengestaltung.
Baumaßnahme: Untergeordnete Baumaßnahmen, wie z.B. der Einbau einer Trennwand, die Verkleidung eines Raumes und die Schaffung eines neuen Raumes bei einer umfassenden Heizungsmodernisierung, stellen keine baulichen Veränderungen dar (KG NJW-RR 1994, 278).
Beet: siehe Pflanzenbeet.
Beleuchtung: Das Anbringen eines Dämmerschalters, zum Zwecke der Beleuchtung des Zugangs zur Wohnanlage, stellt keine bauliche Veränderung dar (BayObLG WE 1994, 251).
Bebauung: siehe Nachbarbebauung.
Bepflanzung: Die Bepflanzung von Terrassen und Balkonen z.B. mit Bohnen und anderen Gewächsen stellt keine bauliche Veränderung dar, wenn ein uniformer Gesamteindrucks des Gebäudes durch

§ 22   3. Abschnitt. Verwaltung

die variierende Gestaltung der Balkone ohnehin nicht bestehen könnte (BayObLG MDR 1984, 406). Die Erstbepflanzung von nicht für andere Zwecke vorgesehenen Flächen mit Blumen und Sträuchern, Bäumen, Hecken oder Rasen stellt keine bauliche Veränderung dar (BayObLG NJW-RR 1991, 1362), da die WEer über die gärtnerische Gestaltung beschließen können, sofern die Gestaltung nicht anderweitig vereinbart ist. Dasselbe gilt für die Bepflanzung einer Gartenfläche mit Blumen (BayObLG WE 1991, 167) und die Aufstellung von Pflanztrögen auf einer Terrasse (BayObLG WE 1992, 203). Siehe auch Baum, Gartengestaltung, Pflanzenbeet.

Betonierung: siehe Bodenplatte.

Betonplatte: Die Errichtung einer Fundamentbetonplatte stellt i.d.R. eine bauliche Veränderung dar (OLG Hamburg WE 1989, 141), siehe auch Plattenbelag.

Betonschwelle: Die Installation zur Verkehrsberuhigung kann durch Beschl erfolgen (KG OLGZ 1985, 263).

Blumenkästen: siehe Bepflanzung.

Bodenbelag: Die Auswechselung des bisherigen Bodenbelages gegen eine neue, andersartige Auflage, die nicht allein der Modernisierung dient, stellt eine bauliche Veränderung dar, wenn mit ihr eine dauernde Veränderung der äußeren Gestalt des GE's verbunden ist. Die Verlegung von Platten im Garten stellt jedoch eine bauliche Veränderung dar (BayObLG WE 1989, 178), siehe auch Grünfläche.

Beispiele: Die Betonierung einer Garagenzufahrt zum Zwecke ihrer Befestigung (OLG Celle MDR 1968, 48) sowie die Teerung einer Rasenfläche (BayObLG WE 1987, 51) stellen eine bauliche Veränderung dar. Die Auswechselung der bisherigen Dachhaut gegen eine andersartige Schweißbahn, die mit der Beseitigung des bisherigen Dachgartens verbunden ist, stellt aufgrund der hiermit verbundenen optischen Beeinträchtigungen eine bauliche Veränderung dar (OLG Köln OLGZ 1986, 19); siehe auch Grünfläche.

Wird dagegen durch die Verlegung von Betonschwellen zur Verkehrsberuhigung in das GE eingegriffen, so liegt keine bauliche Veränderung vor, da die Fläche dadurch nur auf einen den heutigen verkehrstechnischen Erkenntnissen entsprechenden Stand gebracht wird (KG OLGZ 1985, 263).

Böschung: Der Einbau einer Betontreppe in eine Böschung ist eine bauliche Veränderung (BayObLG WE 1992, 198).

Böschungsstützmauer: siehe Stützmauer.

Brandwand: Der Durchbruch durch eine Brandwand, um eine Gaststätte um einen Raum im Nachbaranwesen zu erweitern, ist eine bauliche Veränderung (BayObLG NJW-RR 1991, 1490).

Breitbandkabelnetz: Der Anschluß an das Breitbandkabelnetz (Kabelfernsehen) stellt i.d.R. eine bauliche Veränderung dar (BayObLG WE 1991, 168), siehe ausführlich Rdnr. 18ff.

Besondere Aufwendungen, Wiederaufbau **§ 22**

Dachabriß: Für den Abriß und die Ersetzung eines Daches durch eine technisch neue Konstruktion kann bei Vorliegen erheblicher Gründe (Abstellung der Undichtigkeit, Beseitigung der statisch unzulässigen Mehrbelastung des Daches etc.) ein Beschl ausreichen, wenn es sich damit um eine Maßnahme der ordnungsgemäßen Instandhaltung handelt (KG ZMR 1989, 229), ebenso die Sanierung eines Flachdaches durch Anbringung eines Pultdaches aus Kupferblech (BayObLG WE 1991, 196) oder die Auswechslung des vorhandenen Flachdaches durch Wiederherstellung der urspünglichen Walmdachkonstruktion (KG WE 1994, 335) oder Herstellung eines Walmdaches (BayObLG NZM 1998, 338). Auch die Reparatur eines Daches mit Ziegeln anstatt mit Dachpappe kann geboten sein, wenn Ziegel die Undichtigkeiten abstellen (OLG Braunschweig WuM 1994, 501).

Dachausbau: Der Ausbau eines Dachbodens, beispielsweise zu einem Gästezimmer (LG Hamburg DWE 1982, 25), oder zur Erweiterung von Wohnräumen (BayObLG WE 1992, 19), die Umwandlung eines Speichers in eine Wohnung (BayObLG WE 1994, 251, 277), die Erweiterung eines Dachraumes z. B. um ein WC (BayObLG WE 1986, 76 m. krit. Anm. Seuß) oder der Einbau eines Bades mit Küchenzeile in einem Speicher (BayObLG WE 1992, 19) führen nach der Rechtsprechung grundsätzlich zu einem Eingriff in das GE und damit zum Vorliegen einer baulichen Veränderung. Nach dem OLG Braunschweig (WuM 1991, 367) auch dann, wenn zwar in den Kaufverträgen mit allen WEern eine Genehmigung zum Ausbau inkl. Gaube erteilt wurde, aber zusätzlich eine Dachterrasse gebaut werden soll (m. E. zu eng; a. A. Armbruster ZMR 1997, 395, 397).

Auch der Beschl, die im SE der WEer stehenden Abstellräume auf dem Dachboden zu einer ETW auszubauen, beinhaltet die Entscheidung über eine bauliche Veränderung, weil die anderen WEer nicht zur Aufgabe vom GE gezwungen werden können (KG OLGZ 1976, 56). Ein unangefochtener Beschl reicht aber für einen Ausbau aus (OLG Stuttgart DWE 1981, 124). Dagegen hält der BGH (NJW 1992, 978) einen Dachdurchbruch, der erforderlich wird, weil ein Velux-Fenster eingebaut werden soll, für möglich, soweit durch den Ausbau nur die Dachlatten und nicht die für die Stabilität und Sicherheit wichtigen Dachsparren verändert werden. Ist der Anbau genehmigt, kann die Beseitigung des Fensters nicht verlang werden mit dem Argument der intensiveren Nutzung (BayObLG NJWE 1997, 32) oder die Untersagung der Vermietung oder der Anbau zu einer selbständigen Einheit mit Balkon, Küche und Bad (BayObLG NJWE 1997, 13); siehe auch Dachterrasse, Familie, Sicherungsaustritt, Treppe.

Dachdurchbruch: siehe Durchbruch.
Dachfenster: siehe Fenster.
Dachsanierung: siehe Sanierung.
Dachspitz: siehe Treppe.

Dachterrasse: Die Umwandlung einer Dachfläche in eine Dachterrasse stellt eine bauliche Veränderung dar (OLG Hamburg MDR 1985, 501) oder die Begrünung (OLG Hamm NJWE 1997, 277), ebenso die Anlage einer Dachterrasse, nach dem KG selbst dann, wenn in der TErkl dem WEer das Recht zum Ausbau der Dachräume eingeräumt wurde (ZMR 1986, 189). Diese Auffassung ist aber abzulehnen, da aus dem Zusammenhang zu folgern ist, daß der WEer auch eine Terrasse zu seiner Wohnung bauen kann. Wird das architektonisch-ästhetische Bild eines Gebäudes durch die Verbindung von zwei Dachterrassen in seiner Symmetrie nicht gestört, so liegt in einer solchen Baumaßnahme keine bauliche Veränderung (BayObLG v. 21. 10. 1981, 2 Z 101/80 zit. n. Deckert 5/137); siehe auch Terrasse und Fenster.

Dachluke: siehe Fenster.

Dämmerungsschalter: Der Austausch einer Zeitschaltuhr durch einen Dämmerungsschalter ist eine bauliche Veränderung (BayObLG WE 1994, 251).

Decke: siehe Durchbruch.

Diele: Die Umwandlung einer Kellergarage in eine Diele ist eine bauliche Veränderung (BayObLG Rpfleger 1984, 409 m. Anm. Sauren).

Doppeltür: Der Einbau einer Eingangsdoppeltür zum verbesserten Schallschutz stellt i. d. R. keine bauliche Veränderung dar (BayObLGZ 1978, 117).

Drahtfernsteueranlage: Der Einbau einer Drahtfernsteueranlage zum Öffnen eines Einfahrttores stellt eine bauliche Veränderung dar (BayObLGZ 1979, 267).

Durchbruch: Ob der Durchbruch einer Trennmauer eine bauliche Veränderung darstellt oder nicht, bestimmt sich danach, ob die Mauer im GE oder im SE der WEer steht.

Beispiele: Ist mit dem Durchbruch einer Brandmauer die Veränderung der im GE stehenden Außenwände des Gebäudes (BayObLG MDR 1972, 52; ZMR 1990, 390), einer tragenden (Zwischen-)Wand (OLG Köln DWE 1988, 24; LG Bremen DWE 1987, 20) oder einer an das gemeinschaftliche Treppenhaus angrenzenden Wand verbunden, weil z. B. eine Verbindung zu Räumen des WEers in einem anderen Gebäude geschaffen werden soll, so liegt eine bauliche Veränderung vor (BayObLG NJW-RR 1991, 1490; WE 1994, 251). Auch der Durchbruch des Flachdaches eines Hochhauses für den Anschluß eines Kaminschornsteins, der mit einem Eingriff in die Flachdachkonstruktion verbunden ist, stellt eine bauliche Veränderung dar (OLG Hamburg DWE 1987, 98), ebenso für die Verbindung von ETWen durch einen Deckendurchbruch (BayObLG NJW-RR 1992, 272; KG NJW-RR 1990, 334; 1993, 909) oder Wanddurchbruch (BayObLG NJW-RR 1995, 649; ZMR 1998, 362). Dies ist jedoch in jedem Ein-

Besondere Aufwendungen, Wiederaufbau **§ 22**

zelfall zu prüfen, sind z.B. 2 ETW auf einem Grundbuchblatt eingetragen, so kann sogar ein Anspruch auf den Durchbruch zur Verbindung bestehen (KG ZMR 1997, 197). Nach Briesemeister (ZMR 1998, 322) führt die unterschiedliche Auffassung zur Vorlage an den BGH.

Ein 15 × 15 cm großer Durchbruch für die Anbringung eines Entlüftungsgitters (OLG Köln WE 3/1982, 16) oder eines Klimagerätes (OLG Frankfurt DWE 1986, 64; LG Krefeld DWE 1987, 32) ist eine bauliche Veränderung. Ebenfalls der Durchbruch für eine Türe, wenn durch den Einbau hinsichtlich der Brandgefahr eine Verschlechterung eintritt (OLG Celle NdsRpfl 1981, 38).

Dieser strengen Rechtsprechung gegenüber versucht Röll (PiG 21 S. 193ff.) einen Mauerdurchbruch dann als zulässig anzusehen, soweit dadurch die Statik des Gebäudes nicht beeinträchtigt würde (siehe hierzu Sauren ZMR 1987, 197). Das OLG Köln (DWE 1988, 25) hat einen Durchbruch einer tragenden Wand innerhalb eines WE gem. Abs. 1 Satz 2 gebilligt, weil ein Gutachten feststellte, daß die Stabilität dadurch nicht berührt wurde.

Liegt demgegenüber SE an einer nicht tragenden Wand vor, und will der SEer durch Veränderung dieser Wand, z.B eine Garage in eine Diele umwandeln, so bedarf er für die Durchführung dieser Baumaßnahme nicht der Zustimmung aller WEer, da er damit nicht in das GE eingreift (BayObLG Rpfleger 1984, 409m. Anm. Sauren). Siehe auch Dachausbau, Schornstein, Zusammenlegung.

Dusche: Der Einbau im Keller ist eine bauliche Veränderung (BayObLG NJW-RR 1992, 272).

Elektroleitungen: Die eigenmächtige Anbringung im GE ist bauliche Veränderung (BayObLG WE 1998, 149, 151).

Einbau: Der Einbau von zusätzlichen Gegenständen, z.B. Aufzug, ist eine bauliche Veränderung, siehe Aufzug.

Einbeziehung eines Zimmers: siehe Zusammenlegung.

Einbruchsicherungen: Die Anbringung ist eine bauliche Veränderung (KG DWE 1994, 18), siehe aber Rdnr. 38.

Entfernung: Die Entfernung von Fenstern ist verboten (BayObLG ZMR 1989, 201).

Entlüftungsgitter: siehe Durchbruch.

Entlüftungsrohr: Die Fortführung von Entlüftungsrohren über das Dach kann ordnungsgemäße Verwaltung sein (BayObLG ZMR 1985, 62).

Etagenheizung: siehe Versorgungsleitung.

Fahrradständer: Soweit eine Beeinträchtigung vorliegt (z.B. weil ein ohnehin schmaler Weg weiter verengt wurde BayObLG WE 1991, 228) liegt bauliche Veränderung vor (BayObLG WE 1992, 195, z.B. wegen ästhetischen Gesamteindrucks; a.A. KG NJW-RR 1990, 1495). Ist keiner vorhanden und stehen Räder einzeln im Hof, so nach OLG Köln ZMR 1997, 44 Installation durch Beschl möglich.

Fahrstuhl: Die Stillegung des Fahrstuhls ist eine bauliche Veränderung (AG München ZMR 1976, 32), siehe auch Aufzug. Eine Ausnahme ist die amtlich angeordnete Stillegung (OLG Hamm NJW-RR 1986, 16).
Fallrohr: Anbringung i. d. R. bauliche Veränderung.
Familie: Der Dachgeschoßausbau ist auch bei Familienmitgliedern nicht zu dulden (BayObLG NJW-RR 1993, 336), selbst wenn beengte Wohnverhältnisse verbessert werden sollen.
Fassadenrenovierung: siehe Sanierung.
Fassadensanierung: siehe Sanierung.
Fenster/Fensterscheiben: Der Ersatz von Fensterscheiben fällt nicht unter Abs. 1. Jedoch kann eine dabei vorgenommene Veränderung, z. B. durch Einsatz getönter Fenster oder Auswechselung eines Fensters durch 2 mit einem Steg getrennte Fenster, unter Abs. 1 fallen. Immer ist zu prüfen, ob dies optisch ins Gewicht fällt (verneint von BayObLG DWE 1983, 30 bei Unterteilung einer Scheibe in der Eingangshalle).

Der Einbau von Fenstern kann im Zusammenhang mit dem Neu- oder Ausbau von Räumen (a), im Rahmen von Modernisierungsmaßnahmen (b) oder durch zusätzliche Verglasung (c) erfolgen.

a) Der *Einbau* eines Dachfensters muß keine bauliche Veränderung sein, wenn keine nachträgliche Veränderung gegeben ist (LG Bremen WuM 1998, 116). Die Vergrößerung und Umgestaltung von *Giebelfenstern* zum Ausbau von Dachgeschoßräumen zu Wohnzwecken ist als bauliche Veränderung anzusehen, unabhängig davon, ob für einen solchen Einbau eine baubehördliche Genehmigung bestand oder nicht, da mit ihm ein Eingriff in die Substanz des GE verbunden ist (a. A. OLG Karlsruhe ZMR 1985, 209 siehe Dachausbau). Dasselbe gilt für die Verglasung eines Balkons (BayObLG WuM 1993, 750). Der Ersatz eines zur Gartenseite gelegenen Fensters durch eine Türe im Zusammenhang mit der Neuerrichtung einer Terrasse, der mit einer nicht unerheblichen optischen Veränderung des Gesamteindrucks des Gebäudes verbunden ist, stellt eine bauliche Veränderung dar (BayObLG DWE 1984, 27). Dasselbe gilt für das Zumauern eines Fensters bzw. das Ersetzen des Fensters durch ein Schiebeelement (OLG Düsseldorf DWE 1989, 177), die Ersetzung einer Dachluke durch ein Flächenfenster (BGH NJW 1992, 978) sowie den Umbau eines Fensters zu einer Türe (BayObLG WE 1994, 245) oder zweier Einzelfenster zu einer Fenstertürkombination (OLG Frankfurt ZMR 1994, 381; BayObLG WE 1995, 64) bzw. die Vergrößerung eines Kellerfensters (OLG Düsseldorf ZMR 1993, 581). Ob eine Veränderung des optischen Gesamteindrucks vorliegt, liegt i. d. R. auf tatrichterlichem Gebiet (BayObLG WuM 1995, 59).

b) Erfolgt eine Beeinträchtigung des GE's durch das *Auswechseln von Fenstern,* weil z. B. einfach verglaste Außenfenster durch solche mit

Thermopane-Verglasung ersetzt werden, die in der Gestaltung ihrer Rahmen, der Art des Materials, der Farbgebung (OLG Köln NJW 1981, 585) von der bisherigen Gestaltung sichtbar abweichen, so liegt eine bauliche Veränderung vor (sog. optischer Gesamteindruck BayObLG WuM 1994, 565). Ebenso kann die Beseitigung einer Loggia oder Balkonverglasung mit farbigem Rahmen und farbigem Glas verlangt werden, wenn aufgrund eines unangefochtenen Beschl festgelegt worden war, daß eine Verglasung nur einheitlich vorgenommen werden sollte und auch einheitlich verglast worden ist, so daß die andersartige Verglasung durch einen WEer den optischen Gesamteindruck der Wohnanlage stört (OLG Frankfurt OLGZ 1985, 48). Die Auswechselung der Fenster und der Einbau einer Sprossenverglasung erfordert die Zustimmung aller WEer, da sie insbesondere bei der Einschaltung der Innenbeleuchtung auffällt und damit eine nicht unerhebliche Veränderung des optischen Gesamteindrucks mit sich bringt (OLG Frankfurt DWE 1983, 60). Ebenso bei dem Einbau anderer Fenster mit kleineren Glasanteilen, aber integrierten Rolläden (AG Hamburg DWE 1988, 98), siehe auch Rolläden.

Demgegenüber liegt **keine bauliche Veränderung** vor, wenn 40 Jahre alte Einfachverglasung durch Isolierverglasung ohne sichtbare Fassadenveränderung durchgeführt wird (OLG Köln ZMR 1998, 49) oder wenn lediglich Unterschiede zwischen den für die Rahmen verwendeten Materialien oder ganz geringfügige Abweichungen in der Farbgebung bestehen (OLG Oldenburg WE 1988, 175). So etwa dann, wenn die bisherigen Fenster mit mittelbraunem Holzrahmen und Einfachverglasung gegen solche mit dunkelbrauner Farbe, ansonsten gleicher Gestaltung aus Kunststoff und mit Thermopaneverglasung ausgetauscht werden, weil eine derartig geringfügige optische Beeinträchtigung der Fassade von den WEern hingenommen werden muß, wobei auch das öffentliche und private Interesse an der Einsparung von Heizkosten zu berücksichtigen ist (OLG Köln NJW 1981, 585; BayObLG DWE 1991, 33) oder etwa dann, wenn Holzverbundfenster durch beschichtete Aluminium-Einschubfenster gleicher Farbe ersetzt werden (AG Nürnberg v. 30. 10. 1985, 1 UR II 127/85 zit. n. Bielefeld, S. 268), oder wenn in der schadhaften Giebelwand ein Fenster eingesetzt wird (BayObLG WE 1988, 142), oder wenn eine praktisch nicht einsehbare Permanententlüftung in das Fenster eingebaut wird (AG Hamburg DWE 1988, 98).

Der Einbau eines Klimagerätes in das Außenfenster eines Schlafzimmers stellt eine bauliche Veränderung dar (OLG Frankfurt WE 1986, 104), soweit hiermit eine nicht unerhebliche optische Beeinträchtigung verbunden ist.

c) Bei einer *zusätzlich angebrachten Verglasung*, z. B. der Anbringung von Fensterflügeln an den seitlich vorhandenen Trennwänden zu den Nachbarbalkonen (BayObLG WEM 80, 31), oder bei einer Terrassen-

§ 22 3. Abschnitt. Verwaltung

(OLG Köln WE 1990, 172), Loggia- (BayObLG NJW-RR 1993, 337; OLG Hamm WuM 1995, 220) oder Balkonvollverglasung (OLG Frankfurt OLGZ 1985, 48) ist i.d.R. eine bauliche Veränderung gegeben, selbst wenn die Loggiaveränderung nicht störend ist oder gar architektonisch oder/und ästhetisch geglückt ist (OLG Zweibrücken NJW-RR 1987, 1358), ebenso bei der Anbringung einer Glasfensterkonstruktion an einer Loggia (BayObLG WE 1988, 65). Wird jedoch lediglich die übliche Trennwand auf dem Balkon zum Nachbarn wieder angebracht, liegt keine bauliche Veränderung vor, siehe auch Entfernung.

Feuchtigkeitsschaden: siehe Rdnr. 17.
Flachdachsanierung: siehe Rdnr. 17.
Fliesen: Das zusätzliche Fliesen eines Trockenraumbodens stellt nach dem BayObLG (ZMR 1986, 249) eine bauliche Veränderung dar.
Funksprechanlage, -antenne: siehe Antenne.
Garage: Erfordert die Aufstellung von Fertiggaragen, die neben den vorhandenen Pkw-Parkplätzen eine zusätzliche Parkfläche schaffen soll, weitergehende Baumaßnahmen, wie z.B. die Verankerung von Betonklötzen im Erdreich (KG OLGZ 1967, 479) oder die Anlage einer betonierten Zufahrt (OLG Celle MDR 1968, 48), so liegt hierin eine bauliche Veränderung, da mit diesen Arbeiten Eingriffe in das GE und eine auf Dauer angelegte Veränderung der äußeren Gestalt des GEs verbunden sind.

Als weitere Nachteile werden in der Rechtsprechung bei Garagenbauten anerkannt:
– Lärmbelästigung wegen zunehmenden Verkehrs auf dem Grundstück;
– Pflasterung des Vorplatzes;
– Verlegung des Kinderspielplatzes und der notwendigen teilweisen Beseitigung der Bepflanzung;
– Veränderung des optischen Gesamteindrucks der Wohnanlage;
– zusätzliche Unterhaltskosten für ein neues, den Zwecken der WEerGem bestimmtes Gerätehaus;
– Änderungen der Vereinb in der TErkl;
– Begründung von Sondernutzungsrechten zu Gunsten einzelner WEer (Garagennutzer), die andere MEer von ihrem Mitgebrauchsrecht ausschließen würden (OLG Frankfurt WE 1986, 141 m.w.N.).
Siehe auch Diele, Anbau, Parkplätze, Tor.

Garagentor: Das Anbringen eines Garagentors ist eine bauliche Veränderung, wenn der optische Gesamteindruck verändert und das Rangieren dadurch erschwert wird (BayObLG WE 1987, 57).

Garagentorfernbedienung: Bauliche Veränderung (BayObLG NZM 1998, 522).

Garagenzufahrt: siehe Bodenbelag.

Garderobe: Im Treppenhaus ist bauliche Veränderung (BayObLG NZM 1998, 336).

Gartengestaltung: Die erstmalige Herstellung kann im ortsüblichen Umfang und entsprechend dem Charakter der Anlage erfolgen, z.B. durch Blumen, Sträucher, Bäume und Plattierung etc. Danach stellt nur noch die Instandhaltung und Instandsetzung einen ordnungsgemäßen Gebrauch dar, z.B. Zurückschneiden der Hecke (BayObLG MDR 1985, 767), Rückschnitt eines Weinlaubes (OLG Saarbrücken ZMR 1998, 50), Schneiden eines Durchganges (BayObLG ZMR 1989, 192), Austausch von Blumen oder das Auslichten von Bäumen, verbunden mit dem Entfernen einzelner, weniger wertvoller Bäume (AG Hamburg-Blankenese DWE 1985, 95), Setzung einer ursprünglich heckenartig bis zur Höhe von 2 m angepflanzten Zuckerahorngehölz wegen Sanierungs-bedürftigkeit durch gemischtes Gehölz bis zu einer Höhe von 2,80 m (OLG Hamm WE 1996, 310), nicht jedoch die Entfernung des Baumbestandes (OLG Düsseldorf DWE 1989, 80), z.B. einer 18 Jahre alten 6–7 m hohen Bepflanzung (OLG Düsseldorf ZMR 1994, 376). Bei einer Verschönerung oder zusätzlichen Anschaffung (z.B. von Fichten für den Vorgarten) ist es jedoch möglich, daß ein Beschl gefaßt wird und die WEer, die dagegen gestimmt haben, nicht an den Kosten beteiligt werden (BayObLG Rpfleger 1975, 367). Die eigenmächtige Anpflanzung einer Hecke ist keine bauliche Veränderung (BayObLG WE 1992, 179), aber ein Eingriff in das GE und damit eine Beeinträchtigung der übrigen WEer, siehe Baum, Bepflanzung.

Gartenhaus: Die Errichtung eines Gartenhauses stellt wegen der hiermit verbundenen optischen Veränderung eine bauliche Veränderung dar (BayObLG ZMR 1986, 452; BayObLG WuM 1995, 227), unabhängig davon, ob das neue Bauwerk mit oder ohne Fundament errichtet worden ist (OLG Frankfurt DWE 1986, 30).

Gartenhütte: siehe Gartenhaus.

Gartentor: siehe Tür.

Gartenzwerge: Das Aufstellen von Gartenzwergen in der gemeinschaftlichen Gartenanlage beeinträchtigt nach dem OLG Hamburg (NJW 1988, 2652) den optischen Gesamteindruck erheblich (a. A. bei „normalen" AG Recklinghausen DWE 1996, 40). Vgl. hierzu § 15 Rdnr. 9.

Gasleitung: Die Neuinstallation ist bauliche Veränderung (BayObLG v. 9. 4. 1998 2 ZBR 164/97). Siehe Stillegung.

Gegensprechanlage: Die Installation stellt keine bauliche Veränderung dar (LG Hamburg v. 2. 1. 1984, 20 T 1/84 zit. nach Bielefeld S. 358; a. A. AG Bremen DWE 1985, 128). Sie kann auch durch Beschl gefaßt werden, wenn die Nichtzustimmenden von der Kostentragungslast ausgenommen werden (so Bielefeld S. 358).

Gehweg: siehe Weg.

Geländer: Die Anbringung eines Terrassengeländers ist eine bauliche Veränderung (BayObLG WE 1992, 194).

Gerätehaus, Geräteschuppen: Die Errichtung eines Geräteschuppens stellt eine bauliche Veränderung dar (KG WE 1992, 283). Dies gilt auch dann, wenn ein Gerätehaus auf einer bisher als Grünanlage benutzten Fläche errichtet wird und es zu Lasten der Bewirtschaftungskosten unterhalten werden soll (KG Rpfleger 1977, 314).

Glasbausteine: Ersetzung durch Fenster i. d. R. bauliche Veränderung (BayObLG NZM 1998, 339)

Glasfasertapete: siehe Tapete.

Giebel: Eine Verglasung eines Dachgiebels ist i. d. R. nicht zu dulden (BayObLG NJW-RR 1988, 588).

Gitter: Das vor einem Fenster angebrachte Gitter stellt eine bauliche Veränderung dar, wenn dadurch das Erklettern der Dachterrasse wesentlich erleichtert wird (LG Hamburg v. 2. 8. 1984, 20 T 51/84), es kann aber ordnungsgemäßer Verwaltung entsprechen, wenn es einer feststellbaren erhöhten Einbruchgefahr entgegen wirkt (KG WE 1994, 217); siehe auch Rolläden.

Grünfläche: Wird den WEern eine im GE stehende Rasenfläche nicht in ihrem Bestand entzogen, sondern nur eine Gebrauchsregelung (§ 15) getroffen, wie z.B. durch die Erlaubnis, Kinder auch außerhalb des vorgesehenen Spielplatzes auf den allg. vorhandenen Rasenflächen spielen zu lassen, so liegt keine bauliche Veränderung vor (AG Rheinbach DWE 1979, 23). § 22 ist jedoch dann gegeben, wenn eine jahrelang als Grünfläche genutzte Freifläche nunmehr in einen Park- (BayObLG WE 1991, 290), Spiel – (LG Mannheim ZMR 1976, 51), Abstell- (OLG Stuttgart NJW 1961, 1359), Kfz-Abstell – (LG Siegen WuM 1988, 413) oder Müllbehälterplatz (OLG Zweibrücken NJW-RR 1987, 1359) umgewandelt werden soll. Siehe auch Bodenbelag, Weg und zu der i. d. R. gleichzeitig vorliegenden Nutzungsänderung § 21 Rdnr. 10.

Hecke: siehe Gartengestaltung.

Heizkörper: siehe Anschluß.

Heizung: Der Einbau einer automatischen Regelanlage (z.B. Einbau eines sog. Außenreglers) in die vorhandene Zentralheizung, um die Zentralheizung auf den derzeitigen energierechtlichen und technischen Standard zu bringen, stellt keine bauliche Veränderung dar, wenn diese Maßnahme zu einer wesentlichen Verminderung der Energieverluste von 10 bis 15% beiträgt (LG Bochum Rpfleger 1982, 99) oder der Aufwand für eine solche Maßnahme in einem vernünftigen Verhältnis zum Erfolg und Wohnwert des Hauses steht (OLG Hamm OLGZ 1982, 260); siehe auch Abgasrohr.

Heizungsumstellung: Die Umstellung einer Etagenheizung auf Gas stellt – soweit keine Beeinträchtigung anderer WEer gegeben ist – nach dem OLG Frankfurt (WuM 1992, 561) keine bauliche Verän-

derung dar. Die Rechtsprechung bejaht zunehmend bei **einer notwendigen Erneuerung** der Zentralheizungsanlage Modernisierungen, die vertretbare Mehrkosten verursachen, z.B. wahlweisen Betrieb mit Öl oder Gas (BayObLGZ 1988, 271) oder Umstellung von Öl auf Gas bei absehbarem Ausfall (OLG Celle WE 1993, 224), auch wenn die Heizung derzeit noch funktionstüchtig ist (BayObLG ZMR 1994, 279); weiter bei einer umfassenden Erneuerung einschließlich eventueller Schornsteinquerschnittsverkleinerung, sowie Schallschutzmaßnahmen bei 30 Jahre alter Heizung (KG NJW-RR 1994, 278) oder die Ersetzung einer reeparaturanfälligen Wärmepumpenanlange durch eine kostengünstige Gas-Heizungsanlage (KG WE 1995, 58). Hingegen **ohne Notwendigkeit der Erneuerung** ist nach dem OLG Frankfurt (DWE 1987, 51) der Beschl die bisherige Wärmeversorgung durch Fernwärme aufzugeben oder Nachtspeicher auf Gas umzustellen (OLG Hamm DWE 1995, 159) oder andersherum von Öl auf Fernwärme, wenn Ausfall nicht abzusehen ist (OLG Düsseldodrf ZMR 1998, 185), eine bauliche Veränderung, siehe Baumaßnahmen.
Jalousie: Das Anbringen von Außenjalousien verändert i.d.R. den optischen Gesamteindruck und ist deshalb eine bauliche Veränderung (OLG Düsseldorf WE 1990, 203; BayObLG WE 1992, 232), ebenso das Anbringen von Außenrollläden (BayObLG WE 1992, 138).
Kabelfernsehen: siehe Rdnr. 18ff.
Kaltwasserzähler: siehe Zähler.
Kamin: siehe Anschluß.
Katzennetz: Anbringung an Balkon ist bauliche Veränderung (OLG Zweibrücken NZM 1998, 376).
Keller: Der Ausbau eines gemeinschaftlichen Montagekellers (Kriechkeller) stellt eine bauliche Veränderung dar (Sauren Rpfleger 1984, 210; a.A. BayObLG Rpfleger 1984, 209), siehe auch Terrasse und Wand.
Kelleraufgang und Kellervorbau: bauliche Veränderung (BayObLG v. 12. 8. 1983, 2 Z 86/82).
Kellertrennwand: siehe Wand.
Kfz-Stellplatz: Die farbige Einzeichnung von Stellplätzen stellt keine bauliche Veränderung dar (OLG Karlsruhe MDR 1978, 495), jedoch die Errichtung von Garagen anstelle der Stellplätze (BayObLG WE 1986, 71), siehe auch Grünfläche und Bodenbelag.
Kinderrutsche: Das Aufstellen einer bewegliche Kinderrutsche ist nach dem LG Düsseldorf keine bauliche Veränderung.
Kinderschaukel: Der Abriß und der Wiederaufbau an anderer, die WEer nicht stärker beeinträchtigender Stelle kann durch Beschl erfolgen (KG WE 1990, 210), z.B. wegen Sicherheitsabstand (BayObLG ZMR 1998, 647), das erstmalige Aufstellen ist nach dem LG Hannover (NdfRpfl 1990, 97) eine bauliche Veränderung. Anspruch auf Beseitigung aber nicht gegen Verwalter (BayObLG WuM 1996, 665).

Kinderspielplatz:
a) Die *erstmalige Errichtung* im Zuge der Herstellung und die Errichtung aufgrund öffentlich-rechtlicher Verpflichtungen stellt keine bauliche Veränderung dar (BayObLG ZMR 1998, 647). Der genaue Standort kann dann durch Beschl festgelegt werden (LG Freiburg ZMR 1979, 382). Ebenso die anzuschaffenden Spielplatzgeräte, z.B. Klettergerüste etc. (BayObLG ZMR 1980, 381).
b) Soweit ein *Kinderspielplatz vorhanden* ist bzw. vereinbart oder unangefochten beschlossen wurde, können die entsprechenden Geräte z.B. Spielhaus, Schaukel, Klettergerüst, Sandkasten etc. durch Beschl angeschafft werden (BayObLG ZMR 1980, 381; KG WE 1992, 110), soweit es sich noch um Kinderspielgeräte handelt. Auch die Anschaffung einer Tischtennisplatte fällt darunter (KG a.a.O.; a.A. AG Berlin-Charlottenburg DWE 1984, 28, weil dadurch auch ein Anreiz für ältere Kinder und Erwachsene gegeben würde, den Kinderspielplatz zu benutzen).
c) Die *Verlegung* stellt i.d.R. eine bauliche Veränderung dar (BayObLG v. 13. 12. 1978, 2 Z 81/77 zit. n. Deckert 5/145).
d) Im übrigen ist die *Errichtung* eines Kinderspielplatzes i.d.R. mit einer Veränderung der bisherigen Zweckbestimmung verbunden, siehe deshalb § 21 Rdnr. 10 und Grünfläche.

Kiesschicht: Die Beseitigung ist bauliche Veränderung (BayObLG WE 1997, 96).

Klimageräte: siehe Fenster bzw. Durchbruch.

Ladeneingang: Die nachträgliche Schaffung oder Verlegung eines Ladeneingangs oder einer Ladenzufahrt stellt eine bauliche Veränderung dar (BayObLG WE 1987, 51), selbst wenn in der TErkl. der Umbau in einen größeren Laden gestattet wurde (BayObLG WE 1987, 12).

Lärmschutz: Gehen von Teilen des GE Störungen aus, die die Richtsätze nach DIN (z.B. 4109) oder VDI (z.B. 2058) überschreiten, so hat ein einzelner WEer einen Anspruch auf Beseitigung, z.B. durch schallabwendende Maßnahmen hinsichtlich einer gemeinschaftlichen Wasserdruckerhöhungsanlage (BayObLG DWE 1982, 30). Dies sind dann keine baulichen Veränderungen.

Leuchte: Die Anbringung von Leuchten auf der Balkonbrüstung ist nach dem OLG Frankfurt (v. 11. 2. 1988, 20 W 24/88 zit. nach Bielefeld WEG II Seite 199) eine bauliche Veränderung.

Leuchtreklame: siehe Reklame.

Lichtblende: Hier liegt eine bauliche Veränderung vor (OLG Celle DWE Heft 3, 1973/30), soweit ein Nachteil i.S. von § 14 gegeben ist (siehe dort Rdnr. 32 ff.).

Lift: siehe Aufzug, Stillegung.

Loggia: siehe Fenster, Abgasrohr und Treppe.

Besondere Aufwendungen, Wiederaufbau **§ 22**

Mansarde: Der Ausbau und die Nutzung des im Aufteilungsplan als Mansarde bestimmten Raumes als Wohnraum ist nach dem AG Aachen (v. 31. 3. 1992, 12 UR II 33/91) zulässig.
Markierung: siehe Parkplatz.
Markierung von Einstellplätzen: siehe Parkplatz.
Markise: Die Anbringung stellt i. d. R. eine bauliche Veränderung dar (KG ZMR 1994, 426; BayObLG NJW-RR 1986, 178), ebenso eine sog. Ladenmarkise (KG WE 1995, 122) oder Balkonmarkise (BayObLG NJW-RR 1996, 266). Im Einzelfall ist jedoch zu prüfen, ob ein Nachteil i. S. von § 14 vorliegt (siehe § 14 Rdnr. 3).
Maschendrahtzaun: siehe Zaun.
Mast: siehe Antenne.
Mauerdurchbruch: siehe Durchbruch.
Modernisierung: siehe Sanierung.
Mülltonnenplatz: Die Verlegung eines Mülltonnenplatzes stellt keine bauliche Veränderung dar, wenn sowohl die mögliche Belästigung der WEer durch die Verlegung der Mülltonnenbehälter als auch durch den zukünftigen Gang zu den Mülltonnen an der Straße sich in den Grenzen hält, die bei einem geordneten Zusammenleben unvermeidlich sind. Ist hiermit aber eine weitere Baumaßnahme, wie z. B. die Verlegung einer gemeinschaftlichen Böschungsstützmauer, verbunden, so liegt eine bauliche Veränderung vor (OLG Karlsruhe OLGZ 1978, 172) oder die Ausführung des Platzes entgegen der TEerkl erfolgte (LG Bremen NZM 1998, 725). Als weitere Nachteile wurden ebenfalls angesehen (OLG Frankfurt OLGZ 1980, 78): Die Beschränkung des gemeinschaftlichen Gebrauchs; längere Wege zur Müllbeseitigung; die Veränderung des optischen Gesamteindrucks der Wohnanlage und vom OLG Hamburg eine Kostenbeteiligung des WEer's (MDR 1977, 230).

Wird der Müllcontainerplatz völlig umgestaltet, z. B. in einen Parkplatz, so ist wegen der Zweckänderung bereits Einstimmigkeit erforderlich (OLG Frankfurt OLGZ 1980, 78).

Nachbarbebauung: Einstimmigkeit i. d. Regel erforderlich (KG ZMR 1995, 553).
Parabolantenne: siehe Rdnr. 29 ff.
Parkabsperrbügel: Die Anbringung kann eine bauliche Veränderung sein (OLG Frankfurt NJW-RR 1993, 86). Siehe aber Sperrbügel.
Parkplatz: Zu Veränderungen kann es hier vor allem durch Abänderung der vorhandenen Markierung der Einstellplätze kommen. Sie stellt eine bloße Maßnahme der Gebrauchsregelung dar, wenn die gemeinschaftliche Hoffläche durch Einzeichnung abgegrenzter Parkflächen den baurechtlichen Vorschriften entsprechend hergerichtet wird (OLG Karlsruhe MDR 1978, 495) oder alle Parkplätze markiert werden sollen (BayObLG NJW-RR 1987, 1490). Wird eine Parkfläche so

§ 22 3. Abschnitt. Verwaltung

markiert, daß 4 Fahrzeuge mehr als zuvor parken können, so liegt keine bauliche Veränderung vor, da damit nur eine veränderte Parkordnung beschlossen wurde (OLG Köln OLGZ 1978, 287). Die Umwandlung eines Parkplatzes in eine Garage ist eine bauliche Veränderung (BayObLG DNotZ 1973, 611).

Pergola: Wird die äußere Gestaltung eines Gebäudes durch die Errichtung einer Pergola auf einer Dachterrasse verändert, so handelt es sich i.d.R. um eine bauliche Veränderung (BayObLG Rpfleger 1981, 284; OLG Frankfurt DWE 1989, 70; KG NJW-RR 1991, 1300). Werden jedoch die übrigen WEer nicht über das in § 14 zulässige Maß hinaus (siehe hierzu Rdnr. 32ff.) beeinträchtigt, so liegt keine bauliche Veränderung vor (AG Koblenz v. 15.11.1984, 5a UR II 13/84 zit.n. Bielefeld WEG S. 253).

Pflanzenbeet: Die Anbringung eines Pflanzenbeetes vor der Terrasse mit einer Breite von bis zu 1,40 m stellt eine bauliche Veränderung dar (BayObLG WE 1992, 84), ebenso eine kniehohe Beeteinfassung (KG NJW-RR 1994, 526), siehe aber Bepflanzung.

Pflanzentrog: Das Aufstellen von nicht fest im Boden verankerten Pflanzentrögen auf einer Terrasse ist keine bauliche Veränderung (BayObLG NJWE 1997, 279, 280), jedoch die Entfernung, es sei denn, sie sind z.B. durch Asbestgehalt gesundheitsgefährdend (BayObLG WE 1994, 26). Werden sie auf GE aufgestellt kann Entfernung verlangt werden (BayObLG WE 1998, 149, 151), siehe Bepflanzung, Sitzbank.

Plattenbelag: Die Anbringung eines Plattenbelages oder die Vergrößerung eines Plattenbelages (BayObLG WE 1992, 203, 204) oder die Verlegung von Betonplattenreihen zwecks Anlegung eines Stellplatzes stellt i.d.R. bauliche Veränderung dar (OLG Stuttgart WEM 1980, 75), ebenso das Belegen eines Kiesweges mit Platten (BayObLG WuM 1992, 705). Eine Ausnahme ist dann zu machen, wenn es sich um die Gartenfläche handelt, die dem WEer der Erdgeschoßwohnung mit Sondernutzungsrecht zugewiesen ist (BayObLG Rpfleger 1975, 310), oder wenn durch eine Plattierung erst alle WEer einen sicher begehbaren Zugang erhalten (BayObLG DWE 1989, 38). Siehe auch Fliesen und Betonplatte.

Pumpe: siehe Wasserstrahlpumpe.

Rasenfläche: siehe Grünfläche.

Rauchgasklappen: Der Einbau stellt i.d.R. keine bauliche Veränderung dar (BayObLG NJW 1981, 690).

Regelanlage: siehe Heizungsregelanlage.

Regenrinne: Ein Beschl über die Anbringung ist möglich (OLG Düsseldorf WE 1990, 204).

Reklame: Hier ist zu unterscheiden:
a) Ein WEer oder TEer, der in der Anlage ein Geschäft betreibt, darf ortsüblich und angemessen an der Außenfront des Hauses dafür

werben (OLG Frankfurt Rpfleger 1982, 64), wenn das Schild (z.B. ein Leuchttransparent in Größe von 80 × 40 cm, das im Winter bis 20 Uhr beleuchtet ist) weder zu einer ersichtlichen Verschlechterung noch zu einer sonstigen Beeinträchtigung führt (BayObLG ZMR 1987, 389), aber Gleichbehandlung in der Anlage geboten (BayObLG WE 1995, 61).
b) Die Anbringung von 5 roten, etwa 60 × 60 cm großen, senkrecht übereinander angebrachten Leuchtkästen, die von innen beleuchtet sind und darüberhinaus mit Dübeln und Schrauben in der Hauswand befestigt sind, stellt aufgrund der mit ihrer Beleuchtung verbundenen störenden Lichtauswirkungen sowie der hiermit verbundenen Eingriffe in das GE zwar eine bauliche Veränderung dar. Jedoch kann die Beseitigung nur bei einem wesentlichen Nachteil verlangt werden. Die mit einer solchen Maßnahme verbundene Einschränkung des Blickfeldes allein reicht nicht aus, da ihr das berechtigte Werbebedürfnis des betroffenen WEers entgegensteht (OLG Hamm OLGZ 1980, 274).
c) Nach dem OLG Stuttgart (WEM 1980, 38) ist die Errichtung von Schaukästen ggfs. hinzunehmen,
Beispiel: Bei an zwei Außenwänden eines Gebäudes installierten 2 × 1 m großen Kästen sind an einer Häuserseite diese zu beseitigen.
Renovierung: siehe Sanierung.
Rolladen: Hier ist wie folgt abzugrenzen: Grundsätzlich ist die Anbringung einer Rollade eine bauliche Veränderung, da sie einen Eingriff in das GE darstellt (BayObLG WE 1992, 232). Jedoch ist dieser Eingriff zu dulden, soweit keine Beeinträchtigung vorliegt (LG Bad Kreuznach DWE 1984, 127), die z.B. bei außenliegenden Rollädenkästen zu bejahen ist (AG Nürnberg v. 30. 10. 1985, 1 UR II 127/85 zit. n. Bielefeld WEG S. 252) oder bei farblich abweichender Blende (BayObLG WEM 1982, 109) oder 15 cm vorstehender Kasten (OLG Düsseldorf NJW-RR 1995, 418). In diesem Fall müssen auch die Energiesparinteressen zurücktreten. Gegebenenfalls ist aber noch zu erörtern, ob nicht das Sicherheitsbedürfnis einzelner WEer vorrangig ist. Siehe auch Jalousie, Fenster und Gitter.
Rollstuhlrampe: Diese stellt zwar eine bauliche Veränderung dar, ist jedoch gemäß Treu und Glauben (§ 242 BGB) zu dulden (AG Köln, 22. 9. 1988, 204 II 230/88, zit. nach Bielefeld S. 379).
Rutsche: siehe Kinderrutsche.
Sandkasten: Die Errichtung im Garten ist eine bauliche Veränderung nach dem LG Paderborn (WuM 1994, 104), siehe auch Grünfläche.
Sanierung: siehe Rdnr. 17.
Satellitenfernsehen: siehe Gemeinschaftsantenne, Kabelfernsehen, Parabolantenne.

§ 22

Sauna: Nach dem BayObLG (NJW-RR 1992, 272) muß der Einbau einer Sauna im SE nicht eine bauliche Veränderung sein, vielmehr kommt es auf die Umstände an.
Schallschutz: siehe Wärmschutz.
Schirmständer: Der Einbau in die Eingangsdiele stellt keine bauliche Veränderung dar (BayObLG NJW-RR 1993, 1165).
Schrank: siehe Terrasse.
Schaukasten: siehe Reklame.
Schaukel: siehe Kinderschaukel § 15 Rdnr. 17.
Schließanlage: Die Auswechselung eines herkömmlichen Türschlosses durch eine elektrische Schließanlage stellt eine bauliche Veränderung dar (Korff DWE 1984, 63).
Schornstein: Die Anbringung eines zweiten Schornsteins auf einem Bungalow stellt eine bauliche Veränderung dar, wenn dadurch die Aussicht zerstört wird (LG Hamburg v. 3. 4. 1984, 20 T 10/84), siehe Durchbruch.
Sicherungsaustritt: Ist ein Dachausbau von dem Bauträger vor Entstehung der WEerGem vorgenommen worden, so sollen nach dem OLG Hamm (WE 1993, 318) die von der Baubehörde für die Genehmigung des Ausbaus geforderte Errichtung eines „Sicherheitsaustrittes" keine bauliche Veränderung sein auch wenn sie nach Entstehung der WEerGem vorgenommen wird (bedenklich hinsichtlich BayObLG WE 1992, 194, da dort die Einzäunung einer vor Entstehung der WEerGem vorgenommenen Dachterrassenausbaus als bauliche Veränderung angesehen wurde).
Sichtblende: Das Anbringen massiver, fest eingefügter Sichtblenden auf Balkonen und Terassen ist i. d. R. eine bauliche Veränderung (OLG Celle DWE 1973, 30).
Sitzbank: Die Umgestaltung eines Pflanzentroges, der als Brüstung einer Terrasse dient, zu einer Sitzbank wurde vom AG Aachen als bauliche Veränderung angesehen (v. 13. 11. 1990, 12 UR II 40/90).
Sitzgruppe: Bauliche Veränderung, die im konkreten Fall aber nicht nachteilig war (OLG Karlsruhe NJW-RR 1998, 14).
Solarzelle: Die Anbringung ist eine bauliche Veränderung (BayObLG NJW-RR 1993, 206).
Sondernutzungsrecht: siehe § 15 Rdnr. 11.
Speicherraum: siehe Dachausbau, Treppe.
Sperrbügel: Für Stellplatz nicht zustimmungspflichtig, wenn sich einfügt und andere nicht behindert (OLG Schleswig NJWE 1997, 29); siehe aber Parkabsperrbügel.
Spielplatz/Spielhaus: siehe Kinderspielplatz.
Spitzboden: siehe Treppe.
Sprossenverglasung: siehe Fenster.
Stabantenne: i. d. R. bauliche Veränderung (BayObLG DWE 1990, 114).

Stellplatz: Die Anlegung zu Lasten des Grünbereichs ist eine bauliche Veränderung (BayObLG WE 1991, 290).
Stillegung: Die Stillegung gemeinschaftlicher Einrichtungen, wie z.B die eines Lifts (AG München ZMR 1976, 312) oder einer Gaszuleitung (BayObLG Rpfleger 1976, 291) oder eines zu einer Wohnanlage gehörigen Hallenbades mit Sauna (BayObLG NJW-RR 1987, 655), durch die wesentliche Teile eines Bauwerks betroffen sind, stellt i.d.R. eine bauliche Veränderung dar. Ist jedoch die Anlage bereits stillgelegt worden, so ist der Anspruch eines WEer auf Wiedereröffnung nur im Rahmen ordnungsgemäßer Verwaltung gegeben.
Stromnetz: Der Ausbau des vorhandenen Stromnetzes ist i.d.R. eine bauliche Veränderung (BayObLG NJW-RR 1988, 1164).
Stützmauer: Die Veränderung einer gemeinschaftlichen Böschungsstützmauer infolge des Einbaus von Mülltonnenbehältern in die Böschung stellt eine bauliche Veränderung dar, da hiermit das GE in seiner Substanz verändert wird (OLG Karlsruhe OLGZ 1978, 172).
Tapete: Die Ersetzung der Rauhfasertapete durch eine Glasfasertapete bei der Renovierung ist keine bauliche Veränderung (OLG Düsseldorf WuM 1994, 503).
Teerung: siehe Grünfläche.
Teppichboden: Ersetzung in GE keine bauliche Veränderung (OLG Saarbrücken DWE 1998, 79).
Terrasse: Baumaßnahmen können hier im Zusammenhang mit der Errichtung der Terrasse sowie der Erstellung von Zusatzeinrichtungen auf einer bestehenden Terrasse entstehen. Sind mit der erstmaligen Anlage einer Terrasse einschneidende Änderungen in der äußeren Gestalt verbunden, etwa weil die bisher bestehende Grünfläche in eine durch Platten befestigte, abgegrenzte Terrasse umgestaltet und zudem eine Erdaufschüttung erforderlich wird, um die Terrasse in eine Ebene mit dem Fußboden der Wohnung eines WEers zu bringen, so liegt hierin eine bauliche Veränderung (KG OLGZ 1971, 492), ebenso bei einer Terrassenverbauung (BayObLG WE 1992, 84) oder Vergrößerung der Terrasse (BayObLG WE 1997, 317) oder Holzterrasse (BayObLG WuM 1998, 115). Ist jedoch keine Beeinträchtigung mit der Errichtung verbunden, so kann die Terrasse zu dulden sein (BayObLG DWE 1984, 27). Die Errichtung eines Kellervorbaus unter dem Garten eines Bungalows, die zu dem Zweck erfolgt, darüber eine Terrasse zu errichten, stellt aufgrund der damit verbundenen Beeinträchtigung des optischen Gesamteindrucks (BayObLG v. 12. 8. 1983, 2 Z 86/82) und der durch die Fundamentierung bedingten Veränderung des GE's (OLG Hamm OLGZ 1976, 61) eine bauliche Veränderung dar. Ebenso die Errichtung eines ca. 4 × 4m großen Zimmeranbaus (AG Aachen v. 1. 7. 1986, 12 UR II 77/85) bzw. eines 4 × 2,10m großen (AG Aachen v. 7. 2. 1989, 12 UR II 82/88) oder

eines 1 × 1 × 2 m großen farblich deutlich von der Fassade abgehobenen Schrankes (AG Aachen v. 3. 8. 1993, 12 UR II 46/93) auf einer Dachterrasse. Siehe Balkon, Dachterrasse.
Terrassenüberdachung: siehe Überdachung, Dachausbau und Dachterrasse.
Terrassenunterkellerung: siehe Terrasse.
Tor: Die Anbringung eines Tores, z. B. eines Garagentores an offenen Stellplätzen in einer Tiefgarage (BayObLG WE 1992, 54) oder Schwung- oder Kipptor und seitliche Begrenzung (BayObLG WuM 1998, 175) oder Errichtung eines Gartentors (BGH NJW 1979, 817; OLG Stuttgart DWE 1981, 124), stellt i. d. R. eine bauliche Veränderung dar. Jedoch ist jedesmal zu prüfen, ob eine Beeinträchtigung der übrigen WEer vorliegt, was in dem ersten Fall bejaht, im zweiten verneint wurde.
Trennmauer: siehe Wand.
Trennwand: siehe Wand.
Treppe: Ist mit der Anbringung einer Treppe an einer bereits bestehenden Balkonplatte eine Veränderung der äußeren Gestalt des Gebäudes verbunden, so liegt hierin eine bauliche Veränderung (BayObLGZ 1974, 269). Ebenso liegt eine bauliche Veränderung vor bei der Errichtung einer Treppe von einer Loggia einer Erdgeschoßwohnung in den gemeinschaftlichen Garten (LG Essen WuM 1987, 37) oder in der Anlage einer Treppe mit Treppenvorplatz und einer schmalen Auffahrt zum Schieben von Einkaufswagen vor einem Ladeneingang (BayObLG WE 1987, 51), oder Eingang einer Betontreppe in die Böschung einer Terrasse (BayObLG WE 1992, 198). Nicht jedoch, wenn an einem Spitzboden ein SNR besteht und eine Verbindungstreppe gebaut wird, durch die weder Nachteile in statischer, schalltechnischer oder brandtechnischer Hinsicht entstehen noch eine wohnungsähnliche Nutzung des Spitzbodens in Betracht kommt (BayObLG NJW-RR 1994, 1169). Anders wiederum jedoch dann, wenn die Treppe errichtet wurde, um die unzulässige Wohnnutzung des Dachspitzes zu ermöglichen oder eines Speicherraumes (BayObLG WE 1994, 277, ebenso die Abmauerung und Fenstervergrößerung).
Treppenanbau: Ist bauliche Veränderung (OLG Frankfurt v. 12. 8. 1996, 20 W 591/95 zit. nach Deckert 2/2964).
Trockenstange auf dem Balkon: siehe Wäschetrockenstange.
Tür: Der Ersatz eines Fensters durch eine Tür (BayObLG ZMR 1987, 344, wegen der Mehrbenutzung des GE's, BayObLG WE 1998, 149, 151), eines Balkongitters (BayObLGZ 1974, 269, 271f.) oder die Neuerrichtung (BGH NJW 1979, 817) oder der Austausch inkl. Zarge (BayObLG NJW-RR 1987, 1359) ist eine bauliche Veränderung. Soweit damit keine Nachteile verbunden sind, ist die Errichtung zu dulden (BayObLG DWE 1984, 27; WE 1992, 87). Siehe auch Durchbruch, Doppeltüre.

Besondere Aufwendungen, Wiederaufbau § 22

Türspion: Der Einbau ist ohne Beschl. möglich (ebenso Bielefeld S. 298).
Überdachung: I.d.R. stellt dies eine bauliche Veränderung dar, z.B. eines Balkones (AG Wuppertal v. 31. 3. 1981, 52 UR II 32/80 zit.n. Bielefeld S. 262) oder einer Terrasse (OLG Stuttgart OLGZ 1970, 74), oder Pergola (BayObLG WE 1990, 177) oder einer Garageneinfahrt (BayObLG WE 1991, 228).
Uhr: siehe Zähler.
Umwandlung von vorhandenen Einrichtungen: siehe §21 Rdnr. 10.
Umzäunung: siehe Zaunerrichtungen.
Unterkellerung: siehe Terrasse.
Verbindung: siehe Dachterrasse.
Verbrauchszähler: siehe Zähler.
Verglasung: siehe Fenster.
Verkleidung: Bedingt die Installation von Holzverkleidungen auf Balkonen keine nachteilige Veränderung des optischen Gesamteindrucks der Wohnanlage, so liegt hierin keine bauliche Veränderung (AG Mannheim DWE 1984, 57). Das BayObLG (WE 1987, 51) sieht jedoch in der Verkleidung eines Lieferanteneingangs eine bauliche Veränderung, ebenso in der nachträglichen Anbringung einer Loggienverkleidung (BayObLG WE 1990, 71).
Versorgungsleitung: Die zusätzliche Verlegung durch das GE stellt eine bauliche Veränderung dar (OLG Zweibrücken WE 1988, 60; BayObLG NJW-RR 1988, 589; KG WuM 1994, 38, 39), anderer Auffassung ist das AG Hannover (Rpfleger 1969, 132) für die Durchführung der Umstellung einer Etagenheizung auf Gas.
Vollwärmeschutz: siehe Fassadenrenovierung.
Wärmedämmsystem: Trägt die Installation eines Wärmedämmsystems technischen Neuerungen Rechnung und entspricht sie den Geboten der Wirtschaftlichkeit, so liegt hierin keine bauliche Veränderung, da es sich um eine Modernisierungsmaßnahme handelt, die nicht der Zustimmung aller WEer bedarf (AG München v. 31. 5. 1983, UR II 345/81 zit. n. Deckert 5/94l).
Wärmedämmung: Die Anbringung von Wärmedämmung an einer Dachfläche ist eine bauliche Veränderung (BayObLG WuM 1995, 62).
Wärmemengenzähler: siehe Zähler.
Wäschetrockenplatz: Die Verlegung durch Umsetzen und Einbetonieren von Wäschestangen oder Wäschespinnen stellt eine bauliche Veränderung dar (BayObLG ZMR 1987, 389), es sei denn, der Standplatz war von vornherein verfehlt gewählt und die Verlegung stellt deshalb lediglich die erstmalige Herstellung eines ordnungsgemäßen Zustandes dar (BayObLG WE 1994, 151).
Wäschetrockenstange: Die Anbringung zweier farblich angepaßter Wäschetrockenstangen auf dem gemeinschaftlichen Balkon, die zu-

§ 22   3. Abschnitt. Verwaltung

dem in den vorhandenen Blumenschmuck einbezogen werden und damit der gesamten Wohnanlage ein freundliches Aussehen geben, stellen keine bauliche Veränderung dar (AG Stuttgart DWE 1980, 128).

Walmdach: siehe Dachabriß.

Wand: Die Errichtung einer Trennwand im Treppenhaus, die mit einer Beschränkung der Nutzungsmöglichkeit des gemeinschaftlichen Treppenhauses verbunden ist (BayObLG v. 1. 6. 1979, 2 Z 34/78 zit. n. Deckert 5/149) oder einer Trennwand zu einem Nachbarbalkon (BayObLG WuM 1985, 31), oder einer Trennwand zur Abtrennung des Stellplatzes in einer Sammelgarage (OLG Zweibrücken WE 1991, 140) stellt eine bauliche Veränderung dar. Auch die Abänderung der Trennwände im Keller z.B. von Maschendraht in Holztrennwände stellt eine bauliche Veränderung dar (BayObLG DWE 1983, 61), jedoch nicht die Anbringung eines Sichtschutzes in Form einer Stoffbespannung (LG Nürnberg-Fürth v. 30. 8. 1978, 13 T 8584/77 zit. n. Bielefeld S. 287, bedenklich).

Wanddurchbruch: siehe Durchbruch.

Warmwasser- oder Wärmemengenzähler: siehe Zähler.

Wasseranschlüsse: Die eigenmächtige Anbringung im GE ist bauliche Veränderung (BayObLG WE 1998, 149, 151).

Wasserenthärtungsanlage: Der Einbau einer Enthärtungsanlage für das Trinkwasser stellt auch dann, wenn sie mit wirtschaftlichen Vorteilen verknüpft ist, eine bauliche Veränderung dar, da sie keine zwingend gebotene Modernisierungsmaßnahme des GE's ist (BayObLG MDR 1984, 406).

Wasserstrahlpumpe: Der Ersatz der nicht mehr gebrauchsfähigen Wasserstrahlpumpe durch eine automatische Tauchpumpe stellt keine bauliche Veränderung dar, da bei der Ersatzbeschaffung ein Ermessensspielraum der WEer besteht (a.A. BayObLG DWE 1982, 29, da im konkreten Fall eine technisch wesentlich anders geartete und im Preis erheblich teurere angeschafft worden war).

WC: Der Einbau eines WC in eine Dachkammer (BayObLG NJW-RR 1988, 589 m.w.N.) oder einen Keller (BayObLG NJW-RR 1992, 272) stellt eine bauliche Veränderung dar. Die Errichtung in einem zur Anlage gehörenden Hausmeister-Werkstattraum bei einer großen Anlage ist nach dem AG Aachen (v. 19. 11. 1992, 12 UR II 68/91) keine bauliche Veränderung.

Weg: Die Wiedereröffnung eines Weges durch Freilegung ist keine bauliche Veränderung (OLG Stuttgart DWE 1980, 62), ebensowenig das Belegen des Weges mit Betonlochsteinen (BayObLG WE 1991, 228). Durch Beschl kann auch eine öffentlich genutzter Weg beseitigt werden, der durch faktische Benutzung entstanden ist (BayObLG NJW-RR 1990, 82). Anders jedoch, wenn der Gehweg zu Lasten des Grünbereichs angelegt wird (BayObLG WE 1991, 290); siehe auch Plattenbelag.

Werbung: siehe Reklame.
Werbeschild: siehe Reklame.
Windfang: siehe Zaun.
Windschutz: Die Anbringung stellt eine bauliche Veränderung dar, wenn damit eine Beeinträchtigung (siehe Rdnr. 32) vorliegt (BayObLG DWE 1984, 27).
Wintergarten: I.d.R. bauliche Veränderung (OLG Hamburg WE 1989, 141; BayObLG ZMR 1990, 390), z.B. anstelle Pergola (BayObLG WE 1998, 149).
Zähler: Der Einbau von Zählern stellt eine bauliche Veränderung dar (vgl. OLG Düsseldorf NJW 1985, 2837; a.A. AG Mannheim DWE 1980, 93). Das BayObLG (NJW-RR 1988, 273) will für den Beschl über den Einbau eines Wärmemengenzählers zur Vorerfassung des Verbrauchs des Nachbargrundstücks eine Ausnahme zulassen, da die Nichtzustimmenden von den Kosten befreit seien (gem. § 16 Abs. 3), und damit noch keine Änderung der Kostenverteilung verbunden sei. Im Leitsatz hat es ausdrücklich die Frage der baulichen Veränderung offengelassen. Zu Recht kritisch hierzu Weitnauer Anm. 2b.
Zarge: siehe Tür.
Zaun: Hier ist zu unterscheiden:
a) Soweit die Umzäunung eines Grundstücks bereits in der TErkl. festgelegt wurde, kommt eine Anwendung des § 22 nicht in Betracht (KG OLGZ 1982, 131). Die *Überarbeitung* des vorhandenen Zauns entspricht *ordnungsgemäßer Verwaltung* (OLG Düsseldorf MDR 1986, 677). Eine Verlegung kann verlangt werden, wenn sie an den im Aufteilungsplan eingerichteten Standort erfolgt (BayObLG WuM 1994, 640).
b) Umstritten ist, ob die *nachträgliche Errichtung* eines Zaunes gem. §§ 22 Abs. 1 Satz 2 zu dulden ist. Der Regelfall ist, daß eine Einzäunung nicht geduldet werden muß, vielmehr nur in Ausnahmefällen (OLG Stuttgart ZMR 1995, 81).
Eine *Duldungsverpflichtung* wurde *bejaht:*
– Bei der Errichtung eines Maschendrahtzaunes zwischen Gartensondernutzungsflächen bei einem Doppelhaus, da zwar der großzügige Charakter der Anlage verloren ging, dafür der Zaun aber z.B Tiere davon zurückhält, das Grundstück zu beeinträchtigen (BayObLG Rpfleger 1982, 219).
– Bei der Errichtung von Maschendrahtzäunen von 1,10 m Höhe im Zuge der Aufteilung des Gartengrundstücks in weitere Sondernutzungsbereiche, da dies den natürlichen Wohnbedürfnissen entspreche, die gerade bei einem kleinen Grundstück auf die volle Nutzung gerichtet seien (OLG Hamburg DWE 1984, 91).
– Bei unangefochtenem Beschl (OLG Düsseldorf DWE 1986, 119).
– Bei Ersetzung eines schadhaften Hauszauns durch eine Hecke (BayObLG MDR 1982, 852).

§ 22 3. Abschnitt. Verwaltung

– Beim Ersatz von Holzzaunpfosten durch Stahlpfosten (OLG Düsseldorf MDR 1986, 677).
Eine *Duldungspflicht* wurde *verneint:*
– Generell ein Sondernutzungsrecht einzuzäunen (BayObLG NJW-RR 1991, 1362) z.B. durch einen Jägerzaun (OLG Düsseldorf WuM 1997, 187) oder die Errichtung eines Holzflechtzaunes hinter einem Jägerzaun (KG NJW-RR 1997, 713), jedenfalls in städtischen Bereichen (KG ZMR 1985, 27). Bei einem Sondernutzungsrecht, wenn dadurch der parkähnliche Charakter der Wohnanlage optisch nicht nur geringfügig beeinträchtigt wurde, und eine Einzäunung nicht aus anderen Gründen im Einzelfall geboten ist (BayObLG ZMR 1987, 29).
– Ohne Beschl (AG München v. 24. 10. 1984, UR II 525/83 WEG zit. n. Deckert 5/153).
– Bei einem zwei Meter hohen massiven Holzlattenzaun als Windfang, der sich von den sonst vorhandenen Zäunen durch Höhe, Massigkeit und Abgeschlossenheit unterscheidet, da hiermit eine Veränderung des gesamten äußeren Bildes der Anlage verbunden ist (LG Hannover DWE 1985, 24, 25).
– Bei einem Maschendrahtzaun zwischen den beiden Stellflächen einer Doppelgarage (BayObLG NJW-RR 1991, 722).

c) Eine *Erhöhung* eines vorhandenen Zaunes ist zulässig, soweit kein Nachteil entsteht bzw. die Erhöhung wegen der Sicherheit des Grundstücks notwendig ist, siehe auch Gartengestaltung.

Zentralheizung: siehe Heizung.

Zumauern: Das Zumauern eines Fensters ist eine bauliche Veränderung (OLG Düsseldorf DWE 1989, 177).

Zusammenlegung: Wird bei der Zusammenlegung zweier WE's eine gemeinschaftliche Fläche einbezogen, so liegt nach dem KG (ZMR 1985, 346) eine bauliche Veränderung vor, ebenso eine Einbeziehung eines Zimmers in ein Büro (OLG Düsseldorf WE 1989, 98) oder eines Raumes des Nachbarhauses in eine Gaststätte (BayObLG NJW-RR 1991, 1490).

43 12. Selbst wenn eine bauliche Veränderung vorliegt, kann jedoch die **Beseitigung nicht verlangt** werden, **wenn**

44 a) dies eine sog. **unzulässige Rechtsausübung** darstellte, weil z.B. damit eine Leistung verlangt würde, die alsbald zurückzugewähren wäre.

Beispiel: Eine schadhafte Wand wird durch ein Fenster ersetzt (BayObLG WE 1988, 142) oder die Unterscheidung zwischen einzelnen WEer ohne sachlichen Grund (OLG Oldenburg DWE 1997, 127).

Dafür reicht aber allein die Unverhältnismäßigkeit des Beseitigungsverlangens nicht aus (OLG Düsseldorf NJWE 1997, 12).

b) der Beseitigungsanspruch **verwirkt** wäre oder von einem 45
Rechtsvorgänger verwirkt wurde (KG NJW-RR 1989, 976; OLG
Hamm WE 1990, 101). Hierfür ist ein langer Zeitablauf und das
Vorliegen eines Vertrauensmoments notwendig (BayObLG WuM
1992, 392). Das Vertrauensmoment liegt vor, wenn der Verpflichtete
sich nach dem gesamten Verhalten des Berechtigten darauf einrichten
durfte und auch eingerichtet hat, daß dieser das Recht auch in Zukunft
nicht geltend machen werde (BGH NJW 1982, 1999). Deshalb
reicht allein ein Zeitablauf von 17 Jahren nicht aus, insbesondere wenn
WEer die bauliche Veränderung (WC-Einbau) jahrelang nicht kennen
konnten (BayObLG WE 1988, 143), oder von zwei Jahren (BayObLG
WuM 1985, 31, 32) oder 3 Jahre (OLG Köln DWE 1996, 77). Nach
dem OLG Köln (DWE 1997, 29) reicht eine 5 Jahresfrist nicht aus
(a.A. AG Mannheim DWE 1984, 57). Nach dem KG (NJW-RR
1997, 713) können jedoch mehr als 6 Jahre reichen, andererseits sollen
8 Jahre nicht ausreichen (OLG Oldenburg DWE 1997, 127). Ist
deshalb z.B. die Anlage der Eingangstür langjährig z.B. 10 Jahre allseitig
hingenommen (OLG Hamm WE 1990, 101) oder von den Anfechtenden
(z.B. Schrank in der Diele) 17 Jahre hingenommen worden,
so ist i.d.R. eine Verwirkung eingetreten (BayObLG NJW-RR
1993, 1165). Der Beseitigungsanspruch ist auch dann verwirkt, wenn
die bauliche Veränderung von dem Rechtsvorgänger geduldet wurde
(KG WE 1994, 52).

c) das Beseitigungsverlangen **schikanöses oder widersprüchliches** 46
Verhalten darstellte.

Ein Antrag ist schikanös, wenn eine Beseitigung nur deshalb verlangt
wird, um dem anderen einen Schaden zuzufügen (§ 226 BGB,
vgl. BayObLG NJW-RR 1987, 1492).

d) die **Beseitigung unverhältnismäßig** und damit **rechtsmiß-** 47
bräuchlich wäre. Dies liegt vor, wenn der in Anspruch Genommene
nur unter unverhältnismäßigen, billigerweise nicht zumutbaren Aufwendungen
dem Antrag entsprechen könnte (BayObLG NJW-RR
1990, 1168, 1169). Dies wurde bei 3000,00 DM Aufbaukosten (BayObLG
a.a.O.S. 1169) oder 8000,00 DM (BayObLG WuM 1993,
209, 210) jeweils verneint, wobei berücksichtigt wurde, daß die Gemeinschaft
sich zuvor gegen solche Maßnahmen ausgesprochen hatte.
Rechtsmißbräuchlichkeit kann vorliegen, wenn die optische Veränderung
äußerst gering ist (BayObLG WuM 1996, 790), aber nicht,
weil allein Disziplinierung anderer WEer angestrengt wird (BayObLG
NZM 1998, 336).

e) ein **Beschl gefaßt** wird und dieser **unangefochten** blieb (Bay- 48
ObLGZ 1973, 78, 81). Eine Beseitigung des Beschl durch späteren
Beschl kann nur verlangt werden, wenn ein sachlicher Grund vorliegt
und der betroffene WEer gegenüber dem bisherigen Zustand nicht
unbillig benachteiligt wird (BayObLG WuM 1995, 222).

§ 22 3. Abschnitt. Verwaltung

49 f) ein **Zurückbehaltungsrecht** besteht, z. B. wegen Mängeln am GE gegen die anderen WEer. I. d. R. wird dies jedoch ausgeschlossen sein, wenn die WEer wegen dieser Mängel bereits Gewährleistungsansprüche gegen den Bauträger geltend gemacht haben (BayObLG WE 1992, 55) und die bauliche Veränderung eine unerlaubte Handlung darstellt, so daß ein Zurückbehaltungsrecht ausscheidet (BayObLG WE 1992, 55).

50 g) das Beseitigungsverlangen sich **nicht gegen den Störer richtet.**
Beispiel: Nach dem BayObLG (NJW-RR 1988, 587, 588) ist **der Erwerber, der ein WE mit baulichen Veränderungen erwirbt, kein Störer.** Er ist allenfalls zur Duldung der Wiederherstellung des GE's durch alle WEer verpflichtet (KG NJW-RR 1991, 1421).

51 h) das **Vorhandensein** gleicher oder ähnlicher baulicher Veränderungen **reicht nicht aus** (KG WuM 1994, 99), da es keine Berufung auf den Gleichbehandlungsgrundsatz bei rechtswidrigem Verhalten gibt (OLG Frankfurt DWE 1989, 70).

52 i) von dem betroffenen WEer oder seinem Rechtsvorgänger der baulichen Veränderung **zugestimmt** wurde (BayObLG ZMR 1998, 359), z. B. vor rechtlicher Inverzugsetzung der WEerGem, aber nach Errrichtung der TErkl (BayObLG WuM 1994, 640); anders aber wenn vor Errrichtung der TErkl Zustimmung erfolgte, in der TErkl dies aber nicht aufgenommen wurde (BayObLG WuM 1994, 222). Die Bindung des Rechtsnachfolgers besteht nach dem OLG Düsseldorf (ZMR 1997, 657) aber nur, wenn die bauliche Maßnahme im Zeitpunkt des Rechtsvorgängers mindestens teilweise vorgenommen worden ist.

53 13. Die **Rechtsfolge bei fehlender Zustimmung** (vgl. Deckert WE 1997, 51, 97):

a) **Auskunftsanspruch** gegen denjenigen WEer, der verändert hat (OLG Düsseldorf WE 1997, 149) auch wenn inzwischen veräußert wurde.

b) Jeder WEer (BGH NJW 1992, 978) kann die **Beseitigung** der baulichen Veränderung beantragen (§ 1004 BGB, KG NJW-RR 1993, 909), soweit von einem WEer vorgenommen, wenn vom Verwalter nach OLG Schleswig (WuM 1998, 309, bedenklich) nur nach vorheriger Beschl (siehe § 43 Rdnr. 14). Soweit ein Beschl zur Beseitigung gefaßt wird, muß dieser bestimmt sein (OLG Düsseldorf WE 1997, 309).
Beispiel: Es wird beschlossen, den Bauzustand der Anlage von 1984 wieder herbeizuführen. Da nicht geklärt ist, ob zwischenzeitlich vorgenommene bauliche Veränderungen genehmigt sind oder nicht, ist der Beschl anfechtbar (OLG Düsseldorf a. a. O.).
Der Rechtsnachfolger muß die Beseitigung nur dulden, sie aber selbst nicht vornehmen (BayObLG WE 1998, 276).

Besondere Aufwendungen, Wiederaufbau § 22

c) oder/und einen **Schadensersatzanspruch** auf Wiederherstellung des ursprünglichen Zustandes geltend machen (wegen Verletzung der Pflichten aus §§ 14 Nr. 1, 15, BayObLG NJW-RR 1991, 1234),

d) oder/und einen **Schadensersatzanspruch** geltend machen, wenn im Zuge der Maßnahme sein Eigentum beschädigt wurde. Hierbei haftet der WEer dann grundsätzlich bei Verschulden aus positiver Vertragsverletzung. Etwas anderes gilt nach KG (WE 1993, 138), wenn der WEer nach nach einer Vereinb einen Ausbau auf „eigene Kosten und Gefahren" vornimmt. Hierdurch haber er im Verhältnis der WEer untereinander festgelegt, daß jegliche Zufallsschäden im Zuge der Maßnahme zu seinen Lasten gehen.

Beispiel: Wasserschäden im Zuge des Dachgeschoßausbaus (KG a.a.O.);

e) in Ausnahmefällen kommt statt einer Beseitigung oder Wiederherstellung auch eine **Anordnung anderer geeigneter Maßnahmen** in Betracht (BayObLG WEM 1982, 3/109),

Beispiel: Anbringung einer Markise anstatt Auswechslung einer Tür.

13 a. Rechtsfolgen bei Duldungsverpflichtung: Bei Anbau z.B. 53 a
Briefkasten und Klingelanlage anzubringen. Bei mehreren Möglichkeiten nur die, die am wenigsten beeinträchtigt (BayObLG NJWE 1997, 256).

14. Abs. 2 behandelt die **Pflicht zum Wiederaufbau** (vgl. Röll 54
WE 1997, 94), die unabhängig vom Wert immer dann besteht, wenn die Kosten durch eine Versicherung oder auf andere Weise gedeckt sind, wie z.B. durch vorhandene Rücklage oder Schadensersatzansprüche. Trifft dies nicht zu, so ist der Wert des Gebäudes durch Schätzung zu ermitteln. Dabei ist der Wert des Gebäudes vor der Zerstörung und derjenige nach der Zerstörung zu vergleichen:

a) Ist das **Gebäude zu mehr als der Hälfte** des Wertes **zerstört,** 55
so ist die Zustimmung aller WEer notwendig. Ein Beschl ist auf Anfechtung aufzuheben (BayObLG WuM 1996, 495).

b) Ist das **Gebäude zu weniger als der Hälfte** seines Wertes 56
zerstört, so ist ein gemeinschaftlicher Wiederaufbau aufgrund eines Beschl oder einer Entscheidung des Gerichts möglich.
Bei einer teilweisen Zerstörung oder drohendem Verfall,
Beispiel: Drohender Verfall des Garagenkomplexes (AG Ebersberg v. 28. 7. 1983 UR II 43/81), die den hälftigen Wert des gesamten Gebäudes nicht überschreitet, gilt das gleiche, da der Zustandsgrad sich nach dem Wert des Hauses incl. Nebengebäude bemißt, auch wenn diese sich in einem getrennten Bau befinden (OLG Schleswig NJW-RR 1998, 15). Lehnt die Mehrheit ab, so verbleibt dem einzelnen

WEer nur die Anrufung des Richters, da der Aufbau in diesem Fall i.d.R. einer ordnungsgemäßen Verwaltung entspricht. Die Aufbaukosten des GE haben dabei alle WEer zu tragen (nach den MEanteilen, soweit keine Vereinb für diesen Fall), diejenigen des SE der einzelne SEer. Die Wiederaufbauverpflichtung richtet sich auf die Herstellung des früheren Zustandes, andere oder zusätzliche Maßnahmen, z.B. Einbau eines vorher nicht vorhandenen Liftes, stellen bauliche Veränderungen dar (OLG Köln DWE 1989, 180).

57 c) Soll der **Wiederaufbau unterbleiben,** so können unter den in §§ 9 und 11 gegebenen Voraussetzungen die Wohnungsgrundbücher geschlossen werden.

58 15. Abs. 2 ist durch Vereinb **abdingbar** (KG NJWE 1997, 206, vgl. vor § 10 Rdnr. 15 Wiederaufbau), z.B. ausdehnbar auf Verfall oder Teilverfall der Anlage.

59 16. **Aufbauverpflichtung bei steckengebliebenem Bau** (vgl. Rix, Der steckengebliebene Bau, Düsseldorf 1991): **a)** Wird die **Eigentumsanlage nicht fertiggestellt** (sog. steckengebliebener Bau oder Bauruine), weil z.B. der Bauträger in Konkurs geht, so besteht eine Aufbaumitverpflichtung der WEer (a.A. MüKo vor § 1 Anm. 30). Diese resultiert daraus, daß die WEer bzw. die werdenden WEer sich zum Aufbau z.B. gegenüber dem Verkäufer verpflichtet haben (z.B. aus dem Bauträgervertrag, a.A. Rix S. 43ff. der dies aus dem WEG als Maßnahme der ordnungsgemäßen Verwaltung folgert S. 67) und alle Beteiligten von dem Bau der Anlage ausgegangen sind. Ihre individuellen Möglichkeiten, aus dem Kaufvertrag zurückzutreten, bleiben davon unberührt (z.B. Anfechtung wegen arglistiger Täuschung). Abs. 2 ist folglich nicht analog heranzuziehen (LG Bonn ZMR 1985; 63, Rix S. 39 m.w.N., gegen die h.M. z.B. OLG Karlruhe NJW 1981, 466). Die Aufbauverpflichtung bezieht sich auf GE und SE und ist durch den Verwalter durchzuführen. Die Fertigstellung hat nach dem ursprünglichen Konzept zu erfolgen. Abweichungen davon sind i.d.R. bauliche Veränderungen (OLG Köln DWE 1989, 180). Bei einem Widerspruch zwischen einer Zeichnung in der TE und dem Aufteilungsplan ist letzterer maßgebend (OLG Hamburg WE 1990, 204). Für den weiteren Ausbau ist Beschl ausreichend (OLG Hamburg a.a.O.; OLG Frankfurt WuM 1994, 36).

60 **b)** Anders ist der Fall jedoch bei einer **Mehrwohnhausanlage** zu beurteilen. Für den Aufbau der erst geplanten Häuser, für die noch kein Interessent gefunden wurde, besteht keine Verpflichtung der WEer, die bereits gebaut haben oder für die noch Bauenden, diese aufzubauen. Auch ein Beschl ist hierfür nicht ausreichend (AG Dortmund JurBüro 1980, 272; Röll NJW 1978, 1507, 1509).

61 **c) Bauen die Käufer weiter,** teilen sich die WEer mangels anderer Vereinb gem. § 16 Abs. 2 die **Aufbaukosten.** Hierfür ist

Sonderumlage regelmäßig nötig. Diese richtet sich nach de geschätzten Finanzbedarf, der prognostiziert werden muß, nach BayObLG (NZM 1998, 337) ist hier immer großzügige Handhabung zulässig. Nach dem OLG Karlsruhe (NJW 1981, 466) müssen die WEer, welche zum Erwerb ihrer Wohnung weniger bezahlt haben, zu den Fertigstellungskosten im größerem Umfang beitragen. Diese Ansicht ist abzulehnen (OLG Frankfurt ZMR 1991, 272; WuM 1994, 36; OLG Hamburg WE 1990, 204), da nicht derjenige „bestraft" werden kann, der mit dem Verkäufer einen günstigeren Preis ausgehandelt hat.

d) Die Aufbauverpflichtung entfällt, wenn der **Aufbau unzumutbar** ist. Nach Rix (S. 74) liegt dies vor, wenn die Kosten der Erstherstellung 50% der im Bauträgervertrag vereinbarten Summe überschreiten, also insgesamt mehr als 150% betragen. 62

e) Zahlt der MEer nicht, kann er vom **Mitgebrauch** der WEer- 63 Gem, z.B. durch Verhinderung des Anschlusses an die Versorgungsleitungen (Wasser, Strom etc.) **ausgeschlossen werden,** wenn dies die einzig praktikable Möglichkeit darstellt, um die Forderung zu realisieren (OLG Hamm WE 1994, 84 m. w. N.)

Wohnungseigentümerversammlung

23 (1) Angelegenheiten, über die nach diesem Gesetz oder nach einer Vereinbarung der Wohnungseigentümer die Wohnungseigentümer durch Beschluß entscheiden können, werden durch Beschlußfassung in einer Versammlung der Wohnungseigentümer geordnet.

(2) Zur Gültigkeit eines Beschlusses ist erforderlich, daß der Gegenstand bei der Einberufung bezeichnet ist.

(3) Auch ohne Versammlung ist ein Beschluß gültig, wenn alle Wohnungseigentümer ihre Zustimmung zu diesem Beschluß schriftlich erklären.

(4) Ein Beschluß ist nur ungültig, wenn er gemäß § 43 Abs. 1 Nr. 4 für ungültig erklärt ist. Der Antrag auf eine solche Entscheidung kann nur binnen eines Monats seit der Beschlußfassung gestellt werden, es sei denn, daß der Beschluß gegen eine Rechtsvorschrift verstößt, auf deren Einhaltung rechtswirksam nicht verzichtet werden kann.

1. Dieser **Paragraph** betrifft die mindestens (§ 24 Abs. 1) alljährlich 1 stattfindende **WEerversammlung.** Sie ist das oberste Organ der WEerGem, in der die WEer ihre Auffassung darlegen und ihre Anträge beschließen. Sie entscheiden damit in der Versammlung über den Gebrauch ihres GE's (§ 15) und über die Verwaltung desselben (§§ 21ff.). Hinzu kommt, daß durch die Versammlung den WEern die Möglichkeit gegeben ist, Gedanken mit den anderen MEer auszutauschen. Durch eine Diskussion erfolgt oft erst in der Versammlung eine Meinungsbildung. Diese Möglichkeiten zur Information und Diskussion stellen elementare Rechte eines jeden WEer dar. Es ist die Aufgabe des Verwalters, dieses rechtliche Gehör dem einzelnen WEer auf der Versammlung zu gewähren. Deshalb ist gem. Abs. 3 für die schriftliche Beschlfassung eine Allstimmigkeit erforderlich. Um Überrumpelungen einzelner WEer zu vermeiden, verlangt Abs. 2 die Ankündigung des Beschlußgegenstandes. Damit die Rechtssicherheit und der Rechtsfrieden innerhalb der WEerGem gewährleistet sind, müssen fehlerhafte Beschl innerhalb eines Monats gem. Abs. 4 angefochten werden, um eine Ungültigkeitserklärung durch den Richter (gem. § 43 Abs. 1 Nr. 4) erreichen zu können.

2 **2.** Gem. Abs. 1 ist **eine Versammlung erforderlich,** soweit über eine Angelegenheit durch **Beschl** zu entscheiden ist und nicht ein **schriftlicher Beschl** gem. Abs. 3 gefaßt wird. Für andere Angelegenheiten, wie die Fassung einer Vereinb oder die Änderung derselben oder Verfügungen über gemeinschaftliche Grundstücksteile ist eine Versammlung zwar nicht ausreichend und notwendig, aber trotzdem i. d. R. zweckmäßig, denn es genügt für eine Vereinb, wenn alle in einer Versammlung Anwesenden zustimmen und danach die übrigen schriftlich (KG WuM 1989, 91). Dann aber muß nach dem AG Aachen (v. 7. 3. 1995, 12 UR II 44/94) der mit unzureichenden Stimmen der WEer zustandegekommene Beschl einen entsprechenden Vorbehalt enthalten, da sonst für den einzelnen WEer nicht erkennbar ist, ob es bei dem an sich fehlerhaft zustandegekommenen Beschl bleiben soll, oder ob dieser in zulässiger Weise nachgebessert werden soll. Da das Gesetz das Beschlverfahren vorschreibt, ist durch ein Verhalten außerhalb der Versammlung, z. B. durch mündliche oder konkludente Zustimmung, eine Beschlfassung nicht möglich (Palandt Rdnr. 1; Soergel Anm. 2; a. A. OLG Frankfurt OLGZ 1975, 100).

Beispiel: Änderung der Bestellung der Verwalterin durch Schweigen der WEer (konkludente Zustimmung) ist nicht möglich.

3 **3.** Abs. 1 sieht in der Versammlung die Möglichkeit einer Beschlfassung vor. Für **die Frage, ob ein Beschl** zustandegekommen ist (LG Lübeck DWE 1986, 63) **und mit welchem Beschlergebnis,** ist aus Rechtssicherheitsgründen allein auf die Feststellung des Versammlungsleiters abzustellen (OLG Hamm OLGZ 1979, 296; KG WuM 1990, 363; LG Köln NJW-RR 1991, 214; Merle PiG 17, 267, 270; DWE 1986, 98; a. A. OLG Celle WE 1989, 199; BayObLG DWE 1985, 57 das alle Umstände berücksichtigen will, auch Begleitumstände, BayObLG ZMR 1998, 643) und nicht allein die Versammlungsniederschrift (so richtig BayObLG MDR 1984, 495). Entscheidender Zeitpunkt ist folglich derjenige der Ergebnisverkündung (Merle a. a. O. S. 98) und nicht der der letzten Stimmabgabe (KG

NJW-RR 1992, 720, 721) oder der Protokollaufnahme (BayObLG DWE 1984, 62).

4. Desweiteren **muß die Beschlfassung in einer Versammlung** erfolgen.

a) Grundsätzlich hat der **Verwalter** alle WEer (mit der ihm zuletzt bekanntgegebenen Anschrift) hierzu **einzuladen,** siehe hierzu § 24 Rdnr 4, 9 ff.

b) Soweit eine Vereinb aber eine Aufspaltung in eine **Teilversammlung** z. B. pro Wohnhausblock vorsieht, können die Summen der abgegebenen Stimmen zusammengerechnet und so eine Mehrheit festgestellt werden (OLG Stuttgart DWE 1980, 62). Ist ein Beschl nicht in allen Teilversammlungen angefochten, kann durch eine Anfechtung eines Beschl einer Teilversammlung der gesamte Beschl nicht aufgehoben werden, vielmehr wird er bestandskräftig (BayObLG NJW-RR 1994, 1236). Durch Vereinb kann aber auch noch weitergehend eine getrennte Verwaltung von Teilen der Anlage angeordnet werden (BayObLG DNotZ 1985, 414). Dann handelt es sich bei jeder Teilversammlung um eine Versammlung i. S. des Abs. 1. Wird dann trotzdem insgesamt abgestimmt, kommt eine Ungültigkeitserklärung nur in Betracht, wenn sie eine Mehrheit pro Block nicht mehr ergibt (OLG Düsseldorf WE 1995, 86, 87).

Beispiel: Enthält eine Abrechnung auch Kosten für die gesamte Anlage, so ist eine getrennte Abrechnung pro Haus nicht möglich (BayObLG NJW-RR 1994, 1236). Wird trotzdem von der Gesamtanlage abgestimmt, ist der Beschl anfechtbar, aber nicht nichtig (BayObLG WE 1992, 26).

c) Von der Versammlung ist eine sog. **Universal- oder Vollversammlung** zu unterscheiden. Bei ihr sind alle WEer anwesend oder vertreten und fassen in Kenntnis des Einberufungsmangels einen Beschl (BayObLG WE 1997, 268). Die Rechtsprechung nimmt dann an, daß die WEer auf die Einhaltung der Formvorschriften verzichtet haben. Voraussetzung dafür ist jedoch, daß alle WEer die Wirkung ihres Verzichtes kennen (BayObLG WE 1988, 67).

5. Gem. Abs. 2 müssen die **Punkte**, die in der Versammlung besprochen werden sollen, **im Einladungsschreiben bezeichnet** bzw. konkretisiert werden.

a) **Bei der Abfassung** der einzelnen TOP hat der Verwalter nach einer Entscheidung des BayObLG (WuM 1985, 101) folgendes **zu beachten:** Der Gegenstand der beabsichtigten Beschlfassung ist derart anzugeben, daß die Beteiligten weitestgehend vor Überraschungen geschützt sind und ihnen die Möglichkeit der Vorbereitung und der Überlegung gegeben wird, ob ihre Teilnahme veranlaßt sei. Maßgeblich ist das auch von der Bedeutung des Beratungsgegenstandes abhängige berechtigte Informationsbedürfnis der WEer. Erforderlich

§ 23   3. Abschnitt. Verwaltung

und genügend ist jede Angabe, die erkennen läßt, worüber beraten und Beschl gefaßt werden soll. Im allg. sei es aber nicht notwendig, daß das Einladungsschreiben bereits alle Einzelheiten des Beschl enthalten ist. Dem schutzwürdigen Informationsbedürfnis der WEer kann bei einem einfachen Sachverhalt, über den zu beschließen ist, durch dessen schlagwortartige Bezeichnung genügt werden. Eine solche genügt auch, wenn sie den WEer aufgrund einer früheren Beschlfassung durch eine Vorkorrespondenz bekannt geworden ist. Nicht notwendig ist darüberhinaus, daß aus der Einladung bereits die rechtlichen und tatsächlichen Auswirkungen des Beschlusses ersehen werden können (OLG Stuttgart NJW 1974, 2137).

10 In Zweifelsfragen wird im folgenden die Verwendbarkeit häufig auftauchender TOP's **in ABC-Form** dargestellt:

Abrechnung: Hier kann über die Entlastung des Verwalters beschlossen werden, da Entlastung und Rechnungslegung eng zusammenhängen (BayObLG WEM 1979, 38, 49f.; Rpfleger 1979, 66f., 266).

Anregungen von WEern zur Vermietung: Zu unbestimmt für Beschl über Umzugspauschale (OLG Frankfurt WuM 1990, 461).

Änderungen: siehe Hausordnung und Vertragsschluß mit Verwalter.

Anträge: siehe Verschiedenes, Nottreppe.

Beauftragung eines Rechtsanwaltes: Hier kann über einen Entziehungsanspruch (§ 18) oder über ein Veräußerungsverlangen nach § 18 gegen einen ME nicht entschieden werden, da der Zweck der Beauftragung aus dem TOP nicht klar ersichtlich ist (BayObLG WE 1990, 61).

Dachsanierung und Folgeschäden: Reicht für den Beschluß über alle gemeinschaftlichen Folgeschäden aus (BayObLG v. 1. 3. 1984, 2 Z 33/83).

Diverses: siehe Verschiedenes.

Entlastung: siehe Abrechnung.

Entziehungsklage: Der TOP „Beschlußfassung über die Beauftragung von Rechtsanwalt X zur Durchführung der Rechte der Gem" reicht für eine Entziehungsklage gegen einen WEer nicht aus (BayObLG WE 1990, 61f.), ebensowenig „Unterrichtung der Gem über Aktivitäten des WEer, seinen Schuldenstand und Beschlfassung" (OLG Düsseldorf ZMR 1998, 244).

Erhöhung: siehe Wirtschaftsplan.

Erstellung von Stellplätzen: ist ausreichend für Bau (OLG Stuttgart NJW 1974, 2137).

Finanzierung: Im Zusammenhang mit einer Reparaturmaßnahme umfaßt dieser TOP auch die Möglichkeit der Kreditaufnahme (AG München WE 1991, 112).

Gerichtliche Geltendmachung: Bei konkreter Bezeichnung ist die notwendige gerichtliche Geltendmachung möglich (BayObLG NJWE 1997, 61).

Geschäftsordnungsbeschluß (siehe unter § 23 Rdnr 25): Braucht nicht durch TOP angekündigt zu werden (OLG Düsseldorf DWE 1981, 25).

Haftung: Haftung für bauliche Veränderung reicht nach BayObLG (WE 1997, 239) aus für gerichtliche Geltendmachung.

Hausfassade Rückseite: Diese Bezeichnung reicht aus, um Gewährleistungsansprüche gegen einen Bauunternehmer wegen Schadhaftigkeit der Fassade zulässig und inhaltlich sachgerecht zu beschließen (BayObLG 1973, 1086).

Hausordnung, Änderung der Hausordnung: Wenn in der Hausordnung eine Vielzahl von Verhaltensnormen enthalten ist, kann unter diesem TOP kein Beschl gefaßt werden (OLG Köln DWE 1988, 24). Der TOP „Konkretisierung der Hausordnung hinsichtlich der Benutzung der Kellerräume" deckt nur ein Beschl über eine private, nicht aber über eine berufliche Nutzung der Kelleräume (OLG Köln WuM 1991, 615).

Hausmeisterkosten, Erhöhung der Hausmeisterkosten: siehe Wirtschaftsplan.

Hausverwaltung: siehe Verwalter.

Kontokorrentkredit: Hinreichend bezeichnet ist der TOP, wenn es dort z.B. heißt: „Genehmigung des Beschlusses TOP 5.4. vom 17. 3. 89 über die Aufnahme eines Kontokorrentkredits bis zu einer Höhe von 10000,– DM (OLG Hamm WE 1992, 136).

Nottreppe: siehe Verschiedenes.

Reinigung: siehe Treppenhaus.

Reparatur- und Erneuerungsarbeiten 1987: Genügt nicht zur Beschlußfassung, da zu allgemein gehalten und nicht hinreichend spezifiziert (LG Wuppertal v. 16. 3. 1988, 6 T 168/88 S. 8).

Rechtsanwalt: Beauftragung i.S. X reicht aus (BayObLG ZMR 1998, 580). Siehe Beauftragung eines Rechtsanwaltes.

Sanierung: siehe Dachsanierung und Folgeschäden.

Schranke, Anschaffung einer Schranke: Reicht nach dem AG Aachen (v. 19. 11. 1987, 12 UR II 40/87) aus, um zu beschließen, daß Mieten für Stellplätze nicht mehr in die Rücklage fließen, sondern zweckgebunden eventuell für die Anschaffung einer Schranke angesammelt werden.

Stellplätze: siehe Erstellung.

Straßenbau: Ausreichend, wenn schon früher über Straßenbauarbeiten beraten wurde (BayObLG NJW 1972, 1086).

Treppenhaus, Reinigung: Unter diesem TOP kann über Reinigungskosten beschlossen werden (AG Lüdenscheid WuM 1985, 35).

Überbelegung: Unter dem TOP kann die Aufforderung, Mißstände bei der Vermietung abzustellen, und zum Betreiben des WC's im Keller auf eigene Kosten eine Hebeanlage einzubauen, beschlossen werden (BayObLG WE 1990, 29, 30).

§ 23   3. Abschnitt. Verwaltung

Verbreiterung der Terrasse der WEer x: Ausreichend nur bzgl. der genannten Terrasse (BayObLG WuM 1989, 202).

Vermietung: Der TOP „Untersagung der Vermietung der Kellerräume zum Wohnen" gestattet nach dem BayObLG (WE 1990, 29, 30) den Beschl „soll nach erfolgloser Abmahnung in der heutigen Versammlung der WEer zur Aufgabe der Wohnung gem. § 18 herangezogen werden", siehe auch Entziehungsklage.

Verschiedenes: Unter diesem TOP (AG Hamburg DWE 1989, 78) oder unter „Diverses" oder „verschiedene Anträge" (BayObLG WuM 1992, 90) oder „Sonstiges" (OLG Hamm NJW-RR 1993, 468) ist eine Beschlußfassung nicht möglich, da der Beschlußgegenstand bei Einberufung der Versammlung nicht bezeichnet und daher der Inhalt etwaiger Beschlüsse nicht voraussehbar ist (BayObLG WuM 1985, 101; KG ObLGZ 1974, 309). Daher ist dieser TOP keine genügende Bezeichnung z. B. für:
a) Abwahl des Verwalters (KG ObLGZ 1974, 309);
b) Vorlauftemperatur in den Sommermonaten (AG Unna DWE 1981, 24);
c) Regelung der Gebrauchszeiten der Waschmaschine (BayObLG WuM 1987, 328);
d) Umwandlung eines Tischtennisraumes in einen Geräteraum (BayObLG WuM 1985, 101);
e) Standort eines Müllcontainers (BayObLG NJW-RR 1990, 784);
f) Umlage von Prozeßkosten (OLG Hamm NJW-RR 1993, 468);
g) Zahlungspflicht für Installation einer Nottreppe über insgesamt 3900,00 DM (BayObLG WuM 1992, 90);
h) PKW-Stellplatzordnung;
i) Vergütung des Verwalters (OLG Düsseldorf ZMR 1997, 92);
j) Änderung der Hauszugangstüre (KG ZMR 1997, 254).

Es wird jedoch vertreten, daß unter diesem TOP über Angelegenheiten von untergeordneter Bedeutung beschlossen werden kann (BayObLG NJW-RR 1990, 784; so auch OLG Hamm NJW-RR 1993, 468), dies ist jedoch abzulehnen, da die Abgrenzung „untergeordneter Angelegenheiten" Unklarheiten und Wertungsschwierigkeiten mit sich bringt (im Ergebnis ebenso Müller S. 281, Deckert 4/385). Das OLG Köln (ZMR 1998, 372) gestattet unter Verschiedenes dann einen Beschl, wenn der Verwalter zum Inhalt ohnehin verpflichtet sei.

Vertragsschluß mit neuem Verwalter: Dieser TOP deckt einen Beschl über die Wahl des Verwalters der sein Amt vorher gekündigt hat (BayObLG WuM 1987, 237). TOP „Änderung des Verwaltervertrages" deckt einen Beschl über die Erhöhung der Verwaltergebühr (BayObLG WuM 1987, 237). TOP „Verlängerung des Verwaltervertrages" schließt eine Beschlfassung über die Neubestellung des bisherigen Verwalters ein (BayObLG WuM 1992, 331).

Verwalter: siehe Vertragsschluß bzw. Wahl des Verwalters.
Verwaltervertrag: TOP genügt für Wiederbestellung (BayObLG NJW-RR 1992, 910, 911).
Verwalterwechsel: Deckt auch Beschlfassung über Bedingungen mit dem neuem Verwalter (BayObLG DWE 1982, 137).
Wahl des Verwalters: Unter diesem TOP kann über die wesentlichen Bedingungen des Verwaltervertrages Beschl gefaßt werden (BayObLG WuM 1985, 100). Hierunter fällt auch der Beschl über eine Erhöhung des Verwalterentgeltes (BayObLG ZMR 1985, 412).
Wärmeisolierung der Hauswand: Reicht für Beschl, daß Wärmeisoliert werden soll (OLG Frankfurt OLGZ 1980, 418).
Wirtschaftplan: Unter dem TOP „Wirtschaftplan für 19..." kann nach dem KG die Weitergeltung des Wirtschaftsplanes über diesen Zeitraum hinaus beschlossen werden (KG WE 1990, 210). Der TOP genügt jedoch nicht für einen Beschl über die Erhöhung der Stundenvergütung des Hausmeisters (BayObLG WE 1990, 27, 28).
Wohngeld: Der TOP „Wohngelderhöhung" ist unzulässig, wenn Wohngeld eines Teiles der MEer (z.B. Ladeneigentümer) erhöht werden soll (BayObLG Rpfleger 1978, 445). Die Bezeichnung „Wohngeld xy" ist ausreichend, wenn alle WEer wissen, daß der bezeichnete WEer eine Kürzung seines Wohngeldes angekündigt hat und in der Versammlung über gerichtliche Schritte beschlossen werden soll (BayObLG NJW 1973, 1086).

In die Tagesordnung sind sog. Geschäftsordnungsbeschlüsse nicht aufzunehmen (siehe hierzu Anm. § 23 Rdnr. 25).

b) Da ohne **TOP** keine Beschl wirksam gefaßt werden können, ist der einzelne WEer darauf angewiesen, daß der Verwalter den von ihm gewünschten Punkt auf die Tagesordnung setzt, da dieser allein über die TOP's bestimmt. Der Verwalter muß dem Wunsch eines WEers auf Aufnahme eines TOP's in die Tagesordnung einer Versammlung dann nachkommen, wenn dies ordnungsgemäßer Verwaltung entspricht. Widersetzt er sich, muß der WEer das Gericht anrufen und ihn zur Aufnahme verpflichten lassen (BayObLG WuM 1989, 42; ZMR 1994, 575, 576; OLG Düsseldorf ZMR 1994, 520; OLG Köln ZMR 1998, 48), also besteht ein **Anspruch auf Festlegung eines TOP's auf der Jahreshauptversammlung gegen den Verwalter.** Der BGH (NJW 1989, 1091, 1093) räumt dem einzelnen WEer das Recht ein, die „Frage bei der nächsten regelmäßigen Versammlung auf die Tagesordnung setzen zu lassen". Die von Verwalterseite oft zu hörende Quote von ¼ der WEer ist deshalb unrichtig (LG Bremen WuM 1998, 239). Es reicht, wenn der Verwalter innerhalb der Wochenfrist dies den anderen WEer mitteilen kann (LG Bremen a.a.O.).

Von dieser Frage abzugrenzen ist der Fall, daß ein WEer eine **außerordentliche Versammlung** mit einem TOP anstrebt. Einen

§ 23   3. Abschnitt. Verwaltung

solchen Anspruch hat ein WEer nach dem BGH (NJW 1989, 1091, 1093) nur, wenn sein Begehren von einem Viertel der WEer gemessen an der Kopfzahl unterstützt wird (§ 24 Abs. 2 analog). Eine dritte Frage ist es, ob ein WEer Anspruch **auf Ergänzung einer bereits eingeladenen Versammlung** hat. Dieses Recht wird vom OLG Düsseldorf (NJW-RR 1986, 96) weder einem WEer noch einer Mehrheit eingeräumt, vielmehr nur dem Vorsitzenden des Beirats oder seinem Stellvertreter bei pflichtwidriger Weigerung des Verwalters (§ 24 Abs. 3 analog). Nicht nachvollziehbar daran ist, daß ein WEer, wenn die Einladung noch nicht verschickt ist, einen Anspruch auf Aufnahme eines TOP's im Rahmen ordnungsgemäßer Verwaltung hat, danach aber auf den Beirat angewiesen sein soll. Die Entscheidung des OLG Düsseldorf ist deshalb abzulehnen.

14   c) Die Ankündigung eines TOP's durch einen Unbefugten ist anfechtbar. Die Rechtsfolgen sind wie nachfolgend:

15   d) Bei **Verstoß gegen Abs. 2** ist Beschl **anfechtbar,** aber nicht nichtig (BayObLG ZMR 1986, 249). Auf die Einhaltung des Abs. 2 kann auch nicht nachträglich von allen WEern verzichtet werden (KG OLGZ 1974, 399).

Beispiel: Der Verwalter ficht den Beschl an und rügt Verletzung von Abs. 2. Die WEer können im Prozeß nicht auf die Einhaltung von Abs. 2 verzichten (KG a.a.O.).

Ein Verstoß führt zur Ungültigkeitserklärung, es sei denn es steht fest, daß Beschl bei ordnungsmäßer Einladung genauso gefaßt worden wäre (BayObLG WuM 1992, 283; OLG Düsseldorf ZMR 1998, 244; siehe § 24 Rdnr. 11).

16   6. Abs. 3 regelt die **Möglichkeit, ohne Versammlung einen Beschl zu fassen.**

17   a) Diese **schriftliche Beschlfassung** ist durch Zustimmung aller WEer möglich (und zwar eigenhändig durch Namensunterschrift, § 126 Abs. 1 BGB). Eine eventuelle Stellvertretung muß schriftlich nachgewiesen werden (Soergel Rdnr. 4; a.A. Bassenge PiG 25, 107). Fehlt auch nur eine Zustimmung, so ist kein Beschl zustande gekommen (BayObLG MDR 1972, 145, 146), es handelt sich dann um einen sog. Nichtbeschl (Müller Rdnr 165) siehe § 23 Rdnr. 34. Dabei kann das Schweigen eines WEer nicht als Zustimmung ausgelegt werden (AG Königsstein MDR 1979, 760). Da nach dem Wortlaut alle WEer zustimmen müssen, ist auch diejenige des WEer's, der von seinem Stimmrecht ausgeschlossen ist (nach § 25 Abs. 5), erforderlich (LG Dortmund MDR 1966, 843; a.A. BPM-Pick Anm. 15). Es reicht jedoch aus, wenn in einer Versammlung die Anwesenden zustimmen und die übrigen WEer dies später schriftlich tun (KG WuM 1989, 91 m.w.N.; siehe § 23 Rdnr. 2). Für die Beschlfassung ist nicht notwendig, daß der Verwalter alle WEer anschreibt, was sich jedoch empfiehlt. Möglich ist auch, daß ein einzelner WEer sich an die übrigen wendet. Eine übereinstimmende Erklärung des Vertreters der WEer in einem Gerichtsverfahren stellt aber keine Beschlfassung dar (KG OLGZ 1974, 403, 404).

b) Zu welchem Zeitpunkt eine Beschlfassung gem. Abs. 3 vorliegt, ist umstritten. Einerseits wird diese mit Zugang der letzten Zustimmung beim Verwalter angenommen (OLG Hamburg MDR 1971, 1012; BayObLGZ 1971, 313), andererseits erst mit Ergebnisverkündung (KG OLGZ 1974, 399). Da der Zeitpunkt der Beschlfassung für die Anfechtung entscheidend ist und es nicht in der Hand des Verwalters liegen kann, eine Anfechtung durch späte Bekanntgabe unmöglich zu machen, ist der letztgenannten Auffassung zuzustimmen. Die Anfechtungsfrist (§ 23 Abs. 4) läuft erst ab Bekanntgabe des Ergebnisses an die WEer (KG WPM 1972, 711, 714; a.A. OLG Hamburg MDR 1971, 1012; w.N. bei Bassenge PiG 25, 108). Eine einmal gegebene Zustimmung ist nicht widerrufbar (a.A. die h.M. z.B. OLG Hamburg MDR 1971, 1072), weil die Stimmabgabe wie in der Versammlung behandelt werden muß. 18

7. Gegenstand eines Beschl sind i.d.R. **Fragen der laufenden Verwaltung** (vgl. §§ 15 Abs. 2, 18 Abs. 3, 21 Abs. 3, 26 Abs. 1, 27 Abs. 2 Nr. 5, 28 Abs. 4, Abs. 5, 29 Abs. 1) oder die durch Vereinb einem Beschl zugewiesenen Gegenstände (§ 10 Abs. 4, vgl. § 10 Rdnr. 23), die auf diesem Wege durch die Versammlung geregelt werden. Beschl unterscheiden sich von bloßen Anregungen, Empfehlungen, Anmerkungen und Probeabstimmungen (Müller Rdnr. 164) durch den vorhandenen Willen der WEerGem, hierdurch eine Angelegenheit verbindlich für die WEer regeln zu wollen. 19

Beispiel: Dieser fehlt, wenn in der Versammlung nur auf etwas hingewiesen wird, z.B. eine Fläche in Zukunft von Kraftfahrzeugen freizuhalten (BayObLG NJW-RR 1987, 1364).

Die Abgrenzung zu einem verbindlichen Beschl hängt maßgeblich davon ab, mit welchem Vorgaben der Versammlungsleiter den Abstimmungsvorgang einleitete (KG NJW-RR 1992, 720).

8. Fehler bei der Beschlfassung können zur Nichtigkeit oder Anfechtbarkeit (Abs. 4) des betroffenen Beschl führen. Die Unterscheidung ist wegen der unterschiedlichen Rechtsfolgen wichtig: 20

a) Die Geltendmachung der Nichtigkeit eines Beschl erfordert kein gerichtliches Verfahren nach § 43 Abs. 1 Nr. 4 (BGH Rpfleger 1989, 325). Es empfiehlt sich jedoch, die Nichtigkeit gerichtlich (§ 43 Abs. 1 Nr. 4) feststellen zu lassen. Nichtigkeitsfeststellung kann auch erfolgen, wenn nur Ungültigkeitserklärung gem. Abs. 4 beantragt ist (BayObLG NJW-RR 1987, 329) oder Ungültigkeitserklärung wenn Nichtigkeit offen ist (BayObLG NJW-RR 1991, 402). Ist die Nichtigkeit einmal bejaht bzw. verneint worden im 21

§ 23 3. Abschnitt. Verwaltung

gerichtlichen Verfahren, so sind durch die Rechtskraft alle Beteiligten daran für die Zukunft gebunden (§ 45 Abs. 2, BayObLGZ 1980, 29).

22 b) Im Fall eines **rechtswidrigen Beschl's** bedarf es der gesonderten Anfechtung (sog. Anfechtungsverfahren) und der entsprechenden Feststellung durch das Gericht. Dafür muß ein Antrag unter Angabe von Gründen innerhalb eines Monats nach Beschlfassung, ohne Rücksicht auf die Kenntnis von seinem Ergehen, bei Gericht eingereicht werden (Abs. 4 i.V.m. § 43 Abs. 1 Satz 4). Die Anfechtung bewirkt nicht die Aussetzung der beschlossenen Maßnahmen, d.h. sie hat keine aufschiebende Wirkung (BayObLG NJW 1978, 1387),

Beispiel: Wohngeldforderung kann auch eingeklagt werden, wenn Abrechnungsbeschl angefochten ist, vielmehr kann das Gericht eine solche durch einstweilige Anordnung herbeiführen (§ 44 Abs. 3). Ist ein Beschl, der nicht nichtig ist, unangefochten geblieben, so wirkt er sowohl unter den Beteiligten als auch gegenüber dem Nachfolger (siehe § 10 Rdnr. 31), selbst wenn ein WEer geschäftsunfähig ist (OLG Stuttgart OLGZ 1985, 259). Diese Rechtskraft kann auch nicht durch nachträgliche Einwendungen von Anfechtungsgründen unterlaufen werden (BayObLG NJW-RR 1992, 15). Das KG (NJW-RR 1991, 402) will eine Schadensersatzhaftung der WEer untereinander für das Stimmabgabeverhalten in der Versammlung nicht anerkennen.

23 c) Bei **teilweiser Unwirksamkeit** ist jedesmal durch das Gericht zu prüfen, ob davon nicht der gesamte Beschl erfaßt wird (§ 139 BGB; BayObLG ZMR 1985, 275; WE 1991, 259). Neben der Anfechtung kann der Anfechtende auch (evtl. stillschweigend) einen Antrag stellen, die im Beschl getroffene Regelung zu ändern, zu ergänzen oder zu ersetzen (BayObLG ZMR 1985, 275; § 44 Abs. 4).

24 9. Einem Beschlantrag können die WEer zustimmen oder ihn ablehnen. Aufgrund dessen lassen sich bereits **zwei Arten** von Beschl unterscheiden: Die (wirksam zustande-gekommenen) **Beschl** (a) und die **sog. Negativbeschl** (b). Nicht hierher gehört **die dritte Art von Beschl** nämlich der sog. **Nichtbeschl**, die lediglich einen besonderen Fall der nichtigen Beschl betrifft (siehe hierzu Rdnr. 34).

25 a) **Gegenstand** der Beschlfassung können **organisatorische Regelungen** jeglicher Art sein, die im Gegensatz zu den sog. Vereinb (§ 10 Rdnr. 5, die dort gegebenen Kriterien zur Auslegung gelten auch für einen Beschl, siehe § 10 Rdnr. 24) nicht die Grundordnung, sondern die laufende Verwaltung betreffen.

Beispiel: Die Bestellung oder Abberufung eines Verwalters etc.

25 a Darüberhinaus können auch Beschl über die **Geschäftsordnung** bzw. die **Verfahrensfragen** (dies ist die vierte Art von Beschl), die die Versammlung betreffen, gefaßt werden.

Beispiel: Wahl des Versammlungsvorsitzenden (OLG Düsseldorf DWE 1981, 25); Redezeitbegrenzung (OLG Stuttgart NJW-RR 1986,

1277) oder Diskussionsende; Abstimmung über Verfahrensfragen (z. B. Bewertung der Enthaltungsstimmen BayObLGZ 1985, 104 oder Geheimabstimmung), namentliche Abstimmung oder Reihenfolge der Abstimmung über TOP's (BayObLG NJW-RR 1987, 1363) oder deren Änderung (BayObLG WE 1996, 235) oder Gestattung von Teilnahme an der Versammlung oder von Beistand in der Versammlung (BayObLG ZMR 1997, 478).

Dabei besteht die Besonderheit, daß diese Beschl nicht angekündigt werden brauchen als TOP's (OLG Düsseldorf DWE 1981, 25) und **nicht selbstständig anfechtbar** sind, sondern ihre Fehlerhaftigkeit kausal für den Fehler eines Sachbeschl geworden ist (OLG Hamm WE 1997, 23), also die Öffentlichkeit gestört ist. Hierfür können z. B. die Unbefangenheit der Leitung der Versammlung oder Beeinträchtigung an der Abhaltung ein Grund sein (OLG Hamm a. a. O.). Abzugrenzen von diesen sog. Geschäftsordnungsbeschl ist ein Beschl, einen TOP nicht aufzunehmen oder einen solchen nicht abzusetzen. Dieser ist ein anfechtbarer Beschl, jedenfalls wenn ein Anspruch auf Beschlfassung besteht (BayObLGZ 1972, 150).

b) Demgegenüber erschöpfen sich die **sog. Negativbeschl** in der Ablehnung von Beschlanträgen. Bei dieser Art von „Beschl" kommt der ursprünglich beabsichtigte Beschl nicht zustande, weil eine Mehrheit für diesen fehlt; der ursprünglich intendierte bedarf daher keiner gesonderten Ungültigkeitserklärung, sondern ist von vornherein nicht wirksam zustandegekommen. Eine erneute Beschlfassung über denselben Gegenstand kann jederzeit erfolgen, aber kein Anspruch grundsätzlich auf erneute Beschlfassung. Dasselbe gilt für Beschl, die unter der Voraussetzung notwendiger qualifizierter Mehrheit oder Einstimmigkeit gefaßt wurden und diese nicht erreichten (OLG Frankfurt WE 1986, 135; siehe weiter hierzu Rdnr. 39). Hier ist eine Ungültigkeitserklärung seitens des Gerichts nicht möglich und deshalb ein Antrag nicht nötig. Ein WEer kann nur bei Gericht einen Antrag stellen, den Verwalter bzw. andere WEer zur entsprechenden Maßnahme aufgrund einer ordnungsgemäßen Verwaltung zu verpflichten (OLG Zweibrücken NJW-RR 1987, 1358). 26

Beispiel: Einsicht in die Belege der Abrechnung (OLG Hamm NJW-RR 1988, 597).

Abzugrenzen zum Negativbeschl ist der Beschl, in dem beschlossen wird, etwas nicht zu tun (dies ist die fünfte Art von Beschl).

Beispiel: Nichteinbau der Heizkostenverteiler.

Hier wird eine Regelung getroffen, so daß ein Beschl gefaßt ist (Weitnauer Anm. 3j).

10. Die **Beschlfassung** stellt die wesentliche Aufgabe der Versammlung dar, wobei Beschl je nach Gegenstand bzw. den getroffenen Absprachen allstimmig, einstimmig oder (einfach bzw. qualifiziert) 27

§ 23 3. Abschnitt. Verwaltung

mehrheitlich gefaßt werden können. Die entsprechenden Abstimmungen können schriftlich oder mündlich, namentlich oder geheim vorgenommen werden. Die **allstimmig** zu fassenden Beschl setzen voraus, daß sämtliche WEer der Anlage dem zur Abstimmung kommenden TOP zustimmen.

Beispiel: Meist notwendig für bauliche Veränderungen (§ 22 Abs. 1).

In besonderen, durch Vereinb festgelegten Fällen kann es für ein wirksames Zustandekommen eines Beschl's der Zustimmung einer **qualifizierten Mehrheit** bedürfen. So kann beispielsweise bestimmt werden, daß Beschl, die bestimmte Gegenstände betreffen, nur bei Zustimmung von $^2/_3$ oder $^3/_4$ der anwesenden oder aller WEer wirksam zustandekommen.

Beispiel: Für die Veränderung des Verteilungsschlüssels kann ein qualifiziertes Mehrheitserfordernis vorgesehen sein (BGH NJW 1985, 2832).

Grundsätzlich reicht es für das Zustandekommen eines Beschl's aus, wenn bei der Abstimmung die Mehrheit der Stimmen der WEer für den Beschlantrag stimmen (einfache Mehrheit). Ein einstimmiger Beschl liegt schließlich vor, wenn alle zur Versammlung erschienenen oder vertretenen WEer positiv abstimmen.

28 **11. Zustandekommen, Entstehung: Ein Beschl kommt durch gleichlautende Stimmabgabe gem. §§ 23–25 zustande.** Die Stimmabgabe ist eine empfangsbedürftige WE und beurteilt sich nach den Vorschriften des BGBs (z.B. §§ 104, 119 ff.; OLG Frankfurt OLGZ 1979, 144). Ist eine Willenserklärung bzw. Stimmabgabe unwirksam, berührt dies nicht die anderen, eventuell aber das Ergebnis, wenn die Zahl der abgegebenen Stimmen nicht ausreicht.

28 a Ein **Beschl** der WEer kann auch eine selbständige **Anspruchsgrundlage** sein nach der Rechtsprechung (KG ZMR 1997, 318)

Beispiel: Durch Beschl sind Nutzungsentschädigung für GE festgelegt worden (OLG Köln ZMR 1998, 248 mit zu Recht krit. Anm. Köhler).

29 **12. Mängel der Beschlfassung** können verschiedenartige Gründe haben. Es läßt sich hier eine Unterscheidung danach treffen, ob ein solcher Mangel die Nichtigkeit oder die Rechtswidrigkeit des zugrundeliegenden Beschl zur Folge hat.

30 a) Die **Nichtigkeit** eines Beschl, für die die Tatsachen z.Zt. der Beschlfassung maßgebend sind (OLG Hamm NJW-RR 1993, 279), kann ihrerseits beruhen auf (vgl. BGH NJW 1994, 1866, 1868):

31 aa) Der **Sittenwidrigkeit des** Beschlinhalts (§ 138 BGB):
– Absolutes Vermietungsverbot (Seuß S. 371);
– Verbot des Abstellens eines Rollstuhls im Flur, wenn WEer durch Behinderung darauf angewiesen ist (OLG Düsseldorf ZMR 1984, 161);

– Ein Beschl über 36,5% Zinsen für Wohngeldrückstände (a. A. BayObLG NJW-RR 1986, 179: nichtig wegen absoluter Unzuständigkeit).

Nicht jedoch
– ein Beschl, der absolutes Tierhalteverbot beinhaltet (BGH NJW 1995, 2036) oder der in seinen Auswirkungen einem generellen Musizierverbot gleichkommt, weil er z.b. das Musizieren eines berufstätigen WEer nur werktags zwischen 9.00 Uhr und 10.50 Uhr erlaubt (a. A. OLG Hamm MDR 1981, 320), da beides durch Vereinb geregelt werden kann (siehe vor § 10 Rdnr. 15).

bb) Einem **Verstoß gegen** ein allg., **zwingendes gesetzliches Verbot** (§ 134 BGB): 32

Beispiele: Vergabe von Instandsetzungsarbeiten an Schwarzarbeiter (BGHZ 85,44);
– Beschl, daß der Verwalter berechtigt ist Verwaltung auf Dritte zu übertragen (OLG Schleswig DWE 1997, 160);
– Beschl über die Wahl des Verwalters in den Beirat (OLG Zweibrücken OLGZ 1983, 438);
– Beschl über die Wahl einer BGB-Gesellschaft oder mehrerer Personen (BGH WE 1990, 84) zum Verwalter (BGH NJW 1989, 2059);
– Beschl über die Bauabnahme des GE und der Abschluß eines Vergleichs zur Abgeltung festgestellter Baumängel (AG Hochheim NJW-RR 1986, 563) wegen Verstoßes gegen Einstimmigkeitsgrundsatz (bedenklich);
– Beschl, der gegen öffentlich-rechtliche Vorschriften, z.B. Bauvorschriften verstößt, weil ansonsten keine Beseitigung verlangt werden kann (BayObLG WE 1992, 54; a.A. BayObLG WEZ 1988, 409, 411);
– Beschl, der gegen die Einhaltung der öffentlich-rechtlichen Ruhezeiten verstößt (KG WE 1992, 110; a.A Müller WE 1994, 164f.);
– Beschl der WEer, Beirat oder Verwalter von jeglicher Haftung für sein Verhalten freistellt, also auch bei Vorsatz (§ 276 Abs. 2 BGB, siehe Soergel § 276 BGB Rdnr. 200);
– Beschl, der den Verzicht auf die Heizkostenverbrauchserfassung gem. HKV erklärt (OLG Düsseldorf DWE 1989, 29, zwingend), z.B. wenn er aus Gründen erfolgt außerhalb des Regelungsbereichs des § 3 Satz 2 HKV, z.B. wegen zu hoher Kosten (OLG Hamm ZMR 1995, 173), nicht aber Beschl, der nur unter Verstoß gegen die HKV die Verteilungsregeln anders bestimmt (siehe § 16 Rdnr. 17f.);
– Beschl, der gegen die Aufbewahrungsfristes des HGB verstößt (LG Bochum PuR 1993, 112, 113);

nicht aber
– Beschl, daß rückständige Wohngelder auch vom Konkursverwalter als Masseverbindlichkeiten zu behandeln sind (BGH DWE 1989, 130);

§ 23

33 cc) einer Verletzung der **unabdingbaren Regelungen des WEG** (siehe hierzu vor § 10 Rdnr. 3).
Beispiele: die Bestellung des Verwalters erfolgt für einen Zeitraum von mehr als fünf Jahren (BayObLG Rpfleger 1980, 291);
- die Bestellung des Verwalters (LG Lübeck Rpfleger 1985, 232), die Bewilligung der Jahresabrechnung oder die Entlastung des Verwalters wird dem Beirat überlassen (BayObLG NJW-RR 1988, 1168);
- mehrheitlicher Beschl im Umlaufverfahren (BayObLGZ 1980, 331);
- Beschl, daß der Verwalter die Verwaltung auf Dritte übertragen kann (BayObLGZ 1975, 327) oder Verwalterwahl unter einer Bedingung (KG OLGZ 1976, 266);
- Beschl, der die Zustimmung zur Veräußerung ohne wichtigen Grund versagt oder dies für zukünftige Fälle zuläßt (BayObLG NJW-RR 1990, 656, 659; OLG Hamm NJW-RR 1993, 279);
- Beschl, der die komplette Auflösung der Rücklage und kurze Zeit wiederum die Bildung vorsieht, um Wohngeldausfall auf liquiden Erwerber zu verlagern (OLG Hamm NJW-RR 1991, 212; dem ist nicht zu folgen siehe § 16 Rdnr. 50);
- Beschl, der ehemalige WEer oder außenstehende Dritte zur Zahlung verpflichten soll, z.B. zu Wohngeldzahlung (OLG Köln NJW-RR 1992, 460);
- Beschl, der Elementarrechte der WEer beseitigt, z.B. von der Teilnahme an einer Versammlung ohne trifftigen Grund ausschließt (vgl. BayObLG NJW-RR 1991, 531);
- Beschl, der in der Kernbereich der WEerGem eingreift (nach OLG Karlsruhe WE 1991, 110; z.B. SNR, vgl. BGH NJW 1994, 3290).
- Beschl, der während der Dauer eines gerichtlich bestellten Verwalters diesen mit sofortiger Wirkung abberuft (KG WE 1989, 202);
- Beschl, der die Höhe des Verwalterhonorars für die Zukunft unabänderlich festlegt (KG WuM 1994, 36);
- Beschl, der Neubestellung des Verwalters von 3/4-Mehrheit abhängig macht (BayObLG WE 1995, 30);

34 dd) dem Fehlen der erforderlichen organisatorischen Voraussetzungen für ein wirksames Zustandekommen (sog. **„Nichtbeschluß"**, dies ist die 6. Art von Beschl).
Beispiele: Abstimmungen der WEerGem, z.B. bevor sie besteht (OLG Hamm OLGZ 1968, 89);
- die Entscheidungen einer Spontanversammlung, an der nicht alle WEer teilgenommen haben, z.B. nur Garageneigentümer (OLG Celle DWE 1983, 62); oder ad hoc Versammlung (OLG Hamm WE 1993, 24) ohne vorherige Einberufung (sonst streitig);
- Entscheidungen eines alleinigen Mehrheitseigentümers, da ein Beschl zumindest 2 WEer voraussetzt (OLG Frankfurt OLGZ 1986, 40);

Unzuständigkeit der WEerversammlung bzw. wegen Eingriffs in den dinglichen Kernbereich (BGH NJW 1994, 3230, OLG Düsseldorf WuM 1995, 608, z.B. Sondernutzungsrecht dafür Belz WE 1997, 296).

ee) der **absoluten Unzuständigkeit der WEerversammlung** 35 für die Regelung des betroffenen Beschlgegenstandes bzw. wegen Eingriffs in den dinglichen Kernbereich (BGH NJW 1994, 3230; OLG Düsseldorf WuM 1995, 606; z.B. bei SNR dafür Belz WE 1997, 296).

Beispiele: Beschl über die Haftung des Erstehers in der Zwangsvollstreckung für Wohngeldrückstände der früheren WEer (BayObLGZ 1984, 198);
- Beschl über die Umwandlung von GE in SE oder SE in GE (BayObLG NJW-RR 1987, 329, OLG Köln ZMR 1997, 376);
- Beschl über die Tragung von Rechtsanwaltskosten für eine Auflassungsklage nur einiger WEer (a.A. BayObLG v. 29. 6. 1984, 2 Z 15/84);
- Eingriff in das SE einzelner WEer (OLG Düsseldorf NJWE 1997, 81, AG München ZMR 1997, 326), oder in das vor Bauausführung entstandene dingliche Anwartschaftsrecht (BayObLG MDR 1973, 584);
- Beschl, durch den einem WEer die Nutzung eines in seinem SE gehörenden Raums, z.B. Keller entzogen werden soll (BayObLG NJW-RR 1990, 660, 662), oder Schließung eines Zugangs zum SE (OLG Düsseldorf WuM 1996, 441);
- Beschl, der nicht Rechte und Pflichten eines WEers in seiner Stellung als WEer betrifft, z.B. Beschl über ehrenrührige Behauptung eines WEers (BayObLG NJW-RR 1991, 402, 403);
- Beschl, der in die Abrechnung Zeiträume einbezieht, in der noch keine WEerGem bestand (KG WE 1992, 285), es sei denn, Abrechnung betrifft nur das Jahr der Entstehung der WEerGem, zur Abgrenzung siehe vor § 1 Rdnr. 13;
- Beschl über Gegenstand des SE (OLG Stuttgart NJW-RR 1986, 815);
- Beschl über die Auferlegung der Gerichtskosten in Abweichung von der Gerichtsentscheidung (LG Tübingen DWE 1989, 53);
- Beschl über das Ergebnis der Einzelabrechnung, z.B. den Saldo nicht auszuzahlen; Drasdo WuM 1995, 336; a.A. KG WuM 1995, 333, hierzu ablehnend Deckert 2/2480;

nicht aber
- nach dem BayObLG (WE 1989, 55) für die Beauftragung des Verwalters gegen Sondervergütung zur Abwicklung der Bauherrengemeinschaft oder Übernahme Aufwendungen einzelner WEer, wenn dies im Interesse aller liegt (BayObLG ZMR 1998, 511);

ff) der **Widersprüchlichkeit, sachlichen Undurchführbarkeit** 36 **und völligen Unbestimmtheit** des Beschlinhalts oder der einen tatsächlich unmöglichen und damit unvollziehbaren Inhalt hat (BayObLG WE 1991, 50),

Beispiel: Beschl sieht eine Gartennutzung wie bisher tatsächlich gehandhabt vor (nichtig wegen unbestimmten Beschlinhalts), (KG OLGZ 1981, 307);
– ein Beschl, nach der die Heizung zwischen 22 und 6 Uhr auf Nachtabsenkung zu reduzieren ist, „wenn die Mehrheit der WEer dies wünscht" (BayObLG DWE 1984, 122);
– ein Beschl, der einen WEer abmahnt, ohne das beanstandete Verhalten konkret zu bezeichnen (BayObLG ZMR 1985, 276);
– Beschl über Genehmigung der gewerblichen Nutzung der Wohnungen mangels inhaltlicher Bestimmtheit (OLG Frankfurt OLGZ 1986, 39);
– Beschl, der die Umwandlung in „Gewerbeeinheiten" nicht genehmigt, obwohl Freiberufler dort tätig sein soll (BayObLG WE 1993. 342);
– Beschl, der Verbreiterung der Terrasse vorsieht ohne den Umfang festzulegen (BayObLG WE 1989, 224);
– Beschl, der Anzahl der WEer bei der Meldebehörde als maßgeblich ansieht, Meldebehörde aber keine Anzahl pro Wohnung mitteilen kann (BayObLG WE 1997, 69);

nicht aber
– der Beschl „die bisher entstandenen Rechtsanwaltskosten werden durch die WEerGem getragen" (BayObLG v. 29. 6. 1984, 2 Z 15/84); siehe auch § 21 Rdnr. 10 Beschl.

37 **gg) aus dem Eigentumsrecht des GG** nach dem KG (NJW-RR 1991, 1489, sehr bedenklich).

Beispiel: Beschl, der die Verteilung der Abstellplätze unter allen WEer gleich vornimmt, ohne die unterschiedliche Interessensberechtigung, z.B. der Gewerberaumeigentümer zu berücksichtigen.

37a **Wirkung der Nichtigkeit.** Die Berufung auf die Nichtigkeit von Beschl ist jederzeit möglich und nicht an Fristen gebunden. Hierfür ist auch kein WEG-Verfahren notwendig (z.B. gem. Abs. 4, BGHZ 107, 268). Deklaratorische Feststellung in gerichtlichem Verfahren möglich, z.B. zur Beseitigung eines Rechtsschein (BayObLG WuM 1992, 642).

38 **b) Alle sonstigen Mängel** können nur **zur Rechtswidrigkeit** des Beschl führen und müssen deshalb innerhalb eines Monats angefochten werden. Die Mängel können auf formellen (aa) oder materiellen Fehlern (bb) beruhen. Formelle Fehler können nicht durch einen neuen Beschl, der die Fehler vermeidet, rückwirkend geheilt werden (BGH NJW 1989, 1087).

39 **aa) Formelle Mängel** können sein:
– alle Verfahrensmängel, die der Beschlfassung vorausgehen z.B. Einberufungsmängel (siehe § 24 Rdnr. 9ff., § 23 Anm. 5), Beschlunfähigkeit (§ 25 Rdnr. 5);

– Mitwirkung eines Geschäftsunfähigen (OLG Stuttgart DWE 1986, 60);
– Mängel einer vereinbarten Form (z.B. notwendige Protokollierung lt. TErkl als Voraussetzung für den Beschl OLG Oldenburg ZMR 1985, 30; a.A. KG WE 1994, 45);
– fehlende, aber festgestellte Einstimmigkeit (BGH NJW 1981, 282), z.B. aufgrund nachträglicher Anfechtung (§§ 119, 123 BGB), oder wenn Mehrheit vorliegt, aber im Protokoll Allstimmigkeit festgehalten ist (KG OLGZ 1979, 282);
– fehlende, aber festgestellte qualifizierte oder einfache Mehrheit inkl. Wertungsfragen (OLG Frankfurt DWE 1988, 36), z.B. weil eine falsche Stimmenzählung oder falsche Bewertung wegen des Ruhens einer Stimme (gem. § 25 Abs. 5) oder eine relative Mehrheit als ausreichend angesehen (OLG Schleswig DWE 1987, 133) oder die Stimmenthaltung falsch gewertet oder das Stimmrecht eines WEer auf 25% beschränkt wird (OLG Celle WE 1989, 199);
– oder, daß eine Mehrheit zustandegekommen ist, obwohl ein Nichtzustandekommen protokolliert oder verkündet wurde.

bb) Werden darüber hinaus **materielle Fehler** gerügt, kann dies ebenfalls nur durch Anfechtung vorgebracht werden. Die materielle Anfechtbarkeit ist gegeben, wenn ein Beschl seinem Inhalt nach fehlerhaft ist. Das ist inbesondere dann der Fall, wenn gegen das WEG (z.B. § 15 Abs. 2, z.B. Tierhalteverbot OLG Frankfurt Rpfleger 1978, 414 oder § 22 Abs. 1) oder ein Gesetz verstoßen wurde, wie z.B. Treu und Glauben (§ 242 BGB OLG Hamm OLGZ 1982, 260, 262) oder gegen Vereinb oder TErkl (z.B. Kostenverteilung BayObLG Rpfleger 1979, 216) oder bei Verstoß gegen den Grundsatz ordnungsgemäßer Verwaltung. Hierzu gehören die Fälle, in denen die Beschl inhaltlich anders gefaßt als protokolliert wurden (OLG Hamm OLGZ 1985, 147) und Antrag auf Protokollberichtigung, weil Beschlinhalt falsch wiedergegeben (OLG Hamm OLGZ 1985, 147).

cc) Das Protokoll der letzten Versammlung wird zum Teil in der nächsten Versammlung „als ordnungsgemäß protokolliert" oder nur „genehmigt" (sog. **Genehmigungsbeschl,** dies ist die siebte Art von Beschl) nochmals beschlossen. Solche Beschl entsprechen nicht ordnungsgemäßer Verwaltung, weil sie den falschen Eindruck erwecken, eine Unrichtigkeit der Niederschrift dürfte auch von den bei der Versammlung Überstimmten oder an ihr nicht Beteiligten WEer nun nicht mehr geltend gemacht werden (BayObLG DWE 1987, 56, 57; NJW-RR 1987, 1363, 1364).

13. Liegt ein sog. **Negativbeschl** vor (Rdnr. 26), weil Beschlantrag abgelehnt wurde, so ist eine Ungültigkeitserklärung nicht möglich, sondern nur Antrag auf Anordnung einer bestimmten Maßnahme der

§ 23   3. Abschnitt. Verwaltung

ordnungsgemäßen Verwaltung, der nicht innerhalb der Monatsfrist geltend zu machen ist (BayObLG NJW-RR 1994, 658), ebenso wenn Versammlungsleiter fälschlich Negativbeschl feststellt (OLG Celle WE 1989, 199). Dies gilt jedoch nur solange, wie der Beschl keine weitere positive Regelung trifft (BayObLG WE 1993, 342, Rau ZMR 1998, 363).

43   14. Eines **Antrags an das WEG Gericht** (gem. Abs. 4) bedarf es aber, wenn geltend gemacht wird, daß Beschl tatsächlich zustandegekommen, weil Protokollinhalt falsch ist oder weil Stimmrecht falsch beurteilt (OLG Hamm WE 1990, 102) oder weil falsch ausgezählt wurde. Hier sollte der Anfechtung ein Antrag an das Gericht auf Feststellung des wirklichen Inhaltes verbunden werden (OLG Hamm OLGZ 1979, 296).

44   15. Ist ein **Beschl vom Gericht rechtskräftig** (§ 45 Abs. 2 Satz 1) **für ungültig** erklärt worden, so ist er so zu behandeln, als habe er nie bestanden. Ist der Beschl schon vollzogen, hat die überstimmte Minderheit gegenüber der Mehrheit einen Anspruch auf Rückgängigmachung bzw. **Folgenbeseitigung** (BayObLG Rpfleger 1975, 367), der von der Mehrheit als Veranlasser durchzuführen ist. Ein entsprechender gerichtlicher Antrag ist nicht gegen den Verwalter zu richten (BayObLG WE 1991,198), sondern gegen die WEer darauf, den Verwalter entsprechend zu beauftragen. Allein aus dem Umstand der Vollziehung des Beschl durch den Verwalter kann kein Schadensersatzanspruch gegen ihn geltend gemacht werden (BayObLG a.a.O. S. 198). Hatte der Beschl Außenwirkung, z.B. Vertrag mit Dritten, so haften die WEer trotz Aufhebung des Beschl, dem Dritten gegenüber als Gesamtschuldner (ggfs. aus GoA §§ 683, 677, 670 BGB oder auf Schadensersatz analog § 122 BGB; a.A. Müller Anm. 184: Anscheinsvollmacht). Tatsächlich erbrachte Leistungen sind deshalb zu vergüten.

Beispiel: Verwaltertätigkeit (KG NJW-RR 1990, 153).

Im Innenverhältnis, d.h. zwischen den WEer, müssen die WEer, die dem für ungültig erklärten Beschl zugestimmt haben, den Schaden, den die WEerGem durch die Ausführung erlitten hat, alleine tragen (analog § 16 Abs. 2). Soweit einzelne zustimmende WEer nicht mehr feststellbar sind, ist der Anteil auf alle WEer umzulegen (vgl. ausführlich Keith PiG 14, 1ff.).

45   16. **Abdingbarkeit:** Es besteht für Abs. 1 und 2 eine grundsätzliche Abänderungsmöglichkeit (zu den Grenzen siehe § 10 Rdnr. 7ff.). Die gänzliche Abschaffung der Versammlung und des WEG-Verfahrens ist nicht statthaft. Das Überprüfungsrecht des einzelnen WEers muß gewährleistet sein (ähnlich Palandt Rdnr. 23: Anfechtungsrecht darf nicht abgeschafft werden), z.B. Schiedsverfahren (siehe vor § 10 Rdnr. 15). Antragsfrist gem. Abs. 4 ist nicht verlängerbar (BayObLGZ

1981, 21), aber verkürzbar (Palandt Rdnr. 17). Abs. 3 ist nicht änderbar oder aufhebbar durch Vereinb. Ein schriftlicher MehrheitsBeschl (OLG Hamm OLGZ 1978, 292) oder eine Zustimmung durch Schweigen (AG Königsstein MDR 1979, 760) ist deshalb auch durch Vereinb nicht einführbar (vgl. § 10 Rdnr. 14; a. A. Prüfer WE 1998, 334). Absatz 4 ist abänderbar, soweit wirksamer Rechtsschutz gewährleistet wird. Frist auch verlängerbar (BPM Rdnr. 193, a. A. OLG Schleswig DWE 1987, 133, 134).

Einberufung, Vorsitz, Niederschrift

24 (1) Die Versammlung der Wohnungseigentümer wird von dem Verwalter mindestens einmal im Jahre einberufen.

(2) Die Versammlung der Wohnungseigentümer muß von dem Verwalter in den durch Vereinbarung der Wohnungseigentümer bestimmten Fällen, im übrigen dann einberufen werden, wenn dies schriftlich unter Angabe des Zweckes und der Gründe von mehr als einem Viertel der Wohnungseigentümer verlangt wird.

(3) Fehlt ein Verwalter oder weigert er sich pflichtwidrig, die Versammlung der Wohnungseigentümer einzuberufen, so kann die Versammlung auch, falls ein Verwaltungsbeirat bestellt ist, von dessen Vorsitzenden oder seinem Vertreter einberufen werden.

(4) Die Einberufung erfolgt schriftlich. Die Frist der Einberufung soll, sofern nicht ein Fall besonderer Dringlichkeit vorliegt, mindestens eine Woche betragen.

(5) Den Vorsitz in der Wohnungseigentümerversammlung führt, sofern diese nichts anderes beschließt, der Verwalter.

(6) Über die in der Versammlung gefaßten Beschlüsse ist eine Niederschrift aufzunehmen. Die Niederschrift ist von dem Vorsitzenden und einem Wohnungseigentümer und, falls ein Verwaltungsbeirat bestellt ist, auch von dessen Vorsitzenden oder seinem Vertreter zu unterschreiben. Jeder Wohnungseigentümer ist berechtigt, die Niederschriften einzusehen.

1. Dieser Paragraph enthält mehrere Regelungen über die **Abwicklung der WEerversammlung,** und zwar die Einberufung, den Vorsitz und die Niederschrift.

2. Für die **Einberufung** gilt folgendes: **a)** Für den **Turnus** der Versammlung sieht Abs. 1 zunächst als Minimum eine **jährliche** Versammlung vor. Diese Bestimmung kann durch Vereinb der WEer verändert werden (z. B. halbjährlich). Ein über ein Jahr hinausgehender Turnus ist nicht zu empfehlen, schon angesichts der Pflicht des Verwalters (soweit nicht abbedungen), eine jährliche Abrechnung zu

§ 24   3. Abschnitt. Verwaltung

erstellen und einen WP vorzulegen (§ 28 Abs. 1 und 3). Darüberhinaus findet eine Versammlung dann statt, wenn dies in einer Vereinb bestimmt ist (vgl. Abs. 2 Alt 1) oder wenn der Verwalter sie für erforderlich hält (OLG Hamm DWE 1987, 54) oder im Falle der Beschlunfähigkeit der einberufenen Versammlung (§ 25 Abs. 4 S. 1). Ebenso auf schriftlich begründetes Verlangen von mehr als 25% der WEer (Abs. 2 Alt 2). Beim letzteren Fall erfolgt die Berechnung grundsätzlich nach dem sog. Kopfprinzip des § 25 (siehe § 25 Rdnr. 15), auch dann, wenn durch Vereinb ein anderes Stimmrecht für die Kostenverteilung etc. festgelegt ist (OLG Hamm NJW 1973, 2300; Sauren S. 63), z. B. MEanteil, es sei denn, für diesen besonderen Fall sieht eine Vereinb eine andere Berechnung vor.

3   **b)** Die Vorschrift ist **abdingbar,** z. B. kann das Einberufungsrecht (gem. Abs. 1 und 3) jedem WEer zugebilligt werden (OLG Hamm WE 1994, 24). Das BayObLG (NJW 1973, 151) hat mit Zustimmung der Literatur (z. B. Weitnauer Anm. 1b) hinsichtlich Abs. 2 Alt 2 eine Beschränkung insoweit gemacht, als das Einberufungsrecht der Minderheit nicht beseitigt werden darf (siehe hierzu § 10 Rdnr. 11ff.), z. B. dadurch, daß eine Mehrheit von 50% oder mehr verlangt wird.

4   **c)** Das **Recht zur Einberufung** hat grundsätzlich nur der Verwalter (Abs. 1). Dies gilt auch dann, wenn die Wahl des Verwalters nachträglich für ungültig erklärt wird (BayObLG NJW-RR 1992, 910). Der Verwalter, dessen Amtszeit beendet ist, darf mit Ermächtigung der WEer Versammlung einberufen.

4a   **d) Fehlt ein Verwalter** oder **weigert** er sich **pflichtwidrig,** die Versammlung der WEer einzuberufen, so kann die Versammlung auch, falls ein Verwaltungsbeirat bestellt ist, von dessen Vorsitzenden oder seinem Vertreter (Abs. 3) einberufen werden. Bei der Frage, unter welchen Voraussetzungen eine pflichtwidrige Weigerung des Verwalters anzunehmen ist, eine Versammlung einzuberufen, ist zu berücksichtigen, daß dem Verwalter ein gewisser Ermessensspielraum zuzubilligen ist (Weitnauer Rdnr. 1a). Von einer ungebührlichen Verzögerung kann bei einer zwei Monate nach dem Verlangen stattfindenden Versammlung nach dem BayObLG (WE 1991, 51) keine Rede sein. Dabei sind die Grundsätze ordnungsgemäßer Verwaltung einzuhalten. Mehrmaliges oder langfristiges verschieben ist unzulässig, insbesondere dann, wenn dadurch eine Versammlung faktisch verhindert wird (OLG Hamm OLGZ 1981, 24, 28). Die pflichtwidrige Weigerung kann nur im konkreten Einzelfall beantwortet werden. Je höher die Gefahr für die WEerGem ist, um so dringender wird ein Tätig sein des Verwalters erwartet werden.

Beispiel: Ist aus anderer WEerGem bekannt, daß Verwalter Gelder veruntreut hat, so ist eine kurzfristigste Einladung von max. 1 Woche vom Verwalter zu erwarten.

e) Auch die von einer durch einen **Nichtberechtigten** einberu- 4b fenen Versammlung, z. B. nicht gerichtlich ermächtigter WEer oder der Verwalter, dessen Amtszeit beendet ist (OLG Stuttgart NJW-RR 1986, 315), gefaßten Beschlüsse sind nicht nichtig, sondern nur anfechtbar nach der überwiegenden Rechtsprechung (OLG Hamm WE 1990, 99, WE 1993, 24; BayObLG WE 1991, 285; offen gelassen jetzt vom BayObLG WE 1994, 343). Eine Aufhebung erfolgt, wenn nicht feststeht, daß auch bei ordnungsgemäßer Einberufung dieselbe Beschlfassung erfolgt wäre (OLG Hamm WE 1992, 314). Nichtig nach der Rechtsprechung sollen nur Beschlüsse sein, die auf einer ad hoc-Zusammenkunft einiger WEer gefaßt werden (OLG Hamm WE 1993, 24) oder von einer Teilgruppe der WEer (OLG Celle DWE 1983, 62).

Beispiel: Garageneigentümer beschließen Garagendachsanierung, obwohl in der TErkl dafür alle WEer zuständig sind.

Diese Auffassung ist mit Weitnauer (Anm. 3 i) abzulehnen, vielmehr führt die Einberufung durch Nichtberechtigte zur Nichtigkeit des Beschlusses (so auch Seuß WE 1994, 344; ähnlich OLG Stuttgart NJW-RR 1986, 315), es sei denn die WEer glauben, daß er der Berechtigte sei (Weitnauer a. a. O.). Eine eigenmächtige Einberufung einer Versammlung ist deshalb nur mit Zustimmung aller WEer möglich (siehe sog. Universalversammlung § 23 Rdnr. 7). Ein einzelner (OLG Hamm OLGZ 1973, 423) oder eine Gruppe von WEer kann nur einen Antrag bei Gericht (§ 43) stellen auf Verpflichtung des Verwalters zur Einberufung oder auf Ermächtigung zur Einberufung und Regelung des Vorsitzes in der Versammlung (KG NJW 1987, 386). Sobald die Entscheidung rechtskräftig ist, oder im Fall einer sofort wirksamen einstweiligen Anordnung des Gerichts (§ 44 Abs. 3) kann der einzelne oder die Gruppe innerhalb der vom Gericht gesetzten Frist eine Versammlung einberufen. Die gerichtliche Ermächtigung wird durch die ordnungsgemäße Einberufung verbraucht (BayObLG WE 1991, 226).

f) Vorbereitung der Versammlung: Für die gelungene Durch- 5 führung der WEerversammlung hat die sorgfältige Vorbereitung des Verwalters entscheidende Bedeutung. Er hat sich im Vorfeld bereits (soweit vorhanden) mit dem Beirat abzustimmen, damit möglichst Einvernehmen über den Gegenstand und den Ablauf der Versammlung erreicht wird. Die Vorbereitung des Verwalters läuft ferner über das gesamte Jahr; denn er hat für die Versammlung neben den zu diskutierenden Beschl alle wichtigen Informationen zu sammeln und über Vorgänge zu berichten.

Beispiele: Gesetzliche Veränderungen, nachbarschaftliche Gegebenheiten, behördliche Auflagen und Maßnahmen, Zwischenberichte über in Gang befindliche, aber noch nicht beendete Maßnahmen, Stand gerichtlicher Verfahren.

6 g) Der Verwalter sollte den **Zeitpunkt** der Versammlung mit dem Beirat abstimmen. Er sollte diesen möglichst in die erste Jahreshälfte legen und darf die Versammlung zu keiner Unzeit, z.B. werktags in den Vormittagsstunden, einberufen (OLG Frankfurt OLGZ 1982, 418) oder werktags vor 16.30 Uhr, nach Huff (WE 1988, 52) erst ab 18.00 Uhr, Müller (PIG 25, 38) erst ab 17.00 Uhr, das OLG Köln (v. 4. 11. 1991, 16 Wx 81/91) hat mittwochs 16.00 Uhr für möglich gehalten, wenn Ärzte und Freiberufler die Mehrheit in der Anlage stellen; dem ist nicht zu folgen, da gerade der Einladungszeitpunkt einen Minderheitenschutz darstellen soll. Sonntags sollte nur auf Bitten der WEer und nicht vor 11.00 Uhr die Versammlung abgehalten werden (OLG Stuttgart NJW-RR 1986, 316). Eine Versammlung an einem Samstag nach einem Feiertag um 20.00 Uhr hat das OLG Zweibrücken (WE 1994, 126) akzeptiert. Feiertags möglichst nicht, wenn auch das OLG Schleswig Karfreitagnachmittags eine Versammlung als zulässig angesehen hat (NJW-RR 1987, 1362; a.A. LG Lübeck NJW-RR 1986, 813). Dabei sollte der Verwalter die Ferienzeit und gesellschaftliche Ereignisse (Fußballspiel etc.) berücksichtigen. Sollten wichtige Gründe gegen den einmal festgelegten Versammlungszeitpunkt vorliegen, so ist der Verwalter berechtigt, die von ihm einberufene Versammlung auf einen anderen Zeitpunkt zu verlegen, wobei die Verlegung eindeutig bekanntzugeben ist (OLG Hamm OLGZ 1981, 24).

7 Als **Ort** sollte i.d.R. der der Wohnanlage gewählt werden, weil jeder WEer verlangen kann, daß ihm dort die Unterlagen zur Einsicht vorgelegt werden. Auch der Versammlungsort muß auf jeden Fall verkehrsüblich und zumutbar sein, bei einer kleinen Gemeinschaft kann aber Waschküche (OLG Düsseldorf WuM 1993, 305) oder Speicher genügen, anfechtbar ist aber die Abhaltung in einer Gaststätte in Anwesenheit anderer Gäste und Störungen durch Lärm (OLG Hamm WE 1990, 97) oder in offenem Gastraum einer Gaststätte (OLG Frankfurt NJW 1995, 3395) oder Vorgarten (KG NJW-RR 1997, 1171) oder bei „bestellter" Presse (AG Bielefeld ZMR 1996, 154) oder in einer Wohnung eines WEers. Er muß nahe der Anlage liegen, auch wenn die Mehrheit der WEer aus einem anderen Gebiet kommt (OLG Köln DWE 1990, 30). Deshalb hat das OLG Köln (NJW-RR 1991, 725) eine Versammlung in Stuttgart von einer Anlage in Bonn untersagt. Nach dem OLG Frankfurt (OLGZ 1984, 333) braucht der Ort nicht notwendig in der politischen Gemeinde der Anlage zu liegen.

Die Unzumutbarkeit des Ortes kann sich auch durch andere Umstände ergeben, z.B. übermäßige Kälte oder Wärme oder Akustik.

Beispiel: 13 Grad ist zu kalt (a.A. AG Köln v. 30. 4. 1997, 202 II 8/97 n. rkr.).

8 **Kausalität:** Wird gegen diese Regeln verstoßen, wird auf die Anfechtung hin nur dann der Beschl für ungültig erklärt, wenn nicht feststeht, daß auch bei Einladung keine Teilnahme oder bei Teilnahme eine gleiche Beschlfassung erfolgt wäre (BGH NJW 1973, 235; BayObLG WE 1991, 285).

Beispiel: Soweit hinsichtlich eines Beschl erhebliche Einwendungen vorliegen, die in der Versammlung nicht vorgebracht wurden, ist der Beschl aufzuheben, nicht aber, wenn diese fehlen (LG Lübeck NJW-RR 1986, 813).

h) Einberufung: Abs. 4 Satz 1 schreibt vor, daß die Einberufung der Versammlung schriftlich zu erfolgen hat. Dies bedeutet mangels anderweitiger Vereinbarungen mittels Einladungsschreiben (i. S. v. § 126 BGB, BayObLG WE 1991, 297), in dem die genauen Angaben zum Zeitpunkt und Ort der Versammlung mitzuteilen sind (BayObLG WuM 1989, 658), sowie der Beschlgegenstand (OLG Hamm NJW-RR 1993, 468). Nach OLG Schleswig (DWE 1997, 160) muß sie vom Verwalter eigenhändig unterschrieben sein (a. A. Röll DWE 1997, 137, Buß DWE 1998, 14, LG Flensburg DWE 1998, 65). Dies gilt auch bei Wiederholungsversammlung (§ 25 Abs. 4), z. B. genaue Anfangszeit (BayObLG WE 1991, 49). Bei Verstoß nur anfechtbar, nicht nichtig. Anfechtung ist nicht erfolgreich, wenn **Ursächlichkeit** nicht nachgewiesen wird (BayObLG a. a. O.) oder nach OLG Hamm (a. a. O) rügelos an einer Versammlung teilgenommen wird.

i) Der Verwalter hat die **schriftliche Einladung** an den einzelnen WEer bzw. dem ihm mitgeteilten Zustellungsbevollmächtigten mit letzter bekannter Adresse zu verschicken. Ist ein Zustellungsbevollmächtigter nicht benannt, sind bei einer Mehrheit von Berechtigten alle einzuladen (OLG Köln WE 1989, 30). Einzuladen sind auch WEer, die evtl. kein Stimmrecht für einzelne oder alle TOP's haben (§ 25 Abs. 5) und Verwaltungsbeiratsmitglieder, die nicht WEer sind (Palandt Rdnr. 4; a. A. BayObLG NJW-RR 1988, 270), da letztere die Pflicht zur Auskunft vor der WEerGem haben und sodann über ihre Entlastung abgestimmt werden soll. Nach BayObLG (WE 1997, 267, 268) soll bei Zwangsverwaltung WEer nicht zu laden sein, bedenklich wegen seines Stimmrechts (vgl. § 25 Rdnr. 11). Ist jedoch in der TErkl vereinbart, daß eine Wohneinheit vom Objekt getrennt verwaltet wird, so braucht der Verwalter diese WEer nicht zu laden, wenn von den zu beschließenden Maßnahmen deren Interessen nicht berührt werden (BayObLG DNotZ 1985, 414).

Soweit ein WEer von dem Verwalter **nicht eingeladen** wurde (OLG Frankfurt OLGZ 1986, 45) oder die Einladung den Empfänger nicht erreichte oder eine unwirksame Einladung eines WEer's vorliegt, z. B. die Ladung eines Geschäftsunfähigen (§ 104 BGB, OLG Stuttgart OLGZ 1985, 259), sind die gefaßten Beschl nicht nichtig, sondern anfechtbar (OLG Hamm WE 1993, 24). Ficht der WEer an, so muß der Verwalter nachweisen, daß das Nichterscheinen für das Stimmergebnis nicht ursächlich war (OLG Köln WE 1989, 30), d. h., daß der

Beschl bei ordnungsgemäßer Ladung ebenso gefaßt worden wäre (BGH NJW 1973, 235, 236, BayObLG WE 1997, 267, **Kausalität**).
Beispiele: Über den Beschlgegenstand ist in verschiedenen Beschl unterschiedlich abgestimmt worden (Aufhebung des Beschl BayObLG NJW-RR 1986, 813), gegen Beschl wird sachlicher Einwand erhoben (Aufhebung, BayObLG ZMR 1998, 508); auch bei ordnungsgemäßer Ladung wäre der WEer nicht erschienen (Aufhebung abgelehnt KG WE 1989, 29); Anhaltspunkte für eine Beeinflussung des Stimmergebnisses fehlen (Aufhebung abgelehnt OLG Frankfurt OLGZ 1986, 45).

12 Der Verwalter muß bei schuldhaftem Verhalten für die Kosten der neuerlichen Versammlung aufkommen.

13 Neben dem WEer sollte der Verwalter, soweit er Kenntnis davon hat, die Käufer, die noch nicht im Grundbuch eingetragen sind, einladen, damit diese über die Vorgänge in der WEerGem bereits frühzeitig informiert sind. Durch Vereinb kann Absendung an letzte bekannte Adresse als genügend bestimmt werden, nicht jedoch durch Verwaltervertrag, da Verstoß gegen Zugangsfiktion (§ 10 Nr. 6 AGBG, BayObLG WE 1991, 295).

14 **j) Einberufungsfrist:** Für die Frist der Einladung schreibt Abs. 4 Satz 2 vor, daß sie mindestens eine Woche betragen soll, sofern nicht ein Fall von Dringlichkeit gegeben ist. Die Frist beginnt regelmäßig erst mit Zugang der Einladung, wobei die Fristberechnung nach dem BGB (§§ 187ff.) erfolgt, so daß Samstage und Sonntage bei dem Fristende nicht mitgerechnet werden (KG WE 1989, 29). Mit der Ladung sollte die Bitte des Verwalters verbunden sein, diesem Anregungen und Anträge zur Festlegung der TOP zu geben.

14a Hält der Verwalter die einwöchige Frist nicht ein und liegt auch kein Fall besonderer Dringlichkeit vor, so kann dies nach dem BayObLG (v. 14. 3. 1984, 2 Z 74/83) allein keine Anfechtung begründen (a. A. OLG Hamm DWE 1987, 54, 55 nie Anfechtungserfolg, da reine Soll-Vorschrift). Eine Anfechtung sei aber dann begründet, wenn als Folge der Verletzung der Einberufungsfrist die Stimmrechtsausübung (Möglichkeit zur Teilnahme an Diskussion und Abstimmung) konkret beeinträchtigt oder behindert und dadurch das Ergebnis der Meinungsbildung beeinflußt worden sein könnte (sog. **Kausalität,** ebenso KG WE 1997, 186). Dabei ist seitens des Verwalters der Nachweis erforderlich, daß bei vernünftiger Betrachtungsweise eine Beeinflussung des Abstimmungsverhaltens der übrigen WEer nicht ernsthaft in Betracht gezogen werden könne. Es genügt nicht, darauf hinzuweisen, daß die Stimme des Betroffenen auf das Ergebnis der Beschlfassung keinen Einfluß gehabt habe im Hinblick auf die Stimmverteilung (BayObLG v. 14. 3. 1984, 2 Z 74/83); denn es läßt sich nicht ausschließen, daß der fehlende WEer durch eine Diskussion das Ergebnis der Meinungsbildung hätte beeinflussen können. Liegt demgegenüber keine konkrete Beeinträchtigung der

Stimmrechtsausübung vor, so kann die Ungültigkeitserklärung nicht verlangt werden.

Beispiel: Im Einladungsschreiben fehlt die Angabe der Uhrzeit und diese wird erst mit Schreiben mitgeteilt, das die Wochenfrist (Abs. 4 Satz 2) nicht einhält (BayObLG v. 15. 3. 1984, 2 Z 118/83).

Enthält eine Vereinb eine längere als die gesetzliche Frist, so hat eine auf Fristverletzung gestützte Beschlanfechtung Erfolg, es sei denn es steht fest, daß der gleiche Beschl bei ordnungsgemäßer Ladung ebenfalls gefaßt worden wäre (OLG Köln v. 4. 11. 1991, 16 Wx 104/91).

k) Der Einberufende kann die **Versammlung** wieder **absagen** 15 (OLG Hamm OLGZ 1981, 24) oder verlegen. Wird eine neue Versammlung einberufen, ist die Wochenfrist bzw. die Frist der TErkl zu beachten (BGH NJW 1987, 2580). Der Verwalter hat regelmäßig nicht das Recht, die ordnungsgemäß einberufene und zusammengetretene Versammlung aufzulösen (KG WE 1989, 26). Entfernen sich nach einer solchen Auflösung aber ein Teil der WEer, so sind Beschl anfechtbar (KG WE 1989, 26).

l) Eventualeinberufung, siehe § 25 Rdnr. 26. 16

3. a) Durchführung der Versammlung. Gem. Abs. 5 führt der 17 Verwalter den Vorsitz in der Versammlung, sofern diese mit einfacher Mehrheit (ggfs. am Anfang der Versammlung) nichts anderes beschließt. Damit ist der Verwalter i.d.R. beauftragt, die Versammlung zu leiten einschließlich etwaiger Abstimmungen und Auflösungen (KG ZMR 1989, 27). Er kann sich allgemein vertretungsberechtigte Personen bedienen, z.B. bei einer GmbH eines Prokuristen oder bestellten Vertreters (OLG Schleswig DWE 1997, 171). Der Verwalter ist folglich für alle formellen Fragen verantwortlich:

Beispiele: Feststellung der Beschlfähigkeit und des Abstimmungsergebnisses, Protokollierung etc.

b) Teilnahmeberechtigt ist grundsätzlich jeder im Grundbuch 18 eingetragene WEer, auch wenn sein Stimmrecht ausgeschlossen ist, und der stimmberechtigte Vertreter (siehe d). Ebenso der Verwalter und Beirat, der NichtWEer ist (BPM Rndr. 43).

Abdingbar: Diese Teilnahmeberechtigung kann durch Vereinb 18 a eingeschränkt werden (a.A. LG Regensburg Rpfleger 1991, 244: unabdingbar), jedoch nur bei Verschulden und erheblichen Verletzungen der Verpflichtungen des WEer (Weitnauer § 25 Rdnr. 19; Sauren FS B/W S. 541f.; a.A. LG München Rpfleger 1978, 381; Bub S. 391 mit dem Argument, daß der Eigentümer durch Erfüllung seiner Pflichten den Ausschluß abwehren könne), z.B. mehrmonatiger Verzug mit erheblichen Wohngeldbeträgen.

c) Beschlfähigkeit (§ 25 Abs. 3): Die Feststellung der Beschl- 19 fähigkeit geschieht i.d.R. in der Weise, daß die Anwesenden und vertretenen WEer sich in eine Liste eintragen. Ein vom Stimmrecht Ausgeschlossener (§ 25 Abs. 5) zählt nicht mit (BayObLG NJW-RR 1993, 206; OLG Düsseldorf WE 1992, 81; OLG Frankfurt DWE 1989, 114; a.A. KG ZMR 1989, 185 m. Anm. Schwenn), ebenso bei Ruhen des Stimmrechts (vgl. § 25 Rdnr. 40, str.). In der Liste müssen folglich 50,1% aller im Grundbuch eingetragenen WEer vertreten sein (KG OLGZ 1974, 419). Ist mindestens die Hälfte der WEer von der Ausübung des Stimmrechts ausgeschlossen, so findet die Mindestquotenregelung von 50,1% keine Anwendung (KG NJW-RR 1994, 659; BayObLG NJW-RR 1993, 206), so daß es der Einberufung einer neuen Versammlung nicht bedarf.

19a **Abdingbar:** Die Regelung der Mindestquote ist abdingbar.

Beispiel: Jede Versammlung ist beschlußfähig unabhängig von der Zahl der vertretenen Weer (KG DWE 1994, 33).

Da die Beschlfähigkeit bei jeder Beschlfassung gegeben sein muß (BayObLG WE 1990, 140; OLG Köln DWE 1988, 24), hat der Verwalter sie während der gesamten Versammlung im Auge zu behalten. Sie muß jedoch nicht vor jedem Beschl erneut festgestellt werden, es sei denn, Zweifel sind offenkundig oder werden von einem Versammlungsteilnehmer geäußert (BayObLG a. a. O.). Ist die Versammlung nicht mehr beschlußfähig, muß der Verwalter sie schließen bzw. unterbrechen. Mangelnde Beschlußfähigkeit führt jedoch nur zur Anfechtbarkeit und nicht zur Nichtigkeit des getroffenen Beschl (BayObLG WE 1991, 285); siehe § 25 Rdnr. 5.

20 **d) Anwesenheit Dritter:** Die Versammlung ist nicht öffentlich (BGH NJW 1993, 1329), so daß grundsätzlich kein WEer fremde Dritte dulden muß, denn es besteht ein berechtigtes Interesse daran, daß fremde Einwirkungen von WEerversammlungen ferngehalten werden (BGH NJW 1993, 1329). Ob dies für Gäste nur als Zuhörer gilt, hält das OLG Hamm (ZMR 1996, 698) für fraglich. Teilnahmeberechtigt sind aber WEer, deren Stimmrecht ruht, und Vertreter, soweit die Vertretung bei der Stimmabgabe nicht durch Vereinb wirksam ausgeschlossen ist (BGH NJW 1987, 650).

Beispiel: Die Vertretung ist nur durch den Ehegatten oder Verwalter möglich (BGH wie vor, zur Ausnahme z. B. bei kleinen WEerGem OLG Braunschweig NJW-RR 1990, 979, 980). Hierunter fällt nach dem BayObLG (NJW-RR 1997, 463) nicht der nichteheliche Lebenspartner.

Ein solcher Ausschluß betrifft nach dem BGH (NJW 1993, 1329) nicht nur die Stimmabgabe, sondern jede aktive Beteiligung. Dann ist nach dem BGH auch einem Beistand nicht erlaubt, in der Versammlung Erklärungen abzugeben und Anträge zu stellen, vielmehr ist eine Stimmabgabe durch ihn unwirksam, wenn er nicht zugelassen ist.

20a Eine Vertretungsbeschränkung bedarf regelmäßig einer Vereinb, ausnahmsweise ein Beschl, wenn für die übrigen WEer eine Teilnahme unzumutbar ist (OLG Köln v. 14. 8. 1995, 16 Wx 126/95, Becker WE 1996, 52).

Beispiel: Beschl wonach unter Polizeischutz stehende Personen von der Teilnahme an der Versammlung ausgeschlossen sind.

Fraglich ist, ob dadurch eine konkrete Gefährdung von Leib und Leben der Versammlungsteilnehmer eintritt. Dies hat das OLG Köln verneint, obwohl im konkreten Fall der Teilnehmer die höchste Gefährdungsstufe („Staatsschutz I") hatte, deshalb bedenklich.

e) Hinzuziehung von Beiständen: Ohne solch eine Vereinb/ Beschl ist nach dem BGH (a. a. O.) die Hinzuziehung eines lediglich beratenden Beistandes über ein berechtigtes Interesse zulässig, welche sich aus beachtlichen persönlichen Gründen oder aus dem Schwierigkeitsgrad der Angelegenheit ergeben kann, über die nach der Tagesordnung zu beschließen ist. Dieser Auffassung des BGH's ist mit Deckert (WE 1993, 166), Lücke (WE 1993, 260, 262) und Becker (WE 1996, 50) zu widersprechen, weil die Verwendung von Generalklauseln, die nur umständlich im Gerichtsverfahren geklärt werden können, keine Kriterien schaffen, die in der täglichen Arbeit angewendet werden können. **21**

Die Auffassung des BGH führt dazu, daß nun untersucht wird, wer teilnehmen darf bei unterschiedlichen Konstellationen (vgl. OLG Düsseldorf WE 1996, 32, AG Essen WuM 1995, 663, LG Wuppertal WuM 1995, 673). So hat z. B. das OLG Karlsruhe (NJWE 1997, 153) bei fehlender Regelung nach GO eine Begleitung (z. B. RA) nur bei berechtigtem Interesse zugelassen. Dies wird vom BayObLG (ZMR 1997, 478) verneint für Fragen des GE's, die wiederholt auftreten, ebenfalls für das Vorliegen von Zerstrittenheit in der Gem. Jedoch können in der Person des WEer nach dem BayObLG (a. a. O.) Gründe vorliegen, z. B. bei hohem Alter oder Unvermögen ihren Standpunkt zu vertreten. Zur diesseitigen vertretenen Auffassung wird auf 2. Aufl. Rdnr. 20 verwiesen. Aus Treu und Glauben (§ 242 BGB) kann ein Anspruch auf Anwesenheit bestehen, z. B. wenn die WEerGem über mehrere Jahre die Vertretung eines WEers in der Versammlung hingenommen hat, obwohl die GO eine Beschränkung vorsieht (OLG Hamm WE 1997, 352).

Kausalität: Nach dem BayObLG (NJW-RR 1991, 531) sind bei Verstoß Beschl nur anfechtbar, aber nicht nichtig. Der Antrag hat Erfolg, wenn festgestellt wird, daß Beschl nicht so gefaßt worden wäre. **22**

Beispiel: WEer wird von der Versammlung durch andere WEer durch Beschl ausgeschlossen (BayObLG a. a. O.). Diese Rechtsprechung ist bedenklich, denn faktisch wird dadurch der WEer von der Teilnahme an der Versammlung ausgeschlossen. Dies ist aber selbst durch Vereinb nur unter bestimmten Bedingungen möglich (siehe oben b), kann durch Beschl folglich nicht erfolgen, da das Teil-

§ 24

nahmerecht ein Elementarrecht des WEers ist (Weitnauer § 16 Rdnr. 19). Der Ausschlußbeschl auf einer solchen Versammlung ist deshalb immer nichtig, die übrigen anfechtbar.

23 f) Wird ein WEer mit **Vollmacht** vertreten, so ist es Aufgabe des Verwalters, dies zu überprüfen. Das Stimmrecht kann nicht von dem WE abgespalten oder für immer übertragen werden. Jedoch ist es möglich, einen anderen zur Ausübung des Stimmrechts zu bevollmächtigen (§§ 164ff. BGB, BGH NJW 1987, 650). Die Vollmacht braucht nicht auf eine Versammlung beschränkt zu sein (OLG Zweibrücken ZMR 1986, 369). Sie kann durch Vereinb (nicht aber durch Beschl BayObLG DWE 1988, 140) z.B. in der TErkl (OLG Frankfurt OLGZ 1986, 45) erfolgen. Nach dem OLG Zweibrücken (ZMR 1986, 369) gelten einmal dem Verwalter erteilte Vollmachten auch für die wiederholte Bestellung des Verwalters und enden nicht automatisch mit dessen Amtszeit.

24 In der TErkl findet sich oft nur der Passus: „Vertretung in der Versammlung durch eine schriftliche Bevollmächtigung ist zulässig". Das BayObLGZ 1984, 15 stellte dafür folgende Regelungen auf: Dem Wortlaut sei im Umkehrschluß zu entnehmen, daß in der Versammlung eine Vertretung durch Personen, die nicht schriftlich bevollmächtigt seien, unzulässig sei. Erschiene in der Versammlung ein Vertreter, der sich nicht durch eine schriftliche Bevollmächtigung ausweisen kann, so könne dieser zurückgewiesen werden. Diese Zurückweisung habe zur Folge, daß die vom Vertreter wahrgenommenen Stimmen für die Feststellung der Beschlfähigkeit und Beschlfassung nicht mitgezählt würden.

25 Eine **Dauervollmacht** müßte in jeder Versammlung erneut vorgelegt werden.

Die Vollmacht müsse auch nicht auf die Vertretung in den WEerversammlungen beschränkt sein. Sie könne allgemeiner gefaßt werden, z.B. daß diese Vertretungen alle Angelegenheiten umfassen, die im Zusammenhang mit dem betreffenden WE bestehen. Sie könne auch eine Generalvollmacht sein.

Es müsse eine schriftliche Bevollmächtigung vorliegen. Diese liege vor, wenn der Vertreter das Schriftstück dem Vorsitzenden der Versammlung entweder zur Einsichtnahme vorweise oder übergebe. Es genüge auch, wenn es dem Vorsitzenden zur betreffenden Versammlung vorher übersandt würde.

In der Praxis wird jedoch häufig nicht die Vorlage der Urkunde verlangt. In diesem Fall ist der Vertreter zur Teilnahme zugelassen. Soweit die Vollmachtserteilung ein MEer, z.B. Ehegatten betrifft, ist der Versammlungsleiter nicht zur Überprüfung verpflichtet (OLG Frankfurt DWE 1997, 31). Wird die Vollmacht bei Stimmabgabe aber nicht beanstandet, so ist sie auch ohne Nachweis wirksam (OLG Hamm WE 1990, 104). Beanstandung z.B. nach dem OLG Zweibrücken (WE 1991, 357) berechtigt, wenn in Hauptvollmacht die Erteilung einer Untervollmacht nicht ausdrücklich gestattet (anders wenn gestattet, OLG Zweibrücken NZM 1998, 671) und Unterbevollmächtigte abstimmen (a. A. zu Recht BayObLG NJW-RR 1990, 784). So kann Verwalter, der nicht WEer ist, nach BayObLG NZM 1998, 668 seine ihm erteilten Vollmachten zum TOP-Verwaltervertrag ohne Weisungen weitergeben. Vollmacht gilt nach AG Neuss (WuM 1994, 505) aber nicht für TOP, der erst später in ergänzenden Einladung erfolgt (a. A. Deckert 2/2357). Nicht möglich ist es aber für Gruppen von WEer, durch Vereinb einen Vertreter einzusetzen oder wählen zu lassen, da dies praktisch zu einem Stimmrechtsausschluß führt (LG München Rpfleger 1978, 381, sog. „Wahlmänner"). Einschränkung der Vertretung in TErkl. (auf Ehepartner etc.) führt bei juristische Person oder KG nicht dazu, daß nur gesetzlicher Vertreter auftreten darf, vielmehr darf WEer sich dann auch durch Firmenangehörige vertreten lassen (BayObLGZ 1981, 220; OLG Frankfurt OLGZ 1979, 134). Soweit ein WEer in der Versammlung von der Vollmacht keinen Gebrauch macht, kann der WEer nach dem KG (NJW-RR 1997, 776) hieraus keine Nichtigkeitsgründe gegen einen Beschl herleiten.

g) Die **Redezeit** kann durch Beschl beschränkt werden (OLG Stuttgart NJW-RR 1986, 1277), das Rederecht an sich nicht.

Beispiel: Ein Beschl, daß pro TOP nur jeder WEer eine Wortmeldung hat, ist erfolgreich anfechtbar (AG Neuss v. 17. 3. 1983, 19 UR 98/82).

Das Rederecht besteht auch bei Stimmrechtsausschluß (BayObLG NJW 1993, 603). Nach dem BGH (WE 1993, 165) enthält das Vertretungsverbot auch ein Redeverbot (zu Kritik siehe Rdnr. 20).

4. Dem Verwalter obliegt es, die **Versammlungsniederschriften** (Abs. 6) anzufertigen, sie zu versenden und in Verwahrung zu halten, damit sie jederzeit griffbereit sind. Diese Versammlungsniederschrift soll enthalten:

Ort, Tag und Zeit der Versammlung, Feststellung der ordnungsgemäßen Ladung, Präsenz, d. h. Anzahl der anwesenden und vertretenen Mitglieder (bzw. Anteile), Feststellung der Beschlfähigkeit, TOP mit kurzer Darlegung der vorgetragenen Argumente, Beschlergebnis (mit Zahl der Ja- und Nein-Stimmen und Enthaltungen), Unterschrift des Verwalters, des Beiratsvorsitzenden und eines WEer (Abs. 6 Satz 2).

a) Ein wie vor beschrieben abgefaßtes Protokoll nennt man ein sog. **Ablaufprotokoll,** da darin der Ablauf der Versammlung wiedergegeben wird. Die inhaltliche Gestaltung obliegt der Verwaltung in grundsätzlich freier Ermessensausübung (OLG Hamm WE 1989, 174). Hingegen ist ein Protokoll, das nur die Ergebnisse festhält, ebenfalls möglich (sog. **Ergebnisprotokoll** BayObLGZ 1982, 445), jedoch nicht empfehlenswert. Die Niederschrift dient der Information über Inhalt und Zustandekommen von Beschl und damit der Vorbereitung einer etwaigen Anfechtung. Als Mindestanforderung sind deshalb neben dem Inhalt der gefaßten Beschl dann die zum Verständnis notwendigen Anträge, Erklärungen und Ergebnisse wiederzugeben (ähnlich BayObLGZ 1974, 86, 89), wenn ansonsten der Beschlinhalt für sich gesehen unklar wäre.

Beispiel: Aufgrund der Kürze der Wiedergabe ist Beschl nicht klar (LG Aachen v. 19. 4. 1991/3 T 473/89).

29   **b)** Jeder WEer hat einen **Anspruch auf ein vollständiges und richtiges Protokoll.** Dabei ist zu berücksichtigen, daß das Protokoll eine Privaturkunde (i. S. d. § 416 ZPO) ist, deshalb Beweis nur für die Urheberschaft des Ausstellers, nicht aber für die inhaltliche Richtigkeit der Urkunde gibt. Eine gesetzliche Beweiskraft kommt dem Protokoll daher nicht zu (BayObLG WE 1991, 81, 82). Der Verwalter hat sich bei Abfassung aber aller sachlich nicht gebotenen Schärfen zu enthalten (BayObLG Rpfleger 1972, 411). Wegen Bagatellen können Korrekturen der Niederschrift jedoch nicht verlangt werden (KG WuM 1989, 347),

Beispiele: Monierung eines Satzes ohne rechtliche Bedeutung (BayObLGZ 1982, 445, 477)

oder wegen Darstellung bestimmter Äußerungen, Erklärungen etc. auch wenn sie unzutreffend sind, weil ein Ermessen des Verwalters besteht (OLG Hamm WE 1989, 174) und kein Anspruch abwesender WEer, über alle Diskussionsbeiträge unterrichtet zu werden. Der einzelne WEer ist darauf verwiesen, innerhalb und außerhalb der Versammlung selbst für seine Standpunkte zu werben (BayObLG WE 1991, 81, 82); oder wegen kritischer Meinungsäußerungen, wenn die beanstandete Passage des protokollierten Vorgangs in der Versammlung in tatsächlicher Hinsicht zutreffend wiedergegeben wird, und der WEer durch die im Protokoll festgehaltene Meinungsäußerung nicht rechtswidrig in seinem Persönlichkeitsrecht verletzt wird (OLG Köln WuM 1986, 230).

30   Die Grenze wird erst dann überschritten, wenn das abwertende Urteil zu bloßen Schmähungen des Gegners herabsinkt, die jeden sachlichen Bezug auf den vertretbaren Standpunkt des Kritikers vermissen läßt.

Darüberhinaus besteht dann ein Anspruch auf **Protokollberichtigung,** wenn eine rechtsgeschäftliche Willenserklärung oder rechtsverbindliche Erklärung falsch protokolliert worden ist (KG WE 1989, 139). Die gilt auch, wenn der Verwalter von seinem Ermessen eindeutig fehlerhaft Gebrauch gemacht hat. Ein Verstoß gegen eine ausgewogene Darstellung reicht aber nach dem BayObLG (WE 1991, 81, 82) nicht aus. Die Rechtsprechung (BayObLG WE 1992, 87) will selbst dann keinen Berichtigungsanspruch zulassen, wenn die Darstellung eindeutig falsch ist.

Beispiel: Die Zahl der abgebenen Ja- oder Neinstimmen trifft nicht zu, das wirkt sich aber auf das Abstimmungsergebnis nicht aus. Dem ist zu widersprechen, denn unwahre Tatsachen dürfen die Gerichte in Protokollen nicht zulassen.

Die Protokollberichtigung muß notfalls gerichtlich geltend gemacht werden innerhalb der Monatsfrist (§ 23 Abs. 4, OLG Hamm OLGZ 1985, 147).

c) Für die **Unterschrift** unter das **Protokoll** muß nicht nachgewiesen werden, daß derjenige, der unterschrieben hat, die entsprechende Funktion, z.B. WEer, inne hat. Entscheidender Beirat ist derjenige, der im Zeitpunkt der Protokollerstellung Beiratsvorsitzender ist. Einmalige Unterschrift reicht aus bei Identität von Versammlungsleiter und Beiratsvorsitzenden (LG Lübeck Rpfleger 1991, 309). Fehlt eine Unterschrift oder beide, so handelt es sich trotzdem um ein Protokoll, da das Gesetz nur verlangt, daß die Niederschrift unterschrieben wird, nicht jedoch genehmigt. Dann ist die Beweiskraft (Rdnr. 29) erheblich beeinträchtigt (BGH NJW 1997, 2956). 31

d) Nach dem BayObLG (Rpfleger 1972, 411) muß das **Protokoll** in angemessener Zeit vor Ablauf der Anfechtungsfrist, d.h. zumindest eine Woche vorher **vorgelegt** werden. Dabei ist umstritten, ob dem einzelnen WEer ein Recht auf Übersendung eines Protokolls zusteht (bejahend AG Wennigsen ZMR 1986, 321; verneinend OLG Frankfurt WuM 1990, 461; BayObLG WE 1992, 139). Dies wird jedoch zumindest dann der Fall sein, wenn es in der WEerGem Gewohnheit geworden ist (so auch LG Bonn DWE 1995, 128) oder ein Beschl/Vereinb dies vorsieht. Nach AG Wiesbaden (PuR 1998, 53) kann auch durch Beschl. Zustellungsbevollmächtigter, z.B. Beiratsvorsitzender bestimmt werden, wenn andere Person nicht benannt wird. 32

Zum Gerichtsantrag siehe § 43 Rdnr. 9.

e) Auf den **Ablauf der Anfechtungfrist** (gem. § 23 Abs. 4) hat aber die Protokollherstellung, die Einsichtsgewährung oder etwa die Unterlassung von gebotener oder nicht gebotener Information keinen Einfluß (BayObLGZ 1980, 29). In diesen Fällen kann bei versäumter Frist nur eine sog. Wiedereinsetzung in den vorherigen Stand (§ 22 Abs. 2 FGG analog) beantragt werden, wenn der Antragsteller ohne Verschulden an der Einhaltung der Frist gehindert war. 33

Beispiel: Es wurde ein Beschl gefaßt, der nicht als TOP angekündigt war, und der WEer erfährt davon erst nach der Monatsfrist (BayObLG WE 1989, 224), oder das Protokoll wird einem bei der Versammlung nicht Anwesenden nicht eine Woche vor Ablauf der Frist übersandt (KG NJW-RR 1997, 776, differenzierend KG ZMR 1996, 202, a.A. OLG Düsseldorf WE 1995, 123; BayObLG WE 1992, 139, da keine Verpflichtung zur Übersendung vorliege, anders aber wenn Verwalter verpflichtet war durch Beschl, OLG Hamm DWE 1995, 159) oder nicht eingeladener WEer erfährt verspätet von Versammlung (OLG Hamm WE 1993, 24), aber spätestens innerhalb eines Jahres von dem Ende der versäumten Frist abgerechneten (OLG Hamm, wie vor).

34 **f) Verstöße gegen Abs. 6**
Beispiel: Das Protokoll ist nur vom Verwalter unterschrieben, machen die Beschlüsse nicht nichtig (OLG Hamm DNotZ 1967, 38) jedoch anfechtbar, wenn dadurch die ordnungsgemäße Verwaltung in Mitleidenschaft gezogen wird. Nach der h.M. (BGH NJW 1997, 2956) ist der tatsächlichen Beweiswert hinsichtlich der Richtigkeit und Vollständigkeit der Niederschrift beeinträchtigt. Dies bedeutet, daß die Beweislast in diesem Falle zu Lasten desjenigen verschoben ist, der einen nicht ordnungsgemäß protokollierten Beschl behauptet (BPM Rdnr. 110). Darüberhinaus können Schadensersatzansprüche entstehen.

Beispiel: Mangels Vorhandenseins eines Protokolls hat der Erwerber keine Kenntnis über einen Beschl (Weitnauer Anm. 19).

35 **g)** Die Bestimmungen über die Niederschrift sind durch Vereinb **abdingbar** (BayObLG NJW-RR 1989, 1168), z.B. können die Protokollierung (BGH a.a.O.) und deren Form (z.B. Unterschrift des kompletten Beirats) zur Gültigkeitsvoraussetzung für den Beschl gemacht werden oder das Protokoll muß auf der nächsten Versammlung bestätigt werden (BayObLG a.a.O.). Mängel der vereinbarten Form (z.B. Protokollierung oder Unterschrift durch die von der Versammlung gewählten WEer) führen dann zu Ungültigkeitserklärung (BGH a.a.O.). Ein Verstoß hiergegen muß in der Monatsfrist (§ 23 Abs. 4) gerichtlich geltend gemacht werden (OLG Oldenburg ZMR 1985, 30).

36 **h) Auslegung von Protokollen** bzw. von Beschl auf der Grundlage des Protokolls. Bei Auslegung der Beschl ist auf den Sinn abzustellen, der sich der aufgenommenen Niederschrift (gem. § 24 Abs. 6) ergibt. Die subjektiven Vorstellung der abstimmenden WEer müssen außer Betracht bleiben. Das hat seinen Grund darin, daß solche Beschl auch die überstimmten und die nichtanwesenden WEer (§ 21 Abs. 3, 4) sowie die Rechtsnachfolger (§ 10 Abs. 3) binden (OLG Stuttgart WE 1991, 332). Die Auslegung eines Beschl muß nach objektiven Gesichtspunkten erfolgen (siehe BayObLG WuM 1993707), siehe im übrigen § 10 Rdnr. 24. Streitig ist, ob die Auslegung von Beschl durch Obergerichte nur beschränkt, nämlich auf Rechtsfehler hin überprüft werden kann (BayObLG WuM 1993, 707) oder ob ihnen eine eigene unbeschränkte Auslegung möglich ist (so OLG Stuttgart WE 1993, 332).

Mehrheitsbeschluß

25 (1) Für die Beschlußfassung in Angelegenheiten, über die die Wohnungseigentümer durch Stimmenmehrheit beschließen, gelten die Vorschriften der Absätze 2 bis 5.

(2) Jeder Wohnungseigentümer hat eine Stimme. Steht ein Wohnungeigentum mehreren gemeinschaftlich zu, so können sie das Stimmrecht nur einheitlich ausüben.

(3) Die Versammlung ist nur beschlußfähig, wenn die erschienenen stimmberechtigten Wohnungseigentümer mehr als die Hälfte der Miteigentumsanteile, berechnet nach der im Grundbuch eingetragenen Größe dieser Anteile, vertreten.

(4) Ist eine Versammlung nicht gemäß Absatz 3 beschlußfähig, so beruft der Verwalter eine neue Versammlung mit dem gleichen Gegenstand ein. Diese Versammlung ist ohne Rücksicht auf die Höhe der vertretenen Anteile beschlußfähig; hierauf ist bei der Einberufung hinzuweisen.

(5) Ein Wohnungseigentümer ist nicht stimmberechtigt, wenn die Beschlußfassung die Vornahme eines auf die Verwaltung des gemeinschaftlichen Eigentums bezüglichen Rechtsgeschäfts mit ihm oder die Einleitung oder Erledigung eines Rechtsstreits der anderen Wohnungseigentümer gegen ihn betrifft oder wenn er nach § 18 rechtskräftig verurteilt ist.

1. Dieser **Paragraph regelt** einzelne **formelle Voraussetzungen über die Beschlfassung** der Versammlung, nämlich das Stimmrecht, die Berechnung der Mehrheit und die Beschlfähigkeit.

2. Ein **Beschl** gem. Abs. 1 **genügt** immer dann, **wenn das WEG oder eine Vereinb nicht Einstimmigkeit verlangen** (BayObLGZ 1973, 72).

3. Vor der Abstimmung sollte der Verwalter den endgültigen Text der Versammlung vorlesen. Soweit in einer Vereinb nichts anderes bestimmt ist, kann durch Beschl oder durch den Vorsitzenden die dann folgende **Art und Weise der Abstimmung** festgelegt werden: Ohne Beschl bestimmt der Versammlungsleiter nach seinem Ermessen, wie abgestimmt und das Stimmergebnis ermittelt wird (BayObLG WE 1990, 140).

Beispiel: Reihenfolge der Frage nach Zustimmung, Ablehnung und Enthaltung (KG ZMR 1985, 105) oder Abstimmung durch einfaches Handaufzeigen oder geheim/nicht geheim.

Damit wird dem Vorsitzenden ein starkes Instrument in die Hand gegeben. Vor schwierigen Abstimmungen (z.B. Verwalterwahl) ist deshalb jeder Versammlung zu raten, eine neutrale Person (z.B. Beiratsvorsitzender) als Leiter einzusetzen und nicht eine durch Interessenkollision möglicherweise befangene Person (z.B. der Verwalter).

4 **4. Stimmrecht: a) Die Stimmabgabe** als Ausübung des Stimmrechts ist juristisch eine sog. einseitige empfangsbedürftige Willenserklärung (BayObLGZ 1981, 161). Der WEer, der sie abgibt, muß die Fähigkeit haben, im Rechtsverkehr Geschäfte abschließen zu können, die sog. Geschäftsfähigkeit (OLG Stuttgart OLGZ 1985, 259). Soweit bei der Stimmabgabe Irrtümer unterlaufen sind oder Fälle der arglistigen Täuschung vorliegen (§§ 119, 123 BGB), kann der WEer seine Abgabe nachträglich anfechten (OLG Celle DWE 1984, 126). Sie kann auch aus anderen Rechtsgründen z.B. wegen Verstoß gegen Treu und Glauben (§ 242 BGB) unwirksam sein (BayObLG NZM 1998, 442).

5 **b)** Nach Abs. 3 hängt die **Beschlfähigkeit** (siehe § 24 Rdnr. 19) von der Zahl der erschienenen stimmberechtigten WEer ab. Es ist Aufgabe des Vorsitzenden abzuklären, wer WEer in diesem Sinne und wer darüber hinaus stimmberechtigt ist.

6 **aa)** Zunächst ist unstreitig, daß der im **Grundbuch eingetragene WEer** grundsätzlich stimmberechtigt ist. Dies gilt auch bei einer sehr großen Zahl von WEer (z.B. 1500 Einheiten BayObLG DWE 1981, 55) hinsichtlich jedes TOP's.

7 **bb) Mehrhausanlagen:** (Göken WE 1998, 129) In einer Vereinb kann jedoch vereinbart werden, daß einzelne WEer nicht stimmberechtigt sind, soweit sie nicht betroffen sind (BayObLG DNotZ 1985, 414, WuM 1994, 567).
Beispiel: Hinterhaus/Vorderhaus
Darüberhinaus ist auch ohne Vereinb in den Fällen, in denen nur eine klar abgrenzbare Gruppe von WEer betroffen ist und die übrigen WEer hiervon in keiner Weise berührt werden, das Stimmrecht auf diejenigen beschränkt, die von der Angelegenheit betroffen sind (BayObLG a.a.O.; BayObLGZ 1983, 320, 323).
Beispiel: Durchsetzung von bestimmten Gewährleistungs-ansprüchen gegen den Bauträger (z.B. Garageneigentümer BayObLG WuM 1996, 369).
Die Betroffenheit ist dabei weit auszulegen: Kosten der Gem (OLG Köln WE 1998, 190) oder Veränderung des äußeren Erscheinungsbildes (OLG Köln WE 1998, 191) reicht aus.

8 **cc)** Bei dem **Verkauf eines WE** ist fraglich, ob der Käufer bereits vor Eintragung ein Stimmrecht hat. Der BGH (NJW 1989, 1087) hat nur dem im Grundbuch eingetragenen WEer ein Stimmrecht gegeben. Dem ist nicht zu folgen, sondern der Käufer ist bereits dann stimmberechtigt, wenn der Antrag auf Umschreibung beim Grundbuchamt gestellt ist (sog. Anwartschaftsrecht Sauren Rpfleger 1985, 261; ausführlich § 16 Rdnr. 34). Aus einem Eigentümerwechsel zwischen Einladung und Versammlung kann jedoch nach dem KG (WuM 1997, 291) kein Mangel hergeleitet werden.

dd) Die Frage des Stimmrechts des Nießbrauchers (Schmidt WE 1998, 2, 46) wird von der h. M. wie folgt geregelt (KG NJW-RR 1987, 973; OLG Hamburg NJW-RR 1988, 267): Dem **Nießbraucher** steht das alleinige Stimmrecht in den Angelegenheiten zu, die sich auf die Verwaltung, den Gebrauch und die Nutzung beziehen (§§ 15, 16, 21, 28), z. B. Verwalterwahl (LG München NJW-RR 1994, 1497). Der WEer erlangt ein subsidiäres Stimmrecht, wenn der Nießbraucher von der Ausübung seines Stimmrechts ausgeschlossen ist oder sein Stimmrecht nicht wahrnimmt. Dieser Auffassung ist mit Weitnauer (WE 1987, 131) zu widersprechen, denn nach dem BGH (Rpfleger 1979, 58) hat der WEer trotz Nießbrauchs das Wohngeld zu zahlen. Es wäre aber ein Vertrag zu Lasten Dritter, wenn der Nießbraucher abstimmen kann, der WEer aber bezahlen muß (zustimmend Schmidt WE 1998, 46).

ee) Der Inhaber eines **Wohnrechts** (§ 1093 BGB) an einem WE ist stimmberechtigt (BGH Rpfleger 1977, 55) in Angelegenheiten, die sich auf die Benutzung dieser Räume und die Mitbenutzung der zum gemeinschaftlichen Gebrauch der Bewohner bestimmten Anlagen und Einrichtungen beziehen (sog. Gebrauchsregeln des § 15 Abs. 2).

ff) Bei der **Zwangsverwaltung** ist der Zwangsverwalter nicht schlechthin befugt, die Rechte der WEer wahrzunehmen. Vielmehr ist hierbei zu prüfen, ob die Handlung durch den Zweck der Vollstreckung gedeckt ist (KG NJW-RR 1987, 77).

Beispiel: Zweck der Zwangsverwaltung ist die Verteilung der eingehenden Mietzinsen nach der Rangfolge des § 10 ZVG (§ 155 ZVG). Der Zwangsverwalter ist deshalb hinsichtlich der Jahresabrechnung, des WP's und einer Verwalterwahl und Abwahl stimmberechtigt (KG WE 1990, 206). Er ist aber nicht befugt, Rechtsmittel zurückzunehmen oder eine bauliche Veränderung zu genehmigen (KG a. a. O. S. 77). Dies führt zu einer Aufteilung des Stimmrechts nach dem Gegenstand der Beschlfassung, da der WEer für das Wohngeld haftet (OLG Köln DWE 1989, 30). Nach dem KG (WE 1990, 206) spricht auch zunächst eine Vermutung für das Stimmrecht des Verwalters. Nach anderer Ansicht (OLG Hamm DWE 1987, 54) übt der Zwangsverwalter das Stimmrecht uneingeschränkt aus. Ebenso bei **Testamentsvollstrecker** (nach AG Essen DWE 1996, 84, gänzlich).

gg) Konkursverwalter oder **Sequester** (je nach Ausgestaltung) ist stimmberechtigt bis auf Änderungen der GO.

hh) Die Mieter oder sonstigen Bewohner des WE's sind nicht stimmberechtigt ohne Vollmacht.

c) Zur **Bevollmächtigung:** siehe § 24 Rdnr. 23.

d) aa) Abs. 2 Satz 1 geht vom Stimmrecht nach Kopfteilen (sog. **Kopfprinzip**) aus. Danach hat jeder WEer ungeachtet der Größe, des

Umfanges oder des Wertes seines MEanteils und unabhängig von der Anzahl der ihm gehörenden WE's nur eine Stimme (BayObLG NJW-RR 1986, 564; Sauren S. 60). Sinn des Kopfprinzips ist, die Bevormundung durch einen WEer (sog. Majorisierung) bei einer annährend gleichwertigen Verteilung des WEs auszuschalten. Probleme kann es hierbei geben, wenn mehrere WEer jeweils miteinander einzelne ETW halten.

Beispiel: Ein Ehepaar hat zu je ½ ein WE, ein weiteres WE gehört einem der beiden Ehepartner alleine.

Nach dem KG (WE 1988, 166) ist hier für jedes WE eine Stimme anzunehmen, ebenso bei teilweiser Zwangsverwaltung (KG NJW-RR 1989, 1162). Halten 3 WEer (A, B, und C) drei Einheiten mit unterschiedlicher Beteiligung, z.B. A und B eine, A und C eine und C die Dritte, so bestehen nach dem OLG Schleswig (v. 8. 3. 1988, 2 W 44/86) drei Einzelstimmen (ebenso OLG Frankfurt ZMR 1997, 156, siehe im übrigen Bassenge FS Seuß S. 37ff.). Aufgrund des Kopfstimmrechtes ist es einem Inhaber von mehreren WE's möglich, durch Veräußerung, z.B. an Verwandte oder Freunde, sein Stimmrecht zu vermehren. Das LG Aachen erkennt jedoch in der gleichzeitigen Bestellung eines Nießbrauchsrechts zugunsten des Veräußeres keine Vermehrung der Stimmen in Verwaltungsfragen (v. 3. 11. 1994, 2 T 77/94), sondern beläßt es bei einer. Ist zu Beschlzeitpunkt das Nießbrauchsrecht noch nicht bestellt, so bleibt es nach dem LG Lübeck (v. 12. 7. 1993, 7 T 522/92) bei der Stimmenvermehrung.

16 bb) Abs. 2 ist abänderbar (z.B. kann Vetorecht eines WEers vereinbart werden, d.h. Beschl kann ohne ihn nicht gefaßt werden BayObLG NJW-RR 1997, 1315). Da aber i.d.R. eine gleichmäßige Verteilung der WE's nicht gegeben ist, wird sehr häufig von der Abdingbarkeit durch Vereinb Gebrauch gemacht und das **Stimmrecht** anhand der **MEanteile** oder der **Anzahl der Wohnungen** bestimmt. Gerade die Lösung der MEanteile wird deshalb oft gewählt, weil sie den wirtschaftlichen Verhältnissen und Interessen der WEer am Bestand und Erhaltung des Gebäudes am nächsten kommt (Sauren S. 60f. m.w.N.). Dies gilt selbst dann, wenn in einer 2er WEerGem durch die Höhe der MEanteile ein WEer von vornherein immer die Mehrheit hat (BayObLG DWE 1986, 94). In diesem Fall ist nur eine Stimmenbeschränkung über das Institut der Majorisierung (siehe unten Rdnr. 28) möglich. Die Grenzen findet die Abdingbarkeit dort, wo das Stimmrecht aufgehoben oder beseitigt würde (BGH NJW 1987, 650; LG München Rpfleger 1978, 381).

17 Nunmehr sind findige Bauträger dazu übergegangen und haben das Stimmrecht an die Größe der jeweiligen Miteigentumsanteile gebunden, wobei sie die Miteigentumsanteile so festgelegt haben, daß die noch in ihrem Eigentum verbliebenen Wohnungen oder Gewerberäume gerade über 50% ausmachen, an Fläche jedoch wesentlich weniger, in einem Fall nur 16,8% (OLG Karlsruhe NJW-RR 1987, 975). Die Kosten und Lasten werden jedoch wieder nach der Fläche berechnet. Das OLG Karlsruhe hat in mehreren Entscheidungen (a.a.O., v. 4. 5. 1987, 11 W 35/87 und WuM 1988, 327, ebenso OLG Zweibrücken ZMR 1990, 31) dies als rechtens angesehen (mit Billigung des BVerfG, v. 27. 3. 1987, 1 BvR 126/87). Dies ist aus den in der 2. Aufl. gegebenen Gründen (Rdnr. 18–21, vgl. auch Sauren FS BW S. 541 ff.) nicht zu rechtfertigen.

nicht besetzt **18–21**

cc) Halten mehrere WEer als **Mitberechtigte** (sei es als Gesamt- **22** handsgemeinschaft oder als MEer, siehe § 8 Anm. 3) ein WE, dann haben sie gem. Abs. 2 Satz 2 alle zusammen nur eine Stimme, also keine Stimmanteile oder Quoten. Die Abgabe muß also einheitlich erfolgen. Geschieht dies nicht, ist die abgegebene Stimme unwirksam (OLG Celle NJW 1958, 307; a.A. OLG Köln NJW-RR 1986, 698 Enthaltung), z.B. zwischen WEer und Zwangsverwalter (KG NJW-RR 1989, 1162). Die Willensbildung erfolgt innerhalb der Mitberechtigten nach den Regeln der Gemeinschaft (BayObLG WuM 1990, 322, z.B. beim ME nach § 745 Abs. 2 BGB). Erscheint nur einer bei der Versammlung, ist davon auszugehen, daß dieser bevollmächtigt wurde und deshalb stimmberechtigt ist. Bei Abgabe der Stimme durch einen Mitberechtigten ist der Versammlungsleiter nicht gehalten, die Ermächtigung durch die übrigen zu prüfen (BayObLG NJW-RR 1994, 1236).

dd) Nach der **Unterteilung** des WE's (siehe § 4 Rdnr. 7ff.) halten **23** auch mehrere WEer das alte WE. Teilt ein WEer zulässigerweise sein WE (siehe Sauren S. 1 ff.), so werden für das Stimmrecht drei Meinungen beim einzig problematischen Kopfprinzip vertreten:
Die neuen WEer haben gem. Abs. 2 geschlossen die Stimme abzugeben (BGHZ 73, 145).

Die Stimme wird real in so viele Stimmanteile geteilt (OLG Düsseldorf NJW-RR 1990, 521; OLG Köln DWE 1992, 165; Sauren S. 65), wie nunmehr Wohnungen vorhanden sind.

Es erwachsen soviel neue Stimmrechte, wie neue Wohnungen entstehen (Weitnauer § 3 Anm. 104; Palandt § 6 Rdnr. 6), vorbehaltlich eines Rechtsmißbrauchs (a.A. BayObLG NJW-RR 1991, 910).

Aufgrund der Eigenständigkeit der neuen Einheit ist der zweiten Meinung zu folgen (sog. Realteilung Streblow MittRhNotK 1987, 149f).

e) aa) Ein Beschl kommt durch einfache Mehrheit der in der Ver- **24** sammlung vertretenen, stimmberechtigten und nicht von dem Stimmrecht ausgeschlossenen (Rdnr. 28) WEer **zustande.** Abdingung ist durch Vereinb möglich, z.B. qualifizierte Mehrheit. Bei einer durch Vereinb verlangten qualifizierten Mehrheit ohne daß dieser Begriff näher erläuert wird, muß die entsprechende Zahl der positiven Stimmen festgehalten werden (OLG Celle WE 1991, 330; a.A. Palandt Rdnr. 5), es reicht nicht die entsprechende Zahl der Anwesenden. Oft wird bei einer Auswahl von Gewerke oder Verwaltern gleichzeitig über alle Bewerber bzw. Angebote abgestimmt, und keiner erhält die absolute Mehrheit. In diesem Fall ist nicht derjenige mit der höchsten Stimmzahl gewählt bzw. angenommen (sog. relative Mehrheit). Vielmehr muß über jedes Angebot usw. gesondert abgestimmt werden (OLG Schleswig DWE 1987, 133). Diese Regelung führt dazu, daß, solange die Beschlfähigkeit (Rdnr. 5ff.) gegeben ist, bei 2 Stimmen Einstimmigkeit notwendig ist (OLG Köln Rpfleger 1980, 349) und bei einem stimmberechtigten WEer dessen Stimme ausreicht.

25   **bb) Enthaltung:** Die h.M. (BGH NJW 1989, 1090; Riecke DWE 1989, 88) zählt die Stimme des sich Enthaltenden zu Recht nicht mit: Wie oben (Rdnr. 3) dargestellt, kann der Leiter der Versammlung (i.d.R. der Verwalter) den Abstimmungsmodus frei wählen. Gibt man der Enthaltung eine Bewertung als „nein", dann kann es der Verwalter in der Hand haben, durch die richtige Fragestellung („sind Sie für den Antrag" oder „sind Sie gegen den Antrag") das Ergebnis zu manipulieren, da jedesmal die Enthaltungen nach der Mindermeinung als „nein" zu werten sind (siehe Stubbe NJW 1985, 2812). Darüberhinaus besteht die Möglichkeit, daß die WEerGem darüber abstimmt, wie die Stimmenthaltungen zu werten sind (BayObLGZ 1985, 104), oder eine Vereinb darüber abschließt (BayObLG NJW-RR 1992, 83).

26   **5. Wiederholungsversammlung und Eventualeinberufung.** Die Versammlung erreicht die nach Abs. 3 vorgesehene Beschlfähigkeit dann nicht, wenn nicht mehr als die Hälfte der stimmberechtigten MEanteile präsent sind. Dies kann von Anfang an oder während der Versammlung eintreten. In diesem Fall hat der Verwalter eine neue Versammlung einzuberufen (§ 25 Abs. 4 Satz 1; OLG Köln NJW-RR 1990, 26). Dabei hat er auf folgende Punkte zu achten:
– daß er dieselben Gegenstände wie für die erste Versammlung bezeichnet (es sich also um eine echte Wiederholung handelt);
– daß er auf die Beschlfähigkeit ohne Rücksicht auf die Höhe der vertretenen Anteile hinweist (Abs. 4), ansonsten erfolgreiche Anfechtung (BayObLG WE 1987, 158, 160), falls in neuer Versammlung die Beschlfähigkeit nach § 25 Abs. 3 nicht erreicht wird;
– daß er bei Einberufung der zweiten Versammlung außer den Gegenständen der ersten Versammlung nicht noch einen oder weitere TOP ankündigt; denn sonst ist für diesen neuen Punkt die Beschlfähigkeit wie für eine erste Versammlung zu beachten. Darüberhinaus hat der Verwalter alle sonstigen Einladungsformalitäten, z.B. Zeitpunkt (BayObLG WE 1991, 49), Ort und Ladungsfrist zu beachten (auch bei Eventualeinberufungen).

Mehrheitsbeschluß § 25

Manche Verwalter hatten in der Einladung für den Fall, daß die erste Versammlung nicht beschlußfähig sein sollte, gleich die Wiederholungsversammlung für eine halbe oder eine Stunde später einberufen. Diese Praxis der sog. **Eventualeinberufung** ist jedoch durch die Obergerichte nicht gestattet worden (OLG Köln NJW-RR 1990, 26 m. w. N.). 27

Abs. 4 ist abdingbar, deshalb ist es durch eine **Vereinb** möglich, die **Versammlung** ohne Rücksicht auf die Zahl der erschienenen WEer für **beschlußfähig zu erklären** (OLG Hamburg ZMR 1989, 230) oder eine Eventualeinberufung zuzulassen. Durch Beschl ist dies nicht möglich, da eine Abdingung des Gesetzes einer Vereinb bedarf (siehe Sauren ZMR 1984, 325). Auf eine Anfechtung hin müßte der Beschl aufgehoben werden (OLG Köln NJW-RR 1990, 26). Ein unangefochtener Beschl ist jedoch ausreichend (BayObLG ZMR 1979, 213), dann besteht aber ein Anspruch eines WEer auf erneute Beschlfassung in einer Versammlung (LG Aachen v. 21. 12. 1992, 3 T 225/91). Ist durch Vereinb die Eventualeinberufung zugelassen, so ist trotzdem die Einberufungsfrist (Abs. 4 Satz 2) zu beachten (LG Offenburg WuM 1993, 710; a.A. AG Wuppertal WuM 1993, 711) es sei denn, dies ist durch Vereinb abbedungen (BayObLG WuM 1989, 459, 460). Bei einem Übergang von einer Erstversammlung zu einer Wiederholungsversammlung ist dies förmlich im Protokoll festzuhalten. Der Mangel, der durch die Eventualeinberufung entsteht, wird dann geheilt, wenn die Wiederholungsversammlung mit Beschlfähigkeit stattfindet (z. B. wenn genügend WEer später erscheinen). 28

6. Stimmrechtsausschluß: Abs. 5 schließt einen WEer von seinem Stimmrecht aus, wenn in einer Angelegenheit zwischen ihm und der Verwaltung **eine im Gesetz genannte Interessenkollision** vorliegt, jedoch folgt nach dem BayObLG (NJWE 1997, 206) kein allg. Stimmverbot bei Vorliegen von Interessenkollisionen, z. B. private Sonderinteressen. 29

Beispiel: Bei Beschlfassung über Nutzung seines Kellers ist WEer nicht ausgeschlossen (BayObLG a. a. O. S. 207).

Es handelt sich hierbei um eine Sondervorschrift des Verbotes des Selbst-Kontrahierens (§ 181 BGB, OLG Karlsruhe OLGZ 1976, 145).

Sie gilt auch dann, wenn der WEer mit dem Betroffenen wirtschaftlich eng verbunden ist (BayObLG DWE 1982, 67; 1989, 134).

Beispiel: Beide Betroffene sind Gesellschafter und Geschäftsführer beider Firmen und unterhalten ein gemeinsames Büro (KG NJW-RR 1986, 642) oder es handelt sich um die Komplementär GmbH einer GmbH & Co KG (BayObLG WE 1992, 27), oder WEer ist Geschäftsführer und Gesellschafter der GmbH (OLG Oldenburg ZMR 1998, 105),oder wenn eine enge persönliche Verflechtung vorliegt.

Beispiel: Ehegatten (BayObLG NJW-RR 1993, 206).

Jedoch ist dann kein Ausschluß gegeben, wenn (zunächst) nur über gemeinschaftliche Angelegenheiten abgestimmt wird.

Beispiel: Errichtung von Abstellplätzen (OLG Stuttgart OLGZ 1974, 404), selbst wenn später einzelnen WEer diese zugeteilt werden sollen. Vielmehr ist ein Ausschluß erst bei dem Beschl über die Benutzung oder Zuteilung gegeben.

Ist der WEer in einem Teil ausgeschlossen, so ist er dies auch in den anderen (BayObLG NJW-RR 1998, 231). Der Ausschluß ergreift auch Dritten, wenn die Interessenlage indentisch ist, z.B. anderen Bauherrrn (BayObLG NJW-RR 1998, 231).

Kein Ausschluß liegt bei Abstimmung über Abgrenzung GE/SE vor (OLG Düsseldorf WE 1998, 146).

Folgende **Fälle** unterscheidet das Gesetz bzw. sind von der Rechtsprechung und Literatur entwickelt worden:

30 a) Wenn der zu fassende Beschl auf **ein Rechtsgeschäft mit dem WEer** gerichtet ist (Abs. 5 Alt 1), d.h. insbesondere bei Abschlüssen von Verträgen.

Beispiel: WEer wollen Instandsetzungsarbeiten an einen WEer vergeben, oder einseitigen Willenserklärungen.

Beispiele: Der WEer ist zugleich Verwalter, über dessen Entlastung (BayObLG Rpfleger 1979, 66), oder Vergütung entschieden werden soll (BayObLG NJW-RR 1987, 595, 596) oder ein Beschl über die Einräumung eines SNR für einen WEer, oder über die Beauftragung des Ehegatten des WEer als Rechtsanwalt (BayObLG WuM 1995, 222). Erfaßt auch solche WEer, die mit jenem eine wirtschaftliche Einheit bilden oder wirtschaftlich und rechtliche eng verknüpft sind, so daß sie interessengemäß als Einheit erscheinen (BayObLG a.a.O. S. 224).

Ausgenommen davon sind jedoch alle Beschl über mitgliedschaftliche Fragen, z.B. die Bevollmächtigung zur Klageerhebung (KG NJW-RR 1994, 855).

31 b) Wenn die Beschlfassung die **Einleitung oder Erledigung eines Rechtsstreits** der anderen WEer gegen ihn betrifft (Abs. 5 Altern 2).

Beispiel: Der WEer ist gleichzeitig Bauherr, Bauträger oder Verkäufer und es soll über rechtliche Schritte gegen ihn (z.B. Gewährleistungsansprüche BayObLG ZMR 1978, 248) oder die Einleitung eines selbstständiges Beweisverfahren (BayObLG NJW-RR 1998, 231) oder die Erhebung einer Klage auf Entziehung abgestimmt werden (KG NJW-RR 1994, 855).

Wird eine Aufforderung zur Unterlassung erklärt und sich weitere Schritte vorbehalten, so soll nach dem BayObLG (NZM 1998, 442) das Verbot nicht greifen.

Nach dem BayObLG (NJW-RR 1998, 231) sind die Erfolgsaussichten einer Klage nicht zu prüfen.

Mehrheitsbeschluß § 25

c) Wenn der WEer **zur Veräußerung seines WE's** rechtskräftig **verurteilt** ist (§ 18), diese aber noch nicht erfolgt ist (Abs. 5 Alt 3). Jedoch nicht vorher. 32
Beispiel: Anhängigkeit des Prozesses bei Gericht.
d) Das Stimmrecht kann insoweit nicht ausgeübt werden, als die **Ausübung mißbräuchlich** ist. Dies kommt insbesondere dann in Frage, wenn eine Majorisierung der Minderheit vorliegt (ausführlich Jennißen/Schwermer WuM 1988, 285). Von einer sog. Majorisierung spricht man dann, wenn aufgrund der Stimmrechte (z.B. MEanteile) ein WEer von vornherein die Mehrheit hat und diese Mehrheit dadurch mißbraucht, daß er ohne Rücksicht auf die anderen seine Meinung duchsetzt. 33
Beispiele: Durchsetzung der Wahl eines Verwalters, dessen Gesellschafter der WEer ist, ohne vorherige ausreichende Information gegen den Willen der anderen WEer (OLG Karlsruhe v. 11. 9. 1983, 11 W 48/83) oder Ausschluß anwaltlicher Beratung der anderen WEer bei eigener anwaltlichen Beratung (LG Berlin WuM 1989, 203).
Nach einer Meinung (OLG Celle ZMR 1998, 436, 437; OLG Zweibrücken ZMR 1990, 30, BayObLG WE 1997, 115) reicht bereits, wenn ein WEer sein absolutes Stimmengewicht zur eigenen Verwalterwahl oder der Person, der sie vertrauen, ausübt. Nach anderer Ansicht ist jedesmal konkret zu fragen, ob der Mehrheitseigentümer seine Stimmrechtsgewichte zur Durchsetzung einer mit einer ordnungsgemäßen Verwaltung unvereinbaren Maßnahme mißbraucht (KG OLGZ 1986, 56). Ein Mißbrauch liegt nicht allein schon darin, daß die Wahl einer Person seines Vertrauens, z.B. des Verwalters, durchgesetzt wird (KG NJW-RR 1987, 268), auch wenn diese Person von der Minderheit abgelehnt wird (KG OLGZ 1986, 56). Es müssen vielmehr Gründe des Mißbrauchs hinzutreten. Liegt eine Majorisierung vor, so kann keine Begrenzung des Stimmrechts des Majorisierenden auf 25% (KG NJW-RR 1994, 525; a.A. OLG Hamm Rpfleger 1978, 182) oder gar eine Beschränkung für die Zukunft erfolgen (KG NJW-RR 1988, 1173; a.A. OLG Düsseldorf OLGZ 1984, 289). Vielmehr ist jedesmal im Einzelfall zu prüfen, ob ein Mißbrauch vorliegt (OLG Düsseldorf NJWE 1997, 233).
Beispiel: Erhöhung des Honorars um fast 20% und Einräumung eines Sonderhonorars (OLG Düsseldorf ZMR 1997, 31, 93).
Eine Ungültigkeitserklärung erfolgt dann, wenn ohne die Mißbrauchsstimmen, die unwirksam sind (KG NJW-RR 1986, 643), eine Mehrheit nicht mehr vorliegt (OLG Karlsruhe WuM 1988, 327).
e) Besondere Probleme ergeben sich, wenn ein **WEer zugleich Verwalter ist.** Hier ist zu unterscheiden: 34
Grundsätzlich hat der Verwalter bei allen Verwaltungsmaßnahmen der WEerGem Stimmrecht, also auch bei der Bestellung oder Abberufung als Verwalter (OLG Zweibrücken ZMR 1986, 369, 370

§ 25   3. Abschnitt. Verwaltung

m.w.N.; a.A. Bielefeld FS Seuß S. 41, 48 m.w.N.), über den WP (OLG Zweibrücken DWE 1983, 95), die Wahl des Beirates (AG Montabaur v. 28. 10. 1983, 9 UR II 17/83 zit. n. Bielefeld a.a.O. S. 50, dies kann im konkreten Fall sehr zweifelhaft sein) und soweit isoliert (ohne Entlastungsbeschl) darüber abgestimmt wird (AG Frankfurt NJW-RR 1992, 86), die Jahresabrechnung (§ 28 Abs. 5), dies gilt auch, wenn der Verwalter von dem Selbstkontrahierungsverbot (§ 181 BGB) befreit ist (AG Frankfurt a.a.O. S. 86). Umstritten ist die Frage bei der Abberufung des Verwalters aus wichtigem Grund (für Ausschluß Merle WE 1987, 35; Gerauer ZMR 1987, 165; dagegen OLG Hamm OLGZ 1978, 184; OLG Celle NJW 1958, 307). Kein Stimmrecht steht dem Verwalter/WEer zu, wenn ein Fall des Abs. 5 (siehe Rdnr. 30) vorliegt, z.B. Einleitung eines Prozesses (BGH NJW 1989, 1091), bei der Beschlfassung über den Abschluß (Augustin § 26 Anm. 9), Festsetzung der Vergütung (BayObLG NJW-RR 1987, 595), Änderung (z.B. Erhöhung der Verwaltungspauschale: BayObLG NJW-RR 1993, 206) oder Kündigung (BayObLG NJW-RR 1987, 78) des Verwaltervertrages oder bei seiner Entlastung (OLG Zweibrücken WE 1991, 357). Werden in diesem Zusammenhang auch über Angelegenheiten abgestimmt, bei denen der Verwalter Stimmrecht hat, so greift das Verbot.

35   Dieses fehlende Stimmrecht erfaßt bei einer Verbindung mehrerer Regelungspunkte in einem Beschl auch die übrigen Gegenstände. Deshalb fehlt das Stimmrecht des Verwalters/WEer bei einem Beschl über die Jahresabrechnung, wenn diese auch die Entlastung des Verwalters enthält (siehe § 28 Rdnr. 58), über die Abberufung, wenn der TOP auch die Kündigung des Verwaltervertrages beinhaltet (BayObLG NJW-RR 1987, 79).

36   f) Durch den **Ausschluß** hat der WEer in diesem Punkt **kein Stimmrecht** mehr und zählt für die Beschlfähigkeit nicht mehr mit. Steht das WE mehreren Mitberechtigten zu, Abs. 2, so gilt der Ausschluß des Stimmrechts für alle (BayObLG NJW-RR 1993, 206 m.w.N.). Ist der Betroffene vom Stimmrecht ausgeschlossen, so kann er nicht in gesetzlicher oder rechtsgeschäftlicher Vollmacht für andere stimmen (OLG Zweibrücken DWE 1984, 127), selbst wenn ihm für den TOP konkrete Weisungen erteilt wurden (LG Frankfurt NJW-RR 1988, 596). Er kann auch den Stimmrechtausschluß nicht dadurch umgehen, daß er einen anderen WEer oder Dritte bevollmächtigt (BPM Rdnr. 61). Ist der Verwalter als WEer vom Stimmrecht (OLG Zweibrücken WE 1991, 357), z.B. bei seiner Entlastung ausgeschlossen, so kann er auch nicht in Vollmacht für andere WEer abstimmen (LG Lübeck DWE 1985, 93). Dies kann der Verwalter auch nicht dadurch umgehen, daß er die Vollmacht auf Dritte überträgt, z.B. auf Angestellte oder andere WEer. Fraglich ist, ob die WEer, die die Jahresabrechnung miterstellt haben, oder Angestellte des Verwalters

vom Stimmrecht ausgeschlossen sind. Das wird vom LG Frankfurt (NJW-RR 1988, 596) verneint mit dem zweifelhaften Argument, daß der Verwalter weiter für die Tätigkeit verantwortlich sei. Dabei übersieht das LG die wirtschaftliche Abhängigkeit des Angestellten und die damit verbundene Entlastung von sich selbst, die zum Stimmrechtsausschluß führt (ähnlich Schmidt WE 1989, 3). Unberührt bleibt das Teilnahme und Rederecht (BayObLG NJW 1993, 603).

g) Ein Verstoß begründet die **Anfechtbarkeit** und Ungültigkeits- 37 erklärung dann, wenn sich die Mehrheitsverhältnisse aufgrund der Nichtberücksichtigung ändern (BayObLG ZMR 1988, 148).

7. Abs. 5 ist nach h.M. **abdingbar** durch Vereinb (BayObLG 38 DWE 1984, 125; LG Hamburg NJW 1962, 1867; Weitnauer § 25 Rdnr. 1). Diese Abdingbarkeit kann in zwei Richtungen erfolgen: Entweder durch Erweiterung oder durch Einschränkung, die bis zum gänzlichen Ausschluß bzw. Abdingung reichen kann. Deshalb ist im folgenden zu unterscheiden:

a) Eine Einschränkung des § 25 Abs. 5 ist nicht möglich, da 39 diese Vorschrift auch einen Minderheitenschutz darstellt. § 25 Abs. 5 ist eine Sondervorschrift des Verbots des Selbstkontrahierens und damit als eine Beschränkung des rechtlichen Könnens aufzufassen. Als Zweck ist die Gefahr einer Interessenkollision und damit einer möglichen Schädigung der WEerGem anzusehen (vgl. Palandt § 181 Rdnr. 2). Diese Gefahr der möglichen Schädigung der WEerGem reicht aus, um eine Einschränkungsmöglichkeit von vorneherein zu verneinen, da Argumente, die für einen solchen Ausschluß sprechen, nicht ersichtlich und auch nicht vorstellbar sind (im Ergebnis ebenso Bub S. 334; Bader Stimmrecht und Beschl in der Versammlung der WEer, unveröffentlichtes Manuskript Mai 1989 S. 47: „§ 25 Abs. 5 kann durch eine Gemeinschaftsordnung nicht einfach gestrichen werden").

b) Aber auch eine **Erweiterung** der Vorschrift ist ohne weiteres 40 nicht möglich. Hintergrund dafür ist, daß das Stimmrecht eines der wichtigen Rechte des WEers ist, da er nur damit an der Verwaltung des gemeinschaftlichen Eigentums mitwirken kann. Ohne Stimmrecht ist der WEer weitgehend ohne Einfluß auf die Verwaltung des gemeinschaftliches Eigentums. Ohne sein Stimmrecht ist er genötigt, über gerichtliche Entscheidungen auf die Ordnungsgemäßheit der Verwaltung Einfluß zu nehmen, wobei eine Überprüfung nach Zweckmäßigkeitsgesichtspunkten i.d.R. ausscheidet und nur eine nicht ordnungsgemäße Verwaltung gerügt werden kann (KG OLGZ 1986, 179, 182). Voraussetzung für die Erweiterung muß deshalb ein erhebliches gemeinschaftswidriges Verhalten sein (BayObLG NJW 1965, 821; KG DWE 1989, 143), das im übrigen auch verschuldet sein muß (BayObLG NJW 1965, 821; KG OLGZ 1986, 179). Eine

Klausel, die das Ruhen des Stimmrechts anordnet, wenn die WEer ihrer Verpflichtung nicht im vollem Umfang nachkommen, ist deshalb mangels des zusätzlichen Merkmals Verschulden gem. § 242 BGB unwirksam. Auch Klauseln, die einen Stimmrechtsausschluß bei einem einmaligen oder einmonatigem Verzug (KG DWE 1989, 143) oder von einem Verzug länger als 1 Monat bzgl. des Zahlung des Wohngeldes zulassen oder gar das Verbot der Teilnahme an der Versammlung als Folge aufzählen (Weitnauer § 25 Anm. 19; a. A. LG München Rpfleger 1978, 381; Bub S. 335 mit dem Argument, daß der Eigentümer durch Erfüllung seiner Pflichten den Ausschluß abwehren könne), sind folglich ebenfalls unwirksam. Zwar hat der WEer diesen Rückstand gem. §§ 284, 285 BGB verschuldet, jedoch sind einmalige oder kurzfristige Rückstände als nicht erheblich einzustufen (vgl. KG a.a.O für einen einmonatigen Wohngeldrückstand, die gegenteilige Ansicht des LG München a.a.O. hat das KG nicht erörtert).

41 Es bleibt festzuhalten, daß Erweiterungen des Abs. 5 insoweit möglich sind, als sich der Miteigentümer erheblichen Verletzungen seiner Pflichten schuldig gemacht hat (so auch Weitnauer Anm. 16, indem er von ernsthaften Verletzungen spricht; Bader a.a.O. S. 39 führt als weitere Beispiele an: Der WEer, der sich schuldhaft grob gemeinschaftswidrig verhält; so auch BayObLG NJW 1965, 821, der sich als zu Bruchteilen Mitberechtigter nicht durch einen gemeinschaftlich Bevollmächtigten vertreten läßt oder der in das Ausland verzieht, ohne eine inländische Person als Bevollmächtigten (nicht nur für das Stimmrecht, sondern für alle Angelegenheiten der Verwaltung) zu benennen. Auch diese Gründe müssen im Einzelfall überprüft werden, wobei bereits der 2. Grund (1.Alt) Bedenken begegnet. Die Ursache dafür, daß diese Fragen bisher nicht erörtert wurden, sieht Bader a.a.O. S. 39 darin, daß der Ausschluß auch dann nicht praktiziert wird, wenn er gerechtfertigt wäre. Deshalb hätte beim AG München die Erweiterung des Stimmrechtsausschlusses über die Jahre hinweg keine Bedeutung erlangt).

42 Soweit Klauseln diese Voraussetzungen erfüllen, ist jedoch zu beachten, daß nicht gegen weitere allgemeine Grundsätze verstoßen wird (siehe § 10 Rdnr. 12ff.).

43 Als Beispiel soll die Klausel herangezogen werden, daß das Stimmrecht derjenigen WEer bereits ruht, gegen die ein Beschluß nach § 18 Abs. 3 WEG gefaßt worden ist (KG OLGZ 1986, 179).

44 Mit Weitnauer (Anm. 19) kann hier festgestellt werden, daß die Wohnungseigentümer in der Regel den Beschl ohne erhebliche Pflichtverletzung nicht fassen werden. Weitnauer übersieht jedoch, daß diese Schlußfolgerung nicht zwingend ist. Die Klausel ist deshalb wegen Verstoß gegen § 242 BGB unwirksam, weil sie dem betroffenen WEer die Möglichkeit der gerichtlichen Überprüfung entzieht, denn der Ausschluß wirkt auch ohne die Berücksichtigung der Anhän-

Bestellung und Abberufung des Verwalters

26 (1) Über die Bestellung und Abberufung des Verwalters beschließen die Wohnungseigentümer mit Stimmenmehrheit. Die Bestellung darf auf höchstens fünf Jahre vorgenommen werden. Die Abberufung des Verwalters kann auf das Vorliegen eines wichtigen Grundes beschränkt werden. Andere Beschränkungen der Bestellung oder Abberufung des Verwalters sind nicht zulässig.

(2) Die wiederholte Bestellung ist zulässig; sie bedarf eines erneuten Beschlusses der Wohnungseigentümer, der frühestens ein Jahr vor Ablauf der Bestellungszeit gefaßt werden kann.

(3) Fehlt ein Verwalter, so ist ein solcher in dringenden Fällen bis zur Behebung des Mangels auf Antrag eines Wohnungseigentümers oder eines Dritten, der ein berechtigtes Interesse an der Bestellung eines Verwalters hat, durch den Richter zu bestellen.

(4) Soweit die Verwaltereigenschaft durch eine öffentlich beglaubigte Urkunde nachgewiesen werden muß, genügt die Vorlage einer Niederschrift über den Bestellungsbeschluß, bei der die Unterschriften der in § 24 Abs. 6 bezeichneten Personen öffentlich beglaubigt sind.

1. Dieser Paragraph regelt die **Fragen der Bestellung,** die gem. § 20 Abs. 2 unabdingbar ist, **der Laufzeit** und **Abberufung des Verwalters.**

2. a) Über die **Person des Verwalters** oder seine fachliche Qualifikation finden sich im Gesetz keine Anforderungen. Nur in krassen Fällen kann eine Gewerbeuntersagung erfolgen, wenn die Annahme der Unzuverlässigkeit des Verwalters gerechtfertigt ist, z.B. wenn er sich selbst ein Darlehen aus den gemeinschaftlichen Geldern gibt (BVerwG NVwZ-RR 1995, 197). Die WEer müssen deshalb den Verwalters selbst nach Kriterien auswählen (Hinweise dafür bei Peters FS Seuß S. 223).

Beispiel: Berufliche Vorbildung, Bonität, Personalbestand etc.

b) Der **Verwalter** kann sowohl ein **WEer** als auch ein **Dritter** sein. Möglich ist auch eine **juristische Person,** z.B. eine GmbH (KG NJW 1956, 1679) oder einer Aktiengesellschaft, unabhängig davon, ob sie gemeinnützig ist oder nicht (OVG Bremen NJW 1981, 414), oder eine **oHG/KG** (OLG Hamburg OLGZ 1988, 299). Nicht möglich ist es jedoch, eine BGB-Gesellschaft (BGH Rpfleger 1989, 325) oder mehrere Personen, z.B. 2 WEer (BayObLG WE 1991, 289), Societäten, Ehepaare (BGH WE 1990, 84), zum Verwalter zu ernennen, denn das Gesetz geht von dem Handeln eines einzelnen aus. Nach dem OLG Köln (v. 4. 11. 1991, 16 Wx 81/91) ist diese Fallgestaltung jedoch nicht gegeben, wenn ein Mitglied einer solchen Vereinigung z. B. BGB-Gesellschafter, zum Verwalter gewählt wird, selbst wenn dieser sich zur Erledigung seiner Aufgaben des Personals und der sachlichen Mittel der BGB-Gesellschaft bedient.

Ebenfalls nicht möglich ist die Aufteilung des Verwalteramtes, z. B. für bestimmte Bereiche oder bestimmte Häuser einer Anlage (Bub DWW 1989, 317).

4 **c)** Das **Verwalteramt** ist **personenbezogen** und kann deshalb nicht einseitig übertragen werden, z. B. von einer GmbH auf eine andere, auch wenn die zweite bzgl. der ersten GmbH weisungsgebunden und personell verflochten ist (BayObLG WE 1991, 287). Stirbt die Person, die das Verwalteramt innehat, oder endet die Rechtsfähigkeit z. B. durch Übertragung (OLG Düsseldorf Rpfleger 1990, 356) oder durch Veräußerung (BayObLG WE 1991, 196), so geht das Amt nicht auf den Gesamtrechtsnachfolger z. B. Erben über (BayObLG ZMR 1987, 230). Unberüht bleibt jedoch der Wechsel von Gesellschaftern, z. B. des persönlich haftenden Gesellschafters einer KG (BayObLG NJW-RR 1988, 1170). Die Abgrenzung kann aber schwierig sein, da mit einem Gesellschafterwechsel auch ein Wechsel oder Erlöschen der Gesellschaft verbunden sein kann, z. B. scheidet aus einer zweigliedrigen Gesellschaft einer aus, so erlischt diese (§ 142 Abs. 1 HGB) und damit das Verwalteramt (BayObLG WE 1988, 19 für die Übernahme des KG Anteils durch Komplementär). Bei einem Wechsel der Rechtsform vom Einzelunternehmen in eine GmbH ist es jedoch unschädlich, wenn die GmbH zum Zeitpunkt der Beschlfassung noch nicht gegründet ist, wesentlich ist nach dem OLG Frankfurt (v. 22. 7. 1994, 20 W 323/94 zit. n. Deckert 2/2302), daß zum Zeitpunkt der Übernahme der Pflichten die GmbH besteht.

5 **3.** Da niemand durch einen Beschl gem. Abs. 1 gezwungen werden kann, das Amt des Verwalters zu übernehmen, bedarf es neben dem sog. Bestellungsakt noch einer **vertraglichen Begründung** der Amtsübernahme durch den bestellten Verwalter (BayObLG WuM 1989, 264; das BayObLG WE 1988, 31, OLG Hamm NJW-RR 1997, 143, läßt aber auch das jahrelange widerspruchslose Tätigsein genügen). Deshalb ist immer zu unterscheiden zwischen dem sog. **Bestellungsakt** und dem **Abschluß des Verwaltervertrages** (BGH NJW 1997, 2106, 2107).

6 **a)** Die **Bestellung des Verwalters** durch die WEerGem kann durch Vereinb oder Beschl erfolgen (sog. Bestellungsakt). Oft erfolgt die Erstbestellung, da in der TErkl nicht vorhanden, durch einen „Entschluß" des Bauträgers vor Entstehung.

Dies ist jedoch nicht möglich (OLG Frankfurt OLGZ 1986, 41; Bader F/S Seuss S. 10; a. A. OLG Köln Rpfleger 1986, 298), es sei denn, die TErkl enthält eine entsprechende Befugnis und es ist noch keine faktische WEerGem entstanden (BayObLG ZMR 1994, 483).

b) Vereinb bei der **Bestellung sind nichtig,** wenn sie über die in Abs. 1 Satz 2ff., Abs. 2 enthaltenen Beschränkungen hinausgehen. 7

Beispiele: Beschränkung des Personenkreises des Verwalters (z.B. nur WEer, BayObLG NJW-RR 1995, 271; Wohnungsunternehmen oder Haus- und Grundbesitzerverein, OLG Bremen Rpfleger 1980, 68), Qualifizierte Mehrheitserfordernisse (z.B. $^2/_3$ BayObLG ZMR 1985, 210; oder $^3/_4$ BayObLG WE 1995, 30), Bestellung durch einen WEer aufgrund von Vereinb oder eine Minderheit der WEer (AG Niebüll DWE 1988, 31), den Beirat (LG Lübeck Rpfleger 1985, 232) oder Dritte (AG Niebüll a.a.O.), z.B. den Treuhänder (AG München v. 28. 5. 1986, 4 UR II 578/85 WEG zit. n. Bader FS Seuß 1987, 10 Fn. 29), notwendige Zustimmung eines Grundpfandgläubigers oder die Wiederwahl des bisherigen Verwalters länger als ein Jahr vor Ablauf der Bestellzeit (KG WE 1998, 66). Im übrigen eine Vereinb, die dem Verwalter erlaubt, die Verwaltung auf Dritte zu übertragen (BayObLGZ 1975, 327), es sei denn, der Verwalter macht nach dem OLG Frankfurt (Rpfleger 1976, 253) vor Aufnahme der Tätigkeit von der Ermächtigung Gebrauch und kein WEer widerspricht. Ebenfalls nichtig ist die Aufnahme von einer Bedingung, z.B. wenn 40% der Einheiten der Anlage verkauft sind (KG OLGZ 1976, 266). Wird eine mit ihrer Zustimmung zur Verwalter bestellte Person tätig, ohne daß ein Verwaltervertrag abgeschlossen wurde oder aufgrund eines geschlossenen Vertrages, der an eine Nichtigkeit oder Unwirksamkeitsgrund leitet, so führt dies zur Anwendung der Vorschriften über die Geschäftsführung ohne Auftrag (§ 677 ff. BGB, BGH NJW 1997, 2107).

c) Bei **Bestellung** des Verwalters **ohne zeitliche Begrenzung** 8 oder für einen 5 Jahre übersteigenden Zeitraum ist diese nicht nichtig, sondern endet nach 5 Jahren automatisch (LG Köln MittRhNot 1984, 121). Nach dem KG (ZMR 1987, 392; WE 1989, 132; 1991, 105) ist aber auch die formularmäßige Aufnahme einer mehr als 2jährigen Tätigkeit in die TEerkl unwirksam (§ 11 Nr. 12a AGBG) und wird durch das gesetzliche Kündigungsrecht (§ 621 BGB) ersetzt. Anderer Ansicht ist die h.M. (z.B. Röll WE 1989, 114), die eine Überprüfung durch das AGBG nicht zuläßt (vgl. § 10 Rdnr. 8).

d) Die **Amtszeit beginnt** i.d.R. durch Festlegung der Vertrags- 9 parteien, bei fehlender Festlegung sofort (§ 271 BGB, da diese Vorschrift für Schuldverhältnisse aller Art gilt, vgl. Palandt § 271 Rdnr. 3; a.A. Weitnauer Anm. 11 mit Aufnahme der Tätigkeit; Palandt Rdnr. 2 mit Wirksamwerden des Bestellungsaktes). Die Bestellung

§ 26 3. Abschnitt. Verwaltung

durch Vereinb/TErkl beginnt nach dem LG Bremen (Rpfleger 1987, 199, Müller WE 1997, 448) mit Grundbuchanlegung und Gemeinschaftsentstehung, nach dem KG (WE 1987, 121) mit Eintragung des zweiten WEer bei einer Teilung gem. § 8. Anderer Ansicht ist das BayObLG (v. 6. 4. 1984, 2 Z 7/83), wenn es einer werdenden WEer-Gem schon das Recht gibt, über die Abberufung des Verwalters zu beschließen.

10   e) Eine sog. **Verlängerungsklausel** (z. B. der Vertrag verlängert sich jeweils um 1 Jahr, wenn nicht bis 6 Monate vor Ablauf gekündigt) ist zulässig (OLG Köln DWE 1990, 69). Diese endet jedoch spätestens nach Ablauf von 5 Jahren (BayObLG WuM 1996, 651). Eine Wiederbestellung ist jederzeit auch mehrfach möglich, vor Ablauf der Jahresfrist (Abs. 2) aber nichtig (BGH NJW-RR 1995, 780, KG ZMR 1997, 611). Möglich ist es ebenfalls, während der Verwalterzeit eine neue Wahl vorzunehmen, wenn die neue Verwalterzeit sofort beginnt (OLG Hamm WE 1990, 104). Durch eine Wahl können auch mehrere Verwalter hintereinander bestellt werden, nach dem LG München (Mitt BayNot 1978, 59) aber jeder nur einmal und nach dem LG Freiburg (WuM 1994, 406) auf höchstens insgesamt 5 Jahre. Deshalb ist vorzeitige Verlängerung um 5 Jahre zulässig (BGH NJW-RR 1995, 780).

11   4. § 26 ist insoweit **unabdingbar,** als ein Verwalter nur auf Dauer von maximal 5 Jahren bestellt und die Abberufung aus wichtigem Grund nicht ausgeschlossen werden kann, Abs. 3 und 4 sind ebenfalls unabdingbar.

12   5. Der **Bestellungsakt** regelt im Innenverhältnis der WEer, wer Verwalter wird. Er kann nicht alleine durch Duldung der Verwaltertätigkeit durch einen Dritten in irriger Annahme der Bestellung erfolgen (BayObLG ZMR 1987, 230; a. A. BayObLG WE 1988, 31). Der Bestellungsakt kann einen Rahmen (z.B Höhe der Vergütung) festlegen (OLG Hamburg OLGZ 1988, 299) oder Bedingungen der Verwaltertätigkeit, aber nicht der Bestellung (KG NJW 1975, 318).

13   a) Die **Bestellung** kann **auf** folgenden **3 Wegen erfolgen: aa) Durch Vereinb** (BayObLG NJW 1974, 2136), insbesondere bereits in der TErkl (BayObLG WE 1992, 171). Auch dann gelten die Beschränkungen des Abs. 1 und Abs. 2.

14   **bb) Durch Beschl** kann die Bestellung ebenfalls erfolgen (vgl. Wortlaut des Abs. 1 Satz 1). Der Beschl enthält i. d. R. auch die Vollmacht zum Vertragsabschluß (des alten Verwalters bzw. des Beiratsvorsitzenden). Wird kein ausdrücklicher Verwaltervertrag geschlossen, so kommt ein sog. Geschäftsbesorgungsvertrag mit dem Verwalter zustande (OLG Hamm WE 1997, 28) nach den Regeln des BGB. Während der durch Beschl bestellten Zeit kann dann ordentlich nicht gekündigt werden ohne Schadensersatzansprüche (OLG Hamm, wie

Bestellung und Abberufung des Verwalters § 26

vor). Der Verwalter, der abberufen wurde, hat kein Anfechtungsrecht gegenüber dem Beschl, der den neuen Verwalter bestellt (KG OLGZ 1978, 178, BGH NJW 1989, 1087), jedoch gegen seine eigene Abberufung (siehe Rdnr. 29 ff.). Das Recht zur Anfechtung entfällt auch nicht deshalb, weil der neue Verwalter zwischenzeitlich ausscheidet (BayObLG NJW-RR 1988, 270).

Ein **Bestellungsbeschl** ist dann für **ungültig** zu erklären, wenn er 15 gegen ordnungsgemäße Verwaltung verstößt (BPM Rdnr. 37). Dies ist gegeben, wenn gegen die Bestellung des in Aussicht genommenen Verwalters ein wichtiger Grund (siehe Rdnr. 35 ff., BayObLG WuM 1989, 264) vorliegen würde (OLG Stuttgart NJW-RR 1986, 315; BayObLG WE 1991, 167). Wird der Beschl für ungültig erklärt, so sind die Geschäfte des neuen Verwalters trotzdem gültig gegenüber der WEerGem, da durch den Beschl gegenüber Aussenstehenden der Anschein der Bevollmächtigung erweckt wurde (ebenso Weitnauer Anm. 15; a.A. BayObLGZ 1981, 50). Ein Schadensersatzanspruch gegen den Verwalter kommt ebenfalls nicht in Betracht (BayObLG WE 1991, 198). Für das Grundbuchverfahren kann aber nach dem BayObLG (DWE 1981, 55, 58) auf diese Grundsätze zu Recht nicht zurückgegriffen werden.

cc) Letztlich kann die **Bestellung** auch noch **durch Gerichtsbe-** 16 **schluß** erfolgen. In diesem Fall wird die Bestellung erst mit Ablauf der Rechtsmittelfrist wirksam (Rechtskraft § 45 Abs. 2 bzw. bei einstweiliger Anordnung § 44 Abs. 3 für die Dauer des Verfahrens KG DWE 1987, 27). Wird die einstweilige Anordnung später wieder aufgehoben, so hat dies auf die vorher getätigten Rechtshandlungen des Notverwalters keine Auswirkungen (BayObLG NJW-RR 1992, 787). Die Bestellung durch Gerichtsbeschluß ist mit einer Bestellung nach Abs. 1 Satz 1 identisch (BGH NJW 1993, 1924) und endet wie diese (BayObLG NJW-RR 1989, 461). Während der Dauer des gerichtlichen Verfahrens ist ein sofortiger Abberufungsbeschluß nichtig (KG WE 1989, 202). Deshalb hat nach dem OLG Köln (OLGZ 1969, 389) ein zuvor abberufener Verwalter auch kein Beschwerderecht gegen die Bestellung eines Verwalters durch das Gericht.

Für die **Gerichtsbestellung** bestehen folgende **Möglichkeiten:** 17
– In einem Verfahren gem. Abs. 3 (i.V.m. § 43 Abs. 1 Nr. 3) ist der Gerichtsbeschluß Bestellungsakt. Er kann nur auf Antrag eines WEer oder eines Dritten (z.B. Realgäubiger, Mieter etc.) gestellt werden, wenn der Verwalter fehlt und ein dringender Fall gegeben ist. In diesem Verfahren braucht eine bestimmte Person nicht benannt zu werden, und das Gericht ist auch nicht an den Vorschlag gebunden.
– Als Maßnahme der ordnungsgemäßen Verwaltung kann jeder WEer (aber nicht ein Dritter wie bei Abs. 3) die Bestellung eines Verwalters durch das Gericht verlangen (§ 21 Abs. 4, 43 Abs. 1

§ 26 3. Abschnitt. Verwaltung

Nr. 1), ohne daß der Fall einer Dringlichkeit wie bei Abs. 3 vorliegt. In diesem Verfahren kann im Gegensatz zu Nr. 1 auch die Bestellung einer bestimmten Person zum Verwalter verlangt werden, den das Gericht aber auch ablehnen und einen Dritten einsetzen kann (BayObLG NJW-RR 1989, 461; a.A. Weitnauer Anm. 17).

– Als weitere Möglichkeit kann jeder WEer durch das Gericht die Mitwirkung der übrigen bei der Verwalterbestellung durch Beschl verlangen (gem. §§ 21 Abs. 4, 43 Abs. 1 Nr. 1).

18 Bei allen 3 Verfahren können jeweils Bedingungen der Tätigkeit (z.B. Vergütung, andernfalls gilt letzte Verwaltervergütung KG NJW 1994, 138) geregelt werden (BGH NJW 1980, 2466). Materiell ist Voraussetzung, daß ein Verwalter fehlt. Dies ist nicht nur gegeben, wenn kein Verwalter eingesetzt ist, sondern auch, wenn der eingesetzte Verwalter die Geschäftsführung grundsätzlich verweigert oder sich weigert, dringende Angelegenheiten wahrzunehmen (BayObLG WE 1990, 27).

19 **b)** Durch den **Abschluß des Verwaltervertrages** wird die Rechtsstellung als Verwalter begründet (OLG Hamm NJW 1973, 2301).

20 **aa) Zustandekommen des Vertrages.** Im Bestellungsakt ist juristisch, je nachdem, ob ein konkretes Angebot bereits vorliegt oder nicht, dessen Annahme und damit das Zustandekommen des Vertrages (BayObLG NJW-RR 1987, 1039, 1040) oder erst das Angebot an den Verwalter (BGH NJW 1980, 2466) zu sehen. Im letzteren Fall ist es zweckmäßig, einen WEer, z.B. den Beiratsvorsitzenden, zu wählen, der die Vertragsurkunde abschließt und unterzeichnet. Mangels einer solchen Bestimmung hat die Mehrheit diese Rechtsmacht (OLG Hamburg OLGZ 1988, 299). Bei einer Bestellung durch gerichtliches Verfahren (gem. Abs. 3) der Antragsteller (Palandt Rdnr. 7; a.A. Merle S. 84f.). Nicht näher beschriebene Vollmacht ermächtigt nur zu einem Vertrag, der ordnungsgemäßer Verwaltung entspricht (KG NJW 1991, 1302). Regelungsgegenstand des Verwaltervertrages ist nur die Beziehung der Gem zum Verwalter (BayObLG NJW-RR 1989, 1168, 1170). Deshalb dürfen in dem Vertrag keine Regelungen über das Verhältnis der WEer untereinander aufgenommen werden (OLG Saarbrücken WE 1998, 69; Sauren Verwalter S. 2). Das LG Lübeck (v. 5. 2. 1988, 7 T 569/86) hat deshalb folgende Passagen eines Vertrages für ungültig erklärt:

– die Aufgabe des Verwalters, die Hausordnung aufzustellen;
– die Aufgabe des Verwalters, über die Art und Weise der Nutzung des gemeinschaftlichen Eigentums zu entscheiden;
– die Berechtigung des Verwalters, schon vor Aufstellung eines Wirtschaftsplanes Vorschüsse zu verlangen;
– „die Einzelabrechnung gilt als anerkannt, wenn nicht innerhalb von 3 Wochen schriftlicher Widerspruch erhoben worden ist";

Bestellung und Abberufung des Verwalters § 26

- „gegen das Wohngeld oder Einzelbeträge darf nicht aufgerechnet werden" oder „ein Zurückbehaltungsrecht geltend gemacht werden" (m. E. zu eng, da diese Rechtslage sich bereits aus dem gesetzlichen Gemeinschaftsverhältnis ergibt);
- „der einzelne Eigentümer kann eine Verzinsung der eingezahlten Wohngelder oder eventueller Abrechnungsguthaben nicht verlangen, und Zinsen des Girokontos der Gemeinschaft sowie der festgelegten Rücklagen sollen der Gemeinschaft zufließen";
- „mehrere Eigentümer, denen ein Wohnungseigentum gemeinsam zusteht, haben einen Bevollmächtigten und Zustellungsbevollmächtigten zu bestellen und dem Verwalter zu benennen, andernfalls kann eine Wahrnehmung der Eigentumsrechte innerhalb und außerhalb der Versammlung nicht erfolgen".

Die Wirksamkeit des Vertrages wird nach dem OLG Saarbrücken (WE 1998, 69) nicht durch einzelne unwirksame Passagen in Frage gestellt, wenn davon auszugehen ist, daß die WEer den Vertrag auch ohne die Regelung zugestimmt hätten.

Desweiteren darf der Verwaltervertrag keine Regelungen enthalten, die der GO widersprechen (BayObLG WE 1991, 295). Deshalb sind von dem BayObLG (a.a.O. S. 296) zur GO in Widerspruch stehende Regelungen über Fälligkeit des Wohngeldes, Höhe der Verzugszinsen und der Bevollmächtigung aufgehoben worden.

bb) Inhalt des Vertrages (siehe ausführlich und mit Muster Sauren, Verwalter S. 1ff.): Rechtlich handelt es sich um einen sog. Geschäftsbesorgungsvertrag mit Dienstvertragselementen (BGH NJW 1980, 2466; BGH NJW-RR 1993, 1227; §§ 611, 675 BGB). Die Passagen des Verwaltervertrages unterliegen i.d.R. dem AGB-Gesetz (BayObLG WE 1991, 295). Die Verwaltung ist im Zweifel entgeltlich, es sei denn, ein Entgelt ist ausgeschlossen. Dann handelt es sich rechtlich um einen sog. Auftrag (§ 662 BGB), der jederzeit widerrufen werden kann. **21**

Vergütung: Soweit der Verwalter vor Vertragsschluß bereits Arbeiten durchführt (§§ 677ff. BGB, OLG Hamm NJW-RR 1989, 970) oder wegen nicht wirksamer Vertretung für die Vertragszeit keine vertraglichen Ansprüche bestehen (BGH ZMR 1989, 265) hat er Anspruch auf Vergütung (aus Geschäftsführung ohne Auftrag) auch im Falle unberechtigter Geschäftsführung (OLG Düsseldorf WuM 1996, 178). Ist über die Fälligkeit nichts vereinbart, so erfolgt sie erst nach Erbringung der Leistung, d.h. nach dem OLG Hamm (NJW-RR 1993, 845) nach Vorlage der Jahresabrechnung. Solange dem Verwalter gerichtlich die Amtsausübung untersagt ist, hat er keinen Vergütungsanspruch (KG WE 1991, 105). Der gerichtlich Bestellte erhält mangels Festlegung die Vergütung des bisherigen (KG WE 1994, 80). **22**

Die Höhe der Vergütung ist ansonsten frei vereinbar, soweit nicht eine bestimmte Regelung der Gemeinschaft getroffen ist. Die Ver- **23**

§ 26

waltervergütung wird üblicherweise nach der Anzahl der Wohnungen/Einheiten bemessen. Einen Anhaltspunkt gibt hier § 41 Abs. 2 der II. Berechnungsverordnung, wonach höchstens 500,00 DM pro Jahr und Wohnung angesetzt werden dürfen (ohne Umsatzsteuer), für Garagen und Einstellplätze gem. § 26 Abs. 3 der II. Berechnungsverordnung 55,00 DM. Für die Vergütung ist entscheidend, ob zum Objekt viele zu verwaltende Gemeinschaftseinrichtungen (Heizung, Schwimmbad, Sauna, Sportanlagen etc.) gehören oder nicht, ob z.B. größere Instandhaltungsmaßnahmen anstehen oder nicht, ob die Anlage viele Eigentumswohnungen hat oder nicht.

24 In der Praxis angetroffene Vergütungen reichen von 20,00 DM bis 60,00 DM pro Einheit pro Monat ohne Umsatzsteuer: Seuß (S. 521) nimmt einen Rahmen von 200,00 DM bis 500,00 DM zzgl. MwSt. jährlich pro Einheit an, Deckert (Gruppe 2, 1554 und 4/21) von 20,00 DM bis 50,00 DM monatlich, Bub (S. 480) 20,00 DM bis 45,00 DM, Bielefeld (S. 485) 35,00 DM bis 45,00 DM, bei kleineren bis zu 50,00 DM, Müller (Rdnr. 174) 15,00 DM bis 60,00 DM. Eine Gebühr von 0,672 DM pro m² zzgl. MwSt. monatlich bei einer 99,81 m² Wohnung = 76,47 DM hat das OLG Düsseldorf (v. 23. 8. 1991, 16 Wx 91/91) in einem Beschlanfechtungsverfahren für unwirksam erklärt, ebenso eine rückwirkende Erhöhung (OLG Düsseldorf ZMR 1998, 693).

25 Dafür müssen sämtliche Kosten der Geschäftsführung einer Verwaltung in der Verwaltergebühr enthalten sein. Die Erhebung von besonderen Gebühren für Kontoführung, Erstellung von Abrechnungen, Durchführung der jährlichen Versammlung, Feststellung von Bauzuständen, „Beteiligung" am Sanierungskonzept, Besprechungen, Angebotseinholung, Auftragserteilung, Rechnungsprüfung, Buchung, Zahlungsüberwachung (OLG Düsseldorf ZMR 1998, 653) sind abzulehnen. Diese Ausgaben gehören zum typischen Berufsbild eines Verwalters und können ohne Vereinbarung nicht zusätzlich zu einer Verwaltergebühr berechnet werden (LG Hamburg ZMR 1988, 188). Beispiele aus der Rechtsprechung: Sondervergütung für zusätzliche Versammlung (LG Hamburg a.a.O.), Baubetreuung (BayObLG DWE 1985, 124) oder EDV-Kosten für die Buchführung (BayObLG NJW-RR 1987, 1368); Kosten sowohl für die Tätigkeit im Zusammenhang mit Änderung des Vertrages über die Wartung der Aufzuganlage als auch für die Begehung einer Wohnung wurden als unzulässig angesehen (BayObLGZ 1985, 63, 69ff.), ebenso für die Jahresabrechnung (anders jedoch, wenn der Verwalter zu der Abrechnungszeit noch nicht tätig war, KG NJW-RR 1993, 529) oder eine umfangreiche Sanierungsmaßnahme (OLG Köln v. 4. 11. 1991, 16 Wx 104/91). Zulässig soll jedoch nach dem OLG Frankfurt (NJW-RR 1991, 659) ein Beschl sein, wonach die Vergütung für vermietete Wohnungen 5,00 DM je Monat mehr beträgt, als für selbstgenutzte Wohnungen.

Bestellung und Abberufung des Verwalters § 26

Dies kann sich umgekehrt auch für die Erteilung einer Einzugsermächtigung für Wohngeld anbieten, da der Verwalter damit erhebliche Kosten spart. Nicht abgegolten sind lediglich Tätigkeiten, die typischerweise nicht im Rahmen der Aufgaben eines Verwalters nach dem WEG liegen.

Beispiel: Die Mietverwaltung (LG Hamburg a.a.O.; siehe ergänzend Schmid DWE 1990, 2ff.).

In dem Verwaltervertrag oder per Beschl können aber für Sondertätigkeiten dem Verwalter zusätzliche Vergütungen eingeräumt werden.

Beispiel: Sonderhonorar für die gerichtliche Geltendmachung von Ansprüchen (BGH NJW 1993, 1924) oder für die Zustimmung zum Eigentümerwechsel (KG NJW-RR 1997, 1231). Das Sonderhonorar muß jedoch in angemessenen Verhältnis stehen, was bei 0,5% vom Kaufpreis nicht der Fall ist (KG a.a.O.).

Der Verwalter soll für die in seinem Büro vorhandenen Fachkräfte grundsätzlich nur dann eine Vergütung erhalten, wenn sie für die Gemeinschaft besondere Aufgaben ausführen (siehe Sauren Verwalter § 8). Zur Wertsicherungsklausel siehe Sauren Verwalter S. 34.

Die WEer haften für die Verwaltervergütung als Gesamtschuldner 26 (KG NJW-RR 1990, 153), d.h. der Verwalter kann von jedem WEer die volle Vergütung fordern, soweit das nicht ausgeschlossen ist (vgl. Sauren Verwalter § 8 Abs. 4). Die Verpflichtung aus dem Vertrag wird von dem einzelnen Rechtsnachfolger (z.B. Käufer) ohne besondere Vereinb kraft Gesetzes übernommen (BayObLG NJW-RR 1987, 80). Er haftet jedoch nicht für Vergütungen, die vor dem Erwerb entstanden und fällig geworden sind (BayObLG a.a.O.). Der ausscheidende WEer haftet solange, wie es sich noch um gemeinschaftliche Verpflichtungen aus der Zeit der Zugehörigkeit zur WEerGem handelt (BGH NJW 1981, 282; 1988, 1910), bis diese abgewickelt sind.

Die Vergütungsansprüche des gewerbsmäßig – d.h. gleichgültig ob 27 haupt- oder nebenberuflich – zwecks Erzielung dauernder Einnahmen aus der Tätigkeit (BayObLG v. 6. 4. 1984, 2 Z 7/83; OLG Frankfurt OLGZ 1980, 413) handelnden Verwalters **verjähren** in 2 Jahren (§ 196 Abs. 1 Nr. 7 BGB). Soweit die Arbeiten für den Gewerbebetrieb der WEer erbracht werden und der Verwalter Kaufmann (i.S. von § 1 HGB) ist, ist eine 4 jährige Verjährungsfrist (gem. § 196 Abs. 1 Nr. 1, Abs. 2 BGB) gegeben (BayObLG a.a.O. S. 11f.).

Aufgaben und Befugnisse: Hier kann entweder in kurz gefaßten 28 Verwalterverträgen auf die gesetzlichen Bestimmung verwiesen und entsprechende Ergänzung vorgenommen (siehe Sauren Verwalter §§ 3–6) oder die vom Verwalter übernommene Aufgabenbefugnisse detailliert dargestellt und in Grundleistung und besondere Leistung unterteilt werden (siehe Sauren Verwalter, S. 52ff.).

Zur Haftung und ihrer möglichen Begrenzung siehe Sauren Verwalter § 8 Abs. 1 und 3.

§ 26

29 **5. Abberufung des Verwalters:** Auch hier ist, wie bei der Bestellung, zwischen der Abberufung und der Kündigung des Vertrages zu unterscheiden (BayObLG NJW 1972, 1284, 1285). Es handelt sich nach dem BayObLG (NJW 1958, 1824) um ein abstraktes, von der Beendigung des Vertrages verschiedenes und unabhängiges Geschäft. Dies bietet für die WEerGem den Vorteil, sich jederzeit vom Verwalter durch Abberufung lösen zu können, ohne die Beschränkung des Verwaltervertrages berücksichtigen zu müssen, z. B. derzeitige Unkündbarkeit. Der Zeitablauf der Verwalter-bestellung führt nicht automatisch dazu, daß der Verwaltervertrag beendet ist (BayObLG WuM 1996, 650). Soweit Beschränkungen im Verwaltervertrag enthalten sind, hat dann die WEerGem weiterhin die Vergütung zu zahlen bzw. Schadensersatzansprüche zu leisten. Damit hat die Abberufung nicht notwendig die Kündigung des Vertrages zur Folge, was oft bei Abfassung von TOP übersehen wird (siehe Rdnr. 37).

30 **a)** Der **Abberufungsakt regelt intern zwischen den WEern,** daß der Betreffende die Stellung als Verwalter beenden soll. Da die Abberufung eine empfangsbedürftige Willenserklärung ist, bedarf es zur Beendigung noch des Zugangs bei dem Verwalter, der jedoch regelmäßig in der Versammlung anwesend ist, so daß die Abberufung sofort wirkt. Durch die Abberufung erlöschen die dem Verwalter gegebenen Vollmachten (§ 168 Satz 2 BGB; BayObLG NJW 1958, 1824).

Für die Abberufung zeigt das WEG zwei Wege auf, unabhängig davon, durch welchen Akt der Verwalter bestellt wurde:

31 **aa) Aufgrund eines Beschl** (Abs. 1 Satz 1). Soweit andere Personen kündigen, z. B. der Beiratsvorsitzende oder einzelne WEer, ist dies nur möglich, wenn dieser vorher durch Beschl beauftragt wurde, selbst wenn er im Einverständnis mit der Mehrheit der WEer handelt (BayObLG NJW 1965, 821). Der Beschl ist verbindlich, solange er nicht für ungültig erklärt wird (KG OLGZ 1978, 178). Der abberufene Verwalter kann den Beschl anfechten (BGH NJW 1989, 1087), aber auch nur wenn die Amtszeit noch nicht abgelaufen ist oder um sich Vergütungsanspruch zu bewahren (BGH a. a. O., KG ZMR 1997, 610), nicht jedoch die neue Verwalterbestellung. Hat der Antrag nämlich Erfolg, bleibt der Verwalter im Amt. Ansonsten wäre die Abberufung für die WEer ohne jegliches Risiko und könnte gegen ordnungsgemäße Verwaltung verstoßen.

32 **bb) Aufgrund eines Gerichtsbeschl** (Gottschalg WE 1998, 242), wenn ein WEer dies als Maßnahme der ordnungsgemäßen Verwaltung (§ 21 Abs. 4) verlangt. Hierzu besteht aber ein Rechtsschutzbedürfnis i. d. R. nur dann, wenn der Versuch, einen Beschl zu erreichen, gescheitert ist (OLG Stuttgart OLGZ 1977, 433). Dies bedeutet, daß der begehrende WEer zunächst die Versammlung anrufen muß, um eine Entscheidung herbeizuführen (BayObLG ZMR 1998, 174, 175). Sie ist aber ausnahmsweise dann entbehrlich, wenn sie dem WEer, der die Absetzung des Verwalters fordert, nicht zugemutet werden kann (BayObLG a. a. O.). Solche Gründe sind z. B., daß nur wenige WEer vorhanden sind und der Verwalter im praktischem Ergebnis über die Mehrheit in der Versammlung verfügt (OLG Stuttgart OLGZ 1977, 433; OLG Düsseldorf ZMR 1994, 520), oder der Verwalter trotz der Bedenken der WEer entlastet und neu bestellt wurde (BayObLG NJW-RR 1986, 445). Der Antrag kann jedoch nicht auf Gründe gestützt werden, für die der Verwalter durch unanfechtbaren Beschl entlastet wurde oder die durch Anfechtung der Bestellung hätten geltend gemacht werden können (BayObLG a. a. O.). Haben bei einer Wiederwahl die WEer in Kenntnis des Verhaltens des Verwalters den Beschl gefaßt, so kommt nach OLG Düsseldorf (ZMR 1997, 96) nur eine Abberufung in Betracht wenn ein neuer wichtiger Grund vorliegt.

cc) Der Weg, gerichtlich die übrigen WEer zur Mitwirkung bei der Abberufung zu verpflichten, ist vom BayObLG (NJW-RR 1986, 445 m. w. N.) ausdrücklich abgelehnt worden. **33**

b) Gem. Abs. 1 Satz 3 kann die **außerordentliche Abberufung** nur auf das Vorliegen eines **wichtigen Grundes** begrenzt werden. Andere Beschränkungen, sei es im Verwaltervertrag, durch Beschl oder Vereinb/TEerkl sind nichtig (Abs. 1 Satz 4). Dazu gehören: Das Hinausschieben des Wirksamswerdens des Abberufungsbeschl, **34**

Beispiel: Die Abberufung des Verwalters gilt als wirksam, wenn der Beschl nicht innerhalb 1 Monats angefochten wird (KG OLGZ 1978, 179); oder die Zustimmung Dritter,

Beispiel: Die Zustimmung der Realgläubiger (BayObLG NJW 1958, 1824; ZMR 1985, 210, 211); oder das Erfordernis einer qualifizierten Mehrheit,

Beispiel: 3/4 Mehrheit (AG Köln MDR 1977, 53f.); oder der Ausschluß bestimmter Gründe bzw. die Auflistung bestimmter Gründe (Palandt Rdnr. 9).

Satz 4 verbietet nicht Beschränkungen, die das ordentliche Abberufungsrecht einengen (Merle S. 97f.).

Beispiel: Die ordentliche Kündigung ist nur unter der Bedingung der Zustimmung der Realkreditgläubiger zulässig.

Nach dem OLG Frankfurt (OLGZ 1975, 100) ist die Kündigungsausschlußfrist (siehe unter Rdnr. 38) auch modifiziert auf die Abberufung anwendbar. Dem ist entgegenzutreten, da dies nur eine Frage der Wirksamkeit der Kündigung des Verwaltervertrages ist, die Abberufung aber unberührt läßt.

Für das Vorliegen eines wichtigen Grundes ist entscheidend, ob das Vertrauensverhältnis unter Berücksichtigung aller Umstände, nicht notwendig durch das Verhalten des Verwalters, zerstört ist (BayObLG WE 1986, 65) und der WEGem deshalb nach Treu und Glauben ein Festhalten an der Zusammenarbeit mit dem Verwalter nicht mehr zu- **35** gemutet werden kann (BayObLG NJW 1972, 1284). Die Abberufung muß innerhalb angemessener Zeit geschehen, nachdem die WEer von den belastenden Umständen Kenntnis erlangt haben, länger zurückliegende Tatsachen können allenfalls unterstützend herangezogen werden (KG ZMR 1986, 191; BayObLG WE 1993, 276). Streitig ist, ob Ereignisse nach Bestellung relevant sein können (nur solche OLG Düsseldorf WuM 1995, 610, a. A. OLG Saarbrücken ZMR 1998, 55; BayObLG WuM 1989, 264; OLG Köln v. 6. 3. 1998, 16 Wx 8/98; Zeitpunkt der Beschlfassung).

36 In **ABC Form** sind nachfolgend mögliche Fallgestaltungen aufgeführt, wobei zu berücksichtigen ist, daß ggfs. einzelne Gründe für sich allein nicht ausreichen, sondern nur im Zusammenhang mit anderen. Im übrigen ist zu berücksichtigen, daß es sich hierbei um eine Willensentscheidung der Mehrheit handelt. Die Gründe können deshalb dann nicht ausreichen, wenn ein einzelner WEer den Bestellungsbeschl anficht, dann sind strenge Maßstäbe anzulegen, da die Gerichte nicht ohne zwingende Notwendigkeit in die Mehrheitsentscheidung der WEer eingreifen sollen (OLG Düsseldorf ZMR 1997, 96).

Zu berücksichtigen ist, daß die Abberufung nicht auf Gründe gestützt werden kann, auf die sich eine den Verwalter erteilte Entlastung (siehe § 28 Rdnr. 58) erstreckt (BayObLG ZMR 1998, 176).

Abrechnung/Belege: Ein wichtiger Grund liegt vor, wenn der Verwalter einen durch Beschl verlangten Bericht nicht erstattet und Belege nicht vorlegt (LG Freiburg NJW 1968, 1973) oder verspätet (8 Monate) vorlegt (BayObLG Rpfleger 1965, 224) oder verspätete Berücksichtigung nicht erklärt (BayObLG WE 1996, 237). Die Nichtvorlage der Jahresabrechnung über einen Zeitraum von 15 Monaten (OLG Karlsruhe WE 1998, 191) oder zwei Jahren, sowie die Unterlassung von Versammlungen stellen ebenfalls einen wichtigen Grund dar (AG Recklinghausen DWE 1990, 36). Ferner, wenn der Verwalter den mit der Prüfung der Jahresabrechnung beauftragten Wohnungseigentümern die Einsicht in seine Abrechnungsunterlagen verweigert (BayObLG WE 1991, 358). Mängel einer Abrechnung können aber nicht mehr geltend gemacht werden, wenn diese genehmigt wurde (KG ZMR 1987, 393). Nach dem OLG Köln (v. 6. 3. 1998, 16 Wx 8/98) müssen die Mängel der Jahresabrechnung schwerwiegend sein.

Beispiel: Falscher Umlageschlüssel wird zugrundegelegt.

Abtretung von Ansprüchen: Ein wichtiger Grund liegt vor, wenn sich der Verwalter Ansprüche Dritter gegen die WEer abtreten läßt, um gegen diese vorzugehen (BayObLG WE 1994, 274).

Baumängel: Der Verwalter hat evtl. vorhandene Baumängel, soweit er an der Errichtung der Anlage nicht mitgewirkt hat, nicht zu vertreten.

Beantwortung: Verzögerung bei Briefen und Anfragen, soweit sie nicht eklatant sind, stellen keinen wichtigen Grund dar.

Behandlung: Die schikanöse Behandlung der WEer stellt einen wichtigen Grund dar (vgl. Müller S. 355).

Beirat: Ein Angriff gegen den Beirat („in diesem Stil ist eine Zusammenarbeit nicht möglich") in Verbindung mit der Betreibung der Abwahl stellen nach dem OLG Frankfurt (NJW-RR 1988, 1169) einen wichtigen Grund dar. Siehe auch Verwaltungsbeirat.

Beleidigung: Nach KG (ZMR 1997, 489) dann nicht ausreichend, wenn WEer Auseinandersetzung mit großer vom Verwalter objektiv nicht veranlaßter Schärfe geführt hat.

Beschäftigung vorbestrafter Angestellter: Soweit ein wegen Vermögensdelikten vorbestrafter Angestellter beim Verwalter eine Stellung bekleidet, die erhebliche Vertrauenswürdigkeit erfordert, kann dies nach dem KG (v. 4. 7. 1984, 24 W 1714/84, zit. n. Dittrich ZMR 1986, 191) ein wichtiger Grund sein, es sei denn, die Vorstrafen sind getilgt (KG WuM 1989, 347). Wenn ein zum Verwalter Bestellter vor seiner Bestellung Fragen nach eigenen Vorstrafen oder denen seines Vertreters ausweichend oder bagatellisierend beantwortet und dadurch einen Irrtum über den genauen Umfang der noch nicht getilgten Vorstrafen erregt, kann dies einen wichtigen Grund darstellen (KG WuM 1993, 761). Wenn der Verwalter selbst eine strafbare Handlung begeht, insbesondere ein Vermögens- oder Eigentumsdelikt, ist ebenfalls ein wichtiger Grund gegeben (BayObLG ZMR 1998, 446).

Beschl: Die Nichtbeachtung von Beschl ist i.d.R. ein wichtiger Grund, z.B. wenn die Jahresabrechnung (BayObLG WE 1986, 65) oder der WP (LG Schweinfurt WERS II S. 345) abweichend von einem Beschl aufgestellt wird; siehe auch Gerichtsverfahren und Sanierung.

Beschlunfähigkeit: Die Herbeiführung der Beschlunfähigkeit einer Versammlung stellt einen wichtigen Grund dar (LG Freiburg NJW 1968, 1973).

Bestellung: Auch das Verhalten vor der Bestellung, z.B. die Verletzung der Pflichten als Baubetreuer oder außerhalb der Verwaltung, kann ein wichtiger Grund sein (KG OLGZ 1974, 399).

Einberufungsverlangen: Wird dem durch den Verwalter nicht gefolgt ist nach OLG Düsseldorf (ZMR 1998, 449) dies ein wichtiger Grund.

Eigenmächtigkeit: Die eigenmächtige Befriedigung angeblich eigener Ansprüche aus gemeinschaftlichen Geldern ist ein wichtigter Grund (OLG Düsseldorf DWE 1981, 25, 26).

Einsichtsrecht: Die Nichtgewährung von Einsicht in das Versammlungsprotokoll kann ein wichtiger Grund sein (LG Freiburg NJW 1968, 1973). Ebenso kann ein wichtiger Grund vorliegen, wenn der Verwalter den mit der Prüfung der Jahresabrechnung beauftragten WEer die Einsicht in seine Abrechnungsunterlagen verweigert (BayOb LG DWE 1991, 31).

Finanzielle Verhältnisse: Sorgt der Verwalter nicht für ordnungsgemäße finanzielle Verhältnisse, kann dies nach OLG Köln (WE 1998, 189) ein wichtiger Grund sein.

Fälschungen: siehe Protokoll.

Gemeinschaftliche Gelder: Sowohl die Entnahme überhöhter Vergütungen (OLG Düsseldorf DWE 1981, 25) als auch die Alleinverfügung über gemeinschaftliche Gelder trotz Beschl der WEer, nur mit der Zustimmung eines bestimmten WEer zu verfügen (LG Freiburg NJW 1968, 1973), stellen einen wichtigen Grund dar. Ebenfalls die irrtümliche Überweisung hoher Geldbeträge auf falsche Konten bzw. an eine falsche Person (KG WE 1988, 168). Erst Recht die Entnahme für eigene Zwecke, da dies einen Straftatbestand erfüllt (Untreue § 266 StGB, BGH NJW 1996, 65).

Gerichtsverfahren: Allein die Einleitung von Wohngeldverfahren ohne Beschl der WEer stellt keinen wichtigen Grund dar (KG WE 1986, 140).

Gutachten: Die Einholung eines Zusatzgutachtens zur Dachsanierung stellt nach dem BayObLG (WE 1992, 236) keinen wichtigen Grund dar.

Hausmeister: Verfehlungen oder Nachlässigkeit des Hausmeisters können keinen wichtigen Grund für den Verwalter darstellen, es sei denn, er hat sie verursacht und sie sind schwerwiegend. Das Fehlen eines schriftlichen Vertrages mit dem Hausmeister ebenfalls nicht (AG Arnsberg DWE 1988, 134).

Hausordnung: Das Fehlen einer schriftlichen Hausordnung ist nach dem AG Arnsberg (DWE 1988, 134) kein wichtiger Grund.

Häufung von Fehlern: Die Häufung von Fehlern, die für sich genommen keinen wichtigen Grund ergäben, kann ihreseits einen wichtigen Grund darstellen (OLG Hamm WuM 1991, 218).

Makler: Allein die Tätigkeit des Verwalters als Makler stellt keinen wichtigen Grund dar. Dann aber wenn er in der Anlage makelt und seine Zustimmung zum Verkauf erforderlich ist (BayObLG NJW-RR 1998, 302, a. A. Deckert 2/3042, zur Maklertätigkeit des Verwalters siehe Münstermann/Schlichtmann FV 1, 99 ff.), im übrigen wenn der Verwalter sich über den Willen der WEer, z.B. keine Ausübung von Maklertätigkeiten in der Wohnanlage zu dulden, hinwegsetzt (BayObLG NJW 1972, 1284).

Personelle Verflechtungen: Allein die wirtschaftliche oder verwandtschaftliche Beziehung zu einem oder mehreren WEer rechtfertigt keinen wichtigen Grund.

Protokoll: Die unrichtige und wahrheitswidrige (insbesondere gefälschte) Protokollierung einer WEerversammlung stellt einen wichtigen Grund dar (BayObLG WEM 1980, 125). Dies gilt auch für das Unterlassen der Protokollierung, jedoch nicht, wenn bei Hausbegehungen keine Protokolle angefertigt wurden, weil keine Mängel festgestellt werden können (AG Arnsberg DWE 1988, 134). Eine mehr als dreimonatige Verspätung bei der Übersendung des Versammlungsprotokolls kann einen wichtigen Grund darstellen (BayObLG WEM 1980, 125).

Provision: siehe Versicherungsprovision.

Rechen- und Schreibfehler: Gelegentlich auftauchende Rechen- und Schreibfehler rechtfertigen keinen wichtigen Grund.

Sanierung: Allein die Durchführung von Instandhaltungsarbeiten ohne Beschl stellt keinen wichtigen Grund dar (KG WE 1986, 140), auch nicht die Nichtdurchführung einer Reparatur, wenn die WEer durch die Abberufung selbst den Grund dafür gegeben haben (KG ZMR 1987, 393).

Strafanzeige: des Verwalters gegen WEer reicht nach OLG Düsseldorf (ZMR 1998, 449).

Straftat: siehe Beschäftigung vorbestrafter Angestellter.

TOP: Die Weigerung, einen von vielen WEer gewünschten TOP in die Einladung aufzunehmen, rechtfertigt nach den OLG Frankfurt (NJW-RR 1988, 1169) einen wichtigen Grund.

Unpfändbarkeit: Ein wichtiger Grund ist auch dann gegeben, wenn die Verwaltungsgesellschaft und die Geschäftsführer unpfändbar sind (OLG Stuttgart OLGZ 1977, 43).

Vergütung: Eine übermäßig hohe Vergütung (z.B. mehr als 25% über Vergleichspreisen) kann ein wichtiger Grund sein (BayObLG WuM 1989, 264).

Versammlung: Die Verhinderung einer WEerversammlung zur Abwahl bzw. ordentlichen Kündigung des Verwaltervertrages ist ein wichtiger Grund (OLG Frankfurt DWE 1988, 36). Ein wichtiger Grund ist auch die Herbeiführung der Beschlußunfähigkeit der Versammlung (LG Freiburg NJW 1968, 1973). Die Nichtabhaltung der Versammlung an dem von der Mehrheit gewünschten Werktag kann einen wichtigen Grund darstellen (BayObLG WE 1986, 65). Nicht jedoch die einmalige Abhaltung der Versammlung an einem 50–60 km entfernten, mit der Bahn gut erreichbaren Ort (BayObLG WE 1992, 236). Bei wiederholten Abhaltungen aber ggfs. anders (BayObLG WE 1994, 274). Siehe auch gemeinschaftliche Gelder.

Versicherung: Der Abschluß einer verbundenen Gebäudeversicherung ohne die vorherige Einberufung einer von mehr als einem Viertel der WEer beantragten Versammlung ist ein wichtiger Grund (BayObLG WE 1991, 358) ohne einen entsprechenden Antrag nach OLG Köln v. 06.03 1998, 16 Wx 8/98 nicht. Ist der Verwalter bevollmächtigt Versicherungsverträge abzuschließen, enthält dies auch die Bevollmächtigung zur Kündigung. Wird dann keine Verhandlung mit anderen Gesellschaften aufgenommen, so begründet dies allenfalls ein geringfügigen Verstoß, der nicht zum wichtigen Grund führt (OLG Köln a.a.O.). Wenn Verwalter Versicherung in eigenem Namen abschließt, soll dies nach OLG Köln (a. a. O.) nicht zu beanstanden sein.

Versicherungsprovision: Die Entgegennahme von Provisionen für Vertragsabschlüsse der WEer stellt einen wichtigen Grund dar (OLG Düsseldorf ZMR 1998, 306).

Vertrag: Der Nichtabschluß eines beschlossenen Gaswartungsvertrages kann einen wichtigen Grund darstellen (BayObLG WE 1986, 65).

Verwaltervertrag: Die Mißachtung des Antrages einer Vielzahl von WEer, die fristlose Kündigung des Verwaltervertrages in die Einladung zur Versammlung aufzunehmen, ist ein wichtiger Grund (vgl. Seuß S. 502).

Verwaltungsbeirat: Das Betreiben der Abwahl des Verwaltungsbeirates ohne wichtigen Grund und die erklärte Verweigerung der Zusammenarbeit sind wichtige Gründe (vgl. OLG Frankfurt DWE 1988, 36). Siehe auch Beirat.

Verwalterübertragung: Die rechts- oder vertragswidrige Übertragung der Verwalterstellung auf einen Dritten stellt einen wichtigen Grund dar (OLG Hamm WuM 1991, 218, 220), auch bereits ein wesentlicher Teil (BayObLG ZMR 1998, 174, 176).

Verwaltungsvergütung: Die eigenmächtige Entnahme eines Sonderhonorars ist nach dem OLG Düsseldorf (ZMR 1997, 485) ein wichtiger Grund.

Verwaltervertrag: Beachtet Verwalter das Auslaufen seines Vertrages nicht, so nach OLG Köln (v. 6. 3. 1998, 16 Wx 8/98) allein kein wichtiger Grund.

Vollmacht: Mißbrauch der Vollmacht reicht ebenfalls als wichtiger Grund (OLG Düsseldorf ZMR 1997, 485).

Weisung: Die Zuwiederhandlung von Weisungen ist ein wichtiger Grund (OLG Düsseldorf ZMR 1998, 306).

Weitergabe von Informationen: Die Nichtweitergabe von Informationen über Mängel am Gemeinschaftseigentum/Sondereigentum durch den mit dem Bauträger identischen Ertsverwalter ist ein wichtiger Grund (OLG Frankfurt ZMR 1992, 356).

Wohngeldrückstände: Soweit der Verwalter rechtzeitig einen Rechtsanwalt mit der gerichtlichen Geltendmachung beauftragt hat, kann dies keinen wichtigen Grund darstellen (KG ZMR 1987, 393). Nach BayObLG (ZMR 1997, 93, 94) kein wichtiger Grund, wenn WEer Nichtzahlung vorgeworfenen wird und die Entziehung des WEs angedroht wird, wenn dies auf Umstellung der Verwalterkonten beruht.

37 **c) Kündigung des Verwaltervertrages:** Sie kann sowohl vom Verwalter (aa) als auch von der WEerGem (bb) erfolgen.

38 **aa)** Im Gegensatz zur WEerGem hat der **Verwalter** nur durch Kündigung des Vertrages die Möglichkeit, sein Amt seinerseits zu beenden.

Er kann sowohl fristgerecht (§ 621 BGB) als auch fristlos (§ 626 BGB) kündigen, soweit die Voraussetzungen dafür, z.B. der Ablauf des Vertrages vorliegen. Zwar kann er einseitig sein Amt niederlegen (Merle S. 102), vom BayObLG (WE 1992, 227) ist aber offengelassen worden, ob der Verwalter seine Stellung jederzeit – ohne Grund und ohne Kündigungsfrist – durch einseitige Erklärung in der Versammlung aufgeben kann. Er wird jedoch dann ggfs. schadensersatzpflichtig.

bb) Eine ausdrückliche Erklärung (Kündigung) gegenüber dem Verwalter erfolgt i.d.R. durch die **WEer** nicht, weil in der Abberufung die Kündigung zumindest stillschweigend enthalten ist (BayObLG NJW 1974, 2134). Ist dem Verwalter die Abberufung noch nicht zur Kenntnis gelangt, so ist eine Kündigung notwendig, indem z.B. das Protokoll übersandt wird. Die sog. Kündigungserklärungsfrist (§ 626 Abs. 2 BGB), wonach die Kündigung aus wichtigem Grund nur innerhalb von 2 Wochen seit dem Zeitpunkt erfolgen muß, in welcher die WEer über die für die Kündigung maßgeblichen Tatsachen Kenntnis erlangt haben, ist nach der Rechtsprechung (OLG Frankfurt ZMR 1988, 348) dahingehend anzuwenden, daß die Kündigung in angemessener kurzer Zeit erfolgen muß. Dabei kommt es auf die Kenntnisse derjenigen Personen an, denen im konkreten Fall das Recht zur Kündigung zusteht, also den WEern insgesamt (OLG Hamm WuM 1991, 218, 221). I.d.R. werden die WEer in der Versammlung die umfassende Kenntnis erlangen, so daß dann die sofortige Kündigung genügt, wenn die Versammlung innerhalb angemessener Frist einberufen wurde (OLG Frankfurt ZMR 1988, 348). Ein Jahr ist jedoch zu lang (KG ZMR 1987, 394). 39

cc) Schadensersatzansprüche des Verwalters. Durch die Spaltung von Abberufung und Kündigung (siehe oben Rdnr. 29) kann die Abberufung wirksam sein, die Kündigung jedoch nicht. 40

Beispiele:
– Die WEer machen bei einem 5 Jahresvertrag vorzeitig von ihrem Abberufungsrecht Gebrauch, ohne daß ein wichtiger Grund vorliegt. Die Abberufung ist wirksam, die Kündigung aber mangels wichtigen Grundes (§ 626, Abs. 1 BGB, vgl. BayObLG WE 1994, 274) nicht.
– Trotz der Beschränkung auf einen wichtigen Grund (Abs. 1 Satz 3) bei der Abberufung wird ohne einen solchen der Verwalter abberufen. Der Beschl wird nicht angefochten. Damit ist die Abberufung wirksam, aber nicht die Kündigung des Verwaltervertrages.

In diesen Fällen führt die Abberufung zur Beendigung des Verwalteramtes mit allen Folgen. Der Vergütungsanspruch (§ 615 BGB) und evtl. Schadensersatzansprüche bleiben jedoch bestehen (OLG Köln OLGZ 1969, 389). Allein daraus, daß die WEer sich gegen den Verwalter wenden und ihn kündigen, kann jedoch kein Schadensersatzanspruch hergeleitet werden (§ 823 Abs. 1 BGB, sog. Eingriff in den eingerichteten und ausgeübten Gewerbebetrieb liegt nicht vor, OLG Köln OLGZ 1980, 4). Die WEer oder der Verwalter können die Vergütungsansprüche mit Forderungen, z. B. auf Rückzahlung unberechtigt entnommener Gemeinschaftsgelder, aufrechnen (OLG Stuttgart ZMR 1983, 422). Es kann auch durch eine entsprechende Klausel im Verwaltervertrag die Dauer des Verwaltervertrages an das Amt gekoppelt werden (BayObLG WE 1994, 147).

41 **d) Abwicklung:** Endet das Amt des Verwalters, gleich aus welchem Anlaß, so hat er **der WEerGem**, i. d. R. vertreten durch den neuen Verwalter, alles herauszugeben, was er zur Ausübung seines Verwalteramtes erhalten (BayObLG ZMR 1985, 212, 213; ausführlich Sauren WE 1989, 4) und im Zusammenhang mit seiner Verwaltungstätigkeit angelegt oder erlangt hat (Bub S. 249). Dies gilt auch dann, wenn der Verwalter seine Abberufung angefochten hat (Deckert 4, 64f.) und unabhängig davon, wem das Eigentum an den Unterlagen zusteht (BayObLG WE 1993, 288). Ein Zurückbehaltungsrecht an Verwaltungsunterlagen steht dem Verwalter nicht zu (z. B. wegen strittiger Vergütung, die schwer zu klären ist, OLG Frankfurt, ZMR 1994, 376), da er weiterhin ein Einsichtsrecht hat und sich Fotokopien anfertigen kann (BayObLG WE 1993, 288).

Im einzelnen hat der Verwalter herauszugeben, ggfs. auf eigene Kosten zu beschaffen, wenn nicht mehr vorhanden:

42 aa) Alle der WEerGem gehörenden **Wohngelder** (BGH NJW 1997, 2108) inklusive Instandhaltungsrücklage (und Übergabe der Sparbücher, Wertpapiere, etc.). Es ist nicht notwendig, daß ein Beschl über die JA oder den WP gefaßt wurde (BGH a. a. O.). Der Verwalter darf allerdings mit Ansprüchen auf rückständige Verwaltungsvergütung aufrechnen (OLG Stuttgart ZMR 1983, 422, BGH a. a. O.). Aufwendungen, die der Verwalter nach seiner Abberufung gemacht hat, kann er nur aus ungerechtfertigter Bereicherung bzw. Geschäftsführung ohne Auftrag zurückerhalten (BayObLG DWE 1988, 142). Zu den herauszugebenden Geldern gehören auch solche, die der Verwalter nicht als Verwaltungsschulden vom Konto der WEerGem verausgabt hat (OLG Hamm v. 18. 4. 1984, 15 W 235/84). Andererseits ist der Verwalter nicht verpflichtet ein offenes Treuhandkonto der WEerGem auszugleichen (BayObLG WE 1998, 157).

bb) Alle **Originalbankauszüge** nebst Belegen (zuletzt BayObLG WE 1993, 288) der Wohngeldkonten (OLG Hamburg OLGZ 1987, 188) inklusive Überweisungsträger, Originalrechnungen, Kontoblätter etc. und Buchführungsunterlagen (z. B. Journale, Debitoren-, Kreditorenkonten etc.).

cc) **Namens- und Anschriftenliste und MEeranteile der WEer** (OLG Hamburg v. 18. 1. 1986, 2 W 61/86, insoweit in OLGZ 1987, 188 nicht abgedruckt).

dd) **TErkl** mit GO und Aufteilungsplan.
ee) **Verwaltervollmacht** im Original.
ff) Alle bisherigen **Jahresgesamt- und Einzelabrechnungen** (OLG Hamburg a. a. O.) einschließlich Heizkostenabrechnung und WP.
gg) **Verwaltungsprotokolle** inklusive Vollmachten und Anwesenheitslisten.
hh) **Gerichtsentscheidungen** und Verfahrensunterlagen anhängiger Streitsachen.
ii) **Korrespondenz** mit WEern und Dritten.
jj) **Versicherungspolicen** und Versicherungspläne.
kk) **Alle Verträge,** wie Wartungsverträge, Betriebsanleitungen, Wärmelieferungsverträge der WEerGem, auch wenn sie schon abgewickelt sind, soweit die Verträge nur nach steuer- und handelsrechtlichen Vorschriften aufzubewahren sind oder den WEer aus anderen Gründen ein Interesse zugestanden werden muß (z. B. zum Vergleich von Angeboten bei Wärmelieferungsvertrag, AG Köln DWE 1980, 23).
ll) Schließplan, Sicherungspläne, **Generalschlüssel** (BayObLG ZMR 1985, 306).
mm) **Unterlagen des Hausmeisters** (OLG Hamburg a. a. O., wie z. B. Vertrag, Lohnsteuerkarte, Versicherungspapiere etc.).
nn) Von der WEerGem dem Verwalter überlassenen **Raum** (BayObLG ZMR 1988, 187).
oo) Alle für die Errichtung des Gebäudes maßgeblichen **Bauunterlagen,** die für eine ordnungsgemäße Verwaltung bzw. zur Geltendmachung von Gewährleistungsansprüchen notwendig sind, zumindestens in Fotokopie (OLG Hamm NJW-RR 1988, 268). Siehe im Einzelnen die Aufzählung bei Sauren WE 1989, 4, 8.

Nicht dagegen kann die **Statik** verlangt werden, da diese jederzeit beim Bauamt besorgt werden kann.

Soweit die WEer ihre Herausgabeansprüche mangels Kenntnis nicht konkretisieren können, können sie zunächst auf Auskunft klagen (sogenannte Stufenklage). Der bisherige Verwalter handelt nämlich arglistig, wenn er eine nähere Bezeichnung verlangt, die deshalb unmöglich ist, weil der Verwalter Auskunft und Herausgabe versäumt hat (OLG Hamburg OLGZ 1987, 188, 189). Soweit jedoch schon einzelne Unterlagen herausgegeben wurden, ist eine Spezifikation unumgänglich. Die dann erfolgende Antragsformulierung „alle zur Ausführung einer ordnungsgemäßen Verwaltung erforderlichen Unterlagen" ist unter diesem Gesichtspunkt zu unkonkret, insbesondere wenn der Beirat im Besitz von Teilen von weiteren Verwaltungsunterlagen ist (OLG Hamm v. 15. 10. 1986, 15 W 361/85, insoweit in NJW-RR 1988, 268 nicht veröffentlicht). 43

§ 26   3. Abschnitt. Verwaltung

44 I.d.R. wird sich anbieten, daß der neue Verwalter das Verfahren führt, ohne Vollmacht und Ermächtigung der WEer ist er jedoch nicht befugt, aus eigenem Recht die Leistung an die Gemeinschaft zu seinen Händen zu verlangen (AG Aachen v. 24. 11. 1992, 12 UR II 40/92 WEG; a.A. Bub S. 293; Müller Rdnr. 192). Erfüllungsort ist der Ort der Anlage (AG Aachen ZMR 1998, 56).

45 Da die Verwaltung des Objekts gewährleistet sein muß und die Unterlagen dazu erforderlich sind, ist der **Antrag einer einstweiligen Anordnung** geboten (Sauren WE 1989, 4, 9). Des weiteren empfiehlt sich, von dem Verwalter per Beschl Rechnungslegung (§ 28 Rdnr. 61 ff.) zu verlangen (BayObLG WE 1994, 280).

45 a Hat der Verwalter Zahlungen der Gem getätigt, so hat er Anspruch auf **Ersatz seiner Aufwendungen,** sofern die Verbindlichkeite die Gem betrafen (OLG Hamm ZMR 1997, 377). Waren die WEer selbstverständlich davon ausgegangen, daß der Verwalter die entsprechenden Ausgaben tätigt oder haben sie durch WP oder JA sie gebilligt, haften sie (OLG Hamnn wie vor). Der Anspruch ist ab Fälligkeit mit 4% zu verzinsen (KG ZMR 1997, 539). Selbst wenn über Jahre keine Abrechnungen erfolgen, bedeutet dies keine Verwirkung (BayObLG ZMR 1997, 658, ZMR 1998, 104). Der Anspruch verjährt in 30 Jahren (offengelassen von BayObLG a.a.O.).

46 6. Abs. 4 regelt die Frage, wie der **Nachweis der Verwaltereigenschaft** geführt wird, wenn sie durch eine öffentlich beglaubigte Urkunde nachgewiesen werden muß, z.B. im grundbuchrechtlichen Verkehr (§ 29 GBO). Häufigster Fall ist derjenige der Zustimmung des Verwalters (§ 12). Bei der Bestellung durch Vereinb/TEerkl genügt die Vorlage dieser (OLG Oldenburg DNotZ 1979, 33), es sei denn, die festgelegte Bestellungsdauer ist überschritten (BayObLG NJW-RR 1991, 978). Unbeachtlich und nicht ausreichend ist der Verwaltervertrag (LG Köln MittRhNot 1984, 121), da die Annahme der Bestellung nachgewiesen werden muß (Weitnauer Anm. 27). Bei der Verwalterbestellung durch Beschl braucht die Eigenschaft der Unterschreibenden (§ 24 Abs. 6), z.B. die Stellung als Beiratsvorsitzender, nicht nachgewiesen werden (LG Lübeck Rpfleger 1991, 309). Bei schriftlicher Beschlfassung (§ 23 Abs. 3) ist jedoch die Zustimmung aller WEer in der Form erforderlich (BayObLG NJW-RR 1986, 565). Abs. 4 ist eng auszulegen und kann nicht dahin ausgedehnt werden, daß sie zum Nachweis der Berechtigung des Verwalters auch zur Abgabe von Eintragungsbewilligungen, z.B. für Sondernutzungsrechte, für sämtliche WEer genügt (BayObLG Rpfleger 1979, 108). Besondere Probleme tauchen auf, wenn der Verwalter einen Vertrag mit automatischer Verlängerungsklausel innehat (siehe Rdnr. 10) oder wenn er laufend wiedergewählt wird. Bereits das OLG Oldenburg (DNotZ 1979, 33) hat für den Fall der Begründung der TErkl die

Vermutung aufgestellt, daß die Bestellung zumindest bis zu ihrem regulärem Ende fortbesteht. Das OLG Köln (Rpfleger 1986, 298) hat dies dahin erweitert, daß nur bei einem begründeten Zweifel der Fortbestand nachzuweisen ist. Ein solcher Zweifel kann nicht aus dem Ablauf einer einmal begrenzten Verwalterzeit entstehen. Vielmehr ist auch hier generell vom weiteren Fortbestand auszugehen (a. A. anscheinend BayObLG NJW-RR 1991, 978).

Aufgaben und Befugnisse des Verwalters

27 (1) Der Verwalter ist berechtigt und verpflichtet:
1. Beschlüsse der Wohnungseigentümer durchzuführen und für die Durchführung der Hausordnung zu sorgen;
2. die für die ordnungsmäßige Instandhaltung und Instandsetzung des gemeinschaftlichen Eigentums erforderlichen Maßnahmen zu treffen;
3. in dringenden Fällen sonstige zur Erhaltung des gemeinschaftlichen Eigentums erforderliche Maßnahmen zu treffen;
4. gemeinschaftliche Gelder zu verwalten.

(2) Der Verwalter ist berechtigt, im Namen aller Wohnungseigentümer und mit Wirkung für und gegen sie:
1. Lasten- und Kostenbeiträge, Tilgungsbeträge und Hypothekenzinsen anzufordern, in Empfang zu nehmen und abzuführen, soweit es sich um gemeinschaftliche Angelegenheiten der Wohnungseigentümer handelt;
2. alle Zahlungen und Leistungen zu bewirken und entgegenzunehmen, die mit der laufenden Verwaltung des gemeinschaftlichen Eigentums zusammenhängen;
3. Willenserklärungen und Zustellungen entgegenzunehmen, soweit sie an alle Wohnungseigentümer in dieser Eigenschaft gerichtet sind;
4. Maßnahmen zu treffen, die zur Wahrung einer Frist oder zur Abwendung eines sonstigen Rechtsnachteils erforderlich sind;
5. Ansprüche gerichtlich und außergerichtlich geltend zu machen, sofern er hierzu durch Beschluß der Wohnungseigentümer ermächtigt ist;
6. die Erklärungen abzugeben, die zur Vornahme der in § 21 Abs. 5 Nr. 6 bezeichneten Maßnahmen erforderlich sind.

(3) Die dem Verwalter nach den Absätzen 1, 2 zustehenden Aufgaben und Befugnisse können durch Vereinbarung der Wohnungseigentümer nicht eingeschränkt werden.

§ 27

(4) Der Verwalter ist verpflichtet, Gelder der Wohnungseigentümer von seinem Vermögen gesondert zu halten. Die Verfügung über solche Gelder kann von der Zustimmung eines Wohnungseigentümers oder eines Dritten abhängig gemacht werden.

(5) Der Verwalter kann von den Wohnungseigentümern die Ausstellung einer Vollmachtsurkunde verlangen, aus der der Umfang seiner Vertretungsmacht ersichtlich ist.

1 1. Dieser Paragraph regelt die **Rechte und Pflichten des Verwalters,** die er bei den laufenden Geschäften der Gemeinschaft hat. Die in den Absätzen 1 und 2 enthaltenen Rechte und Pflichten werden gem. Abs. 3 für unabdingbar erklärt, damit der Verwalter nicht entmachtet werden kann. Hierdurch wird der Verwalter bei den laufenden Geschäften unabhängig von den einzelnen WEer. Weitere Rechte und Pflichten sind die Einberufung der WEerversammlung (§ 23 Abs. 2, § 24 Abs. 1, 2, 4), i. d. R. der Vorsitz dort (§ 24 Abs. 5), die wiederholte Einberufung (§ 25 Abs. 4), die Aufstellung des WP's und der Jahresabrechnung (§ 28) und die Möglichkeit der gerichtlichen Überprüfung (§ 43 Abs. 1 Nr. 2, 4,).

2 2. Während die Versammlung der WEer das oberste Organ der Gemeinschaft ist, hat der Verwalter für die Durchführung der Verwaltung zu sorgen. Dabei ist der Verwalter kein Organ, wie etwa der Vorstand eines Vereins (i. S. v. § 31 BGB), dem eine allumfassende Vertretungsmacht beigegeben wurde, sondern **der Verwalter ist „nur" Beauftragter und Treuhänder** und damit an die Weisungen der WEer gebunden (BayObLG NJW 1972, 1285). Die Vertretungsmacht reicht folglich nur soweit, wie die Gesetze, insbesondere das WEG, ihm Rechte und Pflichten zuweisen, oder soweit ihn Vereinb oder Beschl ausdrücklich zur Vertretung ermächtigen. Das Mindestmaß ergibt sich aus den unabdingbaren Vorschriften des Abs. 1 und Abs. 2. Der Verwalter nimmt treuhänderisch die Rechte und Pflichten der WEer (Sauren Rpfleger 1988, 527) wahr. Diese Treuhänderstellung des Verwalters ist gesetzlich die einer sog. Vollmachtstreuhand (vgl. BGH WPM 1964, 318). Hierbei bleibt der Treugeber Vollrechtsinhaber und der Treuhänder hat (nur) Vollmacht (a. A. Bub PiG 54, 91).

3 3. **Übertragung von Aufgaben auf Dritte** durch den Verwalter. Hier muß unterschieden werden zwischen der Übertragung im Namen der WEer und im eigenen Namen des Verwalters.

4 a) Im ersten Fall überträgt der Verwalter als Vertreter der WEer Aufgaben auf Dritte und wird dadurch gegenüber den WEern von diesen befreit.

Beispiel: Aufzugswartung, Heizkostenabrechnung etc.

Eine solche ist nur möglich, soweit dem Verwalter durch Beschl/ Vereinb dies übertragen ist.

Aufgaben und Befugnisse des Verwalters § 27

b) Im zweiten Fall bedient sich der Verwalter fremder Gehilfen zur 5 Erfüllung seiner Aufgaben.
Beispiel: Erstellung der Jahresabrechnung.
Dies ist ihm grundsätzlich gestattet, wenn damit im Endeffekt nicht die gesamte Verwaltertätigkeit auf Dritte übertragen wird (BayObLG WE 1991, 287).

c) Untervollmacht kann der Verwalter erteilen, soweit er Vertre- 6 ter und dies nicht ausgeschlossen ist (z.B. im Verwaltervertrag, siehe Sauren Verwalter § 4 Abs. 2).

4. Gem. Abs. 1 ist der Verwalter **verpflichtet** und berechtigt, 7 **Beschl der WEer durchzuführen.** Dabei hat er zu beachten, daß er auch an einen fehlerhaft zustandegekommenen Beschl gebunden ist und diesen auszuführen hat (BayObLG Rpfleger 1972, 411), soweit er nicht für ungültig erklärt wurde. Dies gilt selbst für Beschl, die klar gegen die Vereinb der WEer verstoßen. Bei erkennbar nichtigem Beschl ist eine Ausnahme zu machen, es besteht dann das Recht des Verwalters, denselben Beschlgegenstand als TOP der nächsten WEerversammlung zu nehmen. Ggf. kann der Verwalter den offensichtlich nichtigen Beschl auch selbst anfechten (§ 43 Abs. 1 Nr. 4). Weigert sich der Verwalter, einen Beschl auszuführen, so können die WEer gegen ihn gerichtlich vorgehen (§ 43 Abs. 1 Nr. 2).
Beispiel: Beschl über die Verteilung der Gemeinschaftskosten (Bay ObLG MDR 1974, 491) oder für angefochtenen Beschl, es sei denn, eine einstweilige Anordnung des Gerichts liegt vor oder der Verwalter ist durch die Mehrheit der WEer angewiesen.
Der Verwalter kann durch Beschl ebenfalls ermächtigt werden, eine strittige Frage zwischen den WEer gerichtlich klären zu lassen.
Beispiel: Streitigkeiten über den Gebrauch eines gemeinschaftlichen Wäschepflegeraumes (BayObLG DWE 1983, 94).
Abs. 1 Nr. 1 enthält keine Vertretungsmacht des Verwalters.
Ist jedoch nichts anderes bestimmt, so kann aus dem Beschl z.B. über den neuen Verputz des Hauses, insbesondere, wenn dafür bereits eine ausreichende Rücklage gebildet worden ist, gefolgert werden, daß der Verwalter befugt ist, die näheren Einzelheiten und die Auswahl der Handwerker selbst zu bestimmen (BPM Anm. 16).
Beispiel: Ist der Verwalter beauftragt worden, die Garage zu vermieten, dann wird er auch bevollmächtigt sein, den Mietvertrag abzuschließen, nicht aber diesen zu kündigen (LG Bamberg NJW 1972, 1376).
Die Beschl müssen vom Verwalter auch mit der gegebenen Zügigkeit ausgeführt werden (LG Düsseldorf v. 15. 11. 1983, 25 T 520/82). Der Verwalter hat dabei kein Recht, noch eine weitere „Ursachenforschung" zu betreiben. Dies gilt auch für möglicherweise sachwidrig gefaßte Beschl.

§ 27   3. Abschnitt. Verwaltung

Beispiel: Für die Behebung der Durchfeuchtung der Balkone darf der Verwalter kein Jahr verstreichen lassen (LG Düsseldorf a.a.O.). Auch wenn ein schon vollzogener Beschl nachträglich für ungültig erklärt wird, können Schadensersatzansprüche nicht gegen den Verwalter allein deshalb geltend gemacht werden, weil er die beschlossene Maßnahme vollzogen hat (BayObLG WE 1991, 198), da er für die Entscheidung der WEer nicht verantwortlich ist (Weitnauer Rdnr. 20).

8 5. Gem. Abs 1 Nr. 1 hat der Verwalter weiterhin **zu überwachen, daß die Hausordnung oder andere Gebrauchs- und Nutzungsregelungen eingehalten werden** (Bielefeld FV1, 20).

9 a) Dem Verwalter obliegt es, für die Durchführung der Hausordnung zu sorgen.
Beispiel: Die Überwachung der turnusmäßigen Nutzung der gemeinschaftlichen Einrichtungen.
Widerspricht das Verhalten der Hausbewohner der TErkl, so hat der Verwalter entsprechende Maßnahmen zu treffen.
Beispiel: Aufstellung von Verbotschildern gegen hausordnungswidriges Parken in Grünanlagen (BayObLG MDR 1981, 937).
Nach LG Hannover (v. 21. 5. 1986, 1 T 134/85) sind hierfür zumindest stichprobenartige Kontrollen erforderlich.
Nicht berechtigt ist der Verwalter zur Einleitung von Gerichtsverfahren gegen Hausordnungsstörer ohne Ermächtigung durch die WEer. Bei mehrmaligen und wiederholten schweren Verstößen kommen unter Umständen eine Abmahnung und Beschl über die Entziehung (§ 18) durch die WEer in Frage.

10 b) Andere Gebrauchs- und Nutzungsregelungen: Hierunter sind die Pflichten gem. § 14 (insbesondere Nr. 1 und 2) zu verstehen.
Beispiele: Pflicht zur Instandhaltung des SE des einzelnen WEer, Pflicht zum schonenden Gebrauch des SE und des GE; keine Überbelegung der Wohnung; keine Lärmbelästigung der anderen Bewohner des Hauses; keine Geruchsbelästigung.

11 **6. Instandhaltung, Instandsetzung und Vertragsgestaltung.**
Der Verwalter hat alle für die ordnungsgemäße Instandhaltung und Instandsetzung des GE's (Abs. 1 Nr. 2) – der Begriff ist identisch mit § 21 Abs. 5 Nr. 2, siehe deshalb dort Rdnr. 10) – sowie in dringenden Fällen sonstige zur Erhaltung des GE erforderlichen Maßnahmen zu treffen (Abs. 1 Nr. 3). Diese Aufgabe des Verwalters gewinnt immer mehr an Bedeutung mit zunehmendem Alter der zu verwaltenden Häuser.

11a **a) Was bedeutet „Treffen der erforderlichen Maßnahmen"**
Als entscheidender Punkt ergibt sich aus dem WEG (nämlich § 21 Abs. 1 und 5 Nr. 2), und das haben wir gestern gehört, das es in erster Linie Sache der WEer selbst ist, für den Zustand des GE's verantwort-

Aufgaben und Befugnisse des Verwalters § 27

lich zu sein, weil sie Eigentümer sind. Die Behebung von z.B. Mängeln ist deshalb nach dem WEG also in erster Linie Sache der WEer.

Aufgabe des Verwalters ist deshalb „nur" auf eine ordnungsgemäße Instandhaltung und Instandsetzung hinzuwirken (vgl. § 27 Rdnr. 12). Was unter diesem Hinwirken zu verstehen ist, hängt von dem Gegenstand der Instandhaltung und Instandsetzung ab.

Bei Mängel hat er sie nach der Rechtsprechung festzustellen, die WEer darüber zu unterrichten und eine Entscheidung in der Versammlung über das weitere Vorgehen (z.B. Einschätzung durch einen Sachverständigen) herbeizuführen (BayObLG WE 1988, 31, NJW-RR 1992, 1102,1103).

Eine Verpflichtung des Verwalters zum selbständigen Handeln kommt nur in Betracht, wenn sein Eingreifen unaufschiebbar ist (Bay ObLG WE 1988, 31).

Der Verwalter schuldet folglich regelmäßig nicht die Vornahme der Handlung an sich, sondern er hat nur Sorge dafür zu tragen, daß ein ordnungsgemäßer Ablauf erfolgt.

Bei Behebung von Mängeln wäre dies z.B. die ordnungsgemäße Auswahl und Beauftragung von Fachfirmen (BayObLG NJW-RR 1992, 1102).

Der Verwalter hat also die Verpflichtung die WEer als ihr Vertreter zu informieren und zu beraten.

b) Anforderungen an die Sorgfaltspflicht des Verwalters   11 b

Welche Anforderungen an die Sorgfaltspflicht des Verwalters dabei zu stellen sind, beurteilt sich nach der Rechtsprechung (BayObLG ZMR 1990 65 unter Verweis auf BayObLG WE 1988, 32, OLG Schleswig WE 1980/2, 33, a.A. Bielefeld PIG 7, 88) danach, ob der Verwalter auf bestimmten Gebieten besondere Sachkunde hat.

Ist also der Verwalter z.B. eine Bauträgerfirma, so schuldet sie in den Fragen der Erkennung von Mängeln die Sorgfalt einer solchen Fachfirma (BayObLG a.a.O. S. 66).

c) Ergebnis

Es ist folglich festzuhalten, daß der Verwalter die für die Werterhaltung und die notwendigen Verbesserungen einer Anlage erforderlichen Maßnahmen einzuleiten hat.

Notwendige Vorgehensweise für den Verwalter.

Daraus ergibt sich ein konkretes Muster zum Vorgehen des Verwalters, was wie folgt gekennzeichnet werden kann:
Der Verwalter hat zur Aufgabe:
a) Die ersten Feststellungen zu treffen.
b) Die Beschaffung der Finanzmittel zu sichern.
c) Die organisatorischen Vorarbeiten zu erfüllen.

Zu a): Hat der Verwalter nach dem Vorstehenden um seiner Informationspflicht zu genügen, also Feststellungen zu treffen, so ist fraglich wie er dies kann und/oder muß.

§ 27　　　　　　　　　　　　　　　　　　3. Abschnitt. Verwaltung

Es wird im Endeffekt immer eine Frage des Einzelfalles sein, ob er seinen Pflichten gerecht wird.

11 c　**aa) Wartungsvertrag:**

Zunächst wäre es für den Verwalter naheliegend, daß er diese Aufgabe delegieren würde, z.B. durch eine Wartungsvertrag mit eine Wartungsfirma ausführen zu lassen.

Ohne Beschluß der Wohnungseigentümer ist der Verwalter jedoch nicht berechtigt einen solchen Vertrag zu Lasten der WEer abzuschließen (so auch OLG Zweibrücken NJW-RR 1991, 1301).

Fraglich ist jedoch, ob nicht der Verwalter der WEer gegenüber verpflichtet ist eine entsprechende Beschlußvorlage zu unterbreiten. Ist der Verwalter „sogenannter Laie" und sieht er sich deshalb nicht in der Lage seiner Informationspflicht nachzukommen, so besteht eine solche Informationspflicht an die WEer. Anders sieht es das OLG Zweibrücken (a.a.O. S. 1302), wenn es glaubt, daß dies nur in den Fällen bedeutsam würde, in dem ein Informationsbedarf der WEer vorliegt. Dieser Informationsbedarf liege aber nicht bei Schäden am Dach vor durch einen Alterungsprozeß, da jedem WEer bekannt sei, daß ein Bauwerk und seine Bestandteile einem Alterungsprozeß unterliegen.

Gerade diese Argumentation ist jedoch m.E. nicht ausreichend. Entscheidend ist, daß die WEer sich bei einem Verwalter darauf verlassen, daß dieser das Objekt laufend auf etwaige auftretende Mängel überprüft. Ist der Verwalter jedoch schon fachlich dazu nicht in der Lage hat er eine entsprechende Offenbarungspflicht gegenüber den WEern. In diesem Fall besteht nämlich Handlungsbedarf wie die nachfolgenden Ausführungen noch zeigen werden.

11 d　**bb) Begehungen**

Der BGH (NJW 1993, 1782) hat richtungsweisend dem Verwalter im Rahmen des WEG (§ 27 Abs. 1 Nr. 2) auch die sich aus dem BGB ergebenen Einstandspflichten auferlegt. Im BGB gibt es im Rahmen der unerlaubten Handlung die Vorschrift des § 836, die die Verantwortlichkeit der Haftung beim Einsturz eines Gebäudes regelt. Der BGH entschied dazu, daß der Verwalter alle zumutbaren Maßnahmen zu treffen habe, die aus technischer Sicht geboten und geeignet sind die Gefahr einer Ablösung von Dachteilen, sei es auch nur bei starkem Sturm, nach Möglichkeit rechtzeitig zu erkennen und ihr zu begegnen; dies gilt um so mehr je älter das Gebäude und seine Dachkonstruktion ist.

In diesem Zusammenhang ist jedoch diese Tatsache bereits schwerwiegend für den Verwalter. Hinzukommend und dies ist mindestens genauso schwerwiegend, wie die vorherige Feststellung, daß der BGH bei Schäden verursacht durch Gebäudeteilen ein Anscheinsbeweis in der Verursachung durch den Verwalter sieht (ebenso OLG Frankfurt DWE 1993, 76, 77).

Aufgaben und Befugnisse des Verwalters § 27

Damit ist es Sache des Verwalters sich zu entlasten, was regelmäßig nur durch umfassende Nachweise möglich ist.

Es kommt jedoch für den Verwalter noch schlimmer, der BGH nämlich:

„Weil der Verwalter auch ungewöhnliche, aber mögliche Sturmstärken in seine Betrachtungen einbeziehen und entsprechende Vorsorge für die Festigkeit des Gebäudes treffen muß, kann dieser Anscheinsbeweis in der Regel nicht dadurch erschüttert werden, daß das Schadensereignis durch eine besonders starke Sturmböe verursacht worden sei".

Und dann die schlimme Schlußfeststellung des BGH's für den Verwalter:

„Dies gilt auch im vorliegenden Fall, in dem es sich unstreitig um einen Orkan handelte".

Mit anderen Worten bedeutet dies, daß der BGH dem Verwalter bei einem Orkan im Wege des Anscheinsbeweis, die Verantwortung für die sich daraus ergebenden Schäden auferlegt.

Der Verwalter konnte immerhin nachweisen, daß eine jährliche Kontrolle durch eine in Baudingen erfahrenen zuverlässige Person stattgefunden habe.

Der BGH ließ dies jedoch nicht genügen, denn er legte dem Verwalter folgendes auf:

„Daher muß eine solche Überprüfung im Rahmen der technischen Möglichkeiten alle die Konstruktionselemente erfassen, bei welchem etwa auftretende Mängel zu einer Lösung von Gebäudeteilen führen können, auf ordnungsgemäße Sanierungsmaßnahmen, die sich nur auf einen Teilbereich erstrecken, kann sich der Unterhaltspflichtige nicht ohne weiteres verlassen".

Nach den Anforderungen des BGH's ergibt sich folglich,
- daß regelmäßig Begehungen zumindest der Gebäudeteile stattfinden müssen,
- daß die Begehung durch eine in Baudingen erfahrene Person erfolgen muß,
- und daß von dieser Person Überprüfungen im Rahmen des Möglichen zu erfolgen haben, die alle Konstruktionselemente erfassen, bei welchen etwa auftretende Mängel zur Lösung von Gebäudeteilen führen können.

Der Verwalter hat deshalb in Zukunft diese Begehungsprotokolle äußerst sorgfältig auszufüllen, damit ihm der Entlastungsbeweis gelingt. Er muß dabei für entsprechende Nachweise seiner Fachkunde sorgen bzw. die Person die er als Fachkundigen hinzuzieht.

Streng genommen gelten die Ausführungen des BGH's nur für Gebäude- und Gebäudeteile, worunter z.B. Balkone, Schornsteine oder Dachziegel zu verstehen sind (Palandt § 836 Rdnr. 5).

Nicht darunter fallen nach der Rspr eingebrachte Spiegel, Eisstücke, die sich auf dem Dach gebildet haben und Schnee. Grundsätzlich be-

§ 27 3. Abschnitt. Verwaltung

steht deshalb für den Verwalter auch keine gesetzliche Verpflichtung andere als die Gebäudeteile zu überprüfen. Sind jedoch Begehungen für die Gebäude und Gebäudeteile schon notwendig, werden sich die Begehungen automatisch auch auf andere Dinge richten können.

11 e **cc) Fristen für Sicherheitseinrichtungen an Gebäuden**

Die Begehungen sind m. E. aber auch aus anderen Gründen notwendig. Es gibt nämlich zwischenzeitlich eine Reihe von öffentlich-rechtlichen Vorschriften zur Überprüfung des GE's: Diese ergeben sich z. B. auf folgendem:

11 f
Rechtsgrundlage	Prüfumfang	Prüfer
LAbfG	• Trennung und Entsorgung von Abfall (§ 44 Abs. 1 S. 1 i. V. m. § 5 Abs. 4) **Beispiel für Verstoß:** fehlende oder fehlerhafte Nutzung öffentlicher Sammelbehälter (Stichwort: „gelbe Tonne"); Duldung eines abgemeldeten PKW auf der Wohnanlage	Verwalter
AufzugsVO	• Zugänglichmachen der Aufzugsanlage für Prüfer (§ 27 Abs. 2 Nr. 4; §§ 20 Abs. 1, 19 Abs. 1) • Stellung der notwendigen Hilfspersonen bei den Prüfungen durch Sachverständige oder Aufzugswarte (§ 27 Abs. 2 Nr. 4; §§ 20 Abs. 1, 19 Abs. 1) Hinweisschilder, wenn Aufzug außer Betrieb (§ 27 Abs. 2 Nr. 4; §§ 20 Abs. 1, 19 Abs. 1)	Verwalter
	• wöchentliche Überprüfung; Erreichbarkeit jederzeit (OLG Hamm DWE 1986, 61) längstens in 20 Minuten (§ 27 Abs. 2 Nr. 4; §§ 20 Abs. 1, 19 Abs. 1)	Verwalter wenn Aufzugswärter
BauONW	• Befahrbeitkeit der Zu- und Durchfahrten auf dem Grundstück (§ 84 Abs. 1 Nr. 1 i. V. m. § 5 Abs. 6) • Kennzeichnung der Zu- und Durchfahrten (§ 84 Abs. 1 Nr. 1 i. V. m. § 5 Abs. 6) • Anbringung eines Baustellenschildes bei der Ausführung von genehmigungsbedürftigen Vorhaben (§ 84 Abs. 1 Nr. 2 i. V. m. § 14 Abs. 1)	Verwalter

Aufgaben und Befugnisse des Verwalters § 27

Rechtsgrundlage	Prüfumfang	Prüfer
	Beispiel für Verstoß: Zufahrt für Feuerwehr durch parkende PKW versperrt; Zufahrt durch Aufstellung eines Müllcontainers eingeengt etc.	
FeuVONW	• Nutzung von Heizräumen oder Heizöllagerräumen (§ 24 Nr. 2 i. V. m. § 14 Abs. 1 S. 3; § 21 Abs. 2 S. 1 und § 22 Abs. 1 Nr. 3) • Vorhaltung eines Feuerlöschers oder eines Löschmittels (§ 24 Nr. 3 i. V. m. §§ 21 Abs. 4, 22 Abs. 5 S. 1 und 2) **Beispiel für Verstoß:** Keine Vorhaltung von Feuerlöschern als Löschmittel bei Lagerung von mehr als 1000 l Heizöl; keine Vorhaltung von Sand als Löschmittel bei Lagerung von weniger als 1000 l Heizöl; Duldung der Lagerung sonstiger leicht brennbarer Gegenstände wie etwa Skateboards, Gartenmöbel etc: in Heizöllagerräumen (Begehungspflicht aber nur, soweit Gemeinschaftseigentum betroffen ist)	Verwalter
GarVONW	• Beleuchtung geschlossener Mittel- und Großgaragen während der Betriebszeit, d. h. Garagen mit Nutzfläche von mehr als 100 m² (§ 23 Nr. 2 i. V. m. § 14 Abs. 1) • ständige Anwesenheit einer Aufsichtsperson in einer allgemein zugänglichen geschlossenen Großgarage während der Betriebszeit (§ 23 Nr. 3 i. V. m. § 18 Abs. 1) **Beispiel für Verstoß:** Beleuchtungsstärke von weniger als 20 Lux während der Betriebszeit; Ausschalten der Beleuchtung außerhalb der Betriebszeit.	Verwalter
HochhVONW	• Begehbarkeit der Rettungswege innerhalb des Gebäudes (§ 16 Nr. 1 i. V. m. § 14 Abs. 1 Nr. 1) • Geschlossenheit von Türen ohne Feststellvorrichtung (§ 16 Nr. 2 i. V. m. § 14 Abs. 1 Nr. 2)	Verwalter

| Rechtsgrundlage | Prüfumfang | Prüfer |

• ständiger Betrieb der Sicherheitsbeleuchtung (§ 16 Nr. 3 i.V.m. § 14 Abs. 2)

Beispiel für Verstoß: Es reicht bereits, wenn die Türen im Zuge von Rettungswegen nicht in voller Breite geöffnet werden können.

dd) Zwischenergebnis

Es kann deshalb festgehalten werden, daß zum Leistungskatalog eines Verwalters gehört, periodische Begehungen des Objektes zumindest jährlich, je nach Anlage bis zu wöchentlich durchzuführen, um Instandsetzungsbedarf zu erkennen.

Zu c) Die Erfüllung der organisatorischen Vorarbeiten

Bei diesem Punkt ist gemeint, daß es dem Verwalter obliegt, seine technischen Unterlagen laufend zu pflegen und zu ergänzen soweit es notwendig ist.(vgl. Rdnr. 13).

Spezielle Anforderungen an den Verwalter
a) Ursachenforschung

Sind Feuchtigkeitsschäden aufgetreten, ist es Aufgabe des Verwalters der Ursache nachzugehen (BayObLG WE 1988, 32). Verjähren die Ansprüche gegen den Bauträger, dann ist er schadenersatzpflichtig.

b) Pflicht zur Erkennung von Mängeln

Kennt der Verwalter die Mängel nicht, hätte sie aber aufgrund seiner erforderlichen Fachkenntnisse erkennen können, haftet er für den daraus entstehenden Schaden (BayObLG ZMR 1990, 66). Hierzu ergibt sich nach Rechtsprechung keine Pflicht zu bautechnischen Beratung, die besondere fachliche Vorbildung auf diesem Gebiet voraussetzen. Vielmehr reichen die Verwalterpflichten, soweit, daß er diejenigen Erwägungen anstellen muß, die Hauseigentümer, die ihr Eigentum selbst verwalten, anstellen würde. Der Verwalter muß die Wohnungseigen-tümerversammlung mit dem Ziel, eine Entscheidung herbeizuführen, von diesen Erwägungen benachrichtigen, wenn alle Wohnungseigentümer nicht ohnehin bereits über den selben Kenntnisstand verfügen. Diese Verwalterpflichten folgen daraus, daß die Eigentümer die Beaufsichtigung und die Betreuung der Anlage auch hinsichtlich der Aufdeckung und Beseitigung von Baumängeln in die Hand des Verwalters gegeben haben und das sie zumal bei großen Wohnanlagen, vielfach gar nicht die Möglichkeit haben, selbst diese Aufgaben wahrzunehmen (BayObLG WE 1988, 31).

12   **a) Pflichtenumfang:** Der Verwalter muß auf eine ordnungsgemäße Instandhaltung und Instandsetzung hinwirken. Er ist verpflichtet, im Rahmen regelmäßiger Überwachung auf (auch von Anfang an

Aufgaben und Befugnisse des Verwalters § 27

vorhandener BayObLG WE 1988, 31) Mängel, den Ablauf von Gewährleistungsfristen etc. hinzuweisen und zur Vorbereitung entsprechender Beschl beizutragen (BayObLG WE 1988, 31) bzw. sie herbeizuführen (BayObLG NJW-RR 1992, 1102). Diese Pflicht erstreckt sich nach dem BGH (NJW 1993, 1782) auch auf Dachbegehungen zur Kontrolle, aber nicht ohne Beschl einen Wartungsvertrag mit einem Fachunternehmen abzuschließen (OLG Zweibrücken a.a.O.). Der Verwalter schuldet folglich nicht die Vornahme an sich (ggfs. anders, wenn die Voraussetzungen von Nr. 3 vorliegen), sondern er hat nur Sorge dafür zu tragen, daß ein ordnungsgemäßer Ablauf erfolgt.

Beispiel: Ordnungsgemäße Auswahl und Beauftragung von Fachfirmen (BayObLG NJW-RR 1992, 1102).

Die beauftragte Fachfirma ist deshalb auch nicht Erfüllungsgehilfe des Verwalters.

Zur Entscheidungsvorbereitung: Entscheidung bei der Instandhaltung des GE (vgl. Müller WE 1996, 163).

b) Sachumfang: Der Leisungskatalog des Verwalters im Rahmen 13 der Instandhaltung und Instandsetzung kann wie folgt beschrieben werden (vgl. Peters Aufgaben S. 5, 17ff.):
– Einleiten von technischen Sofortmaßnahmen zur Instandsetzung in dringenden Fällen,
– periodische Begehung des Wohnungseigentumsobjektes mindestens einmal jährlich, zur Erkennung sichtbar nötiger Instandsetzungen, mit Bedarfsfeststellung und Bedarfsanalysen notwendiger Instandhaltungs- und Instandsetzungsarbeiten und mit Kostenschätzung nach DIN 276 als Grundlage für den WP und die Beschlfassung,
– Angebotsprüfung und Erstellen von Preisspiegeln,
– Vergabe von technischen Aufträgen nach Beschl, rechnerische Rechnungsprüfung, technische Aufträge und sachliche Prüfung auf Übereinstimmung mit Ausschreibungstext, Aufmaß und Massenberechnung,
– technische Mitwirkung bei Betriebskostenverteilung,
– Vorbereitungsmaßnahmen zur Ansammlung einer angemessenen Instandhaltungsrücklage einschließlich Beschlvorlage,
– Pflege und Ergänzung technischer Unterlagen,
– Pflege der technischen Ersatzteilkartei, der Handwerkerkartei und Lieferantenkartei,
– Vorbereitung der Beschlfassung für die Instandhaltung und Instandsetzung des GE, Überwachung und Abrechnung einfacher routinemäßiger Arbeiten,
– Wahrnehmung der Verkehrssicherungspflicht (OLG Frankfurt Rpfleger 1981, 399, siehe Rdnr. 82) einschließlich Laubabfallbeseitigung, Streuen, etc. Dies befreit jedoch nach dem BGH nicht die WEer von ihrer Überwachungspflicht (NJW 1985, 484).

§ 27   3. Abschnitt. Verwaltung

14   **c) Nr. 2 enthält keine Vertretungsmacht des Verwalters** (OLG Düsseldorf NJW-RR 1993, 470) siehe unten Verträge Rdnr. 10ff. Ebenfalls darf der Verwalter hierfür keinen Kredit aufnehmen (BGH NJW-RR 19931227). Der Verwalter ist nach dem KG (NJW-RR 1991, 1235) aber berechtigt, erforderliche Arbeiten, z. B. Anstricharbeiten der Außenfenster einzelnen WEer zu übertragen, wenn diese sie in Eigenleistung erbringen wollen, die mangelfreie Ausführung der Arbeiten gewährleistet und das aus der Rücklage zu zahlende Entgelt dafür verkehrsüblich ist.

15   **d) Notmaßnahmen** (Abs. 1 Nr. 3): Dringend ist der Fall dann, wenn die Maßnahme notwendig ist und die Erhaltung des GE's nicht mehr gesichert wäre, wenn der Verwalter erst eine Versammlung einberufen würde.

Beispiel: Wetterschäden am Dach, an den Außenmauern, an den Fenstern, oder gefährliche Abnutzung der Stahlseile des Aufzuges.

Das bedeutet also, daß nicht unbedingt eine unmittelbar drohende Gefahr, sondern eine auffallende Notwendigkeit (vgl. § 21 Abs. 3) vorliegen muß und eine Unzumutbarkeit eines vorherigen Beschl. Dann kann der Verwalter nach dem OLG Hamm (NJW-RR 1989, 331) selbst dann Aufträge vergeben, wenn gegen ihn als Bauträger oder Architekt Gewährleistungsansprüche im diesem Fall möglich sind. Die h.M. (BayObLG WE 1996, 315; BPM Rdnr. 72; Deckert FV1 S. 92) nimmt für diesen Fall eine gesetzliche Vertretungsmacht an.

16   **7.** Inwieweit der Verwalter neben seiner notwendigen Aufklärungsarbeit auch selbständig **Verträge abschließen darf**, ist im folgenden zu klären:

17   **a)** Verträge über **Instandhaltung und Instandsetzung bzw. Kauf:**

Zur Abklärung ist folgende Fragestellung vorzunehmen:

18   **aa) Abgrenzung zur baulichen Veränderung:** Zunächst ist zu fragen, ob die beabsichtigte Maßnahme eine Instandsetzung bzw. Instandhaltung darstellt oder eine bauliche Veränderung i. S. des § 22 Abs. 1 Satz 1. Denn bauliche Veränderungen kann der Verwalter nur vornehmen, wenn diese geringfügig sind und keine Nachteile für die WEer darstellen und im übrigen auch den Interessen der Gesamtheit der WEer entsprechen (BayObLG v. 20. 9. 1982, 2 Z 94/81).

Beispiel: Ersetzung der Fensteraußenscheibe durch zwei neue, vertikal voneinander getrennte Scheiben, statt einer Durchgangsscheibe (BayObLG a.a.O.).

Nicht kann der Verwalter eigenmächtig einen Kinderspielplatz errichten (LG Mannheim ZMR 1976, 51). Über die genaue Abgrenzung hierzu siehe § 22 Rdnr. 41 ff.

Aufgaben und Befugnisse des Verwalters § 27

bb) Ist damit festgestellt, daß es sich um keine bauliche Veränderung handelt, so ist der Verwalter jedoch nicht berechtigt, einen außergewöhnlichen, nicht dringenden Instandsetzungsarbeiten größeren Umfanges ohne vorherigen Beschl der Eigentümer in Auftrag zu geben.
Beispiel: Austausch des Boilers der Warmwasserversorgung für ein Haus mit 30 Einheiten (BGH NJW 1977, 44).

cc) Der Verwalter kann aber unter Berücksichtigung der Interessen der WEer (OLG Köln OLGZ 1978, 7) **folgende Arbeiten vergeben:**

Geringfügige Arbeiten, die keinen Nachteil darstellen und im übrigen auch den Interessen der Gesamtheit dienen (BayObLG WuM 1985, 30).
Beispiel: Bagatellreparaturen, z.B. Dachrinne, Einbau einer Doppeltüre wegen erheblichen Lärms im Treppenhaus (BayObLG ZMR 1979, 56).

Man wird aber nun zu Recht fragen, was unter „geringfügiger Arbeit" bzw. „Bagatellarbeit" zu verstehen ist. Nach dem BayObLG (ZMR 1979, 56, 58) ist dies z.B. ein Betrag von DM 1122,20 bei einer WEerGem von 270 WEer, d.h. DM 4,16 pro WEer. Daran sollte man sich jedoch nicht sklavisch halten, sondern auch die Notwendigkeit und das Interesse des einzelnen WEers sowie die Größe der Wohnanlage berücksichtigen, denn notwendigerweise werden bei einer kleineren Anlage die Kosten pro WEer größer sein als bei einer größeren.

Dringende Fälle darf der Verwalter gem. Abs. 1 Nr. 3 in Auftrag geben (siehe oben Rdnr. 15).

Das BayObLG (Rpfleger 1975, 349) hat in Hinsicht auf **Geräte, die bei bestimmungsmäßigem Gebrauch durch die WEerGem dem Verschleiß unterliegen,** eine Ausnahme gemacht.
Beispiel: Dem Hausmeister zur Verfügung gestellte Gerätschaften, gemeinschaftliche Waschmaschine etc.
Nicht: Anschaffung einer automatischen elektrischen Tauchpumpe anstatt einer wesentlich billigeren Wasserstrahlpumpe (BayObLG DWE 1982, 29).

Ordnungsgemäße Verwaltung erfordert die Ersatzbeschaffung dieser Geräte bei dauerhaftem Bedarf und der Verwalter ist gem. Abs. 1 Nr. 2 grundsätzlich zur Ersatzbeschaffung berechtigt.

b) Änderung bzw. Kündigung: Jedoch ist der Verwalter nicht zur Abschaffung solcher Geräte ohne Beschl der WEer befugt, ebenso nicht zur Änderung bzw. Kündigung des Vertrages.
Beispiel: Abschaffung einer Mülltonne, die 4 Jahre vorher durch die WEerGem angeschafft worden war (LG Essen ZMR 1966, 334).

c) Sonstige Dienstleistungs- und Kaufverträge: Hierbei ist nach dem BGH (ZMR 1978, 81, Bestellung für Öl) durch die

§ 27 3. Abschnitt. Verwaltung

Berücksichtigung von Geldern im WP für konkrete Ausgaben dem Verwalter eine (stillschweigende) Vollmacht erteilt worden, solche Verträge abzuschließen. Weiterhin streitig ist aber, wie weit diese Vollmacht geht. Bei einer Ölbestellung liegt insoweit ein Ausnahmetatbestand vor, weil bei fehlendem Brennstoff eine Gefahr für die Gesundheit der WEer und die Substanz des Hauses gegeben ist (vgl. KG ZMR 1984, 249), und eine Bestellung folglich auch von jedem WEer vorgenommen werden kann. Bei anderen Verträgen, wie z. B. der Hausreinigung, ist eine solche Dringlichkeit zumeist nicht gegeben, es können durchaus unterschiedliche Meinungen über Modalität und Bezahlung auftauchen, so daß auch hier der Verwalter sich zumindest der Zustimmung des Beirates versichern sollte.

23 **d) Wartungs- und Pflegeverträge:**
Beispiele: Liftwartung, Antennenwartung, Maschinenwartungsverträge, Heizungsanlagen, Wasseraufbereitung, Sprinkleranlage, Lüftungsanlage, Doppelstockgaragen.

Das OLG Zweibrücken (OLGZ 1983, 339) hat für einen Liftwartungsvertrag die bei der Instandhaltung dargestellten Grundsätze des BGH (NJW 1977, 44) auf Wartungsverträge übertragen. Demnach ist der Verwalter für Verträge über „außergewöhnliche, nicht dringliche Geschäfte größeren Umfanges" ohne Beschl der WEer nicht bevollmächtigt.

Beispiel: Ein auf 20 Jahre ausgelegter Wartungsvertrag.

Das OLG stellte in der Entscheidung vor allem auf die Vertragsdauer ab und ließ den Einwand, daß durch diese lange Dauer ein entsprechend günstiger Preis bezahlt würde, nicht gelten. Auch der Umstand, daß die regelmäßige Wartung vorgeschrieben sei, bewegte die Richter nicht zu einer anderen Beurteilung: „Hieraus könnte allenfalls die Berechtigung des Verwalters abgeleitet werden, einen Wartungsvertrag kurzfristig für eine Übergangszeit, etwa bis zur nächsten WEerversammlung, heranzuziehen.".

Dies bedeutet, daß auch bei Wartungsverträgen grundsätzlich zunächst die WEer zu fragen sind (ebenso OLG Hamburg DWE 1993, 164).

24 **e) Verträge über Versorgung und Entsorgung:** Da die Versorgung mit Strom, Gas, Wasser, Kanal, Wärme etc. zum notwendigen und unbedingten Benutzen des Hauses erforderlich ist, stellt sich bei dem Abschluß solcher Verträge für den Verwalter eine andere Situation dar. Zudem ist Lieferant in den meisten Fällen die öffentliche Hand, bei der unterschiedliche Verträge oft nicht möglich sind und deshalb Wünsche einzelner Vertragspartner nicht berücksichtigt werden. Soweit dem Verwalter folglich nicht bekannt ist, daß Änderungswünsche vorliegen und akzeptiert werden, ist er zum Abschluß solcher Verträge befugt.

Aufgaben und Befugnisse des Verwalters § 27

f) Versicherungsverträge: Das LG Essen (VersR 1979, 80) hat 25
dem Verwalter aus dem Gesetz weder eine Vollmacht zum Abschluß
noch zur Kündigung eines Versicherungsvertrages gegeben (LG Berlin
VersR 1986, 698, für Feuer-, Leitungswasser und Stromversicherung;
ebenso LG München VersR 1990, 1378 und AG Erlangen VersR
1984, 634, für Leitungswasser und Stromschädenversicherung; a.A.
AG Karlsruhe VersR 1980, 820 für eine Leitungswasserversicherung;
Köhler WE 1994, 167; Köhler FV! S. 41, wonach der Verwalter mit
Übertragung der Verwaltertätigkeit die Annex-Kompetenz zum Abschluß und zur Kündigung von Versicherungsverträgen auch ohne
zusätzliche Bevollmächtigung erhalte; vgl. Gottschalg FV2 S. 107).
Schon die Auswahl der möglichen Versicherungsarten und die große
Zahl der Versicherungsgesellschaften zeigen, daß der Abschluß einer
Versicherung eine Frage des Einzelfalles und des Kostenrisikos ist. Da
aber der Verwalter letztlich über Gelder der WEer verfügt, sollte er
diese – soweit er nicht schon in der TErkl oder in dem Verwaltervertrag ermächtigt wurde – auch über die abzuschließenden Versicherungen entscheiden lassen. Zudem sollte der Verwalter berücksichtigen,
daß evtl. Mitglieder in der WEerGem Versicherungen angehören oder
Mitarbeiter solcher sind und deshalb oftmals Vorzugskonditionen erhalten.

aa) Verbundene-Gebäude-Versicherung: Die unter dieser Be- 26
zeichnung inzwischen üblich gewordene Versicherung enthält u.a. die
in § 21 Abs. 3 vorgesehene Feuerversicherung sowie die Leitungswasser-, Sturmschädenversicherung etc. Hierdurch sind die WEer u.a.
versichert gegen Brand, Blitzschlag, Explosion und Schäden durch
Löschen, Niederreißen oder Aufräumen, gegen Anprall und Absturz
von Luftfahrzeugen und Luftfahrzeugteilen. Aufgrund der Urteile
(z.B. des LG Essen VersR 1979, 80, das eine verbundene-Gebäude-Versicherung zum Gegenstand hatte) ist dem Verwalter zu raten, die
WEer entscheiden zu lassen. Zu den Aufgaben des Verwalters zählt
auch die Überprüfung des GE, ob sich nicht Gefahrenerhöhungen
durch Veränderungen ergeben haben.
Beispiel: Neuanlage einer Heizung, Umstellung der Heizung auf
neuen Brennstoff.
bb) Haftpflichtversicherung, Haus- und Grundbesitzerhaft- 27
pflichtversicherung: § 21 Abs. 5 Nr. 3 spricht noch die Versicherung der Haus- und Grundbesitzerhaftpflicht an. Darunter fallen insbesondere die Verkehrssicherungspflicht für die angrenzenden Gehwege sowie die Haftpflichtgefahren aus der Instandhaltung, Beleuchtung und sonstigen Betreuung der der WEerGem dienenden Anlagen,
insbesondere Hausflur, Treppenhaus, Aufzüge, Wasser- und Heizungsversorgung. Der Haftungsumfang ist insoweit praktisch identisch
mit der Haftung des Eigentümers eines Mietanwesens. Geschädigte
können hier sein: Einzelne WEer oder außenstehende Dritte, z.B.

§ 27   3. Abschnitt. Verwaltung

Straßenpassanten, Postboten, Besucher von Mietern etc. Der Abschluß ist Sache der WEer.

28   **cc) Gewässerschadenshaftpflichtversicherung:** Sie ist im WEG nicht angesprochen, weil sie zweckmäßigerweise nur bei dem Vorhandensein von Öltanks oder Etagenölheizungen mit Ölvorrat im Keller abgeschlossen wird. Sie bietet Schutz bei Gewässerschäden. Der Abschluß der Verträge ist nach einhelliger Meinung Sache der WEer.

29   **dd) Sonstige Versicherungen:** Hier seien zu nennen: Haftpflichtversicherung für Gemeinschaftsantennen, Unfallversicherungen für WEer, gesonderte Glasversicherung, Vermögensschadenshaftpflichtversicherung des Verwalters, Haftpflichtversicherung gegen Schäden aus Einsturz und Gebäudeunterhalt, etc. Da es im Einzelfall hier Argumente für und gegen den Versicherungsabschluß gibt, ist der Abschluß solcher Versicherungen Aufgabe der WEer.

29a   **ee) Abwicklung von Versicherungsschäden:** Zunächst hat der Verwalter, wenn ein Schaden im SE auftritt, diesen zu untersuchen. Stellt er fest, daß im SE die alleinigen Ursachen liegen, so ist er nach dem BayObLG (WE 1997, 39) nicht zur Abwicklung verpflichtet. Andererseits hat das OLG Hamm (NJW-RR 1995, 1419) dem einzelnen WEer das Recht abgesprochen mit der Versicherung den Schaden abzuwickeln, da Vertragspartner die WEerGem ist. Deshalb ist der Verwalter dafür zuständig (Köhler FV1, 39, Sauren WE 1996, 129 m. w. N.).

29b   **ff) Selbstbeteiligung bei Versicherungsschäden:** (Köhler FV 1, 39) Verwalter ist nicht befugt ohne Beschl Versicherungsvertrag mit Selbstbeteiligung abzuschließen. Beschl über Selbstbeteiligung entspricht i. d. R. ordnungsgemäßer Verwaltung. Selbstbeteiligung muß nicht von den oder dem betroffenen WEer getragen werden. Hierfür ist Grundlage, z. B. Beschl notwendig. Ob dieser ordnungsgemäßer Verwaltung entspricht hängt von TEerkl ab (Köhler a. a. O., S. 44).

30   **g) Hausmeister- und sonstige Angestelltenverträge** (siehe Köhler WE 1997, 213): Die Notwendigkeit der Einstellung eines Hausmeisters ist bei jeder Anlage unterschiedlich zu beurteilen. Wegen der damit verbundenen enormen Kosten können nur die WEer darüber befinden (BPM Rdnr. 66; a. A. Müller in Deckert 4/70; offengelassen von BayObLG WE 1992, 87).

31   **h) Resümee:** Der Verwalter ist ohne besondere Ermächtigung (z. B. in der TErkl oder dem Verwaltervertrag) nicht berechtigt, Verträge abzuschließen. Ausnahmen gelten nur für kleine oder dringende Reparaturarbeiten, Verträge über notwendige Ver- und Entsorgung (Öl, Gas, Wasser) und bei einer notwendigen Ersatzbeschaffung. Ebenso darf der Verwalter keine Gestaltungsrechte wie z. B. Kündigung oder sonstige Abänderungen der einmal abgeschlossenen Verträge ohne Zustimmung der WEerGem vornehmen. Die Obergerichte (OLG Hamburg DWE 1993, 164; OLG Zweibrücken NJW-RR

Aufgaben und Befugnisse des Verwalters § 27

1991, 1301) haben dies wie folgt zusammengefaßt: Der Verwalter darf ohne entsprechende Beschlfassung der WEer nur in dringenden Fällen, in denen entweder die erforderliche Maßnahme unproblematisch und zwingend ist oder in denen die Entscheidung der WEer nicht schnell genug herbeigeführt werden kann, selbständig tätig werden.

8. Den Verwalter trifft auch die Aufgabe der **Verwaltung der gemeinschaftlichen Gelder** (Abs. 1 Nr. 4). Darunter sind z.B. die Lasten und Kosten (§ 16 Abs. 2, § 28 Abs. 2), evtl. Nutzungen, z.B. Vermietung- oder Verpachtungsgelder, zu verstehen (vgl. Bader FV 1 S. 57). Nach dem LG Berlin (JR 1962, 222) bedeutet dies auch Baugelder für einen Ausbau. Inhaber der gemeinschaftlichen Gelder sind weiterhin die WEer und nicht etwa der Verwalter (als sog. Treuhandeigentum OLG Hamburg MDR 1970, 1008). Aufgaben des Verwalters im Rahmen der Betreuung der Gelder der WEer sind im wesentlichen folgende (vgl. Seuß S. 541): 32

– Entgegennahme und Anforderung des Hausgeldes, Abwicklung aller Zahlungsvorgänge und Begleichung aller Rechnungen, die mit der laufenden Verwaltung des GE's zusammenhängen (Betriebskosten, Instandhaltungskosten, Überweisung auf Sparkonten).
– Entgegennahme und Anforderung der sonstigen Einnahmen (Umlagen, Miete, Pacht, Waschmaschinengebühren, Zinsen u. a.).
– Einleitung eines Verfahrens zur Beitreibung von rückständigen Hausgeldern, Umlagen oder sonstige Forderungen der WEerGem (soweit ermächtigt).

Aus Nr. 4 ergibt sich keine Vertretungsmacht des Verwalters und kein Recht zur Darlehensaufnahme (BGH NJW-RR 1993, 1227).

9. Gem. Abs. 4 müssen die **Gelder der WEer getrennt vom Vermögen des Verwalters** gehalten werden (Bader FV1, 53ff.). Darunter wird das Konto bei der Bank verstanden, das der Verwalter folglich nicht als Eigenkonto oder evtl. als Sonderkonto führen darf. Entscheidend ist hier, daß die WEer durch die richtige Einrichtung des Kontos gegen Anfechtung, Pfand- und Zurückbehaltungsrechte der Bank oder Dritter gegen den Verwalter, evtl. auch im Konkurs, gesichert sind. Eine solche Sicherheit erhalten sie bei Anderkonten; diese sind echte Treuhandkonten, die nur für Angehörige bestimmter Berufsgruppen offenstehen. Da die Verwalter i.d.R. zu diesen bestimmten Berufsgruppen nicht gehören, ist die Einrichtung eines solchen Kontos den meisten Verwaltern nicht möglich. Bei offenen Fremdkonten, d.h. Konten, als deren Inhaber die WEer selbst angegeben sind und über die die Verfügungsberechtigung dem Verwalter zusteht, ist diese Möglichkeit jedoch auch gegeben. Letztlich sind auch sog. **„schlichte Treuhandkonten"** möglich, d.h. Konten, als deren Inhaber der Verwalter bezeichnet ist, bezüglich der kontoführenden Bank aber zum Ausdruck gebracht worden ist, daß die auf dem Konto 33 eingehenden Beträge dem Verwalter nur als Treuhänder zustehen und sie auch nur treuhänderisch für die WEer angelegt werden sollen (vgl. OLG Frankfurt OLGZ 1980, 413). Welche dieser Arten vom Verwalter gewählt wird, bestimmt sich nach dem zum Ausdruck gebrachten Willen des Verwalters bei der Kontoeröffnung (vgl. BGHZ 61, 72). Da erfahrungsgemäß bestimmte Institute solche Konten aus eigenem Interesse nicht anlegen bzw. nicht wollen, sollte der Verwalter sich schriftlich bestätigen lassen, daß das Konto ein Fremd- bzw. Treuhandkonto ist.

Beispiel: Bezeichnung „Verwaltungskonto Eigentumswohnanlage X, Verwalter Y" genügt nicht (BGHZ 61, 72); „Verwalter Y, Hausgemeinschaft X-Str. Nr. " und Schlüssel-Nr. „09 Vermögens- und Verwaltungskosten" genügt (BayObLG Rpfleger 1979, 266).

Da im Regelfall der Verwalter allein als Antragsteller hinsichtlich der Kontoeröffnung auftritt, hat er es demnach in der Hand, durch seine Angaben gegenüber dem Kreditinstitut die Kontoanlage in der von ihm bevorzugten Form herbeizuführen. Da er ggf. für schuldhaftes Verhalten bei der Kontoeröffnung haftet, hat er bei der Eröffnung und Überprüfung seiner Konten folgendes zu beachten:

34 **a) Offenes Fremdkonto:** Kontoinhaber und damit Gläubiger der Einlage bzw. Verpflichtete aus dem Konto sind die WEer. Deshalb müßten streng genommen bei der Bezeichnung alle WEer angegeben werden. Da dies bereits aus Platzgründen nicht möglich ist, genügt auch die Bezeichnung:

„WEerGem Hauptstraße Nr. (Peter Schmitz u. a.)" (vgl. Sühr WPM 1978, 806, 810).

Aus der Folgerung, daß bei den offenen Fremdgeldkonten die WEer Inhaber sind, hat der Verwalter jedoch, da ihm durch Abs. 1 keine gesetzliche Vollmacht gegeben ist, bei der Bank eine gesonderte Bevollmächtigung für die Eröffnung des Kontos vorzulegen. Aus dieser Bevollmächtigung muß auch der Umfang der Vertretungsvollmacht für den Verwalter ersichtlich sein. Dabei hat der Verwalter zu berücksichtigen, daß er ohne Vollmacht der WEer nicht berechtigt ist, Darlehen für die WEerGem aufzunehmen (OLG Koblenz DB 1979, 788; BGH NJW-RR 1993, 1227). Damit führt die Anlage eines Fremdkontos zu einem umfassenden Schutz der WEer.

35 **b) Offenes Treuhandkonto:** Will der Verwalter den oben gezeigten Schwierigkeiten aus dem Weg gehen, so bietet sich ein offenes Treuhandkonto an. Die Kontobezeichnung kann hier lauten (Sühr WPM 1978, 817):

„Treuhandkonto WEerGem X-Straße".

Verfügungsberechtigt bei einem solchen Konto ist, soweit nichts anderes bestimmt, nur der Verwalter als Treuhänder. Dies führt dazu, daß die WEer keinen Auszahlungsanspruch gegen das Kreditinstitut geltend machen können. Dieses Konto hat deshalb Nachteile für die

Aufgaben und Befugnisse des Verwalters § 27

WEer, weil sie sich vor Zugriffen der Gläubiger des Verwalters nur mit gerichtlichen Mitteln wehren können, soweit sie überhaupt davon Kenntnis erlangen (LG Köln NJW-RR 1987, 1365), z.B. wenn Verwalter aus wichtigem Grund abberufen ist, kann er trotzdem weiter über das Konto verfügen. Die Abwicklung des Fremdkontos ist hingegen bei großen WEerGemen äußerst schwierig, wenn die Bank ihre Pflichten ernst nimmt und bei jedem Eigentümerwechsel die Unterschrift des alten und neuen WEers verlangt (siehe ausführlich Erlebach PiG 27, 85, 87ff.).

Soweit der Verwalter mehrere WEerGem verwaltet, hat er für jede **36** ein gesondertes Konto zu unterhalten, jedoch muß er nach dem KG (NJW-RR 1987, 1160) für laufende Gelder und die Instandhaltungsrücklage nicht 2 getrennte Bankkonten führen. Diese Ansicht ist aber bedenklich, da die Instandhaltungsrücklage zweckgebunden ist (siehe § 21 Rdnr. 10) und damit eine Zweckentfremdung vorgenommen werden kann.

10. Ist den WEern, z.B. bei einem offenen Treuhandkonto, die al- **37** leinige Verfügungsmöglichkeit des Verwalters zu groß, so können die WEer gem. Abs. 4 Satz 2 die **Verfügung des Verwalters von der Zustimmung** eines anderen (auch kein WEer) **abhängig machen.** Entgegen anderslautenden Meinungen (Deckert 4/28) ist dem Verwalter im eigenen Interesse zu raten, eine solche Beschränkung anzuregen. Hat nämlich ein Dritter die Überweisungen mitunterschrieben, so kann sich der Verwalter jederzeit vor den anderen MEer darauf berufen und ist damit bereits weitestgehend exkulpiert. Die Beschränkung kann durch Beschl erfolgen, da es sich um eine Sicherung des Vermögens der WEer handelt, die i.d.R. ordnungsgemäßer Verwaltung entspricht. Dasselbe gilt für eine Aufhebung (Weitnauer Rdnr. 33; a.A. Palandt Rdnr. 20).

Abs. 4 ist **abbdingbar** (LG Köln NJW-RR 1987, 1365, 1366; **38** BPM Rdnr. 97).

11. Die in **Abs. 2 enthaltenen Rechte** kann man als Maßnahmen **39** zusammenfassen, die **zur Wahrung einer angemessenen Verwaltung notwendig und erforderlich sind.** Der Verwalter hat hierbei vergleichbar einer Prokura eine gesetzlich festgelegte Vertretungsmacht (BGH NJW 1981, 282) und aus diesem Recht folgt auch die Verpflichtung zur Aufgabenerfüllung.

Beispiel: Zahlt ein WEer nicht, so ist der Verwalter verpflichtet, Maßnahmen zu ergreifen, z.B. Zwangsvollstreckung (OLG Hamburg WE 1993, 166).

a) Gem. Abs. 2 Nr. 1 hat der Verwalter die **gemeinschaftlichen** **40** **Lasten und Kosten in Empfang zu nehmen** und weiterzuleiten. Der Begriff Lasten und Kosten ist identisch mit demjenigen in § 16 (zum Umfang siehe dort Rdnr. 12). Nach dem OLG Saarbrücken

(OLGZ 1988, 45) genügt auch die Zahlung auf ein anderes (z.B. privates) Konto des Verwalters, damit der WEer von seiner Pflicht befreit wird (a.A. OLG Köln NJW-RR 1991, 50 für Bezahlung eines Kostenfestsetzungsbeschlusses auf ein nicht benanntes Konto). Darüber hinaus hat der Gesetzgeber ausdrücklich Tilgungsbeiträge und Hypothekenzinsen aufgeführt. Da es sich um eine gemeinschaftliche Angelegenheit der WEer handeln muß, besteht diese Pflicht des Verwalters nur, wenn Pfandrechte das gesamte Objekt global belasten und alle WEer hierfür gemeinschaftlich haften.

41 Über Angelegenheiten, die die Pfandrechte jedes einzelnen WEer betreffen, können die WEer keine Beschl fassen (KG NJW 1975, 318). Jedoch ist es nach dem BayObLG (Rpfleger 1978, 257) durch Vereinb möglich, dem Verwalter das Inkasso für Zins- und Tilgungsbeiträge einzelner Pfandrechte zu übertragen, da ein genügender innerer Zusammenhang mit der Verwaltung gegeben ist (zweifelhaft, a.A. KG NJW 1975, 318). Eine gerichtliche Geltendmachung ist nur unter der Voraussetzung einer Bevollmächtigung der WEer (z.B. gem. Nr. 5) möglich.

42 **b)** Gem. Nr. 2 hat der Verwalter **alle Zahlungen** für die WEer **Gem zu leisten bzw. entgegenzunehmen.** Hierbei handelt es sich um Zahlungen aus dem gemeinschaftlichen Geld nach dem WP, der Rücklage oder der beschlossenen Umlage.

Beispiel: Versicherungsbeiträge, Hausmeisterkosten, soweit dies ordungsgemäßer Verwaltung entspricht.

Beispiel: Der Bauträger oder Verwalter kann kein Geld der Rücklage entnehmen, um damit Aufträge zu bezahlen, durch die er von seinen Gewährleistungen befreit wird (OLG Köln WEM 1978, 91).

Unter Bewirken sind solche Handlungen zu verstehen, durch die von den WEer begründete gemeinschaftliche Pflichten erfüllt werden (sog. Erfüllungsgeschäfte). Hierunter ist auch die Überprüfung, welche Leistungen erbracht wurden und welche Abschlagzahlungen diese rechtfertigen (KG WE 1993, 197) bzw. die Annahme bestellter Waren bzw. die Abnahme von Werken (§ 640 BGB) und entsprechende Quittungserteilung (z.B. für Zwangshypothek) zu verstehen. Darüberhinaus muß der Verwalter Mängelrügen erheben und alles erforderliche tun (z.B. Frist setzen), damit die WEer über die Durchsetzung der vermeintlichen Ansprüche entscheiden können (BayObLG WE 1988, 31). Hierzu gehören auch die Geltendmachung eines Zurückbehaltunsrechts (KG WE 1993, 197) wie auch die Beweissicherung (BGH NJW 1981, 282). Deshalb sind alle rechtsgestaltenden Maßnahmen, z.B. Wandlung (§§ 462, 634 BGB) oder Rücktritt vom Vertrag, nur in dringenden Fällen möglich (Abs. 1 Nr. 3). Der WEer kann seiner Beitragspflicht nicht dadurch entgehen, daß er direkt an die Gläubiger „seinen Anteil" erbringt, da er Gesamtschuldner ist, und der Gläubiger zur Entgegennahme von Teilbeträgen einzelner WEer nicht verpflichtet ist (§ 266 BGB). Eine Genehmigung dieser Vorgehensweise ist nur dann möglich, wenn kein WEer bevorzugt wird.

Beispiel: Also nicht, wenn der Verwalter einem WEer das Honorar erläßt, weil er „genügend" von den anderen erhält.

Darüberhinaus hat der Verwalter auch alle Zahlungen entgegenzunehmen.

Beispiel: Miete aus gemeinschaftlichen Einrichtungen, und deren Eingänge regelmäßig zu überwachen.

c) Zustellungsvertretung: Gem. Abs. 2 Nr. 3 ist der Verwalter **43** berechtigt und damit verpflichtet, im Namen der WEer Willenserklärungen und Zustellungen entgegenzunehmen, soweit sie an alle WEer in dieser Eigenschaft gerichtet sind.

Beispiele: Mahnungen, Kündigungen (z.B. vermietete Gemeinschaftsanlagen, Gemeinschaftshypotheken etc.), Klagezustellungen im Zivil- (BGH NJW 1981, 282), oder WEG-Verfahren (BGH WPM 1984, 1254), Zustellungen im Zwangsvollstreckungsverfahren, z.B. Terminsbenachrichtigungen im Zwangsversteigerungsverfahren (OLG Stuttgart Rpfleger 1966, 113).

aa) Damit ist der Verwalter nicht nur Zustellungs-bevollmächtigter, **44** sondern **sogar Vertreter** (i.S.v. § 189 Abs. 1 ZPO „teilweise inhaltlich beschränkter Verfahrensbevollmächtigter" so BGH NJW 1981, 282), wird aber nicht automatisch zum Prozeßbevollmächtigten oder Verfahrensbevollmächtigten der WEer (BayObLG Rpfleger 1974, 311), vielmehr setzt ein solcher eine besondere Ermächtigung voraus (Abs. 2 Nr. 5). Um die WEer an einem Verfahren zu beteiligen, genügt folglich die Zustellung an den Verwalter, und zwar eine Ausfertigung des Schriftstücks (auch wenn der Verwalter selbst beteiligt ist, gem. § 189 Abs. 1 ZPO, BGH NJW 1981, 281). Dieses ist entscheidend für die Berechnung von Fristen, denn sie beginnen mit der Entgegennahme durch den Verwalter (KG ZMR 1984, 249). Eine Zustellung an den Verwalter ist jedoch nur wirksam, wenn ein Hinweis des Gerichts besteht, daß eines der Exemplare für die WEer bestimmt ist oder der Verwaltung als Zustellungsvertretung zugeleitet ist (BayObLG NJW-RR 1992, 150). Wird dies versäumt, so müssen zumindest (BayObLGZ 1983, 14, 19) im Rubrum des Beschl die übrigen WEer als weitere Beteiligte und die Verwaltung als Zustellungsvertretung aufgeführt sein, ansonsten liegt keine wirksame Zustellung vor (BayObLG a.a.O. S. 19). Diese gesetzliche Zustellungsvollmacht entfällt nicht bei jeder Interessenkollision für den Verwalter, sondern nur wenn er selbst Antragsteller oder Rechtsmittelführer ist oder begründeter Verdacht besteht, daß er der ihm obliegenden Informationspflicht nicht nachkommen wird (LG Bremen WuM 1998, 118; BayObLG WE 1998, 118).

Beispiel: Ein Verfahren in dem der Verwalter selbst Gegner der WEer ist (z.B. bei § 43 Abs. 1 Nr. 2) oder Antragsteller (BayObLG ZMR 1997, 613), oder wenn bei einem WEG-Verfahren (gem. Abs. 1 Nr. 4) die Rechte und Pflichten des Verwalters Gegenstand des Verfahrens sind (z.B. Anfechtung der Verwalterbestellung LG Lübeck DWE 1986, 63; Anfechtung der Entlastung OLG Frankfurt WE 1990, 56, a.A. zu Recht BayObLG WE 1998, 188; Abberufung BayObLG WuM 1991, 131 oder sonstige Pflichtwidrigkeiten des Verwalters), es sei denn, der Verwalter ist ausdrücklich davon befreit (z.B. durch Ausschluß des Selbstkontrahierungsverbotes § 181 BGB, BayObLG v. 14. 7. 1983, 2 Z 45/83). Die Rechtsprechung läßt eine mittelbare Betroffenheit genügen.

Beispiel: Anfechtung der Jahresabrechnung wegen Pflichtverletzung des Verwalters (OLG Hamm DWE 1989, 69).

Es ist eine ernsthafte Befürchtung notwendig, daß der Verwalter die Eigentümer nicht unterrichtet (BayObLG NJW-RR 1989, 1168).

45 bb) Das Gericht kann auf Anregung einen anderen **Zustellungsbevollmächtigten benennen** (BayObLG Rpfleger 1973, 310).

Beispiel: Beiratsvorsitzender, damit die Zustellkosten den Prozeß nicht unwirtschaftlich machen (z.B. bei einer WEerGem von 100 WEer bei 7 Schriftsätzen bedeutet dies schon allein 6300,– DM Zustellungskosten). Weitere Gründe (z.B. die Anschriften der WEer sind unbekannt) müssen nicht hinzutreten.

46 Aus diesem Recht des Verwalters resultiert wieder seine **Pflicht, die Gemeinschaftler unverzüglich von einer Erklärung oder Zustellung zu unterrichten.** Dies gilt auch, wenn er eine Erklärung oder Zustellung entgegennimmt, die nur einen einzelnen WEer betrifft. Sollte sich aus der Zustellung die Notwendigkeit einer sofortigen Maßnahme ergeben, so hat der Verwalter diese zu ergreifen. Hierzu der BGH (NJW 1981, 282): „Wie der Verwalter die WEer informiert, ist seine Sache. Er kann es sachgerecht mündlich auf einer Versammlung der WEer tun oder durch Versendung von Rundschreiben. Erscheint es geboten, dem einzelnen WEer eine Abschrift des zugestellten Schriftstücks zu übermitteln, muß der Verwalter solche Abschriften herstellen lassen. Entstehen dadurch zusätzliche Kosten, so ist es nur billig, wenn diese dem WEer zur Last fallen."

47 **d) Zwangsversteigerung veranlaßt durch Dritte.** Als Beispiel für die Aufgaben des Verwalters im Rahmen des Abs. 2 Nr. 3 soll die Zwangsversteigerung erläutert werden. Damit die Personen über das Verfahren unterrichtet werden, sieht das Zwangsversteigerungsgesetz (ZVG) die Stellung als Beteiligter vor (§ 9 ZVG). Sie erhalten z.B. Terminsnachrichten (§ 41, 43 ZVG), können bei den Versteigerungsbedingungen mitwirken (§ 59ff. ZVG) und haben das Recht der Beschwerde gegen den Zuschlag (§ 97 ZVG) und des Widerspruchs gegen den Teilungsplan (§ 115 ZVG). Diese Stellung nimmt der

Verwalter gem Abs. 2 Nr. 3 ein. Ein WEer kann gegen einen Zuschlagsbeschluß folglich nicht erfolgreich einwenden, daß er keine Benachrichtigung erhalten hat, wenn diese der Verwalter erhalten hat (OLG Stuttgart Rpfleger 1966, 113, 114). Damit sind zwar die WEer Beteiligte, der Verwalter erhält aber als deren Vertreter alle Benachrichtigungen und wird über den Verlauf unterrichtet. Der faktisch Beteiligte ist folglich der Verwalter. Entsprechend seinen Rechten sind auch seine Pflichten ausgestaltet und ein grober Überblick über das Verfahren sollte dem Verwalter bekannt sein, damit er die Rechte und Pflichten der von ihm vertretenen Wohnungseigentümer kennt. Damit der Verwalter dies kann, soll es im folgenden kurz dargelegt werden.

aa) Verfahren: Das Verfahren verläuft zweiaktig: Durch die Anordnung der Zwangsversteigerung erfolgt die Beschlagnahme des Grundstücks (§ 20 ZVG). Die Verwertung geschieht durch die Versteigerung (§§ 35ff. ZVG). 48

Anordnungsverfahren, Anträge: Damit das Zwangsversteigerungsverfahren angeordnet wird, bedarf es eines Antrages. Aufgrund eines wirksamen Antrages ergeht ein Anordnungsbeschluß, der dann die sogenannte Beschlagnahmewirkung hat. Angeordnet wird die Zwangsversteigerung vom Amtsgericht als Vollstreckungsgericht nur auf Antrag eines Gläubigeras. Der Antrag unterliegt nicht dem Anwaltszwang. Er kann formlos schriftlich oder zu Protokoll des Urkundsbeamten des Gerichts angebracht werden. Zuständig ist das Amtsgericht, in dessen Bezirk der Grundbesitz liegt. 49

Der Antrag ist vom Gläubiger oder seinem Vertreter eigenhändig zu unterzeichnen.

Er soll enthalten:
– Die Angabe des Grundstücks. Das Grundstück muß so bezeichnet sein, daß seine Identität außer Zweifel steht, der Eigentümer/Schuldner ist also mit vollem Namen und Anschrift anzugeben. Die Zwangsversteigerung darf nur gegen den Schuldner angeordnet werden, der als Eigentümer des Grundstücks im Grundbuch eingetragen ist. Wird die Zwangsversteigerung gegen einen nicht eingetragenen Schuldner angeordnet, so ist das Verfahren nach § 28 ZVG vom Amts wegen aufzuheben.
– Den Anspruch mit seinem bestimmten Betrag – Höhe der Hauptsache, Zinsen und Kosten – und seiner rechtlichen Natur – dinglicher oder persönlicher Art.
– Die Angabe des vollstreckbaren Titels. Beizufügen sind dem Antrag die für die Zwangsvollstreckung erforderlichen Urkunden wie Teilvollstreckungsklausel und Zustellungsnachweis. Von der Vorlage des Hypotheken- oder Grundschuldbriefes darf die Anordnung der Zwangsversteigerung nicht abhängig gemacht werden. Das Vollstreckungsgericht prüft nur die formelle Ordnungsmäßigkeit des

§ 27   3. Abschnitt. Verwaltung

Titels samt Klausel und Zustellung (vgl. §§ 724, 725, 730, 797, 798 ZPO). Dagegen prüft das Gericht nicht die materielle Anspruchsberechtigung; es prüft auch nicht, ob die Vollstreckungsklausel zu Recht erteilt worden ist.

50 *Anordnungsbeschluß:* Wenn alle vorgenannten Voraussetzungen gegeben sind, erläßt das Vollstreckungsgericht den sog. Anordnungsbeschluß. Dieser wird nebst jeweiliger Rechtsmittelbelehrung dem Schuldner formell zugestellt. Dem Gläubiger wird der Beschluß nur formlos mitgeteilt. Dieser sollte auch dem Verwalter als Vertreter der Wohnungseigentümer zugestellt werden.

51 *Beschlagnahmewirkung, relative Wirkung:* Zugunsten des vollstreckenden Gläubigers gilt der Anordnungsbeschluß als Beschlagnahme des Grundstücks. Die Beschlagnahme begründet für den betreibenden Gläubiger das Recht auf Befriedigung aus dem Grundstück als prozessualen Anspruch. Nur zugunsten des betreibenden Gläubigers wirkt die Beschlagnahme.

52 Die Beschlagnahme hat die Wirkung eines relativen Veräußerungs- und Belastungsverbotes (gem. § 23 Abs. 1 Satz 1 ZVG). Die Beschlagnahme und das durch sie begründete Veräußerungsverbot dienen nur dem Schutz des betreibenden Gläubigers. Rechtsgeschäftliche Verfügungen wie Begründung, Aufhebung oder Abänderung von Rechten an dem Grundstück oder einem von der Beschlagnahme erfaßten Gegenstand und jede Verfügung im Wege der Zwangsvollstreckung oder Arrestvollziehung sind nicht absolut nichtig, sondern nur den betreibenden sowie beigetretenen Gläubigern gegenüber unwirksam. Deshalb bewirkt die Beschlagnahme keine Grundbuchsperre. Verfügungen wie Veräußerung oder Belastung, die der Schuldner vornimmt, werden im Grundbuch eingetragen, behindern den Fortgang des Verfahrens aber nicht. Zweck der Beschlagnahme ist, die Versteigerungsmasse allen der Befriedigung des betreibenden Gläubigers nachteiligen Einwirkungen des Schuldners oder dritter Personen zu entziehen und die Masse uneingeschränkt für die Versteigerung zu erhalten.

53 Der Zeitpunkt des Wirksamwerdens der ersten Beschlagnahme hat für den Gläubiger große Bedeutung, und zwar unter dem Gesichtspunkt, daß ein Zwangsversteigerungsverfahren nach der Beschlagnahme noch Jahre dauern kann. In dieser Zeit vergrößert sich der „dingliche Zinsrahmen", den jeder Gläubiger an der bevorzugten Rangstelle seines Hauptrechtes geltend machen kann, § 13 Abs. 1 Satz ZVG. Die Beschlagnahme erfaßt das Grundstück selbst mit allen wesentlichen und unwesentlichen Bestandteilen. Dazu gehört alles, worauf sich beim Grundstück die Hypothek, d.h. Hypothekenhaftungsverband erstreckt, also auch Zubehör wie beispielsweise Gartenstühle.

54 Die Zwangsversteigerung bewirkt die Verwertung der Substanz. Deshalb wird nicht durch die Beschlagnahme erfaßt:

- Miet- und Pachtzinsen (§ 21 Abs. 2 ZVG),
- land- und forstwirtschaftliche Erzeugnisse, es sei denn, sie sind mit dem Boden noch verbunden (§ 21 Abs. 1 ZVG).

Danach erfolgt:

Die Verkehrswertfesetzung. Als Grundstückswert ist der Verkehrswert 55 festzusetzen (§ 74a Abs. 5 Satz 1 ZVG). Der Verkehrswert (auch gemeiner Wert) ist also der Wert, der im gewöhnlichen Geschäftsverkehr erzielt werden kann, d. h. der Preis, der bei einer freihändigen Veräußerung für Grundstücke gleicher Art unter Berücksichtigung der örtlichen und zeitlichen Verhältnisse voraussichtlich erzielt würde. Über die Festsetzung des Verkehrswertes entscheidet das Gericht nach freier Überzeugung. Der Verkehrswert (gem. § 74a Abs. 5 Satz 1 ZVG) ist u. a. für zwei Dinge entscheidend. Einmal für die Berechnung der sog. $^{7}/_{10}$-Grenze (§ 74a Abs. 1 ZVG). Bleibt nämlich das abgegebene Meistgebot (einschließlich des Kapitalwertes der nach den Versteigerungsbedingungen bestehenden Rechte) unter $^{7}/_{10}$ des Grundstückswertes, so kann ein Berechtigter, dessen Anspruch durch das Meistgebot nicht gedeckt ist, aber mit einem Gebot in der genannten Höhe gedeckt sein würde, die Versagung des Zuschlages beantragen. Zum zweiten ist der Verkehrswert für die Berechnung der sog. $^{5}/_{10}$-Grenze entscheidend (§ 85a ZVG). Der Zuschlag ist nämlich im ersten Termin zu versagen, wenn das abgegebene Meistgebot (einschließlich des Kapitalwertes der nach den Versteigerungsbedingungen bestehenden Rechte) die Hälfte des Grundstückswerts nicht erreicht. Damit soll die Verschleuderung von Grundbesitz verhindert werden. Sie gilt jedoch nur im ersten Termin.

Folglich kommt der Verkehrswertfestsetzung eine wichtige Bedeu- 56 tung für das Verfahren zu. Den Verkehrswert setzt das Vollstreckungsgericht fest (§ 74a Abs. 5 Satz 1 ZVG). Art und Weise der Verkehrswertfestsetzung sind nicht zwingend vorgeschrieben. I. d. R. wird das Vollstreckungsgericht einen Sachverständigen mit einem Gutachten beauftragen. Der Sachverständige hat das Objekt zu besichtigen. Dabei dürfen Gläubiger und Schuldner anwesend sein. Ihnen muß der Sachverständige vom Besichtigungstermin Kenntnis und Gelegenheit geben, an der Besichtigung teilzunehmen. Umstritten ist, ob die sonstigen Beteiligten im Sinne des § 9 ZVG zur Besichtigung zugezogen werden müssen (Nein: Zeller/Stöber ZVG § 27a Anm 10.5; Ja: Steiner/Storz § 74a Rdnr. 86) Das Gericht muß alle Verfahrensbeteiligten nach dem Grundsatz des rechtlichen Gehörs vor seiner Entscheidung über Festsetzung des Verkehrswertes hören. Hierzu wird das Gericht i. d. R. allen Beteiligten, also auch dem Verwalter, das Gutachten übersenden. Den Beteiligten muß die Gelegenheit zur Stellungnahme in angemessener Frist gewährt werden.

Verkehrswertfestsetzungsbeschluß: Sodann setzt das Vollstreckungsge- 57 richt den Verkehrswert fest. Im Verkehrswertfestsetzungsbeschluß

§ 27 3. Abschnitt. Verwaltung

muß der Zeitpunkt der Festsetzung festgehalten werden. Dies ist deshalb wichtig, weil zwischen dem Versteigerungstermin und dem Wertfestsetzungsbeschluß ein längerer Zeitraum verstreichen kann. Das Gericht muß dem festgesetzten Wert z.B. dann ändern, wenn die Wertfeststellung länger als $4^{1}/_{2}$ Jahre zurückliegt (OLG Hamm JurBüro 1978, 603), oder wenn neue Tatsachen wie z.B. Schäden durch Feuer, Wasser, Hagel oder Sturm etc. am Gebäude vorliegen. Der Beschluß über die Festsetzung des Verkehrswertes des zu versteigernden Grundbesitzes ist sämtlichen Beteiligten zuzustellen (vgl. OLG Hamm Rpfleger 1991, 73).

58 *Anmeldung und Anträge:* Die Anmeldung ist Bekundung des Willens, daß ein bei der Eintragung des Versteigerungsvermerks aus dem Grundbuch nicht ersichtliches Recht trotzdem bei Feststellung des geringsten Gebots und bei Verteilung des Versteigerungserlöses berücksichtigt werden soll. Der Anmeldende muß Rechtsgrund und Rang seines Anspruches sowie bei Zahlungsansprüchen einen bestimmten Betrag angeben. Eine bestimmte Form ist für die Anmeldung nicht vorgesehen. Sie kann sowohl schriftlich als auch mündlich im Termin zu Protokoll erklärt werden. Zulässig ist auch eine telegraphische und unter bestimmten Voraussetzungen eine fernmündliche Anmeldung. Bei Anmeldung für einen anderen ist eine Vollmacht vorzulegen. Die Vollmacht ist von Amts wegen zu prüfen, sofern nicht als Bevollmächtigter ein Rechtsanwalt auftritt. Alle Anmeldungen müssen (§ 110 ZVG) spätestens im Versteigerungstermin vor der Aufforderung zur Abgabe von Geboten erfolgen. Ansonsten erleidet der Anspruch einen Rangverlust. Dieser Punkt ist also für den Verwalter von großer Bedeutung, da er die Ansprüche der Gemeinschaft rechtzeitig anmelden muß, um keinen Rangverlust zu erleiden.

59 *Terminsbestimmung:* Die Terminsbestimmung enthält auch die Aufforderung, die Rechte anzumelden, so daß der Verwalter bei sorgfältigem Lesen der Terminbestimmung daran erinnert wird (§ 37 Nr. 4 ZVG).

60 **bb) Termin und Zuschlag.** Der Versteigerungstermin ist den Beteiligten bekanntzugeben (§ 41 Abs. 1 ZVG). Der dann stattfindende Versteigerungstermin zerfällt in drei Teile, nämlich den Bekanntmachungsteil, die Bietstunde und die Verhandlung über den Zuschlag.

61 Im Bekanntmachungsteil gibt das Gericht das Objekt und die näheren Umstände bekannt, also z.B. die Vorlasten, das geringste Gebot etc. Das geringste Gebot richtet sich nicht nach dem Wert des Grundstücks, sondern ausschließlich nach den Verfahrensregeln des ZVG. Bei der Versteigerung wird nämlich nur ein solches Gebot zugelassen, durch welches die dem Anspruch des Gläubigers vorgehenden Rechte sowie die Kosten gedeckt werden („Geringstes Gebot" oder Deckungsgrundsatz § 44 Abs. 1 ZVG). Durch dieses Instrument wird gesichert, daß kein nachrangiger Gläubiger den vorrangigen Gläubiger

gefährden kann. Einziger Bezugspunkt für die Berechnung des geringsten Gebotes ist folglich die Stellung des bestrangigen betreibenden Gläubigers. In das geringste Gebot finden auch die in Abteilung II des Grundbuches eingetragenen Rechte Aufnahme, sofern sie vor der Rangstelle des bestrangigen betreibenden Gläubigers eingetragen sind (hierbei ist wichtig, daß die in Abteilung II eingetragenen Rechte immer dann erlöschen und nicht von Amts wegen zum Bestandteil des geringsten Gebotes gemacht werden, wenn die Gemeindekasse erstrangig betreibt. Dies kann zur Vermarktung eines Objektes dann wichtig sein, wenn das in Abteilung III eingetragene Recht des Gläubigers Nachrang vor einem die Verwertung störenden Recht in Abteilung II hat, durch das Betreiben der Gemeindekasse dieses Recht jedoch wegfällt.

Zwischen der Aufforderung für die Abgabe von Geboten und dem Zeitpunkt, in welchem die Versteigerung geschlossen wird, muß mindestens eine halbe Stunde liegen (§ 73 Abs. 1 Satz 1 ZVG). Diese vom Gesetz geforderte Stunde wird Bietstunde genannt. In ihr können nachrangige Gläubiger oder dritte Beteiligte Anträge stellen, die zur Veränderung der Versteigerungsbedingungen und zur Verunsicherung der Bieter und Interessenten führen können. Es ist unbedingt darauf zu achten, daß das Gericht auch alle Vorgänge tatsächlich protokolliert. Nicht aus dem Protokoll ersichtliche Vorgänge sind nämlich im Rechtsmittelverfahren ohne Bedeutung (§ 80 ZVG). **62**

Die Verhandlung über den Zuschlag ist der Zeitpunkt, an welchem der Gläubiger sich über die Stellung des Zuschlagsversagungsantrages wegen Nichterreichens der $^{7}/_{10}$-Grenze klarwerden muß. Auch wenn eine Zuschlagsversagung wegen Nichterreichens der $^{5}/_{10}$-Grenze wahrscheinlich ist, sollte der Zuschlagsversagungsantrag grundsätzlich gestellt werden. Nach § 85a Abs. 3 ZVG können sich noch nach dem Termin Konstellationen ergeben, die durch Abtretung des Meistgebotes einen dinglich Berechtigten oder Abtretung eines dinglichen Rechts an den Meistbietenden den Zuschlag ermöglichen, obwohl zunächst von einer Zuschlagsversagung nach § 85a ZVG seitens aller Beteiligten ausgegangen worden ist. **63**

Unbedingt notwendig ist es, am Schluß des Termins einen Antrag auf Übersendung des Terminsprotokolls zu stellen. Es ist schwer verständlich, daß im kleinsten Zivilrechtstreit über 50,00 DM ohne besonderen Antrag den Beteiligten das amtsgerichtliche Terminsprotokoll zugeht, im Versteigerungsverfahren von erheblich größerer Bedeutung jedoch an alle Beteiligten i.d.R. kein Protokoll versandt wird, außer auf besonderen Antrag. Das Protokoll ist zur Dokumentation der Vorgänge im Termin notwendig und kann insbesondere auch zur Vorbereitung etwaiger Rechtsmittelfristen dienen. **64**

Zuschlag §§ 79 ff. ZVG: Der Zuschlag ist dem Meistbietenden zu erteilen (§ 81 Abs. 1 ZVG). Meistbietender ist, wer das höchste Gebot **65** abgegeben hat. Erteilt wird der Zuschlag, wenn ein wirksames Meistgebot vorliegt und im Verfahren keine der Vorschriften verletzt worden ist, die dem Schutz der Beteiligten dienen. Die Entscheidung erfolgt durch Beschluß (vgl. § 82 ZVG). Der Zuschlag muß vom Rechtspfleger, der ihn erlassen hat, unterschrieben sein. Ein Zuschlagsbeschluß hat die Wirkung eines Richterspruchs. Er ist ein öffentlich-rechtlicher Staatshoheitsakt, der seine rechtsbegründenden Wirkungen im privat-rechtlichen Bereich findet. Er ist bestimmend für die Rechtsstellung des Erstehers und das Schicksal der bisherigen Rechte am Grundstück und den mitversteigerten Gegenständen. Weitere Wirkungen des Zuschlagsbeschlusses sind Übergang der Nutzungen, Lasten und Gefahr auf den Ersteher, Eintritt in bestehende Miet- und Pachtverhältnisse und die Kostenpflicht des Erstehers.

66 Für den Ersteher ist der Zuschlagsbeschluß Vollstreckungstitel zur Durchsetzung seines Rechtes auf Besitzergreifung vgl. § 93 ZVG. Die Zwangsvollstreckung auf Räumung und Herausgabe gegen den bisherigen Grundstückseigentümer und seine Familienangehörigen kann ab Wirksamkeit, also ab Rechtskraft betrieben werden. Der Ersteher muß mit der Vollstreckung einen Gerichtsvollzieher beauftragen. Hierzu benötigt er eine vollstreckbare Ausfertigung des Zuschlagbeschlusses, die der Urkundsbeamte des Versteigerungsgerichts erteilt.

67 Der Zuschlag kann entweder sofort im Versteigerungstermin oder in einem gesonderten Verkündungstermin erfolgen. Für die Abhaltung eines gesonderten Verkündungstermins kann es unterschiedliche Gründe geben.

68 Gem. § 12 besteht die Möglichkeit einer Veräußerungsbeschränkung. Hiernach kann die Veräußerung davon abhängig sein, daß ein von der Gemeinschaft Bestimmter, z.B. der Verwalter, seine Zustimmung gibt. Ohne diese Zustimmung ist auch die Zwangsversteigerung unwirksam (§ 12 Abs. 3). Deshalb muß ein gesonderter Verkündungstermin in den Fällen erfolgen, um zunächst die Zustimmung einzuholen. Diese ist jedoch dann nicht nötig, wenn – wie häufig – § 12 WEG in der Gemeinschaftsordnung für den Fall der Zwangsvollstreckung ausgeschlossen ist oder § 12 in der Gemeinschaft gar nicht gilt.

69 Ein gesonderter Verkündungstermin ist auch zu beantragen bei nicht zufriedenstellendem Ergebnis, um so die Möglichkeit zu haben, in der Zwischenzeit Verhandlungen mit dem Meistbietenden über einen Zuschlag zu führen oder bei einer Einstellung sich hausintern abzusprechen.

70 **d) Nr. 4 regelt** die Fristwahrung und die Abwendung sonstiger Rechtsnachteile.

71 **aa) Fristwahrung:** Hier ist gedacht an Verjährungsfristen (z.B. Gewährleistung BayObLG WE 1988, 31), Rechtsmittelfristen (Beschwerde, Berufung, Revision, Einspruch), Rechtsbehelfsfristen zur

Klageerhebung, auch in Verwaltungssachen, Klagefristen (BGH NJW 1981, 282) oder Mängelfristen. Letztlich zählen auch Anfechtungsfristen (wegen Irrtums bzw. arglistiger Täuschung) hierzu.
Beispiel: Widerspruch gegen Mahnbescheid.
Auch sonstige Fristen sind vom Verwalter zu beachten.
Beispiel: Kündigung einer Versicherung, soweit ermächtigt.
Dem Verwalter obliegt die pflichtgemäße Prüfung wegen möglicher Fristabläufe und die Wahrung dieser Fristen.
Beispiel: Rechtzeitige Inanspruchnahme einer Gewährleistungsbürgschaft ohne Beschl (OLG Düsseldorf NJW-RR 1993, 470).

bb) Abwendung sonstiger Rechtsnachteile: Als Abwendung sonstiger Rechtsnachteile kommen in Betracht:
Beweissicherungsverfahren für das GE, jetzt selbständiges Beweisverfahren (BayObLG ZMR 1977, 345).
Vorläufiger Rechtsschutz (§ 80 Abs. 5 VwGO) gegenüber bauaufsichtlichen Anordnungen (z. B. Brandschutzmaßnahmen).
Nicht entscheiden kann der Verwalter z. B. über eine etwa für Bauvorschriften notwendige Zustimmung von Bauarbeiten, die Nachbarn vornehmen wollen, da es sich immer um gemeinschaftliche Rechte handeln muß (BPM Rdnr. 54).
Der Verwalter ist bei Nr. 4 gesetzlicher Vertreter (OLG Düsseldorf ZMR 1994, 520).

e) Prozeßführungsbefugnis (Wenzel FV1, 108): Gem. Abs. 2 Nr. 5 hat der Verwalter auch Ansprüche gerichtlich und außergerichtlich geltend zu machen, sofern er dazu durch einen Beschl oder in anderer Weise ermächtigt worden ist.
Beispiel: Gewährleistungsansprüche wegen Mängeln am GE (BGH NJW 1981, 1841), Ansprüche gegen Handwerker oder Lieferanten.
Es muß sich hier naturgemäß um Gemeinschaftsansprüche handeln, dann ist auch ein Vorgehen gegen einzelne WEer möglich (BayObLG MDR 1982, 151).
Beispiel: Wohngeldverfahren oder die Aufrechnung gegenüber Ansprüchen (BayObLG WE 1986, 14 m. Anm. Weitnauer) oder Zwangsvollstreckung durch Zwangsverwaltung (OLG Hamburg WE 1993, 166).
Die Ermächtigung muß entweder allg. durch Vereinb, TErkl, Verwaltervertrag oder Beschl erteilt werden (ständige Rechtsprechung z. B. BGH NJW 1988, 1910; BayObLG MDR 1982, 151) oder für den konkreten Einzelfall. Sie begründet eine Vollmacht des Verwalters auch in verwaltungsrechtlichen Verfahren (HessVGH ZMR 1986, 68) und kann als Einzelfallvollmacht oder als Dauervollmacht ausgestaltet werden (z. B. „alle Aktiv- und Passivprozesse zu führen"), dann ist jedoch eine Bevollmächtigung für eine Ausschlußklage gem. § 18 nicht gegeben (AG Aachen v. 19. 12. 1988, 4 C 523/88). Die Vollmacht kann auch unter Bedingungen erteilt werden, wie z. B. der Zu-

stimmung des Beirats (OLG Zweibrücken NJW-RR 1987, 1366). Sie kann nachträglich erteilt oder beschränkt erteilt oder entzogen werden. Eine Vollmacht berechtigt nicht zur Ausübung von Gestaltungsrechten.

Beispiel: Rücktritt, Wandlung etc., wodurch ein Anspruch erst begründet wird (LG Bamberg NJW 1972, 1376; Lücke WE 1995, 78; a.A. OLG Köln DWE 1990, 108, wenn Verwalter auch Vertrag begründen konnte). Soweit Ansprüche gegen einzelne WEer vom Verwalter geltend gemacht werden, vertritt er die WEer mit Ausnahme des Gegners (BGH NZM 1998, 667).

Ein Beschl über die gerichtliche Geltendmachung von Ansprüchen ist nach dem BayObLG (ZMR 1994, 428) nur dann aufzuheben, wenn für die Ansprüche keinerlei Anhaltspunkte bestehen.

74 **f) Prozeß- oder Verfahrensstandschaft:** Die Vollmacht kann den Verwalter auch ermächtigen, im eigenen Namen vorzugehen, auf Zahlung an sich oder die WEerGem (sog. aktive Prozeß- oder Verfahrensstandschaft). Das notwendige eigene rechtliche Interesse des Verwalters ergibt sich aus seiner Aufgabenerfüllung (BGH NJW 1988, 1910; a.A. VG Stuttgart v. 24. 2. 1987, 14 K 94/84 zit. n. Deckert 2/652). Eine Verfahrensstandschaft auf der Antragsgegner – bzw. Beklagtenseite (sog. passive Verfahrensstandschaft) ist nicht möglich (BayObLG Rpfleger 1974, 311). Der Verwalter wird dann Verfahrensbeteiligter. Ein Beschl zur gerichtlichen Geltendmachung von Wohngeld für den Verwalter ist dahin auszulegen, daß der Verwalter sowohl im Namen der WEer als auch in eigenen geltend machen darf und bei Verwalterwechsel auf den Neuen übergeht (BayObLG NJWE 1997, 36). Die Ermächtigung zur Verfahrensstandschaft enthält auch eine Ermächtigung zur Verfahrensvertretung (KG NJW-RR 1991, 1363) und endet auch nicht mit der Abberufung des Verwalters (BayObLG NJWE 1997, 166, es sei denn die Ermächtigung ist widerrufen). Wird einem WEer das „Mandat" erteilt, einen „Musterprozeß" zu führen, so kann nach dem BayObLG (WE 1991, 22) dies eine Verfahrensstandschaft begründen. Die Ermächtigung zur Verfahrensstandschaft enthält i.d.R. auch die Vertretungsmacht (BayObLGZ 1988, 212). Möglich, aber unzweckmäßig ist es, daß einzelne WEer den Verwalter bevollmächtigen und er diese dann vertritt, wohingegen er bei einem Beschl auch die dagegenstimmende Minderheit vertreten würde. Die gerichtliche Geltendmachung von Ansprüchen durch den Verwalter ohne Zuschaltung eines Rechtsanwaltes verstößt nicht gegen das RBerG (Art. 1 § 3 Nr. 6 RBerG, BGH NJW 1993, 1924).

75 **g) Verfahrensvertretung.** Ein Beschl, der dem Verwalter „Prozeßvollmacht" erteilt, kann als Ermächtigung zur Führung eines Verfahrens im eigenen Namen gelten (BayObLG ZMR 1983, 419) und gilt nach dem BayObLG (ZMR 1979, 56) für alle Instanzen. Für den

Prozeß ist es wichtig, daß die Vollmacht dem Verwalter jedenfalls vor Verfahrensbeginn erteilt wurde und noch im Zeitpunkt der Einlegung des Rechtsmittels gegeben ist (BayObLG v. 15. 9. 1983, 2 Z 112/82). Ist der Verwalter bevollmächtigt, die WEerGem in Angelegenheiten der laufenden Verwaltung außergerichtlich und gerichtlich zu vertreten, so umfaßt dies auch Ansprüche aus beschlossenen Sonderumlagen (BayObLG NJW-RR 1987, 1039), auch solche, die nicht während der Tätigkeit des gegenwärtigen Verwalters, sondern seines Vorgängers beschlossen wurden (BayObLG v. 22. 3. 1984, 2 Z 38/83), da die Vollmacht bei Verwalterwechsel fortbesteht (BayObLG NJW-RR 1993, 488). Dies gilt auch für Vorschüsse, die unter dem Verwaltervorgänger fällig geworden sind, auch dann, wenn dieser keine Vollmacht hatte (a. A. AG Aachen WuM 1985, 360). Die Bevollmächtigung, die WEerGem in Angelegenheiten der laufenden Verwaltung zu vertreten, beinhaltet nicht das Recht, einen Anspruch auf Unterlassung der vereinbarungswidrigen Nutzung von SE geltend zu machen (BayObLG NJW-RR 1994, 527).

h) Rechtsanwaltsbeauftragung: Ist die Ermächtigung erteilt, so berechtigt dies auch zur Bevollmächtigung eines Rechtsanwaltes (BGH NJW 1993, 1624 für Verfahrensvertretung; BayObLG ZMR 1980, 251, 253; OLG Frankfurt DWE 1984, 126), dessen Kosten auch bei einfachen Wohngeldstreitigkeiten erstattungsfähig sind (Sauren Rpfleger 1987, 306; a. A. AG Wolfenbüttel Rpfleger 1987, 306; LG Lübeck WEZ 1988, 110, m. abl. Anm. Fett). 76

i) Abs. 2 Nr. 6 sieht die **Abgabe von Erklärungen** für die Herstellung von Fernsprech- und Antennenanlagen sowie Energieversorgungseinrichtungen vor. Diese besteht nur hinsichtlich des GE's und nicht hinsichtlich des SE's. Soweit kein Zweifel über die Duldungspflicht besteht, ist ein Beschl nicht erforderlich, und der Verwalter kann entsprechende Erklärungen abgeben (Sauren, Rechte und Pflichten S. 35). 77

12. Nur die Abs. 1 und 2 sind gem. Abs. 3 **unabdingbar** (BPM Anm. 183), aber erweiterbar. Alle WEer können deshalb nicht für den Verwalter auf diesem Gebiet handeln, sondern nur den Verwalter anweisen. Entziehung einzelner Aufgaben aber möglich (siehe Diskussion in PiG Nr. 32, 216f.). Ebenfalls möglich z. B. bei der Instandhaltung eine konkrete Art der Durchführung vorzusehen, die eine Überwachungstätigkeit des Verwalters ausschließt (OLG Hamm WE 1994, 378, 380), z. B. Durchführung der Arbeiten in Eigenleistung der WEer. 78

13. Haftung des Verwalters: Hiervon ist zunächst die Haftung der WEer für das Handeln des Verwalters gegenüber Dritten zu unterscheiden, siehe Rdnr. 89. 79

Die Haftung des Verwalters ist von seiner Herausgabepflicht abzugrenzen. Der Verwalter hat nämlich als Geschäftsführer/-besorger alles

§ 27 3. Abschnitt. Verwaltung

herauszugeben, was er als Verwalter erlangt hat, z. B. auch Versicherungsprovisionen oder Verkaufserlöse für Stellplatzzuordnung (BayObLG WuM 1996, 653).

Hinsichtlich der Haftung des Verwalters ist zu unterteilen in **Pflichtverletzungen aus dem Verwaltervertrag** (a) und sonstigen i. d. R. **unerlaubten Handlungen** (b) wobei hier auch außerhalb der WEerGem stehende Dritte betroffen sein können.

80 **a)** Der Verwalter hat seine Pflichten mit **der Sorgfalt eines ordentlichen Kaufmannes** zu erfüllen (§ 276 BGB) und haftet bei schuldhafter Verletzung seiner Pflichten, auch soweit er sich der Hilfe Dritter bedient (§ 278 BGB). Diese Pflichten können sich aus dem Gesetz, nämlich dem WEG ergeben. Die zunächst hier zu beachtenden Pflichten sind diejenigen des Abs. 1 und 2, da sie dem Verwalter ohne Möglichkeiten einer Einschränkung durch Vereinb der WEer übertragen sind (Abs. 3). In diesem Bereich hat der Verwalter aber nicht für den Erfolg einzustehen, vielmehr schuldet er nur die Überwachung. Er hat deshalb einen WEer, der Instandhaltungsarbeiten gegen Vergütung vornimmt, nicht auf die Möglichkeit sich freiwillig in der Reichsversicherungsordnung (RVO) zu versichern (OLG Hamm WE 1994, 378) oder die Firma für Sanierungsarbeiten auf ihre wirtschaftliche Leistungsfähigkeit zu überprüfen, es sei denn sie ist für die Auftragsvergabe ein Kriterium (OLG Düsseldorf NJWE 1997, 232) oder es besteht Anlaß zur Sorge oder eine Pauschalfestpreisvereinbarung bei Sanierung vorzunehmen (BayObLG ZMR 1997, 431).

Beispiele:
– Der Verwalter unterläßt es schuldhaft, Baumängel festzustellen (OLG Hamm NJW-RR 1997, 143) oder die WEer auf Baumängel vor Ablauf der Gewährleistung hinzuweisen (BayObLG WE 1991, 22) oder durch die Unterlassung der Geltendmachung der **Mängel** verjähren Ansprüche (BayObLG WE 1988, 31). Die Hinweispflicht des Verwalters entfällt nur dann, wenn allen WEer die Baumängel bereits bekannt sind (OLG Düsseldorf ZMR 1997, 432), z. B. durch Gutachten.
– Durch Verletzung der Pflicht zu geordneter, nachvollziehbarer **Buchführung** wird die Neuherstellung notwendig (BayObLG ZMR 1985, 212) oder die Hinzuziehung eines Buchprüfers (BayObLGZ 1975, 369).
– Durch Unterlassung der erforderlichen Maßnahmen zur rechten Zeit (z. B. Dachsanierung) wird die Behebung eines Wasserschadens notwendig (OLG Frankfurt v. 6. 1. 1984, 20 W 309/83) oder durch Unterlassung der **Reparatur** kommt es zu Schimmelbildung und dadurch zu Schäden (BayObLG WuM 1996, 654) oder Verwalter kommt der Reparatur nur zögerlich nach und die WEer haben Mietausfall (OLG Köln WuM 1997, 68) oder Verwalter untersucht Wasserschaden nicht (BayObLG ZMR 1998, 356).

Aufgaben und Befugnisse des Verwalters § 27

- Durch die Unterlassung der **Anforderung** von **Wohngeld** fällt es aufgrund von Konkurs aus (BGH NJW 1989, 1091).
- Der Verwalter unterläßt es, **Mietzinsen** einzuziehen (OLG Köln DWE 1989, 106) oder rechtzeitig **Zwangsvollstreckung** zu beauftragen (OLG Hamburg WE 1993, 166).
- Der Verwalter versagt unberechtigt die **Zustimmung** zur Veräußerung eines WE's (OLG Karlsruhe OLGZ 1985, 140, aber BGH WE 1995, 265).
- **Kündigt** der Verwalter eine Versicherung **grundlos** und schließt eine neue mit höherer Prämie ab, so haftet er für den Unterschiedsbetrag (AG Aachen v. 12. 5. 1992, 12 UR II 86/90).
- Gibt der Verwalter einen **falschen Hinweis** über eine angeblich nicht notwendige Zustimmung zu einer baulichen Veränderung, so haftet er ebenfalls (BGH NJW 1992, 182).
- Für eine **voreilige Begleichung** einer Rechnung über mangelhafte Handwerksleistung haftet der Verwalter ebenfalls, wenn Gewährleistungsansprüche gegen den Handwerker nicht durchzusetzen sind (KG DWE 1993, 118), z.B. voreilige Zahlung einer Nachtragsrechnung wegen Abhandenkommens von Baumaterialien (OLG Düsseldorf NJWE 1997, 208). Ebenfalls für Begleichung einer Gasrechnung aus der Zeit vor Entstehung der WEerGem (OLG Hamburg WuM 1995, 126).
- Durch Unterlassung einer **Erstbegehung** und dadurch Nichtfeststellung, daß GE-Fläche vermietet ist, wird die Miete nicht eingezogen (OLG Köln WE 1989, 31).
- Verletzung des Verwaltervertrags, z.B. **Auszahlung** von zu hohem Lohn, so ist Verwalter zum Ersatz der Rechtsanwaltskosten verpflichtet, wenn dieses als Schadensabwendung vernünftig und zweckmäßig sind (BayObLG NJW-RR 1998, 519).
- Verwalter stellt **unzureichend WP** auf und zwingt deshalb WEer zu Kreditaufnahme, so hat er Kreditzinsen zu ersetzen (AG Waiblingen DWE 1996, 40).
- Verwalter beachtet **gesetzliche Unfallverhütungsvorschriften** nicht (AG Mettmann DWE 1995, 167).

Verwalter haftet daneben ebenfalls für die Verletzung der Pflichten, die sich aus anderen Gesetzen und dem Verwaltervertrag ergeben.
Beispiel: Kommt der Verwalter damit in Verzug, die für die ordnungsgemäße Instandsetzung des GE's erforderlichen Maßnahmen zu treffen, so haftet er für den dadurch entstehenden Schaden (BayObLG NJW-RR 1988, 599), z.B. Mietausfall.

Darüber hinaus haftet der Verwalter aber auch für die einem einzelnen WEer insbesondere beim SE entstandenen Schäden (KG NJW-RR 1986, 1078), sofern der Verwalter schuldhaft gehandelt hat (BayObLG NJW-RR 1992, 1103). Dabei ist zu beachten, daß ein von der WEerGem beauftragter Dritter, z.B. eine Fachfirma nicht Erfüllungs-

§ 27 3. Abschnitt. Verwaltung

gehilfe des Verwalters ist (BayObLG a.a.O) und er sich deshalb deren Verschulden nicht zurechnen lassen muß (OLG Düsseldorf NZM 1998, 721).

81 b) Der Verwalter **haftet auch für unerlaubte Handlungen** (§§ 823ff. BGB). Das Gesetz geht davon aus, daß grundsätzlich derjenige, der die Verfügungsmacht über eine Immobilie innehat, auch die Pflicht hat, Gefahrenquellen, die von der Immobilie ausgehen, zu berücksichtigen und Vorkehrungen zum Schutze Dritte zu treffen (vgl. Deckert PiG 42, 89 ff.).

82 Ein besonderer Fall dieser Haftung ist die sog. **Verkehrssicherungpflicht** (Deckert WE 1994, 327, FV1, 91). Die originäre Verkehrssicherungspflicht verbleibt zunächst bei den WEern (BGH NJW 1985, 484), z.B. für Spielplätze (OLG Celle WE 1988, 57) und kann nur dann abgewälzt werden, wenn einer streng zu handhabenden Überwachungspflicht (OLG Hamm NJW 1988, 496) genügt wird. Genügen die Eigentümer, z.B. durch den Beirat, dieser Pflicht, so trifft den Verwalter die ansonsten primär dem Grundstückseigentümer zuzuordnende Verkehrssicherung. Diese besagt: „Wer die Verfügungsmacht über eine Sache hat, durch die er mit Dritten in Berührung kommt und durch die er eine Gefahrenquelle für die Dritten schafft, ist verpflichtet, die notwendigen Vorkehrungen zum Schutz der Dritten zu treffen. Dies gilt insbesondere für diejenigen, die, wie die Rechtsprechung sagt, ‚einen Verkehr eröffnen'" (vgl. Weitnauer PiG 3, 68).

Beispiel: Ein Grundstückseigentümer ermöglicht anderen das Betreten des Grundstücks, indem er Wege, Treppen und Flure der allg. Benutzung zur Verfügung stellt.

Verletzt der Verwalter schuldhaft die Pflicht zur Gefahrenabwehr, unterläßt er es also, z.B. zu streuen (z.B. entgegen festgelegtem Turnus vgl. Bader PiG 42, 197 ff.), Hindernisse wegzuräumen, um durch Frost oder Ausschütten von Öl entstandene Glätte o.ä. zu beseitigen, und verursacht er dadurch die Verletzung eines Menschen, so ist er für den dadurch entstehenden Schaden verantwortlich, da er gem. Abs. 1 Nr. 2 für einen gefahrlosen Zustand des GE's sorgen muß. Er ist deshalb befugt und verpflichtet, drohende Gefahrenherde zu beseitigen, und muß selbst für die sofortige Beseitigung sorgen, ohne abwarten zu dürfen, ob die WEerGem etwas beschließt.

Beispiele: Defekte Geräte, wie Spielgeräte, Waschmaschinen, Lifte, elektrische Tore, verunreinigte Wege, nicht beseitigte Schneeglätte, schadhafte Boden- und Plattenbeläge, unzureichende Beleuchtung, sonstige Gefahren wie fehlende Warntafeln, Balkonkästen etc., jedoch meist nicht bei Dachlawinen.

Verletzt der Verwalter seine Pflicht, einen neuen WEer auf die kurze Einschaltdauer einer Kellerbeleuchtung und die Lage des Zeitschalters dieser Beleuchtung hinzuweisen, so haftet er nach dem OLG

Aufgaben und Befugnisse des Verwalters § 27

Zweibrücken (WE 1995, 26). Unterläßt der Verwalter an einem Treppenaufgang ein fehlndes Geländer anzubringen, obwohl ihn die WEer beauftragt haben, so haftet er bei einem Sturz eines WEers (BayObLG WE 1996, 315).

Zur Frage der Verkehrssicherungspflicht des Verwalters soll am **83** Beispiel einer Dornenhecke gezeigt werden, wie entscheidend es im Einzelfall auf den Sachverhalt des Falles ankommt:

Im ersten Fall hatte sich ein Kind beim Ballspielen auf dem Gelände an einer Dornenhecke verletzt (OLG Frankfurt OLGZ 1982, 16).

Im zweiten Beispiel war ein Kind in die neben dem Zugangsweg befindliche dornige Hecke gefallen und hat sich daran verletzt (OLG Frankfurt DWE 1984, 29).

Über beide Fälle hatte derselbe Senat zu befinden und kam zu unterschiedlichen Ergebnissen. Im ersten Beispiel bejahte der Senat die Verkehrssicherungspflicht, da die Einzäunung eines Spielplatzes mit Stacheldraht und Dornenhecke aus Sicherheitsgründen unzulässig sei. Im zweiten Fall verneinte der Senat eine Verkehrssicherungspflicht. Er ließ bereits dahingestellt sein, ob sich eine solche Verkehrssicherungspflicht aus dem Belassen einer kniehohen Dornenhecke neben einem etwa 1,20 m breiten, befestigten Zugangsweg ergebe und stellte auf das überwiegende Mitverschulden der Mutter des Kindes als dessen gesetzliche Vertreterin ab, das darin zu erblicken sei, daß diese nicht vor dem Unfall auf die Entfernung der Hecke durch sachgerechte Maßnahmen, wie z. B. Antrag in der Versammlung, hingewirkt habe.

Schadensersatzansprüche gegen den Verwalter **verjähren** in 30 Jah- **83 a** ren (gem. § 195 BGB), wenn vertraglich nichts anderes bestimmt ist (siehe Sauren Verwalter § 8).

c) Gemeinschaftliche Schadensersatzansprüche gegen den **84** Verwalter kann **nicht jeder WEer geltend machen,** sondern dies kann nur aufgrund eines vorherigen Beschl's der WEer erfolgen (BGH NJW 1989, 1091). Dann nicht, wenn der einzelne WEer selbst wirtschaftlich von der Vertragsverletzung betroffen ist (KG ZMR 1991, 114). Anders, auch wenn nur der einzelne WEer geschädigt worden ist (BGH NJW 1992, 182).

d) Überträgt die WEerGem einzelne Aufgaben, z. B. Reinigungs- **85** und Winterdienste auf eine selbstständige Firma, so ist die Haftung der WEerGem fraglich. Der BGH (NJW-RR 1989, 394) sieht den Reinigungsdienst als den Beauftragten für den Gefahrenbereich an und den Ausschluß der Haftung der WEer.

e) Aus dem Bereich der unerlaubten Handlungen gibt es noch **86** Sondertatbestände (§§ 836–838 BGB), wobei der Sondertatbestand (§ 836 BGB) des **Ablösens von Teilen des Gebäudes,** die zu einer Sachbeschädigung führen, wichtig ist (vgl. Sauren WE 1996, 129, 130). Voraussetzung dafür ist jedoch, daß die zum Schaden führende Ablösung von Gebäudeteilen sich als Folge fehlerhafter Errichtung oder mangelhafter Unterhaltung erweist, wobei die Haftung auf vermutetem Verschulden des Eigentümers und vermutetem ursächlichen Zusammenhang zwischen Verschulden des Eigentümers und Schadenseintritt beruht. Die Verpflichtung übernimmt der Verwalter (gem. § 838 BGB), da er die Unterhaltung des Gebäudes zu besorgen hat (BGH NJW 1993, 1782; OLG Frankfurt DWE 1993, 76, siehe Rdnr. 11).

Weiteres Beispiel: Ablösung eines Ziegels bei Sturm und Beschädigung eines Balkons eines WEer.

Ist die Verkehrssicherungspflicht nicht vollständig auf den Verwalter übertragen, haftet neben dem Verwalter auch die WEerGem (OLG Frankfurt DWE 1993, 76).

87 f) **Haftungsausschluß.** Der Verwalter kann z.B. durch Regelungen im Vertrag die Haftung ausgeschlossen (z.B. für leichte Fahrlässigkeit OLG Frankfurt ZMR 1997, 609) oder begrenzt (z.B. durch einen Höchstbetrag) haben (siehe ausführlich Sauren Verwalter § 8).

88 g) Desweiteren ist es möglich, daß eine Haftung durch die Entlastung des Verwalters ausgeschlossen ist (vgl. § 28 Rdnr. 58).

89 **14. Die WEer haften Dritten gegenüber** für vorvertragliches oder vertragliches Verschulden des Verwalters als sog. Erfüllungsgehilfen (§ 278 BGB), für sog. unerlaubte Handlung ebenfalls (gem. § 831 BGB). Der Verwalter verpflichtet die WEer durch sein Handeln innerhalb seiner Vertretungsmacht als Gesamtschuldner, soweit nichts anderes mit den Vertragsparteien vereinbart ist (BGH MDR 1978, 134).

Beispiel: Aus vom Verwalter abgeschlossenen Vertrag sind WEer zur Zahlung verpflichtet.

Im Verhältnis der WEer untereinander ist der Verwalter nicht (Erfüllungs-) Gehilfe eines Teils gegenüber einem anderen, weil der Verwalter eigene, ihm vom Gesetz zugewiesene Aufgaben selbständig, wenn auch als Treuhänder der WEer, zu erfüllen hat (KG NJW-RR 1986, 1078, 1079). Auch andere Haftungsvorschriften (z.B. §§ 31, 831 BGB) sind nicht anwendbar (OLG Frankfurt DWE 1993, 76). Ein Mitverschulden der WEer (§ 254 BGB) kann eine Schadensersatzpflicht des Verwalters ihnen gegenüber eventuell einschränken oder sogar ausschließen.

90 **15. Weitere Rechte und Pflichten des Verwalters**
91 a) **Allgemeiner Bürobetrieb:** Dem Verwalter obliegt es, soweit er hauptberuflich tätig ist, ein Büro mit allen Einrichtungen zu unterhalten und diesen Bürobetrieb zu bestimmten Tageszeiten für die Besucher offenzuhalten hat. Zum allg. Bürobetrieb gehören:

Versand des Schriftverkehrs einschließlich Tragung der Portokosten, Bearbeitung und Aufbereitung von Versicherungsfällen. Soweit Versicherungsfälle auftauchen, hat der Verwalter entsprechende Mitteilungen an die Versicherungen zu geben und den Vorfall zu bearbeiten.

Aufbewahrung und Pflege der Verwaltungsunterlagen, wie z.B.: Urkunden, Grundbuchauszüge, Teilungserklärung etc., Sammlung technischer Unterlagen (Bauzeichnungen etc.), Sammlungen der Vertragsunterlagen (Verwaltervertrag, Hausmeistervertrag etc.). und der wichtigen Organisationsmaßnahmen (Versammlungsniederschriften, Einladungsschreiben etc.).

b) Turnusmäßige Objektbesichtigung: Bei diesen, je nach Objekt monatlich oder häufiger durchzuführenden Objektbesichtigungen, hat der Verwalter auf folgendes, soweit vorhanden, besonders zu achten: 92

Zentralheizungsanlage, Gemeinschaftsantenne, Haussprechanlage, Lift, Instandhaltung des Objektes.

Dabei muß der Verwalter daran denken, daß ihn hinsichtlich des Zustandes des Hauses die Verkehrssicherungspflicht trifft (Rdnr. 82). Der Verwalter wird zumeist auch von Mietern, WEern oder dem Hausmeister über Mängel in Kenntnis gesetzt.

c) Schlichtungsbemühungen bei Streitigkeiten unter WEern: Da es für den Verwalter von entscheidender Bedeutung ist, daß zwischen den WEern ein harmonisches Verhältnis besteht, sollte er auf gütliche Beilegung von Meinungsverschiedenheiten hinwirken. Er hat daher von vornherein Reibungen zu vermeiden, z.B. indem er verhindert, daß einzelne WEer der Gefahr ausgesetzt werden, bloßgestellt zu werden. 93

Beispiel: Öffentliche Bekanntmachung von schriftlichen Anfragen eines WEer an den Verwalter (BayObLG Rpfleger 1972, 411).

16. Gem. Abs. 5 kann der Verwalter die **Ausstellung einer Vollmachtsurkunde** verlangen. Die Ausstellung der Vollmacht ist schon deswegen zweckmäßig, um den Umfang der Vollmacht ersichtlich zu machen, weil es sonst keine Registrierung von Verwaltungsvollmachten gibt (siehe Sauren Verwalter S. 42). Die Erteilung der Vollmacht ist ein einseitiges Rechtsgeschäft, welches die Vertretungsmacht nach außen, d.h. mit Wirkung für und gegen den Vertretenden gegenüber Dritten, regelt (vgl. §§ 164 ff. BGB). Der Vertrag regelt das Innenverhältnis zwischen dem WEer und dem Verwalter. Für die Ausgestaltung der Vollmacht bieten sich zwei Wege an (siehe Sauren Verwalter S. 42): Entweder man wiederholt die im Verwaltervertrag getroffenen Regelungen oder man gibt dem Verwalter in Teilbereichen eine Art Blankovollmacht, d.h. man bevollmächtigt ihn nach außen unbeschränkt, obwohl er im Innenverhältnis Beschränkungen unterliegt. Solche Beschränkungen liegen vor, wenn z.B. die Verträge nur mit Zustimmung des Beirats durch den Verwalter abgeschlossen werden dürfen. Die Wiederholung dieser Regelungen in der Vollmacht könnte im Rechtsverkehr zu Problemen führen, so daß eine reibungslose Verwaltungsarbeit gefährdet wäre (z.B. wegen fehlender Abgren- 94

§ 28   3. Abschnitt. Verwaltung

zungskriterien). Es wird deshalb empfohlen, dem Verwalter eine unbeschränkte Vollmacht zu erteilen, damit er entsprechend handlungsfähig ist. D.h. jedoch nicht, daß die evtl. Beschränkungen des Verwaltervertrages aufgehoben sind. Der Verwalter hat sich an die Beschränkungen zu halten. Tut er dies nicht, verpflichtet dies zwar die WEer, jedoch ist der Verwalter ihnen dann zum Schadensersatz verpflichtet. Dies ist natürlich dann problematisch, wenn der Verwalter zahlungsunfähig ist. Damit die WEerGem jedoch bei der Kündigung eines Hausmeisters keine Beschränkung des Kündigungsschutzgesetzes unterworfen ist, sollte sie nur mit Zustimmung des Beirats erfolgen (vgl. Köhler WE 1995, 102).

Der Verwalter legitimiert sich erst durch die Vollmachtsurkunde und die Vorlage einer beglaubigten Abschrift des Beschl's seiner Bestellung (BayObLG NJW 1964, 1962).

Wirtschaftsplan, Rechnungslegung

28 (1) Der Verwalter hat jeweils für ein Kalenderjahr einen Wirtschaftsplan aufzustellen. Der Wirtschaftsplan enthält:

1. die voraussichtlichen Einnahmen und Ausgaben bei der Verwaltung des gemeinschaftlichen Eigentums;
2. die anteilmäßige Verpflichtung der Wohnungseigentümer zur Lasten- und Kostentragung;
3. die Beitragsleistung der Wohnungseigentümer zu der in § 21 Abs. 5 Nr. 4 vorgesehenen Instandhaltungsrückstellung.

(2) Die Wohnungseigentümer sind verpflichtet, nach Abruf durch den Verwalter dem beschlossenen Wirtschaftsplan entsprechende Vorschüsse zu leisten.

(3) Der Verwalter hat nach Ablauf des Kalenderjahres eine Abrechnung aufzustellen.

(4) Die Wohnungseigentümer können durch Mehrheitsbeschluß jederzeit von dem Verwalter Rechnungslegung verlangen.

(5) Über den Wirtschaftsplan, die Abrechnung und die Rechnungslegung des Verwalters beschließen die Wohnungseigentümer durch Stimmenmehrheit.

1   1. Dieser **Paragraph gestaltet das Informationsrecht der WEer** gegenüber dem Verwalter im Hinblick auf den WP, die Abrechnung und die Rechnungslegung. Er normiert gleichzeitig die Vorauszahlungs- und Endzahlungspflicht der WEer und ist Kern des verwalterischen Rechnungswesens.

2   2. Voraussetzung für eine korrekte Verwaltung einer Anlage ist ein **geordnetes Rechnungs- und Finanzwesen** (siehe Bub PiG 39,

27 ff.). Dem Rechnungswesen des Verwalters sollte eine **ordnungsgemäße** Buchführung zugrunde liegen, weil für das Vertrauensverhältnis zwischen Verwalter und WEer eine konkrete und übersichtliche Buchführung mitentscheidend ist. Diese Buchführung muß den Grundsätzen der ordnungsgemäßen Buchführung entsprechen (Bub a.a.O.; Seuß PiG 27, 21f.). Sie muß lückenlos, zeitnah und aussagekräftig sein, so daß sie den allg. Grundsätzen einer ordnungsgemäßen Buchhaltung entspricht, aus der WP, Jahresabrechnungen und die Rechnungslegung entwickelt und abgeleitet werden können.

Die Buchführung dient nicht nur der Information über die wirtschaftliche Entwicklung der WEerGem, sondern auch der Beweiskraft über die ordnungsgemäße Tätigkeit des Verwalters. Was Gegenstand der Buchführung sein muß, ergibt sich erst aus der Aufgabe des Verwalters (MüKo § 28 Rdnr. 26). Bei kleineren WEerGem kann es durchaus genügen, daß einmal im Jahr Ausgaben und Einnahmen zusammengerechnet werden. Auch ist die sog. doppelte Buchführung (alle Vorfälle werden auf zwei Konten verbucht und damit für eine bessere Kontrolle doppelt erfaßt) selbst im Steuerrecht nicht Pflicht, wenn auch zweckmäßig. Nur vor diesem Hintergrund kann dem BayObLG (ZMR 1985, 212) zugestimmt werden, wenn es ausführt, daß es zu den Verwalterpflichten gehört, die im Laufe des Jahres anfallenden Unterlagen zu sammeln und in einer Buchführung zu erfassen, die dann wiederum Grundlage der Erstellung der Jahresabrechnung ist.

Die Buchführung muß alle Geldbewegungen erfassen sowie eine einfache und lückenlose Kontrolle der Tätigkeit des Verwalters ermöglichen. Dabei gilt der allg. Grundsatz „keine Buchung ohne Beleg". Die Belege werden chronologisch numeriert und abgeheftet. Bei der Buchung wird dann jeweils die Belegnummer vermerkt, damit sowohl der Beleg als auch die Buchung auffindbar sind. Sinnvoll ist die Ablage der Rechnungen zu den dazugehörigen Belegen. Hierdurch wird die schnelle Überprüfbarkeit der Buchführungsvorgänge anhand der dazugehörigen Belege gewährleistet.

Darüber hinaus wird für jede Kostenart und jedes WE bzw. jeden WEer (je nach Kostentragung lt. Vereinb) empfohlen, ein Konto einzurichten. Die Aufbearbeitung seitens des PC wird immer verbreiteter. Die angebotenen Programme können derzeit den Anforderungen der Rechtsprechung regelmäßig nicht genügen.

Die Buchführungsarbeiten müssen schließlich zeitnah erfolgen. Dies bedeutet, daß möglichst während des laufenden Jahres die Arbeiten durchgeführt werden und keinesfalls deshalb im März des darauffolgenden Jahres noch nicht abgeschlossen sein dürfen (BayObLG ZMR 1985, 212). Der Verwalter hat nach der Rechtsprechung die Verpflichtung, die Verwaltung so einzurichten, daß die WEer in der Lage sind, ihre Prüfungsbefugnisse selbst auszuüben (BayObLGZ 1975, 369,

372). Die Buchführung des Verwalters genügt den Erfordernissen einer ordnungsgemäßen Verwaltung nur, wenn sie für die WEer bei einer diesen zumutbaren Sorgfalt verständlich und dadurch nachprüfbar ist (BayObLG NJW-RR 1988, 18). Genügt die Buchführung dem nicht, ist der Verwalter den WEern zum Schadensersatz verpflichtet (BayObLG a. a. O. S. 18).

7 3. Gem. Abs. 1 hat der Verwalter jährlich eine **Kostenvorschau, einen sog. WP,** aufzustellen. Durch unangefochtenen Beschl kann dies auf dem Beirat nach dem OLG Köln (ZMR 1998, 374) übertragen werden. Er enthält die geschätzten Ansätze für die Ausgaben und Einnahmen des kommenden oder bereits laufenden Wirtschaftsjahres (OLG Hamburg OLGZ 1988, 299) und bildet die Grundlage für die Anforderung der von den WEern zu leistenden Vorschüsse, durch welche die für die Wirtschaftsführung erforderlichen Geldmittel aufgebracht und zur Verfügung des Verwalters gestellt werden. Kommt eine zeitgerechte Beschlfassung der WEerGem nicht zustande, kann jeder WEer vor Ablauf der Wirtschaftsperiode die gerichtliche Festsetzung verlangen, selbst wenn eine Abstimmung noch nicht stattgefunden hat (KG WE 1993, 221). Bis zur Erstellung des WP's kann Wohngeld nach einem vorerst geschätzten Ausgabenrahmen beschlossen werden (KG WuM 1989, 91) oder Pauschalbetrag für Tiefgarage (BayObLG WE 1997, 436). Die Pflicht zur Aufstellung des WP endet zum Jahreswechsel, da dann eine Abrechnung möglich ist. Für die Anfechtung des WP entfällt mit Beschlfassung über Abrechnung deshalb das Rechtschutzinteresse (OLG Stuttgart WE 1990, 106). Der WP muß eine geordnete Zusammenstellung der einzelnen Kostenarten enthalten. Dabei ist eine bestimmte Aufgliederung nicht vorgeschrieben, z. B. gem. § 27 der II. BV (OLG Stuttgart WE 1990, 106). Die Aufführung von Differenzen zwischen Einnahmen und Ausgaben, z. B. aus der Hausmeisterwohnung (OLG Düsseldorf WE 1991, 331) oder von Globalbeträgen ist unzulässig.

8 4. Zu unterscheiden ist zwischen **Gesamtwirtschaftsplan** (Nr. 1, 3) und der Aufteilung auf die einzelnen WEer, dem **Einzelwirtschaftsplan.**

9 5. Beim **Gesamtwirtschaftsplan** handelt sich nicht um eine bilanzielle Erfassung oder gar Vermögensrechnung, sondern nur um eine Vorausschau bzw. Kalkulation in Form einer Ausgaben- und Überschußrechnung (Beispiel bei Bassenge PiG 21, 104). Sie darf deshalb nicht enthalten:
– einen Nutzungswert des SE oder des GE (BayObLGZ 1973, 78, 80), es sei denn, es besteht eine Ausgleichspflicht.
  Beispiel: Die einzige Garage der WEerGem wird nur von einem WEer benutzt;
– oder einen Vermögensgegenstand der WEerGem.

Beispiel: Bankguthaben (LG Freiburg NJW 1968, 1973; Bassenge PiG 21, 95).
Anzusetzen sind aber die Einnahmen:
Z.B. Wohngeld (Seuß S. 546), Mieten (HNS Rdnr. 6), Zinsen, z.B. aus dem Girokonto oder der Rücklage (OLG Düsseldorf WE 1991, 331; Sauren WE 1995, 40; a.A. BayObLG WE 1991, 363), Entnahmen aus der Rücklage (Bub S. 502), Einnahmen zur Deckung des vorjährigen Fehlbetrages, aber nicht der Stand der Rückstellung (Seuß S. 546), oder Ausgaben: z.B. Heizkosten (BayObLG WE 1988, 204), siehe Aufstellung bei § 16 Rdnr. 12 ff., 25.

Der WP sollte jedenfalls in der Struktur und Gliederung in der gleichen Weise aufgebaut sein wie die Jahresabrechnung, um den Vergleich der Sollwerte mit den wirklichen Werten der vergangenen Jahre zu erleichtern. Er wird durch den Beschl der WEer gem. § 28 Abs. 5 wirksam (BayObLGZ 1971, 313). Dabei kann von der Versammlung auch eine rückwirkende Wohngelderhöhung beschlossen werden, ohne daß es dazu eines vollständigen Nachtrags des WP's bedarf (BayObLG v. 22. 12. 1982, 2 Z 96/81). Der WP greift nicht der Abrechnung insoweit vor, als daß Abweichendes nicht mehr beschlossen werden könnte (OLG Hamm, OLGZ 1971, 96, 99 f).

Beispiel: Änderung des Verteilungsschlüssels (BayObLGZ 1974, 172, 177).

a) Nach Abs. 1 enthält der **WP** zumindest **3 Positionen:**
– Eine Gegenüberstellung („Aufstellung") der voraussichtlichen Einnahmen und Ausgaben (ggfs. geschätzt), und zwar eine geordnete, übersichtliche, nachprüfbare Zusammenstellung, weshalb sie sich nicht auf die Angabe globaler Beträge beschränken darf, sondern Grund und Höhe der einzelnen erwarteten Einnahmen und Ausgaben, z.B. für Strom, Wasser, Müllabfuhr, Versicherung, Hausmeister, Verwalterhonorar, ersichtlich machen muß, ggfs. sind auch die Zins- und Tilgungsbeträge gemeinschaftlicher Belastungen (§ 27 Abs. 2 Nr. 1) auszuweisen.
– Aus der Gegenüberstellung der Einnahmen (ohne Wohngeld des einzelnen WEers) und Ausgaben ergibt sich der geschätzte Finanzbetrag. Dieser Betrag ist nach den durch die TErk festgelegten Schlüsseln auf die WEer aufzuteilen (OLG Frankfurt OLGZ 1984, 257; KG DWE 1985, 126). Die ausdrückliche Festlegung der Einzelbeträge der WEer ist grundsätzlich erforderlich (BayObLG WE 1991, 166; a.A. KG WE 1991, 204, 193). Fehlen im WP die Angabe des Kostenverteilungsschlüssel und der auf den einzelnen WEer entfallende Betrag, so ist im Falle der Anfechtung der Beschl für ungültig zu erklären (BayObLG WE 1992, 174), es sei denn (nach dem BayObLG) letzteres kann unschwer ermittelt werden, z.B. durch Angabe des geeigneten Verteilungsschlüssels im WP in Verbindung mit dem den WEer bekannten Umrechnungs-

§ 28   3. Abschnitt. Verwaltung

faktoren durch einfacher Rechenvorgang (BayObLG WE 1991, 166, dem kann nicht gefolgt werden, da dies für die Praxis kein geeignetes Kriterium bietet). Nach dem LG Frankfurt (DWE 1992, 85) ist es zulässig unterschiedlich hohe monatliche Beiträge zu beschließen, aber nicht in jedem Monat unterschiedlicher Betrag zulässig.

– Außerdem ist ein angemessener Beitrag zur Rücklage vorzunehmen. (§ 21 Abs. 5 Nr. 4, siehe § 21 Rdnr. 10 „Instandhaltungsrücklage").

Der Verwalter hat dabei unter Berücksichtigung der vorherigen Jahre die Ausgaben (inkl. Beiträge zur Rücklage und sonstigen Sondervermögen) und Einnahmen (z.B. Mieten, Entnahmen aus Rücklagen) zu schätzen, soweit sie nicht von vornherein betragsmäßig feststehen (z.B. Verwaltervergütung). Dabei ist dem Verwalter eine großzügige Handhabe zu gestatten (OLG Hamm OLGZ 1971, 96, 104; BayObLG WE 1991, 363), um hohe Nachforderungen und damit einer Liquiditätsenge einzelner WEer vorzubeugen. Dies darf aber nicht dazu führen, daß wesentlich überhöhte Vorschüsse ausgewiesen werden (BayObLG WE 1989, 64, 65), oder andererseits es zu erheblichen Nachzahlungen (KG WE 1986, 139) kommt. Solche Positionen sind aber nicht einzusetzen, die nach der bisherigen Erfahrung nicht zu erwarten sind und nur bei Eintritt ganz besonderer, außergewöhnlicher Umstände entstehen können (OLG Hamm OLGZ 1971, 96, 104) oder Forderungen (Außenstände), bei denen nicht abzusehen ist, daß sie eingezogen werden können (BayObLG WE 1987, 59). Die WEer können auch nicht durch Beschl generell auf die Auflistung verzichten, z.B. der Gemeinschaftseinnahmen (KG WE 1987, 122). Sie können nach dem BayObLG (WE 1991, 295) sich darauf beschränken, die bisherigen Vorauszahlungen auch weiterhin für verbindlich zu erklären.

12   **b)** Die **Aufstellung des WP's** obliegt dem Verwalter bereits nach dem Gesetz (Wortlaut Abs. 1 Satz 2), und es bedarf keiner besonderen Aufforderung oder Verpflichtung mehr. Mangels abweichender Regelung durch Vereinb oder Beschl ist der WP spätestens in den ersten Monaten jeden Abrechnungsjahres aufzustellen (BayObLG NJW-RR 1990, 659) und den WEer mindestens 2 Wochen vor Beschlfassung zu übersenden (LG Aachen ZMR 1997, 326). Kommt der Verwalter seiner Verpflichtung nicht nach, so kann die Erfüllung der Verpflichtung von jedem WEer gerichtlich ohne die anderen WEer während des betroffenen Kalenderjahres erzwungen (KG NJW-RR 1986, 644) und ggfs. vollstreckt werden (BayObLG WE 1989, 220).

13   **c)** Der WP entfaltet auch noch **weitere Wirkung,** als er gleichzeitig Auftrag für den Verwalter sein kann, die angesetzte Position, wie z.B. Reparaturen, in Angriff zu nehmen und durchzuführen. Er kann auch eine stillschweigende Zustimmung zu einer baulichen Ver-

"Thurows Analyse der Weltwirtschaft ist erfrischend, hervorragend dargelegt und provokativ."
The New York Times

Lester C. Thurow
Die Reichtums Pyramide
300 Seiten
fest gebunden mit Schutzumschlag
ISBN 3-89623-176-6
DM 78,-
ÖS 569,00 / SFr 71,00

Besuchen Sie uns im Internet:
www.metropolitan.de

Telefon: 0211 / 680 42 13
e-mail: metropolitan@walhalla.de

Chlorfrei gebleichtes Papier

Antwortkarte

Metropolitan Verlag
Walhalla Fachverlag
Fit for Business

Uhlandstraße 44
D-40237 Düsseldorf

Bitte freimachen

INFORMATIONSANFORDERUNG

Schneller per Telefax 0211/680 20 82:

Ich interessiere mich speziell für folgende Themenbereiche:

- ⭕ Selbstmanagement, Motivation und Kommunikation
- ⭕ Privater Vermögensaufbau: Geld, Börse, Steuern
- ⭕ Vorsorge, Recht und Rat
- ⭕ Berufswahl/Berufsorientierung: Weiterbildung
- ⭕ Werben, Verkaufen, Multimedia
- ⭕ Junge Selbständigkeit

Diese Karte entnahm ich dem Buch..

Bitte schicken Sie Informationen an meine Privatadresse:

oder an meine Firmenadresse/Dienststelle:

Name/Vorname

Straße

PLZ, Ort

Telefon/Telefax

Firma

Name/Vorname

Abteilung/Position

Straße

PLZ, Ort

Telefon/Telefax

Wir speichern Ihre Daten elektronisch.
Keine Weitergabe, kein Verkauf.

änderung enthalten, indem dafür ein Posten angesetzt und genehmigt wird.

6. Zahlung durch die WEer: Aus der Summe der so ermittelten Beträge ergibt sich der Einzelwirtschaftsplan und damit die Höhe des Vorschusses, den jeder WEer auf das Konto der WEer Gem zu zahlen hat (Abs. 2). Die Zahlungspflicht setzt einen nach Abs. 5 beschlossenen Einzel- und Gesamt-WP voraus. Zu zahlen braucht der WEer aber erst, soweit nichts anderes durch Beschl oder Vereinb geregelt ist, „nach Abruf durch den Verwalter," also auf dessen Anforderung hin (BayObLG v. 15. 9. 1983, 2 Z 110/82). In Verzug kommt der WEer, wenn er auf eine Mahnung des Verwalters nicht unverzüglich leistet bzw. die kalendermäßig festgelegten Zeitpunkte nicht einhält. Die Verpflichtung endet mit der Beschlfassung über die Jahresabrechnung (BayObLG NJW-RR 1991, 723) und wird durch eine Zahlungspflicht bezüglich des Abrechnungssaldos ersetzt. Die Haftung eines während des Jahres ausgeschiedenen WEers für nicht bezahlte Vorschüsse bleibt bestehen und wird durch die Abrechnung nicht aufgehoben (vgl. § 16 Rdnr. 36). Ein aufgrund des WP erlangter Vollstreckungstitel bleibt bestehen (OLG Köln WE 1993, 54). Die Zahlungspflicht aus dem WP lebt wieder auf, wenn die Abrechnung vorläufig (§ 44 Abs. 3) oder endgültig für ungültig erklärt wird. Ist der WEer während des Jahres ausgeschieden, hat die anschließende Jahresabrechnung keine Wirkung ihm gegenüber; seine Pflicht aus dem WP bleibt bis zur Erfüllung bestehen. Siehe § 16 Rdnr. 36. Der WP behält aber weiter seine Wirkung für die fälligen Verzugszinsen und andere Verzugsschäden (z.B. Rechtsanwaltskosten BayObLG WE 1986, 104 mit Anm. Weitnauer; Sauren DWE 1989, 42).

7. Der **WP des alten Jahres wirkt dann nicht fort,** wenn er ausdrücklich auf das Jahr bezogen war (Beispiel: WP 1990 hat keine Auswirkung auf 1991, KG WE 1988, 167; BayObLG WEZ 1988, 215; OLG Hamm NJW-RR 1989, 1161, OLG Köln WuM 1995, 733), es sei denn, etwas anderes ist durch Vereinb bzw. TErkl vorgesehen oder wird nach dem KG (WE 1993, 221) beschlossen. Die letztere Auffassung des KG ist mit Müller (PiG 30, 193) zu widersprechen, da nach Abs. 1 Satz 1 der WP für ein Kalenderjahr aufgestellt wird und eine Fortgeltung folglich eine Änderung des Gesetzes bedeuten würde, die nur durch Vereinb. möglich ist. Für die WEer kann es günstig sein, unangefochten zu beschließen, daß die im dem beschlossenen WP vorgesehenen monatlichen Wohngeldbeiträge über das Jahr hinaus bis zum Inkrafttreten des neuen WPs weiter zu zahlen sind (vgl. OLG Hamm a.a.O.; KG a.a.O.).

8. Die **Jahresabrechnung** (JA, Beispiel bei Deckert WE 1994, 222ff.) ist gem. Abs. 3 nach Ablauf des Kalenderjahres aufzustellen,

§ 28

d. h. mit Ablauf des Kalenderjahres entsteht der entsprechende Anspruch der WEer und wird nach Ablauf einer für die Aufstellung angemessenen Frist fällig, i. d. R. in den ersten Monaten nach Beendigung der Wirtschaftsperiode. Ende Juni ist deshalb verspätet (BayObLG WE 1991, 223). Sie ist den WEern mindestens 2 Wochen vor der Versammlung zu übersenden (LG Aachen ZMR 1997, 326). Nach der ständigen Rechtsprechung insbesondere des BGH (WE 1994, 210; 1996, 144) besteht sie aus 4 Bereichen: einer Gesamtabrechnung (a, Rndr. 17 ff.) und einer Einzelabrechnung (b, Rndr. 43 ff.), eine Darstellung der Rücklage (c, ggf. mit Konten Rdnr. 23) und einer Darstellung der Girokonten der Gem. (d, Rdnr. 24). Bei der Jahresabrechnung handelt es sich begrifflich um eine Einnahmen-Ausgabenrechnung (Gesamtabrechnung) mit Verteilung auf die einzelnen WEer (Einzelabrechnung). Eine Vorgreiflichkeit für den WP existiert nicht, jedoch sollten WP und JA von der Struktur her wegen der leichten Überprüfbarkeit identisch sein.

Für die Beurteilung der formellen Rechtmäßigkeit ist der Zeitpunkt der Beschlfassung maßgeblich, nachträgliche Unterlagen werden nicht berücksichtigt (Köhler ZMR 1998, 327 m. w. N.).

17   9. Bei der **Gesamtabrechnung** handelt es sich um eine gegliederte Zusammenstellung der tatsächlichen Einnahmen und Ausgaben der gesamten Anlage. Sie ist keine Bilanz (BayObLG NJW-RR 1993, 1166, KG NJW-RR 1993, 1104, Sauren WE 1993, 62, 1994, 172, a. A. Jennißen Anm. 69) oder Vermögensrechnung (BayObLG NJW-RR 1987, 595), sondern eine geordnete und verständliche, inhaltlich zutreffende Aufstellung aller Einnahmen und Ausgaben (BayObLG NJW-RR 1988, 81; OLG Hamm ZMR 1997, 251) unter Darlegung der Kontostände (OLG Frankfurt WE 1986, 138, KG NJW-RR 1987, 1160). Deshalb hat die Abrechnung grundsätzlich nach den tatsächlichen Istbeträgen, also den im Jahr geleisteten Zahlungen zu erfolgen, Sollbeträge (sog. Verbindlichkeiten) sind nicht aufzunehmen (BayOb LG NJW-RR 1992, 1431). Ohne Beschl ist es auch nicht möglich bereits ausgeführte und fällig gewordene, aber noch nicht bis zum Jahresende bezahlte Positionen oder bereits im Dezember für das darauffolgende Jahr bezahlte Vorschüsse von den WEern oder spätere Nachzahlungen auf die Vorschüsse (z. B. bis zum 28.2.) des darauffolgenden Jahres (sog. Rechnungsabgrenzungsposten) aufzunehmen (OLG Celle DWE 1987, 104; z. B. Versicherungsprämie, BayObLG v. 10. 7. 1998, 2 ZBR 49/98). Zweckmäßig sind Rechnungsabgrenzungen für Heizkosten und Hausmeisterkosten (wegen der vermieteten ETW, BGH NJW 1982, 573) und für die zu früh überwiesenen Wohngeldzahlungen (siehe Rdnr. 31 f.).

18   Entsprechend der Regelung beim WP (siehe Rdnr. 9) sind Außenstände oder nach dem WP geschuldete Beträge (OLG DWE 1991,

Wirtschaftplan, Rechnungslegung § 28

251) und nicht ausschüttungsfähige Nutzungswerte nicht einzusetzten, auch keine Abschreibungen. Als **Einnahmen** und **Ausgaben** bzw. Angaben sind **aufzunehmen:**

aa) Der **Abrechnungszeitraum** (LG Bielefeld v. 10. 1. 1984, 3 T 900/83, zit. n. Bielefeld WEG S. 181). 19

bb) **Einnahmen,** aufgelistet nach der jeweiligen Art (BayObLG WE 1990, 133), wie z.B. Wohngelder einschließlich Beträge zur Rücklage, Entnahmen aus der Rücklage (Bub S. 17), Ausgleichszahlungen aus der Vorjahresabrechnung (Bub S. 17), Zinserträge aus laufenden Girokonten, aus Verzug von WEern oder der Rücklage (OLG Düsseldorf v. 16. 8. 1993 3 Wx 230/91, Sauren WE 1995, 40, a.A. Deckert WE 1994, 222, 223, nur Zinsen aus Girokonten) Mieten, z.B. des GE's, Benutzungsgebühren, z.B. für Sauna oder Waschmaschine (Bub S. 17) oder Mahngebühren. Nicht aufzunehmen sind Rückstände, z.B. Forderungen oder Wohngeldrückstände aus früheren Jahren. 20

cc) **Ausgaben,** aufgeteilt nach der jeweiligen Kostenart z.B. Strom, Müllabfuhr, Versicherung, Zinsen, Bankgebühren, Verwaltungsgebühren etc. (siehe hierzu § 16 Rdnr. 12), Auszahlungen aus Vorjahresabrechnungen, aus der Rücklage, Ausgleichszahlungen für bestimmte Wirtschaftsjahre. Korrekturen der Heizkosten z. B. Ablöseservice. Bei den Ausgaben dürfen keine Kostenpositionen zusammengerechnet oder zusammengefaßt werden (wie WP vgl. OLG Düsseldorf WE 1991, 331).Ebenfalls ist die Gesamtsumme aller Ausgaben aufzuführen (OLG Hamm OLGZ 1975, 158). Eine Pflicht zur bestimmten Aufgliederung z.B. gem. § 27 der II BV besteht nicht (OLG Stuttgart WE 1990, 106). 21

dd) Bei jeder einzelnen Ausgabenposition ist der **Verteilungsschlüssel** anzugeben (LG Bielefeld a.a.O. S. 181). Fehlen sie oder sind sie falsch muß die Abrechnung aufgehoben werden (BayObLG WE 1995, 89). 22

Immer wieder werden bei den Positionen **Verwaltervergütung** und Kosten des **gerichtlichen Verfahrens** (§ 16 Abs. 5, siehe hierzu § 16 Rdnr. 12 Prozeßkosten) die falschen Verteilungsschlüssel gewählt (so auch Deckert PiG 18, 159 Fn 21). Der Verwalter legt nämlich oft den Verteilungsschlüssel seines Verwaltervertrages (i.d.R. pro Einheit) zugrunde, ohne die Regelung der TErkl zu beachten (oft MEanteile, KG WE 1986, 139).

ee) Die gesonderte **Aufstellung** der Einnahmen und Ausgaben in der Aufschlüsselung jeweils nach laufender Nummer, Buchungsdatum, Gegenstand, Belegnummer und Höhe (LG Bielefeld a.a.O. S. 181). Diese Abrechnungen müssen eine geordnete Zusammenstellung der einzelnen Einnahmen und Ausgabenpositionen beinhalten, die für jeden WEer verständlich und nachprüfbar sein muß (BayObLG NJW-RR 1993, 1166). Es dürfen keine Salden erscheinen (OLG Düsseldorf 23

WE 1991, 361) oder Positionen außer acht gelassen werden. Belege müssen nicht beigefügt werden, sollten aber zur Einsicht bereit gehalten werden (OLG Frankfurt OLGZ 1984, 333).

24 10. Weitere Bestandteile der Abrechnung sind:
a) Die **Entwicklung** der **Rücklage** inkl. Zinserträge, Entnahmen und Einlagen (KG DWE 1986, 27). Dabei muß die Rücklage stets in Gestalt von Kontenguthaben vorhanden sein (BayObLG DWE 1994, 154). Es muß auch angegeben werden, wo und wie die Rücklage angelegt ist (Bank, Konto, Zinssatz etc.), denn die WEer müssen die Möglichkeit zur Überprüfung haben (OLG Düsseldorf WE 1997, 313). Sind die Kontostände niedriger als die Rücklage, muß die Abrechnung falsch sein (BayObLG DWE 1994, 154).

25 **b)** Die **Darstellung** der **Bestandskonten** inkl. evtl. vorhandener Kasse (KG NJW-RR 1987, 1160, 1161). Diese Konten (z.B. Rücklage, Girokonto, Außenstände) sind mit ihrem Bestand zu Beginn und Ende der Wirtschaftsperiode sowie mit Zugängen (ggfs inkl. Zinsen) und Abgängen anzugeben (ByObLG NJW-RR 1992, 1169, BayOb LG WuM 1993, 485). Dies bedeutet auch deren Entwicklung. Werden die tatsächlichen Einnahmen/Ausgaben in der Abrechnungsperiode nämlich vollständig in die Abrechnung aufgenommen, so stimmt deren Differenz mit der Differenz der Anfangs- und Endbestände der Bankkonten ggf. der Barkasse überein über die diese Umsätze getätigt wurden. Die Angaben zu den Konten sind daher erforderlich, um die rechnerische Schlüssigkeit der gesamten Einzelabrechnung darzulegen. Diese sog. **Kontenabstimmung** indiziert dann die rechnerische Richtigkeit der Gesamtabrechnung (OLG Hamm WE 1997, 194, 196). Dabei ist zu berücksichtigen, daß eine aus sich heraus verständliche Aufstellung der Einnahmen/Ausgaben nicht schon dann vorliegt, wenn sich die Verbuchung der Einnahmen- oder Ausgabenpositionen erst aus anderen Unterlagen ergeben, die zur Einsicht bereit gehalten werden (BayObLG NJW-RR 1989, 1163, 1164).

Dies bedeutet, daß bei dieser Kontendarstellung der Verwalter Korrekturposten, die das Zu- und Abflußsystem durchbrechen hier berücksichtigen muß (Köhler ZMR 1998, 334), ansonsten die rechnerische Richtigkeit nicht gegeben sein kann.

25 a Nach dem OLG Düsseldorf (v. 12. 8. 1994, 3 Wx 157/94, ZMR 1997, 323) wird bei auf- oder abgezinsten **Wertpapieren,** z.B. Bundesschatzbrief Typ B, die Auflistung des Bruttoansatzes (also mit Zinsen) in der Mitteilung über den Kontostand verlangt, obwohl diese Zinsen der Gemeinschaft noch nicht zugeflossen sind. Das OLG Düsseldorf (a.a.O.) verlang auch die Angabe des tatsächlichen Wertes, z.B. der Wert der Wertpapiere zum Stichtag. Wenn die Jahresabrechnung nur Zufluß und Abfluß beinhaltet, so können Zinsen, die nicht zugeflossen sind, auch nicht aufgenommen werden (ablehnend auch Drasdo ZMR 1997, 324; Bub FW III 107). Ansonsten bedarf es in der Abrechnung einer Aufnahme einer Position bei Einnahmen-/Ausgaben Verluste aus Wertpapieranlagen. Zu dem müßte dann in Zukunft alle rechnerischen Zinsen vereinnahmt werden, z. B. auch die Verzugszinsen von einzelnen WEer. Es ist aber anerkannt, daß solche Forderungen nicht in die Abrechnung aufzunehmen sind (Rdnr. 30).

Soweit bei **Mehrhausanlagen** Untergemeinschaften zulässig sind (vgl. § 25 Rdnr. 7) soll sich dies nicht auf die Jahresabrechnung beziehen (BayObLG ZMR 1994, 338; KG ZMR 1997, 247, 248). Selbst wenn nur einzelne WEer Mitglied der Untergemeinschaft sind, sind nach dem KG (a. a. O.), alle Aufwendungen in die Abrechnung einzustellen. Nur wenn die Kosten gem. der TE ausgeklammert sind, muß über sie gesondert abgerechnet werden (KG a. a. O.). 25 b

11. WEG-Verfahrensksoten, Kosten die nicht die Anlage betreffend: Fraglich ist geworden, ob alle **tatsächlich geleisteten** oder nur alle mit dem GE in Verbindung stehenden Einnahmen/Ausgaben einzusetzen sind. Nach anfänglicher Diskussion ist die Rechtsprechung (KG NJW-RR 1992, 845, BayObLG NJW-RR 1992, 1431; BPM Rdnr. 72) nunmehr der Auffassung, daß alle Einnahmen und Ausgaben ohne Rücksicht darauf einzustellen sind, ob sie zu Recht getätigt wurden. Das gilt nach dem BayObLG (a. a. O.) auch für Ausgaben, die für WEG Verfahren (siehe hierzu § 16 Rdnr. 12, Prozeßkosten) oder für das SE einzelner WEer getätigt wurden (BayObLG WuM 1996, 795). Dem ist nicht zu folgen (Sauren DWE 1990, 26), da gem. Abs. 1 nur die Ausgaben, die das GE betreffen, anzusetzen sind. Der Verwalter ist verpflichtet diese auszuschließen, bei strittigen Punkten sind sie anzusetzen. 26

Sollen Beträge in die Gesamt- oder Einzelabrechnung, z.B. Rückstand des Veräußerers, aus einer vor **Erwerb beschlossenen Abrechnung** übernommen werden, so ist durch Auslegung festzustellen, ob es sich nur um eine Kontostandsmitteilung handelt oder ob eine eigenständige Zahlungspflicht des Erwerbers begründet werden soll (OLG Köln WE 1995, 221; ZMR 1997, 249). Im letzteren Fall wurde der Erwerber für die Rückstände haften, wenn die Abrechnung insoweit nicht für ungültig erklärt wird. Grundsätzlich sind aber die Aufnahmen von **Saldenpositionen** in der Abrechnung unzulässig (vgl. BayObLG NJW-RR 1992, 1169; KG WE 1993, 194; LG Düsseldorf WuM 1994, 399), werden aber dann notwendigerweise zum Verfahrensgegenstand (KG ZMR 1996, 150). 26 a

12. Ausnahmen und praktische Probleme. Durch ggf. vorrangige Gesetze und konsequente Anwendung dieser Grundsätze können sich in der Praxis folgende Probleme ergeben: 27

a) Die **Zuführung zur Rücklage** (Abs. 1 Nr. 3) ist mit ihrem Sollbetrag und nicht mit dem tatsächlich gezahlten Betrag aufzuneh- 28 men (BayObLG NJW-RR 1991, 15, BayObLG WuM 1996, 795). Da über die Höhe ein Beschl der WEer vorliegt (ebenso Köhler ZMR 1998, 328).

29   b) **Heizkosten** (siehe Deckert WE 1994, 225): Die Heizkostenabrechnung ist nach der HKV abzurechnen und deshalb erfolgt eine Ausnahme vom Abflußprinzip. Ist das Verfahren formal nach HKV erfolgt, aber wegen großer Erfassungsfehler ungeeignet, so kommt eine Ungültigkeitserklärung der Abrechnung nach BayObLG (ZMR 1998, 177) nicht in Betracht, sondern nur Anspruch auf Korrektur bestimmter Maßnahmen oder Schadensersatzanspruch. Diese Auffassung ist abzulehnen, daß die HKV kein Selbstszweck ist, sondern gewährleisten soll, daß materiell richtig abgerechnet wird. Bei Heizöl kann es z.B. vorkommen, daß in einem Jahr mehr Heizöl eingekauft wird, als verbraucht wird. Das BayObLG (NJW-RR 1988, 81) hat die Einstellung des tatsächlichen Verbrauchs gebilligt, wenn dieser höher ist als die Ausgaben. Es hat auch gebilligt (WE 1991, 360), wenn die höheren Kosten des Kaufs anstelle der Verbrauchskosten eingestellt werden. Der letzten Entscheidung kann nicht zugestimmt werden, da nicht in einem Jahr von den tatsächlichen Ausgaben und im nächsten von den Verbrauchszahlen ausgegangen werden kann. Damit ist eine Kontinuität nicht zu erreichen (siehe BayObLG NJW-RR 1988, 81). Eine getrennte Abrechnung über Heizkosten bei einer Mehrhausanlage kommt nur bei Bestehen einer Vereinb oder bestandskräftigem Beschl in Frage (BayObLG WE 1994, 304). Nach dem BayObLG (NJW-RR 1992, 1431) dürfen im übrigen die Heizkosten nur dann für mehrere Jahre zusammengefaßt werden, wenn dies die GO zuläßt oder wenn wegen Fehlens von Zählerablesungen und Verbrauchsmessungen eine jährliche Abrechnung unmöglich ist (ebenso KG WuM 1994, 402). Bei den Heizkosten ist zu beachten, daß die Ablesekosten im richtigen Jahr zugerechnet werden. Desweiteren ist bei Heizöl zu beachten, daß der Bestand zu ermitteln und abzugrenzen ist.

30   **c) Forderungen und Verbindlichkeiten:** Diese dürfen nicht angesetzt werden (BayObLG WE 1995, 91, Sauren WE 1993, 62). Das KG (NJW-RR 1993, 1104, WE 1994, 271 m. abl. Anm. Deckert) will dies bei Wahrung der „Klarheit und Übersichtlichkeit" erlauben. Dies ist abzulehnen, da dies keine brauchbares Kriterium für die Praxis ist (Sauren WE 1993, 62, BayObLG WE 1995, 91; BPM Rdnr. 66). Das KG (NJW-RR 1993, 1104) will dann eine Ausnahme zulassen, wenn durch den Abrechnungsbeschl die von einem WEer getätigte Ausgaben anerkannt und mit Wohngeldern verrechnet werden oder ihm eine Gutschrift dafür erteilt wird. Köhler (ZMR 1998, 329) will dies nur zulassen, wenn die Voraussetzungen für eine Aufrechnung gegeben sind (vgl. § 16 Rdnr. 40).

Auch **Schulden** aus alten Jahren dürfen nicht in die Abrechnung aufgenommen werden (BayObLG v. 14. 3. 1991, 2 Z 134/90 zit.

nach Deckert 2/1466, a.A. KG WE 1991, 323) oder **Salden** (BayObLG NJW-RR 1992, 1169, KG WE 1993, 194, LG Düsseldorf WuM 1994, 399).

d) Wohngeldzahlungen nach Ende der Wirtschaftsperiode oder im voraus. Solche Zahlungen sollen, auch wenn sie für das alte Jahr gelten sollen, nicht in die Abrechnung aufgenommen werden nach dem BayObLG (WE 1993, 114, WE 1995, 91, 92, a.A. Seuß a.a.O. S. 115, Palandt Rdnr. 11, Giese WE 1993, 64). Hierbei ist offensichtlich übersehen worden, daß § 366 Abs. 2 BGB vorrangig ist. Dies müßte auch für den umgekehrten Fall, nämlich der Zahlung von Dezember für Januar gelten (so auch Giese WE 1993, 64; BayObLG WE 1995, 91, 92). 31

e) Doppelzahlung, irrtümlich oder falsche Zahlung, Versicherungsschäden: Bei diesen Vorgängen (siehe Giese WE 1993, 65) kann sich u.U. eine Beschlfassung seitens der WEer anbieten, damit unbillige Ergebnisse verhindert werden, wobei die Fallgestaltung der irrtümlichen Zahlungen oder Falschzahlungen nach diesseitigter Auffassung (Rdnr. 26) nicht in die Abrechnung gehört. Einen Anspruch haben die WEer aber nicht darauf (Sauren WE 1994, 172). 32

g) Mehrwertsteuer bzw. Umsatzsteuer (vgl. Sauren ZMR 1997, 700, FV 1 50ff.): Hier können Probleme in 3facher Hinsicht auftreten: 33

aa) Hat ein **WEer** oder TEer sein WE oder TE umsatzsteuerlich vermietet und will deshalb aus seinem Wohngeld die Vorsteuer geltend machen, so muß die WEerGem gegenüber dem einzelnen WEer zur Mehrwertsteuer **optieren** (§§ 14 Nr. 13, 9 UStG; siehe Sauren BB 1986, 436; Schellenberger BB 1987, 1648). Dazu bedarf es eines Beschl (OLG Hamm NJRW-RR 1992, 232). Ohne Beschl grundsätzlich nicht, auch wenn es sich um ein sog. Bauherrenmodel handelt (BayObLG WuM 1996, 656). Ein Anspruch eines einzelnen WEer gegen die WEerGem besteht nur, wenn die anderen WEer auch von Kostennachteilen freigestellt (Sauren a.a.O. S. 437, BayObLG a.a.O.). Es ist Pflicht des Verwalter die Umsatzsteuerbeträge gesondert auszuweisen, denn den Beschl über die Option hat der Verwalter durchzuführen (gem. § 27 Abs. 1 Nr. 1 Merle PiG 21, 115) für der er sich nach entsprechender Beschl eines Steuerberaters bedienen kann.

bb) Weniger bekannt ist, daß auch die **WEerGem** eine sog. **Umsatzsteueroption** ausüben kann. Dies ist dann der Fall, wenn GE vermietet ist, z.B. Stellplätze, Schwimmbad, TE. Ist der Mieter dann umsatzsteuerpflichtig, ist es in der Regel für ihn ohne Bedeutung, ob er die Miete zzgl. Umsatzsteuer schuldet oder nicht. Durch die Option kann die Gemeinschaft, die in den Kosten enthaltenen Vorsteuer (z.B. bei Gas, Wasser, Strom, Schornsteinfeger ect.) geltend machen. Dann muß eine entsprechende Umsatzsteuererklärung von der WEerGem abgegeben werden, denn die WEerGem ist im Sinne des Umsatzsteuergesetzes Unternehmer. Hierzu kann sich der Verwalter nach einem entsprechenden Beschl eines Steuerberaters bedienen.

cc) Stellplatzvermietung (Sauren WE 1994, 262): Seit dem 1. 1. 1992 ist die Vermietung von Plätzen für das Abstellen von Fahrzeugen zwingend umsatzsteuerpflichtig. Hierzu zählen neben den Garagen nicht zur Autoabstellplätze, sondern auch für Fahrräder, Motorräder, Wohnwagen oder Reisemobile. Damit muß der Verwalter grundsätzlich von dem erhaltenen Geld, die derzeit 16% Umsatzsteuer, ggf. nach Verrechnung der auf den Stellplätzen entfallenen Vorsteuer, an das Finanzamt abführen. Dies wird regelmäßig nicht getan. Folgende Auswege gibt es:

Eine Umsatzsteuerpflicht für die Vermietung von Stellplätzen entfällt jedoch dann, wenn die Vermietung des Stellplatz eine sog. Nebenleistung wäre und die Hauptleistung eine steuerfreie Vermietung. Dies käme dann in Betracht, wenn die Gemeinschaft den Stellplatz zumindest mit einer Wohnung vermieten würde, dann müßte die Wohnung jedoch in GE stehen (vgl. Sauren ZMR 1997, 500). Ein weiterer Ausweg ist dann gegeben, wenn die Gemeinschaft nur Kleinunternehmer ist, d.h. keinen größeren Umsatz als DM 32 500,00 pro Jahr hat (vgl. Sauren FV1, 51).

34 **h) Zinsabschlagsteuer** (ausführlich Sauren WE 1995, 40): Durch das sog. Zinsabschlagsteuergesetz (§§ 43 Abs. 1ff. EStG) ist eingeführt worden, daß ein 30%tiger Abschlag auf die Zinseinkünfte von den Banken einbehalten wird. Dies betrifft nur Zinszahlungen von Banken und deren Konten, die höher als 1% verzinst werden (§ 43 Abs. 1 Nr. 7b EStG). Deshalb sind i.d.R. die Girokonten und Verzugszinsen der WEer nicht erfaßt.

35 **aa)** Die WEerGem ist nicht berechtigt, einen sog. **Freistellungsauftrag** zu erhalten, wonach der Zinsabschlag nicht erhoben wird, weil die Bankkonten auf die Gemeinschaft bzw. den Verwalter lauten (Seuß WE 1993, 70).

36 **bb)** Da die Miteigentümer gemeinschaftliche Einnahmen erzielen, sind diese grundsätzlich **einheitlich und gesondert festzustellen** (gem. § 180 Abs. 1 Nr. 2 AO). Einheitlich und gesondert bedeutet, daß in einer gesonderten Steuererklärung einheitlich alle Zinseinnahmen erfaßt werden und der Anteil jedes Miteigentümers aus den gesamten Einnahmen gesondert festgehalten wird. Sie muß von der Gem angefertigt und abgegeben werden. Der Bundesfinanzminister (WE 1992, 36) hat jedoch für den „Normalfall" von der Abgabe dieser Steuererklärung abgesehen (gem. § 180 Abs. 2 Satz 1 Nr. 2 AO) und erklärt, daß es ausreiche, wenn der Verwalter die anteiligen Einkünfte aufteilt und dem einzelnen WEer mitteilt. Dabei ist eine Anrechnung des Zinsabschlages bei dem einzelnen Beteiligten nur möglich, wenn neben der Mitteilung des Verwalters über die Aufteilung der Einnah-

men die der Steuerbescheinigung des Kreditinstituts vorgelegt wird. Im Ausnahmefall, wenn dieses Verfahren keine beachtliche Erleichterung bedeutet, ist jedoch eine gesonderte einheitliche Steuererklärung (gem. § 180 Abs. 1 Nr. 2 AO) abzugeben. Diese ist m. E. nicht Aufgabe des Verwalters, und er kann sich nach entsprechendem Beschl eines Steuerberaters bedienen (vgl. Seuß PiG 32, 69 ff.).

cc) Umlegungsmaßstab: Gem. Beschl/Vereinb oder TEerkl 37 (siehe Vorauflage Rdnr. 37 und Sauren WE 1995, 40).

dd) Darstellung in der Abrechnung: Für die Darstellung in der 38 Jahresabrechnung bieten sich zwei Verfahren an, nämlich entweder die sog. Nettomethode oder die sog. Bruttomethode. Diese Nettomethode hat den entscheidenden Nachteil, daß der WEer sich mühsam alle Zinseinnahmen, nämlich aus Bankkonten, Verzugszinsen und Rücklage erst zusammenstellen muß. Bei der Nettomethode werden nur die tatsächlich zugeflossenen Zinsen ohne Zinsabschlag festgehalten. Darauf könnte man kommen, wenn man nur den tatsächlichen Zufluß berücksichtigt (so Drasdo DWE 1997, 15). Den Nachteil für den Verwalter sehe ich darin, daß er eine gesonderte Anlage für Zinsen aufstellen muß, um die Höhe des Zinsabschlages darzustellen. Besser und einfacher ist die sog. Bruttomethode, die die Zinseinnahmen inkl. Zinsabschlag in die Jahresabrechnung aufnimmt und den Abschlag als Ausgabe (so auch Seuß WE 1993, 70). Dies entspricht der Behandlung der Zinsen in der Einkommensteuererklärung, da jeder WEer die gesamten Zinseinnahmen und auch den Zinsabschlag angeben muß.

ee) Abweichende Abrechnungsperiode: Hier ist eine Aufteilung 39 pro Jahr notwendig (siehe Vorauflage Rdnr. 39 und Sauren WE 1995, 40).

i) Abrechnung neben der Jahresabrechnung oder nach der 40 **Jahresabrechnung?:** Immer wieder kommen Forderungenn auf, Komplexe nicht oder nur teilweise in die Abrechnung aufzunehmen und neben oder nach der Jahresabrechnung abzurechnen. Dies ist für den Verwalter ein äußerst mißlicher Vorgang und mit erheblicher Arbeit verbunden. Gleichzeitig ist er äußerst haftungsintensiv. Deshalb sollen die derzeit diskutierten Beispiele hier aufgeführt werden:

aa) Prozeßkosten: siehe hierzu § 16 Rdnr. 12.

bb) Sonderumlage: siehe hierzu § 16 Rdnr. 12 unter d).

cc) Rückerstattung bzw. Zufluß von Wohngeldern nach Jahren: Das KG (ZMR 1998, 370) gibt bei einem nach 10 Jahren auf dem Konto eingegangener Konkursqoute jedem WEer der sich an der Abdeckung der zur Konkurstabelle angemeldeten Forderung beteiligt hat, ein Anspruch auf anteilige Ausschüttung. Damit ist der Verwalter zur Neuberechnung gezwungen. Richtig ist der Ansatz des KG, daß nämlich die Gemeinschaft kein Gesamthausvermögen kennt (vgl. Palandt § 747 Rdnr. 1). Jedoch kann das KG auch nicht erklären, wo der zeitliche Rahmen begrenzt sein soll. Verfolgt man das Konzept des KG nämlich weiter, so müßte bereits im darauffolgende Jahr eingehende Zahlungen für Dezember in eine Neuberechnung aufgenommen werden. Häufig ist es nicht möglich dem Verwalter die ehemaligen Eigentümer ausfindig zu machen. Sind sie dann als Einnahmen bei der WEerGem zu verbuchen? Andererseits soll z. B. ein Schadensersatzanspruch nach dem OLG Köln (ZMR 1998, 460) auf den Erwerber übergehen. Die hier vorgetragenen Bedenken werden von Deckert (2/3356) geteilt.

dd) Darlehn: Werden Darlehn von den WE aufgenommen, führt dies dazu, daß nach der Rechtsprechung die ursprünglich Verpflichteten die Schuld zurückzahlen müssen (OLG Oldenburg WE 1994, 218). Siehe Vor § 10 Rdnr. 15 Darlehn. Dies führt zu einer Nebenrechnung.

j) Kleinere oder geringe **Fehler** führen grundsätzlich auch zur Aufhebung.

Beispiel: Anderer Verteilungsschlüssel als in der TE festgehalten führt nur zu gerinfügiger Verschiebung (KG WE 1996, 270; a. A. OLG Köln v. 19. 3. 1993, 16 Wx 31/93), höchstens bei äußerst geringen Rechenfehler, die bei Würdigung der Gesamtumstände ernsthaft nicht ins Gewicht fällt kann etwas anderers gelten (KG NJW-RR 1987, 1160).

41 **13. Ergänzungen oder zusätzliche Anforderungen** an die Gesamtabrechnung zu stellen, ist seitens der WEer durch Beschl möglich (siehe Deckert WE 1994, 224 ff.). Möglich ist z. B., in der Verwalterabrechnung eine sog. Bestandskontrolle (oder Plausibilitätsrechnung) von dem Verwalter zu verlangen (siehe Diskussion in PiG 27, 292). Hierbei handelt es sich um die Überprüfung der rechnerischen Richtigkeit der Abrechnung. Diese weist folgende Positionen aus (siehe Peters S. 37 ff.):
– Einnahmen (Hausgeld, Miete etc. inkl. der Entnahmen aus der Rücklage),
– minus Ausgaben (alle Kosten inkl. der direkt zugeteilten Kosten und Einlagen in die Rücklage),
– minus Forderungen, aktive Rechnungsabgrenzungsposten, (z. B. Forderungen aus Einzelabrechnungen gegen WEer, Forderungen aus Vermietung etc.),
– plus Verbindlichkeiten, passive Rechnungsabgrenzungsposten (z. B. Forderungen von WEer aus der Einzelabrechnung, für das neuen Jahr zu früh gezahlte Wohngelder etc.),
 Saldo: Bankbestand vom 31.12. des Abrechnungsjahres.

42 Darüber hinaus kann auch eine Inventarliste (Maschinen, Geräte und Werkzeuge des Hausmeisters) zur Inhaltspflicht der Abrechnung gemacht werden (Deckert PiG 18, 153). Es ist dem Verwalter auch

unbenommen, ohne Beschl andere zusätzliche Auflistungen in die Abrechnung aufzunehmen, z. B. Saldoübersicht (BayObLG NJW-RR 1992, 1169).

14. Ein weiterer notwendiger Bestandteil der Abrechnung ist die Aufteilung des Ergebnisses der Gesamtabrechnung auf die WEer (sog. **Einzelabrechnung**) nach dem für jede Position anzuwendenden Verteilungsschlüssel (KG NJW-RR 1987, 1160, 1161), die Zusammenstellung von den Ausgaben, die nur den einzelnen WEer betreffen (z.B Mahnkosten) und die Verrechnung des so festgestellten Kostenanteils mit den Wohngeldvorauszahlungen (BayObLG NJW-RR 1992, 1431). Ist wirksam aufgerechnet worden, ist dieser Betrag ebenfalls einzustellen (KG NJW-RR 1993, 1104). Es ist nicht möglich, alleine über die Einzelabrechnung zu beschließen, ohne daß spätestens gleichzeitig ein Beschl über die Gesamtabrechnung gefaßt wird (BayObLG WuM 1994, 568). Die Einzelabrechnung enthält nur die Aufteilung der Einnahmen und Ausgaben der Gesamtabrechnung. Anteilige Beträge von Ausgaben der WEer, die nicht in der Gesamtabrechnung enthalten sind, können somit nicht Gegenstand der Einzelabrechnung sein (BayObLG NJW-RR 1992, 1169). Auch diese muß, um verbindlich zu werden, von den WEern beschlossen werden (BayObLG NJW-RR 1988, 81, a. A. OLG Zweibrücken NJW-RR 1990, 912, wonach es einer Einzelabrechnung nicht bedarf, da diese nur den rechnerischen Vollzug der Abrechnung für den einzelnen WEer darstellen), selbst wenn das Guthaben auf Folgejahre vorzutragen ist (BayObLG WuM 1989, 42).

Mitteilung der Einzelabrechnung an die WEer: Nach dem OLG Köln (WuM 1998, 50) genügt es nicht die Einzelabrechnung in dem Verwalterraum bereitliegen zu haben oder in einem Ordner in der Versammlung, vielmehr muß er auf die Einsichtsmöglichkeit in der Versammlung hinweisen. Ist in der GO eine Klausel enthalten, daß die Abrechnung den WEer schriftlich mitzuteilen ist, ist die Übersendung der Einzelabrechnung nach dem OLG Köln (WE 1997, 232, 1995, 222) Pflicht des Verwalters (Schuchke NZM 1998, 423; a. A. Drasdo S. 425).

Für den **Inhalt der Einzelabrechnung** hat das BayObLG (BayObLGZ 1984, 10, bezüglich Beschlußanfechtungsverfahren) folgende Grundsätze aufgestellt:
– Die Einzelabrechnung muß nachprüfbar sein.
– Sind in die Abrechnung offensichtlich frühere Rückstände mit einbezogen, so muß über diese Posten Klarheit bestehen. Insbesondere dürfen Ist- und Soll-Leistungen nicht vermischt werden und alle Vorauszahlungen des WEers müssen vollständig berücksichtigt sein.
– Einzelne Kosten (z.B. Heizungskosten) müssen getrennt aufgeführt sein.

§ 28   3. Abschnitt. Verwaltung

– Die fehlende Nachprüfbarkeit und Nachvollziehbarkeit einzelner Abrechnungen führt dazu, daß ein etwaiger Nachforderunganspruch jedenfalls nicht fällig ist und einzelne, vielleicht auch zu Recht bestehende Einzelpositionen der WEerGem nicht zugesprochen werden können (BayObLGZ 1984,10, bzgl. Beschlanfechtungsverfahren).

45 Soweit die Nachzahlung darauf beruht, daß Wohngeldvorschüsse des laufenden Jahres rückständig waren, wird die Schuld aus dem WP nur bestätigt, aber nach dem BGH (NJW 1994, 1866) nicht ersetzt. Nicht aufzunehmen sind Saldo oder Rückstände aus Vorjahren (BayObLG WE 1993, 114, KG WE 1993, 194).

46 Scheidet ein WEer während des Jahres aus, so hat der Verwalter keine Einzelabrechnung für jeden WEer aufzustellen (Folgerung aus BGH NJW 1988, 1910), sondern nur eine, die auch nur den neuen WEer verpflichtet, es sei denn, die GO bestimmt etwas anders.

47 **15.** Die **Abrechnung** ist **durch den Verwalter unaufgefordert** und ohne besonders begründete Verpflichtung kraft Gesetzes (Wortlaut des Abs. 1 Satz 1) aufzustellen. Dies ist von jedem WEer ohne Ermächtigung der anderen erzwingbar (§ 43 Abs. 1 Nr. 2, OLG Hamm WE 1993, 248). Auch der zum Jahresende ausgeschiedene Verwalter hat noch die Abrechnung anzufertigen (Jennißen Rdnr. 244, Röll WE 1986, 22, Sauren ZMR 1985, 326, a.A. OLG Köln NJW 1986, 328, OLG Frankfurt DWE 1987, 30; OLG Hamm a.a.O.; OLG Hamburg OLGZ 1987, 188: das Ende des Verwalteramtes befreit von der Verpflichtung nur, wenn die Abrechnung zu diesem Zeitpunkt noch nicht zu erstellen war). Nach der anderslautenden Rechtsprechung ist wie folgt zu differenzieren: Bei Ende des Verwalteramtes vor oder mit Ablauf der Wirtschaftsperiode, ist der neue Verwalter ohne Sondervergütung zur Aufstellung verpflichtet (OLG Hamm WE 1993, 248), bei Ende nach Ablauf hat der alte diese noch zu erstellen, so daß der neue Verwalter dafür eine Sondervergütung fordern kann (KG NJW-RR 1993, 529). Der Verwalter hat jedem WEer die komplette Abrechnung vor der Versammlung zuzusenden.

48 **16.** Wird eine **Jahresabrechnung** durch Beschl wieder **geändert,** so ist dies im Rahmen der ordnungsgemäßen Verwaltung möglich (KG NJW-RR 1993, 1104), z.B. abhängig davon, ob nicht durch die nachträgliche Änderung in schutzwürdige Belange einzelner WEer eingegriffen wird (BGH NJW 1991, 979). Jeder WEer kann gerichtlich erzwingen, daß der Verwalter die Abrechnung erstellt, auch noch nach Ende des Verwalteramtes (BayObLGZ 1975, 161). Dieser Anspruch ist erfüllt, wenn die vorgelegte Abrechnung den an die Klarheit und Vollständigkeit der Abrechnung zu stellenden formalen Erfordernissen entspricht. Geringe Fehler der Abrechnung:
Beispiel: Rechenfehler von wenigen DM,

die die WEer hinnehmen können, ohne damit gegen die Grundsätze ordnungsgemäßer Verwaltung zu verstoßen, hindern die Erfüllung nicht (KG NJW-RR 1987, 1160).

Der Verwalter hat keine Verpflichtung zur Neuherstellung, bevor seine Abrechnung nicht durch Beschl abgelehnt oder für ungültig erklärt wird (BayObLG WE 1988, 101).

17. Gem. Abs. 5 wird erst mit einem **Beschl** über die (Gesamt- und Einzel-) Abrechnung oder die (Gesamt- und Einzel) WP im Innenverhältnis der WEer und gegenüber dem Verwalter die Pflicht zur Tragung der Kosten und Lasten (gem. § 16 Abs. 2) in konkreter Höhe begründet (BGH NJW 1994, 2950). Nach dem OLG Düsseldorf (WuM 1991, 623) soll es der Wirksamkeit der Abrechnung nicht entgegenstehen, daß ein anderer als der derzeitige WEer als Beitragsschuldner ausgewiesen ist, z.B. vorheriger WEer. Dem ist für den konkreten Fall, in dem der Beschl unangefochten geblieben ist, zuzustimmen, ansonsten nicht. Durch den Beschl kann auch ein Guthaben des einzelnen WEer festgelegt werden. Ein Anspruch auf Auszahlung dieses Guthabens kann nur gegenüber der WEerGem geltend gemacht werden, nicht gegenüber einem einzelnen WEer (KG NJW-RR 1993, 338) und bedarf nach dem KG v. 8. 1. 1997, 24 W 5031/95 mit Recht ablehnender Anmerkung Deckert s/3083 eines gesonderten Beschl. In dem Beschl (gem. Abs. 5) kann auch die Beauftragung des Verwalters zur Durchführung von Verwaltungsmaßnahmen liegen oder bauliche Veränderungen durchzuführen (KG WE 1993, 223). An die Vorlage des Verwalters sind die WEer nicht gebunden, sie können ihn vielmehr ändern (Soergel Anm. 6). Für den Beschl genügt es nach dem BayObLG (DWE 1991, 326, so auch BayObLG WuM 1993, 487), daß die entsprechenden Abrechnungen vor der Versammlung übersandt und in der Versammlung erörtert wurden, sie müssen in der Niederschrift nicht ausdrücklich bezeichnet sein. Bei alternativen Vorlagen seitens des Verwalters, z.B. des WP, sollte dieser eindeutig im Protokoll bezeichnet werden (z.B. durch Nennung der Gesamtsumme) und nicht „Der WP wurde beschlossen", damit ein Streit, welcher Entwurf genehmigt wurde, ausgeschlossen wird (Bassenge PiG 21, 100). Da nach ständiger Rechtsprechung auch die Einzelabrechnung genehmigt werden muß (siehe Rdnr. 43), um verbindlich zu werden, liegt in der Zustimmung zu einer Einzelabrechnung auch die Zustimmung zu den anderen Einzelabrechnungen (siehe Rdnr. 43 a).

Die Beschlfassung gem. Abs. 5 gehört zur ordnungsgemäßen Verwaltung (§ 21 Abs. 5 Nr. 5), so daß jeder WEer einen Anspruch darauf hat (gem. §§ 21 Abs. 4, 43 Abs. 1 Nr. 1, BGH NJW 1985, 912). Nach dem KG (WE 1991, 326) ist der Antrag eines WEers einen anderen WEer zur Zustimmung zu einer von der Versammlung abgelehnten Abrechnung zu verpflichten, als Antrag auf gerichtliche Festle-

gung der Jahresabrechnung auszulegen. Dies ist nur zulässig, wenn zuvor durch den WEer alles mögliche und zumutbare getan wurde, um eine Entscheidung der WEer zu erreichen. Ist jedoch bereits ein Beschl gefaßt, entsteht erst bei rechtskräftiger Ungültigkeitserklärung des alten ein Anspruch auf einen neuen Beschl. Bei dem WP endet dieser aber bereits mit Ablauf des Abrechnungsjahres (OLG Hamburg OLGZ 1988, 299). Der Beschl kann auch bedingt sein
Beispiel: vorbehaltlich der Beiratszustimmung (BayObLG WuM 1988, 322; WuM 1996, 722),
nicht jedoch inhaltlich bedingt (BayObLG WE 1990, 138), z.B. „daß diese richtig sind", da sofort Streit darüber entstehen könnte, ob sie auch tatsächlich richtig sind. Nicht angefochtene Beschl sind verbindlich, auch wenn sie materiell unrichtig sind, z.B. wegen Verstoßes gegen den Verteilungsschlüssel der TErkl (BGH NJW 1994, 1866). Solange der Beschl nicht für ungültig erklärt wurde, besteht die Zahlungspflicht der WEer. Von der Beschlfassung nicht umfaßt sind i.d.R. in die Einzelabrechnung eingestellte Saldovorträge, es sei denn die Saldovorträge sind ausdrücklich mitbeschlossen (vgl. KG WE 1993, 194, LG Wuppertal WE 1993, 172).

51   Die Anfechtung kann auf einzelne Positionen beschränkt werden (BayObLG NJW 1986, 385, a.A. zu Recht AG München DWE 1990, 40, siehe Rndr. 53 ff.) und Beschl nach der Rspr. nur teilweise für ungültig erklärt werden (BayObLG NJW-RR 1988, 81), was für den Gegenstandswert entscheidend ist (siehe § 48 Rdnr. 3). Bei teilweiser Anfechtung wird die übrige Abrechnung mit Ablauf der Anfechtungsfrist bestandskräftig (BayObLG NJW-RR 1993, 1109). Jahrelang unangefochtene Verstöße gegen Vereinb, z.B. Verteilungsschlüssel, führen nicht zur Änderung für die Zukunft, es sei denn, es kann festgestellt werden, daß alle WEer mit der Änderung auch für die Zukunft einverstanden sind (BayObLG WuM 1989, 42). Zur Frage, ob ein Beschl über die Jahresabrechnung auch konkludent, z.B. durch die Entlastung des Verwalters, gefaßt werden kann, siehe Rdnr. 58, zur Genehmigungsfiktion in der GO siehe Rdnr. 64.

52   **18. Gerichtliche Aufhebung eines Beschl** gem. Abs. 5. Die Rechtsprechung der Obergerichte ist in den letzten Jahren zunehmend dazu übergegangen, die Rechte der anfechtenden WEer stark zu beschneiden.

53   **a) Ausgangspunkt** war die Rechtsprechung des BayObLG, die Anfechtung der einzelnen Positionen zu begrenzen (BayObLG NJW 1986, 385), was zunächst als Vorteil des anfechtenden WEers herausgestellt wurde (wegen des Geschäftswerts). Dies wurde später dann zum Bumerang, weil die Rechtsprechung nunmehr alle Positionen, gegen die nicht ausdrücklich innerhalb der Anfechtungsfrist Einwände erhoben wurde, als unbeanstandet betrachtet (z.B. BayObLG NJW-

RR 1993, 1039) und durch Ablauf der Anfechtungsfrist als bestandskräftig ansieht. Dies hat gravierende Nachteile für den anfechtenden WEer. War bisher nur eine ohne nähere Begründung erfolgte Anfechtung möglich, muß der WEer, will er die ganze Abrechnung oder den WP aufgehoben haben, nunmehr zu jeder Position eine Beanstandung vortragen, ansonsten kann er die vollständige Aufhebung nicht mehr erreichen. Aber selbst wenn der anfechtende WEer alle Positionen rügt, das Gericht aber nur einzelne Rügen für stichhaltig hält, wird – und das ist der weitere entscheidende Schritt – nur eine Teilunwirksamkeit des Beschl erklärt (vgl. BayObLG NJW-RR 1992, 1169, vgl. auch KG WE 1993, 194) oder bei einem Ergänzungsanspruch, der Antrag als unzulässig abgewiesen! Dieses entspricht nicht dem Willen des anfechtenden WEers und eine Aufhebung des Beschl ist folglich unmöglich, da es wohl keine Abrechnung gibt, in der nicht zumindestens ein Posten stimmt. Dies kommt einem Blankoscheck für jeden Verwalter gleich.

Beispiele: Für Ergänzungsanspruch: Fehlen von Angaben zu gemeinschaftlichen gemeinschaftlichen Konten (BayObLG NJW-RR 1989, 1163), Fehlen der Einnahmeseite (BayObLG NJW-RR 1990, 1107, 1108; a.A. zu Recht AG Aachen v. 26. 2. 1998, 12 UR II 69/96), von Rechtsverfolgungskosten oder Sanierungskosten in der Einzelabrechnung (KG ZMR 1997, 541). Der Ergänzungsanspruch kann nach dem KG (a.a.O.) auch nach Ablauf der Anfechtungsfrist (§ 23 Abs. 4) gestellt werden.

Für „insoweit Ungültigkeitserklärung", besser teilweise Ungültigkeitserklärung: Aufnahme vom Abschlußsaldo aus Vorjahr (BayObLG NJW-RR 1992, 1169, KG WE 1993, 194), unberechtigte Positionen in der Einzelabrechnung, die in der Gesamtabrechnung fehlen (BayObLG a.a.O. S 1169), Umlageschlüssel bis auf Heizkosten bei allen Kosten falsch (bis auf Heizkostenabrechnung Ungültigkeitserklärung, BayObLG WE 1995, 89), einzelne Positionen fehlerhaft, wie z.B. Einzelabrechnung falsch (BayObLG WE 1995, 91).

Eine Ausnahme macht das BayObLG (NJW-RR 1991, 1360, a.A. Müller Rdnr. 116) aber bei Fehlen eines Einzelwirtschaftsplans (Abs. 1 Nr. 2), und bei Abstimmung über die Einzelabrechnung und fehlen der Gesamtabrechnung (BayObLG WE 1995, 89), was die hier dargelegte Kritik bestätigt. Die Krönung dieser Rechtsprechung stellen Beschlüsse des OLG Köln dar, die auch noch Teile von einzelnen Positionen in Höhe von „X DM" für ungültig erklären und die Entlastung auch nur insoweit (OLG Köln v. 24. 2. 1993, 16 Wx 27/93, v. 4. 11. 1991, 16 Wx 104/91) oder wenn vom KG (WE 1998, 225) die Gesamtkosten aufrecht erhalten bleiben und der Rest für ungültig erklärt wird. Das KG macht aber wiederum beim Verteilungsschlüssel eine Ausnahme (WE 1996, 270). Die vom BayObLG (Z 1986, 263, 268) im Jahre 1986 noch erklärte Möglichkeit eine Abrechnung auch wegen sachlicher Mängel aufzuheben, die vom anfechtenden WEer nicht geltend gemacht wurden, existiert damit in der Realität nicht mehr. Diese Rechtsprechung wird noch ergänzt und verschlimmert dadurch, daß das KG einen Antrag auf Ungültigkeitserklärung eines Wirtschaftsplans in die gleichzeitige Pflicht des Gerichts zur Aufstellung eines neuen WP undeutet (KG NJW-RR 1991, 463, WE 1993, 221) oder einer neuen Abrechnung (WE 1991, 326). Dabei ist das merkwürdige, daß dann das Gericht nicht an die inhaltlichen und formellen Voraussetzungen gebunden ist, die aber für jeden Verwalter gelten. Ein nicht nachvollziehbares Ergebnis. Auch dies geht weit über die gerichtliche Gestaltungskompetenz hinaus und greift verfassungswidrig in die Kompetenz des einzelnen WEer und der gesamten WEer ein (siehe Deckert WE 1993, 124).

54   **b)** Entscheidend ist, **welche Schlußfolgerung die Praxis** aus dieser Rechtsprechung zieht. Das BayObLG geht wohl (z.B. WE 1995, 89) davon aus, daß der Verwalter eine ergänzende Abrechnung fertigen muß, daß also ein Ergänzungsbeschluß der WEer erfolgt. Dies entspricht aber nicht der Realität. Vielmehr geschieht in der Praxis nichts. Der Verwalter ist nicht daran interessiert, seinen Fehler aufzudecken, die WEer kennen oft die Entscheidung nicht oder wollen nicht noch einmal darüber entscheiden. Die Anfechtung ist folglich zwecklos, man kann schon sagen, ein Rechtsanwalt, der zur Anfechtung rät, macht sich ggfs. bei dem gegenwärtigen Stand der Dinge schadensersatzpflichtig, da abzusehen ist, daß der Anfechtende keine Aufhebung erreicht, sich in der Praxis nichts tut, aber das Verfahren ihn sicher Geld kosten wird.

55   **c)** Diese Rechtsprechung ist zu Recht nicht ohne **Kritik** geblieben. Zunächst berücksichtigt die Rechtsprechung nicht, daß einzelne Fehler in der Abrechnung Einfluß auf das gesamte Rechenwerk haben (Deckert WE 1993, 124). Es müssen nämlich regelmäßig bei festgestellten Aufteilungsfehlern Neuverteilungen ggfs. ganze neue (Einzel) Abrechnungen erfolgen, denn ein Fehler in der Aufteilung betrifft alle Einzelabrechnungen (Deckert a.a.O.).

56   Entscheidender methodischer Ansatzpunkt ist jedoch die Auslegung, daß die WEer nur einen Beschl gefaßt haben und dieser nur insgesamt für ungültig erklärt werden kann. Eine Teilunwirksamkeit kann es hier nicht geben, da dies nur dann der Fall ist, wenn über mehrere sachlich nicht zusammenhängende Tatbestände ein Beschl gefaßt wird (Bader DWE 1991, 51, 54). Deshalb kann auch die Anfechtung nicht auf einzelne Positionen beschränkt werden (so AG München DWE 1990, 40).

57   Als weiterer Punkt kommt die Amtsermittlungspflicht des WEG-Richters (§ 12 FGG). Das Gericht hat über die Gültigkeit oder Ungültigkeit zu entscheiden (hierzu Deckert WE 1993, 125) und kann sich nicht dadurch aus der Verantwortung stehlen, daß es nur „insoweit"

für ungültig erklärt (was gar nicht beantragt ist und folglich nicht Antragsgegenstand) oder nur einen „Ergänzungsanspruch" gibt, um damit den Antrag abzulehnen. Auch eine unvollständige Abrechnung ist eine fehlerhafte Abrechnung und muß deshalb den Antrag zum Erfolg verhelfen (Deckert WF. 1993, 125), nicht aber den Antrag unzulässig werden lassen (im Ergebnis ebenso Bub FW III 171).

19. Entlastung: Ist der Verwalter für einen bestimmten Zeitraum 58 entlastet, so ist er insoweit freigestellt von Ersatzansprüchen (BGH NJW 1997, 2108), Verpflichtungen und Erklärungen in bezug auf Vorgänge der gemeinschaftlichen Verwaltung, aber nicht aus der gleichzeitigen Mietverwaltung (BayObLG ZMR 1988, 69) oder wegen Beschädigungen des SEs (BayObLG WE 1990, 145), die bei der Beschlfassung bekannt oder bei sorgfältiger Prüfung seiner Vorlagen und Berichte nicht nur besonders fachkundigen WEer erkennbar waren (BayObLG WuM 1994, 43; KG NJW-RR 1993, 404), auch wenn sich deren Unrichtigkeit herausstellen sollte (BayObLG v. 6. 10. 1983, 2 Z 100/82), es sei denn, es handelt sich um eine Straftat (OLG Celle NJW -RR 1991, 979). Danach hat der Verwalter (BayObLG WE 1989, 180) auch keine Verpflichtung zur Auskunft und kann auch nicht zum Schadensersatz herangezogen werden (OLG Köln WuM 1989, 207), jedoch muß er noch Einsicht gewähren (BayObLG WE 1997, 117). Der Verwalter hat keinen Anspruch auf Erteilung der Entlastung (OLG Düsseldorf WuM 1996, 72; a.A. Weitnauer Rdnr. 32), es sei denn dies ist durch Vereinb oder Beschl vorgesehen (z.B. im Verwaltervertrag). Ist der Entlastungsbeschluß wirksam, so kann der Verwalter auch nicht wegen Handlungen, für die er entlastet wurde, abberufen werden (BayObLG NJW-RR 1986, 445). Nach dem AG Kerpen (ZMR 1998, 376) ist ein Entlastungsbeschl aufzuheben falls der Verwalter keinen Anspruch hat. Dies ist selbst dann gegeben, wenn eine Pflichtwidrigkeit des Verwalters nicht konkret dargelegt werden kann. Die Entlastung verstößt gegen das Gebot ordnungsgemäßer Verwaltung, wenn den WEern möglicherweise Ansprüche zustehen und auch kein Anlaß besteht aus besonderen Gründen auf die Ansprüche zu verzichten (BayObLG NJW-RR 1988, 81), jedoch nicht bei Regreßansprüchen gegen einen Sondereigentümer (OLG Düsseldorf WuM 1996, 783).

Entscheidend ist für welchen Zeitraum Entlastung erteilt wurde. Betreffen z.B. die Schadensersatzpflicht mehrere Jahre, so muß für alle Entlastung erteilt worden sein.

Beispiel: Schadensersatzansprüche verjähren, der Verwalter wurde aber nur für 1 Jahr entlastet (OLG Hamm NJW-RR 1997, 143, 144).

Der Beschl über die Jahresabrechnung (Abs. 5) kann die **still-** 59 **schweigende Entlastung** des Verwalters darstellen (daß dies immer der Fall sei, glaubt anscheinend OLG Frankfurt DWE 1988, 142). Entscheidend kommt es auf den Sinn des jeweiligen Beschl und damit auf die Auslegung an (so richtig BayObLG NJW-RR 1988, 81, OLG Düsseldorf DWW 1989, 21), da die Entlastung nicht notwendigerweise mit der Abrechnung verbunden sein muß (BayObLGZ 1983, 314, 319, a.A. KG ZMR 1987, 274, nach dem dies selbst für den Fall gelten soll, daß sowohl über die Abrechnung als auch über die Entlastung beschlossen wurde; gerade dieser Fall zeigt die Sinnwidrigkeit der Auffassung des KG's). Dies folgt aus den unterschiedlichen Regelungsinhalten der Beschl: Die Jahresabrechnung soll die Ausgleichspflicht der WEer regeln, die „Entlastung" die Billigung der Arbeitsweise des Verwalters; sie sind deshalb auch isoliert anfechtbar (BayObLG ZMR 1988, 69). In der Abrechnung ist immer dann keine Entlastung enthalten, wenn nochmals gesondert über diese beschlossen wird. I.d.R. ist deshalb keine Entlastung in der Billigung der Abrechnung zu sehen (a.A. BayObLG WE 1989, 145). Ebenfalls liegt keine Entlastung vor, wenn die Abrechnung unter Vorbehalt gebilligt wird (BayObLG NJW-RR 1988, 18). Das BayObLG (ZMR 1998, 176) will für den Fall, daß die Entlastung „nach der Genehmigung der Abrechnung" erteilt wurde, sie nur für solche Vorgänge gelten lassen, die mit der Abrechnung zusammen hängen und in ihr dargestellt zu werden pflegen.

60 Anders ist die Rechtslage zu beurteilen, wenn dem Verwalter nur „Entlastung" erteilt wird, ohne daß nochmals über die Jahresabrechnung beschlossen wird. Legt in diesem Fall der Verwalter gleichzeitig die Abrechnung vor, oder wird dies unter dem TOP Jahresabrechnung (OLG Düsseldorf DWW 1989, 21) beschlossen oder nach Erörterung und Prüfung der Abrechnung (BayObLG DWE 1991, 76, DWE 1993, 126), so sind der Sinnzusammenhang und der Wortlaut entscheidend. Mangels gegenteiliger Anhaltspunkte ist dies auch als Genehmigung der Jahresabrechnung aufzufassen (BayObLG WuM 1989, 42: da ein „innerer" Zusammenhang zwischen Entlastung und Genehmigung bestehe). Anders ist dies dann zu beurteilen, wenn aus den Umständen.

Beispiel: die WEer haben im Vorjahr unter demselben TOP Jahresabrechnung und Entlastung beschlossen, im betreffenden Jahr aber nur die Entlastung (BayObLG WE 1988, 141).
oder dem Wortlaut etwas anderes zu schließen ist

Beispiel: Der Verwalter wird „für seine Tätigkeit" entlastet (KG ZMR 1986, 371),
da die Abrechnung die Ausgleichspflicht unter den WEer regeln soll, die Entlastung aber die Billigung der Arbeit des Verwalters.

61 **20. Rechnungslegung:** Gem. Abs. 4 können die WEer durch Beschl jederzeit eine Rechnungslegung vom Verwalter verlangen. Der Umfang und die Form entsprechen der der Jahresabrechnung (siehe deshalb Rdnr. 17 ff.), jedoch mit Ausnahme der Einzelabrechnung

Wirtschaftplan, Rechnungslegung § 28

(KG OLGZ 1981, 304). Die Rechnungslegung dient damit der Kontrolle der ordnungsgemäßen Tätigkeiten des Verwalters während der laufenden Wirtschaftsperiode. Voraussetzung dafür ist ein Beschl (BayObLG WE 1989, 145). Nur wenn die WEerGem davon keinen Gebrauch macht, kann dieser Anspruch von jedem einzelnen WEer zur Leistung an die Gesamtheit der WEer (§ 432 BGB) geltend gemacht werden (BayObLG WE 1989, 145), aber nur wenn die anderen WEer dies unter Verstoß gegen die ordnungsgemäße Verwaltung unterlassen haben (KG WE 1988, 17). Nach der Entlastung des Verwalters ist sie nicht mehr möglich (BayObLG WE 1989,145). Eine Rechnungslegungspflicht bleibt auch nach Beendigung des Verwalteramtes bestehen (BayObLG WE 1994, 280), ist aber auf Zeitpunkt des Ausscheidens begrenzt (KG WE 1988,17).

Die Vollständigkeit der vorgelegten Abrechnung hat der Verwalter im Zweifel an Eides statt zu versichern (§ 259 BGB). Die Rechnungslegungspflicht entfällt erst mit dem genehmigten Beschl der Jahresabrechnung (Erman-Ganten Rdnr. 4: Erteilung der Abrechnung; a.A. KG WE 1988, 17m. Anm. Seuß: Ablauf des Jahres; KG ZMR 1998, 70, 71; Bub FW VI 18: Fälligkeit der Abrechnung). Soweit der Verwalter nicht endgültig entlastet wurde, kann jederzeit Rechnungslegung verlangt werden (OLG Frankfurt NJW 1972, 1376). **62**

21. Der Verwalter ist verpflichtet, **alle Unterlagen** inkl. der für die Buchführung **in Verwahrung zu halten.** **63**

Beispiel: Vereinb, Beschl, Gerichtsentscheidungen (gem. § 43), Baupläne, Statik etc.

Alle Unterlagen sind ohne zeitliche Befristung aufzubewahren, da sie noch nach Jahrzehnten Bedeutung haben können.

Auch Buchführungsunterlagen, Korrespondenzen etc. sind grundsätzlich, weil sie Eigentum der WEer sind (BayObLGZ 1978, 231), ohne Beschränkung aufzubewahren, insbesondere gelten aus den vorgenannten Gründen nicht die Vorschriften der Aufbewahrung des Steuerrechts (§ 147 AO) oder des HGBs (§ 257), da dies nur die Verpflichtung der Aufbewahrung der WEer, nicht aber des Verwalters betrifft (Bub FW III, 43, a.A. MüKo Rdnr. 28). Das AG München (DWE 1990, 40) will Sinn und Zweck der Regelung anwenden und läßt sechs Jahre genügen. Durch Beschl kann die Aufbewahrungsfrist dieser Unterlagen von den WEer selbst bestimmt werden. Dies bedeutet dann die Aushändigung der Unterlagen an die WEer, aber nicht die Vernichtung. Ein solcher Vernichtungsbeschl wäre nichtig (LG Bochum PuR 1993, 112, 113).

22. Die Vorschriften des § 28 sind grundsätzlich durch Vereinb **ab- 64 dingbar** (BayObLG BB 1979, 857, 858, WuM 1989, 42, OLG Hamm OLGZ 1982, 20, OLG Frankfurt OLGZ 1986, 45; KG WE 1990, 209).

Beispiel: Übertragung der Genehmigung der Abrechnung und der Entlastung auf den Beirat (aber nicht durch Beschl, BayObLG WE 1988, 207).

Nach Bassenge (PiG 21, 99) soll es durch Vereinb möglich sein, den Verwalter von der Pflicht zur Aufstellung des WP zu entbinden und die Aufstellungspflicht auf den Beirat zu übertragen (a.A. Schmidt BlGBW 1976, 61). Auch möglich ist ein ergänzendes Abbedingen und die Einführung eines anderen Systems, z.B. die Anwendung des § 748 BGB (Weitnauer Rdnr 4): Dann wird jede Außenverbindlichkeit sofort auf jeden WEer umgelegt (Bub PiG 39,20). Bei einer solchen Regelung sind jedoch dann die Mindestinhalte zu wahren (vgl. § 10 Rdnr. 12 ff.). Anderer Meinung ist das LG Berlin (ZMR 1984, 424, diese Entscheidung wurde durch das KG aus anderen Gründen aufgehoben, v. 4. 11. 1985, 24 W 5022/84), das meint, bei Abs. 5 handele es sich um ein gesetzliches Verbot, was aber mit Merle (PiG Nr. 21, 125) nicht nachvollziehbar ist, da dafür Anhaltspunkte fehlen.

65 Auch durch Vereinb kann nicht bestimmt werden, daß die Abrechnung als genehmigt gilt, wenn nicht die Mehrheit der WEer widerspricht.

Beispiel: Wenn nicht innerhalb von 14 Tagen nach der Absendung der Abrechnung ein schriftlicher begründeter Widerspruch von mehr als der Hälfte der MEanteile eingelegt ist, gilt die Abrechnung als anerkannt (BayObLG WuM 1989, 42), weil damit eine Vereinb durch Schweigen eingeführt wird, ein Instrument, das das WEG nicht kennt (Sauren FS B/W S. 532, 538) und keine Rechtssicherheit bietet.

Nach dem OLG Frankfurt (OLGZ 1986, 46 m.w.N.) soll es durch Vereinb möglich sein, die Abrechnung als anerkannt gelten zu lassen, wenn nicht innerhalb von einer bestimmten Frist (z.B. 4 Wochen) nach Absendung dieser schriftlich widersprochen wird. Dem ist nicht zu folgen, da dadurch einem tragenden Grundsatz des WEG, nämlich der einheitlichen Festsetzung der Abrechnungsgrundlage und damit der gleichmäßigen Behandlung aller WEer, verletzt wird (KG WE 1990, 209, BayObLG WE 1988, 207, Sauren FS B/W S. 532 ff.). Wird in diesen Fällen trotzdem durch die Versammlung ein Beschl über die Abrechnung gefaßt, kann ein WEer sich nicht mehr auf die Vereinb berufen (KG NJW-RR 1991, 1042). Im übrigen widerspricht dieses Verfahren den unabdingbaren Vorschriften des Umlaufbeschl, da nicht alle ausdrücklich zustimmen (Weitnauer DNotZ 1989, 428, Böttcher Rpfleger 1990, 160).

66 **23.** Die **Informationspflicht** des Verwalters (siehe Sauren WE 1989, 4 ff.): Der Verwalter als sog. Geschäftsbesorger (§ 675 BGB) hat 3 Informationspflichten, nämlich die Auskunfts-, Benachrichtigungs-, und Rechenschaftspflicht (gem. § 666 BGB). Bei der letzteren Pflicht handelt es sich um die Erstellung der Abrechnungen (Gegenüberstel-

Wirtschaftplan, Rechnungslegung §28

lungen der Einnahmen und Ausgaben). Sie ist abweichend von dem BGB in § 28 geregelt (siehe deshalb Rdnr. 2 ff.).

a) Bei der bestehenden **Benachrichtigungspflicht** hat der Verwal- 67
ter die WEer aus eigener Initiative über die wichtigsten Vorgänge, die die WEerGem betreffen, zu informieren sowie den Stand der Geschäfte darzustellen.

Beispiel: Stand von Reparaturarbeiten, des Wohngeldkontos, säumigen WEer etc.

Der wichtigste Fall stellt die Benachrichtigung von Zustellungen etc. (z. B. Klagen) dar, die an den Verwalter als Bevollmächtigten erfolgen (§ 27 Abs. 2 Nr. 3). Dabei gibt es **Datenschutz** innerhalb der WEerGEm nicht (Sauren WE 1989, 4).

b) Die **Auskunft** stellt die Beantwortung von Fragen dar. Sie kann 68
schriftlich oder mündlich abgegeben werden kann (Sauren WE 1989, 4). Hierbei ist zwischen außerhalb der WEerGem stehenden Dritten (aa) und gegenüber WEer (bb) zu unterscheiden:

aa) Gegenüber Dritten, mit denen keine Rechtsbeziehung be- 69
steht, ist nur dann eine Auskunftspflicht gegeben, wenn diese gesetzlich angeordnet ist

Beispiel: Zeugenaussage in Zivil- oder Strafprozeß.

oder die Betroffenen einwilligen. Bestehen Rechtsbeziehungen (z. B. Verträge) mit Dritten, so ist der Verwalter, soweit es die Zweckbestimmung des Vertrages erlaubt, zur Auskunft verpflichtet.

Beispiel: Bei einem Bauvertrag ist er zur Bekanntgabe von MEanteilen der WEer verpflichtet (OLG München v. 18. 5. 1983, 15 U 4617/82 zit. n. Bub S. 52; a. A. LG Köln WuM 1996, 648).

Gegenüber Behörden wird die Auskunftspflicht durch die jeweiligen Gesetze (z. B. beim Finanzamt § 93 AO) geregelt (siehe näher Sauren WE 1989, 4).

bb) Teile der neuen Rechtsprechung (z. B. KG ZMR 1987, 100) 70
lassen unter Berufung darauf, daß der Verwalter mehrere Auftraggeber hat, nämlich die **WEer,** nur diesen in toto gegenüber eine Auskunftspflicht zu, d. h. nur der WEerversammlung. Deshalb müsse der Auskunftsanspruch zunächst in der Versammlung geltend gemacht und behandelt werden (BayObLG WE 1988, 198) bzw. setze er einen Beschl voraus (BayObLG NJW-RR 1994, 1236, 1237). Andere Teile (z. B. OLG Köln OLGZ 1984, 162) lassen zu Recht einen Individualanspruch zu (Sauren WE 1989, 4). Noch zu beachten ist jedoch, daß ein Auskunftsanspruch dann ausgeschlossen ist, wenn dem Verwalter Entlastung erteilt wurde (BayObLG a. a. O. S. 1237). Folgende Ansprüche wurden **anerkannt:**

– Ein Anspruch auf Beantwortung solcher Fragen, auf deren Klärung der WEer angewiesen ist, um sich ein umfassendes Bild über die Ordnungsmäßigkeit der Verwaltung zu machen (OLG Celle DWE 1985, 25).

§ 28   3. Abschnitt. Verwaltung

- Ein Anspruch über den Bestand und die Bewegung des Gemeinschaftskontos (OLG Celle OLGZ 1983, 177).
- Auskunft über einen Kaufbewerber (OLG Köln OLGZ 1984, 162).
- Herausgabe einer Namensliste aller WEer (BayObLGZ 1984, 133). Nach dem OLG Frankfurt (OLGZ 1984, 258) selbst dann, wenn dem ein ablehnender Beschl voranging.
- Angaben zum Gemeinschaftsvermögen (z. B. Rücklage), wenn diese in der Jahresabrechnung nicht enthalten sind (BayObLG WuM 1989, 44).
- Auskunft über Einnahmen und Ausgaben gegenüber einem faktisch das Verwalteramt ausführenden WEer (KG NJW-RR 1993, 470).

Abgelehnt wurden:
- Die Vorlage einer neuen geordneten Einnahmen- und Ausgabenrechnung nach Entlastung (OLG Celle DWE 1985, 25).
- Die schriftliche Auskunft über die Entwicklung der Rücklage, da ein vorausgehender Beschl der WEer fehle (KG ZMR 1987, 100). Dies steht im offensichtlichen Widerspruch zum BayObLG (WuM 1989, 44).
- Ein Anspruch auf Richtigstellung der Anzahl der die Heizperiode umfassenden Tage sowie auf Bekanntgabe des Heizverteilungsschlüssels und sonstiger Einzelheiten der Heiz- und Warmwasserkostenabrechnung. Hier hat das BayObLG (NJW-RR 1988, 1166) die abweichende Meinung von Röll (S. 150) nicht berücksichtigt.
- Stand eines Gerichtsverfahrens und Angabe des Aktenzeichens (BayObLG WE 1991, 253).
- Aufklärung eines Fehlbetrages auf dem Hauskonto (BayObLG NJW-RR 1994, 1236)

Zurückgewiesen wurde:
ein Auskunftsverlangen über den Bestand an Werkzeugen. Das BayObLG (WuM 1988,191) führt in diesem Beschl aus, daß nach Treu und Glauben der Auskunftsanspruch i. d. R. zunächst in der WEerversammlung geltend gemacht und behandelt werden müsse.

Da jeder WEer Anspruch auf ordnungsgemäße Verwaltung hat (§ 21 Abs. 4), muß es auch jedem WEer möglich sein zu überprüfen, ob der Verwalter dieser Pflicht nachkommt, was ohne Auskunftspflicht nicht möglich ist. Ohne Auskunftspflicht könnte der WEer z. B. seinem Mieter gegenüber seinen Verpflichtungen auf unbeschränkte Auskunft nicht nachkommen, er wäre rechtlos gestellt (siehe ausführlich Sauren WE 1989, 4 ff.).

71   **c)** Von der Auskunft ist die **Einsicht** abzugrenzen. Durch das Einsichtsrecht will sich der WEer zwar auch Kenntnis über bestimmte Vorgänge verschaffen, jedoch nicht durch Erklärung des Verwalters, sondern durch Einsichtnahme in Urkunden. Gem. § 24 Abs. 6 Satz 3 ist jeder WEer bereits zur Einsicht in die Niederschrift berechtigt. Darunter fallen jedoch nicht private Mitschriften des Verwalters (KG

WuM 1989, 102). Im übrigen ist bei dem Einsichtsrecht des WEers zu unterscheiden zwischen dem Einsichtsrecht in Belege für die Jahresabrechnung und sonstigen Verwaltungsunterlagen (Protokolle, Angebote etc.).

Jeder WEer hat generell ein **Einsichtsrecht in die Belege** zumindest am Ort des zu verwaltenden Gebäudes (OLG Karlsruhe NJW 1969, 1968) oder in den Geschäftsräumen des Verwalters (BayObLG WE 1989, 145, es sei denn WEer muß um seine körperliche Unversehrtheit fürchten, dann außerhalb Büroräume, OLG Hamm ZMR 1998, 587). Dieses Recht verliert er auch nicht, wenn ein Beschl, z.B. über die Jahresabrechnung gefaßt wird (BayObLG WuM 1989, 145), oder die Entlastung (BayObLG WuM 1996, 661), und bedarf auch nicht der Gestattung durch Beschl, weil jeder WEer MEer der Unterlagen ist. Ein solcher Anspruch ist auch nicht durch Beschl abdingbar (OLG Hamm NJW-RR 1988, 598, z.B. nicht möglich: Einsicht nur durch den Beirat), vielmehr hat der Verwalter sie jederzeit zur Einsicht bereitzuhalten (OLG Frankfurt OLGZ 1984, 333). Eine Beschränkung des Einsichtsrechts auf die letzten 10 Jahre ist nicht anzuerkennen (BayObLG NJWE 1997, 14, 15). Der Anspruch ist ggfs. gerichtlich erzwingbar (§ 43 Abs. 1 Nr. 1 gegen die WEer oder § 43 Abs. 1 Nr. 2 gegen Verwalter, OLG Hamm a.a.O.). Der WEer kann hierzu auch Dritte bevollmächtigen, i.d.R. kommt jedoch nur eine zur Verschwiegenheit verpflichtete Person in Frage, da ansonsten die Angelegenheiten der WEer der Öffentlichkeit preisgegeben sind (a.A. Bub FW VII 37 m.w.N.: Jedermann). Jeder WEer hat darüberhinaus ein eigenes Recht zur Anfertigung von Abschriften (OLG Karlsruhe MDR 1976, 758) und gegen den Verwalter einen Anspruch (OLG Hamm ZMR 1998, 586, OLG Celle DWE 1984, 126) auf Fertigung von Fotokopien gegen Kostenerstattung (z.B. 1,– DM zzügl. Mehrwertsteuer nach dem AG Köln DWE 1989, 72), der auch im Wege der einstweiligen Anordnung durchgesetzt werden kann (AG Aachen ZMR 1988, 111 m. Anm. Sauren).

Verwaltungsbeirat

29 **(1) Die Wohnungseigentümer können durch Stimmenmehrheit die Bestellung eines Verwaltungsbeirats beschließen. Der Verwaltungsbeirat besteht aus einem Wohnungseigentümer als Vorsitzenden und zwei weiteren Wohnungseigentümern als Beisitzern.**

(2) Der Verwaltungsbeirat unterstützt den Verwalter bei der Durchführung seiner Aufgaben.

(3) Der Wirtschaftsplan, die Abrechnung über den Wirtschaftsplan, Rechnungslegungen und Kostenanschläge sollen, bevor über sie die

§ 29   3. Abschnitt. Verwaltung

Wohnungseigentümerversammlung beschließt, vom Verwaltungsbeirat geprüft und mit dessen Stellungnahme versehen werden.
(4) Der Verwaltungsbeirat wird von dem Vorsitzenden nach Bedarf einberufen.

1   1. Der **Verwaltungsbeirat** ist fakultatives (Sauren ZMR 1984, 325) Verwaltungsorgan der WEerGem (§ 20 Abs. 1). Er nimmt eine wichtige Funktion ein, da ihm in erheblichem Umfang das Vertrauen der WEer übertragen ist. Dies ergibt sich bereits daraus, daß ein Vorschlag, der vom Beirat unterstützt wird, i.d.R. das Votum der WEer ganz wesentlich beeinflußt (OLG Zweibrücken OLGZ 1983, 438, 439). Es besteht jedoch kein Anspruch eines WEers oder einer Minderheit auf Bestellung eines Beirats (OLG Düsseldorf NJW-RR 1991, 594, 595), wenn durch Vereinb nicht zwingend ein Beirat vorgesehen ist (Drasdo S. 21). Die Einführung erfolgt durch Vereinb (vgl. BayObLG DWE 1984, 30) oder Beschl (OLG Zweibrücken DWE 1987, 137). Die Bestellung eins Beirats kann durch Vereinb ausgeschlossen sein (vgl. BayObLG WuM 1994, 45), dann muß dies aber eindeutig erfolgen, z.B. reicht die bloße Streichung einer Passage in einem Formularvertrag nicht aus (vgl. OLG Köln Rpfleger 1972, 261). Das BayObLG (a.a.O. S. 45f) hat eine Vereinb, nach der der Bestellung alle WEer zustimmen mußten, als wirksam angesehen, obwohl in großen WEerGem dies faktisch unmöglich sein kann.

2   2. Es bleibt den WEern auch überlassen, durch Beschl Teile der **Aufgaben des Beirats** (z.B. Überprüfung des WP und der Abrechnung auf Kassenprüfer, Sauren ZMR 1984, 225, dann bleibt die Verantwortung beim Beirat, eine Ersetzung der Aufgaben des Beirats wäre anfechtbar, so richtig Drasdo S. 114) oder andere Aufgaben (z.B. Bauausschuß OLG Frankfurt OLGZ 1988, 188) auf einzelne WEer oder mehrere **zu delegieren** (sog. Sonderausschüsse), ohne daß es sich um einen Beirat im Sinne von § 29 handelt (BayObLG NJW-RR 1994, 338). Die Grenzen liegen in den unabdingbaren Aufgaben des Verwalters (§ 27 Abs. 3, Drasdo S. 113). Deshalb ist jedesmal zu fragen, ob eine Beiratswahl tatsächlich gewollt war, z.B. Wahl eines „beratenden Mitgliedes ohne Haftung und ohne Stimmrecht". Beiratswahl liegt vor, wenn WEer Recht hat, an allen Beiratssitzungen teilzunehmen, zu allen Fragen seine Meinung darzulegen und somit an allen Entscheidungen mitzuwirken (OLG Düsseldorf WE 1995, 278).

3   3. **Zusammensetzung:** Das Gesetz bestimmt, daß der Beirat aus einem WEer als Vorsitzendem und zwei WEer als Beisitzern besteht. Aus dieser Formulierung ergeben sich unterschiedliche Auffassungen hinsichtlich der **Anzahl und der Zusammensetzung** der Beiratsmitglieder. Weil der Gesetzgeber sowohl die Anzahl drei als auch das Wort „WEer" (hierzu zählt nach dem OLG Frankfurt WE 1986, 141

Verwaltungsbeirat § 29

auch der persönlich haftende Vertreter einer Personengesellschaft, die MEer ist, da Gesellschaften durch natürliche Personen handeln, ebenso der Geschäftsführer für juristische Personen, Palandt Rdnr. 1, da durch diese gehandelt wird, a. A. Drasdo S. 36; nicht jedoch die Gesellschafter Testamentsvollstrecker, Konkursverwalter oder Zwangsverwalter) verwendet hat, ist eine abweichende Regelung der WEer von diesem Wortlaut nur über eine Vereinb oder unangefochtener Beschl möglich, z. B. Außenstehender (KG ZMR 1989, 186; BayObLG NJW-RR 1992, 210) oder andere Zahl als 3 (OLG Düsseldorf NJW-RR 1991, 594). Auch eine bisherige, anderweitige dauernde Übung durch Beschl reicht nicht aus (BayObLG NJW-RR 1994, 338). Ist eine solche Vereinb der WEer getroffen worden, so ist jede Mitgliederzahl im Beirat möglich.

Mitglied des Beirats oder eines Sonderausschusses kann nicht der 4 Verwalter oder der Geschäftsführer der verwaltenden Firmen werden, weil der zu Kontrollierende sich nicht selbst kontrollieren kann (OLG Zweibrücken OLGZ 1983, 438, 440). Ein entsprechender Beschl wäre nichtig (OLG Zweibrücken wie vor). Ein Gesellschafter einer juristischen Person, z. B. GmbH oder AG, ist jedoch nach dem OLG Zweibrücken (wie vor) nicht davon betroffen, selbst wenn er Alleingesellschafter ist. Die Wahl der Mitglieder erfolgt durch Mehrheitsbeschl (Drasdo S. 27), ebenso wie bei anderen Organen (z. B. Bauausschuß OLG Frankfurt OLGZ 1988, 188; oder Kassenprüfer Sauren ZMR 1984, 325).

4. Amtszeit: Da keine gesetzliche Regelung vorliegt ist diese un- 5 begrenzt. Eine zeitliche Beschränkung ist sinnvoll (Drasdo S. 37). Nach Röll (S. 183) 2 bis 3 Jahre, wobei sich empfiehlt, sie zeitversetzt entsprechend der Wahl des Verwalters durchzuführen.

5. Beendigung: Das Amt endet durch Abwahl oder Neuwahl oder 6 bei zeitlicher Beschränkung durch Ablauf der Zeit. Die Mitglieder dieser Ausschüsse können ihr Amt jederzeit niederlegen, jedoch nicht zur Unzeit (§ 671 BGB), es sei denn, sie werden bezahlt, dann erst nach Ende der vereinbarten Laufzeit. Nach dem BayObLG (ZMR 1993, 127) scheidet ein Beiratsmitglied durch Ausscheiden aus der WEerGem auch aus dem Beirat aus. Dem ist nicht zu folgen, vielmehr endet das Amt nur durch Zeitablauf (z. B. bei Profibeirat siehe Rdnr. 8) oder durch Niederlegung des Amtes durch den Beirat (KG ZMR 1997, 544). Es ist nicht einzusehen, warum z. B. eine bereits erfolgte Entlohnung nicht auch zur Einhaltung der Erfüllung führen soll. Das BayObLG (a. a. O.) will auch bei einem Wiedereintritt des WEer ihn nicht automatisch wieder Beirat werden lassen. Auch dem ist zu widersprechen; diese Fallgestaltung zeigt gerade, daß es durchaus nicht dem Interesse der WEer entspricht, wenn ein WEer durch Austritt aus einer WEerGem auch aus dem Beirat automatisch austritt. Ansonsten erfolgt Beendigung durch Abberufung, die durch gerichtlicher Antragstellung nicht herausgeschoben wird (OLG Hamm NJW-RR 1997, 1233). Bei Ausscheiden eines Mitglieds wird der Beirat nicht insgesamt aufgelöst (a. A. Drasdo S. 39), sondern bleibt als Schrumpfbeirat bis zur Ergänzungswahl oder Neuwahl bestehen. Deshalb ist auch die vorsorgliche Wahl von Ergänzungsbeiräten nicht notwendig, aber rechtlich nicht zu beanstanden.

7   6. Die **Beschlußfassung über die Bestellung** zum Mitglied des Beirats muß sich im Rahmen ordnungsgemäßer Verwaltung halten (vgl. § 21 Abs. 3, Abs. 4). Dabei ist nach dem LG Schweinfurt eine Blockwahl zulässig (WuM 1997, 644 mit Anm Drasdo). Die **Bestellung** zum Mitglied oder Vorsitzenden des Beirats verstößt dann gegen die **Grundsätze ordnungsgemäßer Verwaltung** und ist auf fristgerechte Anfechtung hin für ungültig zu erklären, wenn ein **wichtiger Grund** vorliegt, der gegen die Wahl dieses Mitglieds oder Vorsitzenden spricht (BayObLG WE 1991, 226). Ein wichtiger Grund liegt dann vor, wenn unter Berücksichtigung aller Umstände eine Zusammenarbeit mit dem gewählten Mitglied oder Vorsitzenden des Beirats unzumutbar und das erforderliche Vertrauensverhältnis von vornherein nicht zu erwarten ist. Da der Beirat gem. Abs. 2 und 3 keine Entscheidungsbefugnis, sondern nur Funktionen ergänzender Art hat, ist dies allerdings nur dann der Fall, wenn schwerwiegende Umstände gegen die Person des Gewählten sprechen. Nur dann besteht eine zwingende Notwendigkeit, in die Mehrheitsentscheidung der WEer einzugreifen (BayObLG WE 1991, 226), z.B. bei Vorstrafen vermögensrechtlicher Natur. Hierauf darf ein WEer in der Versammlung auch hinweisen, wenn der Verurteilte weiterhin auf unlautere und unredliche Weise eigene Vorteile erstrebt, z.B. sich für das Amt des Beiratsvorsitzenden zur Wahl stellt (OLG Frankfurt NJW 1976, 1410).

8   7. **Aufgaben** (siehe ausführlich Drasdo S. 49 ff.): Neben den in Abs. 2 und 3 bezeichneten besteht noch (gem. § 24 Abs. 6) die Pflicht des Vorsitzenden zur Mitunterzeichnung des Versammlungsprotokolls und ggf. zur Einberufung einer Versammlung (§ 24 Abs. 3). Der Beirat kann – wenn in der GO nichts anderes bestimmt ist – seine Pflicht zur Stellungnahme aus Abs. 3 zum Entwurf eines WP auch noch in der Versammlung (mündlich oder schriftlich) abgeben (BayObLG DWE 1984, 30). Eine Überwachungspflicht oder -recht besteht also nicht (BayObLG NJW 1972, 1377), obwohl er als Kontrolleur des Verwalters von Gerichten angesehen wird (OLG Zweibrücken OLGZ 1983, 439).

9   Diese gesetzlichen **Aufgaben** können auf andere Gremien, wie z.B. die Prüfung der Rechnungsbelege, Rechnungslegung auf die Kassenprüfer **delegiert** werden (Sauren ZMR 1984, 325). Das entbindet den Beirat jedoch nicht von seiner gesetzlichen Pflicht gem. Abs. 3. Er-

Verwaltungsbeirat § 29

weiterungen des Aufgabenfeldes des Beirates sind ohne weiteres möglich (OLG Düsseldorf ZMR 1998, 104, Mitunterschrift der übrigen Mitglieder des Beirates unter das Protokoll, Aushandeln des Verwaltervertrages und Abschluß, Bevollmächtigung OLG Köln NJW 1991, 1302, 1303) soweit nicht zwingende Regelungen entgegenstehen (z. B. § 27 Abs. 1 und 2). I. d. R. wird Beschl dafür ausreichen, es sei denn, Beschränkungen anderer Verwaltungsorgane erfordern Vereinb.

8. Durchführung der Prüfung und Unterstützung 10
a) Auf jeden Fall ist es Aufgabe des Beirats die **Unterstützung** des 11
Verwalters vorzunehmen (Brych WE 1990, 17). Diese erstreckt sich auf die Vorbereitung der Versammlung, Mithilfe bei Ausführung von Beschlüssen, Durchführung der Hausordnung, Angebotseinholung bis zur Information der Wohnungseigentümer (Drasdo S. 50).

b) Rechnungsprüfung: Das Gesetz enthält hierzu keine Ausführungen, deshalb gelten die allgemeinen Prüfungsgrundsätze, also rechnerisch und sachliche Prüfung, Prüfung der Kostenverteilung, des Vermögensstatus und der Kostenvoranschläge (Drasdo S. 51). Nach OLG Düsseldorf (ZMR 1998, 107) gehört zumindestens rechnerische Schlüssigkeit der Abrechnung und eine stichprobenhafte Prüfung, die der sachlichen Richtigkeit dient und nur durch Prüfung der Belege erfolgen kann, dazu. 12

c) Auftragserfüllung ist gesetzlich nicht erzwingbar. Es besteht 13
kein Anspruch der WEer auf Erstellung eines Prüfungsberichts (KG ZMR 1997, 544). Bei Versagen ist vielmehr eine Neuwahl gegeben, falls der WEer darauf Anspruch hat.

d) Ohne eine **Aufgabenzuweisung,** folglich keine Befugnisse zur 14
Kündigung oder Auswahl und Bestellung des Verwalters (LG Lübeck DWE 1986, 64) oder Entlastung des Verwalters (BayObLG WE 1988, 207), oder Auswahl von Vertragsverhältnissen der WEerGem, z. B. mit dem Verwalter (BayObLG NJW 1965, 821) oder zur Klagebefugnis bei Mängeln am GE (OLG Frankfurt NJW 1975, 2297, dort aber bejaht, da Beirat zur Abnahme bevollmächtigt) oder Beschl der WEer aufzuheben oder zu ändern (BayObLG Rpfleger 1980, 23). Durch Beschl nicht Reparaturen selbständig zu vergeben (OLG Düsseldorf WE 1998, 32 m. abl. Anm. Sauren), bei unangefochtenem Beschl aber sogar WP-Aufstellung (OLG Köln ZMR 1998, 374). **Auskunftspflicht** gegenüber WEer nach BayObLG (NJW-RR 1992, 1377) i. d. R. jedoch nur in der Versammlung und gerichtlich nur, wenn WEer von anderen ermächtigt ist (BayObLG WuM 1995, 66), zur Kritik siehe § 28 Rdnr. 70, ebenso Deckert 2, 2380. Drasdo S. 68 ist dann für einen individuellen Anspruch, wenn er einen einzelnen WEer betrifft. Gegenüber Dritten besteht keine Auskunftspflicht.

e) Herausgabepflicht seiner Beiratsunterlagen bei Beendigung des 15
Amtes an Nachfolger bzw. Verwalter soweit ermächtigt, z. B. von Ur-

kunden (OLG Hamm NJW-RR 1997, 1233) wobei es auf das Eigentum nicht ankommt.

16 **9. Entlohnung:** Entlohnung und Aufwendungen (z.B. Kursgebühren, Getränke, Gebäck für Sitzungen) sind Verwaltungskosten (BayObLG DWE 1983, 123). Hierfür bieten sich verschiedene Möglichkeiten je nach Größe der Anlage an: Entweder keine oder pauschale Aufwandsentschädigung (Deckert 4/66c), z.B. pro Sitzung, oder eine Vergütung (Brych WE 1990, 19, 43). Im letzteren Fall muß jedoch die Gegenleistung klar und eindeutig umrissen sein, z.B. Stundenfestlegung (Sauren PiG 32, 234), es reicht nicht, per Beschl pauschal dem Beirat z.B. 5000,00 DM zuzuwenden (Sauren wie vor; a.A. AG Köln v. 28. 5. 1998, 202 II 233/97 n.rkr., mit der Vergütung würden alle nach Gesetz geschuldeten Leistungen abgegolten). Bei Entlohnung dann „Profi-Beirat" als entgeltlicher Geschäftsbesorger (§§ 675, 670 BGB) ohne Möglichkeit der jederzeitigen Niederlegung (Brych WE 1990, 44) und mit anderer Haftung (s. Rdnr. 10). Dafür ist aber nicht Voraussetzung eine Vereinbarung, sondern nur ein Beschl ist ausreichend (a.A. Palandt Rdnr. 1). Die Einkünfte des Beirats sind steuerlich als Einkünfte aus Selbständiger Tätigkeit (§ 18 Abs. 1 Nr. 3 EStG) zu qualifizieren (FG Köln EFG 1995, 255, näheres siehe Drasdo ZMR 1998, 130).

17 **10. Stimmrecht:** Der Beirat hat eine eigenes Stimmrecht, z. b. bei seiner Wahl. Ausgeschlossen ist das Stimmrecht bei seiner Abwahl aus wichtigem Grund (Str.) und seiner Entlastung (Drasdo S. 105).

18 **11. Entlastung:** Die Entlastung des Beirats bedeutet den Verzicht auf bis dahin erkennbar entstandene Schadensersatzansprüche (BayObLG NJW-RR 1991, 1360, vgl. § 28 Rdnr. 58), nicht aber bei Veruntreuung des Verwalters und der Verletzung der Pflichten des Beirats (OLG Düsseldorf ZMR 1998, 107). Ein Beschl über die Entlastung des Beirats entspricht nicht ordnungsgemäßer Verwaltung, wenn ein Ersatzanspruch gegen die Beiräte möglich erscheint, z.B. aus der Prüfung von Jahresabrechnung und Wirtschaftsplan (BayObLG a.a.O.) oder wenn der Beirat die Annahme einer unvollständigen Abrechnung empfiehlt (OLG Düsseldorf WE 1991, 251). Es besteht kein Anspruch auf Entlastung (Drasdo S. 52).

19 **12. Haftung** des Beirats gegenüber den WEer. Hierbei ist zwischen entgeltlicher und unentgeltlicher Tätigkeit zu unterscheiden, soweit die Haftung nicht durch Beschl bereits beschränkt ist (z.B. auf Vorsatz OLG Frankfurt OLGZ 1988, 188).

20 **a)** Bei **unentgeltlicher** Tätigkeit ist das Grundverhältnis ein Auftrag (i.S. von § 662 BGB, dem sog. Gefälligkeitsvertrag, BayObLG NJW-RR 1991, 1360). Insgesamt haften sie als Gesamtschuldner (OLG Düsseldorf ZMR 1998, 105) z.B. beim Aushandeln des Verwaltervertrages. Werden zusätzliche Aufgaben auf den Beirat über-

Verwaltungsbeirat § 29

tragen, haften sie ebenfalls aus Auftrag (OLG Düsseldorf ZMR 1998, 104). Ihre Hauptpflicht besteht in der sorgfältigen und gewissenhaften Besorgung des übernommenen Geschäfts. Gegenstand, Art und Weise richten sich nach dem Inhalt des erteilten Auftrages und den erteilten Weisungen (OLG Düsseldorf a. a. O.).

Beispiel: Nichtbeachtung von Weisungen der WEer bei Abschluß des Verwaltervertrages.

Grob fahrlässig ist z. B. die Prüfung ohne Einsicht in Belege vorzunehmen (OLG Düsseldorf ZMR 1998, 107). Dann haftet er als vollmachtsloser Vertreter ggf. auch Dritten gegenüber (Drasdo S. 80).

Daneben ist eine Haftung der Beiratsmitglieder aus sog. unerlaubter 21 Handlung (§ 823 Abs. 1 BGB) möglich. § 831 BGB kommt nicht in Betracht (Weimar JR 73, 8, 10; Erman Anm. 2; a.A die h. M. BPM Rdnr. 102 m. w. N.), da die WEerGem die Tätigkeiten des Beirates nicht jederzeit soweit beschränken, entziehen oder nach Zeit und Umfang bestimmen können (BGHZ 45, 311, 313), so daß sie noch als Geschäftsherr angesehen werden könnte. Damit haften WEer im Rahmen der abgeschlossenen Verträge, soweit der Beirat hierzu bevollmächtigt wurde. Überschreitet der Beirat seine Vollmacht, so haftet er als vollmachtsloser Vertreter.

b) Erfolgt die **Entlohnung als Gehalt** bzw. Vergütung, so stellt 22 das Grundverhältnis einen Geschäftsbesorgungsvertrag mit Dienstvertragscharakter (i. S. von §§ 675, 670, 611 BGB) dar (Brych WE 90, 44). In diesem Fall sind die Sorgfaltsanforderungen auf die eines entsprechenden Fachmannes anzuheben, und die Schadensersatzpflicht tritt damit früher ein (Brych WE 1990, 44).

13. Haftung der Weer ggf. Dritten gegenüber für den Beirat (Dras- 23 do S. 80) kommt in Betracht, wenn allgemein der Beirat als Erfüllungsgehilfe der WEer tätig ist (§ 278 BGB), aber nicht als sog. Verrichtungsgehilfe (§ 831 BGB, Sauren ZMR 1984, 325, 326), da die Weisungsgebundheit fehlt (Sauren a. a. O., a. A. Drasdo S. 82), es sei denn es ist tatsächlich z. B. durch Beschluß der WEer eine Weisung gegeben worden.

14. Beiratssitzung: Abs. 4 bestimmt, daß die Sitzung des Beirats 24 von dem Vorsitzenden nach Bedarf einberufen wird. Der Vorsitzende wird durch die Mitglieder des Beirats gewählt (Drasdo S. 91), ebenso der Vertreter. Weigert sich der Vorsitzende pflichtwidrig eine Sitzung einzuberufen oder einen TOP zu bestimmen, so hat jedes Mitglied dieses Recht (Drasdo S. 45), jedoch kein Verwalter oder WEer (Drasdo S. 46). Die Einberufung sollte wie eine WEerversammlung vom Vorsitzenden vorbereitet werden und in formeller Hinsicht die Regularien beachten, z. B. Wochenfrist, TOP's etc.. Einem Dritten kann die Teilnahme gestattet werden. Soweit keine Geschäftsordnung (Muster bei Drasdo S. 115 ff.) durch die WEer gegeben ist, ist der Beirat beschluß-

§§ 30, 31   II. Teil. Dauerwohnrecht

fähig, wenn mehr als die Hälfte der Mitglieder anwesend ist. Beschl werden mit einfacher Mehrheit der Mitglieder gefaßt, wobei jedes Mitglied eine Stimme hat. Es empfiehlt sich, die Beschl schriftlich niederzulegen und vom Vorsitzenden unterschreiben zu lassen (analog § 24 Abs. 6, so auch Bielefeld S. 530; a. A. NS Anm. 16, alle Teilnehmer).

25 **15. gerichtliches Verfahren:** WEG-Rechtsweg bei Streit über Bestellung und Tätigkeit, auch wenn Mitglied ein außenstehender oder ausgeschiedener WEer ist. Für Geltendmachung von Ansprüchen ist die Ermächtigung der WEer erforderlich (KG ZMR 1997, 544).

4. Abschnitt. Wohnungserbbaurecht

30 (1) Steht ein Erbbaurecht mehreren gemeinschaftlich nach Bruchteilen zu, so können die Anteile in der Weise beschränkt werden, daß jedem der Mitberechtigten das Sondereigentum an einer bestimmten Wohnung oder an nicht zu Wohnzwecken dienenden bestimmten Räumen in einem auf Grund des Erbbaurechts errichteten oder zu errichtenden Gebäude eingeräumt wird (Wohnungserbbaurecht, Teilerbbaurecht).

(2) Ein Erbbauberechtigter kann das Erbbaurecht in entsprechender Anwendung des § 8 teilen.

(3) Für jeden Anteil wird von Amts wegen ein besonderes Erbbaugrundbuchblatt angelegt (Wohnungserbbaugrundbuch, Teilerbbaugrundbuch). Im übrigen gelten für das Wohnungserbbaurecht (Teilerbbaurecht) die Vorschriften über das Wohnungseigentum (Teileigentum) entsprechend.

Das Wohnungerbbaurecht hat keine große Bedeutung erlangt (siehe vor § 1 Rdnr. 2). Deshalb wird von einer Kommentierung abgesehen.

II. Teil. Dauerwohnrecht

Begriffsbestimmungen

31 (1) Ein Grundstück kann in der Weise belastet werden, daß derjenige, zu dessen Gunsten die Belastung erfolgt, berechtigt ist, unter Ausschluß des Eigentümers eine bestimmte Wohnung in einem auf dem Grundstück errichteten oder zu errichtenden Gebäude zu bewohnen oder in anderer Weise zu nutzen (Dauerwohnrecht). Das Dauerwohnrecht kann auf einen außerhalb des Gebäudes liegenden Teil des Grundstücks erstreckt werden, sofern die Wohnung wirtschaftlich die Hauptsache bleibt.

(2) Ein Grundstück kann in der Weise belastet werden, daß derjenige, zu dessen Gunsten die Belastung erfolgt, berechtigt ist, unter

II. Teil. Dauerwohnrecht §§ 32, 33

Ausschluß des Eigentümers nicht zu Wohnzwecken dienende bestimmte Räume in einem auf dem Grundstück errichteten oder zu errichtenden Gebäude zu nutzen (Dauernutzungsrecht).

(3) Für das Dauernutzungsrecht gelten die Vorschriften über das Dauerwohnrecht entsprechend.

Voraussetzungen der Eintragung

32 (1) Das Dauerwohnrecht soll nur bestellt werden, wenn die Wohnung in sich abgeschlossen ist. § 3 Abs. 3 gilt entsprechend.

(2) Zur näheren Bezeichnung des Gegenstandes und des Inhalts des Dauerwohnrechts kann auf die Eintragungsbewilligung Bezug genommen werden. Der Eintragungsbewilligung sind als Anlagen beizufügen:
1. eine von der Baubehörde mit Unterschrift und Siegel oder Stempel versehene Bauzeichnung, aus der die Aufteilung des Gebäudes sowie die Lage und Größe der dem Dauerwohnrecht unterliegenden Gebäude und Grundstücksteile ersichtlich ist (Aufteilungsplan); alle zu demselben Dauerwohnrecht gehörenden Einzelräume sind mit der jeweils gleichen Nummer zu kennzeichnen;
2. eine Bescheinigung der Baubehörde, daß die Voraussetzungen des Absatzes 1 vorliegen.

Wenn in der Eintragungsbewilligung für die einzelnen Dauerwohnrechte Nummern angegeben werden, sollen sie mit denen des Aufteilungsplans übereinstimmen.

(3) Das Grundbuchamt soll die Eintragung des Dauerwohnrechts ablehnen, wenn über die in § 33 Abs. 4 Nr. 1 bis 4 bezeichneten Angelegenheiten, über die Voraussetzungen des Heimfallanspruchs (§ 36 Abs. 1) und über die Entschädigung beim Heimfall (§ 36 Abs. 4) keine Vereinbarungen getroffen sind.

Inhalt des Dauerwohnrechts

33 (1) Das Dauerwohnrecht ist veräußerlich und vererblich. Es kann nicht unter einer Bedingung bestellt werden.

(2) Auf das Dauerwohnrecht sind, soweit nicht etwas anderes vereinbart ist, die Vorschriften des § 14 entsprechend anzuwenden.

(3) Der Berechtigte kann die zum gemeinschaftlichen Gebrauch bestimmten Teile, Anlagen und Einrichtungen des Gebäudes und Grundstücks mitbenutzen, soweit nichts anderes vereinbart ist.

§§ 34–36　　　　　　　　　　　　　　II. Teil. Dauerwohnrecht

(4) Als Inhalt des Dauerwohnrechts können Vereinbarungen getroffen werden über:
1. Art und Umfang der Nutzungen;
2. Instandhaltung und Instandsetzung der dem Dauerwohnrecht unterliegenden Gebäudeteile;
3. die Pflicht des Berechtigten zur Tragung öffentlicher oder privatrechtlicher Lasten des Grundstücks;
4. die Versicherung des Gebäudes und seinen Wiederaufbau im Falle der Zerstörung;
5. das Recht des Eigentümers, bei Vorliegen bestimmter Voraussetzungen Sicherheitsleistung zu verlangen.

Ansprüche des Eigentümers und der Dauerwohnberechtigten

34 (1) Auf die Ersatzansprüche des Eigentümers wegen Veränderungen oder Verschlechterungen sowie auf die Ansprüche der Dauerwohnberechtigten auf Ersatz von Verwendungen oder auf Gestattung der Wegnahme einer Einrichtung sind die §§ 1049, 1057 des Bürgerlichen Gesetzbuches entsprechend anzuwenden.

(2) Wird das Dauerwohnrecht beeinträchtigt, so sind auf die Ansprüche des Berechtigten die für die Ansprüche aus dem Eigentum geltenden Vorschriften entsprechend anzuwenden.

Veräußerungsbeschränkung

35 Als Inhalt des Dauerwohnrechts kann vereinbart werden, daß der Berechtigte zur Veräußerung des Dauerwohnrechts der Zustimmung des Eigentümers oder eines Dritten bedarf. Die Vorschriften des § 12 gelten in diesem Falle entsprechend.

Heimfallanspruch

36 (1) Als Inhalt des Dauerwohnrechts kann vereinbart werden, daß der Berechtigte verpflichtet ist, das Dauerwohnrecht beim Eintritt bestimmter Voraussetzungen auf den Grundstückseigentümer oder einen von diesem zu bezeichnenden Dritten zu übertragen (Heimfallanspruch). Der Heimfallanspruch kann nicht von dem Eigentum an dem Grundstück getrennt werden.

(2) Bezieht sich das Dauerwohnrecht auf Räume, die dem Mieterschutz unterliegen, so kann der Eigentümer von dem Heimfallanspruch nur Gebrauch machen, wenn ein Grund vorliegt, aus dem ein Vermieter die Aufhebung des Mietverhältnisses verlangen oder kündigen kann.

II. Teil. Dauerwohnrecht §§ 37–39

(3) Der Heimfallanspruch verjährt in sechs Monaten von dem Zeitpunkt an, in dem der Eigentümer von dem Eintritt der Voraussetzungen Kenntnis erlangt, ohne Rücksicht auf diese Kenntnis in zwei Jahren von dem Eintritt der Voraussetzungen an.

(4) Als Inhalt des Dauerwohnrechts kann vereinbart werden, daß der Eigentümer dem Berechtigten eine Entschädigung zu gewähren hat, wenn er von dem Heimfallanspruch Gebrauch macht. Als Inhalt des Dauerwohnrechts können Vereinbarungen über die Berechnung oder Höhe der Entschädigung oder die Art ihrer Zahlung getroffen werden.

Vermietung

37 (1) Hat der Dauerwohnberechtigte die dem Dauerwohnrecht unterliegenden Gebäude- oder Grundstücksteile vermietet oder verpachtet, so erlischt das Miet- oder Pachtverhältnis, wenn das Dauerwohnrecht erlischt.

(2) Macht der Eigentümer von seinem Heimfallanspruch Gebrauch, so tritt er oder derjenige, auf den das Dauerwohnrecht zu übertragen ist, in das Miet- oder Pachtverhältnis ein; die Vorschriften der §§ 571 bis 576 des Bürgerlichen Gesetzbuches gelten entsprechend.

(3) Absatz 2 gilt entsprechend, wenn das Dauerwohnrecht veräußert wird. Wird das Dauerwohnrecht im Wege der Zwangsvollstreckung veräußert, so steht dem Erwerber ein Kündigungsrecht in entsprechender Anwendung des § 57a des Gesetzes über die Zwangsversteigerung und Zwangsverwaltung zu.

Eintritt in das Rechtsverhältnis

38 (1) Wird das Dauerwohnrecht veräußert, so tritt der Erwerber an Stelle des Veräußerers in die sich während der Dauer seiner Berechtigung aus dem Rechtsverhältnis zu dem Eigentümer ergebenden Verpflichtungen ein.

(2) Wird das Grundstück veräußert, so tritt der Erwerber an Stelle des Veräußerers in die sich während der Dauer seines Eigentums aus dem Rechtsverhältnis zu dem Dauerwohnberechtigten ergebenden Rechte ein. Das gleiche gilt für den Erwerb auf Grund Zuschlages in der Zwangsversteigerung, wenn das Dauerwohnrecht durch den Zuschlag nicht erlischt.

Zwangsversteigerung

39 (1) Als Inhalt des Dauerwohnrechts kann vereinbart werden, daß das Dauerwohnrecht im Falle der Zwangsversteigerung des Grundstücks abweichend von § 44 des Gesetzes über die Zwangsversteigerung und Zwangsverwaltung auch dann bestehen bleiben soll, wenn der Gläubiger einer dem Dauerwohnrecht im Range vorgehenden oder gleichstehenden Hypothek, Grundschuld, Rentenschuld oder Reallast die Zwangsversteigerung in das Grundstück betreibt.

(2) Eine Vereinbarung gemäß Absatz 1 bedarf zu ihrer Wirksamkeit der Zustimmung derjenigen, denen eine dem Dauerwohnrecht im Range vorgehende oder gleichstehende Hypothek, Grundschuld, Rentenschuld oder Reallast zusteht.

(3) Eine Vereinbarung gemäß Absatz 1 ist nur wirksam für den Fall, daß der Dauerwohnberechtigte im Zeitpunkt der Feststellung der Versteigerungsbedingungen seine fälligen Zahlungsverpflichtungen gegenüber dem Eigentümer erfüllt hat; in Ergänzung einer Vereinbarung nach Absatz 1 kann vereinbart werden, daß das Fortbestehen des Dauerwohnrechts vom Vorliegen weiterer Voraussetzungen abhängig ist.

Haftung des Entgelts

40 (1) Hypothek, Grundschulden, Rentenschulden und Reallasten, die dem Dauerwohnrecht im Range vorgehen oder gleichstehen, sowie öffentliche Lasten, die in wiederkehrenden Leistungen bestehen, erstrecken sich auf den Anspruch auf das Entgelt für das Dauerwohnrecht in gleicher Weise wie auf eine Mietzinsforderung, soweit nicht in Absatz 2 etwas Abweichendes bestimmt ist. Im übrigen sind die für Mietzinsforderungen geltenden Vorschriften nicht entsprechend anzuwenden.

(2) Als Inhalt des Dauerwohnrechts kann vereinbart werden, daß Verfügungen über den Anspruch auf das Entgelt, wenn es in wiederkehrenden Leistungen ausbedungen ist, gegenüber dem Gläubiger einer dem Dauerwohnrecht im Range vorgehenden oder gleichstehenden Hypothek, Grundschuld, Rentenschuld oder Reallast wirksam sind. Für eine solche Vereinbarung gilt § 39 Abs. 2 entsprechend.

Besondere Vorschriften für langfristige Dauerwohnrechte

41 (1) Für Dauerwohnrechte, die zeitlich unbegrenzt oder für einen Zeitraum von mehr als zehn Jahren eingeräumt sind, gelten die besonderen Vorschriften der Absätze 2 und 3.

(2) Der Eigentümer ist, sofern nicht etwas anderes vereinbart ist, dem Dauerwohnberechtigten gegenüber verpflichtet, eine dem Dauerwohnrecht im Range vorgehende oder gleichstehende Hypothek

löschen zu lassen für den Fall, daß sie sich mit dem Eigentum in einer Person vereinigt, und die Eintragung einer entsprechenden Löschungsvormerkung in das Grundbuch zu bewilligen.

(3) Der Eigentümer ist verpflichtet, dem Dauerwohnberechtigten eine angemessene Entschädigung zu gewähren, wenn er von dem Heimfallanspruch Gebrauch macht.

Belastung eines Erbbaurechts

42 (1) Die Vorschriften der §§ 31 bis 41 gelten für die Belastung eines Erbbaurechts mit einem Dauerwohnrecht entsprechend.

(2) Beim Heimfall des Erbbaurechts bleibt das Dauerwohnrecht bestehen.

Das Dauerwohnrecht hat keine Bedeutung erlangt. Deshalb wird auf eine Kommentierung verzichtet.

III. Teil. Verfahrensvorschriften

1. Abschnitt. Verfahren der freiwilligen Gerichtsbarkeit in Wohnungseigentumssachen

Entscheidung durch den Richter

43 (1) Das Amtsgericht, in dessen Bezirk das Grundstück liegt, entscheidet im Verfahren der freiwilligen Gerichtsbarkeit:
1. auf Antrag eines Wohnungseigentümers über die sich aus der Gemeinschaft der Wohnungseigentümer und aus der Verwaltung des gemeinschaftlichen Eigentums ergebenden Rechte und Pflichten der Wohnungseigentümer untereinander mit Ausnahme der Ansprüche im Falle der Aufhebung der Gemeinschaft (§ 17) und auf Entziehung des Wohnungseigentums (§§ 18, 19);
2. auf Antrag eines Wohnungseigentümers oder des Verwalters über die Rechte und Pflichten des Verwalters bei der Verwaltung des gemeinschaftlichen Eigentums;
3. auf Antrag eines Wohnungseigentümers oder Dritten über die Bestellung eines Verwalters im Falle des § 26 Abs. 3;
4. auf Antrag eines Wohnungseigentümers oder des Verwalters über die Gültigkeit von Beschlüssen der Wohnungseigentümer.

(2) Der Richter entscheidet, soweit sich die Regelung nicht aus dem Gesetz, einer Vereinbarung oder einem Beschluß der Wohnungseigentümer ergibt, nach billigem Ermessen.

(3) Für das Verfahren gelten die besonderen Vorschriften der §§ 44 bis 50.

(4) An dem Verfahren Beteiligte sind:
1. in den Fällen des Absatz 1 Nr. 1 sämtliche Wohnungseigentümer;
2. in den Fällen des Absatzes 1 Nr. 2 und 4 die Wohnungseigentümer und der Verwalter;
3. im Falle des Absatzes 1 Nr. 3 die Wohnungseigentümer und der Dritte.

1   1. Durch die §§ 43 ff. erhalten die **Streitigkeiten unter WEer ein eigenes Prozeßverfahren** nach der freiwilligen Gerichtsbarkeit (FGG-Verfahren). Die Intention des Gesetzgebers war es, ein einfaches, elastischeres und rascheres Verfahren (Sauren Rpfleger 1988, 19) als das normale Zivilverfahren zu wählen. Man kann bereits heute feststellen, daß dies insbesondere bei Wohngeldanträgen nicht geglückt ist.

2   2. **Abs. 1 begründet eine ausschließliche sachliche und örtliche Zuständigkeit,** wobei im Zweifel das WEG-Verfahren stattfindet (BGH NJW-RR 1991, 907). Entscheidend ist, daß der Rechtsgrund der Streitigkeiten dem Gemeinschaftsverhältnis entspringt.
Beispiel: WEG-Verfahren auch, wenn Anspruch an Nicht-WEer abgetreten ist (KG WuM 1984, 308) oder in Verfahrensstandschaft geltend gemacht wird.

3   3. **Antragsrecht hat jeder WEer** zur Zeit der Antragstellung. Verlust dieser Stellung nach Antragstellung unschädlich (BGH NJW 1997, 2107), es sei denn kein Rechtsverfolgungsinteresse mehr (BayObLG ZMR 1998, 447). Bei Verlust vor Antragstellung ist ZPO-Verfahren vor Prozeßgericht zuständig (BayObLG NZM 1998, 239; nicht jedoch für den Verwalter; KG WuM 1992, 35: auch wenn WEer noch andere WEs innehat), dies ist jedoch abzulehnen (inzwischen h.M. in der Lit., z.B. Briesemeister ZMR 1998, 326); gilt auch für Passivseite: Ist WEer vor Antragstellung ausgeschieden (BGH NJW 1989, 714; a.A. Sauren Rpfleger 1998, 18) bzw. nach OLG Hamm (OLGZ 1982, 20) vor Rechtshängigkeit ausgeschieden, so ZPO-Verfahren. Das selbe gilt für KO-Verfahren. Veräußert der Konkursverwalter oder gibt er die Einheit vor Einleitung des Verfahrens auf, so gilt ZPO (BGH NJW 1994, 1866). Ausnahme aber für Anfechtungsverfahren (Nr. 4), wenn Ungültigkeitserklärung noch Auswirkung auf ihn hat (BayObLG NJW-RR 1987, 270; OLG Düsseldorf ZMR 1997, 545; OLG Köln WuM 1992, 162). Wird Antragsteller innerhalb der Anfechtungsfrist WEer, so hat er Anfechtungsrecht (OLG Frankfurt NJW-RR 1992, 1170). Nach dem KG (WE 1995, 119 ebenso BayObLG WE 1998, 149) ist der im Grundbuch abgesicherte Erwerber regelmäßig als ermächtigt anzusehen, das Stimmrecht und das Antragsrecht auszuüben, wobei er innerhalb der Monatsfrist deutlich machen muß, daß er in Verfahrensstandschaft auftritt (a.A. zu Recht Drasdo ZMR 1995, 145). Aus einem WEerwechsel zwischen Ladung

Entscheidung durch den Richter § 43

und Versammlung kann der Erwerber einen Ladungsmangel nicht herleiten (KG ZMR 1997, 318). Steht WE mehreren gemeinschaftlich zu, so ist jeder antragsberechtigt, egal ob Gemeinschaft, z. B. Erben- (BayObLG ZMR 1998, 644) oder Grundstücksgemeinschaft (KG ZMR 1997, 247), oder Gesellschaft, z. B. BGB-Gesellschaft (Sauren WE 1992, 40; Staudinger Vor § 43 Rdnr. 80; a. A. BayObLG NJW-RR 1991, 215). Nießbraucher hat kein Anfechtungsrecht (Schmidt WE 1998, 46; a. A. die Rechtsprechung, siehe § 25 Rdnr. 9)

4. Abs. 1 Nr. 1 betrifft alle **Streitigkeiten der WEer,** die sich aus 4 der GO (auch Aufbauverpflichtung siehe § 22 Rdnr. 54 ff. oder Aufhebungsverpflichtung BayObLG DWE 1984, 124) und den §§ 10–16, 20–30 ergeben.
Beispiele:
– Streit über die Nutzung von GE oder SE (OLG Köln ZMR 1998, 112),
– Streit auf Einräumung von SE nach Gründungsscheitern (BayObLG ZMR 1998, 582),
– Streit über die Hausordnung,
– Streit über den Gebrauch des SE und GE,
– Streit über Abgrenzung von SE und GE als Vorfrage für den Streit aus dem Gemeinschaftsverhältnis (OLG Frankfurt OLGZ 1984, 148),
– Streit über Bestehen, Wirksamkeit (LG Stuttgart WE 1994, 119; a. A. OLG Stuttgart NJW-RR 1986, 318, OLG Saarbrücken NZM 1998, 632) oder Inhalt von SNR (BGH NJW 1990, 1112),
– Ansprüche aus dem BGB (z. B. §§ 823, 1004) fallen auch darunter, wenn zugleich Pflichten aus dem Gemeinschaftsverhältnis verletzt wurden (OLG Frankfurt OLGZ 1984, 120; BGH NJW-RR 1991, 907),
– Ersatzansprüche (z. B. aus GoA) bezüglich Verwaltungsmaßnahmen (OLG Frankfurt OLGZ 1984, 148),
– Herausgabeverlangen bezüglich SE oder Teilen (OLG Hamm WE 1991, 135: Kellertauschverlangen),
– Streit über Wohngeld auch gegen Erben (BayObLG WE 1994, 153).
Nicht darunter fallen aber:
– Streit über sachenrechtlicher Grundlage der WEerGem (BGH NJW 1995, 2851, 2852), z. B. über Abgrenzung,
– Streit über Abgrenzung SE/GE, wenn dies nicht eine Vorfrage für Streit aus Gemeinschaftsverhältnis ist (OLG Bremen DWE 1987, 59),
– Streit über Teilung nach Aufhebung der WEerGem (BayObLGZ 1979, 414),
– Streit zwischen WEern und Mietern oder Mietern und anderen WEerGem (OLG Karlsruhe OLGZ 1986, 129),

§ 43 1. Abschnitt. Verfahren der freiwilligen Gerichtsbarkeit

- Streit aus nur zwischen einzelnen WEer vereinbartem Wettbewerbsverbot (BGH NJW-RR 1986, 1335),
- Streit zwischen WEer und Versicherung eines anderen WEer (BayObLG NJW-RR 1987, 1099),
- Streit über ehrverletzende Äußerungen (BayObLG WE 1990, 131)
- Streit zwischen zwei WEer, aufgrund anwaltlicher Tätigkeiten eines WEer (BayObLG NZM 1998, 515).

5   5. Nach **Abs. 1 Nr. 2** erfaßt das FGG-Verfahren auch alle Streitigkeiten zwischen **WEer und Verwalter** (auch persönlich haftender Gesellschafter einer Verwalterfirma BayObLG NJW-RR 1987, 1368) unabhängig von der Rechtsgrundlage (z.B. Ansprüche aus WEG, BGB oder Vertrag BGHZ 59, 58) und der Stellung des Antragstellers, deshalb auch, wenn WEer ausgeschieden ist. Nach dem BayObLG (NJW-RR 1994, 856) jedenfalls dann, wenn der gegen den Verwalter geltend gemachte Anspruch dem ausgeschiedenen und den gegenwärtigen WEern gemeinschaftlich zusteht.

6   a) **Streit über Verwaltungsführung** (bei Verlust der Verwalterstellung erfolgt reglmäßig auch Parteiwechsel im Prozeß)
   Beispiele:
- Durchführung oder Nichtdurchführung von gesetzlichen Aufgaben (z.B. §§ 24 ff.),
- Zustimmung zur Veräußerung (siehe § 12 Rdnr. 1 ff.) oder Gebrauch,
- Streit über Einberufung einer Versammlung (siehe § 24 Rdnr. 2),

7   b) Streit aus Verwalterverhältnis (Verlust der Verwalterstellung vor oder nach Prozeßbeginn läßt Prozeßstellung unberührt (BayObLG ZMR 1990, 65)),
   Beispiele: Streit über das Verwalterverhältnis, z.B. den Verwaltervertrag (KG OLGZ 1976, 266), die Verwaltervergütung und sonstige mit der Verwaltung im Zusammenhang stehenden Fragen (z.B. Schadenersatz, Herausgabe etc.; OLG Hamm NJW-RR 1988, 268).
   Nicht jedoch:
- Streit über Gelder, die der spätere Verwalter als Baubetreuervergütung der WEerGem empfing (BGHZ 65, 264),
- Streit zwischen WEer und Versicherer des Verwalters (BayObLG NJW-RR 1987, 1099),
- Streit aus Vermietungsauftrag für SE (OLG Braunschweig MDR 1976, 669; BayObLG NJW-RR 1989, 1167),
- Ansprüche des Verwalters gegen WEer aufgrund ehrverletzender Äußerungen (BayObLG WuM 1989, 266), es sei denn, sie stellen sich wegen des Zusammenhanges mit dem WE als Beeinträchtigung dessen dar.
   Beispiel: Belästigung von anderen WEern oder dessen Mieter durch dauernden Lärm (KG NJW-RR 1988, 586).

Entscheidung durch den Richter **§ 43**

6. Abs. 1 **Nr. 3** betrifft die **Anträge auf gerichtliche Bestellung** 8
eines Verwalters (siehe § 26 Rdnr. 16).

7. Abs. 1 **Nr. 4** betrifft den häufigen Fall, die **Anfechtung von** 9
Beschl, da diese gem. § 23 Abs. 4 innerhalb eines Monats angefochten werden müssen, um nicht rechtswirksam zu werden. Innerhalb dieser Frist ist ein Antrag bei dem WEG-Gericht notwendig, der den angefochtenen Beschl bezeichnen muß (BayObLG NJW 1974, 1910), aber noch keine Begründung enthalten muß (BayObLG NJW 1974, 2136), Beispiel „vorbehaltlich der Benennung der konkreten anzufechtenden TOP's" reicht nicht (OLG Köln WuM 1996, 499). Die Frist beginnt mit dem Tag der Beschlfassung ohne Rücksicht auf Teilnahme oder Kenntnis vom Beschl, z.B. weil noch nicht protokolliert oder noch kein Protokoll übersandt wurde. Hier kann nur bei schuldloser Fristversäumung Wiedereinsetzung in den vorigen Stand (§ 22 Abs. 2 FGG OLG Hamm OLGZ 1985, 147) beantragt werden, so daß bei Stattgabe die Frist als gewahrt gilt (siehe hierzu § 24 Rdnr. 33).

Des weiteren fallen unter Nr. 4 die Fälle der Feststellung der Nichtigkeit eines Beschl (OLG Hamm NJW 1981, 465) oder der Geltendmachung des Nichtzustandekommens (OLG Celle ZMR 1989, 436). 10

Ein Antragsrecht (siehe oben Rdnr. 3) besteht auch dann, wenn 11
dem Beschl zugestimmt wurde (BayObLG WE 1993, 344; a.A. OLG Köln DWE 1992, 165) oder kein Stimmrecht bestand wegen Stimmrechtsausschluß (§ 25 Abs. 5; KG NJW-RR 1986, 642; a.A. AG Stuttgart ZMR 1997, 260; nur stimmberechtigte, zu Recht ablehnend Deckert 2/3059). Antrag soll aber nach BayObLG (NJW-RR 1992, 910) unzulässig sein, wenn der WEer seinen Antrag auf einen Verfahrensmangel stützt, den er in der Versammlung kannte und nicht rügte. Das Anfechtungsrecht ist nach dem KG (NJW-RR 1998, 370) aber verwirkt, wenn über Jahre das Verfahren nicht betrieben wird. Noch nicht einmal 1 Jahr reicht aber nicht (a.A. OLG Köln ZMR 1998, 110).

8. Die Hauptsache wird bei Anfechtung eines Beschl dann erledigt, 12
wenn ein Zweitbeschl durch WEer gefaßt wird, der ersteren ersetzt, aufhebt oder ändert und dieser mangels Anfechtung bestandskräftig wird (BayObLG WE 1993, 343).

9. a) Ein **einzelner WEer kann alleine** (d.h. ohne die anderen 13
WEer) **folgende Ansprüche** aus dem Gemeinschaftsverhältnis gerichtlich **nicht** geltend machen, sondern nur mit Ermächtigung der WEerGem (Heerstraßen WE 1996, 53):

aa) gegen den Verwalter (auch ausgeschiedenen, BGH NJW 14
1997, 2106) Schadensersatzansprüche z.B. wegen zu später Geltendmachung von Wohngeld (BGH NJW 1989, 1091), oder Wohngeldrückzahlung (BGH NJW 1997, 2106), oder unterlassener Instandhal-

§ 43   1. Abschnitt. Verfahren der freiwilligen Gerichtsbarkeit

tung des GE oder Herausgabe von Unterlagen oder Auskunft (BayObLG WE 1991, 253; 1995, 96), oder nach dem OLG Schleswig (WuM 1998, 309) bei unberechtigt vorgenommenen baulichen Veränderungen (sehr bedenklich). Ausgenommen ist aber die Verpflichtung des Verwalters zur Aufstellung des WPs und der Jahresabrechnung (BayObLG WE 1991, 223, siehe § 28 Rdnr. 47) oder Maßnahmen der ordnungsgemäßen Verwaltung (BayObLG WE 1994, 150);

15 **bb) gegen andere WEer**, z. B. wegen Wohngeld (BGH NJW 1990, 2386, mit Ausnahme einer Notgeschäftsführung § 21 II, BGH NJW 1990, 2386, 2387) oder Beschädigung von GE (BGH NJW 1993, 727) oder gegen Beirat auf Auskunft (BayObLG WuM 1995, 66). **Ausgenommen** sind Ansprüche auf Unterlassung wegen unzulässigen Gebrauchs des GEs oder SEs (KG ZMR 1992, 351), siehe § 15 Rdnr. 22 und auf Beseitigung von baulichen Veränderungen (BGH NJW 1992, 978) und Wiederherstellung des ursprünglichen Zustandes (OLG Düsseldorf NJW-RR 1994, 1167);

16 **cc) gegen außenstehende Dritte** (z. B. Schadensersatz BGH NJW 1993, 583).

Diese Rechtsprechung wird von Ehrmann (JZ 1991, 251) und Weitnauer (WE 1989, 186 und JZ 1992, 1054) abgelehnt, weil die Befürchtung des BGHs gegenüber Querulanten unbegründet sei.

17 **b)** Diese Rechtsprechung **gilt nicht für Ansprüche** des einzelnen WEers als Individualgläubiger:

18 **aa) gegen den Verwalter** z. B. wegen verspäteter Erteilung der Veräußerungszustimmung (BayObLG NJW-RR 1993, 280) **oder falsche Auskunft** (BGH NJW 1992, 182) oder Beschädigung des SEs (OLG Zweibrücken NJW-RR 1991, 1301),

19 **bb) gegen andere WEer,** z. B. wegen SE-Beschädigungen, Beseitigungen von Veränderungen oder Unterlassen von Verunreinigungen (BayObLG ZMR 1997, 374), oder

20 **cc) gegen Dritte,** z. B. Mieter eines anderen WEers, dann aber keine WEG-Verfahren nach § 43.

Vor Beschlfassung kann ein WEer gegen die anderen auch nicht gerichtlich vorgehen (OLG Hamburg WE 1994, 110).

21 10. Gem. Abs. 2 entscheidet der Richter nach **„billigem Ermessen"**, soweit nicht eine Regelung vorgegeben ist, z. B. in der TErkl. Die TErkl gilt selbst dann, wenn es sich um eine Gestaltung mit unbilligen Folgen handelt (BayObLGZ 1987, 66; BGH NJW 1993, 1924). Beschl darf nicht deshalb für ungültig erklärt werden, weil andere Regelung zweckmäßiger ist (OLG Hamburg WE 1993, 87). Der Richter ist zwar nicht von den Behauptungen und Beweisanträgen abhängig, doch haben die Beteiligten in nachvollziehbarer Weise darzulegen, auf welche Tatsachen sie ihre Forderung stützen (BayObLG DWE 1984,

125). Der Richter darf andererseits weder „mehr" noch etwas „anderes" zusprechen (BGH NJW 1993, 593). Im Beschlußanfechtungsverfahren (Nr. 4) deshalb auch keine Ersetzung oder Ergänzung eines Beschl ohne Antrag (BayObLG ZMR 1985, 275, 277).

11. Im WEG Verfahren herrscht der sog. **Amtsermittlungs-** 22 **grundsatz.** Das Gericht hat ohne Bindungen an Behauptungen und Anträge der Beteiligten die entscheidungserheblichen Tatsachen zu ermitteln (BayObLG NJW-RR 1988, 17). Diese Pflicht endet dort, wo ein Beteiligter es in der Hand hat, Tatsachen und Beweise für eine ihm günstige Entscheidung zu beantragen (BayObLG NJW-RR 1993, 1488). Ein Nichtbestreiten bestimmter Tatsachen entbindet deshalb regelmäßig den Richter von weiteren Ermittlungen (BayObLG WE 1989, 58).

12. Soweit Abs. 4 die Beteiligten (diese können nicht Zeugen sein, 23 BayObLG NJW-RR 1993, 85)) bestimmt, sind die **WEer i.d.R. durch den Verwalter** (BGH NJW 1981, 282) **vertreten,** soweit keine Interessenkollision vorliegt. In einem Verfahren nach Nr. 2 ist der im Amt befindliche Verwalter zwingend zu beteiligen, auch wenn der angefochtene Beschl zu einem anderen Zeitpunkt gefaßt wurde, es sei denn er war noch nicht im Amt (BGH NJW 1998, 755). Aber auch der im Beschlzeitpunkt verwaltende Verwalter ist zu beteiligen, wenn er den Antragsgrund zu vertreten hat (BGH a.a.O. S. 756). Zu den Pflichten des Verwalters in diesem Zusammenhang siehe § 27 Rdnr. 43 ff.

13. Für das in der ZPO (§§ 485–494a) geregelte sog. **selbständige** 24 **Beweisverfahren,** ist das WEG Gericht zuständig, wenn im Hauptverfahren dieses nach § 43 Abs. 1 zuständig wäre. Deshalb ist eine weitere Beschwerde unzulässig (BayObLG WuM 1997, 299). Nach dem LG Ellwangen (WuM 1997, 299) soll in einem solchen Verfahren auch die Frage geklärt werden können, welche Sanierungsmaßnahmen bei einem Mangel in Betracht kommen.

Allgemeine Verfahrensgrundsätze

44 **(1) Der Richter soll mit den Beteiligten in der Regel mündlich verhandeln und hierbei darauf hinwirken, daß sie sich gütlich einigen.**

(2) Kommt eine Einigung zustande, so ist hierüber eine Niederschrift aufzunehmen, und zwar nach den Vorschriften, die für die Niederschrift über einen Vergleich im bürgerlichen Rechtsstreit gelten.

(3) Der Richter kann für die Dauer des Verfahrens einstweilige Anordnungen treffen. Diese können selbständig nicht angefochten werden.

§ 44   1. Abschnitt. Verfahren der freiwilligen Gerichtsbarkeit

(4) In der Entscheidung soll der Richter die Anordnungen treffen, die zu ihrer Durchführung erforderlich sind. Die Entscheidung ist zu begründen.

1   1. Abs. 1 sieht eine **mündliche Verhandlung** vor dem Amtsgericht und dem Landgericht (vor der vollbesetzten Kammer BayObLG NJW-RR 1988, 1151; auch in der Beschwerdeinstanz, BayObLG NJW-RR 1993, 280) vor, damit eine gütliche Einigung erzielt werden kann und bestehende Fragen unter allen Beteiligten geklärt werden können. Keine mündliche Verhandlung ist erforderlich bei Verfahrensabgabe an Prozeßgericht (BGH NJW 1989, 714) oder selbständiger Kostenentscheidung (OLG Hamburg WE 1991, 18) oder unzulässiger Beschwerde (BayObLG WE 1991, 197).

Die Verhandlung ist öffentlich (BayObLG NJW-RR 1989, 1293). Eine Nichtteilnahme führt nicht zum Versäumnisurteil, sondern zur Entscheidung nach Lage der Akte. Rechtliches Gehör (Art. 103 Abs. 1 GG) ist allen Beteiligten zu gewähren.

2   2. Kommt eine **Einigung** (nicht unbedingt Vergleich) zustande, ist darüber eine Niederschrift anzufertigen (Abs. 2). Sie bindet nur die an ihr beteiligten WEer (BayObLG NJW-RR 1990, 594).

3   3. Die Möglichkeit der **einstweiligen Anordnung** gem. Abs. 3 erfordert ein anhängiges Hauptverfahren (BayObLG WE 1994, 149) und sowohl der Erlaß als auch die Ablehnung sind selbständig nicht anfechtbar (KG DWE 1987, 27), es sei denn, es liegt ein Fall von greifbarer Gesetzeswidrigkeit vor (BayObLG WE 1994, 149) oder es ergeht ohne Hauptsacheverfahren (BayObLGZ 1977, 44). Sie erfordert keinen besonderen Antrag (BayObLG wie vor) und ergeht ohne Bindung an ihn. Bei möglicher sofortiger Vollstreckung (§ 45 Abs. 3) kann Schadensersatz in Betracht kommen (BGH NJW 1993, 593; § 945 ZPO analog, § 717 Abs. 2 ZPO ist nicht anwendbar), wenn die Entscheidung später aufgehoben wird. Da vorläufige Vollstreckbarkeit im WEG fehlt, ist es möglich, die einstweilige Anordnung mit der Hauptsacheentscheidung zu verbinden (KG WE 1993, 220). Sie wird gegenstandslos durch Hauptsacheentscheidung (BayObLG WE 1994, 149).

4   4. Abs. 4 Satz 1 enthält die Verpflichtung des Richters, **Durchführungsanordnungen** zu treffen, die für die Durchsetzung des materiellen Anspruchs notwendig sind, z.B. Herausgabe von Verwaltungsunterlagen bei Abberufung des Verwalters (BayObLG WE 1965, 821).

Satz 2 verpflichtet den Richter zur Begründung seiner Entscheidungen, dies gilt nicht nur für Endentscheidungen und anfechtbare Entscheidungen (a.A. Palandt Rdnr. 7), sondern auch z.B. für einstweilige Anordnungen (NS Rdnr. 26; a.A. Palandt Rdnr 7). Fehlt sie, hindert sie den Lauf der Beschwerdefrist (BayObLG WE 1990, 140).

Rechtsmittel, Rechtskraft

45 (1) Gegen die Entscheidung des Amtsgerichts ist die sofortige Beschwerde, gegen die Entscheidung des Beschwerdegerichts die sofortige weitere Beschwerde zulässig, wenn der Wert des Gegenstandes der Beschwerde oder der weiteren Beschwerde eintausendfünfhundert Deutsche Mark übersteigt.

(2) Die Entscheidung wird mit der Rechtskraft wirksam. Sie ist für alle Beteiligten bindend.

(3) Aus rechtskräftigen Entscheidungen, gerichtlichen Vergleichen und einstweiligen Anordnungen findet die Zwangsvollstreckung nach den Vorschriften der Zivilprozeßordnung statt.

(4) Haben sich die tatsächlichen Verhältnisse wesentlich geändert, so kann der Richter auf Antrag eines Beteiligten seine Entscheidung oder einen gerichtlichen Vergleich ändern, soweit dies zur Vermeidung einer unbilligen Härte notwendig ist.

1. Abs. 1 sieht bei Endentscheidungen, die in Form des Beschl ergehen, und gleichgelagerten Zwischenentscheidungen (OLG Celle NJW-RR 1989, 143) innerhalb einer Frist von 14 Tagen ein **Rechtsmittel** vor.

Gegen die Entscheidung des AG ist die sofortige Beschwerde zum LG, sodann ist die sofortige weitere Beschwerde zum OLG (in Bayern zum BayObLG, in Rheinland-Pfalz zum OLG Zweibrücken) möglich. Voraussetzung ist, daß der Wert der Beschwerde des Beschwerdeführers und nicht der Geschäftswert des Verfahrens höher als 1500,– DM (ohne Nebenforderungen wie z.B. Kosten und Zinsen) ist (BGH NJW 1992, 3305). Die Beschwer richtet sich nach dem Änderungsinteresse des Beschwerdeführers (OLG Düsseldorf ZMR 1998, 450). Es entspricht dabei rechtsstaatlichen Grundsätzen, in Zweifelsfällen, zu denen auch solche gehören, in denen die Bestimmung der Beschwer mangels konkreter Anhaltspunkte weitgehend Ermessenssache ist, von der Zulässigkeit auszugehen (BayObLG WuM 1994, 565).

Beispiel für Zulässigkeit:
– Austausch von Fenstern (BayObLG wie vor);
– Beseitigung von Funkantenne (BayObLG WE 1991, 261);
– Beseitigung von zwei Rolläden (BayObLG v. 3. 5. 1990 zit. nach BayObLG WuM 1994, 565);
– Umbau Fenster in Türe (BayObLG WE 1994, 245).

Dabei können nach dem OLG Köln (v. 21. 12. 1994, 16 Wx 191/94) bei einer Gartengestaltung nicht seine Miteigentumsanteile an den Kosten angesetzt werden, wenn der Antragsteller das Gesamtgepräge erhalten will. Ebenso bei einem Kreditaufnahmebeschl (KG WE 1994, 81), aber nicht bei Streit über farblicher Gestaltung von Ter-

§ 45   1. Abschnitt. Verfahren der freiwilligen Gerichtsbarkeit

rassenplatten (KG WE 1995, 123). Bei mehreren Beschwerdeführern ist die Summe der Beschwer maßgeblich (BayObLG ZMR 1994, 34), z.B. bei Jahresabrechnung Interesse aller WEer (KG ZMR 1997, 247) Einlegungsberechtigt sind Beteiligte (§ 43 Abs. 4) nur, wenn sie durch die Entscheidung beschwert sind.

Beispiel: Der Antrag wurde abgewiesen. Beschwert ist nur der Antragsteller, nicht der Antragsgegner.

Ansonsten nur Rechtsmittel bei greifbarer Gesetzeswidrigkeit, verneint bei Falschberechnung der Antragsfrist (BayObLG WE 1997, 71).

Beim OLG sind nur noch Rechtsfragen zu prüfen, d.h. Gesetzesverletzungen, nicht wie beim AG und LG auch Sachverhaltsfragen. Der BGH entscheidet auf Antrag eines OLG's, wenn es von einer Entscheidung eines anderen oder des BGH's abweichen will.

Gegen isolierte Kostenentscheidung sind Rechtsmittel zulässig, wenn Beschwer von mehr als DM 200,00 vorliegt (BayObLG ZMR 1998, 41).

3   2. Gem. Abs. 2 Satz 2 wird die **Entscheidung durch die Rechtskraft bindend.** Diese tritt ein, wenn entweder die Beschwerdesumme nicht erreicht, die Rechtsmittelfrist für alle Beteiligten abgelaufen ist oder wenn auf das Rechtsmittel verzichtet wurde, sowie wenn das OLG abschließend entschieden hat.

4   Gem. Satz 2 bindet die Entscheidung alle Beteiligten (s. § 43 Abs. 4), wenn sie allen materiell Beteiligten zugestellt ist (BayObLG WuM 1989, 350). Jedoch ist nach dem BayObLG (WuM 1994, 165) trotz Ungültigkeitserklärung durch das Gericht derselbe Beschluß durch die WEer neu faßbar.

5   3. Eine **Zwangsvollstreckung** ist erst bei einer rechtskräftigen Entscheidung möglich: Verfahren, Kosten und Rechtsmittel richten sich nach ZPO (OLG Köln OLGZ 1994, 599). Bei einer **Zwangssicherungshypothek** (siehe § 16 Rdnr. 56) genügt im Titel die Aufführung der WEer, vertreten durch den namentlich bezeichneten Verwalter (Sauren Rpfleger 1988, 527). WEer sind namentlich zu bezeichnen. Hierbei ist jedoch die Angabe des jeweiligen Namens, Beruf und Wohnorts nicht zwingend, es genügt neben Name und Ort auch die maßgebliche Grundbuchblattnummer nach OLG Köln (Rpfleger 1994, 496); nach diesseitiger Auffassung ist jedoch nicht einmal dies zwingend (Sauren Rpfleger 1994, 497). Bei der Prozeßstandschaft ist eine Abtretung an den Verwalter durch die WEer notwendig (Sauren Rpfleger 1988, 527; a.A. LG Lübeck Rpfleger 1992, 343), und zwar in beglaubigter Form (§ 29 GBO, vgl. Sauren Verwalter S. 67). Für Löschung reicht Quittung des Verwalters (BayObLG WuM 1996, 658).

Eine Umschreibung des Titels ist nach LG Darmstadt auf den Verwalter nicht möglich (WuM 1995, 679).

4. Abs. 4 läßt von dem **Grundsatz der Unabänderlichkeit** eine 6
Ausnahme zu, wenn sich die tatsächlichen (nicht rechtlichen) Verhältnisse wesentlich geändert haben (OLG Frankfurt OLGZ 1988, 61).
Zuständig ist immer das AG (OLG Frankfurt wie vor).
Beispiel: Spätere Aufhebung eines Beschl reicht nicht aus, z. B. für Wiederaufnahme des Wohngeldprozesses (KG ZMR 1996, 227).
Daneben ist desweiteren das sog. Wiederaufnahmeverfahren gem. der ZPO (§§ 578 ff.) möglich, z.b. wegen Auffindung bisher unbekannter Urkunden (BayObLG Rpfleger 1974, 229).

Verhältnis zu Rechtsstreitigkeiten

46 **(1) Werden in einem Rechtsstreit Angelegenheiten anhängig gemacht, über die nach § 43 Abs. 1 im Verfahren der freiwilligen Gerichtsbarkeit zu entscheiden ist, so hat das Prozeßgericht die Sache insoweit an das nach § 43 Abs. 1 zuständige Amtsgericht zur Erledigung im Verfahren der freiwilligen Gerichtsbarkeit abzugeben. Der Abgabebeschluß kann nach Anhörung der Parteien ohne mündliche Verhandlung ergehen. Er ist für das in ihm bezeichnete Gericht bindend.**

(2) Hängt die Entscheidung eines Rechtsstreits vom Ausgang eines in § 43 Abs. 1 bezeichneten Verfahrens ab, so kann das Prozeßgericht anordnen, daß die Verhandlung bis zur Erledigung dieses Verfahrens ausgesetzt wird.

1. Die **Abgabe** gem. Abs. 1 **an das WEG-Gericht** erfolgt stets 1
von Amts wegen, es sei denn, das WEG-Gericht hat seine Zuständigkeit schon rechtskräftig verneint (BGH NJW 1986, 1994). In I. Instanz durch anfechtbaren Beschl (§ 17a Abs. 4 GVG; BayObLG NJW-RR 1994, 856; a.A. OLG Stuttgart DWE 1992, 132). In der Rechtsmittelinstanz darf das Gericht nicht prüfen, ob der beschrittene Rechtsweg zulässig ist (§ 17a Abs. 5 GVG; BayObLG NJW-RR 1991, 1356; a.A. KG NJW-RR 1994, 208). Gemäß Abs 1 Satz 3 bindet die Abgabeentscheidung, auch wenn sie fehlerhaft ist, es sei denn, sie ist offensichtlich fehlerhaft (BayObLG NJW-RR 1994, 856). Unrichtige Abgabe bewirkt nicht die Nichtigkeit der Entscheidung des Prozeßgerichts.

2. Die **Abgabe vom WEG-Gericht** an das Prozeßgericht (vgl. 2
§ 17 GVG) erfolgt ebenfalls von Amts wegen und bedarf keiner mündlichen Verhandlung (BGH NJW 1989, 714). Entscheidung mit Beschwerde anfechtbar (BayObLG NJW-RR 1990, 1431). Bei Rückverweisung entscheidet das im Rechtsweg zunächst höhere Gericht (gem. § 36 Nr. 6 ZPO; BayObLG a.a.O.). Für das Prozeßgericht gelten im Falle der Abgabe die Verfahrensvorschriften der ZPO, nicht das WEG (KG WE 1990, 91).

§ 46a 1. Abschnitt. Verfahren der freiwilligen Gerichtsbarkeit

Mahnverfahren

46a (1) Zahlungsansprüche, über die nach § 43 Abs. 1 zu entscheiden ist, können nach den Vorschriften der Zivilprozeßordnung im Mahnverfahren geltend gemacht werden. Ausschließlich zuständig im Sinne des § 689 Abs. 2 der Zivilprozeßordnung ist das Amtsgericht, in dessen Bezirk das Grundstück liegt. § 690 Abs. 1 Nr. 5 der Zivilprozeßordnung gilt nur mit der Maßgabe, daß das nach § 43 Abs. 1 zuständige Gericht der freiwilligen Gerichtsbarkeit zu bezeichnen ist. Mit Eingang der Akten bei diesem Gericht nach § 696 Abs. 1 Satz 4 oder § 700 Abs. 3 Satz 2 der Zivilprozeßordnung gilt der Antrag auf Erlaß des Mahnbescheides als Antrag nach § 43 Abs. 1.

(2) Im Falle des Widerspruchs setzt das Gericht der freiwilligen Gerichtsbarkeit dem Antragsteller eine Frist für die Begründung des Antrages. Vor Eingang der Begründung wird das Verfahren nicht fortgeführt. Der Widerspruch kann bis zum Ablauf einer Frist von zwei Wochen seit Zustellung der Begründung zurückgenommen werden; § 699 Abs. 1 Satz 3 der Zivilprozeßordnung ist anzuwenden.

(3) Im Falle des Einspruchs setzt das Gericht der freiwilligen Gerichtsbarkeit dem Antragsteller eine Frist für die Begründung des Antrags, wenn der Einspruch nicht als unzulässig verworfen wird. §§ 339, 340 Abs. 1, 2, § 341 der Zivilprozeßordnung sind anzuwenden; für die sofortige Beschwerde gilt jedoch § 45 Abs. 1. Vor Eingang der Begründung wird das Verfahren vorbehaltlich einer Maßnahme nach § 44 Abs. 3 nicht fortgeführt. Geht die Begründung bis zum Ablauf der Frist nicht ein, wird die Zwangsvollstreckung auf Antrag des Antragsgegners eingestellt. Bereits getroffene Vollstreckungsmaßregeln können aufgehoben werden. Für die Zurücknahme des Einspruchs gelten Absatz 2 Satz 3 erster Halbsatz und § 346 der Zivilprozeßordnung entsprechend. Entscheidet das Gericht in der Sache, ist § 343 der Zivilprozeßordnung anzuwenden.

1 1. Durch diesen Paragraphen wird das **Mahnverfahren (gem. ZPO)** für Zahlungsansprüche im Innenverhältnis der WEerGem **eröffnet.** Der Text ist zum großen Teil überflüssig (siehe Rdnr. 5 und 6). In Frage kommen Zahlungsansprüche gem. § 43 Abs. 1 Nr. 1 (z.B. Wohngeld, Schadensersatz) oder Nr. 2 (z.B. Verwaltervergütung, Schadensersatz).

2 2. Das **Mahnverfahren richtet sich nach ZPO** (§§ 688–693), soweit Abs. 1 Satz 2 und 3 nicht anderes regelt.

Ausschließliche Zuständigkeit des AG, in dessen Bezirk das Grundstück liegt (gem. Abs. 1 Satz 2), so daß im Regelfall Mahnverfahren

Mahnverfahren § 46a

und ein sich anschließendes WEG-Verfahren vor demselben Gericht durchzuführen sein werden. Im Mahnantrag muß als Gericht für das streitige Verfahren das zuständige WE-Gericht angegeben werden (Abs. 1 Satz 3).

3. Der **Vollstreckungsbescheid** wird erlassen, wenn Widerspruch nicht erfolgt. Aus ihm kann dann vollstreckt werden.

4. Abs. 2 regelt den weiteren **Ablauf nach Erhebung des Widerspruchs.** Mit Eingang der Akte gilt der Mahnbescheidsantrag als Antrag nach § 43 WEG und Rechtshängigkeit tritt ein (BayObLG v. 31. 10. 1994, 2 ZBR 85/94).

Gemäß Satz 1 setzt das Gericht den Antragstellern eine Frist von zwei Wochen zur Begründung des Antrages. Dies ist jedoch sinnlos. Denn Fristen zu setzen ist nur dann tunlich, wenn die Fristversäumung zu Sanktionen führt. Dies ist hier nicht der Fall (Satz 2), vielmehr ruht das Verfahren. Das ist selbstverständlich, und deshalb ist insoweit der Gesetzestext überflüssig. Abs. 2 Satz 1 und 2 können folglich gestrichen werden (Bader PiG 30, 134). Auch Satz 3, der die Möglichkeit der Rücknahme des Antrages bis zur mündlichen Verhandlung vorsieht, ist überflüssig, da dies den Gerichten überlassen bleiben kann (Bader PiG Nr. 30, 135).

Nach wirksamer Zurücknahme erläßt WEG-Gericht Vollstreckungsbescheid (gem. § 699 Abs. 1 ZPO, nicht WEG), und zwar der Rechtspfleger (Hansen Rpfleger 1992, 277), da nach Rücknahme wieder Mahnverfahren.

5. Abs. 3 **regelt das Verfahren nach Einspruch gegen den Vollstreckungsbescheid.** Nach Abgabe an das Gericht und Mitteilung an Parteien, gilt es als WEG-Verfahren (nach § 43 Abs. 1 Satz 4) und damit deren Regeln (BayObLG NZM 1998, 488). Gemäß Satz 1 setzt auch hier das Gericht Frist von zwei Wochen zur Begründung des Antrages, Verfahrensfortführung, Ermittlung und Beteiligte wie Rdnr. 5. Einstweilige Anordnung (§ 44 Abs. 3) zulässig. Auch dieser Absatz ist überflüssig. Ist nämlich der Einspruch verspätet, ist bereits gem. § 341 ZPO dieser als unzulässig zu verwerfen. Zur Frist gilt das unter Rdnr. 5 Gesagte. Ebenso überflüssig ist es, die Möglichkeit der einstweiligen Anordnung aufzuführen, da sich dies bereits aus § 44 Abs. 3 ergibt (Bader PiG Nr. 30, 135). Auch hinsichtlich der Zurücknahme des Einspruchs sind Abweichungen zu der ZPO nicht vorhanden, und deshalb ist der Text überflüssig (Bader PiG 30, 135f.).

Nach Ablauf der Zurücknahmefrist ist eine Zurücknahme mit Einigung der Antragsteller noch zulässig (Hansen Rpfleger 1992, 277; a.A. Palandt Rdnr. 9).

6. Entscheidung (entsprechend § 343 ZPO): In ihr wird über die gesamten Verfahrenskosten nach § 47 entschieden.

Kostenentscheidung

47 Welche Beteiligten die Gerichtskosten zu tragen haben, bestimmt der Richter nach billigem Ermessen. Er kann dabei auch bestimmen, daß die außergerichtlichen Kosten ganz oder teilweise zu erstatten sind.

1   1. Die **Kostenentscheidung** ergeht von Amts wegen mit der Hauptsacheentscheidung und regelt damit den materiellen Anspruch (BayObLG ZMR 1994, 36).

2   2. Hinsichtlich der Kosten ist zwischen gerichtlichen und außergerichtlichen zu unterscheiden.

3   a) Die **Gerichtskosten** werden i. d. R. dem Unterlegenen auferlegt. Das „billige Ermessen" des Satz 1 ermöglicht jedoch auch, diese Kosten dem Obsiegenden aufzuerlegen (BGHZ 111, 148).

4   b) Gem. Satz 1 erfolgt grundsätzlich keine Erstattung für Anwaltskosten (LG Wuppertal ZMR 1991, 183) und notwendigen Auslagen (z. B. Fahrtkosten zum Gerichtstermin) (BayObLG WuM 1994, 168; hierzu Bedenken bei Müller WE 1997, 206). Eine Erstattung erfolgt aber bei **unzulässigen Anträgen** und Rechtsmitteln oder offensichtlich **aussichtslosen Anträgen**.
Beispiel: Ein Beteiligter legt Rechtsmittel ein, obwohl das angerufene Gericht für die nämliche WEerGem bereits über eine gleichgelagerte Frage entschieden hatte und dies bekannt war (BayObLG DWE 1983, 94).
Oder bei **mutwilligen Anträgen**
Beispiel: Es werden pauschal und ohne Grund alle Beschl einer Versammlung angefochten (AG Düsseldorf WE 1987, 163);
oder bei eigenmächtigem Verhalten, z. B. baulichen Veränderungen eines WEers (OLG Celle NJW-RR 1994, 977, 980);
und **bei Wohngeldansprüchen** (entsprechend § 91 ZPO; BayObLG WE 1993, 144), oder wenn Verwalter zu Unrecht auf Schadensersatz in Anspruch genommen wird (OLG Düsseldorf ZMR 1997, 432). Unter Umständen kann das Gericht auch bestimmte Kosten von der Erstattung ausnehmen, z. B. Mehrgebühren des Anwalts (§ 6 BRAGO, KG ZMR 1993, 344). Grundsätzlich reicht die **Antrags- oder Rechtsmittelrücknahme** dafür aus, daß die gerichtlichen und außergerichtlichen Kosten auferlegt werden (BayObLG WE 1995, 250). Ausnahmen gelten nach der Rechtsprechung nur Rechtsmittel nur zur Fristwahrung (BayObLG WE 1997, 75) oder auf gerichtlich vermittelte Einsicht beruht (BayObLG WE 1997, 238; äußerst bedenklich), nach BayObLG nicht aber bei Rücknahme vor Verhandlung (BayObLG ZMR 1998, 41 mit zu Recht krit Anm. Rau). Die Kosten können auch dem Verwalter auferlegt werden, wenn er das Gerichts-

verfahren schuldhaft verursacht hat (BGH NJW 1998, 755, 756; hierzu Rau ZMR 1998, 1; Drasdo DWE 1998, 57), z.B. Verwalter hat formelle Anforderung nicht beachtet, z.B. Unterschrift unter Protokoll nicht gesetzt. Werden die außergerichtlichen Kosten auferlegt, z.B. bei Wohngeldverfahren, so soll bei größerer WEerGem Information an Beirat ausreichen, andere Kostenerstattung, z.B. für Porto, Fotokopien nicht (LG Hannover NJW-RR 1998, 303).

3. Anwaltsgebühren. a) Erhöhungsgebühr: Gem. § 6 Abs. 1 BRAGO erhöht sich die Gebühr bei mehreren Auftraggebern. Soweit eine WEerGem vertreten wird, ist § 6 anwendbar. Dies gilt auch dann, wenn die Eigentümer klagen und vom Verwalter vertreten werden (BGH NJW 1987, 2240). Folglich fällt die Gebühr nach § 6 nur dann nicht an, wenn der Verwalter als Prozeßstandschafter klagt (OLG Düsseldorf ZMR 1988, 22). Hierzu besteht seitens der WEerGem aber keine Verpflichtung, um Kosten zu sparen (LG Berlin Rpfleger 1989, 427), ggfs kann unnötige Mehrvertretung bei Kostengrundentscheidungen seitens des Gerichts berücksichtigt werden (KG ZMR 1993, 344). Die Erhöhungsgebühr fällt auch in den Zwangsvollstreckungen an, d.h. im Höchstfall eine 9/10 Gebühr, nach LG Berlin (WE 1997, 359) aber nicht mehr im Kostenfestsetzungsverfahren. 5

b) Sonstige Gebühren: Gem. § 63 Abs. 1 Nr. 3 BRAGO erhält der Rechtsanwalt als Verfahrensbevollmächtigter die vollen Gebühren der §§ 31ff. BRAGO. Die Verhandlungsgebühr entsteht, wenn der Anwalt erscheint. Es kommt nicht darauf an, ob der Gegner kommt oder ob Anträge gestellt werden. Eine einstweilige Verfügung gehört zum Rechtszug und läßt keine zusätzliche Gebühr entstehen. 6

c) Beschwerdeverfahren: Im Erst- und weiteren Beschwerdeverfahren gibt es gem. § 63 Abs. 2 BRAGO keine erhöhte Gebühr gem. § 11 Abs. 1 S. 4 BRAGO, vielmehr die gleichen Gebühren wie im erstinstanzlichen Verfahren. Nur bei sonstigen Beschwerden (z.B. gegen Zweitentscheidungen oder Kostenentscheidung) gilt § 21 Abs. 3 Nr. 1 BRAGO. 7

4. Ist über die Kosten in einem Verfahren entschieden worden, kann der Verwalter, wenn er beteiligt war (§ 43 Abs. 4) nicht in einem weiteren Verfahren haftbar gemacht werden (BayObLG ZMR 1994, 36; OLG Düsseldorf v. 5.3.1997, 3 Wx 351/95). War der Verwalter nicht beteiligt, ist dies aber möglich (BGH DWE 1991, 152; LG Hamburg DWE 1990, 32). 8

Kosten des Verfahrens

48 (1) Für das gerichtliche Verfahren wird die volle Gebühr erhoben. Kommt es zur gerichtlichen Entscheidung, so erhöht sich

§ 48   1. Abschnitt. Verfahren der freiwilligen Gerichtsbarkeit

die Gebühr auf das Dreifache der vollen Gebühr. Wird der Antrag zurückgenommen, bevor es zu einer Entscheidung oder einer vom Gericht vermittelten Einigung gekommen ist, so ermäßigt sich die Gebühr auf die Hälfte der vollen Gebühr. Ist ein Mahnverfahren vorausgegangen (§ 46a), wird die nach dem Gerichtskostengesetz zu erhebende Gebühr für das Verfahren über den Antrag auf Erlaß eines Mahnbescheids auf die Gebühr für das gerichtliche Verfahren angerechnet; die Anmerkung zu Nummer 1201 des Kostenverzeichnisses zum Gerichtskostengesetz gilt entsprechend.

(2) Sind für Teile des Gegenstands verschiedene Gebührensätze anzuwenden, so sind die Gebühren für die Teile gesondert zu berechnen; die aus dem Gesamtbetrag der Wertteile nach dem höchsten Gebührensatz berechnete Gebühr darf jedoch nicht überschritten werden.

(3) Der Richter setzt den Geschäftswert nach dem Interesse der Beteiligten an der Entscheidung von Amts wegen fest. Der Geschäftswert ist niedriger festzusetzen, wenn die nach Satz 1 berechneten Kosten des Verfahrens zu dem Interesse eines Beteiligten nicht in einem angemessenen Verhältnis stehen.

(4) Im Verfahren über die Beschwerde gegen eine den Rechtszug beendende Entscheidung werden die gleichen Gebühren wie im ersten Rechtszug erhoben.

1 1. Dieser Paragraph betrifft die **Gerichtskosten** (sog. Gebühren und Auslagen), die nach der Kostenordnung berechnet werden. Deshalb wird bei Einleitung eines Verfahrens der Vorschuß gem. § 8 Kostenordnung angefordert.

2 2. Zur Höhe der Gebühren siehe § 32 KostO.

3 3. Die **Gebühren** richten sich nach dem **Geschäftswert,** der vom Richter gem. Abs. 3 festgesetzt wird. Er wird nach dem Interesse aller Beteiligten festgesetzt (BayObLGZ 1993, 119). Aber zu beachten, was wirklich im Streit steht und daß durch die Kosten nicht die Inanspruchnahme der Gericht erschwert oder gar unmöglich gemacht wird (BVerfG NJW 1992, 1673), dann ist Geschäftswert auf einen Betrag zu ermäßigen, der das Interesse aller Beteiligten angemessen berücksichtigt (BayObLG WE 1994, 152). Beispiele für die Festsetzung des Geschäftswerts in **ABC-Form:**

Antragsermächtigung des Verwalters: 5000,00 DM (KG WuM 1994, 402).

Auskunftsanspruch: 1000,– DM (BayObLG WuM 1990, 369).

Ausschluß vom Betretungsrecht: DM 1000,00 (BayObLG ZMR 1997, 668)

Beiratsbestellung: 2000,– DM (OLG Köln Rpfleger 1972, 261), wenn grundsätzlich Frage im Streit steht, ob ein Beirat berufen wird;

Kosten des Verfahrens § 48

bei Erweiterung deshalb nach OLG Köln (v. 4. 11. 1991, 16 Wx 81/91) 1000,- DM.

Beschlüssen: Anfechtung von 2000,- DM, wenn diese lediglich der Fristwahrung dient, da sich hier der Geschäftswert nach dem Interesse an der Erlangung der Kenntnisnahme des Protokolls bestimmt (LG Köln WuM 1989, 660).

Entziehungsbeschluß (§ 18): 20% des Verkehrswertes (vgl. BayObLG WuM 1990, 95).

Entziehungsklage: Verkehrswert (LG Hamburg WuM 1998, 374).

Feststellungsantrag: gerichtet auf künftige Betriebskostenabrechnung: $12^1/_2$facher Jahresbetrag des umzuverteilenden Betrages (BayObLG JurBüro 1987, 579).

Gegenstand: ist ein solcher konkret bestimmt, z. B. Anschaffung einer Waschmaschine, so bestimmt er sich nach diesem Wert.

Geldforderungen: Höhe des geltend gemachten Betrages.

Jahresabrechnungen: wenn keine konkreten Beanstandungen erhoben werden 20–25%. Wird beim WP beschlossen, daß er länger gelten soll, so Erhöhung (BayObLG WE 1997, 238), bei vollständiger Anfechtung unter Beanstandung von Einzelposten: Einzelposten plus 25% des restlichen Gesamtvolumens (KG OLGZ 1986, 184; BayObLGZ 1988, 226; BayObLG JurBüro 1995, 368); bei teilweiser Anfechtung: nur beanstandete Posten (BayObLGZ 1988, 326).

Kfz-Stellplatz: siehe Unterlassung.

Kreditaufnahme: voller Wert des Kredites (KG WuM 1994, 108).

Lastschrifteinzug: für einzelne WEer unter DM 1500,00 (BayObLG WE 1998, 114), anders aber für Gemeinschaft (OLG Hamburg NZM 1998, 407).

Nutzungsentgelt: bei Erhöhung für GE gilt Erhöhungsbetrag für ein Jahr (BayObLG ZMR 1979, 214).

Protokollberichtigung: 1000,- DM (KG WuM 1989, 347).

Reparaturen: deren Kosten (a. A. OLG Köln WE 1995, 23: Umstände des Einzelfalles z. B. bei 320000,00 DM Gesamtsumme und 4000,00 DM Einzelinteresse, 50000,00 DM); wenn sie unterbleiben sollen; bloße Mehrkosten, wenn weitergehende Maßnahmen verlangt werden (BayObLG WE 1987, 16; WuM 1996, 247), Kostendifferenz, wenn billigere Maßnahme verlangt wird.

Ungültigerklärung der Verwalterbestellung: gesamte Vergütung für die vorgesehene Amtszeit (BayObLG WuM 1996, 663; WuM 1996, 505; a. A. OLG Köln v. 4. 11. 1991, 16 Wx 81/91, Jahreswert bei Fünfjahresvertrag), bei Einberufungsstreit 50% (BayObLG ZMR 1998, 299).

Unterlassung der Benutzung eines Kfz-Stellplatzes: Einjähriger Mietwert (BayObLG WE 1994, 156; a. A. OLG Schleswig NJWE 1996, 182).

Verwalterabberufung: Vergütung bis zum Bestellungsende (OLG Schleswig NJW-RR 1990, 1045; WuM 1996, 663).
Verwalterentlastung: mindestens 5000,– DM, i.d.R. 10% der Jahresabrechnung (AG Hildesheim ZMR 1986, 23; BayObLG WuM 1996, 505).
Vorschuß: Herabsetzung der begehrten Minderung (KG Rpfleger 1969, 404).
Wohngeldvorauszahlungen: Jahresbetrag (OLG Hamburg DWE 1987, 139).
WP: siehe Jahresabrechnung.
Zustimmung nach § 12: 10–20% des Verkehrswertes (OLG Frankfurt ZMR 1994, 124).

49 *(aufgehoben)*

Kosten des Verfahrens vor dem Prozeßgericht

50 Gibt das Prozeßgericht die Sache nach § 46 an das Amtsgericht ab, so ist das bisherige Verfahren vor dem Prozeßgericht für die Erhebung der Gerichtskosten als Teil des Verfahrens vor dem übernehmenden Gericht zu behandeln.

2. Abschnitt. Zuständigkeit für Rechtsstreitigkeiten

Zuständigkeit für die Klage auf Entziehung des Wohnungseigentums

51 Das Amtsgericht, in dessen Bezirk das Grundstück liegt, ist ohne Rücksicht auf den Wert des Streitgegenstandes für Rechtsstreitigkeiten zwischen Wohnungseigentümern wegen Entziehung des Wohnungseigentums (§ 18) zuständig.

Zuständigkeit für Rechtsstreitigkeiten über das Dauerwohnrecht

52 Das Amtsgericht, in dessen Bezirk das Grundstück liegt, ist ohne Rücksicht auf den Wert des Streitgegenstandes zuständig für Streitigkeiten zwischen dem Eigentümer und dem Dauerwohnberechtigten über den in § 33 bezeichneten Inhalt und den Heimfall (§ 36 Abs. 1 bis 3) des Dauerwohnrechts.

3. Abschnitt. Verfahren bei der Versteigerung des Wohnungseigentums

Zuständigkeit, Verfahren

53 (1) Für die freiwillige Versteigerung des Wohnungseigentums im Falle des § 19 ist jeder Notar zuständig, in dessen Amtsbezirk das Grundstück liegt.

(2) Das Verfahren bestimmt sich nach den Vorschriften der §§ 54 bis 58. Für die durch die Versteigerung veranlaßten Beurkundungen gelten die allgemeinen Vorschriften. Die Vorschrift der Verordnung über die Behandlung von Geboten in der Zwangsversteigerung vom 30. Juli 1941 (Reichsgesetzbl. I S. 354, 370) in der Fassung der Verordnung vom 27. Januar 1944 sind sinngemäß anzuwenden.

Antrag, Versteigerungsbedingungen

54 (1) Die Versteigerung erfolgt auf Antrag eines jeden der Wohnungseigentümer, die das Urteil gemäß § 19 erwirkt haben.

(2) In dem Antrag sollen das Grundstück, das zu versteigernde Wohnungseigentum und das Urteil, auf Grund dessen die Versteigerung erfolgt, bezeichnet sein. Dem Antrag soll eine beglaubigte Abschrift des Wohnungsgrundbuches und ein Auszug aus dem amtlichen Verzeichnis der Grundstücke beigefügt werden.

(3) Die Versteigerungsbedingungen stellt der Notar nach billigem Ermessen fest; die Antragsteller und der verurteilte Wohnungseigentümer sind vor der Feststellung zu hören.

Terminsbestimmung

55 (1) Der Zeitraum zwischen der Anberaumung des Termins und dem Termin soll nicht mehr als drei Monate betragen. Zwischen der Bekanntmachung der Terminsbestimmung und dem Termin soll in der Regel ein Zeitraum von sechs Wochen liegen.

(2) Die Terminsbestimmung soll enthalten:
1. die Bezeichnung des Grundstücks und des zu versteigernden Wohnungseigentums;
2. Zeit und Ort der Versteigerung;
3. die Angabe, daß die Versteigerung eine freiwillige ist;
4. die Bezeichnung des verurteilten Wohnungseigentümers sowie die Angabe des Wohnungsgrundbuchblattes und, soweit möglich, des von der Preisbehörde bestimmten Betrages des höchstzulässigen Gebots;

5. die Angabe des Ortes, wo die festgestellten Versteigerungsbedingungen eingesehen werden können.

(3) Die Terminsbestimmung ist öffentlich bekanntzugeben:
1. durch einmalige, auf Verlangen des verurteilten Wohnungseigentümers mehrmalige Einrückung in das Blatt, das für Bekanntmachungen des nach § 43 zuständigen Amtsgerichts bestimmt ist;
2. durch Anschlag der Terminsbestimmung in der Gemeinde, in deren Bezirk das Grundstück liegt, an die für amtliche Bekanntmachungen bestimmte Stelle;
3. durch Anschlag an die Gerichtstafel des nach § 43 zuständigen Amtsgerichts.

(4) Die Terminsbestimmung ist dem Antragsteller und dem verurteilten Wohnungseigentümer mitzuteilen.

(5) Die Einsicht der Versteigerungsbedingungen und der in § 54 Abs. 2 bezeichneten Urkunden ist jedem gestattet.

Versteigerungstermin

56 (1) In dem Versteigerungstermin werden nach dem Aufruf der Sache die Versteigerungsbedingungen und die das zu versteigernde Wohnungseigentum betreffenden Nachweisungen bekanntgemacht. Hierauf fordert der Notar zur Abgabe von Geboten auf.

(2) Der verurteilte Wohnungseigentümer ist zur Abgabe von Geboten weder persönlich noch durch einen Stellvertreter berechtigt. Ein gleichwohl erfolgtes Gebot gilt als nicht abgegeben. Die Abtretung des Rechtes aus dem Meistgebot an den verurteilten Wohnungseigentümer ist nichtig.

(3) Hat nach den Versteigerungsbedingungen ein Bieter durch Hinterlegung von Geld oder Wertpapieren Sicherheit zu leisten, so gilt in dem Verhältnis zwischen den Beteiligten die Übergabe an den Notar als Hinterlegung.

Zuschlag

57 (1) Zwischen der Aufforderung zur Abgabe von Geboten und dem Zeitpunkt, in welchem die Versteigerung geschlossen wird, soll mindestens eine Stunde liegen. Die Versteigerung soll solange fortgesetzt werden, bis ungeachtet der Aufforderung des Notars ein Gebot nicht mehr abgegeben wird.

(2) Der Notar hat das letzte Gebot mittels dreimaligen Aufrufs zu verkünden und, soweit tunlich, den Antragsteller und den verurteilten Wohnungseigentümer über den Zuschlag zu hören.

Rechtsmittel §§ 58—60

(3) Bleibt das abgegebene Meistgebot hinter sieben Zehnteln des von der Preisbehörde bestimmten Betrages des höchstzulässigen Gebots oder in Ermangelung eines solchen hinter sieben Zehnteln des Einheitswertes des versteigerten Wohnungseigentums zurück, so kann der verurteilte Wohnungseigentümer bis zum Schluß der Verhandlung über den Zuschlag (Absatz 2) die Versagung des Zuschlags verlangen.

(4) Wird der Zuschlag nach Absatz 3 versagt, so hat der Notar von Amts wegen einen neuen Versteigerungstermin zu bestimmen. Der Zeitraum zwischen den beiden Terminen soll sechs Wochen nicht übersteigen, sofern die Antragsteller nicht einer längeren Frist zustimmen.

(5) In dem neuen Termin kann der Zuschlag nicht nach Absatz 3 versagt werden.

Rechtsmittel

58 (1) Gegen die Verfügung des Notars, durch die die Versteigerungsbedingungen festgesetzt werden, sowie gegen die Entscheidung des Notars über den Zuschlag findet das Rechtsmittel der sofortigen Beschwerde mit aufschiebender Wirkung statt. Über die sofortige Beschwerde entscheidet das Landgericht, in dessen Bezirk das Grundstück liegt. Eine weitere Beschwerde ist nicht zulässig.

(2) Für die sofortige Beschwerde und das Verfahren des Beschwerdegerichts gelten die Vorschriften des Reichsgesetzes über die Angelegenheiten der freiwilligen Gerichtsbarkeit.

Da das Verfahren über die Entziehung in der Praxis keine Bedeutung erlangt hat, wird auf eine Erläuterung verzichtet.

IV. Teil. Ergänzende Bestimmungen

Ausführungsbestimmungen für die Baubehörden

59 Der Bundesminister für Wohnungsbau erläßt im Einvernehmen mit dem Bundesminister der Justiz Richtlinien für die Baubehörden über die Bescheinigung gemäß § 7 Abs. 4 Nr. 2, § 32 Abs. 2 Nr. 2.

Siehe § 3 Rdnr. 8.

Ehewohnung

60 Die Vorschriften der Verordnung über die Behandlung der Ehewohnung und des Hausrats (Sechste Durchführungsver-

§§ 61, 62 IV. Teil. Ergänzende Bestimmungen

ordnung zum Ehegesetz) vom 21. Oktober 1944 (Reichsgesetzbl. I S. 256) gelten entsprechend, wenn die Ehewohnung im Wohnungseigentum eines oder beider Ehegatten steht oder wenn einem oder beiden Ehegatten das Dauerwohnrecht an der Ehewohnung zusteht.

Heilung des Erwerbs von Wohnungseigentum

61 Fehlt eine nach § 12 erforderliche Zustimmung, so sind die Veräußerung und das zugrundeliegende Verpflichtungsgeschäft unbeschadet der sonstigen Voraussetzungen wirksam, wenn die Eintragung der Veräußerung oder einer Auflassungsvormerkung in das Grundbuch vor dem 15. Januar 1994 erfolgt ist und es sich um die erstmalige Veräußerung dieses Wohnungseigentums nach seiner Begründung handelt, es sei denn, daß eine rechtskräftige gerichtliche Entscheidung entgegensteht. Das Fehlen der Zustimmung steht in diesen Fällen dem Eintritt der Rechtsfolgen des § 878 des Bürgerlichen Gesetzbuchs nicht entgegen. Die Sätze 1 und 2 gelten entsprechend in den Fällen der §§ 30 und 35 Wohnungseigentumsgesetzes.

1   1. Ursprünglich enthielt dieser Paragraph, der 1985 aufgehoben wurde, Bestimmungen zur Einheitsbewertung. Nunmehr wurde er durch das Gesetz zur Heilung des Erwerbs von WE reaktiviert.

2   2. Die **Erstveräußerung des aufteilenden** Eigentümers wurde bis zur Entscheidung des BGH's (NJW 1991, 1613) bei Veräußerungsbeschränkung gemäß § 12 als zustimmungsfrei behandelt. Da der BGH dies anders sah, waren alle Umschreibungen schwebend unwirksam (vgl. § 12 Rdnr. 5). Hierauf war in der Literatur hingewiesen worden (Röll WE 1991, 240; Schmidt WE 1991, 280). Deshalb war ein Gesetz erforderlich.

3   3. Wurde vor dem 15. 1. 1994 eine Eigentumsumschreibung oder Auflassungsvormerkung eingetragen, so ist der Vorgang so zu behandeln, als sei Zustimmung erfolgt, es sei denn, gerichtlich ist rechtskräftig etwas anders entschieden worden. Die Vorschrift ist **nur anzuwenden, soweit es sich um die erstmalige Veräußerung des WEs** nach seiner Begründung im Wege der Teilung gem. § 8 **handelt** (KG WuM 1994, 499).

62 *(aufgehoben)* betr. Steuerfragen

Zu den umsatzsteuerlichen Fragen siehe § 28 Rdnr. 33, zu den übrigen Steuerfragen Weitnauer Anhang zu § 60 Anm. 7 ff.

Überleitung bestehender Rechtsverhältnisse

63 (1) Werden Rechtsverhältnisse, mit denen ein Rechtserfolg bezweckt wird, der den durch dieses Gesetz geschaffenen Rechtsformen entspricht, in solche Rechtsformen umgewandelt, so ist als Geschäftswert für die Berechnung der hierdurch veranlaßten Gebühren der Gerichte und Notare im Falle des Wohnungseigentums ein Fünfundzwanzigstel des Einheitswertes des Grundstückes, im Falle des Dauerwohnrechtes ein Fünfundzwanzigstel des Wertes des Rechtes anzunehmen.

(2) (gegenstandslose Übergangsvorschrift)

(3) Durch Landesgesetz können Vorschriften zur Überleitung bestehender, auf Landesrecht beruhender Rechtsverhältnisse in die durch dieses Gesetz geschaffenen Rechtsformen getroffen werden.

Inkrafttreten

64 Dieses Gesetz tritt am Tage nach seiner Verkündung in Kraft.

Das Gesetz trat am 20. 3. 1951 in Kraft.

Sachverzeichnis

Die fettgedruckten Zahlen bezeichnen die Paragraphen des WEG, die mageren die Randnummern

Abänderung → Kostenverteilung → Teilungserklärung → Nutzungsänderung
Abberufung des Verwalters **26**, 29 ff
Abdingbarkeit 16, 40; **18**, 11; **22**, 58; **23**, 45; **24**, 4; **25**, 38; **28**, 64; **10**, 12 ff
Abfallbeseitigungsgebühren 1, 28
Abflußrohre 1, 8
Abgabe an das WEG-Gericht **46**, 1
– an das Prozeßgericht **46**, 2
Abgabebeschluß 46 1 und 2
Abgasrohr 22, 42
Abgeschlossenheit 3, 8; **7**, 5; **14**, 3; **22**, 33
– Abgabenrecht **vor 1**, 26
Abgeschlossenheitsbescheinigung 3, 8; **8**, 5; **59**
abgeschlossener Raum → Zweckbindung
Ablaufprotokoll 24, 28
Ablesetag 16, 25
Ablufttrockner 21, 10
Abmahnung 18, 5
Abmeierungsklage 19, 1 → Streitwert → Entziehungsanspruch
Abrechnung 23, 10; **26**, 36; **28**, 16
– Beschluß **28**, 49
– Belege **26**, 36
Abrechnungsänderung 28, 48
Abrechnungsmaßstab 16, 25
Abrechnungsspitze 16, 36
Abrechnungszeitraum 28, 16
Absagen, siehe Verlegung
Abschlußmängel vor 2, 2
Absperrpfahl → Sperrbügel
Absperrventil 1, 8
Abstellen von Gegenständen **21**, 10; **22**, 33
Abstellplätze 1, 8; **21**, 10; **21**, 23; **22**, 42 → KFZ-Stellplatz
Abstellraum 15, 10

Abstimmung 25, 3 → Stimmrecht → Stimmenthaltung → Abstimmungsergebnis → Abstimmung
Abstimmungsergebnis 23, 3
Abtrennung von Ansprüchen **26**, 36; von Teilen des GE **22**, 42
Abtretung von Ansprüchen **26**, 36
Abwasserbeseitigung 16, 12
Abwassergebühren 1, 28
Abwasserhebeanlage → Fäkalienhebeanlage
Abwasserkanal 1, 8
Abwasserleitung → Versorgungsleitung
abweichende Bauausführung → Planabweichung
Abzug „Neu für Alt" 14, 9
Anmietung 21, 10
Anpachtung 21, 10
Änderung des SE **6**, 2 ff
– der GO **10**, 28
– Meanteil **6**, 3
Änderung 23, 10 der GO **vor 10**, 15
AGB-Gesetz 10, 8
Aktiengesellschaft 26, 3
→ Vertretung → Stimmrecht
Alarmanlage 1, 8
Alleineigentum 13, 2
Allgemeine Geschäftsbedingungen 10, 8
Allgemeine Verwaltungsvorschrift 3, 8; **59**
Altenheim 15, 10
Amateurfunkanlage 22, 42
Amtsermittlung 28, 57; **43**, 22
Amtsniederlegung 26, 38
Anbau 22, 42
Anderkonto 27, 33 ff
Anfangsbestand 16, 25
Anfechtung der Beschl der WEerversammlung **23**, 10; **43**, 9; **48**, 3

Sachverzeichnis

Fette Zahlen = Paragraphen

Anfechtung von Jahresabrechnungen/WP 48, 3
Anfechtungsantrag 43, 3; 23, 10 ff
Anfechtungsfrist 23, 22
Anfechtungsgründe 23, 10
Angebot 22, 4
Anliegerbeitrag 1, 27
einstweilige Anordnung 44, 4
Anregungen 23, 10
Anschaffungen 22, 42; 27, 20
Anschlüsse 21, 10; 22, 42
Anschlußleitungen 1, 8
Ansprüche der WEer 21, 10
Anstrich 22, 16 ff
Anteilsverhältnis bei Aufhebung der WEerGem 17, 2
Antenne 1, 8; **vor 10**, 15; 22, 42
Antennensteckdose → Steckdose
Antrag 43, 5; 23, 10, 43 ff
Antragsberechtigung 43, 3
Antragsermächtigung des Verwalters 48, 3
Antragsrecht 43, 3
Antragsrecht → Miteigentümergemeinschaft 43, 3
Antragsrücknahme 47, 4
Antragsteller 43, 3
Antragstellerbezeichnung → Gläubigerbezeichnung 45, 5 ff
Anwaltsbeauftragung 27, 76
Anwaltskosten 47, 5 ff
Anwaltspraxis 15, 10
Anwartschaftsrecht 2, 2
Anwesenheit in der Versammlung 24, 20
Apotheke 15, 10
Architektonischer Gesamteindruck 14, 3
Architekturbüro 15, 10
Archivraum 15, 10
Arztpraxis 15, 10 → logopädische Praxis
Asphaltieren/Asphaltboden 22, 42
Asylbewerber 15, 10
Attika → Markise
Aufbewahrungspflicht 28, 63
Aufgaben und Befugnisse des Verwalters 26, 28
Aufhebung der WEerGem 11, 3; 17, 2
Aufhebungsanspruch vor 10, 15

Auflassung 8, 7
Auflösung → Wohnungseigentümerversammlung 24, 15
Aufrechnung 16, 39
Aufsichtspflicht 27, 80 ff.
Aufstellung → Wirtschaftsplan 28, 12, → Getränkeautomat 21, 10
Aufstellen von Gegenständen 14, 3
Aufstockung 22, 42
Aufteilung 8, 1
Aufteilungsplan 7, 4
Auftragsvergabe 22, 3
Aufwendungsersatz 16, 39, 41
Aufwendungsersatzanspruch 16, 42
– der WEer 26, 42
– des Verwalters 26, 45 a
Aufzug 1, 8; 22, 42
Aufzugskosten vor 10, 15; 16, 12
Auseinandersetzung der WEerGem 17, 1
Ausgaben → Betriebskostenabrechnung 28, 21, 26
ausgeschiedener Verwalter 28, 47
ausgeschiedener WEer 43, 20
Auskunftsanspruch 28, 78; 48, 3
– gegenüber WEer 28, 70
– gegenüber Verwalter 28, 69
Auskunftspflichtig 28, 68
Ausländer 22, 18 → Parabolantenne → Antenne
Auslagenersatz → Aufwendungsersatz; Erstattungsanspruch
Auslegung 10, 5; von Protokollen 24, 36; → ergänzende Auslegung → WE-Beschluß
Ausschluß der WEer 18, 1 ff
– Anwendung 18, 2
– von MEer vom Mitgebrauch **vor 10**, 15; 16, 50
– vom Betretungsrecht 48, 3
Ausschlußfrist 23, 22
Aussiedler 15, 10
Ausstieg 22, 42
Auswechseln von Geräten 16, 25
Außenjalousien 1, 8; 22, 42
Außenputz 1, 8
Außenregler 22, 42
Außentreppe → Treppe
Außenverglasung → Fenster

Magere Zahlen = Randnummern

Sachverzeichnis

Außenverhältnis → Haftung der WEG
Außenwand 1, 8
Außergerichtliche Kosten 47, 2
Außergewöhnliche Maßnahmen 22, 1
Austausch 6, 2
Auswechseln der Geräte **16**, 24
Auszahlung 23, 35
Automaten-Sonnenstudio 15, 10

Bad 22, 42
Badeverbot 21, 10
Badezimmereinrichtung 1, 8
Balkenkonstruktion 1, 8
Balkon 1, 8; **16**, 25; **21**, 10
– Anbau **22**, 42
– Beleuchtung **22**, 42
– Benutzung **21**, 10
– Brüstung **1**, 8; **22**, 42
– Fenster **22**, 42
– Geländer **21**, 10
– Gittertür **22**, 42
– Sanierung **22**, 16
– Stützen **1**, 8
– Trennmauer **1**, 8
– Trennwand **22**, 42
– Treppe **22**, 42
– Türe **22**, 42
– Überdachung **22**, 42
– Verglasung **22**, 42
– Vergrößerung **22**, 42
– Verkleidung **22**, 42
Ballettstudio 15, 10
Ballspielen → Kinderspielplatz
Bankguthaben 1, 8
Bankkonto → Konten
Bargeld 1, 8
Bauabweichungen 2, 4
Bauausschuß 29, 2
Bauherr vor 1, 23
Bauherrengemeinschaft 2, 3
Bauliche Veränderungen vor 10, 15; **15**, 17; **16**, 12; **22**, 1, 2, 42
– Abgrenzung **22**, 4, 5
– Erleichterungen **22**, 5
– ABC **22**, 33, 42
Baum 21, 10; **22**, 42
Baumängel 1, 19; **26**, 36
Baumaßnahme 22, 42
→ Zuständigkeit

Baumbestand 15, 16
→ Grenzabstand → Nachbarrecht
Bauordnungsrecht vor 1, 23
→ Nachbarrecht
Bausparvertrag vor 10, 15
Bauträger vor 1, 10
Bauunterlagen 26, 36
Bauwerk auf Nachbargrundstück vor 1, 25
Beantwortung 26, 36
Beauftragung eines Rechtsanwalts 23, 10
Bebauung 22, 42
Beeinträchtigung 14, 3; **22**, 5, 33
– von SE **15**, 23
Beet 22, 42
Begehungspflicht 27, 12
Begründung des WE's **2**, 1 ff
→ Einräumung → Sondernutzungsrecht
– Fälle bei Begründung **vor 2**, 1 und 2
– Fälle der Entscheidung **44**, 6
Behandlung 26, 36
Beirat vor 10, 15; **16**, 12; **26**, 36; **28**, 64; **29**
Beiratsbestellung 48, 3
Beiträge nach dem Kommunalabgabenrecht vor 1, 27
Belastung des WE's **4**, 11
Belegbarkeit 22, 33; **14**, 3
Belege 28, 2
Beleidigung 26, 36
Beleuchtung 22, 42
Belüftung 21, 10
Benutzbarkeit 14, 3; **22**, 33
Benutzung vor 10, 15
– des GE durch Dritte **21**, 10
– des GE durch WEer **21**, 10
– Ordnung **vor 10**, 15
– Regelungen **vor 10**, 15
– des SE **21**, 10
Benutzungsgebühren vor 1, 28; **28**, 20
Benutzungsrecht 14, 9; **21**, 10
Bepflanzung 22, 42 → Garten
Beratung → Wohnungseigentümerversammlung
Bergarbeiterwohnung 12, 2
Berichtigung 24, 23 → Protokoll
→ Verfahren

Sachverzeichnis

Fette Zahlen = Paragraphen

Berichtungsanspruch 24, 23
→ Protokoll → Verfahren
Berufsausübungen 14, 2
Beschäftigung vorbestrafter Angestellter **26**, 36
Beschilderung → Schilder **21**, 10
Beschimpfen 21, 10
Beschluß 10, 20 ff, 26 ff, 28 ff; **16**, 25; **21**, 10, **23**, 19; **26**, 36
→ Wohnungseigentümerbeschluß
→ unklarer Beschluß
– Anfechtung **15**, 5; **23**, 29 ff
→ Anfechtungsantrag, -frist, -gründe
– Teilanfechtung **28**, 52 ff
– Teilungültigkeitserklärung **28**, 52 ff
– Durchführung vor **22**, 4
– fähigkeit der WEerversammlung **24**, 19
– Ergebnis **23**, 3
– Fähigkeit **24**, 19
– Fehler bei der Beschlußfassung **23**, 21
– über Lastschrifteinzug **48**, 3
– Unfähigkeit **24**, 19; **26**, 36
– der WEerversammlung **23**, 2, 7, 8
Beschlußfassung der WEerversammlung **23**, 2, 3
– ohne WEerversammlung **23**, 4
– Fehler **23**, 6
– Mängel **23**, 8
– Voraussetzung **25**, 1, 2
Beschränkungen der WEer **14**, 1
Beschwerde 45, 1
Beschwerdewert 45, 2
Beseitigung → bauliche Veränderung
Beseitigung von GE **21**, 10
Beseitigungsanspruch bei baulichen Veränderungen **22**, 53
Beseitigungspflicht → bauliche Veränderung
Besitzschutz 13, 7
Bestandskraft 45, 2 und 3
Bestandteil, wesentlicher **5**, 5
Bestellung des Verwalters **26**, 1, 2, 3, 4, 5, 36
– gerichtliche **43**, 3
Bestimmtheit 23, 36 → Beschlußanfechtung
Bestimmtheitserfordernis 23, 28 ff

Bestimmungszweck 14, 3; **22**, 5, 33
Besucher → Wohnungseigentümerversammlung **24**, 20
Betonierung 22, 42
Betonplatte 22, 42
Betonschwellen 22, 42
Betretungsrecht 14, 9
Betriebskosten 16, 11
Betriebskostenabrechnung 28, 22, 28 → Ausgaben
– Abrechnungszeitraum **28**, 19
– Forderung **28**, 28, 30, 40
Beurkundung 4, 1
Bewegungsmelder 21, 10
Beweissicherungsverfahren 43, 24
BGB-Gesellschaft 26, 3
Bierpavillon 15, 10
Bilanz 28, 17
Bilder 21, 10
Billard-Café 15, 10
Bindungswirkung 10, 26
Bistro 15, 10
Blumen 1, 8
– Kästen **21**, 10; **22**, 42 → Balkon
→ Gebrauch
Bodenbelag 22, 42 → Trittschallschutz → Estrich
Böden 1, 8
Böschung 22, 42
Böschungsstützmauer 22, 42
Bordell 15, 10
Brandgefahr 14, 3; **22**, 33
Brandmauer 1, 8
Brandversicherung 27, 26
Brandwand 22, 42
Breitbandkabelnetz 16, 12; **22**, 42
Briefkasten 1, 8 → Gemeinschaftseigentum
Bruchteilsgemeinschaft vor 1, 6 ff
→ Gemeinschaftsanspruch
Buchführung 28, 2 → Verwalter
Büro 15, 10

Café inkl. Tages- bzw. Tanzcafé **15**, 10
Car-Ports 1, 8
Chemische Reinigung 15, 10
→ Zweckbindung

Dach 1, 8; **21**, 10
– Abriß **22**, 42
– Ausbau **22**, 42
– Durchbruch **22**, 42

370

Magere Zahlen = Randnummern

- Fenster oder Luke **1**, 8; **21**, 6, 10; **22**, 42
- Geschoß **15**, 10, 15, 16
- Räume **15**, 10 → Speicher → Spitzboden
- Rinne **1**, 8
- Sanierung **22**, 42; **23**, 10
- Spitz **22**, 42
- Terrasse **1**, 8; **22**, 42
- Undichtigkeit, Durchfeuchtungsgefahr **14**, 3; **22**, 33

Dämmerungsschalter 22, 42
Darlehen vor 10, 15 → Kreditaufnahme
Datenschutz 28, 67
Dauernutzungsrecht vor 1, 2
Dauerwohnrecht vor 1, 2; **4**, 11
Decke 1, 8; **22**, 42
Dekoration vor 10, 15; **21**, 10
Diele 1, 8; **22**, 42
Dereliktion 4, 10
Dienstbarkeit 4, 11
Dienstleistungspflicht 16, 6 → Schneeräumung, → Hausreinigung, → Streupflicht
DIN-Vorschriften 14, 2
dingliches Sondernutzungsrecht 15, 10
Diskothek 15, 10
Doppelfenster → Fenster
Doppelhaus 1, 8
Doppelhäuser vor 10, 11
Doppelstockgarage 1, 8
Doppeltüre 22, 42
Drahtfernsteueranlage 22, 42
Dritte 24, 26 → Wohnungseigentümerversammlung
Duldungspflicht der WEer **14**, 8
Duplex – Garage 3, 9
Durchbruch 14, 3; **22**, 42
Durchführung von Beschl **27**, 7
Durchführungsanordnung 44, 5
Dusche 22, 42
Duschverbot → Badeverbot

Eheleute 12, 4 → Veräußerungszustimmung
ehrverletzende Äußerungen 23, 35 → Meinungsäußerung
Eichpflicht 16, 25 → Warmwasserzähler **22**, 42

Sachverzeichnis

Eigenmächtigkeit 26, 36
Eigentum 1, 8; **16**, 25
Eigentümer 8, 4; **16**, 6
Eigentümerleistung, Kostenbefreiung **16**, 6
Eigentümerliste 28, 70
Eigentümerverzicht, Eigentumsaufgabe **4**, 10
Eigentümerwechsel 16, 6, 25
Einbau 22, 42
Einbauschrank 1, 8; **21**, 10
Einberufung einer WEerversammlung **24**, 2, 9
Einberufungsfrist 24, 14
Einberufungsrecht 26, 4
- Scheinverwalter **26**, 4
- ausgeschiedener Verwalter **26**, 4
Einberufungsverlangen 26, 36
Einbeziehung eines Zimmers **22**, 42
Einbruchsicherung 22, 42
Eingangsflur 1, 8
Eingangspodest 1, 8
Einfamilienhaus 15, 10 → Zweckbindung, Wohnung
Eingangshalle 15, 10
Eingangstür → Tür
einheitlich und gesonderte Feststellung 28, 36
Einigung 14, 22
Einladung → WEer-Versammlung
Einnahmen 28, 11, 20 → Betriebskostenabrechnung
Einräumung → Begründung → Sondernutzungsrecht
Einsichtnahme 28, 71
Einsichtsrecht 16, 25; **26**, 36; **28**, 72
Einstimmigkeit 21, 3
einstweilige Anordnung 26, 45; **44**, 4
Eintragung vor 1, 4
Eintritt in den Verwaltervertrag 26, 19 ff
Einzelabrechnung 28, 43 ff
Einzelwirtschaftsplan 28, 8 und 11
Einzugsermächtigung vor 10, 15
Eisdiele/Eiscafé 15, 10
Elektrizitätsleitung 1, 8; **22**, 42
Elektrizitätszähler → Zähler
Elektroheizung → Heizung
Elektroleitungen 22, 42

Sachverzeichnis

Fette Zahlen = Paragraphen

Emissionen 14, 3
Energieeinsparung 14, 3; **22**, 33
Energieversorgungsanschluß 21, 10
Entfernung 22, 42
Entgangener Gewinn 14, 9
Enthaltung 25, 25
Enthärtungsanlage → Wasserenthärtungsanlage
Entlastung 23 10; **28**, 58
Entlohnung → Vergütung
Entlüftungsgitter 22, 42
Entlüftungsrohr 22, 42
Entstehung des SE **2**, 2
Entwertung wirtschaftlich vorteilhafter Baugestaltung 14, 3; **22**, 33
Entziehung 18, 1, 4, 5
→ Stimmrecht
Entziehungsanspruch
→ Abmeierungsklage **19**, 2
Entziehungsbeschluß 48, 3
Entziehungsklage 16, 11; **19**, 2; **23**, 10; **48**, 3
Entziehungsurteil 18, 8; **19**, 1
Erbe 27, 4 → Nachlaß → Rechtsnachfolger
Erfassungsgeräte 1, 8
Erfüllungsgehilfe 27, 89
ergänzende Auslegung 10, 24
Wohnungseigentümerbeschluß
Ergänzung → Wirtschaftsplan, Jahresabrechnung **28**, 52
Erhaltungsmaßnahmen 22, 16
Erhöhung 23, 10
Erhöhungsgebühr 47, 5
Ermächtigung des Verwalters **27**, 73
Ermächtigung zur Kreditaufnahme **48**, 3
Erotikshop → Sexfilmkino/-shop
Ersatzbeschaffung 27, 20 → Instandhaltung
Erscheinungsbild 14, 3; **22**, 33
Erschließungskosten 16, 5
Erstattungsanspruch → Aufwendungsersatz; Auslagenersatz
Erstbegehungspflicht 27, 80
Erstherstellung 22, 8 → Herstellung
→ bauliche Veränderung
Erstveräußerung 12, 5; **61**, 1
Erwerberhaftung 16, 35

Estrich 1, 8 → Bodenbelag
→ Trittschallschutz
Etagenheizung 1, 8; **22**, 42
→ Heizung
Euro 21, 9 a
Eventualeinberufung 25, 26
Erwerb 21, 10

Fäkalienhebeanlage 1, 8
Fälligkeit 16, 30 ff
Fälschung 26, 36
Fahrradkeller → Hausmeisterwohnung
Fahrradständer 22, 42
Fahrstuhl 1, 8; **22**, 42
faktische WEerGem vor 1, 3
Fallrohr 1, 8; **22**, 42
Familie 22, 42
Farbanstrich → Anstrich **22**, 16 ff
Fassade 22, 16
Fassadenfläche 15, 17
Fassadenrenovierung 22, 17, 42
Fassadensanierung 22, 17, 42
Fassadenwerbung → Reklame
Fenster 1, 8; **21**, 10, **22**, 42
– Fensterbank **1**, 8
– Scheibe **22**, 42
Fenstergitter 22, 42 → Isolierglasfenster
Fensterladen 1, 8
Ferienwohnung, Vermietungsbeschränkung **vor 10**, 15
Fernsehanschluß 21, 10
Fernsprechanschluß 21, 10
Fertiggaragen 1, 8
Fertigstellung 22, 54
Fertigstellungskosten 22, 59
Feststellungsantrag 48, 3
Fettabscheider im Abwasser **1**, 8
Feuchtigkeitsschäden 22, 42
Feuerversicherung 27, 25 ff
→ Versicherung
Finanzielle Verhältnisse 26, 36
Finanzierung 23, 10
Fitness-Center 15, 10
Flachdach 1, 8
Flachdachsanierung 22, 42
Fliesen 22, 42 → Bodenbelag
Flur 1, 8 Treppenhaus
Folgenbeseitigungsanspruch 23, 9, 44

Magere Zahlen = Randnummern

Sachverzeichnis

Forderungen → Betriebskostenabrechnung **28**, 30
Form → Veräußerungszustimmung **12**, 16
Formvorschriften 4, 1
Fotokopien, Anfertigung durch WEer **28**, 72
Fotokopierkosten 16, 12; **22**, 72
freiberufliche Tätigkeit
  → gewerbliche Nutzung
Freistellung von Heizkosten **16**, 25
Freistellungsantrag 28, 35
Fremdkonto 27, 33
Fremdverwaltung 21, 10
Fristenwahrung 27, 71
Fritieren 21, 10
Früchte 16, 3, 4
Fundament 1, 8
Funkantenne 1, 8; **vor 10**, 15; **22**, 42 → Antenne
Funksprechanlage 22, 42
Fußballspiel 24, 6
Fußboden 1, 8
– Belag **1**, 8
– Heizung **1**, 8
Fußweg → Weg

Garage 1, 8; **15**, 10; **16**, 12; **22**, 42
– Garagenöffner **22**, 42
– Garagenzufahrt **15**, 10; **22**, 42
Garage/Keller 15, 10; **21**, 10
  → Gebrauch
Garagenhof 22, 42
Garagentoranbringung 22, 42
Garderobe 21, 10; **22**, 42
Garten 1, 8; **vor 10**, 15 → Sträucher → Grünfläche → Bepflanzung
Gartengestaltung 22, 42
Gartenhaus 22, 42
Gartenhütte 22, 42
Gartennutzung 15, 17
Gartentor 22, 42
Gartenzwerge 15, 10; **22**, 42
Gasleitungen 1, 8; **22**, 42
  → Versorgungsleitung → Gasuhr
Gaststätte 15, 10
Gasuhr → Wasseruhr **22**, 42
Gebäude vor 1, 1
Gebäudereinigung 16, 6 → Hausreinigung

Gebrauch 15, 2; **21**, 10 → Nutzung
  → Bepflanzung → Nutzungsänderung
Gebrauchsregelung 15, 1, 3
  → Belüftung
– durch Beschl **15**, 4
– Anspruch **15**, 9; **21**, 10
– Überwachung **27**, 8
Gebühren 48, 1, 2, 3
Gefährdung 14, 3; **22**, 5, 33
Gegensprechanlage 22, 42
Gegenstand 48, 3
Gehweg, Hauszugangsweg **22**, 42
Geländer 1, 8; **22**, 42 → bauliche Veränderung
Geldanlage 21, 10
Gelder, gemeinschaftliche **27**, 32, siehe auch Verwaltungsvermögen **1**, 8
Geldforderungen 48, 3
Geldstrafe 15, 23 → Vereinsstrafe → Vertragsstrafe
Geldverwaltung 27, 32
Geltungsdauer 28, 15 → Kalenderjahr → Wirtschaftsplan
Gemeinschaftliche Gelder 26, 36; **27**, 32
Gemeinschaftsanspruch 43, 13
Gemeinschaftsantenne 22, 21;
  → Antenne
Gemeinschaftseigentum vor 1, 19; **1**, 7 ff
Gemeinschaftsordnung 2, 10; **vor 10**, 3
Gemeinschaftsentstehung 21, 10
Gemeinschaftspflichten
  → Treuepflicht **vor 10**, 9
Gemeinschaftsraum 1, 8; **15**, 10
Genehmigung 12, 1 ff
Genehmigungsanspruch 12, 15
Genehmigungsfiktion 10, 14
Geräte 27, 20 → Anschaffungen
Gerätehaus 22, 42
Geräteraum 1, 8
Geräusche 21, 10
Gericht 44, 1
gerichtliche Geltendmachung 23, 10
gerichtlich bestellter Verwalter
  → Notverwalter **26**, 16

373

Sachverzeichnis

Fette Zahlen = Paragraphen

Gerichtsentscheidung vor 10, 7; 43, 12; 44, 5
- Rechtskraft 45, 3
Gerichtsgebühren 47, 3
→ Kostenvorschuß
Gerichtskosten 47, 3; 48, 1
→ Verfahrenskosten
Gerichtsverfahren 26, 36
Geringfügigkeit 28, 42
Gesamtgläubigerstellung 16, 2
Gesamtschuldner 16, 2; 49
Geschäftsfähigkeit vor 2, 2
Geschäftsführung ohne Auftrag 27, 22
Geschäftsordnungsbeschluß 23, 10, 25
Geschäftsräume 15, 10
Geschäftsunfähigkeit vor 2, 2; 25, 4
Geschäftswert 48, 3
Getränkeautomat 21, 10
Gewährleistung vor 1, 19
→ Baumängel
Gewässerschädenhaftpflichtversicherung 27, 28
Gewerbliche bzw. berufliche Nutzung vor 10, 15; 15, 9
Gewerblich genutzter Laden 15, 10
Gewerblicher Raum 15, 10
Giebel 22, 42
Gitter 22, 42
Gläubigerbezeichnung 45, 5
Gläubigerzustimmung 10, 37
Glasbausteine 22, 42
Glasfasertapete 22, 42
Gleitklausel 26, 10, 25
GmbH 26, 3
Grenzabstand → Baumabstand
→ Nachbarrecht 15, 16
Grenzmauer 1, 6
Grenzzaun 22, 42 → Nachbarrecht
Grillen 21, 10
Großanlagen vor 10, 14
Grünfläche 15, 10; 21, 10; 22, 42
→ Kinderspielplatz, Garten
Grundbuch 7, 1 ff
Grundbuchblatt 7, 2, 7
Grundbucheinsicht 7, 8
Grundbuchverfahrensrecht 9, 1
- Schließung 9, 2
Grunddienstbarkeit 4, 11
Grundfläche 16, 25

Grundrecht Vor 1, 5; 22, 39
Grundrißplan 7, 4
Grundschuld 4, 11
Grundsteuer 16, 12
Grundstücksfläche 1, 8
Grund wichtiger 12, 12; 26, 36
Gutachten 26, 36, Prozeßkosten
gutgläubiger Erwerb vor 2, 3, 4; 10, 16
Gutglaubensschutz vor 2, 3
Gymnastikstudio 15, 10
→ Zweckbindung

Häufung von Fehlern 26, 36
Haftpflichtversicherung 27, 25
Haftung der WEer 14, 11ff; 16, 35
- des Rechtsnachfolgers vor 10, 15; 16, 49; 23, 10 → Rückstand
Hauptversorgungsleitung 1, 8
Hausfassade 21, 10; 23, 10
Hausgeld, siehe Kosten und Lasten
Hausgeldrückstand 16, 36 ff.
Hausmeister 21, 10; 26, 36
- Kosten 16, 12; 23, 10
- Wohnung 1, 8; 15, 10
Hausordnung vor 10, 15; 21, 10; 23, 10; 26, 36
- Überwachung 27, 8; 21, 10
Hausreinigung 21, 10
Hausschlüssel 1, 8
Haussprechanlage 1, 8
Haustier 21, 10
Haustierhaltung vor 10, 15
Haustür 21, 10
Hausverwaltung 23, 10
Hauszugang → Zugang
Hauszugangsweg 15, 17; 1, 8
Hebeanlage 1, 8
Hebebühne 1, 8; 3, 28
Hecke 22, 42
Heizkörper 1, 8; 21, 10; 22, 42
- Ventile 1, 8
Heizkosten 16, 12, 25
Heizkostenmehraufwand 14, 3; 22, 33
Heizkostenverordnung 16, 12
Heizkostenverteiler 1, 8
Heizkörperentfernung 16, 25
Heizung 21, 10; 22, 42
- Heizungsanlage 1, 8
- Heizungsraum 1, 8; 22, 42

Magere Zahlen = Randnummern

Sachverzeichnis

- Heizungsumstellung **22**, 42
- Rohre **1**, 8
- Zutritt zu den Heizräumen **21**, 10
Herausgabe 26, 41
Herstellung → Erstherstellung **22**, 6
Hinweisschild vor 10, 15 → Schild
Hobbyraum 15, 10
Höchstfrist 26, 8 → Verwalterbestellung
Hof 1, 8; **15**, 10
Holzschrank → Schrank → bauliche Veränderung **22**, 42
Hotel → Ferienwohnung **vor 10**, 15
Humusschicht 1, 8
Hund vor 10, 15 → Haustierhaltung
Hypothek vor 10, 15 Zwangshypothek → Zwangsvollstreckung → Gläubigerbezeichnung **45**, 5

Imbißstube 15, 10
Immission vor 10, 15; **14**, 3; **22**, 33
Ingenieurbüro 15, 10
Informationspflicht des Verwalters **28**, 66
Informationsrecht der WEer **28**, 1, 9
Ingebrauchnahme vor 1, 10
Innenanstrich, siehe Balkon **1**, 8
Insolvenz 16, 42
Instandhaltung vor 10, 15; **14**, 2 u. 3; **21**, 10; **22**, 3; **27**, 6 siehe auch Ersatzbeschaffung
Instandhaltungskosten 16, 8
Instandhaltungsrücklage 21, 10
Interessenkollision 27, 44
Installationen 1, 8
Instandsetzung vor 10, 15; **21**, 10
Isolierglasfenster → Fenster
Isolierschicht 1, 8
Isolierung 22, 17 → Außenwand → Instandhaltung

Jahresabrechnung 28, 16
- Aufstellung **28**, 17
- Erzwingung **28**, 18
Jalousien 1, 8; **22**, 42
Jugendbetreuung 15, 10

Kabelfernsehen vor 10, 15; **22**, 42
Kalenderjahr 28, 15, 28, 38
Kaltwasserzähler 22, 42

Kamin 1, 8
- Anschluß **22**, **42**
Kampfhund → Tierhaltung **21**, 10
Kampfsportschule 15, 10
Kanalisation 1, 8
Kantine 15, 10
Kassenprüfer 29, 2
Katze → Haustierhaltung
Katzennetz 22, 42
Kauf 4, 6
Kaufvertrag 4, **6**
Keller 1, 2; **21**, 10; **22**, 42
- Aufgang und Vorbau **22**, 42
- Decke **1**, 8
- Fenster **21**, 10
- Garage **15**, 10
- Raum **1**, 8; **15**, 10
- Trennwand → Wand
- Verteilung **vor 10**, 15
Kesselraum 1, 8
KFZ-Abstellplatz 15, 17; **21**, 10; **22**, 42
Kiesschicht 22, 42
Kinder → Gebrauch
Kinderarzt 15, 10
Kinderrutsche 22, 42
Kinderschaukel 22, 42
Kinderspielplatz 21, 10; **22**, 42
Kindertagesstätte 15, 10
Kinderwagen → Flur → Hausordnung **21**, 10
Klavierspiel → Musizieren
Kleintierhaltung, siehe Tierhaltung
Klimageräte 22, 42
Klingel 1, 8
Kommanditgesellschaft 26, 3
→ Stimmrecht
Kommunalabgabenrecht vor 1, 26
Kommunmauer 1, 8
Kompetenzkonflikt 46, 1 und 3
Konkurrenzschutz vor 10, 15
Konkurrenzverbot vor 10, 15
Konkurs 16, 42
Konkursverwalter 25, 12
Konten 27, 33
Kontokorrentkredit 23, 10
Kontostand → Vorjahressaldo
Kontrollpflicht 27, 12 → Verwalter → Instandhaltung
Kopfprinzip 24, 5; **25**, 15
Kopfstimmrecht 25, 15

Sachverzeichnis

Fette Zahlen = Paragraphen

Kopierkosten **28**, 72
Korridor → Diele
Kosmetiksalon → Zweckbindung
Kosten- bzw. Lastenverteilung vor 10, 15; **16**, 4
Kosten des Rechtsstreits 19, 7; **16**, 11
Kostenbelastung 14, 3; **22**, 33
Kostenentscheidung 47, 1
Kostenerstattung 47, 3
Kostentragungspflicht im Innenverhältnis **16**, 2
Kostenverteilung vor 10, 15; **16**, 2
s. a. Kostenverteilungsschlüssel
Kostenvorschuß 48, 1
Krankengymnastikpraxis 15, 10
Kredit vor 10, 15
Kreditaufnahme vor 10, 15
Küchendünste 16, 3
Kündigung 21, 10

Laden 15, 10
– Eingang **22**, 42
Lärm 21, 10
Lärmbelästigung 14, 3; **22**, 33
Lärmschutz 22, 42
Lagerraum 15, 10 → Zweckbindung
Lasten- und Kostenbeitrag vor 10, 15; **16**, 3, 4, 5
Lastschrift 21, 10 → Einzugsermächtigung
Leerstehende Wohnung 16, 12
Legitimation des Verwalters **21**, 10; **26**, 12
Leiter 21, 10
Leitungen → Anschlußleitungen **1**, 8
Leitungswasserversicherung 27, 26
Leuchte 22, 42
Leuchtreklame 1, 8; **22**, 42
Lichtblende 22, 42
Lichtschächte 1, 8
Liegewiese 21, 10
Lift 22, 42
Liquidationsschwierigkeiten 21, 10
Loggien 1, 8; **22**, 42
logopädische Praxis 15, 10 →
Zweckbindung
Losverfahren 13, 6

Lüften von Kleidung und Oberbetten **21**, 10
Luftschächte 1, 8

Mängel am GE **16**, 25, **vor 1**, 19 ff,
Mahngebühren vor 10, 15
Mahnverfahren 46 a, 1 ff
Majorisierung 25, 33
Makler 26, 36
Mansarde 22, 42
Markierung von Einstellplätzen **21**, 10; **22**, 33, 42
Markisen 1, 8; **22**, 42
Maschendrahtzaun 22, 42
Massageinstitut 15, 10
Massageraum 15, 10
Mast 22, 42
Mauer 1, 8
– Durchbruch **22**, 42
Mehrhausanlage vor 10, 14; **25**, 7
Mehrheit qualifizierte **23**, 27
Mehrheitsbeschluß 23, 28
Mehrwertsteuer 28, 33
Meinungsäußerung → ehrverletzende Äußerungen **23**, 35
Meßungenauigkeit 16, 25
Meßvorrichtung → Zähler
Mieter 21, 10
Mietvertrag 15, 23
Mietzins 21, 10
Minderheitenrecht bzgl. der Einberufung der WEerversammlung **24**, 2b
Minderheitenquorum vor 10, 14
Mitbenutzungsrecht 13, 5
Mitbesitz 13, 7
Miteigentum 1, 8
Miteigentümergemeinschaft → Antragsrecht **43**, 3
Miteigentumsanteil 3, 1; **4**, 11
Mitgebrauch 13, 3; **14**, 3; **22**, 33
Mitsondereigentum 1, 9
Mitwirkungspflicht → Sondernutzungsrecht
Modelltätigkeit 15, 10
Modernisierung 22, 15, 42
Montagekeller 15, 10
Müll 21, 10
Müllabfuhr 16, 12
Müllabwurfanlage 21, 10
Müllbehälter 1, 8

Magere Zahlen = Randnummern

Sachverzeichnis

Mülltonnenplatz 22, 42
Mündliche Verhandlung 44, 1
Musizieren, Musik vor 10, 15; 21, 10

Nachahmung 14, 3; 22, 33
Nachbarbebauung 22, 42
Nachbareigentum 1, 6
Nachbargrundstück 1, 5
Nachbarrecht → Baumbestand → Grenzabstand
Nachfolger 9, 6
Nachlaß → Erbe
Nachteil 14, 4; 22, 33
Nachtlokal 15, 10
Nachzahlungspflicht 16, 35
Namensschilder → Schilder
Nebenkosten → Lasten und Kosten
Negativbeschluß 23, 42
Neuanschaffung → Leiter
Neuberechnung 16, 25
Neugestaltung und Neuanlagen 14, 3; 22, 33
nicht gebaute Wohnungen → leerstehende Wohnungen
Nichtbeschluß 23, 34
Nichtigkeit des Beschl's der WEerversammlung 23, 30
Nichtöffentlichkeit → Wohnungseigentümerversammlung, Besucher
Nicht wesentliche Bestandteile 5, 5
Nichtzustimmung 22, 53
Niederschrift der Beschlüsse 24, 27 ff
Nießbrauch 16, 37; 25, 4, 9, 11
Notgeschäftsführung 21, 5 ff
Notmaßnahmen 21, 5
Nottreppe 23, 10
Notstromaggregat 1, 8
Notverwalter 27, 16
Nutzung 13, 8; 14, 3; 16, 5; 21, 10
– von Freiflächen vor 10, 11, 15
Nutzungsänderung vor 10, 15; 15, 5 ff
Nutzungsart, bestimmte vor 10, 11, 15
Nutzungsausfall → Schadensersatz 14, 8
Nutzungsausschluß vor 10, 11, 15
Nutzungsbeschränkungen 14, 2; 10, 6
Nutzungsentgelt 16, 12; 48, 3

Objektstimmrecht → Kopfstimmrecht → Stimmrecht
Öffentlich-rechtliche Bestimmung 1, 20
Öffentliche Lasten 16, 5
Öffentliche Normen 21, 10
Öffentliches Baurecht vor 1, 23
Öffentlichkeit 44, 2 → Nichtöffentlichkeit
Öltankversicherung 27, 28
Oldtimer→Abstellverbot
Optische Beeinträchtigung 14, 3; 22, 33
ordnungsgemäße Verwaltung 21, 9 → Vermögensverwaltung
Osterschmuck → Dekoration

Pärchenclub 15, 10
Parabolantenne 22, 29, 42
Parkabsperrbügel 22, 42
Parkett → Bodenbelag
Parkordnung → Parkplatz, Abstellplatz
Parkplatz 21, 10; 22, 42
Parkverbot → Parkplatz, Abstellplatz
Partyraum 15, 10
Peep-show 15, 10
Pergola 22, 42
Personelle Verflechtungen 26, 36
Pfändung 11, 8
Pflanzenbeet 21, 10; 22, 42
Pflanzentröge 1, 8; 22, 42
Pflichten/Pflichtverletzung 27, 80
Pilsstube 15, 10
Pizzeria 15, 10
Planabweichung 2, 4
Plattenbelag 22, 42
Playothek 15, 10
Polizeistation 15, 10
Prostitution 15, 10
Protokoll 24, 28; 26, 36
Protokollberichtigung 48, 3
Provision 26, 36 → Versicherungsprovision
Prozeßführung vor 10, 15
Prozeßführungsbefugnis des Verwalters 27, 73
Prozeßkosten 16, 12
Prozeßstandschaft des Verwalters 27, 74

Sachverzeichnis

Fette Zahlen = Paragraphen

Prozeßverfahren 43, 1
Prozeßvollmacht 27, 73
Prüfungsort 27, 72
Psychologische Praxis 15, 10
Psychotherapeutische Praxis 15, 10
Pumpe 22, 42
Putz 1, 8

Qualifizierte Mehrheit 23, 27
Quasi-Vereinbarung

Rankgewächs → Bepflanzung
Rasenfläche 15, 10; 22, 42
– Benutzung 21, 10
Ratten → Tierhaltung
Rauchgasklappen 22, 42
Raum 1, 8; **15**, 10
Raumeigenschaft 3, 5
Rechen- und Schreibfehler 26, 36
Rechnungsabgrenzungsposten 28, 17 → Betriebskostenabrechnung
Rechnungsabgrenzungsposten 28, 17 → Verbindlichkeiten
Rechnungslegung 28, 17
– Beschluß 28,
Rechtsanwalt 23, 10; **15**, 10
Rechtsanwaltsbeauftragung 27, 76
Rechtsanwaltsgebühren 47, 5
Rechtsanwaltspraxis 15, 10
Rechtsberatung 27, 74 → Prozeßkosten
Rechtsfehler vor 2, 1
Rechtsfragen 45, 1
Rechtshängigkeit 43, 4
Rechtskraft 45, 2
Rechtlast 4, 11
Rechtsmißbrauch 22, 47
Rechtsmittel 45, 1
Rechtsnachfolger 10, 2
Rechtsstreit 21, 10
Rederecht 24, 26
Redezeitbegrenzung 24, 26
Regelanlage 22, 42
Regenrinne 1, 8; 22, 42
Reihenfolge der Begründung von WE 2, 10
Reihenhäuser vor 10, 4
Reinigung 23, 10 → Hausreinigung
Reklame 22, 42

Reklameschrift 1, 8
Renovierung 22, 42
Reparatur 23, 10; **48**, 3
→ Auftragsvergabe
Reparaturanfälligkeit 14, 3; 22, 33
Restaurant bzw. Salatrestaurant **15**, 10
Rohrleitung → Anschlußleitung
Rolläden 1, 8; 22, 42
Rollstuhlrampe 22, 42
Rücklage/Rückstellung 1, 8
Rückstände vor 10, 15; **16**, 49; **19**, 6
Ruhen → Stimmrecht
Ruhezeitfestlegung 21, 10
Rundfunkempfang 21, 10
Rutsche 22, 42

Sachverständigengutachten → Gutachten
Salatrestaurant → Restaurant
Saldovortrag → Vorjahressaldo
Sandkasten 22, 42
Sanierung 22, 42; **23**, 10; **26**, 36
Sanktionen, Strafen vor 10, 15; **21**, 10
Satellitenfernsehen 22, 42 → Gemeinschaftsantenne → Kabelfernsehen → Parabolantenne
Sauna 1, 8; **15**, 10; 22, 42
Sauna-Schwimmbadbenutzung **16**, 12
Schäden 14, 3; 22, 33
Schadensbeseitigung 21, 10
Schadensersatz → Außenverhältnis **16**, 11
Schadensersatz → Haftung der WEer **14**, 11 ff; **16**, 35
Schadensersatz → Nutzungsausfall **14**, 9
Schadensersatzansprüche 14, 10
Schall → Trittschallschutz
Schalldämmung 1, 8
Schallschutz 22, 42 → Trittschallschutz **22**, 33 ff.
Schaufensterscheibe 1, 8
Schaukasten 22, 42
Schaukel 22, 42
Scheidung → Ehescheidung, Veräußerungszustimmung **12**, 4
Scheinverwalter 24, 4

Magere Zahlen = Randnummern

Sachverzeichnis

Schiedsgerichtvereinbarung vor **10**, 15
Schilder 1, 8; **21**, 10
Schikane 22, 46
Schirmständer 21, 10; **22**, 42
Schlichtungsstellenklausel vor **10**, 15
Schließanlage 22, 42
Schließregelung 21,10 → Haustür
Schlüssel und Schloß 1, 8
Schlangen → Tierhaltung **21**, 10
Schmiergeld → Versicherungsprovision **26**, 36
Schneeräumen 21, 10
Schornstein 1, 8; **22**, 42
Schornsteinfegergesetz vor **1**, 22
Schrank 22, 42
  → bauliche Veränderung
Schranke 23, 10
Schriftlicher Beschluß 23, 17
Schuhe 21, 10
Schuldverhältnis besonderes vor **1**, 7
Schule 15, 10
Schutz- und Treuepflicht 1, 7; **10**, 3 f; **22**, 38
Schwimmbad 1, 8; **2**, 3; **3**, 4; **15**, 10
 – Begründung **3**, 3
 – Benutzung **16**, 12
 – Abgrenzung zum GE **5**, 2 ff
Schwimmender Estrich 1, 8
  → Estrich → Trittschallschutz
Selbstbeteiligung 16, 3
Selbständiges Beweisverfahren 43, 24
Selbstkontrahieren 27, 44
Sequester 25, 12
Sexfilmkino 15, 10
Sexshop 15, 10
Sicherheit 14, 3; **22**, 33
Sicherheitsleistung 14, 9
Sicherungsaustritt 22, 42
Sichtblende 22, 42
Sitzbank 22, 42
Sitzgruppe 22, 42
Sofortige Beschwerde 45, 2
  → Rechtsmittel → Geschäftswert
Solarzellen 22, 42 → bauliche Veränderung
Sondereigentum 1, 5; **5**, 4 ff

Sondereigentum vor **1**, 3; **1**, 6, 7; vor **2**, 1; **2**, 3, 8; **3**, 7; **5**, 3; **6**, 1 ff
Sonderhonorar 26, 25
Sonderrechtsnachfolger
  → Rechtsnachfolger
Sonderumlage 16, 12; **21**, 10
Sondervergütung 21, 10
Sonderverwalter 21, 10
  → Interessenkollision
Sondernutzungsrecht vor **10**, 15; **15**, 11, Kasuistik, 17; **22**, 42
Sonderzahlung → Sonderumlage
Sonnenstudio 15, 10
Sorgepflicht der WEer **14**, 13
Sorgfaltspflicht 27, 80
Speicher 15, 10
Speicherraum 1, 8; **15**, 17; **22**, 42
Sperrbügel 22, 42
Spielen 21, 10
Spielothek 15, 10
Spielplatz vor **10**, 15; **21**, 10; **22**, 42
Spielraum 1, 8
Spielsalon 15, 10
Spitzboden 22, 42
Sportvereinskantine 15, 10
Sprechanlage 1, 8
Sprossenverglasung 22, 42
Spruchbänder 21, 10
Stabantenne 22, 42
Stabilität 14, 3; **22**, 33
Steckdosen 1, 8
Steckengebliebener Bau 22, 59
Steigleitung → Anschlußleitung
Stellplatz 1, 8; **3**, 6; **22**, 42
Steuerberater 15, 10
Stillegung 22, 42
Stimmenthaltung 25, 25
Stimmrecht vor **10**, 15; **25**, 4
 – Ausschluß vor **10**, 15, **25**, 7
Stimmrechtsbeschränkung 25, 39
Störer 22, 50
Störung Anspruch auf Unterlassung **15**, 9
Strafanzeige 26, 36
Straftat 26, 36
Sträucher → Gartengestaltung **22**, 42
Straßenbau 23, 10
Straßenreinigungsgebühren 1, 28
Streitigkeiten 43, 1
 – aus der GO **43**, 4
 – der WEer und Verwalter **43**, 6

Sachverzeichnis

Fette Zahlen = Paragraphen

Streitwert → Geschäftswert **48**, 3
Streupflicht 21, 10
Stromnetz 22, 42
Stromleitung 1, 8
Stützmauer 22, 42
Stufenanträge 26, 43
Sturmschadenversicherung 27, 26

Tätige Mithilfe 16, 6
Tagescafé → Café
Tagesordnung der WEerversammlung **23**, 8
Tagesordnungspunkt 23, 9 und 10, 36; **26**, 36
Tankraum 1, 8
Tanzcafé → Café
Tanzschule 15, 9
Tapete 1, 8; **22**, 42
Technischer Fortschritt 22, 16; **40**
Teerung 22, 42
Teestube 15, 10
Teilanfechtung
 → Beschlußanfechtung
 → Betriebskostenabrechnung
Teilbesitz 13,7
Teileigentum vor 1, 4
Teilnahme → WEerversammlung
Teilung 8, 3 und 4
Teilungserklärung vor 1, 4
Teilungsvereinbarung 3, 1 ff
Teilungültigkeitserklärung 23, 23
Teilversammlung 23, 6
Teilzerstörung 22, 55
Telefonanschluß 1, 8
Tennisspiel 21, 10
Teppich → Bodenbelag **22**, 42
 → Trittschallschutz **22**, 33
Teppichboden 1, 8; **22**, 42
 → Bodenbelag → Trittschallschutz
Terrasse 1, 8, 25; **15**, 17; **16**, 25; **22**, 42
 – Überdachung **22**, 42
 – Unterkellerung **22**, 42
Thermostatventil → Verdunstungsmesser
Tiefgarage → Garage
Tierhaltung vor 10, 15; **21**, 10
Toilette, siehe WC
Tor 22, 42
Trampeln 21, 10

Trennmauer 1, 8; **22**, 42
Trennwand 22, 42
Treppe 1, 8; **22**, 42
Treppenhaus 1, 8; **21**, 10; **23**, 10
 – Fenster **21**, 10
Treppenhausanbau 22, 42
Treppenerneuerung 22, 42
Treuhänder 27, 2
Treuhandkonto 27, 35
Treuepflicht vor 10, 9
Trittschallschutz 14, 3; **22**, 33
Trockenplatz 1, 8
Trockenraum → Gemeinschaftsraum **15**, 9, Raum **15**, 9
Trockenstange auf dem Balkon **22**, 42
Tür 1, 8; **21**, 10; **22**, 42
Türöffnungs-/Schließanlage 1, 8
Türschloß → Schlüssel
Türspion 22, 42
Türsprechanlage → Sprechanlage

Überbau 1, 8; **15**, 10 → Wohnung
Überbelegung 23, 10
Überdachung 22, 42
Überwachungspflicht 27, 8
Uhr 1, 8; **22**, 42
Umdeutung → Auslegung
Umgestaltung 14, 3
Umlagen → Lasten und Kosten
Umlaufbeschluß 23, 16
Umsatzsteuer 28, 33
Umsatzsteueroption 28, 33
Umwandlung von GE in SE **vor 10**, 15; **23**, 35
Umwandlung von vorhandenen Einrichtungen **22**, 42
Umzäunung 22, 42
Umzugskostenpauschale vor 10, 15; **16**, 12; **21**, 10
Unabänderlichkeit 45, 4
Unabdingbarkeit 19, 11; **26**, 11; **27**, 39, 78
Unauflöslichkeit 11, 1
Unfallverhütungsvorschriften 26, 36
Ungerechtfertigte Bereicherung 16, 26
Ungültigerklärung der Verwalterbestellung 48, 3
Universalversammlung 23, 7

Magere Zahlen = Randnummern

Sachverzeichnis

Unklarer Beschluß 23, 36
Unmöglichkeit → Instandhaltung/ Herstellung
Unpfändbarkeit 26, 36
Unterkellerung 22, 42
Unterlagen 28, 26
Unterlassung 48, 3
→ Unterlassungsantrag
Unterlassungsantrag 13, 4
Unterschrift 24, 27, 31
Unterteilung des WE **4**, 8
Unterteilung 4, 7
Untervollmacht 27, 6
Unterwohnungseigentum
Unverhältnismäßig 22, 47
Unvollendetes Gebäude, Leerstand **16**, 11
Unwirksamkeit 23, 22
Unzulässige Rechtsausübung 15, 25; **22**, 47
Ursprünglicher Zustand
→ bauliche Veränderung

VDI-Richtlinien → DIN-Normen
Veräußerer 16, 24; **25**, 8
Veräußererhaftung 16, 34
Veräußerung 12, 5
– Verwirkung des Anspruchs **18**, 8
Veräußerungsbeschränkungen **vor 10**, 15
– beim WE **12**, 5
Veräußerungszustimmung 12, 1 ff
Verbindlichkeiten → Rechnungsabgrenzungsposten **28**, 17
Verbindlichkeiten → Betriebskostenabrechnung **28**, 28, 30, 40
Verbindung 14, 3; **22**, 42
Verbindungsflur →Diele
Verbindungstür → Tür
Verbotsschild 22, 42
Verbrauchskosten → Heizkosten **16**, 24
Verbrauchszähler 16, 12; **22**, 42
Verbreiterung der Terrasse 23, 10
Verdunstungsmesser 1, 8; **16**, 25
→ Wärmemengenzähler
Vereinbarungen der WEer **10**, 2–4
– Änderung **10**, 34
Vereinigung 4, 10
Vereinsstrafe Sanktionen vor 10, 15

Verfahren → Durchführungsanordnung **44**, 5
Verfahrensbevollmächtigter 27, 74
Verfahrenskosten → Gerichtskosten **47**, 3; **48**, 1 → Prozeßkosten **16**, 11
Verfahrensstandschaft 27, 74
Verfügungen 4, 6
Verfügungsbeschränkungen 18, 9
– des Verwalters **27**, 33, 37
Verfügungsgeschäfte 4, 6
Verglasung 22, 42
Vergleich 44, 3
Vergütung 26, 22, 36
– des Beirates **29**, 8
– des Verwalters **26**, 22
Verhältnismäßigkeit 22, 47
Verhandlung mündliche 44, 1
Verjährung Lasten und Kosten **16**, 39
Verkleidung 22, 42
Verkehrssicherungspflicht 27, 12, 82
Verkleidung 22, 42
Verlängerungsklausel
→ Verwalterbestellung **26**, 10
Verlegung 24, 15
Vermietung von GE **21**, 10; **23**, 10
– Vermietungsbeschränkung **vor 10**, 15
– Verbot **vor 10**, 15
– Verpflichtung **vor 10**, 15
Vermietungskostenpauschale 16, 12
Vermögensverfall des Verwalters **26**, 36
Vermögensverwaltung 27, 32
Verpachtung 14, 3; **21**, 10
Verpflichtungsgeschäft 4, 6
Verringerung des GE **22**, 33
Versammlung vor 10, 15; **26**, 36
Versammlungsabsage 24, 15
Versammlungskosten 16, 12
Versammlungsort 24, 7
Versammlungsniederschrift 24, 27
Versammlungsvorbereitung 24, 5
Versammlungsvorsitz 24, 17
Versammlungszeit 24, 6
Verschiedenes 23, 10
Versicherung vor 10, 15; **16**, 12; **21**, 10, 11; **26**, 36; **27**, 25 ff
– Agentur **15**, 10
– Provision **26**, 36

Sachverzeichnis

Fette Zahlen = Paragraphen

Versicherungsschäden
- Abwicklung **27**, 29a
- Selbstbehalt **27**, 29a

Versorgungsleitungen 22, 42
Verspätete Übersendung 26, 36
Versteigerung 19, 5
Verteilungsschlüssel 16, 1, 11
Vertrag 26, 19, 36
- schuldrechtlicher **4**, 6

Vertragliche Aufhebung der Gemeinschaft **vor 10**, 15
Vertragliche Einräumung 3, 1 ff.
Vertragsschluß mit Verwalter 23, 10
Vertragsstrafe, → Sanktion
Vertragsverletzung 26, 30
- bei Vertragsabschluß **27**, 4

Vertretung 24, 20; Untervollmacht → Vollmacht
Vertretung → Stimmrecht
Vertretungsmacht des Verwalters **27**, 2
Verwalter → Notverwalter
Verwalter → Scheinverwalter
Verwalter → Kontrollpflicht **27**, 12
Verwalter → Sonderverwalter, → Interessenkollision **27**, 44
Verwalter vor 10, 15; **20**, 2; **21**, 10; **23**, 10; **26**, 2
- Inanspruchnahme für GE **vor 1**, 21
- Rechte und Pflichten **27**, 1, 2, 4, 5, 7, 10
- Übertragung von Aufgaben **27**, 3

Verwalterabberufung 26, 1, 29; **48**, 3
Verwalterabrechnung 28, 16 ff
Verwalterbestellung 26, 1, 6, 36
- Bestellungsakt **26**, 5
- gerichtliche **43**, 5

Verwalterentlastung 28, 58; **48**, 3
Verwalterhaftung 27, 79
Verwaltervergütung 16, 12; **21**, 10; **26**, 36 → Sonderhonorar **26**, 25, → Gleitklausel **26**, 10, 25
Verwaltungsbeirat → Beirat
Verwaltungsführung 43, 6
Verwaltungsunterlagen 1, 8
Verwaltungsvermögen 1, 8
Verwalterübertragung 26, 36
Verwaltervertrag 23, 10; **26**, 19, 20, 36
- Kündigung **26**, 37

Verwalterwahl 27, 13
Verwalterwechsel 27, 30
Verwalterzustimmung 12, 1 ff
Verwaltung des GE **vor 20**, 1 ff; **21**, 10
- Begriff **20**, 2
- Regelungen **21**, 1, 9
- Einschränkung **21**, 4
- Anspruch **21**, 8
- Kasuistik **21**, 10 ff
- durch Beschl der WEerversammlung **23**, 3

Verwaltungsbeirat 26, 36; **29**, 1
- Zusammensetzung **29**, 3
- Aufgaben **29**, 6
- Haftung **29**, 10

Verwaltungsrecht vor 1, 20 ff
Verwaltungsschulden, Ausgleich **1**, 10
Verwaltungsvergütung 26, 22
Verwandschaft → Streupflicht **21**, 10 → Instandhaltung
Verwandtschaft → Nachteil → bauliche Veränderung
Verweisung → Abgabebeschluß **46**, 1
Verwirkung 15, 25; **22**, 45
Verzug 12, 14
Verzugsschaden 12, 14
Verzugszinsen vor 10, 15
Videothek 15, 10
Vogel 21, 10
Vollmacht vor 10, 15; **24**, 23; **26**, 36
- Bauträger **8**, 7
- Dritte **vor 10**, 15
- Versammlung **vor 10**, 15; **24**, 23
- Verwalter **vor 10**, 15

Vollstreckungsbescheid 46a, 3
Vollstreckungsunterwerfung vor 10, 15
Vollwärmeschutz 22, 42
Voraussetzung für Begründung von GE **3**, 2
- für Eintragung **7**, 2; **8**, 4

Vorbau 22, 42
Vorflur → Zusammenlegung
Vorhalle 1, 8
Vorjahressaldo 28, 40
Vorkaufsrecht 4, 11; **vor 10**, 5
Vormerkung 4, 11

Magere Zahlen = Randnummern

Sachverzeichnis

Vorschaltverfahren vor 10, 15
Vorschriften 21, 10
Vorschuß 48, 3
Vorschußpflicht 16, 11
– der WEer 28, 7
Vorsitz 24, 17
Vorstrafe → Straftat

Wärmedämmsystem 22, 42
Wärmedämmung 22, 42
Wärmemengenzähler 22, 42
Wäscherei 15, 10
Wäschespinne 22, 42
Wäschetrockengeräte 21, 10
Wäschetrockenplatz 22, 42
Wäschetrockenstange 22, 42
Wahrsagerin 15, 10
Walmdach 22, 42
Warmmesser 16, 25
Wartungskosten 16, 25
Wand 22, 42
– Durchbruch 22, 42
– Schrank → Einbauschrank
Warmwasser oder Wärmemengenzähler 1, 8; 22, 42
Warmwasserkosten → Heizkosten 16, 12, 25
Warmwasserzähler 22, 42
Wartungskosten 16, 25
Wartungsvertrag 27, 23
Waschküchenbenutzung 21, 10
Waschmaschine 1, 8; 16, 12; 21, 10
Waschmünzenerlös → Benutzungsgebühren
Waschsalon 15, 10
– Maschine 1, 8
Wasseranschlüsse 22, 42
Wasserenthärtungsanlage 22, 42
Wasserkosten 16, 12
Wasserleitungen 1, 8; 16, 11
Wasserschaden 27, 80
Wasserstrahlpumpe 22, 42
Wasserversicherung 27, 26
Wasseruhr 1, 8
WC 22, 42
Weg 22, 42
Weihnachtsschmuck
→ Dekoration
Weinkeller 15, 10
Weinstube 15, 10
Weisung 26, 36

Weitergabe von Informationen 26, 36
Wendeltreppe → Treppe
Werbeschild 22, 42
Werbung vor 10 15; 21, 10; 22, 42
werdende WEerGem vor 1, 15
Werkstatt → Dachraum
Wertverbesserung, Wertzuwachs 16, 25
Wesentlicher Bestandteil 5, 5
Wettbewerbsbeschränkungen vor 10, 15
– Verbot vor 10, 15
wichtiger Grund 26, 36
Wiederaufbau vor 10, 15; 22, 8
Wiederaufnahmeverfahren 45, 7
Wiedereinsetzung 24, 33
Wiederherstellungsanspruch 22, 54
Wiederholungsversammlung 25, 26
Windfang 22, 42
Windschutz 22, 42
Winterdienst 16, 6
Wintergarten 22, 42
Wirtschaftskeller 15, 10
Wirtschaftsplan 21, 10; 23, 10; 28, 7
– Beschl 28, 49
Wirtschaftsprüfer 15, 10
Wohnfläche vor 10, 15
Wohngeld 16, 43; 23, 10
– Rückstände 26, 36
– Vorauszahlungen 48, 3
Wohnkomfort 14, 3; 22, 33
Wohnmobil → KFZ-Abstellplatz
→ Parkplatz
Wohnrecht 25, 10 → Stimmrecht
Wohnung 1, 2; 15, 10
Wohnungsabschlußtür → Tür
Wohnungseigentum 1, 2, vor 2, 1
– Künftiges 4, 1
– Begründung 2, 10
– Berechnung 8, 1
– Voraussetzung 8, 4
Wohnungseigentümer vor 10, 3
– Begriff 16, 32
– Rechte 13, 1 ff
– Rechtsstellung 13, 2
– Regelungen vor 10, 2, 3, 15
– werdender bzw. faktischer vor 1, 23, 24

383

Sachverzeichnis

Fette Zahlen = Paragraphen

Wohnungseigentümergemeinschaft Vereinbarung **10**, 2, 3, 4, 5, 6
- Beschluß **10**, 23, 24, 26
- Institute **20**, 3

Wohnungseigentümerversammlung 23, 1
- Abwicklung **24**, 1
- Besucher **24**, 20
- Einladung **23**, 8; **24**, 10
- Durchführung **24**, 17

Wohnungseingangtür → Tür
Wohnungserweiterung 1, 8
Wohnungsgrundbuch vor **1**, 5; **7**, 1 ff
Wohnungsrecht vor **1**, 2
Wohnwagen → KFZ-Stellplatz
→ Wohnmobil
Wohnzwecke 15, 10

Zähler 22, 42
Zahlungen 28, 14 Sonderzahlung → **16**, 11
Zahlungsrückstand 16, 44
Zahlungsunfähigkeit 16, 42
Zahnarzt 15, 10
Zarge 22, 42
Zaun 22, 42
Zeitraum 28, 19
Zentralheizung 1, 8; **22**, 42
Zerstörung des Gebäudes **9**, 2; **11**, 4
Zierfische → Tierhaltung
Zigarettenautomat 1, 8
Zinsabschlagsteuer 28, 34
Zinsen 28, 9, 24, 34
ZPO 45, 5; **46 a**, 2
Zubehör des GE **1**, 8
- des Grundstücks **2**, 5
- Räume **1**, 7
Zufahrt 22, 42
Zugang 15, 7
Zugangsfiktion vor **10**, 15
Zugangsraum 1, 8

Zulässigkeit 43, 13
- von Verdunstungsgeräten **16**, 25
Zumauern 22, 42
Zurückbehaltungsrecht vor **10**, 9; **16**, 40; **22**, 49
Zusammenfassung mehrerer Jahre 16, 25
Zusammenlegung 4, 10; **14**, 3; **22**, 42
Zuständigkeit sachliche und örtliche **43**, 2
Zustellungen 27, 43
Zustellungsbevollmächtigung 27, 45
Zustellungsvertretung 27, 43
Zustimmung zur Veräußerung **12**, 3, 4, 5, 8; **48**, 3
- Versagung der Zustimmung **12**, 15
- bauliche Veränderung **22**, 2, 3, 5
Zustimmungsbedürftigkeit 27, 37
Zuteilung → Kellerräume → KFZ Stellplatz
Zutrittsgewährung 16, 25
Zwangsgeld → Sanktion
Zwangshypothek vor **10**, 15; **16**, 56; **45**, 5
Zwangsversteigerung 16, 57; **27**, 47
Zwangsverwalter siehe Zwangsverwaltung
Zwangsverwaltung 16, 47; **25**, 11
Zwangsvollstreckung vor **10**, 15; **45**, 3
Zweckbestimmung 15, 7
Zweckbindung 14, 3; **21**, 10; **22**, 5
Zweckwidrige Nutzung 15, 7
Zweifamilienhäuser vor **10**, 13
Zweite Berechnungsverordnung 21, 10 → Instandhaltungsrückstellung
Zweitbeschluß 10, 36
Zwingende Vorschriften vor **10**, 3
Zwischenabrechnung 16, 25
Zwischenwände nicht tragen **1**, 8